中國古代地理總志叢刊

元豐九域志

上

〔宋〕王存撰
王文楚
魏嵩山 點校

中華書局

圖書在版編目(CIP)數據

元豐九域志/(宋)王存撰;王文楚,魏嵩山點校.—北京:中華書局,1984.12(2025.8 重印)
(中國古代地理總志叢刊)
ISBN 978-7-101-04527-7

Ⅰ.元… Ⅱ.①王…②王…③魏… Ⅲ.地理志-中國-北宋 Ⅳ.K928.644.1

中國版本圖書館 CIP 數據核字(2004)第 134995 號

责任美编: 周　玉
責任印製: 管　斌

中國古代地理總志叢刊

元豐九域志

(全二册)

〔宋〕王　存　撰

王文楚
魏嵩山　點校

*

中華書局出版發行

(北京市豐臺區太平橋西里 38 號　100073)

http://www.zhbc.com.cn

E-mail:zhbc@zhbc.com.cn

北京建宏印刷有限公司印刷

*

850×1168 毫米 1/32 · 32¼印張 · 4 插頁 · 420 千字

1984 年 12 月第 1 版　2025 年 8 月第 7 次印刷

印數:15301-15700 册　定價:178.00 元

ISBN 978-7-101-04527-7

前言

元豐九域志十卷，是北宋王存、曾肇、李德芻共同編修的一部地理總志。王存、曾肇、李德芻俱生活在北宋中葉。王存字正仲，丹陽（今江蘇丹陽縣）人，官歷祕書省著作佐郎、知太常禮院、尚書左丞。曾肇字子開，南豐（今江西南豐縣）人，官歷館閣校勘、集賢殿修撰、吏部侍郎，以才學顯於當世。李德芻，邯鄲（今河北邯鄲市）人，官歷光祿寺丞、編修會要所檢閱文字，長於地理之學，自著有元豐郡縣志三十卷、圖三十卷（一作「十卷」或「三卷」）。

元豐九域志本源於唐十道圖。北宋大中祥符六年（一〇一三年）王曾、李宗諤參照唐十道圖修成九域圖，作爲考定官吏俸給、賦役和刑法的依據。至熙寧八年（一〇七五年），由於政區的變遷，「州縣有廢置，名號有改易，等第有升降」，九域圖已不敷用，加上該書所載「古蹟」一項雜采民間傳聞，多有不實，於是根據劉師旦的建議，復命曾肇、趙彥若重修，後趙彥若辭，又命王存、李德芻參與删定，而以王存主其事。元豐三年（一〇八〇年）書成，因原書名圖而只限於文字記載，故改名爲志。直齋書録解題卷七標目爲元豐九域志，郡齋讀書志卷八、宋史卷二〇四藝文志、文獻通考卷二〇四經籍考標目別作九域志。宋會要食貨四一之四二所列土貢即引自本書。但就内容分析，該書載有滑州、誠州、蘭州及其所領龕谷寨與皐蘭東關二堡、昌化軍所領感恩縣、邵州所領蒔竹縣、延州膚施縣所領塞門寨與延川縣所領義合浮圖米脂三寨，並置於元豐四年（一〇八一年）；梅州置於元豐五年（一〇八二年）；陝州所領湖城縣、蘭州所領西關阿干二堡，並置於元豐六年（一〇八三年）；兗州所領鄒縣、融州所領融江寨及臨溪文村潯江三堡，並置於元豐七年（一〇八四年）；鄭州、遼州更置於元豐八年（一〇八五年）；鄭州升奉寧軍節度亦在元豐八年，實際頒行則在元祐元年（一〇八六年）一月庚子。再考州縣的統隸，該書列梅州領程鄉縣，遼州領遼山縣，滑州領白馬、韋城、胙城三縣，鄭州領管城、滎陽、新鄭、原武、滎澤五縣，此又與其州設置同時；而此前程鄉縣本隸潮州，遼山縣本隸平定軍，白馬、韋城、胙城、管城、新鄭五縣本隸開封府，滎陽、滎澤二縣本爲管城縣屬鎮，原武縣本爲開封府陽武縣屬鎮。該書以宜州治龍水縣，而宜州本治帶溪寨，元豐六年始徙於此。由此可見，其書雖修成於元豐三年，但其後當又經過陸續修訂，所載政區實爲元豐八年之制，正式刊行應在元祐元年正月以後，故容齋續筆卷一〇又稱元祐九域志。玉海卷一五熙寧九域志下引會要稱：「元豐三年閏九月延和殿進呈，六年閏三月詔鐫，八年八月頒行。」但實際上元豐八年以後仍在修訂。

北宋所修地理總志除元豐九域志外，尚有太平寰宇記與輿地廣記，所載政區前者爲宋初太平興國之制，後者爲宋末政和之制，元豐九域志所載政區則取制於元豐，時值北宋中期，正補二書所未及。其書始於四京，次列二十三路，終於省廢州軍及化外、羈縻州；分路記載所屬府州軍監及其地里、户口、土貢、領縣，每縣又詳列鄉、鎮、堡、寨與名山大川，文直事核，條理井然；敍述沿革以本朝爲主，又備載各府州軍監距京里程及四至八到，足資考核，不失爲研究我國歷史地理的重要參考文獻。

但由於元豐九域志所載過於簡略，紹聖四年（一〇九七年）黄裳卽擬輯録各地山川、民俗、物産、古蹟等，以補其缺，名爲新定九域志，書中遂增「古蹟」一門。四庫全書總目提要卷七二地理類存目稱新定九域志爲南宋坊賈所增定，其説實誤，不足爲據。玉海卷一五熙寧都水名山記下載：「書目：職方機要四十卷，大觀中晉原令程縯撰。縯案新、舊九域二書，上據歷代諸史地志，旁及左傳、水經注釋並通典言郡國事，采異聞小説，紬次成書。」由此可見，北宋大觀間已有新、舊九域志之别；而所謂「新志」，卽指新定九域志，「舊志」則指元豐九域志。又北宋自崇寧以後，政區幾經變更，與其以前迥異。新定九域志所載政區則與元豐九域志文基本相同，凡崇寧以後更置之府州軍監名稱一概不載，説明其書應成於崇寧以前。南宋嘉定十四年（一二二一年）王象之修成輿地紀勝一書，其中所引九域志文甚多，與今存之新定九域志比勘，正是出自此書，又可見南宋時該書已廣泛流行。

元豐九域志與新定九域志最早的刊本已佚，後來流傳的元豐九域志刊本有明毛晉所藏影鈔宋刻本、明末清初影宋鈔本、清初錢遵王所藏影宋刻鈔本、江南書局採進本、乾隆五十年（一七八五年）盧文弨鈔本等，新定九域志刊本有清徐乾學所藏宋槧本、青芝山堂影宋鈔本、周夢棠鈔本、浙江書局採進本、乾隆三十五年（一七七〇年）王鳴韶鈔本等。由於元豐九域志明毛晉影鈔宋刻本原缺第十卷，乾隆三十七年（一七七二年）纂修四庫全書，取朱煥家所藏鈔本補全，而成四庫全書本（見四庫全書總目提要卷六八地理類）。乾隆四十三年（一七七八年）吴翌鳳得新定九域志青芝山堂影宋鈔本，因其原缺四京以下及曹州，遂據元豐九域志加以補正，較元豐九域志增多「古蹟」一門，而成吴翌鳳鈔本。乾隆四十八年（一七八三年）吴騫借得吴翌鳳本，因有「古蹟」，尤爲難得，亟鈔而藏諸拜經樓。乾隆四十九年（一七八四年）馮集梧得元豐九域志宋刻摹本，取江南書局採進本及新定九域志清徐乾學所藏宋槧本、浙江書局採進本作了參校，而成武英殿聚珍本；乾隆五十三年（一七八八年）馮集梧從陳鱣處復得元豐九域志錢遵王所藏影宋刻鈔本、查氏所藏鈔本，進行重校一遍，而成德聚堂藏板。乾隆五十七年（一七九二年）吴騫復將所鈔吴翌鳳本，與錢遵王影宋鈔本及馮集梧刊本重校一過，而成吴騫校本。

馮集梧二次校正元豐九域志，實出於吳蘭庭之手。胥石文存劉承幹跋敍及此事，謂吳蘭庭於乾隆甲午（卽三十九年，一七七四年）舉於鄉，七應禮部試不遇，主馮集梧家編修，校勘羣籍，「如考定元豐九域志、增注杜樊川集，皆出先生手」。元豐九域志經過馮集梧、吳蘭庭的二次校勘，糾正了不少錯誤，並寫成考證分別繫於各卷之末，光緒八年（一八八二年）由金陵書局重刊。這是該書現行較爲完善的本子。

我們這次整理元豐九域志，卽以馮集梧、吳蘭庭所校光緒八年金陵書局刊本作底本，加了標點，採用盧文弨鈔本、明末清初影宋鈔本及新定九域志吳翌鳳鈔本、周夢棠鈔本，資治通鑑胡三省注與一九六〇年中華書局影印永樂大典所引九域志，並參考宋代史籍、唐宋以來地志，予以校勘。凡底本正文有錯誤和疑問或與諸本相異者，皆在校勘記中說明；諸本自身有錯誤者，概不著錄。底本正文中間原插有馮集梧注引江、浙本（卽江南書局、浙江書局採進本），及其各卷之末所作考證，現一併改移入校勘記中，善者從之，誤者指明；諸本同於江、浙本者，予以注出，不同江、浙本而同底本正文者，不再注出。在校勘記行文中，元豐九域志明末清初影宋鈔本簡稱作「影宋鈔本」，盧文弨鈔本簡稱作「盧本」，新定九域志吳翌鳳鈔本簡稱作「吳本」，周夢棠鈔本簡稱作「周本」；底本馮集梧注文簡稱作「馮注」，馮集梧考證簡稱作「馮校」。

鑒於新定九域志所載政區、沿革、地里、户口、土貢等項與元豐九域志基本相同，唯增「古蹟」一門，該書的全面整理似無必要。今將吴騫校本「古蹟」部分全部録出，附於元豐九域志之後，參照周夢棠鈔本、王鳴韶鈔本（校勘記行文簡稱作「王本」）、清鈔本，及有關史籍、地志加以校勘。新定九域志文有部分爲輿地紀勝所引，亦據以補校。此志雜採異説，詳略失宜，頗爲蕪雜，僞闕亦多，歷經輾轉傳鈔，頗有脱誤，後人從無整理和考訂，有不少錯訛，還有待今後進一步研究。

本書在整理過程中，承蒙張忱石、王瑞來、賀次君三位同志在底本選擇、校勘問題上，給予熱情的幫助，又承鄒夢禪先生題簽和并志芳同志編制索引，在此一併予此致謝。限於我們學力和水平，錯誤和不妥之處，懇望讀者和專家們隨時指正。

王文楚　魏嵩山

表

臣聞先王建國，所以周知九州封域與其人民之數者，詔地事則有圖，詔觀事則有志，比生齒則有籍。近世撮其大要，會爲一書，趣時施宜，文約事備，則唐之十道圖、本朝之九域圖是也。然自天禧以後，歷年兹多，事有因革，皇帝陛下釐理萬邦，聲教旁暨，内省州縣，以休民力，南開五溪，西舉六郡，皆正朔所不及，祖宗所未臣，可謂六服承德，萬世之一時也。至於壤地之有離合，户版之有耗登，名號之有升降，以今準昔，損益蓋多。而稽地理者，猶以故書從事，豈非陋哉。有司建言，適契上志，乃詔臣肇、臣德芻讓次於祕閣，而臣存實董其事，綴緝大體，略倣前書，舊名圖而無繪事，迺請改曰志。郡名之下附以氏族所出，以禹貢、周官考之，皆無其文，且非當世先務，兹不復著。國朝以來，州縣廢置與夫鎮戍城堡之名，山澤虞衡之利，前書所略，則謹志之。至於道里廣輪之數，昔人罕得其詳，今則凡一州之内，首敍州封，次及旁郡，彼此互舉，弗相混殽。總二十三路，京府四，次府十，州二百四十二，軍三十七，監四，縣一千二百三十五，〔一〕離爲十卷。文直事核，欲使覽者易知。然而緜歷歲時，僅終編帙，紬繹弗工，論述無法，格以典訓，實有媿焉。冒黷聖聰，伏增兢懼。

删定宣義郎中書詳定官制所檢討文字編修會要所檢閱文字輕車都尉臣李德芻

删定修國史院編修官奉議郎充集賢校理同知太常禮院權判太僕寺殿中省臣曾肇

承議郎知制誥同修國史同判太常寺兼禮儀事判祕閣祕書省兼詳定郊廟奉祀禮文上騎都尉丹陽縣開國子食邑三百户賜紫金魚袋臣王存謹昧死上

校勘記

〔一〕按直齋書録解題卷七、郡齋讀書志卷八、文獻通考卷二〇四經籍考「元豐九域志」目俱作「縣一千一百三十五」，與本志所載縣數相合，此處「二百」實爲「一百」之誤。

元豐九域志目錄

卷第十

附録

九域志卷第一

四京

東京　西京　南京　北京

京東路

東路　西路

京西路

南路　北路

四京

皇祐五年以曹、陳、許、鄭、滑五州爲京畿路，〔一〕至和二年罷。

東京

東京，開封府。治開封、祥符二縣。

地里。東至本京界二百四十五里，自界首至南京六十里。西至本京界一百一十五里，自界首至鄭州二十五里。南至本京界二百一十五里，自界首至陳州一百五里。〔二〕北至本京界一百里，自界首至滑州一百里。東南至本京界二百五十五里，自界首至亳州一百五十里。西南至本京界一百五里，自界首至潁昌府七十里。東北至本京界一百四十五里，自界首至曹州一百三里。西北至本京界一百一十五里，自界首至衛州七十五里。

户。主一十八萬三千七百七十，客五萬一千八百二十九。

土貢。方紋綾三十四，方紋紗三十四，蘆席一十領，〔三〕麻黄一十五斤，酸棗人一斗。

縣一十七。建隆元年改匡城縣爲長垣，四年升東明鎮爲縣。咸平五年升通許鎮爲咸平縣。大中祥符二年改浚儀縣爲祥符。熙寧五年廢滑州，以白馬、韋城、胙城三縣隸府；又廢鄭州，以管城、新鄭二縣隸府；仍省原武縣爲鎮入陽武，滎陽、滎澤二縣爲鎮入管城。元豐四年復置滑州，白馬、韋城、胙城三縣復隸滑州；八年復置鄭州，以管城、新鄭二縣，原武、滎陽、滎澤三鎮復爲縣，並隸鄭州。

赤，開封。六鄉。赤倉一鎮。有汴河、惠民河、通濟渠、〔四〕浚溝、逢澤、沙海、蓼隄、吹臺。

赤，祥符。八鄉。陳橋、郭橋、八角、張三館〔五〕四鎮。有夷門山、蔡河、廣濟河、〔六〕金水河。

畿，尉氏。京南九十里。八鄉。朱家曲、〔七〕宋樓、盧館三鎮。有惠民河、長明溝、三亭、制澤陂。〔八〕

畿，陳留。京東五十二里。四鄉。北南、〔九〕城西、城南、城東、河口、蕭館七鎮。有皇柏山、〔一〇〕狼丘、汴河、睢溝。

畿，雍丘。京東八十七里。七鄉。圉城一鎮。有汴河、圉城。

畿，封丘。京北六十里。六鄉。潘一鎮。有黑山、白溝河、黃池、封丘臺、期城。

畿，中牟。京西七十里。五鄉。白沙、圃田、萬勝三鎮。有汴河、鄭河、圃田澤、中牟臺。

畿，陽武。京西北九十里。一十鄉。陽武歸一鎮。有黑陽山、黃河、汴河、白溝河。

畿，酸棗。〔一一〕京西北九十里。〔一二〕五鄉。草市一鎮。有土山、黃河、金隄、酸棗臺。

畿，長垣。京東北一百五里。七鄉。有濮水、刃河、〔一三〕蒲城。

畿，東明。京東九十里。〔一四〕六鄉。故濟陽一鎮。有廣濟河、東明城。

畿，襄邑。京東一百七十里。〔一五〕六鄉。崇化、〔一六〕黎驛二鎮。有汴河、睢水。

畿，扶溝。京南一百八十里。〔一七〕五鄉。建雄、義聲二鎮。有祁耶山、洧水、白水。

畿，隝陵。京南一百六十里。〔一八〕四鄉。馬欄橋一鎮。有洧水、潩水、太丘城。

畿，考城。京東一百八十里。四鄉。有葵丘、黃溝。

畿，太康。京東南二〔一九〕百三十里。八鄉。高柴、崔橋、〔二〇〕青桐三鎮。有蔡河、渦水。

畿，咸平。京東南九十里。四鄉。有牛首城、裘亭。

西京

西京，河南府，河南郡。治河南縣。

地里。東京三百八十二里。東至本京界二百里，自界首至鄭州六十里。西至本京界一百八十六里，自界首至陝州一百里。南至本京界八十二里，自界首至汝州七十八里。北至本京界六十五里，自界首至孟州五十五里。東南至本京界一百九十里，自界首至潁昌府一百二十里。西南至本京界三百二十五里，自界首至虢州一百二十五里。東北至本京界六十里，自界首至孟州二十五里。西北至本京界二百三十六里，自界首至絳州二百里。

户。主七萬八千五百五十，客三萬七千一百二十五。

土貢。蜜、蠟各一百斤，瓷器二百事。

縣一十三。乾德元年省望陵縣入登封。景德四年升永安鎮爲永安縣。慶曆三年以王屋縣隸孟州，復以孟州氾水縣隸府，省入鞏縣爲行慶關，〔二一〕又省壽安、潁陽、偃師、緱氏、河清、王屋縣爲鎮，四年復舊。〔二二〕熙寧三年省洛陽縣入河南，潁陽縣爲鎮入登封，伊闕縣爲鎮入伊陽，福昌縣爲鎮入壽安，偃師縣爲鎮入緱氏，以王屋縣隸孟州；〔二三〕八年復置偃師縣，省緱氏縣爲鎮入焉。

赤，河南。四鄉。〔二四〕建春門、彭婆、洛陽、龍門、上東門五鎮。有周山、萬安山、□□山、〔二五〕北邙山、委粟山、伊水、洛水、瀍澗水、金水。

赤，永安。京東八十五里。三鄉。孝義一鎮。有少室山、鳳臺□、□□山、〔二六〕□河。

畿，偃師。京東六十里。二鄉。緱氏一鎮。有首陽山、緱氏山、半石山、景山、黄河、曲洛。

畿，鞏。京東一百一十里。一鄉。有侯山、九山、黄河、洛口。

畿，登封。京東南一百三十里。二鄉。潁陽、曲河、費莊三鎮。有嵩山、太室山、箕山、陽城山、潁泉。

畿，密。京東南二百里。一鄉。大隗一鎮。有方山、大隗山、陘山、洧水、溱水、鄶水。

畿，新安。京西七十里。二鄉。慈澗、延禧二鎮。有缺門山、長石山、金水、穀水、陂水。

畿，澠池。京西一百五十六里。三鄉。土壕一鎮。有天壇山、廣陽山、黄河、澠池水。

畿，永寧。京西二百一十里。五鄉。府店一鎮。有二崤山、熊耳山、嶕嶢山、天柱山、黄河、杜陽水。

畿，長水。京西二百四十里。三鄉。上洛一鎮。有壇山、松陽山、洛水、松陽水。

畿，壽安。京西南七十六里〔一七〕。八鄉。柳泉、福昌、三鄉三鎮。有錦屏山、鹿蹄山、憩鶴山、女几山、洛水、〔一八〕昌水、少水。

畿，伊陽。京南二百六十里。四鄉。小水、伊闕二鎮。銀一場。有三塗山、鼓鍾山、陸渾山、伊水、滍陽水。

畿，河清。京北四十五里。三鄉。長泉一鎮。有青要山、滽滽水。

監一。熙寧七年置，鑄銅錢。

阜財。京北四十里。

南京

南京，應天府，睢陽郡。唐宋州。梁宣武軍節度。後唐改歸德軍。皇朝景德三年升應天府，大中祥符七年升南京。治宋城縣。

地里。東京〔二九〕二百八十五里。東至本京界一百三十里，自界首至單州一百一十里。西至本京界九十五里，自界首至東京二百里。南至本京界一百三十五里，自界首至亳州三十五里。北至本京界一百三十里，自界首至單州三十里。東南至本京界一百一十五里，自界首至亳州三十里。西南至本京界一百五十里，自界首至東京二百二十五里。東北至本京界一百三十五里，自界首至單州四十五里。西北至本京界九十五里，自界首至東京一百八十里。

户。主六萬五千四百九十，客二萬五千八百四十四。

土貢。絹二十匹。

縣七。景德三年升宋城縣爲次赤，寧陵、柘城、穀熟、下邑、虞城、楚丘六縣爲次畿；大中祥符七年升宋城縣爲正赤，餘縣爲正畿。〔三〇〕

赤，宋城。六鄉。城東、河南、葛驛三鎮。有汴水、睢水、渙水。

畿，寧陵。京西五十五里。〔三一〕五鄉。新城、新興、〔三二〕長寧三鎮。有汴水、睢水、渙水。

畿，柘城。京西南八十里。七鄉。八橋一鎮。有渙水、包水、〔三三〕泓水。〔三四〕

畿，穀熟。京東南四十里。六鄉。高辛、〔三五〕濟陽、營城三鎮。有汴水、穀水。

畿，下邑。京東一百二十里。六鄉。會亭、濟陽二鎮。有汴水、黄水。

畿，虞城。京東北五十五里。五鄉。治平一鎮。有孟諸藪。

畿，楚丘。京東北七十里。五鄉。有景山、京岡。

北京

北京，大名府，魏郡。唐魏州，魏博節度，後爲天雄軍。皇朝慶曆二年升北京。治元城縣。

地里。東京四百里。東至本京界一百一十里，自界首至鄆州一百一十里。西至本京界一百五里，自界首至磁州五十五里。南至本京界六十一里，自界首至澶州六十九里。〔三六〕北至本京界一百八十里，自界首至貝州三十里。東南至本京界一百二十里，自界首至濮州六十里。西南至本京界一百一十八里，自界首至相州八十二里。東北至本京界九十八里，自界首至博州一百二里。西北至本京界七十里，自界首至洺州三十里。〔三七〕

户。主一十萬二千三百二十一，客三萬九千五百四十八。

土貢。花紬、綿紬、平紬各一十匹，紫草五十斤。

縣一十三。熙寧五年省永濟縣爲鎮入館陶，尋改隸臨清；六年省大名縣爲鎮入元城，洹水縣爲鎮入成安，經城縣爲鎮入宗城。

赤，元城。二鄉。大名、故城、定安、〔三八〕安賢四鎮。有恆山、御河、大河故瀆、屯氏河。

畿，莘。京東九十里。四鄉。馬橋一鎮。有泉源河。

畿，朝城。京東南八十里。二鄉。韓張一鎮。有武河、黄河。

畿，南樂。京南四十四里。四鄉。有大河故瀆、枯繁河、金隄。

畿，内黄。京西南一百二十四里。〔三九〕五鄉。有御河、羑水、蕩水。

畿，成安。京西一百里。四鄉。洹水一鎮。有安陽河、漳河。

畿，魏。京西三十五里。二鄉。李固一鎮。有漳河、王鳳渠。

畿，館陶。京北四十五里。二鄉。淺口一鎮。有御河、漳河、屯氏河。

畿，臨清。京北一百五十里。四鄉。延安、永濟二鎮。有御河、張甲河。

畿，宗城。京西北一百七十里。五鄉。蓋館、武道、經城三鎮。有張甲河、漳渠。

畿，夏津。京東北二百五十里。二鄉。孫生一鎮。有屯氏河、淵溝河。〔四〇〕

畿，清平。京東一百八十里。二鄉。有新渠、金隄。

畿，冠氏。京東北六十里。三鄉。清水、博寧、普通、劉劭、桑橋五鎮。有弇山水、沙河。

京東路

熙寧七年分東西路。元豐元年詔河北東西、永興秦鳳、京東東西、京西南北、淮南東西路轉運司通管兩路，以河北、陝府、京東、京西、淮南路爲名，提刑、提舉司仍舊分路。

東路

州八，軍一，縣三十七。

望，青州，北海郡，鎮海軍節度。唐平盧軍節度。皇朝淳化五年改鎮海軍。治益都縣。

地里。東京一千一百三十里。東至本州界五十里，自界首至濰州一百二十里。西至本州界四十五里，自界首至淄州一百二十里。南至本州界七十五里，自界首至沂州四百二十五里。〔四一〕北至本州界一百五十里，自界首至濱州一百八十里。東南至本州界四十五里，自界首至沂州二百□十五里。西南至本州界七十里，自界首至淄州五十里。東北至本州界一百四十里，自界首至濰州六十二里。西北至本州界一百二十八里，自界首至淄州一百三十二里。

户。主六萬七千二百一十六，客二萬五千八百四十六。

土貢。仙紋綾三十匹，棗一萬一千顆。

縣六。建隆三年以北海縣置北海軍。〔四二〕

望，益都。五鄉。有南山、□□山、□水、□水、□□□水。〔四三〕

望，壽光。州東北六十二里。六鄉。高□、廣陵二鹽務。〔四四〕有□水、□水。〔四五〕

緊，臨朐。州東南四十里。三鄉。穆陵一鎮。有朐山、□山、洱水、般水。

上，博興。州西北一百二十里。四鄉。淳化、博昌二鎮。〔四六〕有□水、□水、〔四七〕海浦。

上，千乘。州北八十里。三鄉。新、清河二〔四八〕鎮。有黄河、□水、〔四九〕澠水、濟水。

上，臨淄。州西北四十里。二鄉。有南郊山、牛山、天齊淵、康浪水。

上，密州，高密郡，安化軍節度。建隆元年爲防禦，〔五〇〕開寶五年升安化軍節度，尋復降防禦，六年復升節度。治諸城縣。

地里。東京一千五百里。東至海一百六十五里。西至本州界一百六十里，自界首至沂州一百四十里。南至本州界一百八十里，自界首至海州一百二十里。北至本州界一百三十二里，自界首至濰州四十八里。東南至海一百八十五里。西南至本州界二百里，自界首至沂州八十五里。東北至本州界一百九十里，自界首至萊州一百二十里。〔五一〕西北至本州界一百六十里，自界首至青州一百四十里。

户。主七萬三千六百四十二，客七萬六千五百五。

土貢。絹一十匹，牛黄三兩。

縣四。開寶四年改輔唐縣爲安丘。〔五二〕

望，諸城。四鄉。信陽一鎮。有琅邪山、徐山、濰水、荆水、盧水。

望，安丘。州西北一百二十里。四鄉。李文一鎮。有劉山、安丘山、浯水、〔五三〕汶水、濰水。

望，莒。州西南一百九十里。三鄉。有

上，高密。州東北一百二十里。三鄉。有

上，齊州，濟南郡，德興軍節度。治歷城縣。

地里。

户。

土貢。絹十匹，綿百兩，陽起石、防風各十斤。

縣五。

緊，歷城。

緊，禹城。州西北一百三十里。

中，章丘。

中，長清。

中，臨邑。

上，沂州，琅琊郡，防禦。治臨沂縣。〔五四〕

地里。東京一千八十里。東至本州界九十五里，自界首至海州八十五里。西至本州界二百五里，自界首至兗州一百五十五里。南至本州界七十里，自界首至淮陽軍一百七十里。北至本州界二百五十里，自界首至青州一百七十里。東南至本州界一百二十五里，自界首至海州五十五里。西南至本州界二百四十五里，自界首至徐州七十五里。東北至本州界一百三十里，自界首至密州二百三十里。西北至本州界三百里，自界首至淄州一百六十里。

户。主三萬五千一百二十，客二萬四千九百六十九。

土貢。紫石英、仙靈脾、伏苓各一十斤，鍾乳三十兩。

縣五。

望，臨沂。三鄉。力邵、〔五五〕利城、石門、王相四鎮。〔五六〕有艾山、石門山、沂水、沭水。

望，丞。州西南一百八十里。四鄉。蘭陵一鎮。有魯卿山、抱犢山、丞水。

望，沂水。州北一百八十里。二鄉。静壃、蘇村二鎮。有沂山、琅邪山、浮來山、沂水、沭水、汶水。

望，費。州西九十里。三鄉。屯陽一鎮。〔五七〕有蒙山、龜山、澥水。

中，新泰。州西一百七十里。二鄉。有敖山、汶水、沂水。

上，登州，東牟郡，防禦。唐中都督府。皇朝乾德元年降上州。治蓬萊縣。

地里。東京一千八百里。東至海四百九十里。西至海五里。南至本州界一百五十里，自界首至萊州一百四十里。北至海三里。東南至海四百六十里。西南至本州界一百二十里，自界首至萊州一百二十里。東北至海五里。西北至海四里。

户。主四萬九千五百六十，客二萬八千六百七十。

土貢。金一十兩，石器一十事，牛黄三兩。

縣四。

望，蓬萊。三鄉。兩水一鎮。駝基、〔五八〕沙門二寨。有羽山、九目山、〔五九〕之罘水。

望，黄。州西南五十三里。三鄉。羅山一鎮。有萊山、蹲狗山、黄水。

緊，牟平。州東一百八十里。三鄉。乳山、閻家口二寨。有東牟山、之罘山、清陽水。〔六〇〕

中，文登。州東二百八十里。三鄉。有文登山、成山、昌陽水。

中，萊州，東萊郡，防禦。治掖縣。

地里。東京一千五百里。東至本州界一百里，自界首至登州一百四十里。西至海三十里。南至本州界一百四十里，自界首至密州一百六十里。北至海五十里。東南至海一百五十里。〔六一〕西南至本州界六十八里，自界首至濰州一百二十二里。東北至本州界八十五里，自界首至登州一百五十五里。西北至海二十里。

户。主七萬五千二百八十一，客四萬七千七百。

土貢。牛黄三兩，牡礪、海藻各一十斤，石器一十事。

縣四。

望，掖。四鄉。羅山、海倉〔六二〕二鎮。有三山、夜唐山、〔六三〕掖水。

望，萊陽。州東南一百四十里。四鄉。有高麗山、七子山、五龍水。

望，膠水。州南八十里。二鄉。有明堂山、金泉山、膠水。

中，卽墨。州東南二百四十里。二鄉。有牢山、不其山、天室山、沽水。

上，濰州，團練。建隆三年以青州北海縣置北海軍，乾德三年升爲州。治北海縣。

地里。東京一千二百六十里。東至本州界一百八里，自界首至萊州七十二里。西至本州界七十里，自界首至青州五十里。南至本州界五十里，自界首至密州一百三十里。北至海一百二十里。東南至本州界五十五里，自界首至密州一百六十里。西南至本州界九十里，自界首至青州四十里。東北至本州界一百五里，自界首至萊州七十里。西北至本州界三十五里，自界首至青州一百里。

戶。主三萬六千八百六，客一萬三千一百二十五。

土貢。仙紋綾二十匹，綜絲絁二十匹。

縣三。建隆三年析北海縣置昌邑縣。乾德三年又析青州營丘縣置安仁縣，尋改昌樂。

望，北海。四鄉。有浮烟山、溉源山、溉水、汶水。

望，昌邑。州東六十里。三鄉。有霍侯山、濰水。

緊，昌樂。州西五十五里。三鄉。有方山、橐角山、丹山、朐水。

上，淄州，淄川郡，軍事。治淄川縣。

地里。東京一千一百里。東至本州界六十里，自界首至青州五十三里。西至本州界四十里，自界首至齊州一百四十里。南至本州界五十四里，自界首至兗州三百八十里。北至本州界一百四十里，自界首至濱州五十里。東南至本州界一百四十五里，自界首至沂州三百四十里。西南至本州界六十里，自界首至齊州一百二十里。東北至本州界六十五里，自界首至青州五十五里。西北至本州界二百里，自界首至棣州六十里。

户。主三萬二千五百一十九，客二萬四千八。

土貢。綾一十匹，防風、長理石各五斤。

縣四。景德三年，〔六四〕以高苑縣置宣化軍，熙寧三年復廢軍爲縣，隸州，即縣治置宣化軍使。

望，淄川。二鄉。金嶺一鎮。有矍山、商山、夾谷山、淄水。

中，長山。州北五十五里。一鄉。陶唐口一鎮。有長白山、粟水。〔六五〕

中下，鄒平。州西北七十里。二鄉。孫家、〔六六〕趙嵓口、淄鄉、臨河、啀婆五鎮。有系河、濟河。

下，高苑。州北一百一十里。二鄉。有黄河、濟河。

同下州，淮陽軍。太平興國七年以徐州下邳縣置軍。治下邳縣。

地里。東京八百五十里。東至本軍界一百三十里，自界首至楚州七十里。西至本軍界六十里，自界首至徐州一百二十里。南至本軍界七十里，自界首至宿州一百七十里。北至本軍界一百七十里，自界首至沂州七十里。東南至本軍界一百三十里，自界首至泗州二百二十里。西南至本軍界七十里，自界首至宿州一百七十里。東北至本軍界一百三十里，自界首至海州一百七十里。西北至本軍界一百一十里，自界首至沂州一百八十里。

户。主三萬三千九百四十八，客五萬一千五百四十一。

土貢。絹一十匹。

縣二。太平興國七年以徐州宿遷縣隸軍。

望，下邳。八鄉。有嶧陽山、磬石山、艾山、沂水、泗水、沭水、睢水。

中，宿遷。軍東南一百八十里。三鄉。崔野、桃園、魚溝三鎮。有泗水、汜水。

西路 南京見上。州七，縣三十五。

大都督府，兖州，魯郡，泰寧軍節度。唐泰寧軍節度。周降防禦。皇朝建隆元年復節度，大中祥符元年升大都督府。治瑕丘縣。

地里。東京六百里。東至本州界一百五十里，自界首至沂州二百一十里。〔六七〕西至本州界三十里，自界首至濟州一百二十里。南至本州界一百一十里，自界首至徐州二百五十里。北至本州界二百四十里，自界首至齊州一百二十里。東南至本州界九十五里，自界首至徐州二百二十五里。西南至本州界三十里，自界首至單州二百八十里。東北至本州界三百二十里，自界首至淄州五十里。西北至本州界九十三里，自界首至鄆州六十里。

户。主五萬六千一百七十八，客三萬九千五百二十四。

土貢。花綾一十匹，墨一百枚，伏苓、雲母、防風、紫石英各一十斤。

縣七。大中祥符元年改乾封縣爲奉符，五年改曲阜縣爲仙源。熙寧五年省鄒縣爲鎮入仙源，元豐七年復爲縣。

上，瑕丘。三鄉。有嵫陽山、泗水、洸水。

上，奉符。州東北一百八十里。二鄉。太平、靜封二鎮。有泰山、社首山、龜山、徂徠山、亭亭山、汶水。

上，泗水。州東北九十里。三鄉。有陪尾山、尼丘山、〔六八〕云云山、泗水、洙水。

上，龔丘。州北四十五里。二鄉。有□山、〔六九〕洸水、讙水。

中下，仙源。州東四十里。二鄉。有防山、曲阜、泗水、洙水、沂水。

中下，萊蕪。州東北三百里。二鄉。有肅然山、安期山、嬴汶水、牟汶水。

下，鄒。州東南五十里。二鄉。有嶧山、凫山、泗水、漷水。

監一。

萊蕪。州東北二百五十里。

大都督府，徐州，彭城郡，武寧軍節度。治彭城縣。

地里。東京七百里。東至本州界一百里，自界首至淮陽軍九十里。西至本州界一百二十里，自界首至南京二百三十里。南至本州界五十里，自界首至宿州九十五里。北至本州界二百五十五里，自界首至兖州一百里。東南至本州界一百里，自界首至泗州三百五十里。西南至本州界一百三十里，自界首至亳州二百五十里。東北至本州界七十里，自界首至沂州二百八十里。西北至本州界二百一十里，自界首至單州一百三十里。

户。主八萬四千八百七十，客一萬九千四十六。

土貢。雙絲綾、紬、絹各一十匹。

縣五。太平興國七年以下邳、宿遷二縣隸淮陽軍。

望，彭城。五鄉。卞塘、〔七〇〕呂梁洪二鎮。有九里山、赭土山、泗水、獲水、沛澤。

望，沛。州西北一百四十里。五鄉。留城一鎮。有微山、泗水、泡水、瀔水。

望，蕭。州西五十里。四鄉。永安、白土二鎮。有綏輿山、丁公山、古汴渠。

緊，滕。州北一百九十里。四鄉。有桃山、抱犢山、瀔水。

緊，豐。州西北一百四十里。二鄉。有泡水、大澤。

監一。太平興國四年以徐州彭城縣狄丘冶務升爲監，仍隸州。

利國。州東北七十里。

輔，曹州，濟陰郡，彰信軍節度。治濟陰縣。

地里。東京二百四十里。東至本州界三十五里，自界首至單州一百五十里。西至本州界七十里，自界首至東京一百七十里。南至本州界四十里，自界首至東京二百三十里。北至本州界八十五里，自界首至濮州八十五里。東南至本州界五十里，自界首至南京一百八十里。西南至本州界九十里，自界首至東京一百三十五里。〔七一〕東北至本州界七十二里，自界首至濟州六十五里。西北至本州界一百一十里，自界首至滑州一百二十里。

户。主四萬二千三百五十八，客二萬二百五十二。

土貢。絹一十匹，葶藶子三升。

縣五。太平興國二年以濟陰縣定陶鎮置廣濟軍，〔七二〕熙寧四年廢軍，以定陶縣隸州。

望，濟陰。四鄉。有曹南山、菏水、汜水。

望，宛句。州西三十五里。〔七三〕四鄉。有菏水、灉溝、北濟溝。

緊，乘氏。州北五十四里。三鄉。有重丘、濮水。

上，南華。州西北一百一十七里。五鄉。有濮水。

上，定陶。州東北二十七里。三鄉。柏林一鎮。有髣山、陶丘、濮水。

緊，鄆州，東平郡，〔七四〕天平軍節度。治須城縣。

地里。東京五百二十里。東至本州界六十里，自界首至兗州八十里。西至本州界一百里，自界首至濮州八十里。南至本州界一百一十里，〔七五〕自界首至濟州七十里。北至本州界一百七十里，自界首至齊州〔七六〕一百二十里。東南至本州界八十里，自界首至兗州七十里。西南至本州界一百一十里，自界首至濟州七十里。東北至本州界一百六十里，自界首至齊州一百一十里。〔七七〕西北至本州界一百三十里，自界首至博州四十里。

戶。主六萬七千二百六十，客六萬六千七百七十七。

土貢。絹一十匹，阿膠六斤。

縣六。

望，須城。八鄉。有梁山、濟水、清河。

望，陽穀。州西北一百二十里。〔七八〕三鄉。安樂、公乘二鎮。有黄河、碻磝津。

緊，中都。州東南六十里。二鄉。有汶水、大野陂。

緊，東阿。州西北六十里。二鄉。景德、楊劉、關山、〔七九〕銅城、北新橋五鎮。有吾山、穀城山、黄河、阿井。

上，壽張。州西南六十里。四鄉。竹口一鎮。有梁山、濟水。

上，平陰。州東北一百二十里。二鄉。但歡、石横、界首、〔八〇〕寧鄉、滑家口、傅家岸、翔鸞七鎮。有鬱葱山、鴟夷山、黄水、鹹水。

上，濟州，濟陽郡，防禦。治鉅野縣。

地里。東京四百五十里。東至本州界一百二十里，自界首至兖州三十里。西至本州界七十里，自界首至曹州八十里。南至本州界一百二十里，自界首至單州三十里。北至本州界九十里，自界首至鄆州九十里。東南至本州界一百二十里，自界首至單州八十里。西南至本州界七十里，自界首至曹州八十里。東北至本州界七十里，自界首至鄆州一百二十里。西北至本州界八十里，自界首至濮州七十里。

户。主四萬一千四十五，客一萬四千四百五十三。

土貢。阿膠三十兩。〔八一〕

縣四。

望，鉅野。四鄉。合蔡一鎮。有魚山、浮山、鉅野澤。

望，任城。州東九十里。〔八二〕七鄉。〔八三〕魯橋、山口二鎮。有承匡山、〔八四〕泗水、新河。

望，金鄉。州東南九十里。五鄉。有桓溝。

望，鄆城。州北六十里。三鄉。有馬頰河、濮水、洮溝。

上，單州，碭郡，團練。建隆元年〔八五〕升團練。治單父縣。

地里。東京三百八〔八六〕十里。東至本州界五十五里，自界首至徐州一百八十五里。西至本州界六十八里，自界首至曹州七十二里。南至本州界四十里，自界首至南京八十五里。北至本州界四十里，自界首至濟州一百二十五里。東南至本州界一百四十里，自界首至亳州一百七十五里。西南至本州界三十里，自界首至南京一百一十里。東北至本州界一百八十里，自界首至兗州一百里。西北至本州界六十八里，自界首至曹州七十二里。

户。主四萬八千四百七十，〔八七〕客一萬一千八百七。

土貢。蛇牀、防風各一十五斤。

縣四。

望，單父。五鄉。有棲霞山。

望，碭山。州東南九十里。五鄉。有芒碭山、古午溝。

緊，成武。州西北五十里。四鄉。有□

上，魚臺。州東北九十五里。五鄉。黄隊一鎮。有泗水、涓溝。〔八八〕

上，濮州，濮陽郡，團練。建隆元年升防禦，雍熙四年降團練。治鄄城縣。

地里。東京三百五十里。東至本州界八十里，自界首至鄆州一百里。西至本州界六十五里，自界首至澶州三十里。南至本州界八十五里，自界首至曹州九十五里。北至本州界九十里，自界首至北京一百三十里。東南至本州界一百里，自界首至濟州五十里。〔八九〕西南至本州界八十里，自界首至曹州一百四十里。東北至本州界八十里，自界首至鄆州一百一〔九〇〕十里。西北至本州界四十里，自界首至澶州九十里。

户。主四萬五千三百六十七，客一萬四千四百六十九。

土貢。絹一十匹。

縣四。

望，鄄城。一十鄉。永平、張郭二鎮。有旄丘、陶丘、黄河、金隄。

緊，雷澤。州東南七十里。五鄉。瓠河一鎮。有穀林山、廣濟河、瓠子河、沙河、雷夏澤。

上，臨濮。州南六十里。五鄉。徐村一鎮。有沙河、濮河。

上，范。州東六十里。五鄉。安定一鎮。有黄河。

京西路

太平興國三年分南、北路，〔九一〕後併一路，熙寧五年復分二路。

南路　州八，縣三十。

望，襄州，襄陽郡，山南東道節度。治襄陽縣。

地里。東京九百五十里。東至本州界六十里，自界首至隨州二百八十里。西至本州界二百四十四里，自界首至房州二百五十里。南至本州界一百四十七里，自界首至江陵府三百一十里。〔九二〕北至本州界九十里，自界首至鄧州八十八里。東南至本州界一百六十一里，自界首至郢州五十六里。西南至本州界三〔九三〕百三十四里，自界首至峽州二百八十五里。東北至本州界八十七里，自界首至唐州一百六十三里。西北至本州界二百五十一里，自界首至均州一百八里。

户。主四萬七百七十二，客五萬二千二百五十五。

土貢。白穀一十匹，漆器二十事，麝三兩。

縣七。乾德二年以穀城縣陰城鎮建光化軍。〔九四〕太平興國元年改義清縣爲中盧。熙寧五年廢光化軍爲縣，隸州。

緊，襄陽。四鄉。大安、鳳林、峴首、沈碑、漢陰、朝宗、八疊、東岸八鎮。有峴山、鹿門山、望楚山、萬山、漢江、襄河。

望，光化。州西北一百八十里。二鄉。次胡一鎮。有馬窟山、固封山、漢江、温水。〔九五〕

望，鄧城。州北二十里。八鄉。牛首、樊城、高舍三鎮。有淯河、泌白水。

緊，穀城。州西北一百五十里。四鄉。杜母、鄧塞、青涇三鎮。濆石一錫窟。有穀山、固封山、筑水、粉水。

中下，宜城。州南九十里。四鄉。淇水、樊村二鎮。有西梁山、〔九六〕漢江、襄水。

中下，中盧。州西一百二十里。〔九七〕三鄉。有伏龍山、長渠、木渠。

中下，南漳。州西南一百二十里。三鄉。晁猪一鎮。〔九八〕有荆山、骨溪山、漳水、沮水、淇水、溤水。

上，鄧州，南陽郡，武勝軍節度。治穰縣。

地里。東京七百五十里。東至本州界一百一十里，自界首至唐州七十里。西至本州界一百八十里，自界首至均州八十里。南至本州界九十里，自界首至襄州九十里。北至本州界四百四十里，自界首至西京六百里。東南至本州界一百二十里，自界首至唐州一百二十里。西南至本州界九十里，自界首至襄州一百二十里。東北至本州界一百八十五里，自界首至唐州一百九十五里。西北至本州界三百八十里，自界首至商州二百二十五里。

户。主一萬七千三百七十，客一萬七千一百五。

土貢。白菊花三十斤，花蠟燭一百條。

縣五。建隆初廢臨瀨縣入穰。太平興國六年升内鄉縣順陽鎮爲縣。慶曆四年以唐州方城縣爲鎮，隸州，元豐元年還隸唐州。

上，穰。四鄉。張村、曲河、延陵、刁澗、陽管、穰東、穰廷、廣晉八鎮。有五壟山、〔九九〕覆釜山、湍水、朝水。

中下，南陽。州東北一百二十里。三鄉。博望、羅渠、石橋河、安衆、北趙、故縣六鎮。有豫山、百重山、豐山、梅溪水、白水、清泠水。

中下，内鄉。州西北二百四十里。二鄉。渚陽、〔一〇〇〕峽口、長安、板橋、菊潭、丹水六鎮。有高前山、熊耳山、黄水、菊水。

中下，淅川。州西二百里。一鄉。鸛鴿、〔一〇一〕白亭二鎮。有丹崖山、高星山、淅水、富水。

中下，順陽。州西南一百二十里。一鄉。有五龍山、丹水。

上，隨州，漢東郡，崇信軍節度。乾德五年升崇義軍節度，太平興國元年改崇信軍。治隨縣。

地里。東京九百里。東至本州界七十里，自界首至安州一百七十里。西至本州界二百四十五里，自界首至襄州五十五里。南至本州界一百里，自界首至郢州二百五十里。北至本州界一百五十里，自界首至唐州一百九十里。東南至本州界七十里，自界首至安州八十里。西南至本州界一百二十五里，自界首至郢州二百二十五里。東北至本州界一百四十里，自界首至信陽軍一百一十里。西北至本州界二百一十里，自界首至唐州一百一十里。

户。主一萬二千一百三十五，客二萬五千九百七十七。

土貢。絹三十匹，綾、葛各一十匹，覆盆二斤。〔一〇二〕

縣三。熙寧元年廢光化縣爲鎮入隨。

上，隨。三鄉。光化一鎮。有隨城山、三鍾山、溳水、檀水。

中下，唐城。州西北八十五里。一鄉。有唐城山、溠水。

中下，棗陽。州西北一百六十里。一鄉。有滻水。

上，金州，安康郡，昭化軍節度。晉懷德軍節度，後降防禦。皇朝乾德五年升昭化軍節度。治西城縣。

地里。東京一千九百二十里。東至本州界三百八十五里，自界首至均州三百一十五里。西至本州界一百五十里，自界首至洋州一百九十三里。南至本州界七百里，自界首至夔州四百里。北至本州界二百里，自界首至京兆府五百里。東南至本州界一百四十五里，自界首至房州五百五十五里。西南至本州界四百八十里，自界首至洋州四百五十里。東北至本州界二百二十里，自界首至商州四百八十里。西北至本州界三百里，自界首至洋州二百一十里〔一〇三〕。

户。主一萬三千一百三十二，客二萬三千四十九。

土貢。麩金、麝各二兩，枳殼、枳實、杜仲、白膠香、黄蘗各五斤。

縣四。乾德四年省淯陽縣入洵陽。〔一〇四〕熙寧六年省平利縣爲鎮入西城。

下，西城。五鄉。衡口、平利二鎮。有伏羲山、女媧山、洛水、吉水。

中，〔一〇五〕洵陽。州東一百二十里。八鄉。有麻嶺山、金州山、漢江、洵水、淯水。

中下，漢陰。州西北一百六十五里。四鄉。有鳳皇山、漢江、直水。

下，石泉。州西八十里。二鄉。有漢江、壬水、石泉。

下，房州，房陵郡，保康軍節度。雍熙三年升保康軍節度。治房陵縣。

地里。東京一千五百里。東至本州界一百七十六里，自界首至襄州二百四十四里。西至本州界二百七十九里，自界首至金州一百四十五里。南至本州界一〔一〇六〕百九十里，自界首至歸州一百三十里。北至本州界一百三十里，自界首至均州八十五里。東南至本州界二百八十里，自界首至襄州二百一十里。西南至本州界四百六十里，自界首至大寧監二百四十里。東北至本州界一百二十里，自界首至襄州三百四十里。西北至本州界三百里，自界首至均州一百九十里。

户。主一萬四千一百一十八，客七千一百一十三。

土貢。紵五匹，麝二兩，鍾乳一十兩。

縣二。開寶中省永清縣入房陵，上庸縣入竹山。

上，房陵。五鄉。平安關一鎮。有建鼓山、〔一〇七〕房山、雁浮山、筑水、粉水。

下，竹山。州西一百五里。二鄉。寶豐一鎮。有望楚山、龍袛山、庸城山、堵水、〔一〇八〕浸水。〔一〇九〕

上，均州，武當郡，防禦。治武當縣。

地里。東京九百八十里。東至本州界九十里，自界首至襄州二百四十里。西至本州界三百七十里，自界首至金州三百三十里。南至本州界八十五里，自界首至房州一百三十里。北至本州界一百一〔一一〇〕十里，自界首至鄧州一百九十里。東南至本州界一百二〔一一一〕十里，自界首至襄州二百二十里。西南至本州界一百九十里，自界首至房州三百里。東北至本州界六十五里，自界首至鄧州一百七十五里。西北至本州界二百四十里，自界首至商州四百里。

户。主二萬一千九百四十六，客五千三十二。

土貢。麝五兩。

縣二。乾德六年廢豐利縣入鄖鄉。

上，武當。三鄉。平陵一鎮。有武當山、古塞山、漢水。

上，鄖鄉。州西一百一十三里。五鄉。有鄖城山、伏龍山、錫義山、漢水、寒泉水。

上，郢州，富水郡，防禦。治長壽縣。

地里。東京一千二百里。東至本州界二百九十五里，自界首至安州一百二十五里。西至本州界三百里，〔一二〕自界首至江陵府三百二十里。南至本州界二百四十里，自界首至江陵府二百五十里。北至本州界一百五十里，自界首至隨州三百里。東南至本州界一百六十里，自界首至安州一百四十里。西南至本州界一百二十里，自界首至江陵府三百六十里。東北至本州界一百五十里，自界首至隨州三百四十里。西北至本州界九十里，自界首至襄州一百六十里。

户。主六千六百四十，客二萬四千九百三十五。〔一三〕

土貢。白紵一十匹。

縣二。

上，長壽。二鄉。買塹、永安、新興、〔一四〕激河、青謙、穴口、永清七鎮。有橘木山、寶香山、漢水。

下，京山。州東一百一十里。三鄉。曹武、富水、歸德、西同、〔一五〕永龍、平拔、豐谷七鎮。有張良山、漳河、〔一六〕

富河、温泉。

上，唐州，淮安郡，團練。建隆元年升團練。治泌陽縣。

地里。東京七百里。東至本州界一百七十里，自界首至蔡州一百八十里。西至本州界三十里，自界首至鄧州一百五十里。南至本州界一百四十里，自界首至襄州一百一十里。北至本州界二百三十里，自界首至潁昌府二百二十里。東南至本州界二百三十里，自界首至信陽軍九十里。西南至本州界四十里，自界首至鄧州一百九十里。東北至本州界二百二十五里，自界首至蔡州二百二十五里。西北至本州界七十里，自界首至汝州三百八十里。

户。主二萬一千七百五十八，客一萬一千二百四十三。

土貢。絹一十匹。

縣五。開寶五年省平氏縣爲鎮入泌陽。慶曆四年省方城縣爲鎮入鄧州南陽縣，元豐元年復爲縣，隸州。

中下，泌陽。二鄉。平氏一鎮。有泌水、醴水。

中下，湖陽。州南六十里。二鄉。崔橋一鎮。花山一銀場。有唐子山、蓼山、泌水。

中下，比陽。州東北七十五里。一鄉。有大胡山、中陽山、比水。

下，桐柏。州東一百六十里。二鄉。有桐柏山、淮水、柘河。

下，方城。州北一百六十里。二鄉。青臺、許封、羅渠、新寨四鎮。有方城山、衡山、堵水。

北路

西京見上。府一，州七，〔一一七〕軍一，縣四十五。

次府，潁昌府，許昌郡，忠武軍節度。唐許州。皇朝元豐三年升潁昌府。治長社縣。

地里。東京二百一十五里。東至本府界四十八里，自界首至東京一百八十里。〔一一八〕西至本府界一百二十五里，自界首至西京一百九十里。南至本府界一百四十五里，自界首至蔡州一百二十里。北至本府界七十里，自界首至東京一百四十五里。東南至本府界一百二十七里，自界首至陳州一百一十三里。西南至本府界四十三里，自界首至汝州一百七十七里。東北至本府界五十五里，自界首至東京一百六十里。西北至本府界一百四十五里，自界首至汝州一百二十五里。

户。主三萬一千六百七十五，客二萬五千七百七十七。

土貢。絹一十匹，薦席一十領。

縣六。熙寧四年省許田縣爲鎮入長社。

次赤，長社。七鄉。許田、椹澗〔一一九〕二鎮。□

次畿，郾城。州東南一百二十里。四鄉。新寨、駞口二鎮。有□

次畿，陽翟。州西北九十里。四鄉。□

次畿，長葛。州北六十里。六鄉。長葛一鎮。□

次畿，臨潁。州東南六十里。四鄉。合流、繁城二鎮。□

次畿，舞陽。州西南一百八十里。四鄉。孟寨、北舞、順化三鎮。□

輔，鄭州，滎陽郡，奉寧軍節度。景祐元年升奉寧軍節度，熙寧五年廢，隸開封府，元豐八年復置。治管城縣。

地里。東京一百四十里。東至本州界二十五里，自界首至東京一百一十五里。〔一〇〕西至本州界六十里，自界首至西京一百八十里。南至本州界一百一十里，自界首至潁昌府五十五里。北至本州界七十里，自界首至懷州五十里。東南至本州界六十里，自界首至陳州三百二十七里。西南至本州界六十里，自界首至汝州一百三十五里。東北至本州界七十六里，自界首至衞州三十九里。西北至本州界六十五里，自界首至孟州一百二十五里。

户。主一萬四千七百四十四，客一萬六千二百三十二。

土貢。絹一十匹，麻黄一十斤。

縣五。熙寧五年廢州，以管城、新鄭二縣隸開封府；省原武縣爲鎮入陽武，滎陽、滎澤二縣爲鎮入管城。元豐八年復置州，管城、新鄭縣來隸。元祐元年滎陽、滎澤、原武三鎮復爲縣。

望，管城。四鄉。圃田一鎮。有梅山、金水河、鄭水、圃田澤、廣仁陂。

緊，滎陽。州西六十里。二鄉。賈谷、〔一一〕永清、〔一二〕須水三鎮。有萬石山、嵩渚水、京水、索水、須水、鴻溝。

上，新鄭。州西南九十里。二鄉。郭店一鎮。有陘山、惠民河、溱水、洧水。

上，原武。州北六十里。四鄉。陽橋、〔一三〕陳橋二鎮。有黄河、汴河。

中，滎澤。州西北四十五里。二鄉。有廣武山、敖山、黄河、汴河、滎澤、金隄。

輔，滑州，靈河郡，武成軍節度。唐義成軍節度。皇朝太平興國元年改武成軍，熙寧五年廢，隸開封府，元豐四年復置。治白馬縣。

地里。東京二百一十里。東至本州界一十九里，自界首至濮州一百六十一里。西至本州界二十里，自界首至衞州九十里。南至本州界一百一十里，自界首至東京一百里。北至本州界二十七里，自界首至洛州〔二四〕二百二十七里。東南至本州界一百里，自界首至曹州一百二十里。西南至本州界一百里，自界首至孟州三百里。東北至本州界四十五里，自界首至澶州六十里。西北至本州界七〔二五〕里，自界首至相州一百二十七里。

户。主二萬九百五十九，〔二六〕客二千四百二十三。〔二七〕

土貢。絹三十匹。

縣三。雍熙四年以黎陽縣隸澶州。治平三年〔二八〕省靈河縣爲鎮入白馬。熙寧五年廢州，白馬、韋城、胙城三縣隸開封府，元豐四年復置州，縣復來隸。

中，白馬。四鄉。靈河一鎮。有白馬山、黄河、〔二九〕黎陽津、〔三〇〕靈河津、金隄、滑臺。〔三一〕

望，韋城。州東南五十里。五鄉。武丘一鎮。有石丘、〔三二〕濮水。

緊，胙城。州南九十里。四鄉。有□□、〔三三〕濮水。

望，孟州，河陽三城節度。治河陽縣。

地里。東京三百五十里。東至本州界八十五里，自界首至東京二百六十五里。西至本州界三十五里，自界首至絳州五百二十五里。南至本州界一十〔一二四〕里，自界首至汝州二百四十里。北至本州界四十里，自界首至懷州三十里。東南至本州界一百二十四里，自界首至鄭州七十六里。西南至本州界二十一里，自界首至西京四十九里。東北至本州界八十五里，自界首至衞州二百三十五里。西北至本州界一百一十里，自界首至澤州九十里。

户。主二萬二千七百四十二，〔一二五〕客七千三百三十三。

土貢。粱米一石。

縣六。慶曆三年以河南府王屋縣隸州，復以汜水縣隸河南府，四年復舊。熙寧五年省汜水縣爲鎮入河陰，復以河南府王屋縣隸州。元豐三年復置汜水縣。

望，河陽。二鄉。有嶺山、黄河、湛水、同水。

望，温。州東七十里。三鄉。有黄河、□水。〔一二六〕

望，濟源。州西北六十里。四鄉。有太行山、孔山、濟水、湨水、沁水。

上，汜水。州東南一百一〔一二七〕十里。二鄉。行慶一關。有成皐山、黄河、汜水。

中，河陰。州東北一百六十二里。〔一二八〕三鄉。有三皇山、黄河、汴河渠、索水。

中，王屋。州西北一百三十里。一鄉。有王屋山、天壇山、析城山、黄河。

緊，蔡州，汝南郡，淮康軍節度。景祐二年升淮康軍節度。治汝陽縣。

地里。東京四百五十里。東至本州界一百四十里，自界首至潁州一百四十五里。西至本州界一百二十里，自界首至唐州二百二十五里。南至本州界一百四十里，自界首至信陽軍六十里。〔一三九〕北至本州界一百里，自界首至東京三百五十里。東南至本州界一百六十里，自界首至光州八十五里。西南至本州界一百六十五里，自界首至隨州三百三十里。東北至本州界一百一十五里，自界首至陳州九十里。西北至本州界一百二十里，自界首至潁昌府一百四十五里。

户。主六〔一四〇〕萬二千一百五十六，客七萬五千九百三十。

土貢。綾二十四。

縣一十。大中祥符五年改朗山縣爲確山。

上，汝陽。五鄉。射子、陳寨、王臺、金鄉四鎮。有溱水、澺水。〔一四一〕

上，上蔡。州北五十五里。二鄉。東岸、苽陂、〔一四二〕邵店三鎮。有汝水、鴻河水。

中，新蔡。州東一百六十里。三鄉。〔一四三〕南殄寇一鎮。有汝水。

中，褒信。州東南一百七十里。三鄉。有淮水、汝水。

中，平輿。州東四十五里。三鄉。有汝水、葛陂。

中，遂平。州西北七十里。三鄉。有吴房山、吴城山、龍泉水、灈水。

中，新息。州東南一百五十五里。二鄉。王務一鎮。有淮水、汝水。

中，確山。州西南七十五里。四鄉。黄特、〔一四四〕毛宗、謙恭、〔一四五〕石子四鎮。有確山、浸水、溱水。

中，真陽。州南八十里。二鄉。有淮水、汝水、石塘陂。

中，西平。州西北一百五里。一〔一四六〕鄉。有九頭山、〔一四七〕滾水、鄧艾陂。

上，陳州，〔一四八〕淮陽郡，鎮安軍節度。治宛丘縣。

地里。東京二百四十五里。東至本州界三十里，自界首至亳州一百七十里。西至本州界一百里，自界首至潁昌府一百二十里。南至本州界一百五里，自界首至蔡州一百里。北至本州界三十五里，自界首至東京一百一十里。〔一四九〕東南至本州界一百三十里，自界首至潁州一百〔一五〇〕一十里。西南至本州界九十里，自界首至蔡州一百里。東北至本州界四十里，自界首至亳州一百二十里。西北至本州界三十里，自界首至鄭州三〔一五一〕百一十五里。

户。主二萬五千六百四十九，〔一五二〕客一萬八千五百八十四。

土貢。紬、絹各一十五匹。

縣四。建隆元年改溵水縣爲商水。熙寧六年省南頓縣爲鎮入商水。〔一五三〕

緊，宛丘。六鄉。馮唐、子丁〔一五四〕二鎮，有蔡河、潁水、洧水。

上，項城。州東南七十里。七鄉。蔡口、殄寇二鎮。有潁水、百尺堰。

中，商水。州西南八十里。五鄉。〔一五五〕南頓、白帝、谷陽三鎮。有潁水、商水。

中，西華。州西八十里。四鄉。長平一鎮。有宜陽山、蔡河、潁水。

上，潁州，〔一五六〕汝陰郡，順昌軍節度。漢爲防禦。周降團練。皇朝開寶六年復防禦，元豐二年升順昌軍節度。

治汝陰縣。

地里。東京五百五十里。東至本州界一百五十一里，自界首至壽州五十五里。西至本州界一百四十五里，自界首至蔡州一百五十五里。南至本州界一百五十里，自界首至光州一百五十里。北至本州界一百五十里，自界首至亳州九十里。東南至本州界九十里，自界首至壽州一百八十里。西南至本州界一百四十里，自界首至蔡州二百三十里。東北至本州界一百二十里，自界首至亳州一百六十里。西北至本州界一百二十里，自界首至陳州一百五十〔一五七〕里。

户。主四萬五千六百二十四，客四萬五千七百八十四。

土貢。紬、絁、絹各一十匹，〔一五八〕絲一百兩。

縣四。開寶六年以汝陰縣百尺鎮置萬壽縣。

望，汝陰。五鄉。王家市、永寧、椒陂、櫟頭四鎮。有潁水、淮水、淝水、汝水。

望，萬壽。州西北五十七里。三鄉。斤溝、界溝、税子步三鎮。有潁水。

緊，潁上。州東一百二十七里。二鄉。正陽、灃口、江陂三鎮。有潁水、淮水、江陂塘。

緊，沈丘。州西一百一十里。三鄉。永安一鎮。有武丘。

輔，汝州，臨汝郡防禦。治梁縣。

地里。東京四百五十里。東至本州界二百里，自界首至潁昌府四十里。西至本州界六十里，自界首至西京一百里。南至本州界二百八十里，自界首至鄧州二百七十里。北至本州界四十里，自界首至西京一百九十里。東南至本州界二百二十里，自界首至潁昌府一百五十里。〔一五九〕西南至本州界六十里，自界首至西京三〔一六〇〕百一十里。東北至本州界一百三十里，自界首至鄭州二百三十里。西北至本州界四十里，自界首至西京一百二十里。

户。主二萬四千一百三十九，客二萬八千二百三十六。

土貢。紬、絁各一十五匹。

縣五。熙寧四年省龍興縣爲鎮入魯山。〔一六一〕

中，梁。一鄉。臨汝、趙洛二鎮。有霍陽山、崆峒山、紫邏山、〔一六二〕汝水、廣潤河。

緊，襄城。州東南一百五十里。三鄉。潁橋、姜店二鎮。有汝水。

上，葉。州東南二百四十里。〔一六三〕一〔一六四〕鄉。石塘河、汝墳二鎮。有方城山、石塘河、〔一六五〕澧水。

中，郟城。州東南九十里。二鄉。長橋一鎮。有汝水、扈澗水。〔一六六〕

中，魯山。州南一百二十里。一鄉。曹村、龍興二鎮。有堯山、〔一六七〕滍水、鴉河。

同下州，信陽軍。唐申州。皇朝開寶九年降義陽軍，太平興國元年改信陽軍。治信陽縣。

地里。東京七百五十里。東至本軍界一百六十里，自界首至光州九十里。〔一六八〕西至本軍界一百五十里，自界首至隨州一百里。南至本軍界八十里，自界首至安州一百七十里。北至本軍界五十五里，自界首至蔡州一百九十五里。東南至本軍界一百三十八里，自界首至光州一百一十二里。〔一六九〕西南至本軍界一百里，自界首至隨州一百五十里。東北至本軍界一百六十里，自界首至蔡州一百七十里。西北至本軍界八〔一七〇〕十里，自界首至唐州二百七十里。

户。主五千六〔一七〕百六十六，客一萬二千七百三十二。

土貢。紵布一十四。

縣二。開寶九年省羅山、鍾山縣入義陽。太平興國元年改義陽縣爲信陽。雍熙三年復置羅山縣。

中下，信陽。二鄉。淮北一鎮。有鍾山、桐柏山、淮水。

中下，羅山。軍東北一百一十里。二鄉。有東羅山、石城山、澌水。

校勘記

〔一〕皇祐五年以曹陳許鄭滑五州爲京畿路　續資治通鑑長編卷一七五：「皇祐五年十二月，「賈昌朝請析京東之曹州、京西之陳許鄭滑州并開封府總四十二縣爲京畿，帝納之。壬戌詔以曹陳許鄭滑五州爲輔郡，隸畿内，置京畿轉運使。」又宋史卷八五地理志：「皇祐五年以京東之曹州、京西之陳許鄭滑州爲輔郡，隸畿内，并開封府合四十二縣置京畿路轉運使及提點刑獄總之。」則「五州」下當脱「并開封府」四字。

〔二〕南至本京界二百一十五里自界首至陳州一百五里　馮校：「案通鑑卷二百九十二注引九域志：『開封府南至陳州三百三十里。』」

〔三〕蘆席一十領　「十」，底本作「百」。吴本及賓退録卷一〇引元豐九域志土貢俱作「十」，此「百」乃「十」字之誤，今據改。

〔四〕汴河惠民河通濟渠 玉海卷二二引九域志：「汴水，古通濟渠也。」又輿地廣記卷五開封府開封縣：「有汴河，蓋古蒗蕩渠也。首受黄河水，隋煬帝開浚，以通江淮漕運，兼引汴水，亦曰通濟渠。」則汴河即通濟渠。

〔五〕張三館 底本作「張二」，無「館」字；盧本「二」作「三」。宋會要食貨一九之一開封府有張三館務，同書食貨一五之一別作「張三貫鎮」。「貫」、「館」音同，則「張二」實爲「張三」之誤，其下又脱「館」或「貫」字，據以補正。

〔六〕廣濟河 底本作「濟河」。馮校：「錢本『濟』上空一字。集梧案困學紀聞云：『五丈河，開寶六年改爲廣濟河』；『九域志在祥符縣、東明縣』。今東明下有廣濟河，此空字當是『廣』字。」今按：輿地廣記卷五開封府祥符縣下載有廣濟河，馮説是，據補。

〔七〕朱家曲 底本作「米曲」。宋會要食貨一五之一、一九之一開封府作「朱家曲」。清嘉慶重修一統志卷一八七開封府：「朱曲鎮，九域志尉氏有朱家曲鎮，舊志在縣東十五里，洧水於此回曲而東，因名。」則「米」乃「朱」字之誤，其下又脱「家」字，據以補正。

〔八〕制澤陂 底本作「澤陂」。水經渠水注：「長明溝水出苑陵縣故城西北，縣有二城，此則西城也。二城以東悉多陂澤，即古制澤也。京相璠曰鄭地。杜預曰澤在滎陽苑陵縣東，即春秋之制田也。」輿地廣記卷五開封府尉氏縣：「有制澤陂。左傳注：『滎陽宛陵縣東有制澤。』此亦宛陵縣地也。」則此「澤陂」上應脱「制」字，今據補。盧本別作「逢澤陂」，按太平寰宇記卷一開封府開封縣

「逢澤在縣東北十四里，今名逢池。史記：秦孝公二十年使公子少官率師會諸侯逢澤。」是逢澤屬開封縣，非屬尉氏縣，盧本誤。

〔九〕北南　疑此有誤。

〔一〇〕皇柏山　馮校：「案太平寰宇記引城冢記云：『大梁城東三十里、汴水北五里有黃柏山。』此『皇』字誤。」今按：輿地廣記卷五開封府陳留縣下亦作「有皇柏山」，馮説非。

〔一一〕酸棗　底本作「延津」。馮校：「案宋史地理志延津：『舊酸棗縣，政和七年改。』此已書延津，當據宣和續修本羼入者。」今按：宋會要方域五之一一亦載：「延津縣，政和七年以酸棗縣改。」馮説是，據改。

〔一二〕京西北九十里　「西北」，底本作「東南」。馮校：「通鑑卷二百八十八注引九域志，酸棗在州東北九十里。此云京東南誤。」今按：宋東京開封府治開封、祥符二縣，即今開封市；酸棗縣即今延津縣，地在今開封市西北而非東南。太平寰宇記卷二開封府酸棗縣下正作「西北」，與實際符。此「東南」乃「西北」之誤，今據改。資治通鑑注引九域志謂酸棗在汴州「東北九十里」，「東北」二字亦誤。

〔一三〕刃河　輿地廣記卷五開封府長垣縣下作「刁河」。

〔一四〕京東九十里　馮校：「錢本作『京東南九十里』。集梧案太平寰宇記東明下亦云『東九十里』，又云『西南去陳留縣八十里』。考本志陳留在京東五十二里，東明爲漢東昏縣地，東昏故城在今蘭陽縣東北二十里，而蘭陽又在開封府東北九十里，則東明實在京東北。此第言京東已爲少疏，至兼云東南，則更不可通矣。」今按：馮説是。

〔一五〕京東一百七十里　馮校：「案通鑑卷二百八十一注引志文『東』下有『南』字。」今按：資治通鑑卷二二九注引九域志亦稱「襄邑在汴州東南一百七十里。」

〔一六〕崇化　底本「崇」字原闕。宋會要方域一二之一四：「襄邑縣崇化鎮，明道二年置。」今據補。

〔一七〕京南一百八十里　資治通鑑卷二五六注引九域志：「扶溝縣在汴州南一百九十里。」

〔一八〕京南一百六十里　「南」，底本作「東」。宋東京開封府治開封、祥符二縣，即今開封市；鄢陵縣即今鄢陵縣，位于今開封市之南稍西。此「東」乃「南」字之誤。讀史方輿紀要卷四七、清嘉慶重修一統志卷一八六並載鄢陵縣在開封府南一百六十里，正與實際相符，今據改。資治通鑑卷二六七注引九域志另作「鄢陵縣在大梁東南一百六十里」，「東」字亦衍。

〔一九〕二　馮注：「江本作『三』。」

〔二〇〕崔橋　「崔」，馮注：「江本作『雀』。」今按：影宋鈔本、吴本、盧本、周本俱作「崔」，宋會要食貨一五之一同，江本誤。

〔二一〕慶曆三年至復以孟州汜水縣隸府省入鞏縣爲行慶關　底本「鞏」、「慶關」三字闕。本志同卷孟州下載：「慶曆三年……復以汜水縣隸河南府，四年復舊。熙寧五年省汜水縣爲鎮入河陰。」宋會要方域五之二三：「汜水縣，熙寧三年省縣爲行慶關，隸河南府鞏縣；四年復置縣，還隸；五年廢爲鎮，隸河陰縣。」則慶曆三年汜水縣未曾省廢，熙寧三年始省汜水入鞏縣爲行慶關。此處所闕爲「鞏」及「慶關」三字，今據補；唯志文繫此事于慶曆三年下，誤。盧本別作「復以孟州汜水縣隸府省入河陰縣」。又馮校云：「案宋史地理志：偃師，慶曆二年廢爲鎮。此當云省偃師縣爲鎮入緱氏。」亦並誤。

〔二二〕又省壽安潁陽偃師緱氏河清王屋縣爲鎮四年復舊　底本「偃師緱」、「河清」、「屋」六字原闕。周本「潁陽」下爲「偃師緱」三字，「王」下爲「屋」字。宋會要方域五之一一、一二之一四載偃師、河清、緱氏三縣，皆慶曆三年廢爲鎮，四年復爲縣。則此處「潁陽」下所闕當爲「偃師緱」三字，「氏」下所闕當爲「河清」二字，「王」下所闕當爲「屋」字，周本是，今據補。然宋會要方域五之一三：「王屋縣，慶曆三年自河南府來隸，四年還隸」，本志同卷孟州下同，則此處志文有誤。盧本「潁陽」下別書「伊闕緱」，據宋史卷八五地理志及宋會要方域一二之一四載，伊闕縣廢爲鎮時在熙寧五年而非慶曆三年，「伊闕」二字亦誤。又馮校云：「案宋史地理志，偃師、潁陽、壽安，其廢縣爲鎮俱在慶曆二年。」今查宋志，乃爲慶曆三年，馮氏引誤。

〔二三〕熙寧三年省洛陽縣入河南至以王屋縣隸孟州　馮校：「案宋史地理志，省潁陽入登封在熙寧二年，省洛陽入河南、福昌入壽安、偃師入緱氏俱在熙寧五年；本志孟州下以王屋縣隸孟州亦在五年。此疑誤。又宋志伊闕縣于熙寧五年廢爲鎮入河南，六年改隸伊陽。此云熙寧三年省伊闕縣爲鎮入伊陽，語亦未悉。」今按：宋會要方域五之一一：「潁陽縣，熙寧五年廢爲鎮，隸登封縣，元祐二年復。」又與本志及宋志異。

〔二四〕四鄉　馮校：「陳氏鱣曰：隸州防禦使檢校太保石保興碑云，『葬河南洛陽縣平樂鄉』。碑立于大中祥符四年，洛陽縣尚未爲鎮，平樂鄉蓋四鄉之一也。集梧案王安石大理寺丞楊君墓誌云，『嘉祐八年葬河南府洛陽縣平樂鄉』，卽此平樂鄉也。以余觀宋人述地理者，如太平寰宇記等書所載縣分鄉名甚多，而一時名人文集如所云葬某縣之某鄉者，則又不可偏舉也。茲錄陳氏語一則，而著其說如此。」

〔二五〕□□山　太平寰宇記卷三河南府河南縣載有穀城山、佩印山、闕塞山，洛陽縣載有北邙山、委粟山、萬安山，而稱佩印山「卽芒山之別阜」。芒山亦卽北邙山，與萬安山、委粟山已載本志河南縣下，則此所闕或爲穀城山，或爲闕塞山。輿地廣記卷五河南府河南縣載「有闕塞山，俗曰龍門」，疑此「山」上所闕當爲「闕塞」二字。

〔二六〕鳳臺□□□山　輿地廣記卷五河南府永安縣：「有少室山、鳳臺山、轘轅山。」疑此所闕當爲「山轘轅」三字。

〔二七〕七十六里　馮校：「案通鑑卷二百七十三注引志文作『七十里』。」

〔二八〕洛水　「水」，底本作「山」，盧本同。宋壽安縣無洛山，周本、影宋鈔本俱作「洛水」，此「山」乃「水」字之誤，今據改。

〔二九〕東京　馮校：「案『東京』，各本俱作『京東』，今據各府州軍體例改。」今按：影宋鈔本、吳本、周本俱作「東京」，馮說是。

〔三〇〕景德三年升宋城縣爲次赤至餘縣爲正畿　底本二「赤」字俱作「畿」。馮校：「案宋城升次畿，而餘縣俱亦爲次畿，迨升宋城爲正畿，而餘縣復俱爲正畿，乃事之必不必然者。據本志宋城冠赤，此上之『次畿』當是『正畿』之誤，而下之『正畿』當是『赤』字之誤。」今按：宋大詔令集卷一五九景德三年二月甲申升宋州爲應天府詔：「宋州宜升爲應天府，宋城縣爲次赤，寧陵、楚丘、柘城、下邑、穀熟、虞城等縣並爲次畿。」宋會要方域五之一一：「景德三年升宋城縣爲次赤，餘縣爲次畿。大中祥符七年升宋城縣爲正赤，餘縣爲正畿。」則宋城于景德三年升爲次赤，大中祥符七年又升爲正赤，此志文誤，馮說亦非，據改。

〔三一〕京西五十五里　馮校：「案通鑑卷二百二十九注引志文作『在州西四十五里』。」

〔三二〕新興　底本原闕。馮校：「通鑑卷二百五十一注引志文宋州寧陵縣有新興鎮，則此所闕字當是『新興』二字也。」今按：清嘉慶重修一統志卷一九四歸德府長安鎮下引九域志亦謂寧陵縣有新興鎮，馮說是，據補。

〔三三〕包水　馮校：「案水經注淮水篇：『苞水東流入渙。』包、苞字通也。」

〔三四〕泓水　底本「泓」字闕。今據周本補。金史卷二五地理志睢州柘城縣亦載「有渙水、泡水、泓水」。

〔三五〕高辛　底本「辛」字闕。金史卷二五地理志歸德府穀城縣列有舊高辛鎮，清嘉慶重修一統志卷一九四歸德府濟陽鎮下引九域志亦謂穀熟縣有高辛鎮。今據補。

〔三六〕南至本京界六十一里自界首至澶州六十九里　馮校：「案『澶』字原闕。今據澶州北至文補之。又通鑑卷二百八十一注曰：『澶州本治頓丘縣，今併州縣皆徙治德勝。按九域志之澶州距魏州一百三十里；德勝之澶州，晉人以爲距魏州一百五十里，有二十里之差。蓋自澶州北城抵魏州一百三十里，若自南城渡河并浮梁，計程則一百五十里也。』考胡氏於卷二百八十九注云：『魏州南至澶州一百五十里。』所謂併浮梁計程者。其二百六十卷注引九域志：『魏州南至澶州一百四十里。』則據澶州北至文言之也。」今按：影宋鈔本、吳本俱作「自界首至澶州六十九里」，則「澶」字固闕，馮説是。盧本別作「自界首至相州六十九里」，「相」字誤。

〔三七〕自界首至貝州三十里至自界首至洛州三十里　馮校：「『貝』字、『相』字、『博』字、『洛』字俱原闕，今據太平寰宇記補。又通鑑卷二百八十四注云：九域志，鄴都之境『西北距洛州五十里』，今志作至洛州三十里，考洛州東南至北京一百二十里，則此『三十里』自當是『五十里』之誤。」今按：馮説是。

〔三八〕定安　宋會要食貨一九之一同，然同書食貨一五之二又作「安定」，金史卷二六地理志大名府元城縣下亦作「安定」。

〔三九〕一百二十四里　馮校：「案通鑑卷二百六十一注引志文作『二百一十四里』。」

〔四〇〕澗溝河　文獻通考卷三一七輿地考魏州夏津縣下有閏溝河，金史卷二六地理志大名府夏津縣下作潤溝河，疑此「澗」乃「潤」字之誤。

〔四一〕自界首至沂州四百二十五里　「二」，馮注：「江本作『一』。」

〔四二〕建隆三年以北海縣置北海軍　底本「以」下七字原闕。盧本作「北海縣置北海軍」，繆荃孫藝風藏書記卷三記元豐九域志舊鈔本同。本志同卷濰州下：「建隆三年以青州北海縣置北海軍，乾德三年升爲州，治北海縣。」宋會要方域五之一五同。今據補。

〔四三〕□水□水□□□水　太平寰宇記卷一八青州益都縣有平盧河、澠水，文獻通考卷三一七輿地考青州益都縣有「淄、澠水、平盧水」，疑此前二「水」上所闕分別爲「淄」、「澠」二字，後一「水」上所闕爲「平盧」二字，而板刻誤多空一格。

〔四四〕高□廣陵二鹽務　底本「廣陵」下有「高」字，馮注：「江本無此字。」今按：「廣陵」上已有「高□」，此「高」字當係重出，江本是，據刪。

〔四五〕□水□水　太平寰宇記卷一八青州壽光縣：「淄、澠水西自千乘縣流入，至此合流，去縣四十里。」輿地廣記卷六青州壽光縣有「淄、澠二水」。則此所闕前者當爲「淄」字，後者當爲「澠」字。

〔四六〕淳化博昌二鎮　底本「淳」、「博」、「鎮」三字原闕。吳本有「鎮」字。資治通鑑卷二六四引九域志：「博興在青州西北一百二十里，管下有博昌鎮。」宋會要方域一二之一三：「青州博興縣淳化鎮，淳化五年置；博昌鎮，景祐二年置。」同書食貨一五之三所載同。今據補。

〔四七〕□水□水　太平寰宇記卷一八青州博興縣：「濟水北去縣百步，又東北流入海。」文獻通考卷三一七輿地考青州、金史卷二五地理志益都府博興縣下有「濟水、時水」。則此所闕前者當爲「濟」

字，後者當爲「時」字。

〔四八〕二　馮注：「江本作『一』。」今按：影宋鈔本、吴本、盧本、周本俱作「二」，宋會要食貨一五之三青州有青河鎮，金史卷二五地理志益都府樂安縣下同，江本誤。

〔四九〕□水　文獻通考卷三一七輿地考青州千乘縣下有「時水、濟水」，則此所闕蓋爲「時」字。

〔五〇〕建隆元年爲防禦　「元」，馮注：「江本作『五』。」今按：影宋鈔本、吴本、盧本、周本俱作「元」，宋會要方域五之一、五之一三同，江本誤。

〔五一〕自界首至萊州一百二十里　「二」，馮注：「江本作『一』。」

〔五二〕開寶四年改輔唐縣爲安丘　宋會要方域五之一三：「安丘縣，唐輔唐縣，梁改膠西，開寶四年復今名。」宋史卷八五地理志密州安丘縣下同。此處有誤。

〔五三〕浯水　「浯」，馮注：「江本作『梧』。」今按：影宋鈔本、吴本、盧本、周本俱作「浯」，太平寰宇記卷二四密州安丘縣下同，江本誤。

〔五四〕望莒州西南至沂臨沂縣　底本原闕。馮校：「案密州以下志多闕文，據文獻通考，密州當元豐時自諸城、安丘外，有莒縣、高密縣。通鑑卷二百七十六注云：高密，『屬密州，九域志在州東北一百二十里』。則此闕莒及高密二縣也。又前京東東路下計凡州八，宋史地理志於密州後列齊州濟南郡，爲縣者五，曰歷城、禹城、章丘、長清、臨邑，其略可見者。通鑑卷二百四十四注引九域志有禹城在齊州西北一百三十里之文，而此已全闕矣。又沂州琅琊郡，其『地里』以下俱見於策，而州郡標目亦闕不著。」今按：馮説是。盧本于安丘縣「濰水」後列有「望，莒，州西南一百九十里，三鄉，有」；「望，高密，州東北一百二十里，三鄉，有」；「上，齊州，濟南郡，德興軍節度」；「地里」；「户」；「土貢」；「縣五」；「緊，歷城」；「緊，禹城」；「中，章丘」；「中，長清」；「中，臨邑」；「上，沂州，琅琊郡，防禦」諸項。其中「望，高密」，吴本及武英殿聚珍本皆列作「上，高密」，據輿地廣記卷六、宋史卷八五地理志密州高密縣皆書「上」，則自當作「上，高密」爲是。又武英殿聚珍本「德興軍節度」下有「治歷城縣」，吴本又列有「沂州，琅邪郡，治臨沂縣」；宋會要食貨四一之四二引九域志列齊州土貢爲「絹十匹，綿百兩，陽起石、防風各十斤」，賓退録卷一〇引元豐九域志同。凡此正是此處闕文，據補。

〔五五〕力邵　宋會要食貨一五之四作「力劭」。

〔五六〕王相四鎮　「王相」，宋會要食貨一五之四作「王相公莊」。

〔五七〕屯陽一鎮　「屯」，宋會要食貨一五之四作「毛」。讀史方輿紀要卷三三沂州費縣：「毛陽鎮在縣西北百里。」疑此「屯」爲「毛」字之誤。

〔五八〕駝基　「駝」，底本作「馳」。吴本作「駝」，文獻通考卷三一七輿地考作「駞」。「駞」、「駝」同，當從吴本作「駝」爲宜，今據改。

〔五九〕九目山　「目」，底本作「日」。隋書卷三〇地理志東萊郡牟平縣有九目山。太平寰宇記卷二〇登州蓬萊縣：「九目山在縣東南七十里。按晏謨齊記云山有竅，因名九目。」則此「日」爲「目」字之誤，今據改。

〔六〇〕清陽水「清」，底本作「青」。馮注：「江本作『清』。」今按吴本、盧本、周本亦作「清」，文獻通考卷三一七輿地考登州、金史卷二五地理志寧海州牟平縣有清陽水。則當以「清」字爲是，據改。

〔六一〕東南至海一百五十里　馮校：「案太平寰宇記作『二百五十里』。」

〔六二〕海倉　底本作「滄海」。宋會要食貨一五之四作「海倉」，金史卷二五地理志萊州萊陽縣下有海倉鎮。則此「滄海」爲「海倉」之誤，今據改。

〔六三〕夜唐山　金史卷二五地理志萊州掖縣下作「夜居山」。

〔六四〕景德三年　馮校：「案曾子固隆平集『三年』作『二年』，文獻通考、宋史地理志與此同。」

〔六五〕粟水　文獻通考卷三一七輿地考淄州長山縣，下同。金史卷二五地理志淄州長山縣下别作「栗水」。

〔六六〕孫家　宋會要食貨一五之五作「孫家店」，金史卷二五地理志淄州鄒平縣下作「孫家嶺」。

〔六七〕東至本州界一百五十里自界首至沂州二百一十里　馮校：「案此與沂州西至兖州里數同。通鑑卷二百六十一注引志文『兖州三百四十五里東至沂州』，則有十五里之差。」

〔六八〕尼丘山　底本「尼」字原闕。盧本及輿地廣記卷七襲慶府、金史卷二五地理志兖州泗水縣下俱作「尼丘山」，今據補。

〔六九〕□山　影宋鈔本「山」上空二格。

〔七〇〕卞塘　「卞」，馮注：「江本作『下』。」今按吴本、盧本、周本俱作「卞」，宋會要食貨一五之五同，江本誤。

〔七一〕西南至本州界九十里自界首至東京一百三十五里　資治通鑑卷二七二注引九域志：「曹州西南至大梁二百四十餘里。」

〔七二〕太平興國二年以濟陰縣定陶鎮置廣濟軍　「二年」底本作「三年」。本志下文「省廢州軍」作「二年」，隆平集卷一、皇宋十朝綱要卷二、宋史卷八五地理志廣濟軍下同。續資治通鑑長編卷一八太平興國二年閏七月癸丑：「以曹州定陶鎮爲廣濟軍。」則此「三年」爲「二年」之誤，據改。

〔七三〕三十五里　馮校：「案通鑑卷二百五十二注引志文作『四十五里』。」

〔七四〕鄆州東平郡　馮注：「江浙本俱作『東平府，舊鄆州，東平郡』。」今按：影宋鈔本、吴本、盧本、周本俱作「鄆州，東平郡」。宋會要方域五之一七：「東平府，舊鄆州，宣和元年升爲東平府。」本志以元豐爲准，則應作「鄆州，東平郡」。

〔七五〕南至本州界一百一十里　後「一」字，馮注：「江本作『二』。」

〔七六〕齊州　「齊」，底本作「濟」。馮注：「江本作『齊』。」今按：影宋鈔本、盧本、周本皆作「齊」，馮説是，據改。

〔七七〕東北至本州界一百六十里自界首至齊州一百一十里　「齊州」，底本作「濟州」。馮注：「江浙本俱作『齊』。」又馮校：「案元和郡縣志，鄆州東北至齊州二百八十里；若濟州，則在鄆州西南矣。」

此當作齊州是。」今按：影宋鈔本、盧本、周本皆作「齊州」，馮説是，據改。

〔七八〕州西北一百二十里　馮校：「案通鑑卷二百四十注引九域志文作在『州西一百三十里』。」

〔七九〕闞山　「闞」，馮注：「江本作『開』。」今按：影宋鈔本、吴本、盧本、周本俱作「闞」，宋會要食貨一五之五、金史卷二五地理志東平府東阿縣下同，江本誤。

〔八〇〕但歡石横界首　「但」，底本作「祖」；「横」，底本作「溝」。馮校：「錢本作但歡、石横、界石。」今按：影宋鈔本、盧本俱同錢本。金史卷二五地理志東平府平陰縣下有但歡、石横鎮，則此「祖」爲「但」字之誤，「溝」爲「横」字之誤，據改；又宋會要食貨一九之二鄆州有界首務，則錢本及影宋鈔本、盧本並誤「界首」爲「界石」。

〔八一〕阿膠三十兩　「三十兩」，馮注：「江本作『五兩』，浙本作『三兩』。」今按：影宋鈔本、吴本、盧本、周本俱作「三十兩」，宋會要食貨四一之二引元豐九域志土貢同，江浙本誤。

〔八二〕州東九十里　馮注：「『東』下，江浙本俱有『南』字。」今按：宋任城縣治正在濟州之東，江浙本誤。

〔八三〕七鄉　吴本作「十鄉」。

〔八四〕承匡山　太平寰宇記卷一四濟州任城縣下同。元和郡縣志卷一〇兖州任城縣下有「承注山，在縣東南七十六里，女媧生處」。清嘉慶重修一統志卷一八三濟寧直隸州：「承注山在州東南四十里。」疑此「匡」爲「注」字之誤。

〔八五〕二年　馮校：「案宋史地理志『二年』作『元年』。」

之六鄧州有鸛鴿務，錢本誤。

〔一〇二〕覆盆二斤　馮校：「錢本『二』作『三』。」今按：影宋鈔本、吴本、盧本、周本俱作「二」，賓退録卷一○引元豐九域志土貢同，錢本誤。

〔一〇三〕自界首至洋州二百一十里　馮注：「浙本作『三百九十里』。」今按：吴本亦作「三百九十里」。

〔一〇四〕洵陽　馮注：「江本作『漢陰』。」今按：影宋鈔本、吴本、盧本、周本皆作「洵陽」，宋會要方域五之二一同，江本誤。

〔一〇五〕中　馮注：「江浙本俱作『下』。」今按：影宋鈔本、吴本、盧本、周本俱作「中」，宋史卷八五地理志、輿地廣記卷八金州洵陽縣同，江浙本誤。

〔一〇六〕一　吴本、周本俱作「二」。

〔一〇七〕建鼓山　底本作「鼓山」。太平寰宇記卷一四三房州房陵縣：「建鼓山，袁山松記云：登句將山，見馬鬣、建鼓，巉然半天。華陽國志云此即山水之艱，有馬鬣、建鼓之險。」輿地紀勝卷八六、文獻通考卷三二一輿地考金州房陵縣下皆作「建鼓山」。則此「鼓」上當脱「建」字，今據補。

〔一〇八〕堵水　「堵」，馮注：「江本作『渚』。」今按：影宋鈔本、吴本、盧本、周本俱作「堵」，輿地紀勝卷八六房州引九域志同，江本誤。

〔一〇九〕浸水　馮校：「案方輿勝覽，浸水在王家山下，宜染纑紗。太平寰宇記作『漫水』，蓋字誤也。」

〔一一〇〕一　馮注：「江浙本俱作『二』。」

〔一一一〕二　馮注：「浙本作『三』。」

〔一一二〕里　馮注：「江本作『步』。」今按：據志例「步」當「里」字之誤。

〔一一三〕三十五　盧本作「九十三」。

〔一一四〕新興　「興」，馮注：「江浙本俱作『安』。」今按：民國湖北通志卷三三引九域志作「興」，江浙本誤。

〔一一五〕西同　「同」，馮校：「錢本作『西』。」今按：盧本亦作「西」。

〔一一六〕漳河　「河」，馮注：「江本作『山』。」今按：文獻通考卷三一九輿地考郢州京山縣下作「河」，江本誤。

〔一一七〕州七　「七」，原本作「六」。馮校：「案此路實一府七州，此『六』字當是『七』字之誤。」今按：馮氏所改是。

〔一一八〕東至本府界四十八里自界首至東京一百八十里　資治通鑑卷二二七注引九域志：「許州東至汴州二百一十五里。」

〔一一九〕椹澗　「椹」，底本作「湛」。宋會要方域一二之四、食貨一九之三及金史卷二五地理志許州長社縣下俱作「椹」，今據改。

〔一二〇〕東至本州界二十五里自界首至東京一百一十五里　資治通鑑卷二三五注引九域志：「鄭州東至汴州一百五十里。」

〔一二一〕賈谷　「谷」，馮注：「江浙本俱作『合』。」今按：影宋鈔本、吴本、盧本、周本俱作「谷」，清嘉慶重修一統志卷一八七引九域志作「峪」，「谷」、「峪」同，江浙本誤。

〔一二二〕永清　馮校：「錢本作『水清』。」今按：盧本作「永青」，清嘉慶重修一統志卷一八七開封府賈峪鎮下引九域志作「永清」，錢本誤。

〔一二三〕陽橋　「陽」，宋會要食貨一九之四、清嘉慶重修一統志卷二〇三懷慶府引九域志俱作「楊」。

〔一二四〕洛州　馮校：「案『洛』，各本俱作『洛』，今據一統志改。」今按：馮氏所改是。

〔一二五〕七　馮注：此下「江浙本俱有『十』字」。

〔一二六〕主二萬九百五十九　「五」，馮注：「江本作『九』。」今按：盧本同江本，影宋鈔本別作「主二萬九千五百九十九」。

〔一二七〕客二千四百二十三　「二十三」，馮注：「江本作『一十二』。」今按：吳本、盧本、周本俱作「客三千四百一十二」。

〔一二八〕治平三年　宋朝事實卷一八同，宋史卷八五地理志滑州白馬縣下別作「熙寧三年」。

〔一二九〕黄河　底本「黄」字原闕。太平寰宇記卷九、文獻通考卷三一七輿地考滑州白馬縣下列有「白馬山、黄河」，則此所闕當爲「黄」字，今據補。

〔一三〇〕黎陽津　底本「津」字原闕。輿地廣記卷九、文獻通考卷三一七輿地考滑州白馬縣下列有「黎陽津、靈河津」，則此所闕當爲「津」字，今據補。

〔一三一〕滑臺　底本「臺」字原闕。盧本作「滑臺」，太平寰宇記卷九、文獻通考卷三一七輿地考滑州白馬縣下亦載有滑臺，今據補。

〔一三二〕石丘　底本「石」字闕。盧本「丘」上作「石」。太平寰宇記卷九滑州胙城縣下載有石丘，「在縣東北三十里，俗傳漢成帝時星隕之石」。宋韋城縣西與胙城縣相鄰，則此所闕當爲「石」字，今據補。

〔一三三〕□□　影宋鈔本作「□水」。

〔一三四〕十　馮注：此下「江浙本俱有『五』字」。

〔一三五〕二　馮注：「江浙本俱作『三』。」今按：吳本、周本亦作「三」。

〔一三六〕□水　太平寰宇記卷五二孟州溫縣下載有濟水，疑此所闕當爲「濟」字。

〔一三七〕一　馮注：「江浙本俱作『七』。」今按：吳本、周本亦作「七」。

〔一三八〕州東北一百六十二里　「東北」，底本原作「東南」。宋孟州治河陽縣，在今孟縣之南；河陰縣治在今滎陽縣東北廣武山下，位于今孟縣之東稍北，此「東南」實爲「東北」之誤。太平寰宇記卷五二孟州河陰縣下正作「東北」，與實際相合，今據改。

〔一三九〕南至本州界一百四十里自界首至信陽軍六十里　「六十」，馮注：「江浙本俱作『一百四十』。」今按：吳本、周本亦作「一百四十」；太平寰宇記卷一三二信陽軍下載「北至蔡州二百八十里」，正與江浙本及吳本、周本合。疑此處「六十」有誤。

〔一四〇〕六　馮注：「江本作『九』。」今按：周本亦作「九」。

〔一四一〕澺水　馮校：「錢本作『潰水』。集梧案說文：『澺水出汝南上蔡黑閭澗入汝。』水經注：汝水東南左會澺水，水上承汝水，别流於奇頟城東，東逕平輿縣故城南爲澺水。則作『澺』爲是。」今按：馮説是。

〔一四二〕苽陂　宋會要食貨一九之三作「瓜波」。

〔一四三〕三鄉　馮校：「錢本『三』作『二』。」

〔一四四〕黄特　「特」，馮注：「江本作『時』。」今按：宋會要食貨一九之三作「黄持」。

〔一四五〕謙恭　宋會要食貨一九之三作「謙讓」。

〔一四六〕一　馮注：「江浙本俱作『三』。」

〔一四七〕九頭山　太平寰宇記卷一一蔡州西平縣：「九頂山、獨樹山並在縣南一百里。」清嘉慶重修一統志卷二一五汝寧府：「九頂山在西平縣西南七十五里。」疑此「頭」當爲「頂」字之誤。

〔一四八〕上陳州　馮注：「江浙本俱作『淮寧府』。」今按：影宋鈔本、盧本俱作「上，陳州」。宋會要方域五之二四：「陳州，上州，宣和元年升爲淮寧府。」本志以元豐爲准，則應作「上，陳州」。

〔一四九〕北至本州界三十五里自界首至東京一百一十里　「一百」，盧本作「二百」。資治通鑑卷二七一注引九域志：「陳州北至大梁二百四十里。」與盧本相近。

〔一五〇〕一百　馮注：「江浙本俱無此二字。」今按：影宋鈔本、吴本、盧本、周本俱作「一百」，江浙本誤。

〔一五一〕三　馮注：「江浙本俱作『二』。」

〔一五二〕九 馮注：「江浙本俱作『五』。」

〔一五三〕縣四至熙寧六年省南頓縣爲鎮入商水 馮校：「案別本列縣中有南頓，而標首作『縣五』，其商水下無『南頓』二字，而『三鎮』作『二鎮』，蓋據紹聖後增定本也。」今按：宋史卷八五地理志淮寧府南頓縣：「熙寧六年省爲鎮，入商水、項城二縣，元祐元年復。」則元豐時陳州固不領南頓縣，馮說是。

〔一五四〕子丁 清嘉慶重修一統志卷一九一陳州府引九域志作「子公」。

〔一五五〕五鄉 吴本、周本俱作「四鄉」。

〔一五六〕上潁州 馮注：「江浙本俱作『順昌府』。」今按：影宋鈔本、盧本俱作「上，潁州」，周本亦作「潁州」。宋史卷八五地理志潁州：政和六年改爲順昌府。本志以元豐爲准，則應作「上，潁州」。

〔一五七〕五十 影宋鈔本作「五十五」。

〔一五八〕紬絁絹各一十匹 底本「絹」字原闕。馮注：絁，「江浙本俱作『絹』」。今按：吴本作「絹、紬各一十匹」，周本又作「紬、絹各一十匹」，俱無「絁」字。然據賓退録卷一〇引元豐九域志土貢云：絁，潁一十匹；紬，潁一十匹；絹，潁，一十匹。則知潁州貢有紬、絁、絹，此處及江浙本與吴本、周本並誤，據補「絹」字。

〔一五九〕東南至本州界二百二十里自界首至潁昌府一百五十里 資治通鑑卷二二八注引九域志：「汝州東南至許州二百七十里。」

〔一六〇〕三　馮注：「江浙本俱作『二』。」

〔一六一〕熙寧四年省龍興縣爲鎮入魯山　馮校：「案宋史地理志『四年』作『五年』，又云『元祐元年復，宣和二年改爲寶豐縣』。文獻通考仍作『龍興』，恐非。」

〔一六二〕紫邏山「山」，底本作「川」。金史卷二五地理志汝州梁縣下有紫邏山，清嘉慶重修一統志卷二一二四汝州引九域志亦作「紫邏山」，今據改。

〔一六三〕州東南二百四十里「二百」，馮注：「江本作『三百』。」又馮校：「案本志汝州南至鄧州五百五十里，計葉縣南距鄧州二百里，則在汝州南三百五十里。此當從別本作『三百四十里』爲是。」今按：影宋鈔本、吳本、盧本、周本俱作「二百四十里」，則江本及馮説不足爲據；又資治通鑑卷二八二注引九域志謂葉縣在汝州東南一百四十里，與實際不合，亦誤。

〔一六四〕一　馮注：「江本作『二』。」

〔一六五〕石塘河「塘」，底本作「城」。金史卷二五地理志裕州葉縣有石塘河，清嘉慶重修一統志卷二一〇南陽府：「石潭河在葉縣東北二十五里，中有大石，一作石塘河。九域志葉縣有石塘河。」今據改。

〔一六六〕扈澗水「水」，影宋鈔本作「河」。

〔一六七〕堯山「山」，底本作「水」。金史卷二五地理志汝州魯山縣有堯山。太平寰宇記卷八汝州魯山縣：「堯山，俗名大陌山。水經注：堯孫劉累遷此，故立堯祠于西山焉。」則此「水」爲「山」字之誤，今據改。

〔一六八〕東至本軍界一百六十里自界首至光州九十里　「一百六十」下馮注：「江浙本俱有『五』字。」又馮校云：「案通鑑卷二百九十三注引志文作『申州東至光州二百五十五里』，知東至本軍界別本作『一百六十五里』者，乃其所據也。又考通鑑注所引其里數多與浙本相合，兹首揭于此，其餘亦不備舉云。」

〔一六九〕東南至本軍界一百三十八里自界首至光州一百一十一里　馮校：「案通鑑卷二百六十五注引志文作『申州東南至光州三百五十五里』，與此有一百五里之差，即申州東至光州據別本亦差一百里也。」

〔一七〇〕八　馮注：「浙本作『七』。」

〔一七一〕六　馮注：「浙本作『五』。」

九域志卷第二

河北路

東路　西路

河北路

太平興國二年分河北南路，雍熙四年分東、西路。端拱二年併一路。熙寧六年，〔一〕復分二路。

東路

北京見上。州一十二，軍四，縣四十。

上，澶州，〔二〕澶淵郡，鎮寧軍節度。治濮陽縣。

地里。東京二百五十里。東至本州界三十里，自界首至濮州六十里。西至本州界七十里，自界首至衞州一百七十里。南至本州界七十里，自界首至滑州二十五里。北至本州界八十里，自界首至北京六十里。東南至本州界四十五里，自界首至曹州一百三十五里。西南至本州界七十四里，自界首至滑州二十五里。東北至本州界八十八里，自界首至博州五十二里。西北至本州界九十五里，自界首至博州二百一十五里。〔三〕

户。主三萬六千六百三十七，客一萬九千三百五十二。

土貢。席二十領，胡粉一十斤。

縣五。雍熙四年以滑州衞南、黎陽二縣隸州。端拱元年以黎陽縣隸通利軍，省臨黄縣入觀城。慶曆四年徙清豐縣治德清軍，卽縣治置軍使，隸州。皇祐元年省觀城縣入濮陽、頓丘，四年復置觀城縣。熙寧六年省頓丘縣入清豐。

中，濮陽。六鄉。有衞陽山、鮒鰅山、黄河、淇河、瓠子口。

望，觀城。州東九十里。六鄉。有黄河、泉源河。

緊，臨河。州西六十里。二鄉。土樓一鎮。有黄河、永濟渠、澶淵。

中，清豐。州北六十里。一鄉。〔四〕清豐、舊州二鎮。有廣陽山、黄河。

中，衞南。州西南五十里。二鄉。有九里溝。

上，滄州，景城郡，横海軍節度。治清池縣。

地里。東京一千二〔五〕百里。東至海一百八〔六〕十里。西至本州界六十八里，自界首至瀛州一百一十二里。南至本州界一百五十五里，〔七〕自界首至德州四十五里。北至幽州五百七十五里。東南至本州界二百四十里，自界首至濱州六十里。西南至本州界一百五十八里，自界首至德州五十二里。東北至海二百五十里。西北至本州界九十六里，自界首至瀛州一百二十〔八〕里。

戶。主五萬二千三百七十六，客四千五百三十五。

土貢。絹一十匹，柳箱一十枚。

縣五。治平元年徙無棣縣治保順軍，即縣治置軍使，隸州。熙寧二年徙樂陵縣治咸平鎮，五年省饒安縣爲鎮入清池，六年省臨津縣爲鎮入南皮。

望，清池。一十一〔九〕鄉。任河、長蘆、郭疃、饒安四鎮。乾符、巷姑、三女、泥沽、〔一〇〕小南河五寨。有浮陽水、徒駭河。

望，無棣。州東南一百七〔一一〕里。五鄉。無棣、劇口、車店三鎮。有老烏山、鬲津河、無棣河。

望，鹽山。州東六十里。四鄉。會寧、通商、韋家莊三鎮。有鹽山、浮水。

緊，樂陵。州南一百三十五里。七鄉。歸化、屯莊、馬逮、郭橋、楊攀口、東西保安七鎮。有鬲津河、篤馬河、〔一二〕鉤盤河。

中，南皮。州西南六十里。六鄉。南皮、馬明、樂延、臨津四鎮。有小天台山、永濟河。

上，冀州，信都郡，安武軍節度。慶曆八年升安武軍節度。治信都縣。

地里。東京七百五十里。東至本州界八十里，自界首至德州一百一十里。西至本州界九十里，自界首至趙州九十里。南至本州界五十里，自界首至恩州七十里。北至本州界七十里，自界首至瀛州一百七十里。東南至本州界五十里，自界首至博州二百七十里。西南至本州界九十里，自界首至邢州一百二十里。東北至本州界一百七十里，自界首至永静軍三十里。西北至本州界七十五里，自界首至深州〔一三〕一十五里。

户。主四萬二千，客九千一百三十六。

土貢。絹二十匹。

縣六。淳化元年以阜城縣隸永静軍。皇祐四年省堂陽縣爲鎮入南宫，升新河鎮爲縣。嘉祐八年省武邑縣爲鎮入蓨。熙寧元年省棗强縣爲鎮入信都，六年省新河縣爲鎮入南宫，十年復置棗强、武邑縣。

望，信都。五鄉。劉固、宗齊、〔一四〕來遠三鎮。有胡盧河、降水。

上，蓨。州東北一百五十里。二鄉。王貫、李億〔一五〕二鎮。有漳河、蓨市。

上，南宫。州西南六十二里。三鄉。長蘆、新河、堂陽三鎮。有降水枯瀆。

上，棗强。州東南五十五里。二鄉。楊家一鎮。〔一六〕有漳河。

上，武邑。州東北九十里。二鄉。觀津一鎮。有漳河、長蘆河。

中，衡水。州北三十八里。二鄉。有長蘆河、降水。

上，瀛州，〔一七〕河間郡，防禦。治河間縣。

地里。東京一千一百里。東至本州界一百二十里，自界首至滄州六十里。西至本州界四十八里，自界首至永寧軍四十二里。南至本州界一百一十里，自界首至永静軍六十里。北至本州界三十五里，自界首至莫州七十五里。東南至本州界一百二十里，自界首至滄州九十里。西南至本州界四十五里，自界首至深州一百三十五里。東北至本州界九十里，自界首至霸州七十里。西北至本州界四十里，自界首至順安軍八十里。

户。主三萬一千六百一，客一千七百二十六。〔一八〕

土貢。絹三十匹。

縣二。太平興國七年改關南爲高陽關。〔一九〕至道三年以高陽縣隸順安軍，以深州樂壽縣隸州。熙寧六年省束城縣爲鎮入河間，景城縣爲鎮入樂壽。

望，河間。五鄉。束城、永牢、〔二〇〕北林三鎮。肅寧一寨。有滹沱河、高陽關。

望，樂壽。州南六十里。〔二一〕六鄉。景城、劉解、沙渦、南大劉、〔二二〕北望五鎮。有徒駭河、房淵。

上，博州，博平郡，防禦。治聊城縣。

地里。東京五百五十里。東至本州界九十里，自界首至齊州一百四十里。西至本州界六十里，自界首至北京一百二十里。南至本州界四十里，自界首至濮州二百四〔二三〕十里。北至本州界九十里，自界首至德州一百七十里。東南至本州界四十里，自界首至鄆州一百四十里。西南至本州界七十里，自界首至北京一百一十里。東北至本州界一百六十里，自界首至德州一百里。西北至本州界一百二十里，自界首至恩州六十里。

户。主四萬九千八百五十四〔二四〕。客二〔二五〕萬三千三十八。

土貢。平紬一十匹。

縣四。

望，聊城。四鄉。興利、廣平、王館、沙冢四鎮。有茌山、〔二六〕黃河、金沙水。

望，高唐。州東北一百一十里。〔二七〕三鄉。夾灘、〔二八〕新劉、固河、南劉四鎮。有黃河、鳴犢溝。

望，堂邑。州西四〔二九〕十里。四鄉。回河一鎮。有黃河。

緊，博平。州東北五十里。三鄉。舊博平一鎮。有漯水。

上，棣州，樂安郡，防禦。建隆二年升團練，乾德三年升防禦。治厭次縣。

地里。東京一千一百里。東至本州界六十里，自界首至濱州四十里。西至本州界一百里，自界首至德州八十四里。南至本州界八十五里，自界首至淄州一百五十五〔三〇〕里。北至本州界五〔三一〕十里，自界首至滄州一百六十里。東南至本州界一百里，自界首至淄州一百里。西南至本州界一百九十二〔三二〕里，自界首至齊州一百八里。東北至本州界五十五里，自界首至濱州六十里。西北至本州界五十里，自界首至滄州一百五十里。

戶。主三萬五百八十，客八千三百六十三。

土貢。絹、絁各一十匹。

縣三。大中祥符八年徙州城及厭次縣於陽信縣地，復徙陽信縣於舊厭次縣。

上，厭次。五鄉。歸仁、七里渡、脂角、〔三三〕達多、永利五鎮。有黃河。

中，商河。州西南八十里。三鄉。寬河、太平二鎮。有黃河、馬頰河。

下，陽信。州東北四十里。五鄉。欽風、西界、〔三四〕新務三鎮。有黄河、鉤盤河。

上，莫州，文安郡，防禦。治任丘縣。

地里。東京一千二百里。東至本州界三十里，自界首至霸州五十五里。西至本州界五十里，自界首至順安軍二十里。南至本州界五十三〔三五〕里，自界首至瀛州三十五里。北至本州界一十九里，自界首至雄州一十里。東南至本州界五十九里，自界首至瀛州四十一里。西南至本州界五十三〔三六〕里，自界首至順安軍八里。東北至本州界一十九里，自界首至雄州一十五里。西北至本州界五十四里，自界首至安肅軍五十五里。

户。主一萬三千，客四百三十六。

土貢。綿一〔三七〕百兩。

縣一。太平興國六年以清苑縣隸保州。熙寧六年省長豐縣爲鎮，并省莫縣入任丘。

上，任丘。八鄉。長豐一鎮。馬村、王家二寨。有滹沱河、濡水。

中，雄州，防禦。治歸信、容城二縣。

地里。東京一千二百里。東至本州界四十五里，自界首至保定軍二十五里。西至本州界六十五里，自界首至安肅軍二十五里。南至本州界一十五里，自界首至莫州一十五里。北至涿州一百二十里。東南至本州界六十里，自界首至莫州三十里。西南至本州界八十里，自界首至順安軍一十里。東北至本州界九十里，自界首至霸州一十里。西北至易州一百五十里。

户。主八千七百七，客二百六十二。

土貢。紬一十匹。

縣二。建隆四年以唐省全忠縣地置容城縣。太平興國元年改歸義縣爲歸信。

中，歸信。四鄉。張家、木場、三橋、雙柳、大渦、七姑垣、紅城、新垣〔三八〕八寨。有易水、巨馬河、瓦橋關。

中，容城。三〔三九〕鄉。有南易水、大泥淀。

中，霸州，防禦。治文安縣。

地里。東京一千三百里。東至本州界二十里，自界首至信安軍三十里。西至本州界二十五里，自界首至雄州五十五里。南至本州界九十里，自界首至瀛州一百里。北至幽州二百里。東南至本州界一百四十〔四〇〕里，自界首至乾寧軍二十里。西南至本州界二十五里，自界首至保定軍四十〔四一〕里。東北至幽州二百里。西北至幽州二〔四二〕百里。

户。主一萬四千一百二，客九百五十七。

土貢。絹一十匹。

縣二。景祐元年省永清縣入文安，徙文安縣爲州治，皇祐元年復徙舊地。

上，文安。三鄉。劉家渦、刀魚、〔四三〕莫金、阿翁、雁頭、黎陽、喜渦、鹿角八寨。有淀水、韋河、百濟河、益津關。

上，大城。州東南一百五十里。二鄉。萬春一鎮。有滹沱河。

上，德州，平原郡，軍事。治安德縣。

地里。東京九百五十里。東至本州界一百一十里，自界首至棣州一百三十里。西至本州界一十八里，自界首至永静軍一百四十里。南至本州界八十五里，自界首至博州一百七十五里。北至本州界五十里，自界首至永静軍一百里。東南至本州界四十里，自界首至齊州二百里。西南至本州界六十里，自界首至恩州一百七十里。東北至本州界一百一十里，自界首至滄州一百二十里。西北至本州界二十里，自界首至永静軍一百二十五里。

户。主一萬八千八百一十一，客二萬八千二十七。

土貢。絹二〔四四〕十匹。

縣二。乾德六年省歸化縣入德平。景祐二年省安陵縣爲鎮入將陵。慶曆七年以將陵縣隸永静軍。熙寧六年省德平縣爲鎮入安德。

望，安德。八鄉。鄉化、〔四五〕糜村、將陵、懷仁、德平、重興、盤河、磁博八鎮。有黄河、鬲津河。

望，平原。州西南四十里。二鄉。藥家、水務二鎮。有黄河、金河。

上，濱州，軍事。治渤海縣。

地里。東京一千一百八十〔四六〕里。東至本州界九十五里，自界首至青州二百里。西至本州界四十里，自界首至棣州五十里。南至本州界五十一里，自界首至淄州一百七十里。北至本州界八十里，自界首至滄州二百四十里。東南至本州界六十五里，自界首至青州一百七十五里。西南至本州界八十里，自界首至棣州八十里。東北至本州界七十五里，自界首至滄州三百里。西北至本州界六十里，自界首至滄州二〔四七〕百四十里。

户。主一萬四千六百一十二，客三萬一千七百二十一。

土貢。絹二十匹。

縣二。大中祥符五年省蒲臺縣爲鎮入渤海。慶曆三年析地置招安縣，熙寧六年省爲鎮，元豐二年復爲縣。

望，渤海。三鄉。寧海、東永和、通賓、舊安定、三汊、蒲臺、新安定、李則、丁字河九鎮。有黄河。

望，招安。州西北六十里。二鄉。永豐、馬家莊二鎮。有儒山、沙河。

下，恩州，清河郡，軍事。唐貝州。晉永清軍節度。周降防禦。皇朝建隆元年復爲永清軍節度，慶曆八年改恩州，降軍事。治清河縣。

地里。東京六百五十里。東至本州界一百四十五里，自界首至德州六十五里。西至本州界三十八里，自界首至邢州二百里。南至本州界三十五里，自界首至北京二百二十里。北至本州界六十八里，自界首至冀州五十二里。東南至本州界五十五里，自界首至德州一百二十五里。〔四八〕西南至本州界四十五里，自界首至洺州二百里。東北至本州界一百六十里，自界首至永静軍一百三十里。西北至本州界六〔四九〕十二里，自界首至趙州二百一十里。

户。主三萬一千五百三十五，客二萬二千四十九。

土貢。白氈一十領。

縣三。至和元年省漳南縣爲鎮入歷亭。熙寧四年省清陽縣入清河。

望，清河。四鄉。定遠、阮村、甘陵、大清、寧化、田樓六鎮。有永濟渠、漳渠。

望，武城。州東五十里。四鄉。饒陽、領宗、窨保、舊縣四鎮。有永濟渠河、〔五〇〕沙河。

緊，歷亭。州東九十里。四鄉。安樂、楊村、禮固、漳南四鎮。有永濟渠。

同下州，永静軍。唐景州。周降爲定遠軍，隸滄州。皇朝太平興國六年以軍直隸京師，景德元年改永静。治東光縣。

地里。東京九百五十里。東至本軍界二十五里，自界首至滄州九十五〔五一〕里。西至本軍界八十八〔五二〕里，自界首至冀州一百四十二里。南至本軍界一百六十里，自界首至恩州一百四十里。北至本軍界七十里，自界首至瀛州一百一十里。東南至本軍界一百二十里，自界首至德州二十里。西南至本軍界一百一十七里，自界首至恩州一百八十三〔五三〕里。東北至本軍界四十五里，自界首至滄州七十五里。西北至本軍界八十里，自界首至深州一百二十里。

户。主二萬二〔五四〕百七十三，客一萬三千一百一十二〔五五〕。

土貢。絹一十匹，簟二十領。

縣三。太平興國六年以滄州東光縣，淳化元年以冀州阜城縣隸軍。慶曆七年以德州將陵縣隸軍。嘉祐八年省阜城爲鎮入東光，熙寧十年復爲縣。

緊，東光。四鄉。新高、弓高、袁村三鎮。有永濟渠、漳河。

望，將陵。軍西南一百二十里。三鄉。安陵、吴橋、仁高、趙宅、王琮五鎮。有永濟渠、鉤盤河。

中，阜城。軍西七十里。二〔五六〕鄉。有衡漳河。

同下州，乾寧軍。太平興國七年以滄州永安縣置軍。〔五七〕

地里。東京一千三百里。〔五八〕東至本軍界四十里，自界首至滄州六十里。〔五九〕西至本軍界一十五里，自界首至瀛州一百五十五里。南至本軍界三十里，自界首至永靜軍一百八十里。北至界河一百七〔六〇〕里。東南至本軍界三〔六一〕十里，自界首至滄州六十里。西南至本軍界三十五里，自界首至深州三百七十五里。東北至界河一百四十里。西北至本軍界二十里，自界首至霸州一百六十里。

户。主五千二百六十三，客一千一百九十三。

土貢。絹一十匹。

鎮一。太平興國七年置乾寧縣，熙寧六年省爲鎮。

范橋。〔六二〕軍南三十里。二鄉。有永濟渠、界河。

寨六。

釣臺。軍北六十里。

獨流北。軍北一百二十里。

獨流東。軍北一百二十里。

當城。軍北一百三十里。

沙渦。軍北一百四十里。

百萬。軍東北一百四十五里。

同下州，信安軍。太平興國六年以霸州淤口寨爲破虜軍，景德三年〔六三〕改信安。

地里。東京一千四百里。東至本軍界八十五里，自界首至乾寧軍一百五十五里。西至本軍界八里，自界首至霸州四十二里。南至本軍界二十里，自界首至霸州五十里。北至薊州一百六十里。東南至本軍界二〔六四〕十里，自界首至霸州七十里。西南至本軍界三十五里，自界首至保定軍三十五里。東北至幽州一百八十〔六五〕里。西北至幽州一百八十里。

戶。主三百一十八，客三百九十一。

土貢。絹一十匹。

寨六。太平興國六年以霸州永清、文安二縣隸軍，後以二縣復隸霸州。

周河。軍西五〔六六〕里。

刀魚。軍北三步。

田家。軍東一十里。

狼城。軍東三十里。

佛聖渦。軍東五十里。

李詳。軍東六十里。有界河、滹沱河。

同下州，保定軍。太平興國六年以涿州歸信縣新鎮建平戎軍，景德元年改保定。

地里。東京一千二百五十里。東至本軍界三里，自界首至信安軍六十七〔六七〕里。西至本軍界一十里，自界首至雄州六十里。南至本軍界二十里，自界首至莫州五十里。北至涿州一百八十七〔六八〕里。東南至本軍界七里，自界首至霸州三十里。西南至本軍界一十五里，自界首至莫州五十五里。東北至本軍界八里，自界首至霸州二十二里。西北至幽州二〔六九〕百五十里。

户。主八百二十八，客二百三十三。

土貢。絁一十匹。

寨二。景祐元年析霸州文安、大成〔七〇〕二縣五百户隸軍。

桃花。軍北七里。

父母。軍西北一十二里。有滹沱河。

西路 府一，州一十一，軍四，縣五十三。

次府，真定府，常山郡，成德軍節度。治真定縣。

地里。東京九百五十里。東至本府界八十九里，自界首至祁州一十里。西至本府界二百里，自界首至太原府二〔七一〕百三十里。南至本府界七十五里，自界首至趙州二十里。北至蔚州四百九十里。東南至本府界一百一十里，自界首至深州一百二十五里。西南至本府界一百一十九里，自界首至平定軍八十五里。東北至本府界六十里，自界首至定州六十里。西北至本府界三百六十里，自界首至代州二百六十里。〔七二〕

户。主六萬九千七百五十三，客一萬二千八百五十四。

土貢。羅三十匹。

縣八。建隆元年以孃子關地建承天軍，隸府，後廢。開寶六年省石邑縣爲鎮入獲鹿，九門縣入藁城。端拱二年以鼓城縣隸祁州。淳化元年以束鹿縣隸深州。熙寧六年省井陘縣入獲鹿、平山，八年復置井陘縣，徙天威軍，即縣治置軍使，隸府；八年省靈壽縣爲鎮入行唐。

次赤，真定。八鄉。有大茂山、滋水、滹沱河。

次畿，藁城。府東六十三里。六鄉。有滋水、滹沱河。

次畿，欒城。府南六十三里。〔七三〕二鄉。有泜水、洨水。

次畿，元氏。府南九十八里。六鄉。有封龍山、槐河。

次畿，井陘。府西南八十九里。一鄉。舊縣一鎮。有陘水、緜蔓水。

次畿，獲鹿。府西南九十九里。〔七四〕三鄉。石邑一鎮。有平山、滹沱河。

次畿，平山。府西六十五里。五鄉。有房山、冶河。

次畿，行唐。府北五十五里。六鄉。靈壽、慈谷二鎮。有玉女山、〔七五〕常水。

寨一。咸平三年置。熙寧八年析行唐縣二鄉隸寨。

北寨。府西北二〔七六〕百里。二鄉。嘉祐一鎮。

望，相州，鄴郡，彰德軍節度。治安陽縣。

地里。東京三百五十里。東至本州界七十五里，自界首至北京一百五里。西至本州界一百四十里，自界首至潞州一百二十里。南至本州界五〔七七〕十五里，自界首至衞州九十里。北至本州界四十里，自界首至磁州二十里。東南至本州界六十里，自界首至澶州八十五里。西南至本州界八十里，自界首至衞州七十六里。東北至本州界八十里，自界首至洺州九十里。西北至本州界五十里，自界首至磁州三十五里。

户。主二萬六千七百五十三，客二萬一千九十三。

土貢。紗、絹各一十匹，知母、胡粉各一十斤。

縣四。天聖七年改永定縣爲永和。熙寧六年省永和縣爲鎮入安陽，鄴縣爲鎮入臨漳。

緊，安陽。四鄉。天禧、永和二鎮。有韓陵山、龍山、洹水、〔七八〕防水。

緊，湯陰。州南四十里。一鄉。有牟山、羑水、〔七九〕湯水、淇水。

緊，臨漳。州東北六十里。二鄉。鄴一鎮。有東山、漳水。

中，林慮。州西九十里。一鄉。磻陽冶一務。有隆慮山、洹水、漳水。

上，定州，博陵郡，定武軍節度。唐義武軍節度。皇朝太平興國元年改定武軍。治安喜縣。

地里。東京一千一百二十里。東至本州界四十三里，自界首至祁州一十七里。西至本州界七十五里，自界首至真定府六十里。南至本州界一百五里，自界首至祁州七十里。北至易州二百四十里。〔八〇〕東南至本州界七十五里，自界首至祁州一十五里。西南至本州界七十七里，自界首至真定府四十三里。東北至本州界七十三里，自界首至保州四十五里。西北至蔚州三百八十里。

户。主四萬四千五百三十，客一萬四千七百三十。

土貢。羅、綾各二十匹。

縣七。建隆元年以易州北平縣隸州。太平興國元年改義豐縣爲蒲陰。雍熙四年以博野縣隸永定軍。景德元年以蒲陰縣隸祁州，以祁州無極縣隸州。康定元年廢陘邑縣入安喜。慶曆二年以北平寨建軍，〔八一〕四年復隸州，即北平縣治置軍使，隸州。

緊，安喜。七鄉。有滱水、盧奴水、長星川。

緊，無極。州南九十里。三鄉。有瀆河。

上，曲陽。州西六十里。三鄉。龍泉一鎮。有常山、曲陽水。

中，唐。州北五十里。三鄉。力士、赤岸二鎮。有孤山、唐山、滱水。

中，望都。州東北六十里。三鄉。有堯山、都山、唐水。

中，新樂。州西南五十里。二鄉。有泒水、木刀溝。

中下，北平。州北九十里。二鄉。有蒲陽山、濡水。

寨一。雍熙元年置。熙寧九年析曲陽、唐縣人户隸寨。

軍城。州西一百二十里。

上，邢州，鉅鹿郡，〔八二〕安國軍節度。治龍岡縣。

地里。東京六百五十里。東至本州界一百八十一里，自界首至恩州五十六里。西至本州界一百五十五里，自界首至遼州二百一十五里。南至本州界五十五里，自界首至洺州五十里。北至本州界七十八里，自界首至趙州一百五里。〔八三〕東南至本州界五十二里，自界首至洺州三十八里。西南至本州界七十五里，自界首至潞州四百二十五里。東北至本州界一百五里，自界首至趙州七十里。西北至本州界一百四十里，自界首至太原府三百六十里。

户。主三萬八千九百三十六，客二萬一千六百九十七。

土貢。絹一十匹，瓷器一十事，解玉沙一百斤。

縣五。熙寧五年省任縣爲鎮入南和；六年省堯山縣爲鎮入内丘，平鄉縣爲鎮入鉅鹿。

上，龍岡。三鄉。有石門山、百巖山、蓼水、湡水。

上，沙河。州南二十五里。三鄉。綦村一鎮、鐵冶一務。有湯山、湡水。

上，鉅鹿。州東北一百里。四鄉。平鄉、新店、團城三鎮。有大陸澤、漳河、落漠水。

上，内丘。州北四十七里。五鄉。堯山一鎮。有干言山、内丘山、泜水、渚水。

中，南和。州東南三十二〔八四〕里。三鄉。任一鎮。有任水、沺水。

雄，懷州，河内郡，防禦。建隆元年升團練，四年升防禦。治河内縣。

地里。東京三百二十五里。東至本州界二百二十五里，自界首至衛州一百二十里。西至本州界三十五里，自界首至孟州七十里。南至本州界三十里，自界首至孟州四十里。北至本州界六十里，自界首至澤州六十里。東南至本州界一百二十五里，自界首至東京二百里。西南至本州界四十里，自界首至孟州三十里。東北至本州界一百八十三里，自界首至衛州七十里。〔八五〕西北至本州界四十里，自界首至孟州九十里。

户。主一萬九千二〔八六〕百三十四，客一萬三千六百八十二。

土貢。牛膝五〔八七〕十斤。

縣二。天聖四年以獲嘉縣隸衛州。熙寧六年省武德縣爲鎮入河内，修武縣爲鎮入武陟。

緊，河内。七鄉。武德、宋郭、清化、萬善四鎮。有太行山、太行陘、黄河、沁水、溴水。〔八八〕

中，武陟。州東八十五里。六鄉。修武一鎮。有太行山、天門山、黄河、沁水。

望，衛州，汲郡，防禦。至道三年升防禦。治汲縣。

地里。東京一百三十五里。東至本州界二十里，自界首至滑州四十里。西至本州界一百一〔八九〕十里，自界首至懷州二百四十里。南至本州界三十里，自界首至東京一百一十五里。北至本州界九十五里，自界首至相州五十五里。東南至本州界二〔九〇〕十里，自界首至東京一百一十五里。西南至本州界一百一十二里，自界首至鄭州五十一里。東北至本州界一百五十三〔九一〕里，自界首至澶州七十里。西北至本州界一百四十五里，自界首至澤州二百里。

户。主三萬三千八百四十三，客一萬三千八百七十三。〔九二〕

土貢。絹二十匹，綿一百兩。

縣四。天聖四年以懷州獲嘉縣隸州，以衛縣隸通利軍。熙寧三年廢通利軍，以衛縣、黎陽縣隸州；六年省衛縣爲鎮入黎陽縣，新鄉縣爲鎮入汲。

中，汲。五鄉。杏園、新鄉、淇門三鎮。有蒼山、黄河、御河。

上，獲嘉。州西九十里。四鄉。大寧一鎮。有同盟山、黄河、清水。

中，共城。州西北五十五里。三鄉。銀錫一場。有白鹿山、天門山、共山、淇水、百門陂。

中，黎陽。州東北一百二十里。四鄉。衛、苑橋二鎮。有大伾山、枉人山、黄河、永濟渠。

監一。熙寧七年置，鑄銅錢。

黎陽。州北二里。

望，洺州，廣平郡，防禦。建隆元年升防禦。治永年縣。

地里。東京五百五十五里。東至本州界九十五里，自界首至北京八十里。西至本州界七十五里，自界首至磁州一百一十里。南至本州界五十五里，自界首至北京九十里。北至本州界四十五里，自界首至邢州四十五里。東南至本州界六十里，自界首至北京六十里。西南至本州界二十里，自界首至磁州八十里。東北至本州界七十里，自界首至邢

州一百二十里。西北至本州界二十八里，自界首至邢州六十四里，

户。主二萬五千一百七，客一萬六百五十二。

土貢。平紬二十匹。

縣四。熙寧三年省曲周縣爲鎮入雞澤，六年省臨洺縣爲鎮入永年。

上，永年。四鄉。臨洺東、西二鎮。〔九三〕

望，肥鄉。州東南三十五里。二鄉。翟固、新寨、清漳、新安四鎮。

緊，平恩。州東九十里。二鄉。白家灘、南洺水二鎮。

中，雞澤。州東北六十里。四鄉。曲周、北洺水二鎮。

望，深州，饒陽郡，防禦。治靜安縣。〔九四〕

地里。東京九百五十里。東至本州界六十五里，自界首至冀州一百里。西至本州界七十三里，自界首至祁州九十里。南至本州界一十五里，自界首至冀州七十五里。北至本州界一百二十五里，自界首至瀛州五十五里。東南至本州界三十五里，自界首至冀州六十五里。西南至本州界一十五里，自界首至冀州七十五里。東北至本州界一百一十五里，自界首至瀛州〔九五〕六十里。西北至本州界一百五〔九六〕里，自界首至祁州六十五里。

户。主三萬三千五百一十八〔九七〕。客五千二百五十。

土貢。絹二十匹。

縣五。太平興國八年以下博縣隸静安軍；雍熙二年軍廢，還隸，三年省下博縣，四年復置，改静安，仍省陸澤縣入焉。淳化元年以真定府束鹿縣隸州。至道三年以樂壽縣隸瀛州。

望，静安。四鄉。有衡漳水、大陸澤。

望，束鹿。州西四十五里。四鄉。有衡漳水、滹沱河。

望，安平。州西北八十五里。三鄉。有沙河、滹沱河。

望，饒陽。州北九十里。三鄉。有滹沱河。

望，武彊。州東北六十里。四鄉。有衡漳水、武彊泉。

上，磁州，滏陽郡，團練。治滏陽縣。

地里。東京四百五十里。東至本州界四〔九八〕十五里，自界首至北京一百五里。西至本州界六十里，自界首至潞州三百二十里。南至本州界一百八里，自界首至相州四十二里。〔九九〕北至本州界九十七里，自界首至洺州一十三里。東南至本州界一十里，自界首至相州五十里。西南至本州界二十五里，自界首至相州三十五里。東北至本州界七十五里，自界首至洺州三十五里。西北至本州界二百三十三里，自界首至遼州二百里。

户。主二萬二十四〔一〇〇〕，客九千一百一。〔一〇一〕

土貢。磁石一十斤。

縣三。太平興國元年改昭義縣爲昭德。熙寧六年省昭德縣爲鎮入滏陽。

上，滏陽。二〔一〇二〕鄉。昭德、觀臺、二祖、臺村四鎮。有滏山、磁山、漳水、滏水。

上，邯鄲。州東北七十里。二鄉。大趙一鎮。有邯山、靈山、漳水、牛首水。

上，武安。州西北九十五里。二鄉。北陽、固鎮、邑城三鎮。鐵冶一務。有錫山、武安山、洺水。

中，祁州，蒲陰郡，團練。景德二年升團練。治蒲陰縣。

地里。東京一千二百里。東至本州界一十二里，自界首至永寧軍三十八里。西至本州界一十八里，自界首至定州四十里。南至本州界七十五里，自界首至深州七十五里。北至本州界二十三里，自界首至永寧軍三十里。東南至本州界二十五里，自界首至深州一百二十五里。西南至本州界一百五十里，自界首至趙州五〔一〇三〕十里。東北至本州界一十二里，自界首至永寧軍三十八里。西北至本州界二十二里，自界首至定州五十里。

户。主二萬一千二百六十八，客二百二十四。

土貢。花絁一十匹。

縣二。端拱元年〔一〇四〕以真定府鼓城縣隸州。景德元年以無極縣隸定州，以定州蒲陰縣隸州。熙寧六年省深澤縣爲鎮入鼓城縣。

望，蒲陰。七鄉。有唐河、沙河、雷源水。

緊，鼓城。州西南一百里。三鄉。深澤一鎮。有滹沱河、盤蒲澤。

望，趙州，趙郡，軍事。治平棘縣。

地里。東京八百五十里。東至本州界一百五里，自界首至冀州一百三十里。西至本州界一百四十九里，自界首至平定軍一百四十里。南至本州界七十四里，自界首至邢州七十里。北至本州界三十九里，自界首至真定府八十里。東南至本州界九十五里，自界首至冀州七十里。西南至本州界一百一十九里，自界首至邢州七十八里。東北至本州界五十二里，自界首至祁州一百五十里。西北至本州界二十一里，自界首至真定府七十五里。

户。主三萬五千四百八十一，客六千二百五十六。

土貢。絹一十匹，綿一百兩。

縣四。開寶五年改昭慶縣爲隆平縣。熙寧五年省柏鄉、贊皇二縣爲鎮入高邑，六年省隆平縣爲鎮入臨城。

望，平棘。五鄉。有洨水、槐水。

望，寧晉。州東南四十一里。四鄉。奉城一鎮。有洨水、寖水。〔一〇五〕

上，臨城。州西南一百三里。四鄉。隆平一鎮。有敦輿山、彭山、泜水。

中，高邑。州西南四十二里。五鄉。柏鄉、贊皇二鎮。有贊皇山、濟水。

下，保州，軍事。建隆元年以莫州清苑縣地置保塞軍，太平興國六年升爲州。治保塞縣。

地里。東京一千三百里。東至本州界四十五里，自界首至順安軍二十里。西至本州界四十五里，自界首至定州一百一十五里。南至本州界七十里，自界首至永寧軍二十里。北至本州界五里，自界首至廣信軍三十五里。東南至本州界六十里，自界首至順安軍二〔一〇六〕十里。西南至本州界五十里，自界首至定州七十里。東北至本州界二十里，自界首至安肅軍二十里。西北至易州一百七十里。

户。主二萬一千四百五十三，客三千四百二十。

土貢。絹一十匹。

縣一。太平興國六年改清苑縣爲保塞。

望，保塞。八鄉。郎山一寨。有抱陽山、〔一〇七〕沈水、鐀軍河。

同下州，安肅軍。太平興國六年以易州宥戎鎮地置静戎軍，景德元年改安肅。治安肅縣。

地里。東京一千二百里。東至本軍界二十里，自界首至雄州六十里。西至本軍界一十五里，自界首至廣信軍五里。南至本軍界二十里，自界首至保州二〔一〇八〕十五里。北至易州八十里。東南至本軍界二十里，自界首至順安軍二十五里。西南至本軍界二十里，自界首至保州二十五里。東北至本軍界二十里，自界首至雄州六十里。西北至易州八十里。

户。主五千九十七，客一千四。〔一〇九〕

土貢。絁一十匹。

縣一。太平興國六年析易州遂城縣地置静戎縣，景德元年改安肅。

中，安肅。三鄉。有易水、漕河。

同下州，永寧軍。雍熙四年以定州博野縣地置寧邊軍，景德元年改永定，天聖七年改永寧。治博野縣。

地里。東京九百五十里。東至本軍界五十里，自界首至瀛州五十里。西至本軍界四十二里，自界首至祁州〔一〇〕一十五里。南至本軍界三〔一一〕十里，自界首至深州一百一十里。北至本軍界三十五里，自界首至保州五十五〔一二〕里。東南至本軍界三十五里，自界首至深州一百一十五里。西南至本軍界三十二里，自界首至祁州一十五里。東北至本軍界五十里，自界首至順安軍七十三里。西北至本軍界五十里，自界首至定州一百二十里。

户。主一萬三千五百八十二，客九千五十七。

土貢。紬一十匹。

縣一。

望，博野。七鄉。新橋一鎮。有沙河、唐河。

同下州，廣信軍。太平興國六年以易州遂城縣地置威虜軍，〔一三〕景德元年改廣信。治遂城縣。

地里。東京一千三百里。東至本軍界七里，自界首至安肅軍一十三里。西至易州九十里。南至本軍界三十里，自界首至保州一十里。北至易州七十五里。東南至本軍界一十五里，自界首至安肅軍五里。西南至本軍界一十五里，自界首至保州二〔一四〕十五里。東北至本軍界一十五里，自界首至安肅軍五里。西北至易州八十里。

户。主三千一百七十三，客一百八十。

土貢。紬一十匹。

縣一。

中，遂城。四鄉。有遂城山、易水、漕水、鮑河。

同下州，順安軍。太平興國七年以瀛州廢唐興縣地置唐興寨，淳化三年升爲順安軍。治高陽縣。

地里。東京一千二百里。東至本軍界一十六里，自界首至莫州五十五里。西至本軍界二十五里，自界首至保州四十五里。南至本軍界八十一里，自界首至瀛州四十里。北至本軍界一十三里，自界首至雄州七十七里。東南至本軍界四十里，自界首至莫州三十五里。西南至本軍界四十四里，自界首至永寧軍七十六里。東北至本軍界一十六里，自界首至雄州七十四里。西北至本軍界一十六里，自界首至安肅軍二十九里。

户。主六〔一五〕千一百六，客三千八百三十一。

土貢。絹一十匹。

縣一。至道三年以瀛州高陽縣隸軍，熙寧六年省爲鎮，十年〔一六〕復爲縣。

中，高陽。二鄉。有徐河、百濟河。〔一七〕

校勘記

〔一〕六年 底本作「二年」。宋會要方域五之二、宋史卷八六地理志俱作「六年」。續資治通鑑長編卷二四六熙寧六年七月乙丑：「詔河北轉運、提點刑獄、提舉司所部廣遠，宜分爲兩路」。皇宋十朝綱要卷九亦載熙寧六年七月乙丑，「分河北監司爲東、西路」。則此「二年」爲「六年」之誤，今據改。

〔二〕上澶州　馮注：「江浙本俱作『開德府』。」今按：影宋鈔本、吴本、盧本、周本俱作「上，澶州」。宋史卷八六地理志以開德府爲「上」，而謂本澶州，崇寧五年升爲府。本志以元豐爲準，則應作「上，澶州」。

〔三〕自界首至博州二百一十五里　「一十五」，馮注：「一」，「江浙本俱作『二』」。今按：吴本作「二十二」，周本作「二十九」。

〔四〕一鄉　吴本、周本俱作「二鄉」。

〔五〕二　馮注：「江本作『三』。」

〔六〕八　馮注：「浙本無此字。」

〔七〕五　馮注：「浙本作『一』。」

〔八〕二十　馮注：「浙本無『二十』字。」

〔九〕一　馮注：「浙本作『二』。」

〔一〇〕泥沽　宋會要方域一八之二二作「尼姑」，宋史卷八六地理志滄州清池縣下作「泥姑」。

〔一一〕七　馮注：此下「江浙本俱有『十』字」。

〔一二〕駕馬河　馮校：「案漢書地理志，平原有篤馬河，東北入海五百六十里。太平寰宇記樂陵縣有鬲津枯河、馬頰河、鉤盤河，又云輿地志云『篤馬河亦馬頰也』。此『駕』字當是『篤』字之誤。」

〔一三〕深州 「深」，馮注：「浙本作『滄』。」今按：影宋鈔本、吳本、盧本、周本俱作「深」。宋冀州治信都，即今冀縣；深州治静安，在今深縣南，正當今冀縣西北，而滄州治清池，在今滄州市東南，則當今冀縣東北，浙本誤。

〔一四〕宗齊 清嘉慶重修一統志卷五〇冀州來遠鎮下引九域志同，宋會要食貨一九之四別作「宗綦」。

〔一五〕李億 馮校：「案李晏，各本俱作李億。考通鑑周顯德二年正月，詔浚胡盧河，築城於李晏口。注：『冀州蓨縣東北有李晏鎮，時築城屯軍，以爲静安軍。按薛史，其軍南距冀州百里，北距深州三十里，夾胡盧河爲壘。』今據改。又方輿紀要云：景州廢蓨縣，今州治；李晏鎮在州東北，此爲東李晏；又李晏鎮在深州南，五代時嘗置軍屯戍于此。則通鑑注似混二李晏爲一也。」今按：影宋鈔本、吳本、盧本、周本俱作李億；宋會要食貨一五之一〇冀州有李億鎮，同書食貨九之四冀州有李億務。則本志原作李億不誤，馮説非，仍改「晏」爲「億」。

〔一六〕楊家一鎮 「楊」，底本作「湯」。馮校：「錢本『湯』作『楊』。」今按：盧本亦作「楊」。宋會要方域一二之一三：「棗強縣廣川鎮，（政和）三年以楊家鎮改。」又同書食貨一五之一〇冀州列有楊家鎮。則此「湯」爲「楊」字之誤，據改。

〔一七〕上瀛州 馮注：「江浙本俱作『河間府』。」今按：影宋鈔本、吳本、盧本俱作「上，瀛州」，周本作「瀛州」。宋史卷八六地理志以河間府爲「上」，而謂本瀛州，「大觀二年升府」。本志以元豐爲準，則應作「上，瀛州」。

〔一八〕六　馮注：「浙本作『一』。」

〔一九〕太平興國七年改關南爲高陽關　「高陽關」，底本作「高陽縣」。影宋鈔本、盧本皆作「高陽關」。續資治通鑑長編卷二三：太平興國七年二月甲申，「改關南爲高陽關」；隆平集卷一、宋史卷八六地理志河間府下同。則此「縣」爲「關」字之誤，今據改。

〔二〇〕永牢　宋會要食貨一五之一〇同，同書食貨一九之四別作「永寧」；金史卷二五地理志河間府河間縣下亦作「永寧」。

〔二一〕六十里　馮校：「案通鑑卷二百八十四注引志文作『八十里』。」

〔二二〕南大劉　金史卷二五地理志獻州交河縣下作「南大樹」。

〔二三〕四　馮注：「浙本作『七』。」

〔二四〕四　馮注：「浙本無此字。」

〔二五〕二　馮注：「浙本作『三』。」

〔二六〕茌山　「茌」，底本作「荏」。漢書卷二八地理志東郡茌縣：「應劭曰茌山在東北。」太平寰宇記卷五四博州聊城縣有茌山。此「荏」爲「茌」字之誤，今據改。

〔二七〕一百一十里　馮校：「案通鑑卷二百九十二注引志文作『一百七十里』。」今按：太平寰宇記卷五四博州高唐縣下作「東一百十里」，疑資治通鑑注所引志文有誤。

〔二八〕夾灘　「灘」，馮注：「江本作『堆』。」今按：宋會要食貨一九之四作「灘」，金史卷二五地理志博州高唐縣下同。疑此「𡒄」、「堆」皆爲「灘」字之誤。

〔二九〕四 馮注：「江本無此字。」今按：影宋鈔本、吴本、盧本、周本皆有「四」字，江本誤。

〔三〇〕五 馮注：「浙本無此字。」

〔三一〕五 吴本、盧本俱作「三」。

〔三二〕二 馮注：「浙本無此字。」

〔三三〕脂角 「脂」，馮注：「江本作『指』。」今按：影宋鈔本、吴本、盧本、周本俱作「脂」，宋會要食貨一五之一〇同，江本誤。

〔三四〕西界 「界」，馮注：「江本作『務』。」今按：影宋鈔本、吴本、盧本、周本俱作「界」，宋會要食貨一五之一〇同，江本誤。

〔三五〕三 馮注：「浙本作『一』。」

〔三六〕三 馮注：「江本作『五』。」

〔三七〕一 底本作「二」。馮注：「江浙本俱作『二』。」今按：賓退録卷一〇引元豐九域志土貢亦作「一」。此「二」爲「一」字之誤，據改。

〔三八〕七姑垣紅城新垣 「七姑垣」、「新垣」，底本作「七姑坦」、「新坦」。宋史卷八六地理志雄州歸信縣下作「七姑垣」、「新垣」，武經總要前集卷一六上霸州有新垣砦、七姑砦。此「坦」爲「垣」字之誤，今據改。

〔三九〕三　馮注：「浙本作『一』。」

〔四〇〕四十　馮注：「浙本無『四十』字。」

〔四一〕十　馮注：「江本無此字。」今按：吴本、盧本、周本亦無此字。

〔四二〕二　馮注：「浙本作『一』。」

〔四三〕刀魚　續資治通鑑長編卷三三六熙寧五年閏七月丙辰條有刀魚巡檢。宋史卷八六地理志霸州文安縣下别作「刁魚」。

〔四四〕二　馮注：「江浙本俱作『一』。」今按：影宋鈔本、盧本及賓退録卷一〇引元豐九域志土貢皆作「二」，江浙本誤。

〔四五〕鄉化　「鄉」，馮注：「江浙本俱作『德』。」今按：影宋鈔本、吴本、盧本、周本俱作「鄉」，宋會要食貨一五之一一同，江浙本誤。

〔四六〕八十　馮注：「浙本無『八十』字。」

〔四七〕二　馮注：「江本作『一』。」今按：周本亦作「一」。

〔四八〕德州　吴本作「博州」。

〔四九〕六　周本作「七」。

〔五〇〕永濟渠河　「濟」，底本作「清」。馮校：「案太平寰宇記：故武城縣在北十里，唐調露元年移於永濟渠。此『清』字當是『濟』字之誤。」今按：金史卷二六地理志恩州武城縣下有「永濟渠、沙河」，馮説是，據改。

〔五一〕五　馮注：「浙本無此字。」

〔五二〕八十八　吴本作「六十六」。

〔五三〕三　馮注：「江本作『五』。」

〔五四〕二　馮注：「江本作『三』，浙本作『五』。」今按：盧本亦作「三」。

〔五五〕二　馮注：「江本作『一』。」

〔五六〕二　馮注：「江浙本俱作『一』。」

〔五七〕太平興國七年以滄州永安縣置軍　馮校：「案胡三省曰：乾寧軍在滄州西一百里，蓋乾寧間始建此軍也。宋白曰：『乾寧軍本古盧臺軍地，後爲馮橋鎮，臨御河之岸，接滄、霸二州界，周顯德六年收復關南，始建爲乾寧軍。』然則乾寧軍固不自太平興國始矣。蓋唐乾寧間始建此軍，周顯德時卽軍所置永安縣，屬滄州，宋太平興國中于縣置軍，復改縣爲乾寧隸焉。志此第云置乾寧縣，語未悉也。」今按：馮氏所引，乃資治通鑑卷二六二注文，唯「接滄、霸二州界」見于太平寰宇記卷六八，非宋白語，馮氏引誤。

〔五八〕東京一千三百里「三」，馮注：「江本作『二』。」今按：影宋鈔本、吴本、盧本、周本俱作「三」。太平寰宇記卷六八乾寧軍：「南至東京一千三百里。」江本誤。

〔五九〕東至本軍界四十里自界首至滄州六十里「六」，馮注：「江本作『九』。」今按：影宋鈔本、吴本、盧本、周本俱作「六」，資治通鑑卷二九四注引九域志謂乾寧軍「在滄州西一百里」，江本誤。

〔六〇〕七　馮注：「江本作『五』。」

〔六一〕三　馮注：「江本作『五』。」

〔六二〕范橋　「范」，底本作「苑」。馮校：「錢本『苑』作『范』。」今按：宋會要食貨一五之一二、一九之五亦作「范」。輿地廣記卷一〇乾寧軍：「本永安縣之范橋鎮，皇朝太平興國七年置，熙寧六年省爲鎮。」宋朝事實卷一八同。則此「苑」乃「范」字之誤，據改。

〔六三〕三年　「三」，馮注：「江浙本俱作『二』。」今按：輿地廣記卷一〇、宋史卷八六地理志信安軍亦下作「二」。

〔六四〕二　馮注：「江浙本俱作『三』。」

〔六五〕十　馮注：「浙本無此字。」

〔六六〕五　馮注：「江本作『十』。」今按：影宋鈔本、吴本、盧本、周本俱作「五」，武經總要前集卷一六上同，江本誤。

〔六七〕六十七　馮注：「六」，浙本作「一」；「七」，「浙本無此字」。今按：影宋鈔本、吴本、盧本、周本俱作「七十六」，浙本誤。

〔六八〕七　馮注：「浙本無此字。」

〔六九〕二　馮注：「浙本作『三』。」

〔七〇〕大成　太平寰宇記卷六七、宋史卷八六地理志霸州下俱作「大城」，當是。

〔七一〕二一　馮注：「浙本作『二』。」今按：影宋鈔本、吴本、盧本、周本俱作「二一」。資治通鑑卷二四七注引九域志：「鎮州西至太原府四百三十里。」浙本誤。

〔七二〕西北至本府界三百六十里自界首至代州二百六十里　馮校：「案通鑑卷二百八十五注引志文：恒州西北至代州三百四十里。考本志代州南至真定府四百四十里，東南至府四百七十里，而此乃得六百二十里，疑有誤。」今按：資治通鑑卷二七九注引九域志，謂「鎮州西北至代州六百二十里」，與此處所載里距正合，馮説非。

〔七三〕六十三里　馮校：「案通鑑卷二百八十五注引志文作『六十二里』。」今按：資治通鑑卷二八五注引九域志：「欒城縣在恒州南六十三里。」馮氏引誤。

〔七四〕府西南九十九里　馮注：上「九」字「浙本作『五』」；又馮校：「案今自真定府至獲鹿縣計程六十里，則此當從別本作五十九里爲是。」今按吴本亦作「府西南五十九里」，馮説是。

〔七五〕玉女山　底本作「女山」，無「玉」字。盧本「女山」空一格。元和郡縣志卷一七恒州行唐縣：「玉女山，縣北三十六里。」金史卷二五地理志真定府行唐縣下列有玉女山。則此「女山」上實脱「玉」字，今據補。

〔七六〕二　馮注：「江本作『一』。」今按：影宋鈔本、盧本、周本俱作「二」。宋真定府治真定縣，即今正定縣，北寨即今阜平縣，二者相距正爲二百里，江本誤。

〔七七〕五 馮注:「浙本作『三』。」今按:影宋鈔本、吴本、盧本、周本俱作「五」。資治通鑑卷二七一注引九域志:「相州南至衞州一百五十里。」浙本誤。

〔七八〕龍山洹水 底本作「龍洹水」,無「山」字。馮校:「案水經有洹水篇,唐魏州有洹水縣,而不聞有『龍洹』之目,俟再考。」今按:金史卷二五地理志彰德府安陽縣下有「龍山、洹水」。清嘉慶重修一統志卷一九六彰德府:「龍山在安陽縣西四十里。」則此「龍」與「洹水」之間實脱「山」字,據補。

〔七九〕美水 「水」,底本作「山」。太平寰宇記卷五五相州、金史卷二五地理志中山府湯陰縣下俱載有美水而無「美山」,此「山」乃「水」字之誤,今據改。

〔八〇〕北至易州二百四十里 馮校:「案通鑑卷二百七十一注引志文作『一百四十里』。」今按:宋定州治安喜縣,即今定縣,易州治易縣即今縣,二地相距實爲二百四十里,資治通鑑此處所引志文有誤。

〔八一〕慶曆二年以北平寨建軍 「北平寨」,底本作「平寨」,無「北」字。宋會要方域五之三一:「慶曆二年以定州北平寨建軍。」皇宋十朝綱要卷四同。則此「平寨」上實脱「北」字,今據補。

〔八二〕鉅鹿郡 馮校:「案鉅鹿,秦郡也,見漢書地理志。後漢尹宙碑云:『漢興,以三川爲潁川,分趙地爲鉅鏕。』潁川亦秦郡,而碑乃云云,金石之文固有不可爲據者,此類是也。附識於此。」

〔八三〕北至本州界七十八里自界首至趙州一百五里 資治通鑑卷二六八注引九域志:「邢州北至趙州一百四十四里耳。」

〔八四〕二 馮注：「浙本作『三』。」

〔八五〕東北至本州界一百八十三里自界首至衛州七十里 馮校：「案通鑑卷二百八十七注引志文：『懷州東北至衛州二百九十三里』，較此贏四十里。」

〔八六〕二 馮注：「江本作『一』。」今按：盧本作「三」。

〔八七〕五 馮注：「浙本作『三』。」今按：影宋鈔本、吴本、盧本、周本俱作「五」，賓退録卷一〇引元豐九域志土貢同，浙本誤。

〔八八〕湨水 「湨」，底本作「浿」，馮注：「江本作『湏』。」今按：水經濟水注：「湨水出原城西北原山勳掌谷，俗謂之爲白澗水也。」清嘉慶重修一統志卷二〇二懷慶府：「湨水在濟源縣西南，東流經孟縣北，又東南入河。」則此「浿」、「湏」皆爲「湨」字之誤，據改。

〔八九〕一 馮注：「浙本作『二』。」今按：影宋鈔本、吴本、盧本、周本俱作「一」。太平寰宇記卷五六衛州下謂「西至懷州三百五十里」，與底本所載里距正合。浙本誤。

〔九〇〕二 馮注：「浙本作『一』。」今按：影宋鈔本、吴本、周本俱作「二」。太平寰宇記卷五六衛州下謂「東南至東京一百三十五里」，與底本所載里距正合。浙本誤。

〔九一〕三 馮注：「江本無此字。」今按：影宋鈔本作「一」。

〔九二〕三 馮注：「浙本作『二』。」今按：影宋鈔本、吴本亦作「二」。

〔九三〕臨洺東西二鎮 此下及下文肥鄉、平恩、雞澤三縣屬鎮下盧本皆書「有」字，依志例「鎮」下皆載有山川，此處皆脱。

〔九四〕治静安縣　馮校：「案夢溪筆談：深州舊治靖安，其地鹻鹵。景德中議遷，時傅潛家在李晏，乃奏請遷州於李晏，今深州是也。土之不毛，無以異於昔，鹽鹻殆與土半，薪芻亦資於他邑，惟胡盧水粗給居民，然原自外來，亦非遷城之利。舊州之北有安平、饒陽兩邑，田野饒沃，人物繁庶，正當徐村之口，與祁州永寧犬牙相望，不移州於此，而恤其私利，亟城李晏者，潛之罪也。若然，則深州之治静安本不在李晏，州遷後或隨州移也。然據舊五代史，周顯德二年三月，『以李晏口爲静安軍』。則静安故是李晏，與沈氏語不合。又顧景范方輿紀要云：深州，五代周徙州治下博，即今治也；又云深州故城在今州南二十三里，漢下博縣地，周移深州治此，尋以縣置静安軍，宋雍熙三年縣廢，四年又置，改静安，金、元皆爲州治，永樂十年徙治吴家莊。則與所云下博即今治者語亦不符。況深州故城已在今州南，而下博城固又云在故州城南二十里也。至今景州治故蓨縣，本志蓨在冀州東北一百五十里，而李晏鎮又在蓨縣東北，此自别一李晏，通鑑李晏口注方據薛史謂静安軍南距冀州百里，北距深州三十里，則置軍之鎮又烏容在冀州蓨縣之東北乎？此其混二李晏爲一固顯然也。」今按：宋蓨縣東北爲李億鎮，而非李晏鎮，馮氏據資治通鑑胡三省注以李晏鎮在蓨縣東北，誠誤。參見本卷校勘記〔一五〕。

〔九五〕瀛州　底本作「河間府」。馮校：「案『河間府』當作『瀛州』，此當由後人所改竄者。」今按：宋史卷八六地理志：大觀二年升瀛州爲河間府。馮説是，今據改。

〔九六〕五　馮注：「江本作『三』。」今按：盧本亦作「三」。

〔九七〕八　盧本作「六」。

〔九八〕四　馮注：「浙本作『九』。」

〔九九〕南至本州界一百八里自界首至相州四十二里　「百」，馮注：「浙本作『十』。」今按：太平寰宇記卷五六磁州下謂「南至相州六十里」，正與浙本相合，則此「百」爲「十」字之誤。

〔一〇〇〕主二萬二十四　「二十四」，盧本作「九十四」。

〔一〇一〕客九千二百一　「二百一」，馮注：江浙本俱作「二百」。今按：盧本、周本亦作「二百」，吴本作「二百」。

〔一〇二〕二　馮注：「江浙本俱作『一』。」

〔一〇三〕五　馮注：「浙本作『三』。」

〔一〇四〕端拱元年　馮校：「案本志真定府下『元年』作『二年』，通鑑卷二百八十四注亦云『端拱二年』，此誤。」今按：宋史卷八六地理志祁州下作「端拱初」，宋朝事實卷一八作「端拱元年」，馮説非。

〔一〇五〕寖水　「寖」，馮注：「江本作『浸』。」今按：影宋鈔本、吴本、周本、盧本俱作「寖」，金史卷二五地理志沃州寧晉縣下同，江本誤。

〔一〇六〕二　馮注：「浙本作『三』。」

〔一〇七〕抱陽山　「抱」，馮注：「江本作『枹』。」今按：影宋鈔本、吴本、盧本、周本俱作「抱」，金史卷二五地理志保州清苑縣下同，江本誤。

〔一〇八〕二　馮注：「江本作『一』。」今按：影宋鈔本、吴本、盧本、周本俱作「二」。太平寰宇記卷六八靜戎軍下謂「南至保州四十五里」，正與底本所載里距相合。江本誤。

〔一〇九〕客一千四　盧本「四」下有「百」字。

〔一一〇〕祁州　「祁」，馮注：「江浙本俱作『邢』。」今按影宋鈔本、盧本、周本俱作「祁」。宋祁州正在永寧軍之西，與底本所載方位合，江浙本誤。

〔一一一〕三　馮注：「江浙本俱作『六』。」

〔一一二〕五　馮注：「江浙本俱無此字。」

〔一一三〕太平興國六年以易州遂城縣地置威虜軍　「威」，馮注：「江浙本俱作『城』。」今按：影宋鈔本、吴本、盧本、周本俱作「威」，太平寰宇記卷六八有威虜軍，江浙本誤。

〔一一四〕二　馮注：「江本作『三』。」

〔一一五〕六　馮注：「江浙本俱作『七』。」今按：影宋鈔本、吴本、盧本、周本亦作「七」。

〔一一六〕十年　「十」，馮注：「浙本作『七』。」今按：影宋鈔本、吴本、盧本、周本俱作「十」，宋會要方域五之三四同，浙本誤。

〔一一七〕百濟河　馮校：「錢本『河』作『水』。」

九域志卷第三

陝西路

永興軍路　秦鳳路

陝西路

太平興國二年分河北、河南路，又有陝府西路，〔一〕後併一路。熙寧五年分永興軍、秦鳳二路。

永興軍路　府二，州一十五，軍一，縣八十三。

次府，京兆府，京兆郡，永興軍節度。治長安、萬年二縣。

地里。東京一千二百五十里。東至本府界九十五里，自界首至華州八十五里。西至本府界一百六十一里，自界首至鳳翔府一百四十八里。南至本府界四百三十里，自界首至金州二〔三〕百五十里。北至本府界八十三里，自界首至耀州九十七里。東南至本府界一百三十里，自界首至商州一百三十五里。西南至本府界一百四十五里，自界首至洋州四百九十五里。〔三〕東北至本府界一百三十里，自界首至同州一百二十里。西北至本府界一百七十五里，自界首至邠州一百里。

户。主一十五萬八千七十二，客六萬五千二百四十。〔四〕

土貢。席一十領，鞾氈一十領，蠟五十斤，酸棗仁二斗，地骨皮一十斤。

縣一十四。乾德二年以奉先縣隸同州，好時縣隸乾州。大中祥符八年改昭應縣爲臨潼。熙寧五年乾州廢，以奉天縣隸府。

次赤，長安。六鄉。子午一鎮。有終南山、龍首山、灃水、渭水、鎬水、漆渠。

次赤，萬年。七鄉。城東、城南、鳴犢、〔五〕義谷、〔六〕霸橋五鎮。有終南山、滻水、龍首渠。

次畿，鄠。府南六十里。三鄉。秦渡、甘河〔七〕二鎮。有終南山、牛首山、渭水、渼陂。

次畿，藍田。府東南七十里。二鄉。焦戴、埃子二鎮。有藍田山、蕢山、灞水。

次畿，咸陽。府西四十里。二鄉。有渭水、灃水。

次畿，醴泉。府西北七十里。四鄉。甘北一鎮。有九嵕山、浪水。〔八〕

次畿，涇陽。府北七十里。三鄉。臨涇一鎮。有涇水、白渠、龍泉陂。

次畿，櫟陽。府東北九十里。二鄉。粟邑一鎮。有渭水、沮河、清泉陂。

次畿，高陵。府東北七十里。一鄉。毗沙、渭橋二鎮。有涇水、渭水、白渠。

次畿，興平。府西八十五里。三〔九〕鄉。有渭水、醴泉。〔一〇〕

次畿，臨潼。府東五十里。一鄉。零口一鎮。〔一一〕有驪山、渭水、戲水。

次畿，武功。府西北一百五十里。二鄉。有敦物山、武功山、渭水。

次畿，乾祐。府東南三百五十里。〔一二〕四鄉。有泎水、洵河。

次畿，奉天。府西北一百五十里。三鄉。薛祿一鎮。有梁山、漠水。〔一三〕

監二。熙寧四年置，鑄銅錢；八年置，鑄鐵錢。

銅錢。府西北一里。

鐵錢。府西北一里。

次府，河中府，河東郡，護國軍節度。唐河中節度。皇朝太平興國七年改護國軍。〔一四〕治河東縣。

地里。東京九百三十二里。東至本府界七十五里，自界首至解州二十〔一五〕里。西至本府界二十一里，自界首至同州四十九里。〔一六〕南至本府界五十里，自界首至陝州一百八十八里。北至本府界二百五里，自界首至隰州三百三十里。東南至本府界八十里，自界首至虢州九十五里。西南至本府界一十一里，自界首至華州一百二十九里。東北至本府界一百七十五里，自界首至絳州九十里。西北至本府界三十六里，自界首至鄜州三百九里。

户。主四萬九千三百五十一，客五千五百一〔一七〕十六。

土貢。五味子五十斤，龍骨一十斤。

縣七。大中祥符四年改寶鼎縣爲榮河，隸慶成軍。熙寧元年廢軍，以榮河縣隸府，即縣治置軍使；三年省河西縣，六年省永樂縣並入河東。

次赤，河東。四鄉。洿谷、陌河、永樂三鎮。有中條山、拓開山、〔二八〕五老山、〔二九〕黄河、媯水、汭水。

次畿，臨晉。府東北六十五里。二鄉。有三疑山、黄河、瀵水。

次畿，猗氏。府東北九十五里。二鄉。有孤山、涑水。

次畿，虞鄉。府東六十里。三鄉。有中條山、雷首山、壇道山。

次畿，萬泉。府東北一百五十里。二鄉。有介山。

次畿，龍門。府東北一百八十里。〔三〇〕二鄉。有龍門山、黄河、汾水。

次畿，榮河。府北一百里。二鄉。北鄉、胡壁堡二鎮。有黄河、汾水、脽丘。

大都督府，陝州，陝郡，保平軍節度。唐保義軍節度。皇朝太平興國元年改保平軍。治陝縣。

地里。東京六百五十九里。東至本州界九十三里，自界首至西京一百九十五里。西至本州界一百九十五里，自界首至華州八十五里。南至本州界八十九里，自界首至虢州一十二里。北至本州界一百八十八里，自界首至絳州七十里。東南至本州界七十三里，自界首至西京一百七十里。西南至本州界六十八里，自界首至虢州三十里。東北至本州界一百四十三〔三一〕里，自界首至解州三十五里。西北至本州界一百二十八里，自界首至河中府一百九里。

户。主三萬二千八百四十，客一萬一千五百五十二。〔三二〕

土貢。紬、絁各一十四，括蔞根、柏子人各一十斤。

縣七。太平興國三年以虢州閿鄉、湖城二縣隸州。熙寧四年省湖城縣爲鎮入靈寶，六年省硤石縣爲鎮入陝。元豐六年復置湖城縣。

上，陝。六鄉。石壕、乾壕、故縣三鎮。有虢山、硯頭山、二崤山、底柱山、黄河、橐水。

上，平陸。州北五里。五鄉。張店、三門、集津三鎮。有吴山、析山。

上，夏。州北九十八里。七鄉。曹張一鎮。有巫咸山、中條山、涑水。

上，靈寶。州西四十五里。三鄉。有夸父山、黄河、稠桑澤、古函谷關。

中下，芮城。州西北五十九里。〔三三〕二鄉。有中條山、襄山、黄河、龍泉。

中下，湖城。州西南一百一十里。一鄉。有荆山、鑄鼎原、鳳林泉、鼎湖。

中下，閿鄉。州西一百七十里。一鄉。歇馬、關東二鎮。有泰華山、黄河、玉澗水。

監二。熙寧四年置，鑄銅錢；八年置，鑄鐵錢。

銅錢。州東一百步。

鐵錢。州西五十步。

中都督府，延州，〔三四〕延安郡，彰武軍節度。治膚施縣。

地里。東京一千五百三十里。東至本州界二百五十四里，自界首至隰州一百二十一〔三五〕里。西至本州界一百四十四里，自界首至慶州一百九十里。南至本州界一百五里，自界首至鄜州三十五里。北至夏州一百二十二里。〔二六〕東南至本州界二百二十里，自界首至隰州一百五十四里。西南至本州界一百二十里，自界首至坊州一百四十里。東北至本州綏德城三百三十里。西北至宥州二百〔二七〕六十四里。

戶。主三萬四千九百一十八，客一千八百四十九。

土貢。麝五兩，蠟一百斤。

縣七。熙寧五年省豐林縣爲鎮、金明縣爲寨並入膚施，八年省延水縣爲鎮入延川。

中，膚施。一鄉。青化、豐林二鎮。金明、龍安、塞門〔二八〕三寨。安塞一堡。有五龍山、伏龍山、洛水、清水、濯筋水。〔二九〕

中，延川。州東北一百四十里。三鄉。延水一鎮。丹頭、綏平、懷寧、順安、白草、永平、浮圖、義合、米脂九寨。安定、黑水二堡。永寧一關。有黃河、吐延水。

中，延長。州東一百三十里。三鄉。有獨戰山、濯筋水。

中，門山。州東南一百八十里。一鄉。有重覆山、黃河、渭牙川水。

中，臨真。州東南一百一十里。二鄉。有庫利川。

中，敷政。州西九十里。一鄉。招安、萬安二寨。有三堆山、洛水。

中下，甘泉。州南七十一里。一鄉。有雕陰山、洛水。

城二。康定元年置青澗。熙寧二年廢綏州爲綏德城。

青澗。州東北一百八十五里。

綏德。州東北三百三十里。

監一。熙寧八年置。

鐵錢。州東二里。

望，同州，馮翊郡，定國軍節度。唐匡國軍節度。周降軍事。皇朝太平興國七年爲定國軍節度。治馮翊縣。

地里。東京一千一百里。東至本州界六十里，自界首至河中府一十五里。西至本州界三十五里，自界首至華州四十五里。南至本州界三十五里，自界首至華州三十五里。北至本州界一百九十三里，自界首至鄜州一百六十里。東南至本州界九十五里，自界首至華州四十里。西南至本州界五十二里，自界首至華州四十里。東北至本州界二百六十六里，自界首至河中府三十五里。西北至本州界一百九十里，自界首至坊州七十五里。

户。主六萬九千四〔三〇〕十四，客一萬五百五十六。〔三一〕

土貢。韉皮二十張。〔三二〕

縣六。乾德二年以京兆府奉先縣隸州，開寶四年改爲蒲城，天禧四年析隸華州。熙寧三年省夏陽縣爲鎮入郃陽。

緊，馮翊。一十鄉。沙苑一鎮。有洛水、渭水。

緊，澄城。州北九十里。六鄉。寺前、良輔二鎮。有梁山、洛水。

緊，朝邑。州東三十五里。七鄉。新市、延祥二鎮。有黄河、渭水。

上，郃陽。州東北一百二十里。七鄉。夏陽一鎮。有飛山、黄河。

中，白水。州西北一百二十里。三鄉。有五龍山、附預山、洛水、白水。

中，韓城。州東北二百里。三鄉。有大梁山、三疊山、黄河、暢水、嵉水。

監一。乾德三年于馮翊、朝邑〔三三〕二縣境〔三四〕置牧馬監，隸州。

沙苑。州南二十五里。

望，華州，華陰郡，鎮潼軍節度。唐鎮國軍節度。皇朝皇祐五年改鎮潼軍。治鄭縣。

地里。東京一千一百里。東至本州界九十里，自界首至陝州一百七十里。西至本州界五十里，自界首至京兆府一百里。南至本州界五十里，自界首至商州二〔三五〕百三十里。北至本州界二十里，自界首至同州四十里。東南至本州界八十里，自界首至虢州八十里。西南至本州界九十里，自界首至京兆府一百里。東北至本州界七十里，自界首至河中府三十五里。西北至本州界七十〔三六〕里，自界首至耀州八十里。

户。主六萬八千三百四十四，〔三七〕客一萬一千八百三十六。

土貢。茯苓、細辛各一十斤，茯神五斤。

縣五。天禧四年以同州蒲城縣隸州。熙寧六年省渭南縣爲鎮入鄭，元豐元年復爲縣。

上，鄭。七鄉。赤水東一鎮。〔三八〕有少華山、聖山、渭水、符禺水。

望，下邽。州西北六十五里。七鄉。新市、來化〔三九〕二鎮。有渭水、太白渠。

望，蒲城。州西北一百二十里。九鄉。荆姚、常樂二鎮。有金粟山、洛水。

緊，華陰。州東五十里。三鄉。關西、敷水二鎮。有太華山、松果山、黄河、渭水、潼關。

上，渭南。州西三十五里。四鄉。赤水西一鎮。有靈臺山、渭水。

監二。熙寧四年置，鑄銅錢；八年置，鑄鐵錢。

銅錢。州南一里。

鐵錢。州南一里。

緊，耀州，華原郡，感德軍節度。唐義勝軍節度。周降刺史。皇朝開寶五年爲感義軍節度，太平興國元年改感德軍。治華原縣。

地里。東京一千二百里。東至本州界七十八里，自界首至同州一百二里。西至本州界一百三十里，自界首至邠州一百里。南至本州界六十里，自界首至京兆府一百里。北至本州界九十五里，自界首至坊州七十五里。東南至本州界八十五里，自界首至華州九十五里。西南至本州界八十五里，自界首至京兆府七十五里。東北至本州界一百里，自界首至坊州八十里。西北至本州界八十里，自界首至邠州一百里。

户。主一萬九千八百二，客六千一百八。

土貢。瓷器五十事。

縣七。淳化四年以雲陽縣梨園鎮爲淳化縣。

上，華原。二鄉。有土門山、漆水、沮水。

望，富平。州東南五十里。一十鄉。有荆山、鄭白二水。〔四〇〕

望，三原。州南五十里。八鄉。〔四一〕

上，雲陽。州西南七十里。二鄉。孟店一鎮。〔四二〕

上，同官。州東北五十里。三鄉。黄堡一鎮。有白馬山、同官川。〔四三〕

中，美原。州東七十里。四鄉。有頻陽山。〔四四〕

中，淳化。州西九十里。三鄉。有仲山。〔四五〕

監一。熙寧八年置。

鐵錢。州城西南。

緊，邠州，新平郡，静難軍節度。治新平縣。

地里。東京一千七百里。東至本州界一百里，自界首至耀州一百里。西至本州界一百里，自界首至涇州五十里。南至本州界一百二里，〔四六〕自界首至京兆府一百八十里。北至本州界五十五里，自界首至寧州七十里。東南至本州界一百二里，自界首至京兆府一百五十里。西南至本州界六十里，自界首至鳳翔府一百一十里。東北至本州界一百二十里，自界首至坊州六十里。〔四七〕西北至本州界一百五里，自界首至原州九十里。

户。主五萬三千六百五十二，客六千一百八十五。

土貢。火筯五十對，華豆一石，翦刀三十枚。

縣四。乾德二年以永壽縣隸乾州，熙寧五年廢乾州，復隸州，以定平縣隸寧州。

望，新平。八鄉。白驥一鎮。有涇水、漆水。〔四八〕

望，宜禄。州西六十里。八鄉。邵寨一鎮。〔四九〕有鶉觚原。〔五〇〕

上，三水。州東北六十里。九鄉。龍泉一鎮。〔五一〕有石門山、羅川水。〔五二〕

下，永壽。州南六十里。三鄉。麻亭、常寧二寨。

上，鄜州，洛交郡，保大軍節度。治洛交縣。

地里。東京一千五百里。東至本州界二〔五三〕百里，自界首至隰州一百一十里。西至本州界一百八十里，自界首至慶州一百三十里。南至本州界七十里，自界首至坊州五十里。北至本州界三十五里，自界首至延州一百一十里。東南至本州界一百六十四里，自界首至同州二百五十里。西南至本州界一百八十里，自界首至寧州七十里。東北至本州界六十里，自界首至丹州六十里。西北至本州界五十里，自界首至延州三十五里。〔五四〕

户。主一萬九千四百四十二〔五五〕。客七千六百七十四。

土貢。席一十領，大黃一百斤。

縣四。康定二年卽鄜城縣治置康定軍使，仍隸州。熙寧七年省三川縣爲鎮入洛交。

緊，洛交。三鄉。三川一鎮。有疏屬山、洛水、華池水。

上，洛川。州東南六十五里。三鄉。有洛川水、圜水。

上，鄜城。州東一百二十里。三鄉。有楊班湫。〔五六〕

中下，直羅。州西九十里。三鄉。赤城一鎮。有大槃山、羅川水。

中，解州，防禦。治解縣。

地里。東京七百一十五里。東至本州界一百三十里，自界首至絳州二〔五七〕十里。西至本州界二十里，自界首至河中府八十里。南至本州界二十里，自界首至陝州八十九里。北至本州界三十里，自界首至河中府九〔五八〕十五里。東南至本州界三十五里，自界首至陝州四十里。西南至本州界二十一里，自界首至陝州九十八里。東北至本州界一百三十五里，自界首至絳州三十里。西北至本州界三〔五九〕十里，自界首至河中府八十里。

戶。主二萬五千四，客三千九百三十一。

土貢。鹽花五十斤。

縣三。

中，解。一鄉。有壇道山、鹽池。

望，聞喜。州東一百五里。二鄉。東一鎮。有中條山、景山、涑水。

緊，安邑。州北四十五里。二鄉。有中條山、稷山、鹽池、涑水。

中府，慶州，安化郡，軍事。唐定安軍節度。後唐降軍事。〔六○〕皇朝建隆元年升團練，四年復降軍事。治安化縣。

地里。東京一千九百里。東至本州界一百六十里，自界首至鄜州一百九十里。西至本州界九十里，自界首至原州九十里。南至本州界七十里，自界首至寧州六〔六一〕十里。北至安州三百六十里。〔六二〕東南至本州界九十里，自界首至寧州三十里。〔六三〕西南至本州界一百里，自界首至原州八十里。東北至宥州四百六十里。西北至本州界五十五里，自界首至環州一百二〔六四〕十五里。

户。主一萬二千六百三十八，客六千三百八十三。

土貢。紫茸氈四領，氈二十領，麝三兩，蠟三十斤。

縣三。乾德二年改順化縣爲安化，省同川縣入焉。熙寧三年以寧州彭原縣隸州，四年省華池、樂蟠二縣置合水縣。

中，安化。四鄉。淮安、業樂、五交、〔六五〕景山四鎮。大順一城。東谷、西谷、柔遠、大順、〔六六〕安疆五寨。虛泥、美泥二堡。〔六七〕有馬領山、〔六八〕延慶水。

望，合水。州東南〔六九〕四十五里。七鄉。金櫃、鳳川、華池三鎮。華池一寨。荔原一堡。有子午山。

緊，彭原。州西〔七○〕南八十里。六鄉。董志、〔七一〕蕭、赤城、寧羌四鎮。有彭原池、睦陽川。

雄，虢州，虢郡，軍事。唐弘農郡。皇朝建隆元年改常農，至道三年改弘農，〔七二〕尋改虢郡。治虢略縣。

地里。東京七百三〔七三〕十六里。東至本州界二百八十三里，自界首至西京一百二十五里。西至本州界二十一里，自界首至華州一百六十四里。南至本州界九十里，自界首至商州一百四十〔七四〕里。北至本州界二十九里，自界首至解州七十六里。東南至本州界二百一十六里，自界首至鄧州一百六十六里。西南至本州界一百一十六里，自界首至商州一百一十四里。東北至本州界二十九里，自界首至陝州五十六里。西北至本州界二十一里，自界首至河中府一百六十四里。

户。主一萬六百六，客六千九百六十五。

土貢。麝三兩，地骨皮一十斤，硯二十枚。

縣三。建隆元年改弘農縣〔七五〕爲常農。乾德六年省朱陽縣入常農。太平興國三年以閿鄉、湖城二縣隸陝州，七年復置朱陽縣。至道三年改常農縣爲虢略。熙寧二年以西京伊陽縣欒川治鎮隸盧氏，四年省玉城縣爲鎮入虢略。

中，虢略。一鄉。玉城一鎮。鐵錢一監。有鹿蹄山、黄河、濁水。〔七六〕

中，盧氏。州東一百二十二里。一鄉。欒川冶一鎮。有朱陽山、熊耳山、洛水、鄢水。

中，朱陽。州南六十里。一鄉。鐵錢一監。有地肺山、柏谷。

望，商州，上洛郡，軍事。治上洛縣。

地里。東京一千二百里。東至本州界二百三十里，自界首至鄧州四百七十里。西至本州界一百一十里，自界首至京兆府一百七十里。南至本州界四百二十里，自界首至金州一百八十里。北至本州界一百七十五里，自界首至華州一百五里。東南至本州界四百一〔七七〕十里，自界首至均州二百九十里。西南至本州界一百里，自界首至洋州七百九十五里。東北至本州界二百里，自界首至虢州二百一十里。西北至本州界一百二十里，自界首至京兆府二百二十五里。

户。主一萬八千八十九，客六萬二千三百三十六。〔七八〕

土貢。麝三兩，枳殼、枳實各一十斤。

縣五。

中，上洛。二鄉。西市、黄川二鎮。龍渦、鎮北二銀場。阜民一鐵錢監。有楚山、熊耳山、丹水。

中下，商洛。州東八十里。二鄉。青雲一鎮。有商山、商洛水。

中下，洛南。州北七十五里。二鄉。〔七九〕採造、石界、故縣、南合〔八〇〕四鎮。麻地稜治一銀場。〔八一〕錫定一鉛場。鐵錢一監。有家嶺山、洛水。

中下，豐陽。州西南一百二十里。二鄉。有豐陽山、甲水。

中下，上津。州南三百里。一鄉。有天柱山、杏水。〔八二〕

望，寧州，彭原郡，軍事。治定安縣。

地里。東京一千八百里。東至本州界一百二十五里，自界首至坊州一百二十五里。西至本州界五十里，自界首至涇州七十里。南至本州界七十五里，自界首至邠州四十五里。北至本州界六十里，自界首至慶州六〔八三〕十里。東南至本州界一百七十里，自界首至坊州一百四十里。西南至本州界四十里，自界首至邠州一百里。東北至本州界一百二十五里，自界首至鄜州一百七十五里。西北至本州界四十里，自界首至原州一百五里。

户。主三萬三千二百六十八，客四千一百六。

土貢。荆芥、菴蕳各一十斤，席一十領，硯一十枚。

縣四。太平興國元年改豐義縣爲彭陽。至道三年以彭陽縣隸原州。熙寧三年以彭原縣隸慶州，五年以邠州定平縣隸州。

緊，定安。七鄉。交城、棗社二鎮。有洛水、九陵水。

緊，定平。州南六十里。八鄉。永昌一鎮。有涇水。

上，襄樂。州東五十里。四鄉。泥陽一鎮。有延川水。

上，真寧。州東南〔八四〕七十里。三鄉。山河、顯聖二鎮。有子午山、羅川水、要册湫。

上，坊州，中部郡，軍事。治中部縣。

地里。東京一千三百里。東至本州界四十里，自界首至鄜州一百六十里。西至本州界一百七十里，自界首至寧州一百一十里。南至本州界七十五〔八五〕里，自界首至同州一百六十里。北至本州界四十五里，自界首至鄜州六十五里。東南至本州界九十里，自界首至同州一百八十里。西南至本州界一百六十五里，自界首至邠州一百四十里。東北至本州界九十〔八六〕里，自界首至鄜州一百一十里。西北至本州界九十里，自界首至鄜州一百六十〔八七〕里。

户。主八千二百三十六，客五千四百三。〔八八〕

土貢。弓弦麻二十斤，席一十領。

縣二。熙寧元年省昇平縣爲鎮入宜君。

緊，中部。六鄉。有橋山、石堂山、洛水、蒲水。

中，宜君。州西南五十五里。二鄉。北拓、〔八九〕昇平二鎮。一礬場。有沮水。

上，丹州，咸寧郡，軍事。治宜川縣。

地里。東京一千三百五十里。東至本州界一百五里，自界首至隰州一百八十五里。西至本州界一百五里，自界首至鄜州七十五里。〔九〇〕南至本州界八十里，自界首至同州二百七十里。北至本州界九十里，自界首至延州一百二十里。東南至本州界一百三十五里，自界首至河中府三百一十五里。西南至本州界七十里，自界首至坊州二百七十里。東北至本州界一百一十五里，自界首至隰州三百一十五里。西北至本州界九十里，自界首至延州一百二十里。

户。主七千九百八十八，客一千八百四十七。

土貢。麝五兩。

縣一。太平興國元年改義川縣爲宜川，三年省咸寧縣。熙寧三年省汾川縣，七年省雲巖縣爲鎮，八年析同州韓城縣新封鄉〔九一〕並入宜川。

上，宜川。九鄉。汾川、雲巖二鎮。有雲巖山、黄河、庫利川。

下，環州，軍事。唐靈州方渠鎮。晉置威州。周改環州，後降通遠軍。皇朝淳化五年復爲環州。治通遠縣。

地里。東京二千一百里。東至宥州三百五十五里。西至本州界一百三十里，自界首至原州七十里。南至本州界一百二十五里，自界首至慶州五十五里。北至韋州三百八十里。〔九二〕東南至本州界六十五里，自界首至慶州一百五十里。西南至本州界一百三十五里，自界首至原州七十里。東北至鹽州三百七十五里。西北至靈州四百六十五里。

户。主四千一百九十九，客二千三百八十四。

土貢。甘草一百斤。

縣一。天聖元年改通遠縣爲方渠，景祐元年復爲通遠。

上，通遠。三鄉。木波、馬嶺、〔九三〕石昌、合道四鎮。烏崙、肅遠、洪德、永和、平遠、定邊、團堡、安塞八寨。有鹹河、馬嶺坡。

同下州，保安軍。太平興國二年以延州永安鎮置軍。

地里。東京一千七百一十里。東至本軍界五十里，自界首至延州一百八十里。西至本軍界一百二十里，自界首至慶州二百里。南至本軍界八十里，自界首至延州一百五十里。北至宥州二百八里。東南至本軍界五十五里，自界首至延州一百里。西南至本軍界一百四十里，自界首至慶州一百八十里。東北至宥州二百二十里。西北至宥州二百七十里。

户。主九百一十九，客一百二十二。〔九四〕

土貢。毛氎五段，蓯蓉一十斤。

寨二。天禧四年置建子城，天聖元年改德靖寨。康定二年置保勝寨。慶曆四年置順寧，〔九五〕五年廢保勝。

德靖。軍西南八十里。

順寧。軍北四十里。

堡一。慶曆五年置。

園林。軍東北四十里。

秦鳳路

府一，州一十二，軍三，縣三十八。

次府，鳳翔府，扶風郡，鳳翔節度。治天興縣。

地里。東京一千五百八十里。東至本府界一百一十三里，自界首至京兆府一百七十里。西至本府界三十六〔九六〕里，自界首至隴州一百一十四里。南至本府界一百六十五里，自界首至鳳州七十五里。北至本府界一百一十里，自界首至涇州九十里。東南至本府界二百九十五里，自界首至洋州四百五里。西南至本府界一百一十里，自界首至鳳州一百三十里。東北至本府界一百五十五里〔九七〕，自界首至邠州六十七里。西北至本府界二百四十四里，自界首至渭州八十里。

戶。主一十二萬七千一十八，客四萬四千五百一十一。〔九八〕

土貢。蠟燭三百條，榛實一石，席一十領。

縣一十。乾德元年以舊崇信軍地置崇信縣。淳化中以崇信縣隸儀州。熙寧五年廢乾州，以好畤縣隸府。

次赤，天興。五鄉。五里一鎮。有杜陽山、吴岳、雍水。

次畿，岐山。府東四十里。一十四鄉。馬磧、驛店二鎮。有岐山、終南山、渭水、姜水、汧水。

次畿，扶風。府東八十里。五鄉。岐陽、法喜二鎮。有渭水、漳水。

次畿，盩厔。府東南二百里。四鄉。清平一鎮。有終南山、渭水。

次畿，郿。府東南一百里。五鄉。虢川、斜谷、清湫、〔九九〕横渠四鎮。鐵冶一務。有太白山、渭水。

次畿，寶雞。府西南六十五里。四鄉。五城、〔一〇〇〕車舍、大散三鎮。有陳倉山、渭水、汧水。

次畿，虢。府南三十五里。三鄉。陽平一鎮。有楚山、渭水、磻溪。

次畿，麟游。府東北一百一十里。三鄉。崔模一鎮。〔一〇一〕有黝土山、八馬坊。

次畿，普潤。府東七十里。四鄉。有杜水、漆水、岐水。

次畿，好畤。府東北一百三〔一〇二〕十五里。一鄉。有梁山、武亭河。

監一。

司竹。府東南二百三〔一〇三〕十里。

下府，秦州，天水郡，雄武軍節度。治成紀縣。

地里。東京二千三十里。東至本州界一百一十五里，自界首至隴州九十三里。西至本州界一百五里，自界首至通遠軍一百五十五里。南至本州界一百八十〔一〇四〕里，自界首至鳳州二百一十里。北至本州界一百五十九里，自界首至德順軍一百四十里。東南至本州界一百五十里，自界首至鳳州二百七十里。〔一〇五〕西南至本州界一百九十五里，自界首至成州七十里。東北至本州界一百八十里，自界首至瀧州九十里。西北至曹司堡二百二十九〔一〇六〕里。

户。主四萬三千二百三十六，客二萬三千八百八〔一〇七〕。

土貢。席二十領，芎藭三十斤。

縣四。建隆三年以良恭、大潭二鎮置大潭縣。熙寧七年以長道、大潭二縣隸岷州。

上，成紀。二鄉。董城、道口務、夕陽〔一〇八〕三鎮。有朱圉山、邽山、渭水、瓦亭川。

上，天水。州西七十里。二鄉。鐵冶、艾蒿、米谷三鎮。有龍馬泉。

中，隴城。州東三十五里。二鄉。隴城、安夷二鎮。有大隴山、瓦亭山、渭水。

中，清水。州東九十里。二鄉。白沙、百家、清水三鎮。有小隴山、清水。

監一。開寶初於清水縣置銀冶，太平興國三年升爲監，〔一〇九〕隸州。

太平。州東七十里。

城二。建隆二年置伏羌寨。熙寧元年置甘谷城，三年以伏羌寨爲城。

伏羌。州西九十里。領得勝、榆林、大像、菜園、〔一一〇〕探長、新水、檉林、丙龍、石人、駝項、舊水一十一堡。

甘谷。州西北一百八十五里。領隴陽、大甘、吹藏、隴諾、尖竿五堡。

寨七。建隆二年置定西。開寶元年置三陽。太平興國三年〔一一〕置弓門，四年置静戎。天禧二年置安遠。慶曆五年置隴城。治平四年置雞川。

定西。州西北四十五里。領寧西、牛鞍、上硤、下硤、注鹿、〔一二〕圓川六堡。

三陽。州北四十里。領渭濱、武安、上下蝸牛、〔一三〕聞喜、伏歸、硤口、照川、土門、四顧、平戎、赤崖湫、〔一四〕西青、遠近湫一十四堡。

弓門。州東一百六十五里。領東鞍、安人、斫鞍、〔一五〕上下鐵窟、坐交、得鐵〔一六〕七堡。

静戎。州東北四十里。領白榆林、長山、郭馬、〔一七〕静塞、定平、永固、邦蹉、寧塞、長燋九堡。

安遠。州西北一百二十五里。

隴城。州東一百二十里。

雞川。州北二百里。

堡三。開寶九年置床穰寨。太平興國四年置冶坊寨。慶曆五年置達隆。熙寧五年改冶坊，八年改床穰並爲堡。〔一八〕

床穰。州東八十里。領白石、古道、中城、東城、定戎、定安、西城、雄邊、臨川、德威、廣武、定川、挾河、〔一九〕鎮邊一十四堡。

冶坊。州東北一百二十里。領橋子、古道、永安、博望、威塞、李子六堡。

達隆。州西北一百五十五里。

上，涇州，安定郡，彰化軍節度。唐彰義軍節度。皇朝太平興國元年改彰化軍。治保定縣。

地里。東京一千七百里。東至本州界六十五里，自界首至渭州一百一十里。西至本州界三十里，自界首至邠州一百三十里。南至本州界一百里，自界首至鳳翔府一百一十里。北至本州界三十五里，自界首至原州四十里。東南至本州界一百四十里，自界首至鳳翔府一百里。西南至本州界九十里，自界首至隴州一百五十里。東北至本州界四十里，自界首至原州四十里。西北至本州界三十里，自界首至原州五十里。

户。主一萬八千二百一十八，客七千七百七十二。

土貢。紫茸毛氈〔一二〇〕一十段。

縣三。咸平四年升長武鎮爲縣，五年省爲寨。

望，保定。一十鄉。長武一寨。有回山、〔一二一〕涇水、汭水。

上，靈臺。州東九十里。五鄉。百里一鎮。有汭水、細水。

上，良原。州西南六十里。五鄉。有汭水。

上，熙州，臨洮郡，鎮洮軍節度。唐臨州之地，後陷吐蕃，號武勝軍。皇朝熙寧五年收復置。治狄道縣。

地里。東京二千五百二十五里。東至本州界一百五里，自界首至通遠軍六十八里。西至本州界六十里，自界首至河州一百里。南至本州界九十里，自界首至岷州一百四里。北至本州界六十里，自界首至蘭州一百一十六里。〔一二二〕

東南至本州界一百五里，自界首至通遠軍六十八里。西南至洮州三百六十里。東北至馬銜山〔一三〕四十里。西北至本州界六十里，自界首至河州一百里。

户。主一百九十九，客一千二百五十七。

土貢。毛氈一十段，麝三兩。

縣一。熙寧五年收復置縣，九年省。元豐二年復置。

中下，狄道。有白石山、洮水、浩亹河。

寨一。熙寧六年置。

康樂。州西三十六里。

堡八。熙寧五年置慶平、通谷、渭源，六年置南川、當川，七年置結河。

通谷。州東二十二里。

慶平。州東六十七里。

渭源。州東九十二里。

結河。州北二十里。

南川。州南三十里。

當川。州西四十〔一四〕里。

南關。州南二十里。

北關。州北二十里。

上，隴州，汧陽郡，防禦。治汧源縣。

地里。東京一千七百五十里。東至本州界一百里，自界首至鳳翔府三十二里。西至本州界九十三里，自界首至秦州一百五十七里。南至本州界一百六十里，自界首至鳳州九十里。北至本州界六十里，自界首至涇州九十里。東南至本州界一百一十里，自界首至鳳翔府四十五里。西南至本州界一百八十五〔一三五〕里，自界首至鳳州一百四十五里。東北至本州界一百二十七里，自界首至鳳翔府三十三〔一三六〕里。西北至本州界五十五里，自界首至渭州一百一十里。

户。主一萬五千七百二，客九千七十二〔一三七〕。

土貢。席二十領。

縣四。開寶元年析汧陽地置隴安縣。熙寧八年廢隴西寨爲鎮。〔一三八〕

望，汧源。六鄉。定戎、新關、隴西三鎮。古道一銀場。有隴山、汧水、弦蒲藪。

緊，汧陽。州東六十七里。〔一三九〕二鄉。安化、新興二鎮。有汧水、喻麋澤。

中，吴山。州南八十七里。四鄉。有吴岳山、白環水。

中，隴安。州南八十五里。四鄉。保寧一鎮。有秦嶺山、渭水。

中下，成州，同谷郡，團練。開寶六年升團練。治同谷縣。

緊，長道。州東三百三十里。二鄉。長道、故城、白石、鹽官、骨谷、〔四三〕崖石、平泉、馬務八鎮。有祁山、鹽官水。

寨五。雍熙二年置臨江寨隸秦州，熙寧六年隸州，仍置荔川，七年置床川、閭川、宕昌。

臨江。州南一百四十里。

荔川。州東八十里。

床川。州東二十里。

閭川。州東一百二十里。

宕昌。州南一百二十里。

堡三。熙寧七年置遮羊、穀藏，十年置鐵城。

遮羊。州東一百里。

穀藏。州西四十里。

鐵城。州東八十里。

監一。熙寧九年置，鑄鐵錢。

滔山。州西一百五十步。

下府，渭州，隴西郡軍事。治平涼縣。

地里。東京一千八百里。東至本州界九十里，自界首至涇州三十里。西至本州界九十七里，自界首至鎮戎軍四十八里。南至本州界一百二十三里，自界首至隴州三〔一四四〕十二里。北至本州界四十三里，自界首至原州一百八里。東南至本州界一百一十里，自界首至涇州五十里。西南至本州界一百五里，自界首至德順軍一十六里。東北至本州界六十里，自界首至原州五十〔一四五〕里。西北至本州界五十里，自界首至原州一百一十九里。

户。主二萬六千六百四十，客一萬九百九十六。

土貢。絹一十匹，蓯蓉五十斤。

縣五。熙寧五年廢儀州，以安化、崇信、華亭三縣隸州。

中，平涼。四鄉。安國、耀武二鎮。瓦亭一寨。有筓頭山、馬屯山、涇水。

中，潘原。州東三十六里。二鄉。有鳥鼠山、銅城山、涇水、閤川水。

中，安化。州西南七十里。三鄉。安化、白巖河二鎮。有隴山、白巖河。

中，崇信。州東南八十五里。四鄉。西赤城一鎮。有閤川水。

中下，華亭。州南七十里。四鄉。黄石河一鎮。〔一四六〕一銅場。一鐵冶。〔一四七〕一茶場。一鹽場。有小隴山。

望，原州，平涼郡，軍事。治臨涇縣。

地里。東京一千七百九十里。東至本州界一百五里，自界首至寧州四十里。西至本州界九十五里，自界首至鎮戎軍六十三〔一四八〕里。南至本州界七十里，自界首至渭州六十里。北至本州界七十里，自界首至環州一百五十里。東南至本州界四十五里，自界首至涇州三十五里。西南至本州界九十五里，自界首至德順軍一百三十里。東北至本州界八〔一四九〕十里，自界首至慶州五十五〔一五〇〕里。西北至界壕〔一五一〕一百六十里。

戶。主一萬六千八百四十〔一五二〕，客五千五百六十一。

土貢。甘草三十斤。

縣二。至道三年以寧州彭陽縣隸州。

中，臨涇。四鄉。有陽晉水、朝那水。

中，彭陽。州東六十里。三鄉。〔一五三〕蕭一鎮。〔一五四〕有大胡河、蒲川河。

鎮二。乾興元年以慶州柳泉、新城二鎮並隸州。熙寧三年廢截原寨入新城。

新城。州西五十里。〔一五五〕

柳泉。州西北七十里。領耳朵城一堡。〔一五六〕

寨五。端拱元年置西壕。咸平元年置開邊。天聖五年置平安。〔一五七〕慶曆四年置綏寧，五年置靖安。熙寧三年廢新門寨入開邊。

西壕。州北四十里。

開邊。州西二十里。

平安。州西八十里。

綏寧。州西北一百三十里。領羌城、南山、顛倒三堡。

靖安。州西北一百六十里。領中郭普、〔一五八〕吃羅岔、張嵒、〔一五九〕常理、新勒、〔一六〇〕雞川、〔一六一〕立馬城、殺獐川九堡。〔一六二〕

中下，階州，武都郡，軍事。治福津縣。

地里。東京二千五百二十里。東至本州界三〔一六三〕百里，自界首至興州一百三十里。西至宕州二百四十里。南至本州界一百五十里，自界首至文州九十里。北至本州界二百六十里，自界首至成州四十里。東南至本州界三百五十里，自界首至利州四百里。西南至本州界三百五十里，自界首至文州一百里。東北至本州界二百七十里，自界首至成州三〔一六四〕十里。西北至本州界一百七十里，自界首至岷州一百八十里。

戶。主二萬三千九百三十六，客一萬七千七百二十五。

土貢。羚羊角一十對，蠟燭五十條。〔一六五〕

縣二。

中下，福津。三鄉。安化、利亭、石門、角弓、河口、故城六鎮。峯貼硤、〔一六六〕武平、沙灘三寨。有盤𡾊山、白江水、福津水。

中下，將利。州東二百一十五里。四鄉。蘭皐、平落、新安、故城四鎮。有沮水、紫水。

上，河州，安鄉郡，軍事。〔一六七〕唐河州，後廢。皇朝熙寧六年收復，仍舊置。

地里。東京二千三百二里。東至本州界九十里，自界首至熙州五十里。西至青塘城四百八十里。〔一六八〕南至洮州一百九十五里。北至黃河四十里。東南至本州界九十里，自界首至岷州二百一十五里。西南至一公城一百六十里。東北至吹龍城一百一十里。西北至黃河四十里。

户。主二百九十五，客二百九十六。

土貢。麝五兩。

城一。熙寧七年置。

定羌。州東七十里。

寨二。熙寧六年以唐枹罕縣地置枹罕縣，七年置南川、寧河二寨，九年省枹罕縣。

南川。州南四十里。

寧河。州東南四十五里。

堡二。熙寧七年置東谷，八年置闊精。

東谷。州東南一十五里。

闊精。州西南一十五里。

關一。熙寧七年置。

通會。州東南七十里。

下，蘭州，金城郡，軍事。唐蘭州，後廢。皇朝元豐四年收復，仍舊置。

地里。東京二千七百一〔一六九〕里。東至屈令支山五十里。〔一七〇〕西至本州界一百四十里，自界首至河州一百三十里。南至皐蘭山四里。北至黄河一里。東南至本州界一〔一七一〕百五十二里，自界首至通遠軍一百四十五里。西南至本州界一百七十五里，自界首至熙州三十五里。東北至黄河三里。西北至黄河三里。

户。主四百一十九〔一七二〕，客二百二十四。

土貢。甘草三十斤。

寨一。元豐四年置。

龕谷。州東九十四里。

堡四。元豐四年置東關、皐蘭，五年廢勝如、質孤，六年置阿干、西關。

東關。州東一十八里。

皐蘭。州西南九十五里。有皐蘭山、蘭泉。

阿干。州西南四十里。有阿干水。

西關。州西二十里。

同下州，鎮戎軍。至道元年以原州故平高縣地〔一七三〕置軍。

地里。東京二千四十里。東至本軍界八十五里，自界首至原州九十五里。西至會州三百三十五里。南至本軍界三十里，自界首至秦州四百三十里。北至靈州五百三十五里。東南至本軍界五十里，自界首至渭州九十里。西南至本軍界五〔一七四〕十里，自界首至德順軍四十里。東北至本軍界八十里，自界首至慶州三百四十里。西北至靈州四百二十五里。

户。主一千四百三十四，客二千六百九十六。

土貢。白氈二十領。

城一。咸平六年置。〔一七五〕

彭陽。軍東八十五里。

寨七。咸平二年置東山。乾興元年置乾興。天聖元年置天聖，八年置三川。慶曆二年置高平、定川。熙寧元年置熙寧。

東山。軍東四十五里。

乾興。軍東北九十里。

天聖。軍東北六十里。

三川。軍西三十五里。

高平。軍北二十五里。

定川。軍西北二十五里。

熙寧。軍北三十五里。

堡二。咸平元年置開遠。熙寧四年廢安邊堡入開遠，五年置張義。

開遠。軍東南三十里。

張義。軍西南五十里。

同下州，德順軍。慶曆三年以渭州隴竿城置軍。〔一七六〕

地里。東京一〔一七七〕千九百一〔一七八〕十里。東至本軍界二十里，自界首至渭州九十里。西至本軍界一百三十里，自界首至通遠軍一百九十里。南至本軍界二十里，自界首至隴州一百七十里。北至本軍界三十里，自界首至鎮戎軍六十里。東南至本軍界二十里〔一七九〕，自界首至渭州八十里。西南至本軍界一百二十里，自界首至秦州一百四十里。東北至本軍界二十里，自界首至原州一百九十里。西北至本軍開遠堡一百六十里。

戶。主七千五百八十九，客九千一百五十二。

土貢。甘草五十斤。

城一。慶曆四年置。

水洛。軍西南一百里。領王家一城，石門一堡。

寨五。天禧元年置羊牧隆城，二年置靜邊。天聖六年置得勝。慶曆三年改羊牧隆城爲隆德寨，〔一八〇〕八年置通邊。

治平四年置治平。

靜邊。軍西七十里。

得勝。軍西北八十里。領開遠一堡。〔一八一〕

隆德。軍西六十里。

通邊。軍西南五十五里。

治平。〔一八二〕軍西一百四十里。領牧龍一堡。〔一八三〕

堡一。慶曆三年置。

中安。軍西三十五里。

同下州，通遠軍。皇祐四年以渭州地置古渭寨，熙寧五年建軍。

地里。東京二千五百四十里。東至本軍界六十里，自界首至秦州二百四十五里。西至本軍界六十里，自界首至岷州一百六十里。南至本軍界一百二十里，自界首至秦州一百二十里。北至生户地四十一里。東南至本軍界一百二十里，自界首至岷州四百一〔一八四〕十二里。西南至本軍界五十里，自界首至岷州一百六十里。東北至生户地四十一里。西北至本軍界四十里，自界首至熙州二百〔一八五〕三十二里。

户。主一千三百九十二，〔一八六〕客三千三百三十七。

土貢。麝五兩。

鎮一。大中祥符七年置威遠寨，熙寧八年改爲鎮。

威遠。軍東南一百里。

城一。元豐四年置。

定西。軍北一百二十里。

寨六。建隆二年置永寧。天禧元年置來遠，三年置寧遠。〔一六七〕熙寧元年置通渭、熟羊，六年置鹽川。元豐六年以蘭州通西寨隸軍，〔一六八〕七年廢來遠寨。

永寧。軍南一百二十里。

寧遠。軍東南七十七里。領廣吴、啞兒二堡。

通渭。軍東七十里。領七麻一堡。

熟羊。軍北四十里。

鹽川。軍西五十里。

通西。軍北八十里。

堡一。熙寧四年置。

三岔。軍北二〔一六九〕十五里。

校勘記

〔一〕陝府西路　宋會要方域五之三六作「陝西府路」，同書食貨四九之二、文獻通考卷三一五輿地考俱作「陝府西北路」。

〔二〕二　馮注：「江浙本俱作『一』。」今按：影宋鈔本、盧本俱作「二」。太平寰宇記卷二五雍州下謂「南取庫谷路至金州六百八十里」，正與底本所載里距相合。江浙本誤。

〔三〕四百　馮注：「江浙本俱無『四百』字。」今按：影宋鈔本、吴本、盧本、周本俱作「四百」。太平寰宇記卷二五雍州下謂「南至洋州六百四十里」，正與底本所載里距相合。江浙本誤。

〔四〕十　盧本無此字。

〔五〕鳴犢　「犢」，馮注：「江浙本俱作『特』。」今按：影宋鈔本、吴本、盧本俱作「犢」，宋會要食貨一五之一四同，江浙本誤。

〔六〕義谷　「義」，馮注：「江浙本俱作『異』。」今按：影宋鈔本、吴本、盧本俱作「義」，宋會要食貨一九之六同，江浙本誤。

〔七〕甘河　「甘」，馮注：「江浙本俱作『日』。」今按：影宋鈔本、盧本俱作「甘」，宋會要食貨一九之六同，江浙本誤。

〔八〕浪水　底本作「浪山」。盧本作「浪水」。長安志卷一六醴泉縣：「承陽山在縣西北七十里，山有石泉，三輔黃圖所謂浪水也。」金史卷二六地理志乾州醴泉縣下有浪水。此「山」爲「水」字之誤，今據改。

〔九〕三 馮注:「江本作『二』。」

〔一〇〕醴泉 馮注:「江本作『醴水』。」今按:影宋鈔本、吴本、盧本俱作「醴泉」,長安志卷一四興平縣下同,江本誤。

〔一一〕零口一鎮 馮校:「案通鑑卷一百九十七注云新書作零口,仍引此志爲證。明史地理志臨潼縣:東有冷水,一曰零水,至零口鎮入渭。」

〔一二〕府東南三百五十里 馮校:「案太平寰宇記作『西南三百五十里』。考乾祐今爲商州之鎮安縣,縣在州西南百五十里,而州實在今西安府之東南二百二十里也。此『東南』爲是。」

〔一三〕漠水 「漠」,馮注:「江本作『漢』。」今按:影宋鈔本、吴本、盧本、周本俱作「漠」,長安志卷一九奉天縣下有漠谷水,則作「漠」字是,江本誤。

〔一四〕唐河中節度皇朝太平興國七年改護國軍 馮校:「案唐方鎮表,光啟元年河中節度賜號護國軍節度。五代史記職方考,蒲州護國軍,五代俱有。此云太平興國七年改護國軍,恐誤。」今按:宋會要方域五之三、宋朝事實卷一八皆謂太平興國七年改護國軍節度。是唐光啟元年雖河中節度賜號爲護國軍,或至宋初復名河中節度,故太平興國七年改爲護國軍。

〔一五〕十 馮注:「江本作『九』字。」今按:影宋鈔本、吴本、盧本、周本俱作「十」,江本誤。

〔一六〕西至本府界二十一里自界首至同州四十九里 「二十一里」,馮注:江浙本俱作「一十一里」;又馮校：「案胡三省曰：河中西至同州六十里耳。蓋據九域志言之，則西至本府界似別本作『一十一里』者爲是。然以同州東至計之，實得七十五里，又自不同。」

〔一七〕一　馮注：「江本作『二』，浙本作『三』。」今按：周本亦作「二」。

〔一八〕拓開山　馮注：「拓」下「江本有『丘』字」。

〔一九〕五老山　「老」，馮注：「江本作『考』。」今按：影宋鈔本、吴本、盧本俱作「老」，金史卷二六地理志河中府河東縣下同，江本誤。

〔二〇〕府東北一百八十里　馮校：「案通鑑卷二百七十九注引志文作『府東北九十五里』。」今按：太平寰宇記卷四六蒲州龍門縣下作「北一百九十八里」，則資治通鑑注此處所引志文「九十五里」之前應脱「一百」二字。

〔二一〕三　馮注：「江本作『五』。」

〔二二〕二　馮注：「江浙本俱作『三』。」

〔二三〕州西北五十九里　元和郡縣志卷六陝州芮城縣：「東至州一百里。」太平寰宇記卷六陝州芮城縣：「西北九十三里。」唐宋陝州治陝縣，在今三門峽市西，芮城即今芮城縣，二者相距實爲九十餘里。此「五十九里」當爲「九十五里」之倒誤。

〔二四〕中都督府延州　「都督」，馮注：「浙本作『延安』。」今按：影宋鈔本、吴本、盧本、周本俱作「中都督府，延州」。宋史卷八七地理志以延安府爲中都督府，「本延州，元祐四年升爲府」。本志以元豐爲準，則應作「中都督府，延州」。

〔二五〕一 馮注：「江浙本俱作『五』。」

〔二六〕北至夏州一百二十二里 「一百」，馮注：江本作「二百」，浙本作「四百」。今按元和郡縣志卷三延州下作「西北至夏州四百里」，太平寰宇記卷三六延州下作「北至夏州三百八十里」。唐宋延州治膚施縣即今延安市，夏州治即今烏審旗西南白城子，以二者實際里計，當以浙本爲是。

〔二七〕二百 吴本作「三百」。

〔二八〕塞門 馮注：「江本作『門寨安』。」今按：影宋鈔本、吴本、盧本、周本俱作「塞門」，武經總要前集卷一八同，江本誤。

〔二九〕濯筋水 「濯筋」，馮注：「江本作『濁涇』。」又馮校：「錢本『筋』作『筋』。集梧按太平寰宇記膚施縣：濯筋川水去縣北九里，自金明縣南流入縣界，至州城一十五里入豐林縣界，耆老云昔尸毗王割身救鴿，身肉並盡，於此水中濯其筋骨，因名。元和郡縣志作『去斤水』，『斤』或亦作『筋』，則作『筋』者非也。」今按：影宋鈔本、吴本、盧本、周本俱作「濯筋水」，馮説是，江本作「濁涇」，又與「濯筋」音近。然太平寰宇記卷三六延州膚施縣下謂「濯筋川水在縣北二十九里」，而非「九里」，馮氏引誤。

〔三〇〕四 馮注：「江浙本俱作『一』。」今按：吴本、周本亦作「一」。

〔三一〕六 影宋鈔本作「五」。

〔三二〕韡皮二十張　馮校：「錢本『二』作『一』。」今按：影宋鈔本、吳本、盧本、周本俱作「二」，賓退録卷一〇引元豐九域志土貢同，錢本誤。

〔三三〕朝邑　馮注：「浙本作『韓城』。」今按：影宋鈔本、吳本、盧本、周本俱作「朝邑」。太平寰宇記卷二八：「沙苑監者，在同州馮翊、朝邑兩縣界。」浙本誤。

〔三四〕境　馮注：「浙本作『沙墳』。」今按：影宋鈔本、吳本、盧本、周本俱作「境」，宋會要方域五之四〇同，疑浙本誤。

〔三五〕二　馮注：「江浙本俱作『一』。」今按：資治通鑑卷二六三注引九域志亦作「一」。

〔三六〕七十　馮注：「『十』下江浙本俱有『二』字。」

〔三七〕主六萬八千三百四十四　馮校：「錢本『四十』下無『四』字。」

〔三八〕赤水東一鎮　馮校：「案通鑑卷二百二十四注引志文華州鄭縣有赤水鎮。考下渭南縣有赤水西一鎮，此當有『東』字，胡氏所引省去，非是。」

〔三九〕來化　金史卷二六地理志華州下邽縣下作「素化」。

〔四〇〕有荆山鄭白二水　底本此七字原闕。今據盧本及文獻通考卷三二二輿地考補。

〔四一〕八鄉　此下及下文雲陽縣「孟店一鎮」下盧本皆書「有」字，依志例「鎮」下皆載有山川，此處並脱。

〔四二〕孟店一鎮　「店」，底本作「塘」。盧本、周本俱作「店」，長安志卷二〇雲陽縣下載有孟店鎮，宋會要食貨一五之一六、金史卷二六地理志京兆府雲陽縣下同。此「塘」爲「店」字之誤，今據改。

〔四三〕有白馬山同官川　底本此七字原闕。今據盧本及文獻通考卷三二二輿地考補。

〔四四〕有頻陽山　底本此四字原闕。盧本列「有頊陽山」。太平寰宇記卷三一耀州美原縣下載有「頻陽山」，長安志卷二〇美原縣下同；金史卷二六地理志耀州美原縣下作「頻陽山」。則盧本「頊陽山」乃爲「頻陽山」之誤，今據改補。

〔四五〕有仲山　底本此三字原闕。今據盧本及文獻通考卷三二二輿地考補。

〔四六〕南至本州界一百二里　盧本無「二」字。

〔四七〕東北至本州界一百二十里自界首至坊州六十里　元和郡縣志卷三邠州下載「東至坊州三百一十里」，太平寰宇記卷三四邠州下載「東至坊州三百二十五里」。唐宋邠州治新平，即今彬縣，坊州治中部縣，在今黃陵縣南，二者相距里程正與元和郡縣志、太平寰宇記所載接近，疑此處有誤。

〔四八〕有涇水漆水　底本此五字原闕。今據盧本及文獻通考卷三二二輿地考補。

〔四九〕邵寨一鎮　「邵」，底本作「郡」。馮注：「江浙本俱作『邵』。」今按：吴本、盧本、周本亦作「邵」。金史卷二六地理志邠州永壽縣：「舊有邵寨鎮，後割隸涇州。」清嘉慶重修一統志卷二七三涇州：「邵寨鎮在靈臺縣東五十里。」則此「郡」爲「邵」字之誤，據改。

〔五〇〕有鵶觚原　底本此四字原闕。今據盧本及太平寰宇記卷三四、文獻通考卷三二二輿地考補。

〔五一〕龍泉一鎮　「龍」，底本作「能」。馮注：「江本作『龍』。」又馮校：「案通鑑卷二百六十注引志文邠州三水縣下有龍泉鎮，此當從別本作『龍』爲是。」今按：影宋鈔本、周本並作「龍」，宋會要方域一二之一五、食貨一九之七同，馮説是，據改。

〔五二〕有石門山羅川水　底本此七字原闕。今據盧本及文獻通考卷三二二輿地考補。

〔五三〕二　馮注：「江浙本俱作『三』。」今按：吴本、周本亦作「三」。

〔五四〕西北至本州界五十里自界首至延州三十五里　「三」，馮注：「江浙本俱作『一』。」今按吴本、周本亦作「一」。宋鄜州治洛交縣，即今富縣；延州治膚施縣，即今延安市。太平寰宇記卷三五鄜州下載「北至延州一百五十里」，正與實際相符。疑此處並江本、浙本、吴本、周本皆誤。

〔五五〕二　馮注：「江浙本俱作『一』。」今按：吴本、周本亦作「一」。

〔五六〕楊班湫　「楊」，底本作「陽」。馮校：「錢本『陽』作『楊』。」今按：太平寰宇記卷三五、金史卷二六地理志鄜州鄜城縣下亦作「楊」，則當以作「楊」爲是，據改。

〔五七〕二　馮注：「浙本作『一』。」

〔五八〕九　馮注：「浙本作『六』。」今按：影宋鈔本、周本亦作「六」。

〔五九〕三　馮注：「浙本作『二』。」

〔六〇〕唐定安軍節度後唐降軍事　馮校：「案文獻通考：慶州，『李茂貞建爲安定軍，梁爲武静軍』。此不著梁更號，而『安定』又作『定安』，恐誤。」

〔六一〕六　馮注：「浙本作『七』。」

〔六二〕北至安州三百六十里　馮校：「案元和郡縣志、太平寰宇記，慶州北至俱係鹽州。考隋書地理志：『鹽川郡，西魏置西安州，後改爲鹽州。』此云安州當卽謂鹽州。又文獻通考：『宋元符二年以南牟會新城建爲西安州』，則非此安州，且亦在元豐後也。」

〔六三〕自界首至寧州三十里　馮校：「錢本『三』作『四』。」今按：盧本亦作「四」。

〔六四〕二　馮注：「江本作『三』。」

〔六五〕五交　「五」，馮注：「江浙本俱作『七』。」今按：影宋鈔本、吳本、盧本、周本俱作「五」，金史卷二六地理志慶陽府合水縣下有五交鎮，江浙本誤。

〔六六〕大順　宋史卷八七地理志慶陽府安化縣下作「人順」。

〔六七〕虗泥美泥二堡　馮注：江浙本「美泥」下俱有「金杓」字，「二」作「三」。今按：周本「美泥」下亦有「金杓」字，「二」作「三」；武經總要前集卷一八上「虗泥」又作「雪泥」。

〔六八〕馬領山　「領」，盧本及太平寰宇記卷三三慶州、金史卷二六地理志慶陽府安化縣下俱作「嶺」。

〔六九〕南　資治通鑑卷二三二注引九域志作「北」，當是。

〔七〇〕西　馮注：「浙本無此字。」今按：影宋鈔本、吳本、盧本、周本俱有「西」字，與實際合，浙本誤。

〔七一〕董志　馮注：「浙本作『華池』。」今按：影宋鈔本、吳本、盧本、周本俱作「董志」，金史卷二六地理志慶陽府彭原縣下同，浙本誤。

〔七二〕弘農　「弘」，底本作「洪」。盧本作「弘」。宋會要方域五之四一：「虢州，唐弘農郡，至道三年弘農，尋改虢州。」此「洪」乃「弘」字之誤，今據改。

〔七三〕三　吴本作「二」。

〔七四〕四十　馮注：「『十』下『浙本有『四』字』。」今按：吴本、周本亦有「四」字。

〔七五〕弘農縣　「弘」，底本作「洪」。盧本作「弘」。宋史卷八七地理志虢州虢略：「唐弘農縣。建隆初，改常農。」此「洪」爲「弘」字之誤，今據改。

〔七六〕濁水　馮校：「錢本『濁』作『燭』。集梧案漢書地理志宏農縣：『衙山嶺下谷，爓水所出。』此『濁』字誤。」今按：金史卷二六地理志虢州虢略縣有燭水，「燭」、「爓」通用，馮説是。

〔七七〕一　馮注：「江本作『二』。」今按：周本亦作「二」。

〔七八〕六　馮注：「江本作『九』。」

〔七九〕二鄉　吴本、周本俱作「一鄉」。

〔八〇〕南合　「南」，馮注：「江浙本俱作『兩』。」今按：清嘉慶重修一統志卷二四六商州故縣鎮下引九域志亦作「兩」。

〔八一〕麻地稜冶一銀場　「地」，影宋鈔本、吴本、盧本、周本俱作「池」，宋會要食貨三三之八、三三之一六作「地」。

〔八二〕杏水　馮校：「案太平寰宇記、文獻通考上津縣俱有吉水，疑此字誤。」今按：輿地紀勝卷一八九金州作杏水，又引太平寰宇記亦作杏水，馮説未確。

〔八三〕六　馮注：「江本作『七』。」

〔八四〕南　馮注：「浙本無此字。」今按：影宋鈔本、吴本、盧本、周本俱有「南」字，與實際合，浙本誤。

〔八五〕七十五　馮注：「浙本作『一百五十』。」

〔八六〕九十　馮注：「浙本作『一百八十』。」

〔八七〕十　馮注：此下「浙本有『二』字」。

〔八八〕三　盧本此下有「十」字。

〔八九〕北拓　宋會要食貨一五之一五、一九之八俱作「北柘」。

〔九〇〕西至本州界一百五里自界首至鄜州七十五里　馮校：「案通鑑卷二百八十注引志文作『丹州西至鄜州一百七十五里』。」

〔九一〕新封鄉　「封」，馮注：「江本作『豐』。」今按：影宋鈔本、吴本、盧本、周本俱作「封」，宋會要方域五之四一同，則當以作「封」爲正。

〔九二〕北至韋州三百八十里　「三」，馮注：「浙本作『二』。」又馮校：「案宋史夏國傳肅州有左右廂十二監軍司，其四曰韋州靜塞。明史地理志寧夏衛領韋州守禦千户所。方輿紀要：韋州所，衛（寧夏衛也）東南二百六十里，西夏置韋州於此，又爲靜塞軍。」

〔九三〕馬嶺　馮校：「案漢書地理志北地郡馬領縣，師古曰：以川形似馬領，故名。元和郡縣志云：隋開皇十六年於慶州置合水縣，在馬領、白馬二水口；大業元年分置馬領縣，復漢縣舊名也。其字作『領』，不作『嶺』。此與隋志、新舊唐志及通典、續通典、通鑑等書並誤。」今按：漢書卷六四上嚴助傳稱「輿轎而隃領」，則「嶺」、「領」古時通用，馮説非。參見本卷校記〔六八〕、

〔九四〕二　馮注：「浙本作『三』。」

〔九五〕慶曆四年置順寧　吳本、周本「順寧」下有「寨」字。

〔九六〕六　馮注：「江本作『一』。」今按：影宋鈔本、吳本、盧本、周本俱作「六」，資治通鑑卷三一八注引九域志及太平寰宇記卷三〇皆載鳳翔府「西至隴州一百五十里」，正與底本所載里程相合，江本誤。

〔九七〕五　馮注：「江浙本俱無此字。」今按：影宋鈔本、吳本、盧本、周本俱有「五」字，資治通鑑卷二六二注引九域志載「鳳翔府東北至邠州二百二十二里」，正與底本所載里程相合，江浙本誤。

〔九八〕一　馮注：「江浙本俱作『二』。」今按：吳本、周本亦作「二」。

〔九九〕清湫　馮注：「江浙本俱作『青秋』。」今按：吳本、周本及宋會要食貨一九之八亦作「青秋」。

〔一〇〇〕五城　「五」，宋會要食貨一九之八、金史卷二六地理志鳳翔府寶雞縣下俱作「武」，此「五」蓋誤。

〔一〇一〕崔模一鎮　「模」，底本作「摸」。影宋鈔本及金史卷二六地理志鳳翔府麟游縣下俱作「模」。太平寰宇記卷三〇鳳翔府麟游縣有崔模鎮。清嘉慶重修一統志卷二三六鳳翔府：「崔模鎮在麟游縣東北四十里。……舊志：有崔木鎮在崔木嶺下。其地東接邠、乾，北連平、慶，蓋卽『崔模』

之訛也。」今據改。

〔一〇二〕三　馮注：「浙本作『二』。」

〔一〇三〕三　馮注：「江本作『二』。」今按：周本亦作「二」。

〔一〇四〕一百八十　馮注：「江本作『一百八十五』，浙本作『一百五』。」今按：影宋鈔本、吴本、盧本、周本俱作「一百八十」，武經總要前集卷一八上同，江浙本誤。

〔一〇五〕東南至本州界一百五十里自界首至鳳州二百七十里　馮校：「案通鑑卷二百六十九注引志文作『秦州東南至鳳州三百二十里』。」

〔一〇六〕九　馮注：「江本作『六』。」今按：周本亦作「六」。

〔一〇七〕八　馮注：「江本作『六』。」今按：周本亦作「六」。

〔一〇八〕夕陽　「夕」，底本作「弓」。馮注：「江本作『夕』。」今按：吴本、周本亦作「夕」，宋會要方域一二之一五、食貨一五之一八同，則此「弓」爲「夕」字之誤，據改。

〔一〇九〕太平興國三年升爲監　「三」，底本作「二」。馮校：「錢本『二年』作『三年』。」今按：宋會要方域五之四三：「開寶五年於清水縣置銀冶，太平興國三年升爲監。」則此「二年」爲「三年」之誤，據改。

〔一一〇〕菜園　底本作「芳園」。馮校：「案宋史地理志『芳』作『茶』。」今按：宋史卷八七地理志秦州伏羌城下作「菜園」，馮氏引誤；宋會要方域八之二二亦作「菜園」。此「芳」當爲「菜」字之誤，據改。

〔一一〕三年 宋會要方域一八之二五作「元年」。

〔一二〕注鹿 宋史卷八七地理志秦州定西砦下作「注鹿原」。

〔一三〕上下蝸牛 底本無「上」字。馮校：「案宋史地理志『下』字上有『上』字。」今按：下文作「十四堡」，則此『上』字誠脱，據補。

〔一四〕赤崖湫 「崖」，底本作「厓」。吴本、周本俱作「崖」，宋史卷八七地理志秦州三陽下同，今據改。

〔一五〕硏鞍 「硏」，底本作「研」。馮注：「江本作『硏』。」今按：盧本及宋史卷八七地理志秦州弓門砦下亦作「硏」。此「研」爲「硏」字之誤，據改。

〔一六〕得鐵 馮校：「案宋史地理志『得鐵』下有『冶坊』二字。」今按：宋史卷八七地理志列冶坊堡隸秦州，又列秦州弓門砦「領東鞍、安人、硏鞍、上下鐵窟、坐交、得鐵、冶坊七堡」，其所記「七堡」與上列八堡之數不符，宋志「冶坊」二字疑衍，本志是。

〔一七〕郭馬 「郭」，馮注：「浙本作『谷』。」今按：影宋鈔本、吴本、盧本、周本俱作「郭」，宋史卷八七地理志秦州静戎下同，浙本誤。

〔一八〕熙寧五年改冶坊八年改床穰並爲堡 宋會要方域一二之一五：「秦州床穰鎮，熙寧三年以寨改，八年改爲堡。」

〔一九〕挾河 「挾」，馮注：「江本作『抶』。」今按：影宋鈔本、吴本、盧本、周本俱作「挾」，宋史卷八七地理志秦州床穰下同，江本誤。

〔一三〇〕毛毦「毛」，馮注：「江浙本俱作『羊』。」今按：賓退録卷一〇引元豐九域志土貢、宋史卷八七地理志涇州下俱作「毛」，江浙本誤。

〔一三一〕回山「回」，底本作「四」。馮注：「江本作『泗』。」今按：文獻通考卷三二二輿地考涇州保定縣有回山。清嘉慶重修一統志卷二七二涇州：「回山在州西，九域志保定縣有回山。」則此「四」、「泗」俱爲「回」字之誤，據改。

〔一三二〕北至本州界六十里自界首至蘭州一百一十六里「一百一十六里」，馮注：「江浙本俱作『一百五十六里』。」今按：周本亦作「一百五十六里」，盧本則作「一百六十里」。宋熙州即清狄道州治，蘭州即清蘭州府治。清嘉慶重修一統志卷二五二蘭州府：「狄道州在府南二百十里。」疑此「一百一十六里」有誤。

〔一三三〕馬銜山「銜」，底本作「衡」。馮注：「江浙本俱作『銜』。」今按：吴本、盧本、周本亦作「銜」。宋史卷四九二吐蕃傳：大中祥符元年九月，「曹瑋又言宗哥唃廝囉、羌族馬波叱臘魚角蟬等率馬銜山、蘭州龕谷、氊毛山、洮河、河州羌兵砦三都谷，即率兵擊敗之」。清嘉慶重修一統志卷二五二蘭州府：「馬銜山在狄道州北，……九域志熙州東北至馬銜山四十里。」則此「衡」爲「銜」字之誤，據改。

〔一三四〕四十　馮注：「十」下「江本有『五』字」。

〔一二五〕五　馮注：「浙本作『三』。」

〔一二六〕三　馮注：「浙本作『五』。」

〔一二七〕七十二　馮注：「江浙本俱作『九十三』。」今按：吴本亦作「九十三」，周本則作「九十五」。

〔一二八〕熙寧八年廢隴西寨爲鎮　宋會要方域一二之一五：「汧源縣隴西鎮，康定元年建安邊寨，隸秦州；熙寧八年復爲鎮來隸。」宋史卷八七地理志隴州汧源縣：「熙寧八年改秦州定邊砦爲隴西鎮，隸縣。」則此處所記有誤。

〔一二九〕州東六十七里　馮校：「案通鑑卷二二八注引志文作『六十里』。」今按：資治通鑑卷二七二注引九域志作「六十七里」，正與此處所記相合。

〔一三〇〕五　盧本此下有「十」字。

〔一三一〕下辯水　「辯」，盧本作「辨」。元和郡縣志卷二二、文獻通考卷三二二輿地考成州同谷縣有下辨水。當以「辨」字爲是。

〔一三二〕雷牛山　「雷牛」，馮注：「江本作『牛雷』。」今按：影宋鈔本、吴本、盧本、周本俱作「雷牛」，太平寰宇記卷一五〇成州栗亭縣下同，江本誤。

〔一三三〕北至本州界一百八十里自界首至隴州一百九十里　馮校：「案通鑑卷二百六十三注引志文作『鳳州北至隴州二百五十里』。」今按：太平寰宇記卷一三四鳳州下作「北至隴州三百七十里」，疑資治通鑑注所引志文有誤。

〔一三四〕二　馮注：「江本作『三』。」

〔一三五〕自界首至秦州一百八十里　「一百」，馮注：「江浙本俱無此二字。」今按：盧本别作「二百」。

〔一三六〕二　馮注：「江浙本俱作『三』。」今按：吴本、周本亦作「三」。

〔一三七〕條　馮注：「江浙本俱作『對』。」今按：影宋鈔本、盧本俱作「條」，賓退録卷一〇引元豐九域志土貢同，江浙本誤。

〔一三八〕武休　「休」，馮注：「江浙本俱作『林』。」今按：影宋鈔本、吴本、盧本、周本俱作「休」，宋會要食貨一五之一八同，江浙本誤。

〔一三九〕仍舊　馮注：「江本無此二字。」今按：影宋鈔本、吴本、盧本、周本俱有此二字，江本誤。

〔一四〇〕一　馮注：「江浙本俱作『二』。」今按：吴本、周本亦作「二」。

〔一四一〕熙寧六年以秦州大潭長道二縣隸州　馮校：「案前秦州下二縣隸岷州在熙寧七年，與此稍異。」今按：通鑑長編紀事本末卷七七及宋史卷八七地理志、文獻通考卷三二二輿地考亦以二縣隸岷州在熙寧七年，宋朝事實卷一八别作在熙寧六年。

〔一四二〕朱圉山　馮校：「案本志秦州成紀有朱圉山。成紀，今秦州治，州西六十里有上邽城，故通典云秦州上邽有朱圉山，俗名白巖山也。漢書地理志天水郡冀：『禹貢朱圄山在縣南梧中聚。』師古曰：『圄，讀與圉同。』元和郡縣志伏羌縣：『朱圉山在縣西南六十里。』伏羌即漢冀縣，今縣治移向西南，故縣志謂在縣西南三十里也。大潭故城在今西和縣西南三百里，縣北至秦州百二十里，西北至伏羌縣二百七十里，蓋朱圉山脈緜亘伏羌縣西南數百里內皆得有之。至蔡氏書傳謂朱圉山在天水郡冀縣南，今秦州大潭縣，俗呼爲白巖山者，誤也。」

〔一四三〕骨谷　底本作「滑谷」。馮校：「錢本『滑谷』作『谷骨』。」今按：吳本及清嘉慶重修一統志卷二五六鞏昌府引九域志俱作「骨谷」，宋會要食貨一五之一八、武經總要前集卷一八上秦州下同。則此「滑」爲「骨」字之誤，錢本「谷骨」又爲「骨谷」之倒文，據改。

〔一四四〕三　馮注：「江浙本俱作『二』。」

〔一四五〕五十　吳本作「三十」。

〔一四六〕黃石河一鎮　底本作「黃石冶河一鎮」。馮注：浙本無「冶」字。今按：清嘉慶重修一統志卷二五九平涼府三鄉鎮下引九域志：「華亭縣有黃石河一鎮。」宋會要食貨一五之一九有黃石渠務。「渠」、「河」二字之意相近，則此處「冶」字衍，據刪。

〔一四七〕一鐵冶　「冶」，底本作「場」。馮注：「江浙本俱作『冶』。」今按：吳本亦作「冶」。宋會要食貨三三之三鐵：「渭州華亭縣冶，太平興國二年置。」清嘉慶重修一統志卷二五九平涼府三鄉鎮下引九域志：華亭縣有鐵冶。則此「場」爲「冶」字之誤，據改。

〔一四八〕三　馮注：「浙本作『二』。」

〔一四九〕八　馮注：「浙本作『七』。」

〔一五〇〕五十五　馮注：「浙本作『百二十一』。」

〔一五一〕至界壕　馮注：「江浙本俱作『臨壕界』。」

〔一五二〕十　盧本無此字。

〔一五三〕三鄉　馮注：此下「浙本有『清』字。」今按：影宋鈔本、吴本、盧本、周本俱無「清」字，浙本誤。

〔一五四〕蕭一鎮　「一」，馮注：「浙本作『二』。」今按：影宋鈔本、吴本、盧本、周本俱作「一」，宋會要食貨一五之一九只列蕭鎮，浙本誤。

〔一五五〕新城州西五十里　此七字吴本列於下文「柳泉」及其注文之後。

〔一五六〕領耳朵城一堡　底本「朵」字原闕。盧本作「領耳朵城一堡」。宋會要方域二〇之九原州有耳朵城，武經總要前集卷一八上、宋史卷八七地理志原州柳泉鎮下同，今據補。

〔一五七〕天聖五年置平安　底本「聖」字原闕。盧本作「聖」。宋會要方域一八之五：「平安寨在原州西八十里，天聖五年置。」今據補。

〔一五八〕中郭普　「普」，馮注：「浙本作『音』。」今按：影宋鈔本、吴本、盧本、周本俱作「普」，宋會要方域二〇之一一同，浙本誤。

〔一五九〕張嵒　「嵒」，馮注：「浙本作『圖』。」今按：影宋鈔本、吴本、盧本、周本俱作「嵒」，宋史卷八七地理志原州靖安砦下同，浙本誤。

〔一六〇〕新勒　「勒」，馮注：「浙本作『勤』。」今按：影宋鈔本、吴本、盧本、周本俱作「勒」，宋史卷八七地理志原州靖安砦下同，浙本誤。

〔一六一〕雞川　底本原無「雞」字。馮校：「案宋史地理志作『雞川』。」今按：盧本及宋會要方域二〇之一一亦作「雞川」，則此「川」上應脱「雞」字，據補。

〔一六二〕九堡　此與上列堡數八不合。馮校：「案宋史地理志作『領中普、吃囉岔、中嶺、張喦、常理、新勒、雞川、立馬城、殺獐川九堡』。」今按：其中嶺堡當即本志所脱。

〔一六三〕三　馮注：「江浙本俱作『二』。」

〔一六四〕三　馮注：「浙本作『二』。」

〔一六五〕條　馮注：「江浙本俱作『對』。」今按：影宋鈔本、吴本、盧本、周本俱作「條」，賓退録卷一〇引元豐九域志土貢同，江浙本誤。

〔一六六〕峯貼硤　「峯」，馮注：「浙本作『降』。」今按：影宋鈔本、吴本、盧本、周本俱作「峯」，宋會要方域一八之二四同，浙本誤。

〔一六七〕上河州安鄉郡軍事　馮校：「案方輿紀要西寧衞廓州城下引九域志云：『廓州東南至河州鳳林縣二百八十里。』今檢化外州廓州下及此俱無其文，且宋已無鳳林縣，即志所書八到亦無云至某州某縣者，是可疑也。」

〔一六八〕西至青塘城四百八十里　「青」，馮注：「江本作『本州界』，浙本作『首』。」今按：影宋鈔本、吴本、盧本、周本俱作「青」。宋史卷八七地理志西寧州：「舊青唐城，元符二年隴拶降，建爲鄯州。」江浙本誤。

〔一六九〕一 馮注：「江浙本俱作『二』。」

〔一七〇〕東至屈令支山五十里 「屈令支山」，宋史卷八七地理志蘭州東關堡下作「屈金支山」。

〔一七一〕一 馮注：「浙本作『二』。」

〔一七二〕九 馮注：「江浙本俱作『五』。」今按：周本亦作「五」。

〔一七三〕地 馮注：「江浙本俱無此字。」今按：周本亦無此字。

〔一七四〕五 馮注：「浙本作『三』。」

〔一七五〕咸平六年置 「六」，馮注：「江本作『元』。」

〔一七六〕慶曆三年以渭州隴竿城置軍 馮校：「案宋史地理志『竿』作『干』，文獻通考亦作『干』。『干』、『竿』同也。通考或作『芉』，方輿紀要作『隴于』字凡五見，皆刊寫之誤。王安石作曹瑋行狀，云公在渭州取隴外籠干川，築城置兵以守，後卒以籠干川爲德順軍；宋史曹瑋傳同。則『隴』又作『籠』也。」

〔一七七〕一 馮注：「浙本作『二』。」

〔一七八〕一 馮注：「江本作『六』。」

〔一七九〕二十里 盧本作「六十里」。

〔一八〇〕慶曆三年改羊牧隆城爲隆德寨 底本「隆」字原脫。本志上文作「羊牧隆城」。宋會要方域一八之四隆德寨：「天禧元年置羊牧隆城，慶曆三年改爲寨。」今據補「隆」字。

〔一八一〕領開遠一堡　宋史卷八七地理志德順軍得勝砦不載領「開遠堡」，而載領開邊堡。

〔一八二〕治平　底本此前爲靜邊、得勝、隆德、通邊四寨。吴本、周本列此五寨次第爲：靜邊、治平、隆德、得勝、通邊。

〔一八三〕領牧龍一堡「牧」，馮注：「浙本作『收』。」今按：影宋鈔本、吴本、盧本、周本俱作「牧」，宋史卷八七地理志德順軍治平砦下同，浙本誤。

〔一八四〕一　馮注：「江浙本俱作『二』。」

〔一八五〕二百　盧本作「一百」。

〔一八六〕二　影宋鈔本、周本俱無此字。

〔一八七〕三年置寧遠　馮校：「錢本『三年』作『二年』。」今按：吴本亦作「二年」。

〔一八八〕元豐六年以蘭州通西寨隸軍　「軍」，馮注：「江本作『寧遠』。」今按：影宋鈔本、吴本、盧本、周本俱作「軍」，宋史卷八七地理志鞏州：本通遠軍，「崇寧三年升爲州」；「元豐五年收通西砦」。江本誤。

〔一八九〕二　馮注：「江浙本俱作『三』。」今按：影宋鈔本、吴本、盧本、周本俱作「二」，疑江浙本誤。

九域志卷第四

河東路

河東路 府一，州十五，軍六，縣七十五。

次府，太原府，太原郡，河東節度。唐河東節度。周初劉崇竊據。皇朝太平興國四年克復，降緊州，軍事；嘉祐四年復爲太原府，河東節度。治陽曲縣。

地里。東京一千二百里。〔一〕東至本府界一百六十里，自界首至遼州一百八十里。西至本府界二百里，自界首至石州一百八十里。南至本府界三百四十里，自界首至遼州一百二十六里。北至本府界一百一十里，自界首至忻州五十五里。〔二〕東南至本府界一百六十里，自界首至遼州一百八〔三〕十五里。西南至本府界二百里，自界首至汾州六十里。東北至本府界二百里，自界首至真定府一百里。西北至本府界一百七十里，自界首至嵐州一百二十五里。

户。主七萬八千五百六十六，客二萬七千五百七十二。

土貢。銅鑑一十面，甘草、人參、礬石各一十斤。

縣九。建隆四年以晉陽縣爲平晉軍。〔四〕太平興國四年廢軍爲縣，省太原縣入榆次，改廣陽縣爲平定，并樂平縣隸平定軍，〔五〕以交城縣隸大通監。寶元二年交城縣復隸府。熙寧三年省平晉縣入陽曲。

次赤，陽曲。八鄉。百井、陽興二寨。有龍山、蒙山、汾水、晉水。

次畿，太谷。府南一百里。三鄉。有太谷山、蔣水。

次畿，榆次。府東南七十里。一十四鄉。有麓臺山、涂水。

次畿，壽陽。府東一百八十里。四鄉。有方山、洞過水。

次畿，盂。府東北二百里。四鄉。有白馬山、原仇山、滹沱水。

次畿，交城。府西南一百里。四鄉。有少陽山、狐突山、汾水、文水。

次畿，文水。府西南一百四十里。七鄉。有隱泉山、汾水、文水。

次畿，祁。府南一百一十里。五鄉。團柏一鎮。有幘山、〔六〕太谷水、祁藪。

次畿，清源。府西南七十里。六鄉。徐溝一鎮。有清源水、汾水。

監二。太平興國四年以交城縣置大通監，六年以沁州縣上縣隸焉，九年於平晉縣置監務，咸平四年升爲永利監。

天聖元年改大通爲交城，明道二年復舊。寶元二年以大通監隸府，俾知交城縣兼領監事。

大通。府西南一百里。

永利。府東南二十二里。

大都督府，潞州，〔七〕上黨郡，昭德軍節度。唐昭義軍節度。皇朝太平興國元年改昭德軍。治上黨縣。

地里。東京七百二十里。東至本州界一百二十里，自界首至相州一百里。西至本州界一百四十七里，自界首至晉州二百四十里。南至本州界六十五里，自界首至澤州一百里。北至本州界一百四十五里，自界首至遼州二百三里。東南至本州界八十里，自界首至澤州一百四十里。西南至本州界七十五里，自界首至澤州一百一十里。東北至本州界一百二十八里，自界首至遼州一百一十五里。西北至本州界一百三十五里，自界首至遼州二百七十五里。

户。主三〔八〕萬九千三百七十八，客一萬三千一百六十七。

土貢。人參一十斤，〔九〕蜜一百斤，墨一百枚。

縣七。太平興國二年以武鄉、銅鞮二縣隸威勝軍。熙寧五年省黎城縣入潞城。

望，上黨。四鄉。上黨一鎮。有慶雲山、〔一〇〕漳水。

上，屯留。州西北四十七里。二鄉。有盤秀山、絳水。

上，襄垣。州西北八十里。三鄉。褫亭一鎮。〔一一〕有鹿臺山、涅水、漳水。

上，潞城。州東北四十里。四鄉。有三垂山、伏牛山、潞水、漳水。

中，壺關。州東二十五里。三鄉。有抱犢山、紫團山、赤壤川。

中，長子。州西南四十五里。四鄉。有羊頭山、發鳩山、堯水。

中下，涉。州東北一百五十八里。〔一二〕四鄉。有崇山、涉水。

望，晉州，平陽郡，建雄軍節度。治臨汾縣。

地里。東京九百里。東至本州界二百七十里，自界首至潞州一百一十五里。西至本州界一百三十三里，自界首至隰州二百五十里。南至本州界五十五里，自界首至絳州七十里。北至本州界一百八十里，自界首至汾州一百七十里。東南至本州界一百七十里，自界首至澤州二百四十里。〔一三〕西南至本州界七十三里，自界首至絳州六十五里。東北至本州界一百四十五里，自界首至威勝軍一百七十五里。西北至本州界七十三里，自界首至隰州一百八十里。〔一四〕

户。主七〔一五〕萬七千四百八十六，客四千五百九十八。

土貢。蜜二十斤，蠟燭一百條。

縣九。太平興國六年廢沁州，以和川縣隸州。〔一六〕熙寧五年省趙城縣爲鎮入洪洞，和川縣爲鎮入冀氏。元豐二年趙城復爲縣。〔一七〕

望，臨汾。五鄉。樊山一鎮。有姑射山、壺口山、平水、汾水。

緊，洪洞。州北五十五里。四鄉。有霍山、汾水。

緊，襄陵。州西南三十里。四鄉。官水一鎮。有浮山、汾水、潏水。

上，神山。州東七十五里。二鄉。有羊角山、烏嶺山、澇水。

上，趙城。州北八十五里。三鄉。〔一八〕有姑射山、汾水、霍水。

中，汾西。州西北一百六十五里。二鄉。有汾西山、汾水。

中，霍邑。州北一百三十五里。三鄉。有霍山、汾水、彘水。

中，冀氏。州東二百八十里。〔一九〕二鄉。和川一鎮。有烏嶺山、沁水。

中下，岳陽。州東北九十五里。三鄉。有烏嶺山、通軍水。

務二。慶曆元年置。

煉礬。州城南。

礬山。州西北七十里。

中，府州，永安軍節度。治府谷縣。

地里。東京一千七百里。東至本州界三十里，自界首至火山軍一十里。西至本州界六十二里，自界首至麟州五十八里。南至本州界四十三里，自界首至岢嵐軍九十里。北至本州界一百二十二里，自界首至豐州三里。東南至本州界二十五里，自界首至火山軍一十五里。西南至本州界二十里，自界首至嵐州二百八〔二〇〕十里。東北至河清軍二〔二一〕百二十里，西北至星和市三百〔二二〕二十里。

户。主一千二百六十二，客七十八。

土貢。甘草三十斤。

縣一。

下，府谷。一鄉。安豐、寧府、百勝三寨。河濱、斥候、靖化、西安四堡。有黃河。

下，麟州，新秦郡，鎮西軍節度。乾德五年升建寧軍節度，端洪元年改鎮西軍。治新秦縣。

地里。東京二千五百里。東至本州界六十一里，自界首至岢嵐軍一百四十九里。西至夏州三百五十里。南至本州界一百四十五里，自界首至石州三百三十里。北至本州界五十里，自界首至豐州一百一十里。東南至本州界一百一十里，自界首至嵐州一百九十里。西南至銀州一百八十里。東北至本州界六十三里，自界首至府州五十七里。西北至夏州一百二十里。

户。主三千七百九十，客一百九十六。

土貢。柴胡一十斤。

縣三。

上，新秦。神堂、静羌二寨。惠寧、鎮川二堡。有兔毛川。

中，銀城。州南八十里。銀城、神木、建寧三寨。肅定、〔三〕神木、通津、闌干四堡。有五原塞、屈野川。

下，連谷。州北一十里。横陽一堡。〔四〕有屈野川。

雄，絳州，絳郡，防禦。治正平縣。

地里。東京一千里。東至本州界一百四十里，自界首至澤州一百九十里。西至本州界六十里，自界首至河中府二百五里。南至本州界三十里，自界首至陜州一百二十里。北至本州界七十里，自界首至晉州六十里。東南至本州界二百里，自界首至西京三百里。西南至本州界五十里，自界首至解州一百一十里。東北至本州界九十八里，自界首至潞州三百二十里。西北至本州界一百三十七里，自界首至隰州三百七十七里。〔三五〕

戶。主五萬五千五〔三六〕百二十二，客六千五〔三七〕百三十五。

土貢。防風三十斤，蠟燭一百條，墨一百枚。

縣七。

望，正平。四鄉。有定境山、汾水、澮水、鼓水。

望，曲沃。州東四十五里。五鄉。買金一場。有絳山、絳水、汾水、澮水。

望，太平。州北四十五里。五鄉。有汾水。

上，翼城。州東北一百里。六鄉。有澮高山、清野山、烏嶺山、澮水、紫水。

中，稷山。州西四十五里。六鄉。鄉寧一鎮。有稷山、汾水。

中，絳。州東南七十五里。四鄉。有太陰山、教山、絳水。

下，垣曲。州東南二百一十五里。二鄉。銅錢一監。有王屋山、清廉山、黄河、清水。〔三八〕

上，代州，雁門郡，防禦。唐都督府。皇朝乾德元年爲上州。治雁門縣。

地里。東京一千五百里。東至蔚州三百九十五里。西至本州界一百三十里，自界首至寧化軍七十里。南至本州界二百五十里，自界首至真定府一百九十里。北至朔州一百二十里。東南至本州界二百五十里，自界首至真定府二百二十里。西南至本州界一百二十里，自界首至忻州四十五里。〔二九〕東北至蔚州三〔三〇〕百五里。西北至朔州一百二十六里。

户。主一萬八千七百七十九，客一萬一千一百二十五。〔三一〕

土貢。青、緑〔三二〕各一十斤，麝三兩。

縣四。景德二年省唐林縣入崞。

中下，雁門。五鄉。胡谷、雁門、西陘〔三三〕三寨。有夏屋山、雁門山、滹沱水。

中，崞。州西南五十里。八鄉。樓板、〔三四〕陽武、石硤、土墱四寨。有崞山、石鼓山、滹沱水、沙河。

中下，五臺。州東南一百二〔三五〕十里。三鄉。興善、石觜二鎮。有五臺山、慮虒水。

下，繁畤。州東六十里。三鄉。茹越、〔三六〕大石、〔三七〕義興冶、寶興軍、瓶形、梅迴、麻谷七寨。有泰戲山、〔三八〕滹沱水。

下，隰州，大寧郡，團練。治隰川縣。

地里。東京一千八十〔三九〕五里。東至本州界一百六十里，自界首至汾州三十里。西至本州界一百三十四里，自界首至延州二百五里。南至本州界二百二十八里，自界首至絳州六十五里。北至本州界一百七十里，自界首至石州一百五里。東南至本州界一百八十五里，自界首至晉州六十五里。西南至本州界二百四十里，自界首至同州三百四十里。東北至本州界一百四十里，自界首至石州八十里。西北至本州界一〔四〇〕百八十五里，自界首至綏德城一百五里。

戶。主三萬七千八百三十六，客一千一百二十一。

土貢。蜜、蠟各二十斤。

縣七。熙寧五年廢慈州，以吉鄉縣隸州，即縣治置吉鄉軍使，仍省文城縣爲鎮隸焉。

上，隰川。四鄉。有石馬山、石樓山、龍泉、蒲水。

上，温泉。州東北一百八十里。四鄉。緑礬一務。〔四一〕有遠望山、温泉。

中，蒲。州東南九十五里。三鄉。有孤石山、横嶺水。

中，大寧。州西南六十八里。三鄉。有孔山、黄河、日斤水。〔四二〕

中，石樓。州西北八十里。三鄉。〔四三〕上平、永寧二關。有石樓山、黄河、龍泉。

中，永和。州西一百里。三鄉。永和一關。有樓山、黄河、仙芝水。

中，吉鄉。州西南一百六十里。六鄉。文城一鎮。有壺口山、孟門山、黄河、蒲水。

下，忻州，定襄郡，團練。治秀容縣。

地里。東京一千五百里。東至本州界九十里，自界首至代州一百六十里。西至本州界一百二十里，自界首至憲州六十里。南至本州界三十里，自界首至太原府一百一十里。北至本州界六十里，自界首至代州一百里。東南至本州界一百二十里，自界首至太原府二百〔四四〕里。西南至本州界一百二十里，自界首至太原府八十里。東北至本州界一百里，自界首至代州一百五十里。西北至本州界一百二十里，自界首至代州一百五十里。

户。主一萬二〔四三〕千四百七十一，客四千七百五十一。

土貢。麝香二兩，解玉沙五十斤。

縣一。熙寧五年省定襄縣入秀容。

緊，秀容。二十一鄉。忻口、雲内、徒合三寨。石嶺一關。有程侯山、雲母山、忻川水、滹沱水。

望，汾州，西河郡，軍事。治西河縣。

地里。東京一千二百里。東至本州界一百四十里，自界首至潞州三百里。西至本州界六十里，自界首至石州一百五里。南至本州界一百八十里，自界首至晉州三百一十里。〔四六〕北至本州界七十里，自界首至太原府一百七十里。東南至本州界一百四十里，自界首至威勝軍二百一十里。西南至本州界三十五里，自界首至隰州二〔四七〕百五里。東北至本州界三十七里，自界首至太原府一百七十三〔四八〕里。西北至本州界一百一十里，自界首至石州七十四里。

户。主四萬一千六百五十五，客一萬一千四百八十二〔四九〕。

土貢。石膏二十斤，席一十領。

縣四。太平興國元年改孝義縣爲中陽，後復爲孝義，熙寧五年省爲鎮入介休。

望，西河。五鄉。郭栅一鎮。永利西一監。有謁泉山、比干山、〔五〇〕汾水、文水。

望，平遥。州東八十里。五鄉。有麓臺山、汾水。

上，介休。州東南六十五里。一十六鄉。孝義一鎮。有介山、汾水。

中，靈石。州南一百二十里。八鄉。有靜巖山、靈泉。

上，澤州，高平郡，軍事。治晉城縣。

地里。東京四百六十二里。東至本州界二百里，自界首至衛州一百六十里。西至本州界一百九十里，自界首至絳州一百四十五里。南至本州界四十五里，自界首至懷州六十里。北至本州界一百里，自界首至潞州六十五里。東南至本州界七十五里，自界首至懷州六十里。西南至本州界六十里，自界首至孟州一百二十五里。東北至本州界二百里，自界首至相州一百六十里。西北至本州界一百六十里，自界首至晉州一百七十里。〔五一〕

户。主三〔五二〕萬八千九百九十一〔五三〕，客一萬二千七百八。

土貢。白石英、禹餘糧、人參各一十斤。

縣六。

緊，晉城。四鄉。星軺一鎮。有太行山、晉山、丹水。

上，高平。州東北六十五里。〔五四〕四鄉。有頭顱山、米山、丹水。

上，陽城。州西八十里。二鄉。有析城山、王屋山、濩澤。

中，端氏。州西北八十七里。二鄉。有石門山、巨峻山、沁水。

中，陵川。州東北一百五里。四鄉。有太行山、九仙水。

中下，沁水。州西北二百里。二鄉。有鹿臺山、沁水。

中，憲州，軍事。熙寧三年廢，隸嵐州，十年復置。治静樂縣。

地里。東京一千四百五十里。東至本州界七十五里，自界首至太原府一百五里。西至本州界五十里，自界首至岢嵐軍五十里。南至本州界四十五里，自界首至嵐州一十五里。北至本州界五里，自界首至寧化軍五十五里。東南至本州界五十五里，自界首至太原府八十里。西南至本州界二十五里，自界首至嵐州二十里。東北至本州界六十里，自界首至忻州一百二十里。西北至本州界六十里，自界首至寧化軍五十里。

户。主二千七百四十一，客八百一十一。

土貢。麝五兩。

縣一。咸平五年廢静樂軍，以静樂縣隸州，省天池、玄池二縣入静樂、樓煩，以樓煩縣隸嵐州。熙寧三年州廢，以静樂隸嵐州，十年復隸州。

中，静樂。三鄉。有管涔山、汾水。

下，嵐州，樓煩郡，軍事。治宜芳縣。

地里。東京一千五百里。東至本州界二十五里，自界首至憲州二十里。〔五五〕西至本州界二百三十里，自界首至麟州一百二十里。南至本州界一百三十〔五六〕二里，自界首至太原府一百一十里。北至本州界四十五里，自界首至岢嵐軍四十五里。東南至本州界三〔五七〕十里，自界首至太原府一百三十五里。西南至本州界六十里，自界首至石州二百四十里。東北至本州界四十里，自界首至寧化軍九十里。西北至本州界五十里，自界首至岢嵐軍九十里。

户。主一萬一百四十六，客一千三百一十三。

土貢。麝五兩。

縣三。太平興國五年以嵐谷縣隸岢嵐軍。咸平二年以静樂縣隸静樂軍，〔五八〕五年軍廢，縣隸憲州，以憲州樓煩縣隸州。熙寧三年憲州廢，以静樂縣隸州，十年復隸憲州。

中，宜芳。五鄉。飛鳶一堡。有岢嵐山、秀容水。

中下，合河。州西一百八十里。五鄉。乳浪一寨。有黄河、蔚汾水。

下，樓煩。州南八十里。二鄉。有白蓮山、汾水。

下，石州，昌化郡，軍事。治離石縣。

地里。東京一千五百里。東至本州界九十里，自界首至汾州七十里。西至本州界九十里，自界首至延州四百七十五里。南至本州界一百五里，自界首至隰州七十五里。北至本州界一百五十里，自界首至嵐州三十里。東南至本州界一百里，自界首至隰州一百九十里。西南至本州界九十里，自界首至隰州二百三十里。東北至本州界九十五里，自界首至太原府三百里。西北至本州界一百七十里，自界首至嵐州六十五里。

户。主一萬二千六百二十四，〔五九〕客二〔六〇〕千一百七十九〔六一〕。

土貢。蜜、蠟各二十斤。

縣五。

中，離石。三〔六二〕鄉。有胡公山、離石水。

中，平夷。州南四十里。二鄉。伏落津一寨。有黄河、寧鄉水。

中，定胡。州西九十里。三鄉。定胡、天渾津、吴堡三寨。有黄河、湫水。

中下，臨泉。州西北一百二十里。二鄉。尅胡、葭蘆二寨。有黄河、臨泉水。

下，方山。州北九十里。二鄉。有方山、赤洪水。

下，遼州，樂平郡，軍事。熙寧七年廢，隸平定軍，元豐八年復置。治遼山縣。

地里。東京七百里。〔六三〕東至本州界一百一十四里，自界首至磁州一百九十里。〔六四〕西至本州界一百八十里，自界首至太原府一百六十里。南至本州界一百三十里，自界首至潞州二百二里。北至本州界一百二十六里，自界首至太原府三百四十里。東南至本州界一百九十五里，自界首至潞州一百二十里。西南至本州界一〔六五〕百六十五里，自界首至潞州一百六十七里。東北至本州界一百六十八里，自界首至邢州一百七十八里。西北至本州界一百八十五里，自界首至太原府一百六十里。

户。主五千五百七十八，客一千七百二十五。

土貢。人參一十兩。

縣一。熙寧七年廢遼州，省平城、和順二縣爲鎮入遼山縣，隸平定軍，省榆社縣爲鎮入威勝軍武鄉縣。元豐八年復置遼州，縣、鎮並復來隸。

下，遼山。二鄉。榆社、平城、和順三鎮。黄澤〔六六〕一寨。有遼陽山、巨棠山、遼陽水、清漳水。

下，豐州，軍事。嘉祐七年以府州蘿泊川掌地置州。

地里。東京二千二百二十三里。東至本州界二十里，自界首至府州一百里。西至沙井嶺五十一里。南至本州界二十里，自界首至府州九十五里。北至蛇尾旁六十一里。東南至本州界三里，〔六七〕自界首至府州一〔六八〕百二十一里。西南至本州界二十五里，自界首至麟州一百一十五里。東北至超没堠九十九里。〔六九〕西北至暖泉峯三十七里。

户。主二十二，客一百三〔七〇〕十六。

土貢。氈一十領，柴胡一十斤。

寨二。嘉祐七年置。

永安。州南一十七里。

保寧。州東一十七里。

同下州，威勝軍。太平興國二年〔七一〕以潞州銅鞮縣置軍。治銅鞮縣。

地里。東京九百二十里。東至本軍界一百六里，自界首至潞州一百四十里。西至本軍界一百八十五里，自界首至晉州一百四十里。南至本軍界八十五里，自界首至潞州八十里。北至本軍界一百五里，自界首至太原府一百九十五里。東南至本軍界五里，自界首至潞州一百四十里。〔七二〕西南至本軍界一百四十五里，自界首至晉州一百八十里。東北至本軍界一百八十五〔七三〕里，自界首至平定軍二百四十五里。西北至本軍界一百五十八〔七四〕里，自界首至汾州一百里。

户。主一萬六千一百九十，客七千九百一十六。

土貢。絁一十匹。

縣四。太平興國二年以潞州武鄉縣，六年以沁州沁源縣，寶元二年以大通監緜上縣，並隸軍。熙寧七年廢遼州，以榆社縣爲鎮入武鄉。元豐八年榆社鎮還隸遼州。

中，銅鞮。三鄉。西湯一鎮。有銅鞮山、石梯山、洹水、交水。

上，武鄉。軍東北六十里。五鄉。南關一鎮。有胡甲山、五鄉水。

中下，沁源。軍西一百五里。二鄉。有霍山、沁水。

中下，緜上。軍西北一百里。二鄉。有羊頭山、沁水。

同下州，平定軍。太平興國四年以并州平定縣置軍。〔七五〕治平定縣。

地里。東京一千二百里。東至本軍界一百五十里，自界首至趙州一百三十里。西至本軍界八十里，自界首至太原府一百七十里。南至本軍界二〔七六〕百三十五里，自界首至威勝軍一百四十五里。北至本軍界九十里，自界首至太原府二百〔七七〕六十里。東南至本軍界三百一十二里，自界首至潞州一百八十里。西南至本軍界九十里，自界首至太原府一百八十里。東北至本軍界九十里，自界首至真定府一百六十里。西北至本軍界九十里，自界首至太原府二百一十里。

户。主七千一百七十六，客二百五十七。〔七八〕

土貢。絹一十匹。

縣二。太平興國四年以并州樂平縣隸軍。熙寧七年廢遼州，以遼山縣隸軍，仍省平城、和順二縣爲鎮以隸。元豐八年復隸遼州。

中，平定。四鄉。承天軍、東百井二寨。有浮山、澤潑水。〔七九〕

中，樂平。軍東南六十里。〔八〇〕四鄉。静陽一寨。有樂平山、清漳水。

同下州，岢嵐軍。太平興國五年以嵐州嵐谷縣建軍。治嵐谷縣。

地里。東京一千八百里。東至本軍界七十里，自界首至寧化軍五十里。西至本軍界六十里，自界首至嵐州八十里。南至本軍界五十里，自界首至嵐州四十里。北至武州八十里。東南至本軍界三十五里，自界首至嵐州五十里。西南至本軍界四十五里，自界首至嵐州七十里。東北至朔州二百八十里。西北至本軍界七十五里，自界首至火山軍七十里。

户。主八百一十四，客一千六百九十二。

土貢。絹一十匹。

縣一。熙寧三年廢嵐谷縣，元豐六年復置。

下，嵐谷。二鄉。有岢嵐山、雪山、岢嵐水。

同下州，寧化軍。太平興國四年以嵐州之固軍爲寧化縣，五年於縣置軍。〔八一〕

地里。東京一千五百里。東至本軍界五十里，自界首至忻州一百里。西至武州一百五里。南至本軍界五十五里，自界首至憲州五里。北至朔州一百八十三里。東南至本軍界五十五里，自界首至憲州六十五〔八二〕里。西南至本軍界四十五里，自界首至岢嵐軍六十里。東北至本軍界六十八里，自界首至代州一百四十里。西北至武州一百四十里。

户。主四百七十六，客六百四十。

土貢。絹一十匹。

寨一。熙寧三年廢寧化縣。〔八三〕

窟谷。軍東南二十五里。〔八四〕有雪山、汾水。

同下州，火山軍。太平興國七年以嵐州雄勇鎮置軍。

地里。東京一〔八五〕千五百里。東至朔州二百五十五里。西至本軍界一十二里，自界首至府州三十三里。南至本軍界九〔八六〕十七里，自界首至岢嵐軍六十五里。北至本軍界一百里，自界首至府州一百五十里。東南至本軍界七十五里，自界首至岢嵐軍六十五里。西南至本軍界四十里，自界首至保德軍一十二里。東北至天德軍五百二十三里。西北至本軍界四十二里，自界首至府州七十里。

户。主二千三百四，客五百七十一。

土貢。柴胡一十斤。

寨一。慶曆元年置下鎮寨。嘉祐六年廢偏頭寨。治平四年置火山縣。熙寧元年廢桔槔寨，四年廢火山縣。〔八七〕

下鎮。軍西北五十里。二鄉。有火山、黄河。

同下州，保德軍。淳化四年析嵐州地置定羌軍，景德二年改保德。〔八八〕

地里。東京一千五百六十里。東至本軍界五里，自界首至府州一十五里。〔八九〕西至本軍界二十里，自界首至府州三十里。南至本軍界一百里，自界首至嵐州一〔九〇〕百八十里。北至本軍界八里，自界首至府州一十八里。東南至本軍界四十里，自界首至火山軍九十二里。西南至本軍界一百里，自界首至嵐州一百〔九一〕八十里。東北至本軍界一十二里，自界首至火山軍四十里。西北至本軍界五里，自界首至府州一十五里。

户。主六百一十一。〔九二〕客二百一〔九三〕十七。

土貢。絹一十匹。

津二。咸平四年置。

大堡。軍西南四十里。

沙谷。軍北五里。二鄉。有黄河。

校勘記

〔一〕東京一千二百里 「二」，馮注：「浙本作『三』。」今按：影宋鈔本、吴本、盧本、周本俱作「二」。太平寰宇記卷四〇并州：「東至東京一千二百里。」浙本誤。

〔二〕北至本府界一百一十里自界首至忻州五十五里 資治通鑑卷二七五注引九域志：「太原府東北至忻州二百里。」

〔三〕八 馮注：「浙本作『四』。」

〔四〕建隆四年以晉陽縣爲平晉軍 此「晉陽」又作「樂平」。參見本志卷十校記〔一〕。

〔五〕并樂平縣隸平定軍 「并」，馮注：「江浙本俱作『升』。」今按：影宋鈔本、吴本、盧本、周本及永樂大典卷五二〇〇太原府下引九域志俱作「并」。宋史卷八六地理志太原府：「太平興國四年『廢太原縣，以平定、樂平二縣屬平定軍』。」江浙本誤。

〔六〕幘山 「幘」，底本作「積」。馮校：「案元和郡縣志祁縣：『幘山在縣東南六十里。』太平寰宇記同。此『積』字誤。」今按：金史卷二六地理志太原府祁縣下有幘山，馮説是，據改。

〔七〕大都督府潞州 「大都督」，馮注：「江浙本俱作『次，隆德』。」今按：影宋鈔本、吴本、盧本、周本俱作「大都督」，宋史卷八六地理志隆德府：「大都督府，本潞州，崇寧三年升爲府。」本志以元豐爲準，則應作「大都督府，潞州」。

〔八〕三 馮注：「江浙本俱作『二』。」

〔九〕人參一十斤　馮校：「案王貽上居易録云：九域志宋時潞州貢人參一千斤。考志所紀貢物自興元府臙脂一千斤，建州龍鳳等茶八百二十斤，江陵府茶芽六百斤，南劍州茶一百一十斤外，無有過一百斤者，云潞州貢人參一千斤，蓋所據本誤也。又志遼州亦貢人參，居易録惟云志載澤州亦貢人參，當以遼州所貢較少爾。」今按：影宋鈔本、吴本、盧本、周本俱作潞州土貢「人參一十斤」，賓退録卷一〇引元豐九域志土貢同，馮説是。

〔一〇〕慶雲山　「慶」，底本作「度」。馮校：「案太平寰宇記：『慶雲山，上黨記云：堯之將興，有五色雲出此，故曰慶雲山。』此『度』字誤。」今按：清嘉慶重修一統志卷一四二潞安府：「慶雲山在長子縣東南，接長治縣界。」馮説是，據改。

〔一一〕褫亭一鎮　馮校：「案通鑑卷二百九十注引志文『潞州襄垣縣有虒亭鎮』。考廣韻『傂』本一作『虒』。此『褫』字當是『傂』字之誤。」今按：宋會要食貨一六之一作「褫」，金史卷二六地理志潞州襄垣縣下作「褫」，馮説非。

〔一二〕州東北一百五十八里　馮校：「案通鑑卷二百九十注引志文作『一百九十八里』。」

〔一三〕東南至本州界一百七十里自界首至澤州一百四十里　馮校：「案通鑑卷二百六十六注引志文作『晉州東南至澤州三百一十里』。」今按：宋晉州，清爲平陽府。讀史方輿紀要卷四一平陽府下作「東南至澤州四百一十里」，正與底本所載相合。疑此資治通鑑注所引志文有誤。

〔一四〕西北至本州界七十三里自界首至隰州一百八十里　「三」，馮注：「江浙本俱作『五』。」今按：吴本、周本亦作「五」。資治通鑑卷二六七注引九域志作「晉州西北至隰州二百五十五里」，又卷二九四注引九域志作「晉州西北至隰州二百五十里」。

〔一五〕七　馮注：「江浙本俱作『十』。」今按：吴本、周本亦作「十」。

〔一六〕太平興國六年廢沁州以和川縣隸州　「六年」，底本作「五年」。馮校：「案本志省廢州軍沁州下云『太平興國六年廢州，以和川縣隸晉州，沁源縣隸威勝軍』，再考威勝軍下亦云：『太平興國六年以沁州沁源縣隸軍』。此『五年』當是『六年』之誤。」今按：宋會要方域六之八、宋朝事實卷一八、皇宋十朝綱要卷一〇並作「六年」，馮説是，據改。

〔一七〕元豐二年趙城復爲縣　馮校：「案宋史地理志『二年』作『三年』。」

〔一八〕三鄉　吴本作「一鄉」。

〔一九〕州東二百八十里　馮校：「錢本『二』作『一』。」今按：資治通鑑卷二九一注引九域志作「冀氏縣在晉州東二百八十里」，則錢本誤。

〔二〇〕八　吴本作「六」。

〔二一〕二　馮注：「浙本作『三』。」

〔二二〕三百　馮注：「浙本無『三百』字。」

〔二三〕肅定　馮校：「錢本『肅』作『蕭』。集梧案宋史地理志與此同。」

〔二四〕横陽一堡　「堡」，馮注：「江浙本俱作『鎮』。」今按：影宋鈔本、吴本、周本俱作「堡」，宋史卷八六地理志麟州新秦縣下同，江浙本誤。

〔二五〕西北至本州界一百三十七里自界首至隰州三百七十七里　「三百」，馮注：「江浙本俱作『二百』。」今按：影宋鈔本、盧本、周本俱作「三百」。資治通鑑卷二六九注引九域志：「絳州西北至隰州五百一十四里。」江浙本誤。

〔二六〕五　馮注：「江浙本俱作『三』。」

〔二七〕五　馮注：「江浙本俱作『三』。」

〔二八〕清水　「清」，馮注：「江本作『絳』。」今按：影宋鈔本、吴本、盧本、周本俱作「清」，太平寰宇記卷四七絳州垣曲縣下同，江本誤。

〔二九〕西南至本州界一百二十里自界首至忻州四十五里　資治通鑑卷二八〇注引九域志：「代州南至忻州一百六十里。」

〔三〇〕三　馮注：「江浙本俱作『二』。」今按：影宋鈔本、吴本、盧本、周本俱作「三」，疑江浙本誤。

〔三一〕客一萬一千一百二十五　「一千」，吴本、周本俱作「二千」；「一百」，盧本作「二百」。

〔三二〕緑　影宋鈔本、吴本俱作「碌」，賓退録卷一〇引元豐九域志土貢、宋史卷八六地理志代州下同。

〔三三〕西陘　「陘」，馮注：「浙本作『吉』。」今按：影宋鈔本、吴本、盧本、周本俱作「陘」，宋史卷八六地理志代州雁門縣下同，浙本誤。

〔三四〕樓板　底本作「樓下」。馮注：「浙本作『樓板』。」今按：宋會要方域一八之二六、武經總要前集卷一七上，宋史卷八六地理志代州崞縣下俱作「樓板」，則此「下」爲「板」字之誤，據改。

〔三五〕二　馮注：「浙本作『一』。」

〔三六〕茹越　「越」，馮注：「浙本作『趣』。」今按：影宋鈔本、吴本、盧本、周本俱作「越」，武經總要前集卷一七上同，浙本誤。

〔三七〕大石　「大」，馮注：「浙本作『有』。」今按：影宋鈔本、吴本、盧本、周本俱作「大」，武經總要前集卷一七上同，浙本誤。

〔三八〕泰戲山　馮校：「錢本『泰』作『秦』。集梧案山海經：『大戲之山，虖沱水出焉。』『大』，本或作『泰』，其又作『秦』者，則『泰』字之誤也。」今按：馮説是。

〔三九〕十　馮注：「江本作『百』。」

〔四〇〕一　馮注：「江本作『三』。」今按：影宋鈔本、吴本、盧本、周本俱作「一」，太平寰宇記卷四八隰州下同，江本誤。

〔四一〕緑礬一務　「緑」，宋會要食貨三四之一同，影宋鈔本、吴本及宋史卷八六地理志隰州温泉縣下俱作「碌」。

〔四二〕日斤水　馮校：「案元和郡縣志大寧縣：『蒲水，一名斤水，去縣六十步。』太平寰宇記隰川縣下云：『日斤川城在日斤川内』，大寧縣下云：『日斤川在縣内，從隰川及蒲縣兩界，水並呼日斤川』；（前隰川縣下云：蒲水出縣東北，經縣西南，又流入大寧縣界。）又云：退過谷水『流日斤川』。方輿紀要于隰川蒲水則云：南流入大寧縣界，合于昕水；于黄櫨水云：龍子湫出大寧縣界之大昕川，于大寧縣昕川云：在縣東南，志云昕川之水，自隰川來者曰蒲川，自吉州來者曰義亭川，自永和縣南流入境者曰麻東溝，自縣東支來會者曰小道溝，合爲昕川，西流入大河；又云：龍窠水自隰州界流入縣境，合於昕川；又云：縣東北有退過谷，其水亦流入昕川。其字乃合『日』、『斤』二字，當各有所據。」今按：讀史方輿紀要卷四一隰州下：「龍子湫在州南十里，一名瀑布泉，出山谷門，西入大寧縣界之大昕川。」馮氏引文于此未確。

〔四三〕三鄉　吴本作「二鄉」。

〔四四〕二百　盧本作「一百」。

〔四五〕二　馮注：「江浙本俱作『一』。」

〔四六〕南至本州界一百八十里自界首至晉州一百一十里　資治通鑑卷二六一注引九域志：「汾州南三百五十里至晉州。」

〔四七〕二　馮注：「江本作『一』。」今按：影宋鈔本、吴本、盧本、周本俱作「二」，江本誤。

〔四八〕三　馮注：「浙本作『二』。」

〔四九〕二　馮注：「江浙本俱作『八』。」

〔五〇〕比干山　底本作「比于山」。馮校：「元和郡縣志西河縣：『比干山在縣北一百一十里。』方輿紀要云：『相傳紂使比干築城於此。』太平寰宇記作『北千山』，與此並誤。」今按：馮説是，據改；惟太平寰宇記卷四一汾州西河縣下作「比干山」，馮氏引文未確。

〔五一〕至晉州一百七十里　馮注：「浙本作『至潞州三十里』。」今按：影宋鈔本、盧本、周本俱作「至晉州一百七十里」。宋澤州西北爲晉州，潞州在澤州東北，浙本誤。

〔五二〕三　馮注：「江浙本俱作『二』。」今按：吳本、周本亦作「二」。

〔五三〕一　馮注：「江浙俱無此字。」今按：吳本、周本亦無此字。

〔五四〕州東北六十五里　馮校：「案通鑑卷二百六十六注引志文作『八十三里』。」今按：資治通鑑卷二九一注引九域志作「高平縣在澤州東北六十五里」，與底本所載正合。

〔五五〕自界首至憲州二十里　吳本、周本「二十」下俱有「五」字。

〔五六〕一百三十　馮注：「浙本作『百二十』。」

〔五七〕三　馮注：「浙本作『五』。」

〔五八〕咸平二年以静樂縣隸静樂軍　此「二年」爲「三年」之誤。參見本志卷十校記〔一三〕。

〔五九〕主一萬二千六百二十四　「一萬」，盧本作「二萬」；「二千」，吳本作「一千」。

〔六〇〕二　馮注：「浙本作『一』。」今按：吳本亦作「一」。

〔六一〕九　馮注：「浙本作『五』。」

〔六二〕三　馮注：「江浙本俱作『二』。」今按：吳本、周本亦作「二」。

〔六三〕東京七百里　「七百」，馮注：「江本作『一千七百』，浙本作『七百七十』。」今按：影宋鈔本、吳本、盧本、周本俱作「七百」，太平寰宇記卷四四遼州下同，江浙本誤。

〔六四〕東至本州界一百一十四里自界首至磁州一百九十里 「一十四」，馮注：「江浙本俱作『七十四』。」今按：影宋鈔本、吳本、盧本、周本俱作「一十四」。太平寰宇記卷四四遼州：「東至磁州三百四里。」江浙本誤。

〔六五〕一 馮注：「浙本作『二』。」

〔六六〕黃澤 「澤」，馮注：「江浙本俱作『宅』。」今按：影宋鈔本、盧本、周本俱作「澤」，宋史卷八六地理志遼州遼山縣下同，江浙本誤。

〔六七〕東南至本州界三里 馮注：「『三』下江浙本俱有『百』字。」今按：影宋鈔本、盧本、周本俱無「百」字，疑江浙本誤。

〔六八〕一 馮注：「江本作『八』。」今按：影宋鈔本、吳本、周本俱作「一」，疑江浙本誤。

〔六九〕東北至超没堠九十九里 「超没」，馮注：「江本作『起後』，浙本作『起汶』。」今按：吳本又作「超没堆」。

〔七〇〕三 馮注：「江本作『二』。」

〔七一〕太平興國二年 馮校：「案宋史地理志『二年』作『三年』，太平寰宇記、文獻通考與此同，本志潞州下亦作『二年』，知宋史誤。」今按：皇宋十朝綱要卷二、宋會要方域六之七亦作「二年」，馮說是。

〔七二〕東南至本軍界五里自界首至潞州一百四十里　「一」，馮注：「浙本作『二』。」今按：宋威勝軍，明清爲沁州治；潞州，明清爲潞安府治。讀史方輿紀要卷四三沁州下作「東南至潞安府二百二十里」，正與浙本相近，疑此「一」或爲「二」字之誤。

〔七三〕五　馮注：「江本無此字。」

〔七四〕八　馮注：「江本作『五』。」

〔七五〕太平興國四年以并州平定縣置軍　馮校：「案宋史地理志云：『太平興國二年以鎮州廣陽砦建爲軍，四年以并州平定、樂平二縣來屬。』其下平定下云：『唐廣陽縣，太平興國四年改。』文獻通考略同。蓋廣陽本唐縣，屬并州，北漢以其地置廣陽砦，宋初改屬鎮州，太平興國二年建爲平定軍，四年以并州之平定來屬，乃從軍治平定，而省廣陽縣入焉（廣陽故城在今平定州東南三十里）。故本志太原府下亦云太平興國四年『改廣陽縣爲平定，并樂平縣隸平定軍』也。此云『四年』以平定縣置軍，恐誤。」今按：續資治通鑑長編卷一八：太平興國二年四月丁酉，「以鎮州廣陽寨爲平定軍」。又太平寰宇記卷五〇平定軍：「治平定縣，本并州廣陽縣，皇朝平晉陽，以此縣先歸，乃立平定軍，仍改廣陽縣爲平定縣」；「舊廣陽縣城在軍東南三里」。則馮說當是；惟其以「廣陽故城在今平定州東南三十里」，其「十」字衍。

〔七六〕二　馮注：「浙本作『一』。」今按：影宋鈔本、吳本、盧本、周本俱作「二」，疑浙本誤。

〔七七〕二百　吳本作「一百」。

〔七八〕七　馮注：「江浙本俱作『六』。」今按：吴本、周本亦作「六」。

〔七九〕澤發水　馮校：「案元和郡縣志太原府廣陽縣（宋爲平定縣）：澤發水一名阜漿水，亦名妬女泉，『故老傳此泉中有神似鼈，晝伏夜游，神出，水隨神而涌』。太平寰宇記作『畢發水』，説與元和志同；太平御覽引隋圖經又作『渾發水』，字各異。」

〔八〇〕軍東南六十里　「六十」，底本作「三十」。太平寰宇記卷五〇平定軍樂平縣作「六十」，讀史方輿紀要卷四十平定州樂平縣下同，則此「三十」爲「六十」之誤，今據改。

〔八一〕太平興國四年以嵐州之固軍爲寧化縣五年於縣置軍　馮校：「案太平寰宇記『固軍』作『故軍』，又云太平興國六年改爲寧化軍，而不言置縣。文獻通考與此同，其下則云領縣一：寧化。宋史地理志亦不言熙寧中廢寧化也。」

〔八二〕五　馮注：「江本作『三』。」

〔八三〕熙寧三年廢寧化縣　「三」，馮注：「江浙本俱作『二』。」

〔八四〕軍東南二十五里　「二」，吴本作「三」。

〔八五〕一　馮注：「江本作『二』。」今按：影宋鈔本、吴本、盧本、周本俱作「一」，疑江本誤。

〔八六〕九　馮注：「江本作『七』。」

〔八七〕治平四年置火山縣熙寧元年廢桔槔寨四年廢火山縣　「熙寧元年」，底本作「熙寧六年」。馮校：「案上書『熙寧六年』，下書『四年』，其『四年』當是元豐四年，蓋漏書『元豐』也。」宋史地理志作治平四年置火山縣，四年廢之，其誤鐘此。」又云：「宋史地理志『六年』作『元年』。」今按：吴本、周本「熙寧六年」俱作「熙寧元年」。宋會要方域一八之三二：「桔槹寨，熙寧元年廢。」宋朝事實卷一八火山軍：「治平四年置火山縣，熙寧四年廢。」則此「熙寧六年」實爲「熙寧元年」之誤，據改；其下「四年」乃指熙寧四年，馮説誤。

〔八八〕景德二年改保德　馮校：「案宋史地理志、文獻通考『二年』俱作『元年』。」

〔八九〕東至本軍界五里自界首至府州一十五里　上「五」，馮注：「江浙本俱作『二十』。」又馮校：「案府州在保德軍之西北，觀下西至、北至及西北至皆係府州，則不應又在其東，此東至疑當是嵐州。然各本皆同，姑識於此。」今按：影宋鈔本、吴本、盧本、周本俱作「東至本軍界五里，自界首至府州一十五里」，武經總要前集卷一七保德軍下亦作「東至府州界五里」，則江浙本誤，而馮氏之説未可爲斷。

〔九〇〕一　馮注：「江浙本俱作『二』。」

〔九一〕一百　吴本作「三百」。

〔九二〕一　馮注：「江浙本俱作『四』。」今按：吴本、周本亦作「四」。

〔九三〕一　馮注：「江浙本俱作『六』。」

九域志卷第五

淮南路

東路　西路

兩浙路

淮南路

太平興國元年分東、西路，後併一路。熙寧五年復分二路。

東路　州一十，〔一〕縣三十七。

大都督府，揚州，廣陵郡，淮南節度。治江都縣。

地里。東京一千四百五十里。東至本州界八十里，自界首至泰州一十八里。〔二〕西至本州界七十里，自界首至真州三〔三〕十〔四〕里。南至江四十五里。北至本州界一百五十里，自界首至楚州一百四十里。東南至本州界四十八里，自界首至潤州八里。西南至本州界二十五里，自界首至真州三十五里。東北至本州界八十里，自界首至泰州四十五里。西北至本州界六十五里，自界首至泗州七十五里。

户。主二萬九千七十七，客二萬四千八百五十五。

土貢。細紵二十四，青銅鑑二十面，莞席一百領。

縣三。開寶四年以高郵縣建軍。雍熙二年以永貞縣，至道二年以六合縣，並隸建安軍，仍廢天長軍爲縣。熙寧五年廢高郵軍，並以縣隸州，省廣陵縣入江都。

緊，江都。二十五鄉。揚子、板橋、大儀、彎頭、〔五〕邵伯、宜陵、瓜洲〔六〕七鎮。〔七〕

望，天長。州西一百一十里。二十八鄉。銅城、石梁〔八〕二鎮。

望，高郵。州西北一百里。一十鄉。臨澤、三墊、北阿、〔九〕樊良四鎮。有神居山、運河。

望，亳州，譙郡，集慶軍節度。大中祥符七年升集慶軍節度。治譙縣。

地里。東京四百五里。東至本州界一百二十四里，自界首至宿州一百二十五里。西至本州界一百五十里，自界首至東京二百五十五里。南至本州界七十五里，自界首至潁州一百五十里。〔一〇〕北至本州界四十里，自界首至南京八十里。東南至本州界三百二十里，自界首至壽州四十里。西南至本州界一百四十五里，自界首至陳州四十里。東北至本州界一百五十五里，自界首至宿州一百五里。西北至本州界八十里，自界首至南京六十五里。

户。主八萬六千八百一十一，客三萬四千六十八。

土貢。絹二十匹。

縣七。大中祥符七年改真源縣爲衛真，以宿州臨涣縣隸州，天禧元年還隸宿州。

望，譙。一十鄉。雙溝一鎮。有渦水、泡水。

望，城父。州東南七十里。七鄉。福寧一鎮。有渦水、淝水、父水。〔一〕

望，蒙城。州南一百六十里。七鄉。蒙館一鎮。有狼山、渦水。

望，酇。州東八十里。七鄉。馬頭、酇陽二鎮。有汴河、濉水。〔二〕

望，永城。州東北一百一十五里。八鄉。保安一鎮。有芒山、汴河。

望，衛真。〔三〕州西六十里。六鄉。谷陽一鎮。有洵水、沙水。

緊，鹿邑。州西一百二十里。〔四〕六鄉。鄲城一鎮。有渦水、明水。

上，宿州，符離郡，保静軍節度。建隆元年升防禦，開寶五年升保静軍節度。治符離縣。

地里。東京六百三十里。東至本州界二〔五〕百一里，自界首至泗州一百九十九里。西至本州界一百四里，自界首至亳州一百六十六里。南至本州界一百六十六里，自界首至壽州七十里。北至本州界九十里，自界首至徐州五十里。東南至本州界一百七十九里，自界首至濠州九十里。西南至本州界一百六十八里，自界首至亳州三十四里。東北至本州界一百八十里，自界首至淮陽軍五十里。西北至本州界一百里，自界首至徐州一百一十里。

户。主五萬七千八百一十八，客四萬八千六十。

土貢。絹一十匹。

縣四。大中祥符七年以臨涣縣隸亳州，天禧元年還隸。

望，符離。六鄉。有諸陽山、汴河、濉水、陴河。

望，蘄。州南三十六里。三鄉。静安、荆山、西故、桐墟〔一六〕四鎮。有涣水、渦水、蘄水。

緊，臨涣。州西南九十里。三鄉。柳子、蘄澤二鎮。有嵇山、汴河、淝水。

中，虹。州東一百八十里。四鄉。新馬、通海、零壁〔一七〕三鎮。有朱山、汴河、淮水、廣濟渠。

緊，楚州，山陽郡，團練。後唐順化軍節度。周降防禦。皇朝太平興國四年降團練。治山陽縣。

地里。東京一千三〔一八〕百里。東至海二百八十一里。西至本州界三十五里，自界首至淮陽軍二百六十里。南至本州界一〔一九〕百四十里，自界首至揚州一百五十里。北至本州界一百六十八里，自界首至海州一百四十里。東南至本州界一百九十里，自界首至泰州一百九十里。西南至本州界一百三十五里，自界首至泗州四十五里。東北至海一百六十五里。〔二〇〕西北至本州界六十里，自界首至淮陽軍二百三十里。

户。主五萬九千七百二十七，客二萬一〔二一〕十八。

土貢。紵布一十匹。

縣五。乾德元年以盱眙縣隸泗州。開寶九年以泰州鹽城縣隸州。熙寧五年廢漣水軍，以漣水縣隸州。

望，山陽。五鄉。北神一鎮。有石鼈山、淮水、運河。

望，漣水。州東北六十里。四鄉。金城、太平二鎮。有漣水、運河。

緊，寶應。州南八十里。〔三二〕五鄉。上游一鎮。有運河、白水陂。

上，鹽城。州東南二百四十里。四鄉。九鹽場。有射陽湖。

中，淮陰。州西四十里。五鄉。十八里河、洪澤、瀆頭三鎮。有淮水、沙河、鹽瀆。

上，海州，東海郡，團練。治朐山縣。

地里。東京一千四百六十里。東至海五十二里。西至本州界一百五十里，自界首至徐州三百三十里。南至本州界一百四十里，自界首至楚州一百六十里。北至本州界一百二十里，自界首至密州二〔三三〕百三十里。東南至海一百五十里。西南至本州界二百七十里，自界首至徐州三百四十里。東北至海一〔三四〕十五里。西北至本州界一百里，自界首至沂州八十里。

户。主二萬六千九百八十三，客二萬六百六十。〔三五〕

土貢。絹一十匹，麞、鹿皮三百張。

縣四。開寶三年升朐山縣東海監爲縣。

緊，朐山。三鄉。有朐山、郁洲山。

中，懷仁。州北八十里。一鄉。臨洪一鎮。有夾山、義水、光水。

中，沭陽。州西南一百八十里。一鄉。厚丘一鎮。有韓山、沭水。

中，東海。州東一十里。一鄉。有蒼梧山、捍海堰。

上，泰州，海陵郡，軍事。周團練。皇朝乾德五年降軍事。治海陵縣。

地里。東京一千六百五十里。東至海一百七里。西至本州界一十五里，自界首至揚州一百里。南至本州界五十七里，自界首至潤州八十里。北至本州界一百六十七里，自界首至楚州三百二十里。東南至本州界一百九十五里，自界首至通州六十里。西南至本州界一十八里，自界首至揚州九十八里。東北至本州界二百四十四里，自界首至楚州三百二十里。西北至本州界二百三里，自界首至楚州一百九十里。

戶主三萬七千三〔二六〕百三十九〔二七〕。客七千一百二。〔二八〕

土貢。隔織一十匹。

縣四。開寶九年以鹽城縣隸楚州。

望，海陵。七鄉。海安、西溪二鎮。有孤山、大海、運河。

緊，興化。州北一百二十里。二鄉。陵亭一鎮。有千人湖。

中，泰興。州東南七十三里。四鄉。柴墟、永豐二鎮。有大江。

中下，如皋。州東南一百五十里。二鄉。白蒲一鎮。有磨河山、如皋浦。

上，泗州，臨淮郡，軍事。治盱眙縣。

地里。東京一千一百里。東至本州界七十里，自界首至楚州一百一〔二九〕十里。西至本州界一百二十里，自界首至濠州五十五里。南至本州界一百里，自界首至揚州一百七十里。北至本州界一百八十里，自界首至淮陽軍一百二十里。東南至本州界八十五里，自界首至揚州一百八十五里。西南至本州界六十五里，自界首至滁州一百四十里。東北至本州界五十五里，自界首至楚州一百六十五里。西北至本州界一百九十里，自界首至宿州二百七〔三〇〕里。

户，主三萬六千七百二十五，客一萬七千二百四十。

土貢。絹一十匹。

縣三。建隆二年〔三一〕省徐城縣爲鎮入臨淮。乾德元年以楚州盱眙、濠州招義二縣隸州。太平興國元年改招義縣爲招信，三年以漣水縣隸漣水軍，七年以下邳、宿遷二縣隸淮陽軍。

緊，盱眙。五鄉。盱眙、平源、龜山三鎮。有都梁山、盱眙山、龜山、淮水。

上，臨淮。州北六十里。六鄉。青陽、徐城、安河、十八里河、翟家灣五鎮。有磬石山、汴河、淮水、涣水。

上，招信。州西五十一里。六鄉。木場一鎮。有淮水。

上，滁州，永陽郡，軍事。治清流縣。

地里。東京一千三百里。東至本州界七十〔三二〕里，自界首至真州一百二十里。西至本州界六十里，自界首至濠州一百六十里。南至本州界八十里，自界首至和州七十里。北至本州界一百二〔三三〕十五里，自界首至泗州五十五里。東南至本州界六十里，自界首至和州九十里。西南至本州界一百五十里，自界首至廬州一百三十五里。東北至本州界一百五十里，自界首至泗州六十三〔三四〕里。西北至本州界七十里，自界首至濠州一百六十五里。

户。主二萬九千九百二十二，〔三五〕客一萬三百六十三。

土貢。絹一十匹。

縣三。

望，清流。五鄉。有琅邪山、清流水、滁水。

望，來安。州東北三十五里。五鄉。白塔一鎮。有八石山、來安水。

緊，全椒。州南五十里。四鄉。全椒、六丈二鎮。有九鬬山、滁水。

上，真州，軍事。乾德二年以揚州永貞縣迎鑾鎮爲建安軍，大中祥符六年升爲州。治揚子縣。

地里。東京一千四百里。東至本州界三十里，自界首至揚州三十里。西至本州界一百二十里，自界首至滁州八十里。南至本州界一百里，自界首至江寧府一百二十里。北至本州界四十里，自界首至泗州二百四十里。東南至本州界四十里，自界首至揚州〔三六〕二十里。西南至本州界一百三十里，自界首至和州一百二十里。東北至本州界四十里，自界首至揚州二十里。西北至本州界一百四十里，自界首至泗州一百四十里。

户。主一萬六千七百九十，〔三七〕客一萬七千〔三八〕六十八。

土貢。紙五百張。

縣二。雍熙二年以揚州永貞縣，至道二年以六合縣並隸州。後改永貞縣爲揚子。

中，揚子。六鄉。瓜步一鎮。有運河、淮子河。〔三九〕

望，六合。州西北七十里。一十鄉。宣化、長蘆二鎮。有瓜步山、六合山、滁塘。

中，通州，軍事。天聖元年改崇州，明道二年復舊。治静海縣。

地里。東京二千里。東至海八十里。西至本州界四十五里，自界首至泰州二百三十里。南至江二十四里。北至本州界五十里，自界首至泰州二百二十五里。東南至本州界二百七十五里，自界首至蘇州二百五十里。西南至江六十里。東北至海六十里。西北至本州界六十里，自界首至泰州二百一十五里。

户。主二萬八千六百九十二，〔四〇〕客三千二百四十七。

土貢。鰾膠一十斤，麞、鹿皮二十張。

縣二。

望，静海。三鄉。江口一鎮。有大江。

望，海門。州東二百一十五里。三鄉。崇明一鎮。

西路 州八，軍一，縣三十二。

緊，壽州，壽春郡，忠正軍節度。治下蔡縣。

地里。東京九百里。東至本州界一百里，自界首至濠洲一百八十里。〔四一〕西至本州界五十五里，自界首至潁州一百八十五里。南至本州界五百二十里，自界首至舒州二百里。北至本州界四十五里，自界首至亳州二百六十里。東南至本州界一百二十里，自界首至廬州六十五里。西南至本州界三百四十七里，自界首至光州一百二十里。東北至本州界三十里，自界首至宿州一百五十五里。西北至本州界二百一十里，自界首至亳州二百一十里。

戶。主五萬六十三〔四二〕，客七萬二千七百五。

土貢。葛布一十匹，石斛一十斤。

縣五。開寶元年省霍山縣爲鎮入盛唐，四年改盛唐爲六安。〔四三〕

緊，下蔡。四鄉。蘇村、闞團二鎮。有硤石山、潁水、淮水。

望，安豐。州南八十里。〔四四〕一十六鄉。建春、塘曲、夏塘、合寨、來遠、永樂、隱賢、謝步、木場九鎮。有淮水、淝水、泄水、芍陂。

望，霍丘。州西南一百二十七里。〔四五〕一十鄉。霍丘、成家步、善香、開順〔四六〕四鎮。有安陽山、淮水、泄水。

緊，壽春。州東南二十五里。六鄉。壽春、南廬、史源、撅澗四鎮。有八公山、壽春山、淮水、淝水。

中，六安。州南二百一十里。七鄉。六安、霍山、桐木、山南、麻步、郭界步、故縣、船坊、丁汲、故步一十鎮。有霍山、大別山、決水、灊水。

上，廬州，廬江郡，保信軍節度。治合肥縣。

地里。東京一千五十里。東至本州界七十里，自界首至和州四百五十里。西至本州界一百五十里，自界首至壽州二百里。南至本州界二百三十里，自界首至舒州一百九十里。北至本州界六十五里，自界首至壽州三百一十里。東南至本州界一百里，自界首至無爲軍一百七十里。西南至本州界一百九十里，自界首至壽州三百六十里。東北至本州界三百里，自界首至濠州四百二十里。西北至本州界六十五里，自界首至壽州一百七十五〔四七〕里。

户。主六萬一百三十六，客三萬三百五十二。

土貢。紗、絹各一十匹，生石斛、蠟各二十斤。

縣三。太平興國三年以巢、廬江二縣隸無爲軍。

上，合肥。一十鄉。段寨、青陽、移風、永安四鎮。有金牛山、淝水、淮水。

中，慎。州東北六十里。六鄉。竹里、故郡、東曹、大澗、清水、沛城節、袁團七鎮。〔四八〕有浮槎山、滁水。

下，舒城。州西南一百一十里。二鄉。九井、新倉、桃城、航步四鎮。有龍山、龍舒水。

望，蘄州，蘄春郡，防禦。治蘄春縣。

地里。東京一千六百里。東至本州界一百五〔四九〕十五里，自界首至舒州一百五十里。西至本州界一百一十一里，自界首至黄州九十里。〔五〇〕南至本州界六十里，自界首至興國軍一百四十里。北至本州界二百三十里，自界首至壽州二〔五一〕百里。東南至本州界二百一十五里，自界首至江州三十五里。西南至本州界六十里，自界首至興國軍一百里。東北至本州界一百一〔五二〕十里，自界首至舒州一百七十里。西北至本州界二百五十里，自界首至光州三百里。

户。主七萬四千一十七，客三萬八千三百五十六〔五三〕。

土貢。白紵布一十匹，簟一十領。

縣四。

望，蘄春。五鄉。蘄口一鎮。有四流山、〔五四〕蘄山、蘄水。

望，蘄水。州西五十五里。四鄉。石橋、馬嶺、〔五五〕王祺〔五六〕三鎮。有茶山、蘭溪水、〔五七〕蘄水、流水。

望，廣濟。州東四十五里。四鄉。有積布山、黄石山、大江。

上，黄梅。州東一百二十里。四鄉。獨木一鎮。有雙峯山、黄梅山、大江。

上，和州，歷陽郡，防禦。治歷陽縣。

地里。東京一千四百八十里。東至本州界一十里，自界首至太平州三十一里。西至本州界六十九里，自界首至無爲軍一百五里。南至本州界一百一十五里，自界首至太平州六十五里。北至本州界七十里，自界首至滁州八十里。東南至本州界一十五里，自界首至太平州三十八里。西南至本州界一百四十五〔五八〕里，自界首至無爲軍三十九里。東北至本州界一百四十五里，自界首至真州七十里。西北至本州界一百一十五里，自界首至廬州一百二十〔五九〕里。

户。主二萬六千一百六十三，客一萬三千一百二十六。

土貢。紵、〔六〇〕練〔六一〕各一十匹。

縣三。

緊，歷陽。八鄉。姥下、功剩橋、白渡橋、萬歲嶺、平痌湯、白望堆六鎮。梁山、柵江二寨。有梁山、大江、滁水、歷湖。

中，含山。州西五十五里。四鄉。清溪、仙宗、再安、石門四鎮。東關一寨。有大峴山、大江、滁水、濡須水。

中，烏江。州東北三十五里。四鄉。湯泉、永安、石磧、新市、高望五鎮。有四隤山、大江、烏江浦。

上，舒州，同安郡，團練。治懷寧縣。

地里。東京一千三百里。東至本州界一百八十里，自界首至池州九十里。西至本州界一百四十里，自界首至蘄州一百五十八里。南至本州界一百七十里，自界首至江州一百八十里。北至本州界一百二十里，自界首至廬州一百七十里。東南至本州界三百二十里，自界首至池州四十里。西南至本州界二百里，自界首至蘄州一百五十五里。東北至本州界一百六十里，自界首至無爲軍一百五十里。西北至本州界一百二十里，自界首至壽州五百一十里。

户。主七萬九千五十，客四萬七千四百三十四。

土貢。白紵布二十四，白朮一十兩。〔六二〕

縣五。

上，懷寧。八鄉。許公、荻步、長風沙、皖口、石井、羅豆〔六三〕六鎮。有潛山、大江、皖水。

上，桐城。州東北一百二十里。四鄉。北硤、永安、鸞山、〔六四〕銅山、桂車、盤小、石溪、雙港、孔城九鎮。有盛唐山、大江、樅陽水。

上，宿松。州西南一百四十里。三鄉。龍溪一鎮。有大江、雷水。

上，望江。州南一百三十里。二鄉。馬頭一鎮。有大江、雷水。

上，太湖。州西南七十五里。三鄉。有司空山、太湖。

監一。熙寧八年置，鑄銅錢。

同安。州東八十里。

上，濠州，鍾離郡，團練。治鍾離縣。

地里。東京一千一百五十里。東至本州界六十里，自界首至泗州一百五十里。西至本州界一百二十里，自界首至壽州一百一十〔六五〕里。南至本州界一百八十里，自界首至廬州九十里。北至本州界一百五十里，自界首至宿州一百四十里。東南至本州界一百三十里，自界首至滁州六十里。西南至本州界一百八十里，自界首至壽州一百二十里。東北至本州界一百里，自界首至泗州一百五十里。西北至本州界九十里，自界首至宿州一百三十五里。

户。主三萬一千八百三十七，客一萬五千四百七十七。

土貢。絹一十匹。

縣二。乾德元年以招義縣隸泗州。

望，鍾離。八鄉。淮東一鎮。有塗山、莫耶山、濠水、淮水。

望，定遠。州南八十里。六鄉。永安、藕塘、長樂、盧塘四鎮。有烏霧山、洛水。

上，光州，弋陽郡，軍事。治定城縣。

地里。東京八百里。東至本州界一百一十里，自界首至壽州二百四十里。西至本州界一百一十五里，自界首至信陽軍二百八十五里。南至本州界一百八十里，自界首至黄州三百六十里。北至本州界七十里，自界首至蔡州一百八十里。東南至本州界二〔六六〕百五十里，自界首至壽州二百一十里。西南至本州界二百二十里，自界首至安州三百八十里。東北至本州界二百三十里，自界首至潁州一百一十里。西北至本州界一百三十五里，自界首至信陽軍二百二十五里。

户。主二萬五千二〔六七〕百九十六，客四萬六百六十二。

土貢。葛布一十匹，生石斛一十斤。

縣四。建隆元年改殷城縣爲商城，後省爲鎮入固始。

上，定城。七鄉。有淮水、黄水。

望，固始。州東北一百四十五里。七鄉。商城、子安、朱皐三鎮。有安陽山、大蘇山、淮水、灌水。

中下，光山。州西六十里。五鄉。有光山、淮水、浉水。

中下，仙居。州西一百里。四鄉。有仙居山、柴水。

下，黄州，齊安郡，軍事。治黄岡縣。

地里。東京一千九百里。〔六八〕東至本州界九十五里，自界首至蘄州一百一十五里。西至本州界一百八十八里，自界首至鄂州一百八十五里。南至本州界五里，自界首至鄂州一百五十里。北至本州界三〔六九〕百里，自界首至光州一百五十五里。東南至本州界五十五里，自界首至蘄州一百一十里。西南至本州界五里，自界首至鄂州一百五十里。

東北至本州界四百五十六里，自界首至光州一百八十里。西北至本州界二百四十里，自界首至安州一百六十里。

户。主三萬二〔七〕千九百三十三，客四萬九千五。

土貢。白紵布一十匹，連翹一十斤。

縣三。

望，黄岡。一十鄉。齊安、久長、靈山、團風、陽羅、沙湖、龍陂七鎮。有木陵山、大江。

上，黄陂。州西二百八十四里。四鄉。䦨城一鎮。有大江、溮水、松湖。

中，麻城。州北一百七十五里。四鄉。岐亭、故縣、白沙、永泰、桑林、永寧六鎮。有龜頭山、永泰河。

同下州，無爲軍。太平興國三年以廬州巢縣無爲鎮建軍。治無爲縣。

地里。東京一千五百里。東至本軍界一百二十里，自界首至和州六十里。西至本軍界一百九十里，自界首至廬州五十里。南至本軍界六十里，自界首至和州二百七十里。北至本軍界一百七十里，自界首至廬州七十里。東南至本軍界八十里，自界首至和州二百四十里。西南至本軍界二百里，自界首至舒州一百六十五里。東北至本軍界一百五十里，自界首至和州九十五里。西北至本軍界一百七十里，自界首至廬州七十五里。

户。主四萬二百五十八，客一萬一千六百二十九。

土貢。絹一十匹。

縣三。太平興國三年以廬州巢、廬江二縣隸軍，熙寧三年析二縣地置無爲縣。

望，無爲。五鄉。襄安、糝潭〔七一〕二鎮。有梅山、江水、湖。

望，巢。軍北九十里。一十一鄉。石牌、柘皋二鎮。有坻箕山、濡須水、巢湖。

望，廬江。軍西一百四十里。一十鄉。金牛、〔七二〕清野、〔七三〕羅場、礬山、武亭、崑山六鎮。崑山一礬場。有東顧山、大江。

兩浙路

州一十四，縣七十九。

大都督府，杭州，餘杭郡，寧海軍節度。唐鎮海軍節度。皇朝淳化五年改寧海軍。治錢塘、仁和兩縣。

地里。東京二千二百里。東至本州界三百二十九里，自界首至秀州一百二十里。西至本州界三百三十八里，自界首至歙州一百一〔七四〕十里。南至本州界三十四里，自界首至越州九十里。北至本州界六十五里，自界首至湖州九十里。東南至本州界三十六里，自界首至越州一百三十五里。西南至本州界一百六十四里，自界首至睦州一百五十一里。東北至本州界一百一十六里，自界首至秀州一十里。〔七五〕西北至本州界二百五十里，自界首至宣州二百三十七里。

户。主一十六萬四千二百九十三，客三萬八千五百二〔七六〕十三。

土貢。綾三十匹，藤紙一千張。

縣九。太平興國三年改安國縣爲臨安，以桐廬縣隸睦州；四年改錢江縣爲仁和，〔七七〕橫山縣爲昌化，新登縣爲新城，以武康縣隸湖州；五年廢順化軍，以臨安縣隸州。淳化五年以南新場爲昭德縣，六年改昭德縣爲南新。熙寧五年省南新縣爲鎮入新城。

望，錢塘。一十一鄉。南場、北關、安溪、西溪四鎮。一鹽監。有靈隱山、長山、浙江。

望，仁和。九鄉。臨平、范浦、江漲橋、湯村四鎮。一鹽場。有臨平山、浙江。

望，餘杭。州西北七十二里。〔七八〕九鄉。有由拳山、南下湖。

望，臨安。州西一百二十里。二十一鄉。有臨安山、安國山、南溪、猷溪。

緊，富陽。州西南七十三里。一十鄉。有湖洑山、浙江。

緊，於潛。州西二百三里。六鄉。保城〔七九〕一鎮。有天目山、印渚。

上，新城。州西南一百三十里。一十二鄉。東安、南新二鎮。有仙坑山、桐溪。

上，鹽官。州東一百二十九里。六鄉。長安一鎮。一鹽監。有金牛山。

中，昌化。州西二百四十八里。四鄉。一鹽場。〔八〇〕有百丈山、紫溪。

大都督府，越州，會稽郡，鎮東軍節度。治會稽、山陰二縣。

地里。東京二千四百七十里。東至本州界一百五十七里，自界首至明州一百一十五里。西至本州界一百三十八里，自界首至杭州三十一里。南至本州界二百九十五里，自界首至台州二百里。北至海一百一里。東南至本州界三百五里，自界首至台州一百六十四里。西南至本州界一百九〔八一〕十一〔八二〕里，自界首至杭州一百三十里。東北至本州界二百二十七里，自界首至明州一百三十里。西北至本州界一百一〔八三〕十五里，自界首至杭州一十八里。

户。主一十五萬二千五百八十五，客三百三〔八四〕十七。〔八五〕

土貢。越綾二十四匹〔八六〕，茜緋花紗一十匹，輕容紗五匹，紙一千張，〔八七〕甆器五十事。

縣八。

望，會稽。一十四鄉。東城、曹娥、纂風、平水、三界五鎮。有會稽山、秦望山、〔八八〕大海、曹娥江。

望，山陰。一十四鄉。錢清一鎮。有龜山、蕺山、大江、鏡湖、蓮河。〔八九〕

望，剡。州東南一百八十里。二十七鄉。有天姥山、剡溪。

望，諸暨。州西南一百四十二〔九〇〕里。二十五鄉。龍泉一銀冶。有諸暨山、苧羅山、浣江、暨浦。

望，餘姚。州東北一百四十七里。一十五鄉。有姚丘山、羅壁山、餘姚江。

望，上虞。州東一百二〔九一〕十里。一十四鄉。五夫一鎮。有蘭穹山、上虞江、運河。

緊，蕭山。州西北一百里。一十五鄉。西興、漁浦二鎮。有蕭山、浙江、運河。

緊，新昌。州東南二百二十里。八鄉。有沃洲山、真水。

望，蘇州，〔九二〕吴郡，平江軍節度。後唐中吴軍節度。〔九三〕皇朝太平興國三年改平江軍。治吴、長洲二縣。

地里。東京一千八百五十里。東至海二百二十里。西至本州界一百三十二〔九四〕里，自界首至常州四十八里。南至本州界一百二〔九五〕十里，自界首至秀州三十里。北至海一百八十里。東南至本州界八十里，自界首至秀州六十里。西南至本州界一百三十里，自界首至湖州九十里。東北至海一百八十里。西北至本州界五十里，自界首至常州一百三十二里。

户。主一十五萬八千七百六十七，客一萬五千二百二。

土貢。葛二十匹，〔九六〕席二十領，白石脂、蛇牀子各一十斤。

縣五。

望，吴。二十鄉。木瀆一鎮。有虎丘山、姑蘇山、洞庭山、吴江、太湖。

望，長洲。一十九鄉。有鳳皇山、松江、運河。

望，崑山。州東七十里。一十四鄉。有崑山、松江。

望，常熟。州北七十五里。九鄉。福山、慶安、梅里三鎮。有常熟山、大江、運河。

緊，吴江。州南四十里。四鄉。有吴江、運河。

望，潤州，〔九七〕丹陽郡，鎮江軍節度。唐鎮海軍節度。皇朝開寶八年改鎮江軍。治丹徒縣。

地里。東京一千七百五十里。東至江七〔九八〕里。西至本州界四十里，自界首至江寧府一百四十里。南至本州界二百一十七里，自界首至江寧府二百里。北至江二里。東南至本州界一百二十里，自界首至常州五十一里。西南至本州界八〔九九〕十里，自界首至江寧府一百里。東北至江八里。西北至本州界四十里，自界首至江寧府一百五十里。

户。主三萬三千三百一十八，客二萬一千四百八十。

土貢。羅一十匹，綾一十匹。

縣三。熙寧五年省延陵縣爲鎮入丹陽。

緊，丹徒。八鄉。丹徒、大港、丁角三鎮。圌山一寨。有北固山、金山、揚子江、潤浦。

緊，丹陽。州東南六十四里。一十二鄉。延陵、呂城二鎮。有運河、後湖、練湖。

緊，金壇。州東南一百四十里。九鄉。有茅山、長塘湖。

上，湖州，吳興郡，昭慶軍節度。周宣德軍節度。皇朝景祐元年改昭慶軍。治烏程、歸安二縣。

地里。東京二千七十里。東至本州界一百三十一里，自界首至蘇州一百三十二里。西至本州界一百三十三〔一〇〇〕里，自界首至宣州二百五里。南至本州界一百四十二里，自界首至杭州一十五里。北至本州界六十六里，自界首至蘇州一百一十二里。東南至本州界一百七十二〔一〇一〕里，自界首至杭州六十七里。西南至本州界二百三十九里，自界首至宣州二百二十六里。東北至本州界七十里，自界首至蘇州六十里。西北至本州界一百四十五里，自界首至常州七十四里。

户。主一十三萬四千六百一十二，客一萬五百九〔一〇二〕。

土貢。白紵二十匹，〔一〇三〕漆器三十事。

縣六。太平興國四年以杭州武康縣隸州，七年析烏程縣置歸安縣。

望，烏程。一十一鄉。烏墩一鎮。有卞山、衡山、太湖、苕溪、霅溪。

望，歸安。一十鄉。施渚一鎮。有三山、吴興塘。

望，安吉。州西南一百七十一里。一十六鄉。梅溪一鎮。有天目山、苕水、揚子湖。〔一〇四〕

望，長興。州西北七十里。一十五鄉。四安、水口二鎮。有龍山、〔一〇五〕西湖。

緊，德清。州南一百五里。六鄉。新市一鎮。有德清山、苧溪。

上，武康。州西南一百七里。四鄉。有武康山、前溪、餘不溪。

上，婺州，東陽郡，保寧軍節度。晉武勝軍節度。皇朝淳化元年改保寧軍。治金華縣。

地里。東京二千九百三十里。東至本州界三百一十七里，自界首至台州二百九十五里。西至本州界六十里，自界首至衢州一百三十里。南至本州界一百七十五里，自界首至處州八十三里。北至本州界一百三十一里，自界首至睦州四十九里。東南至本州界三百一十七里，自界首至台州二百九十五里。西南至本州界六十里，自界首至衢州一百三十里。東北至本州界二百三十二里，自界首至越州二百四十八里。西北至本州界一百三十一里，自界首至睦州四十九里。

户。主一十二萬九千七百五〔一〇六〕十一，客八千三〔一〇七〕百四十六。

土貢。綿一百兩，藤紙五百張。

縣七。

望，金華。一十三鄉。孝順一鎮。有金華山、東陽江。

望，東陽。州東一百五十五里。一十四鄉。一銀場。有峴山、東陽江。

望，義烏。州東北一百一十里。八鄉。有雲黄山、〔一〇八〕義烏溪。

望，蘭溪。州西北五十五里。一十鄉。有九峯山、蘭溪。

緊，永康。州東南一百九里。一十鄉。有石城山、永康溪。

上，武義。州南九十里。四鄉。有八素山、永康溪。

上，浦江。州東一百二十里。七鄉。有深裊山、浦陽江。

上，明州，奉化郡，奉國軍節度。唐浙東觀察使。梁置望海軍。皇朝建隆二年改奉國軍節度。治鄞縣。

地里。東京二千六百八十里。東至海三百五十二〔一〇九〕里。西至本州界一百五十里，自界首至越州三百里。南至本州界一百二十五里，自界首至台州二〔一一〇〕百五十里。北至本州界一百三十五里，自界首至蘇州一千五百〔一一一〕里。東南至海九百五十里。西南至本州界一百七十里，自界首至越州三百五十里。東北至海九百一十里。西北至本州界一〔一一二〕百四十里，自界首至越州三百里。

户。主五萬七千八百七十四，客五萬七千三百三十四。

土貢。綾一十匹，乾山蕷一十五斤，烏鰂魚骨五斤。

縣六。熙寧六年析鄞縣地置昌國縣。

望，鄞。一十三鄉。小溪一鎮。有四明山、廣德湖。

望，奉化。州南八十里。八鄉。公塘一鎮。有鎮亭山。

上，慈溪。州西六十里。五鄉。鳴鶴一鹽場。有句餘山、慈溪。

上，定海。州東北七十一里。六鄉。蟹浦一鎮。有候濤山、大浹江。

下，象山。州東南三百六十里。三〔一三〕鄉。有象山、東門山。

下，昌國。州東北一百七十五里。四鄉。一鹽監。有雲雾山、西湖。

望，常州，毗陵郡，軍事。治晉陵、武進二縣。

地里。東京一千〔一四〕六〔一五〕百七十里。東至本州界一百三十五里，自界首至蘇州四十五里。〔一六〕西至本州界五十里，自界首至潤州一百三十里。南至本州界一百八〔一七〕十里，自界首至廣德軍七十里。北至本州界九十二里，自界首至泰州一百五里。東南至本州界九十里，自界首至湖州一百八十里。西南至本州界一百八十里，自界首至宣州二百五十里。東北至本州界一〔一八〕百五十里，自界首至通州二百八里。西北至本州界五十里，自界首至潤州一百三十里。〔一九〕

户。主九萬八百〔二〇〕五十二〔二一〕，客四萬五千五百八。

土貢。白紵一十匹，〔二二〕紗一十匹，席三十領。

縣五。太平興國元年改義興縣爲宜興。淳化元年廢江陰軍，以江陰縣隸州，三年復置軍，仍以縣隸；熙寧四年復廢軍，隸州。

望，晉陵。二十鄉。橫林一鎮。有橫山、揚子江、太湖、運河。

望，武進。一十五鄉。奔牛、青城、萬歲三鎮。有孟城山、運河、滆湖。

望，無錫。州東九十一里。二〔一二三〕十三鄉。望亭一鎮。有慧山、〔一二四〕運河、無錫湖。

望，宜興。州西南一百二十里。一〔一二五〕十六鄉。湖㳇、〔一二六〕張渚二鎮。有君山、運河、太湖、陽羨溪。

望，江陰。州東北九十里。一十九鄉。利城、茶林、石橋三鎮。〔一二七〕有青山、芙蓉湖、大江。

上，温州，永嘉郡，軍事。晉静海軍節度。皇朝太平興國三年降軍事。治永嘉縣。

地里。東京三千四百八十里。東至海七十里。西至本州界八十里，自界首至處州一百六十里。南至本州界四百八十七里，自界首至福州一千二〔一二八〕百九十三里。北至本州界一百三〔一二九〕十里，自界首至台州四百七十里。東南至本州界三百二十里，自界首至福州三百四十里。〔一三〇〕西南至本州界四百五十里，自界首至建州五百五十〔一三一〕里。東北至本州界三百里，自界首至台州一百八十里。西北至本州界八十七里，自界首至處州一百七十二〔一三二〕里。

户。主八萬四千四百八十九，客四萬一千四百二十七。

土貢。鮫魚皮五張，紙五百張。

縣四。

緊，永嘉。一十三鄉。永嘉一鹽場。有華蓋山、青嶂山、永嘉江。

望，平陽。州西南一百五里。一十鄉。前倉、櫓槽、〔一二三〕泥山三鎮。天富一鹽場。有横陽山、平陽江。

緊，瑞安。州南八十里。一十二鄉。瑞安、永安二鎮。雙穗一鹽場。有步廊山、瑞安山。

上，樂清。州東北一百里。六鄉。柳市、封市二鎮。天富一鹽監。有雁蕩山、芙蓉山、大江。

上，台州，臨海郡，軍事。〔一二四〕治臨海縣。

地里。東京二千九百二十五里。東至海一百八十里。西至本州界一百一十三里，自界首至處州三百三十七里。南至本州界二百三十九里，自界首至温州二〔一二五〕百九十二里。北至本州界一百六十二里，自界首至越州二百九里。東南至海二百九十二里。西南至本州界一〔一二六〕百九十二里，自界首至處州一百五里。東北至本州界三百二十五里，自界首至明州一百六十五里。西北至本州界二百九十四里，自界首至婺州二百四十里。

戶。主一十二萬四百八十一，客二萬五千二百三十二。〔一二七〕

土貢。甲香三斤，金漆三十斤，鮫魚皮一十張。

縣五。建隆元年改台興縣爲天台。景德四年改永安縣爲仙居。

望，臨海。一十五鄉。大田、章安二鎮。有括蒼山、天姥山、臨海江、始豐溪。

望，黄巖。州東南一百六里。一十二鄉。嶠嶺、于浦、新安、青額、鹽監五鎮。〔一二八〕于浦、杜瀆二鹽場。有黄巖、〔一二九〕永寧江。

緊，寧海。州東北一百七十里。六鄉。港頭、縣渚二鎮。有桐柏山。

上，天台。州西一百一十里。四鄉。有天台山、赤城山、銅溪、靈溪。〔一四〇〕

上，仙居。州西一百五里。六鄉。有括蒼嶺、永安溪。

上，處州，縉雲郡，軍事。治麗水縣。

地里。東京二千八百四十里。東至本州界一百九十里，自界首至台州二百五里。〔一四一〕西至本州界三〔一四二〕百五十里，自界首至衢州一百六十里。南至本州界四百八十里，自界首至溫州三〔一四三〕百五十里。北至本州界一百三十里，自界首至婺州一百二十里。〔一四四〕東南至本州界一百七十五里，自界首至溫州九十里。西南至本州界六百二十里，自界首至建州二百里。東北至本州界一百二十五里，自界首至婺州一百五十三里。西北至本州界一百二十里，自界首至婺州二百里。

户。主二萬三百六十三，〔一四五〕客六萬八千九百九十五。〔一四六〕

土貢。綿一百兩，黄連一十斤。

縣六。咸平二年改白龍縣爲松陽。

望，麗水。一十鄉。九龍一鎮。有括蒼山、縉雲山、麗水。

望，龍泉。州西南三百五十五里。〔一四七〕五鄉。高亭一銀場。有豫章山、龍泉湖。

上，松陽。州西北九十二里。五鄉。松陽一鎮。有玉柱山、大溪。

上，遂昌。州西二百四十里。四鄉。永豐一銀場。有項公山、桐柏溪。

上,縉雲。州東北一百一十里。五鄉。胡陳一鎮。有縉雲山、好溪。

中,青田。州東南一百五十里。三鄉。有石門山、青田溪。

上,衢州,信安郡,軍事。治西安縣。

地里。東京三千五十里。東至本州界一百二十里,自界首至婺州七十里。西至本州界一百二〔一四八〕十二里,自界首至信州一百二十五里。南至本州界一百五十五里,自界首至處州五百里。北至本州界六十里,自界首至睦州一百三十里。東南至本州界一百六十六里,自界首至處州二百九十六里。西南至本州界二百六十里,自界首至建州四百四十五里。東北至本州界一百四十九里,自界首至睦州一百三十五里。〔一四九〕西北至本州界二百二十九里,自界首至饒州五百里。

户。主六萬九千二百四十五,客一萬七千五百五十二。

土貢。綿一百兩,藤紙五百張。

縣五。乾德四年分常山縣置開化場,太平興國六年升爲縣。

望,西安。一十七鄉。南、北二銀場。有石室山、信安溪。

緊,江山。州西八十里。一十二鄉。禮賓一鎮。有江郎山、江山溪。

上,龍游。州東七十五里。一十一鄉。白革湖一鎮。有龍丘山、穀水。〔一五〇〕

中,常山。州西九十里。一十鄉。有常山、穀水。

中，開化。州東八十里。七鄉。有麻車山、馬金溪。

上，睦州，〔一三一〕新定郡，軍事。治建德縣。

地里。東京二千五百三十六〔一三二〕里。東至本州界一百三十里，自界首至杭州一百七十里。西至本州界二百六〔一三三〕十五里，自界首至歙州一百一十里。南至本州界七十里，自界首至婺州七十五里。北至本州界一百二十里，自界首至杭州一百五十五里。東南至本州界一百八十里，自界首至婺州二百里。西南至本州界三百一十里，自界首至衢州八十五里。東北至本州界三百一十里，自界首至杭州三百里。西北至本州界三百一十里，自界首至歙州一百二十里。

户。主六萬六千九百一十五，客九千八百三十六。

土貢。白紵一十匹，〔一三四〕簟一十領。

縣六。太平興國三年以杭州桐廬縣隸州。

望，建德。九鄉。有三雄山、新安江、東陽江、七里瀨。

望，青溪。州西一百六十六里。一十四鄉。有雉山、新安江。

上，桐廬。州東一百五里。一十一鄉。有嚴陵山、浙江、桐廬江。

中，分水。州北一百九十二里。五鄉。有秦游山、天目溪。

中，遂安。州西南二百二十九里。六鄉。有白石英山、武彊溪。

中，壽昌。州西南一百一十五里。四鄉。有天井山、壽昌溪。

監一。熙寧七年置，鑄銅錢。

神泉。州東五里。

上，秀州，軍事。治嘉興縣。

地里。東京一千九百九十里。東至海二百里。西至本州界一百二十五里，自界首至湖州七十五里。南至本州界七十五里，自界首至杭州一百一十五里。北至本州界三十里，自界首至蘇州一百二十五里。東南至海九十二里。西南至本州界四十五里，自界首至杭州一百里。東北至本州界六十里，自界首至蘇州八十里。西北至本州界四十五里，自界首至蘇州九十五里。

户。主一十三萬九千一百三十七〔一五五〕，客無。

土貢。綾一十匹。〔一五六〕

縣四。

望，嘉興。二十七鄉。有胥山。

緊，華亭。州東北一〔一五七〕百二十里。一十三鄉。青龍一鎮。一鹽監。浦東、袁部、青墩三鹽場。有金山、松江、華亭海。

上，海鹽。州東南八十里。一十一鄉。〔一五八〕澉浦、廣陳二鎮。一鹽監。海鹽、沙要、〔一五九〕蘆瀝三鹽場。有陸里山、當湖。

中，崇德。州西南一百里。一十二鄉。青墩一鎮。有運河。

校勘記

〔一〕州一十 「一」，馮注：「江浙本俱作『二』。」今按：影宋鈔本、吴本、盧本、周本俱作「一」，與下文所列州十合，江浙本誤。

〔二〕東至本州界八十里自界首至泰州一十八里 資治通鑑卷二九二注引九域志：「揚州東至泰州一百一十五里。」

〔三〕三 馮注：「江本作『六』。」今按：影宋鈔本、周本俱作「三」，疑江本誤。

〔四〕十 馮注：此下「浙本有『五』字」。今按：吴本、周本亦有「五」字。

〔五〕彎頭 「彎」，盧本作「灣」。資治通鑑卷二九三注引九域志：「揚州江都縣有灣頭鎮。」宋史卷九七河渠志載徐子寅語，稱：「近運河淺澀，自揚州灣頭港口至鎮西山光寺前橋垛頭。」則當以作「灣」爲宜。

〔六〕瓜洲 「洲」，馮注：「江本作『州』。」今按：吴本、周本亦作「州」，宋會要食貨一六之三、一九之一同。

〔七〕七鎮 此下及下文天長縣「銅城、石梁二鎮」下盧本皆書「有」字，依志例其處皆應脱山川。

〔八〕石梁 「梁」，馮注：「浙本作『渠』。」今按：影宋鈔本、吴本、盧本、周本俱作「梁」，宋會要食貨一六之三、一九之一一同，浙本誤。

〔九〕北阿 底本作「北河」。輿地紀勝卷四三高郵軍：「北阿鎮離城九十里。」清嘉慶重修一統志卷九七揚州府引九域志作「北阿」。則此「河」爲「阿」字之誤，今據改。

〔一〇〕南至本州界七十五里自界首至潁州一百五十里 「一」，馮注：「浙本作『二』。」今按：影宋鈔本、吴本、盧本、周本俱作「一」，與實際合，浙本誤。

〔一一〕父水 底本作「欠水」。馮校：「案『欠水』，見水經注渠水篇。今武英殿校本水經注作『艾水』，以『欠』字爲近刻之訛，蓋據永樂大典正之。」今按：水經注渠水篇無「欠水」，亦無「艾水」，而載「沙水逕城父縣西南，枝津出焉，俗謂之章水也；一水東注，即濮水也，俗謂之父水」。太平寰宇記卷一二亳州城父縣：「父水在縣東四里，受漳水南流，經縣入蒙。按水經云汝水支分東注。」金史卷二五地理志亳州城父縣有父水。則此「欠水」實爲父水之誤，今據改。

〔一二〕濉水 「濉」，盧本作「睢」，下文宿州符離縣下同。

〔一三〕望衛真 影宋鈔本、周本列此縣及其注文於上文「望，酇」之前。

〔一四〕州西一百二十里 「一」，馮注：「浙本作『二』。」又馮校：「案通鑑卷二百五十一注引志文作『一百三十里』。」今按影宋鈔本、吴本、盧本、周本俱作「州西一百二十里」，資治通鑑注引志文繫于卷二五五，則浙本及馮氏所引資治通鑑注各有所誤。

〔一五〕二　馮注：「浙本作『三』。」今按：影宋鈔本、吴本、盧本、周本俱作「二」，浙本誤。

〔一六〕桐墟　「桐」，底本作「垌」。馮校：「案通鑑卷二百八十二注引志文『宿州蘄縣有桐墟鎮』，此『垌』字誤。」今按：宋會要食貨一九之一〇、金史卷二五地理志宿州臨涣縣下皆作「桐」，馮説是，據改。

〔一七〕零壁　「零」，底本作「靈」。盧本作「零」。宋會要方域一二之一二：「靈壁鎮，『靈』舊作『零』，政和七年改『零』爲『靈』。」本志以元豐爲準，則應作「零壁」爲是，今據改。

〔一八〕三　馮注：「浙本作『五』。」

〔一九〕一　馮注：「浙本作『三』。」今按：影宋鈔本、吴本、盧本、周本俱作「一」，浙本誤。

〔二〇〕東北至海一百六十五里　馮注：「海」下「浙本有『州』字。」今按：影宋鈔本、盧本、周本俱無「州」字。太平寰宇記卷一二四楚州：「東北至淮口入海水路一百八十里。」浙本誤。

〔二一〕一　馮注：「浙本作『二』。」今按：吴本、周本亦作「二」。

〔二二〕州南八十里　「八」，馮注：「江浙本俱作『六』。」今按：影宋鈔本、吴本、盧本、周本俱作「八」。讀史方輿紀要卷二三高郵州寶應縣：「北至淮安府八十里。」明清淮安府即宋楚州。江浙本誤。

〔二三〕二　馮注：「江浙本俱作『一』。」今按：影宋鈔本、盧本、周本俱作「二」，江浙本誤。

〔二四〕一　馮注：「浙本作『二』。」今按：盧本亦作「二」。

〔二五〕十　盧本無此字。

〔二六〕三　馮注：「江浙本俱作『二』。」今按：吳本、周本亦作「二」。

〔二七〕九　馮注：「江浙本俱無此字。」今按：吳本、周本亦俱無此字。

〔二八〕二　馮注：此下「浙本有『十』字」。

〔二九〕一　馮注：「江浙本俱作『三』。」今按：吳本、周本亦作「三」。

〔三〇〕七　馮注：「浙本作『一十』。」今按：吳本作「七十」。

〔三一〕二年　「二」，馮注：「浙本作『三』。」今按：影宋鈔本、吳本、盧本、周本俱作「二」，宋朝事實卷一八同，浙本誤。

〔三二〕七十　吳本作「七十三」。

〔三三〕二　馮注：「浙本作『三』。」

〔三四〕三　馮注：「浙本作『五』。」今按：吳本亦作「五」。

〔三五〕二　馮注：「江浙本俱作『三』。」今按：吳本、盧本、周本亦作「三」。

〔三六〕揚州　馮校：「案揚州疑當是潤州。」

〔三七〕七百九十　周本作「六百六十八」。

〔三八〕千　馮注：「江浙本俱作『百』。」今按：吳本、周本亦作「百」。

〔三九〕淮子河　馮注：「江本作『淮水』。」今按：影宋鈔本、吳本、盧本、周本俱作「淮子河」，文獻通考卷三一八輿地考真州永貞縣下同，江本誤。

〔四〇〕二　馮注：「江浙本俱作『三』。」今按：吳本、盧本、周本亦作「三」。

〔四一〕東至本州界一百里自界首至濠州一百八十里　「一百八十里」，馮注：江本作「二百八十里」。又馮校：「案通鑑卷二百九十三注引志文作『壽州東至濠州三百八十里』，知別本自界首至濠州作二百八十里者，此其所據也。然濠州下西至壽州止二百三十里，西南至壽州亦止三百里，與此則爲差近。」

〔四二〕三　馮注：「江浙本俱作『二』。」

〔四三〕開寶元年省霍山縣爲鎮入盛唐四年改盛唐爲六安　太平寰宇記卷一二九壽州六安縣：「在漢爲盛唐縣，……開寶四年改爲六安縣，仍併霍山縣入焉。」宋史卷八八地理志壽春府下作「開寶中廢霍山、盛唐二縣」。

〔四四〕州南八十里　馮校：「案通鑑卷二百六十一注云：安豐，唐屬壽州，九域志在州東南六十餘里；唐之壽州治壽春縣，周徙下蔡，故宋朝安豐在壽州東南。以上胡氏所云，蓋胡氏多據唐時州治約九域志言之，其與本志之據徙治後里計者正自不同。故備識於此，其餘亦可例知矣。」今按：唐安豐縣自在壽州所治壽春縣西南而非東南，胡氏所言有誤，馮氏於此所釋未確。

〔四五〕州西南一百二十七里　「西南」，底本作「東」。太平寰宇記卷一二九壽州霍丘縣：「西南一百二十里。」宋壽州治下蔡，即今鳳臺縣，霍丘即今霍丘縣，正在鳳臺縣西南，此「東」乃「西南」之誤，今據改。

〔四六〕開順　宋會要食貨一六之五、一九之一二俱作「開順口」。

〔四七〕五　馮注：「浙本作『七』。」

〔四八〕竹里故郡東曹大澗清水沛城節袁團七鎮　「七」，底本作「六」。此明是七鎮，「六」當是「七」字之誤，今據改。

〔四九〕五　馮注：「浙本作『三』。」

〔五〇〕西至本州界一百一十一里自界首至黃州九十里　資治通鑑卷二九三注引九域志：「蘄州西至黃州二百一十里。」

〔五一〕二　馮注：「浙本作『三』。」

〔五二〕一　馮注：「浙本作『二』。」

〔五三〕六　馮注：「江浙本俱作『七』。」今按：吳本、周本亦作「七」。

〔五四〕四流山　「四」，馮注：「江本作『回』。」今按：影宋鈔本、吳本、盧本、周本俱作「四」，太平寰宇記卷一二七蘄州蘄春縣下同，江本誤。

〔五五〕馬嶺　「嶺」，馮注：「浙本作『諸』。」今按：影宋鈔本、吳本、盧本、周本俱作「嶺」，宋會要食貨一六之五、一六之一二同，浙本誤。

〔五六〕王祺　「祺」，馮注：「浙本作『貞』。」今按：影宋鈔本、吳本、盧本、周本俱作「祺」，宋會要食貨一六之五、一九之一二同，浙本誤。

〔五七〕蘭溪水　「水」，底本作「山」。太平寰宇記卷一二七蘄州蘄水縣：「蘭溪水源出箬竹山，其側多蘭，唐武德初縣，指此爲名。」輿地紀勝卷四七蘄州、文獻通考卷三一八輿地考蘄州蘄水縣下俱書蘭溪水。則此「山」乃「水」字之誤，今據改。

〔五八〕五　馮注：「浙本作『三』。」

〔五九〕二十　馮注：「十」下「浙本有『五』字」。今按：吴本亦有「五」字。

〔六〇〕紵　賓退録卷一〇引元豐九域志土貢作「紵布」，太平寰宇記卷一二四、宋史卷八八地理志和州下亦作「紵布」。

〔六一〕練　馮注：「江浙本俱作『練』。」今按：影宋鈔本、盧本、周本俱作「練」，賓退録卷一〇引元豐九域志土貢同，江浙本誤。

〔六二〕白朮一十兩　「一」，馮注：「江浙本俱作『二』。」今按：影宋鈔本、吴本、盧本、周本俱作「一」，賓退録卷一〇引元豐九域志土貢同，江浙本誤。

〔六三〕羅豆　「豆」，影宋鈔本作「巨」，清嘉慶重修一統志卷一一〇安慶府石潭鎮下引九域志亦作「巨」。

〔六四〕鷲山　「鷲」，馮注：「江本作『龍鳥』。」今按：影宋鈔本、吴本、盧本、周本俱作「鷲」，宋會要食貨一九之一二同，江本誤。

〔六五〕一十　馮注：「十」下「江本有『五』字」。

〔六六〕二　馮注：「浙本作『三』。」今按：影宋鈔本、吴本、盧本、周本俱作「二」，疑浙本誤。

〔六七〕二　馮注：「江浙本俱作『五』。」今按：吴本亦作「五」。

〔六八〕東京一千九百里　底本無「百」字，盧本作「東京一千九百里」，太平寰宇記卷一三一黄州下同，此「百」字脱，今據補。

〔六九〕三　馮注：「浙本作『二』。」今按：影宋鈔本、吴本、盧本、周本俱作「三」，疑浙本誤。

〔七〇〕二　馮注：「江浙本俱作『三』。」今按：吴本亦作「三」。

〔七一〕穇潭　「潭」，馮注：「江本作『澤』。」今按：影宋鈔本、盧本俱作「潭」，宋會要食貨一六之六同，江本誤。

〔七二〕金牛　「牛」，馮注：「江本作『斗』。」今按：影宋鈔本、吴本、盧本、周本俱作「牛」，清嘉慶重修一統志卷一二三盧州府金牛鎮下引九域志同，江本誤。

〔七三〕清野　「清」，馮注：「江本作『靖』。」今按：影宋鈔本、吴本、盧本、周本俱作「清」，清嘉慶重修一統志盧州府金牛鎮下引九域志同，江本誤。

〔七四〕一　馮注：「浙本作『二』。」今按：咸淳臨安志卷一七疆域引元豐九域志亦作「二」。疑此處有誤。

〔七五〕東北至本州界一百一十六里自界首至秀州一十里　本志秀州下載：「西南至本州界四十五里，自界首至杭州一百里。」又乾道臨安志卷二：「東北至秀州界九十三里，自界首至本州九十里。」疑此處有誤。

〔七六〕二　底本作「一」。馮注：「江浙本俱作『二』。」今按：乾道臨安志卷二、咸淳臨安志卷五八風土引元豐九域志亦作「二」。此「一」爲「二」字之誤，據改。

〔七七〕四年改錢江縣爲仁和　馮校：「案通鑑卷二百六十七有義和臨平鎮，注云：案仁和縣本錢塘（當作『江』，下同）縣，宋太平興國初改錢塘曰仁和，蓋亦先有義和地名，又避太宗藩邸舊名，改仁和也。據方輿紀要，則義和鎮在今嘉興府之石門縣。」今按：宋史卷八八地理志臨安府仁和縣：「梁錢江縣，太平興國四年改。」是仁和縣自與義和鎮無涉，胡氏混而爲一，殊誤。

〔七八〕州西北七十二里　「七十二」，馮注：「江本作『六十』，浙本作『七十』。」今按：吴本同浙本，周本同江本。又資治通鑑卷二五三注引九域志：「餘杭在州西北七十二里。」

〔七九〕保城　「城」，馮注：「江浙本俱作『成』。」今按：吴本亦作「成」。

〔八〇〕一鹽場　「鹽」，馮注：「浙本作『監』。」今按：宋史卷八八地理志臨安府昌化縣：「有紫溪鹽場。」浙本誤。

〔八一〕九　馮注：「浙本作『五』。」今按：吴本亦作「五」。

〔八二〕一　馮注：「浙本作『二』。」

〔八三〕一　馮注：「江浙本俱作『二』。」

〔八四〕三　馮注：「江本作『八』。」

〔八五〕七　馮注：「江浙本俱作『五』。」

〔八六〕越綾二十匹　馮注：「『越』，浙本作『杭』；『二』，江本作『一』。」今按：影宋鈔本、盧本、周本俱作「越綾二十匹」，賓退録卷一〇引元豐九域志土貢同，江浙本誤。

〔八七〕紙一千張　「千」，底本作「十」。吴本作「千」，賓退録卷一〇引元豐九域志土貢亦作「千」。此「十」爲「千」字之誤，今據改。

〔八八〕秦望山　馮校：「錢本『秦』作『泰』。集梧案水經注漸江水篇：會稽有秦望山，在州城正南，爲衆峯之傑，史記云秦始皇登之以望南海。古所習聞，乃誤刊爲『泰』耳。」

〔八九〕蓮河　盧本「河」下有「湖」字。

〔九〇〕二　馮注：「浙本作『一』。」今按：影宋鈔本、吴本、盧本、周本俱作「二」，輿地紀勝卷一〇紹興府諸暨縣下同，浙本誤。

〔九一〕二　馮注：「江浙本俱作『一』。」今按：資治通鑑卷二五〇注引九域志亦作「二」。

〔九二〕望蘇州　馮注：「江浙本俱作『平江府』。」今按：影宋鈔本、盧本俱作「望，蘇州」；周本亦作「蘇州」，惟無「望」字。宋史卷八八地理志以平江府爲「望」，而謂「本蘇州，政和三年升爲府」。本志以元豐爲準，則應作「望，蘇州」。

〔九三〕後唐中吴軍節度　「後唐」，底本作「僞唐」。馮校：「五代史記職方考蘇州屬吴越，不屬南唐。舊五代史唐紀同光二年有知蘇州中吴軍州事錢元璙。此『僞』字當是『後』字之誤。又元柳貫跋吴越國富韜等中吴軍長洲令墨制曰：蘇于三吴爲中，豈當時嘗升軍額而地志遺之歟。知柳氏所考容有未悉也。」今按：宋會要方域五之四正作「蘇州，後唐中吳軍節度」；輿地紀勝卷五平江府引九域志同。吳郡志卷一又云：「唐同光二年升蘇州爲中吳軍。」馮説是，據改。

〔九四〕三十二 馮注：「江浙本俱作『二十一』。」今按：吳本、周本作「三十一」。

〔九五〕二 馮注：「浙本作『一』。」

〔九六〕葛二十四 「葛」，賓退録卷一〇引元豐九域志土貢作「葛布」。

〔九七〕望潤州 馮注：「江浙本俱作『中鎮江府』。」今按：影宋鈔本、吳本、盧本、周本俱作「望，潤州」；宋史卷八八地理志以鎮江府爲「望」，而謂「本潤州，政和三年升爲府」。本志以元豐爲準，則應作「望，潤州」。

〔九八〕七 馮注：「江本作『十』。」

〔九九〕八 馮注：「江本作『七』。」

〔一〇〇〕三 馮注：「浙本作『一』。」

〔一〇一〕二 馮注：「浙本作『三』。」

〔一〇二〕九 馮注：「江浙本俱無此字。」今按：吳本、周本亦無此字。

〔一〇三〕白紵二十四 「白紵」，賓退録卷一〇引元豐九域志土貢作「白紵布」。

〔一〇四〕揚子湖 「揚」，盧本作「楊」，文獻通考卷三一八輿地考湖州安吉縣下同；嘉泰吳興志卷五：「楊子湖在安吉縣北二十八里。」

〔一〇五〕龍山　太平寰宇記卷九四湖州長興縣：「九龍山在縣西百二十里，一名郭山，一名章山。山墟名云：九龍山，其山有九隴，悉成龍形，山頂有古石城，城西北角有石竇，因名。」嘉泰吴興志卷四亦作「九龍山」。

〔一〇六〕五　馮注：「江浙本俱作『一』。」

〔一〇七〕三　馮注：「江本作『九』。」

〔一〇八〕雲黃山　「雲」，底本作「靈」。馮校：「案水經注漸江水篇：『穀水又東逕烏傷縣之雲黃山』；太平寰宇記義烏縣：『雲黃山在縣南三十五里』；方輿紀要：『雲黃山在縣南二十五里，亦曰雲橫山，一曰松山』。此『靈』字誤，輿地廣記同。」今按：馮説是，據改「靈」爲「雲」；又「黃」，影宋鈔本作「橫」。

〔一〇九〕二　馮注：「浙本無此字。」

〔一一〇〕二　馮注：「浙本作『三』。」今按：影宋鈔本、吴本、盧本、周本俱作「二」，疑浙本誤。

〔一一一〕百　馮注：「浙本作『十一』。」今按：影宋鈔本、吴本、盧本、周本俱作「百」，寶慶四明志卷一同，浙本誤。

〔一一二〕一　馮注：「浙本作『二』。」今按：影宋鈔本、吴本、盧本、周本俱作「一」，疑浙本誤。

〔一一三〕三　馮注：「浙本作『二』。」今按：影宋鈔本、吴本、盧本、周本俱作「三」，寶慶四明志卷一象山縣下同，浙本誤。

〔一四〕一千　「一」，馮注：「江本作『二』。」今按：影宋鈔本、吳本、盧本、周本俱作「一」。太平寰宇記卷九二常州：「西北至東京一千五百六十里。」江本誤。

〔一五〕六　馮注：「浙本作『七』。」今按：影宋鈔本、吳本、盧本、周本俱作「六」，疑浙本誤。

〔一六〕東至本州界一百三十五里自界首至蘇州四十五里　「一」，馮注：「浙本作『二』。」今按：影宋鈔本、吳本、盧本、周本俱作「一」。本志上文蘇州：「西至本州界一百三十二里，自界首至常州四十八里。」浙本誤。

〔一七〕八　馮注：「浙本作『六』。」

〔一八〕一　馮注：「浙本作『二』。」今按：影宋鈔本、吳本、盧本、周本俱作「一」，疑浙本誤。

〔一九〕西北至本州界五十里自界首至潤州一百三十里　資治通鑑卷二九三注引九域志：「常州西北至潤州一百七十一里。」

〔二〇〕百　馮注：「江本作『千』。」

〔二一〕二　馮注：「江浙本俱作『三』。」今按：吳本、周本亦作「三」。

〔二二〕白紵一十匹　「白紵」，賓退録卷一〇引元豐九域志土貢作「白紵布」。

〔二三〕二　馮注：「浙本作『三』。」

〔二四〕慧山　周本作「惠山」。

〔二五〕一　馮注：「浙本作『二』。」

〔二六〕湖洑　宋會要食貨一二之一六同，一九之一三又作「湖汊」。清嘉慶重修一統志卷八七常州府引九域志亦作「湖汊」。

〔二七〕利城茶林石橘三鎮　馮注：「浙本無『石橘』字，『三』作『二』。」今按：影宋鈔本、吴本、盧本、周本俱有「石橘」字，作「三」。繆荃孫藝風藏書記卷三記元豐九域志舊鈔本「石橘」作「石橋」。清嘉慶重修一統志卷八七常州府石橋寨：「在江陰縣東四十里。劉恕十國紀年，宋伐南唐，吴越亦取其江陰石橋寨。今有石橋鎮。」則作「橘」者蓋誤，浙本亦誤。

〔二八〕二　馮注：「浙本作『三』。」

〔二九〕三　馮注：「浙本作『二』。」

〔三〇〕東南至本州界三百二十里自界首至福州三百四十里　馮注：「『二十』，浙本作『三十』；『三百』，浙本作『五百』。」馮校：「案通鑑卷二百六十五注引志文作温州東南福州界一百二十里，自界首至福州五百二十里。」

〔三一〕五十　吴本作「三十」。

〔三二〕二　馮注：「浙本作『三』。」

〔三三〕栬槽　馮注：「江浙本俱作『欐櫓』。」今按：影宋鈔本、吴本、盧本、周本俱作「栬槽」。讀史方輿紀要卷九四、清嘉慶重修一統志卷三〇四温州府均載有舥艚寨在平陽縣東南，即此。江浙本誤。

〔一三四〕上台州臨海郡軍事　馮校：「案通鑑卷二百七十有吳昌化節度使、威武節度使。注云：今台州有魯洵作杜雄墓碑，云唐僖宗光啟三年升台州爲德化軍。洵爲雄吏，時德化軍判官者也。又嘉定中黃巖縣永寧江有泅于水者，拾一銅印，其文曰『台州德化軍行營朱記』。宋太祖乾德元年錢昱以德化軍節度使、本路安撫使兼知台州。台州小郡猶置節度，其他州郡可從知矣。吳之昌化、威武，蓋亦置之境内屬城，但不可得而考其地耳。」

〔一三五〕二　馮注：「浙本作『一』。」

〔一三六〕一　馮注：「浙本作『二』。」

〔一三七〕二　馮注：「江浙本俱作『三』。」

〔一三八〕嶠嶺于浦新安青額鹽監五鎮　馮校：「錢本『嶠』作『嬌』，『額』作『頡』。」

〔一三九〕黃巖　輿地廣記卷二三、輿地紀勝卷一二、文獻通考卷三一八輿地考台州黃巖縣下俱作「黃巖山」。

〔一四〇〕靈溪　「靈」，底本作「雲」。馮校：「案方輿紀要：靈溪在縣東二十里，舊有靈溪公館。考孫綽遊天台山賦：『過靈溪而一濯。』李善注：『靈溪，溪名也。』『雲』字誤。」今按：馮說是，據改。

〔一四一〕東至本州界一百九十里自界首至台州二百五里　「二百」，馮注：浙本作「一百」。今按：影宋鈔本、吳本、盧本、周本俱作「二百」。太平寰宇記卷九九處州：「東至台州四百里。」浙本誤。

〔一四二〕三　馮注：「浙本作『二』。」

〔一四三〕三　馮注：「浙本作『二』。」

〔一四四〕北至本州界一百三十里自界首至婺州一百二十里　馮注：「二百三十」，江浙本俱作「一百五十」；「一百二十」，浙本作「二百二十」。今按：影宋鈔本、吳本、盧本、周本俱同底本。太平寰宇記卷九九處州：「北至婺州二百五十里。」江浙本誤。

〔一四五〕六十三　馮注：江浙本俱作「八十七」。今按：吳本、周本亦作「八十七」。

〔一四六〕客六萬八千九百九十五　馮注：「八千」，江浙本俱作「九千」；「九十五」，江浙本俱作「二十」。今按：周本同江浙本，吳本作「客六萬九千九百二十」。

〔一四七〕州西南三百五十五里　馮注：「江浙本俱無『三百』字，『五』作『三』。」又馮校：「錢本『五十』下無『五』字。」今按：影宋鈔本、吳本、盧本、周本俱作「州西南三百五十五里」，太平寰宇記卷九九處州龍泉縣下作「西三百五十里」。

〔一四八〕二　馮注：「浙本作『一』。」

〔一四九〕東北至本州界一百四十九里自界首至睦州一百三十五里　「一百三十五」，馮注：浙本作「四百二十五」。今按：影宋鈔本、吳本、盧本、周本俱作「一百三十五」。太平寰宇記卷九七衢州作「東北至睦州二百一十九里」，與底本所載相近。浙本誤。

〔一五〇〕縠水　馮校：「案元和郡縣志衢州盈川縣：『縠水江在縣東一里。』太平寰宇記龍游：『唐武德四年置縠州，八年廢縠州。』；常山縣下云：『縠江，輿地志：其水波瀨交錯，狀如羅縠之文，因以爲名』。太平御覽引輿地志語同，惟『瀨』作『瀾』。是其字宜作『縠』也。考水經注漸江篇有縠水，源出太末縣。唐、宋之衢州，卽太末縣地。舊新唐書地理志俱作『縠州』，文獻通考常山下亦有縠江，方輿紀要曰縠州、曰縠溪、曰縠坡、曰縠水，凡十五見，則未知孰是也。」

〔一五二〕睦州　「睦」，馮注：「浙本作『嚴』。」又馮校：「案張淏雲谷雜編云：睦州，宣和中始改爲嚴州，今所刊元豐九域志乃徑易睦州爲嚴州，殊失本書之旨。據此，則張氏所見者正今之浙本，然今本標首稱新定九域志，其義故可兩存也。」今按：本志以元豐爲準，則自應作睦州爲是。

〔一五三〕六　馮注：「浙本作『五』。」

〔一五三〕六　馮注：「浙本作『八』。」

〔一五四〕白紵一十匹　馮注：「江浙本俱作『台苧一十四斤』。」今按：影宋鈔本、吴本、盧本、周本俱作「白紵一十匹」，賓退録卷一〇引元豐九域志土貢作「白紵布」一十匹，江浙本誤。

〔一五五〕七　吴本無此字。

〔一五六〕綾一十匹　「一」，馮注：「江浙本俱作『二』。」今按：影宋鈔本、吴本、盧本俱作「一」，賓退録卷一〇引元豐九域志土貢同，江浙本誤。

〔一五七〕一　馮注：「浙本作『二』。」今按：影宋鈔本、吴本、盧本俱作「一」，太平寰宇記卷九五秀州華亭縣下同，浙本誤。

〔一五八〕一十一鄉　底本作「一十鄉」。馮注：「『一十』，『浙本作『十一』。」今按：至元嘉禾志卷三引九域志：「海鹽，十有一鄉。」則此「一十」乃「十一」之誤，據改。

〔一五九〕沙要　盧本作「沙腰」，宋史卷八八地理志嘉興府海鹽縣下亦作「沙腰」。

九域志卷第六

江南路

東路　西路

荊湖路

南路　北路

江南路

太平興國元年分東、西路，後并一路。天禧二年〔一〕復分二路。

東路　府一，州七，軍二，縣四十八。

次府，江寧府，建康軍節度。唐昇州。僞唐改江寧府。皇朝開寶八年爲昇州，天禧二年，〔二〕爲江寧府，建康軍節度。治上元、江寧二縣。

地里。東京一千四〔三〕百四十五里。東至本府界一百四十里，自界首至潤州四十里。西至本府界一十里，自界首至和州八十三里。南至本府界二百四十里，自界首至宣州一百二十里。北至本府界四十九里，自界首至真州一百一十里。東南至本府界二百八十五里，自界首至常州一百八十五里。西南至本府界九十里，自界首至太平州三十里。東北至本府界一百三十五里，自界首至潤州四十五里。西北至本府界二十二里，自界首至真州一百二十七〔四〕里。

户。主一十一萬八千五百九十七，〔五〕客四萬九千八百六十五。

土貢。筆五百管。

縣五。開寶八年以蕪湖、繁昌、廣德三縣隸宣州，以青陽、銅陵二縣隸池州。

次赤，上元。二〔六〕十一〔七〕鄉。淳化、土橋、湖熟、石步四鎮。有鍾山、雞籠山、大江、淮水、青溪。

次赤，江寧。二十一鄉。江寧、秣陵、金陵三鎮。有鳳臺山、慈姥山、大江、新林浦。

次畿，句容。府東九十里。一十七鄉。常寧、東陽、下蜀三鎮。有茅山、銅冶山、上容溪。

次畿，溧水。府東八十五里。一十七鄉。孔家岡、高淳、固城三鎮。有中山、淮水、丹陽湖。

次畿，溧陽。府東南二百四十里。一十〔八〕鄉。舉善、社渚二鎮。有平陵山、溧水。

望，宣州，宣城郡，寧國軍節度。治宣城縣。

地里。東京一千七百里。東至本州界六十五里，自界首至廣德軍一百一十五里。西至本州界二百一十一里，自界首至池州一百四十九里。南至本州界二百六十八里，自界首至歙州一百里。北至本州界一百五里，自界首至太平州七十五里。東南至本州界一百一十里，自界首至杭州二百八十里。西南至本州界一百八十里，自界首至池州一百五十里。東北至本州界二百二十四里，自界首至太平州七十五里。西北至本州界二百一十一里，自界首至池州六十里。

户。主一十二萬九百五十九，客二萬一千八百五十三。

土貢。白紵布一十匹，黄連三十斤，筆五百管。

縣六。開寶八年以昇州廣德、蕪湖、繁昌三縣隸州。太平興國二年以蕪湖、繁昌二縣隸太平州，四年以廣德縣隸廣德軍。

望，宣城。一十三鄉。符裏窯、〔九〕水陽、城子務三鎮。有昭亭山、稽亭山、句溪水、青弋水。

望，南陵。州西一百五里。八鄉。有利國山、漳淮水。

緊，涇。州西一百五里。一十一鄉。有陵陽山、蓋山、涇水。

緊，寧國。州南一百一十里。一十五鄉。杜遷一鎮。〔一〇〕有鵶山、〔一一〕五湖水。

緊，旌德。州西南二百四十五里。七鄉。□□□山。〔一二〕

中，太平。州西南二百四〔一三〕十里。九鄉。有□山、〔一四〕上下涇。

上，歙州，新安郡，軍事。治歙縣。

地里。東京二千一百七十里。東至本州界一百四十三里，自界首至杭州三百三十六里。西至本州界二百八十三里，自界首至池州二百一〔一五〕十三里。南至本州界一百六十四里，自界首至睦州二百六十〔一六〕里。北至本州界八十里，自界首至宣州〔一七〕三〔一八〕百三〔一九〕十六里。東南至本州界一百一十里，自界首至睦州二百六十里。西南至本州界三百九里，自界首至饒州四百八十六里。東北至本州界一百三里，自界首至宣州二百八十里。西北至本州界二〔二〇〕百八十五里，自界首至宣州一百五里。

户。主一十〔二一〕萬三千七〔二二〕百一十六，客二千八百六十八。

土貢。白紵一十匹，紙一千張。

縣六。

望，歙。一十六鄉。有黟山、靈山、新安江、揚之水、黄墩湖。

望，休寧。州西六十六里。一十一鄉。有白岳山、漸江。

望，祁門。州西一百七十九里。七鄉。有祁山、閶門灘。

望，婺源。州西南二百九里。六鄉。清化一鎮。有善山、婺水。

望，績溪。州東北六十六里。九鄉。有大鄣山、臨溪。

緊，黟。州西一百五十三里。四鄉。有林歷山、吉陽水。

上，江州，尋陽郡，軍事。僞唐奉化軍節度。皇朝開寶八年降軍事。治德化縣。

地里。東京一千八百里。〔二三〕東至本州界二百一〔二四〕十里，自界首至饒州九十里。西至本州界一百五十里，自界首至興國軍一〔三五〕百五十里。南至本州界九十里，自界首至南康軍三十里。北至本州界二十五里，自界首至蘄州二百七十五里。東南至本州界三十里，自界首至南康軍六十里。西南至本州界一百〔三六〕四十五里，自界首至洪州一百五十五里。東北至本州界二百七十五里，自界首至池州二百五里。西北至本州界二十里，自界首至蘄州二〔三七〕百七十五里。

户。主七萬五千八百八十八，客一萬九千四百九十六。

土貢。生石斛、雲母各一十斤。

縣五。太平興國三年以星子鎮置縣，以東流縣隸池州，七年以星子、都昌二縣隸南康軍。

望，德化。一十三鄉。楚城、丁田、馬頭〔三八〕三鎮。有廬山、柴桑山、九江、巢湖、彭蠡湖。

緊，德安。州西南九十里。四鄉。德安一鎮。有傅陽山、敷淺水。

中，瑞昌。州西一百二十里。八鄉。有王喬山、清虚玉華洞。

中，湖口。州東北六十里。四鄉。有大孤山、大江。

中，彭澤。州東二百一十里。八鄉。有馬當山、大江。

監一。咸平三年置，鑄銅錢。

廣寧。州南一百二十步。

上，池州，池陽郡，軍事。〔三九〕治貴池縣。

地里。東京二千一百里。東至本州界一百五十里，自界首至宣州一百七十五里。西至本州界三百六十里，自界首至江州一百六十里。南至本州界二百八十里，自界首至歙州二〔三〇〕百五里。北至本州界三十里，自界首至舒州三百二〔三一〕十里。東南至本州界二百二十里，自界首至宣州三百里。西南至本州界三百八十里，自界首至饒州一百九十里。東北至本州界一百七十里，自界首至宣州一百六十五里。西北至本州界四十里，自界首至舒州〔三二〕三百二十里。

户。主一十萬六千六百五十七，客二萬四千七百八。

土貢。紙一千張。

縣六。開寶八年以昇州青陽、銅陵二縣，太平興國三年以江州東流縣，並隸州。

望，貴池。七鄉。池口、青溪、靈芝、秀山四鎮。有烏石山、魚磯山、大江、貴池。

上，青陽。州東南一百里。九鄉。有九華山、青山、〔三三〕五溪。

上，銅陵。州東北一百四十里。五鄉。大通、順安二鎮。有梅根山、利國山、天門水。

上，建德。州西二百四十里。四鄉。有石門山、〔三四〕蘭溪。

上，石埭。州東南二百里。五鄉。留口一鎮。

中下，東流。州西南〔三五〕二百三十里。四鄉。趙屯一鎮。有歷山、大江。

監一。至道二年置，鑄銅錢。

永豐。州東北二里。

上，饒州，鄱陽郡，軍事。治鄱陽縣。

地里。東京二千四百二〔三六〕十里。東至本州界三百九十里，自界首至歙州三百九里。西至本州界一百七十里，自界首至洪州五百六十八里。南至本州界二百六十一里，自界首至撫州一百六十三里。北至本州界一百九十里，自界首至池州三百八十里。東南至本州界二百九十里，自界首至信州三百五十里。〔三七〕西南至本州界一百六十里，自界首至洪州二百一十里。東北至本州界三百八十里，自界首至歙州三百八十里。西北至本州界一百五十七里，自界首至南康軍二百二十二里。

户。主一十五〔三八〕萬三千六百五，客三萬四千五百九十。

土貢。麩金一十兩，簟一十領。

縣六。開寶八年以餘干縣地置安仁場，端拱元年升爲縣。

望，鄱陽。二十鄉。石頭一鎮。有鄱陽山、鄱江。

望，餘干。州東南一百六十里。六鄉。有餘干山、餘干水、族亭湖。

望，浮梁。州東北二百五十里。七鄉。景德一鎮。有石藏山、新昌水。

望，樂平。州東一百八十里。一十二鄉。有樂平山、樂安江。

緊，德興。州東二〔三九〕百四十里。六鄉。市銀院一、銀場一、金場一、銅場一。有銀山、洎溪。

中，安仁。州南二百里。五鄉。有安仁港。

監一。僞唐置，〔四〇〕鑄銅錢。皇朝因之。

永平。州東四里。

上，信州，上饒郡，軍事。治上饒縣。

地里。東京三千四百里。東至本州界一百七十里，自界首至衢州一百一十里。西至本州界三百七十里，自界首至饒州三百七十里。南至本州界二百六十里，自界首至建州二百八十里。北至本州界一百二十里，自界首至饒州一百八十里。東南至本州界一百六十里，自界首至衢州二百五里。西南至本州界一百一十五里，自界首至建州四百里。東北至本州界二百五十里，自界首至衢州八十里。西北至本州界二〔四一〕百五十里，自界首至饒州二百九十里。

户。主一十萬九千四百一十，客二〔四二〕萬三〔四三〕千二百七。

土貢。葛粉一十斤，白蜜三十斤，水精器一十事。

縣六。開寶八年以鉛山縣直隸京，後復隸州。淳化五年以弋陽縣寶豐鎮置縣，景祐二年省，康定元年復置，慶曆三年復爲鎮。熙寧七年以上饒縣永豐鎮置縣。

望，上饒。一十三鄉。丁溪〔四四〕一銀、銅場〔四五〕。有銅山、上饒江。

望，玉山。州東九十里。九鄉。有懷玉山、上干溪。

望，弋陽。州西一百二十里。九鄉。寶豐一鎮。寶豐一銀場。有軍陽山、弋溪。

望，貴溪。州西一百九十里。八鄉。黄金一銀場。有龍虎山、貴水。

中，鉛山。州南八十里。七〔四六〕鄉。汭口一鎮。鉛山一銀場。有鉛山、桐源水。

中，永豐。州東南五十里。六鄉。有永豐山、永豐溪。

上，太平州，軍事。僞唐雄遠軍。皇朝開寶八年改平南軍，太平興國二年升爲州。治當塗縣。

地里。東京一千七百里。東至本州界一百一十二里，自界首至江寧府八十五里。西至本州界三十一里，自界首至和州二十里。南至本州界七十里，自界首至宣州一百二十三里。北至本州界五十里，自界首至江寧府七十五里。東南至本州界一百五十里，自界首至宣州一百二十里。西南至本州界二百二十五里，自界首至池州一百八十五里。東北至本州界七十里，自界首至江寧府一百六里。西北至本州界三十八里，自界首至和州二十六里。

户。主四萬一千七百二十，客九千二百七十七。

土貢。紗一十匹。

縣三。太平興國二年以宣州蕪湖、繁昌二縣隸州。

上，當塗。一十四鄉。采石、慈湖、黄池、青游、丹陽、薛店六鎮。有牛渚山、青山、丹陽湖、慈湖。

中，蕪湖。州西南六十五里。五鄉。有尺鑄山、蕪湖。

中，繁昌。州西南一百六十五里。五鄉。荻港、上襄橋、下襄橋、黄火、楊家會五鎮。有靈山、隱静山、〔四七〕大江。

同下州，南康軍。太平興國七年以江州星子縣置軍。治星子縣。

地里。東京一千八百九十里。東至本軍界一百五十里，自界首至饒州一百五十七里。西至本軍界四十〔四八〕里，自界首至江州八十五里。南至本軍界一百九十里，自界首至洪州八十七里。北至本軍界四十五里，自界首至江州四十五里。東南至本軍界一百三十里，自界首至饒州一百六十五里。西南至本軍界六十里，自界首至江州三十里。東北至本軍界四十里，自界首至江州一百四十里。西北至本軍界四十里，自界首至江州八十里。

户。主五萬五千五百二十七，客一萬四千九百六十九。

土貢。茶芽一十斤。

縣三。太平興國七年以江州都昌、洪州建昌二縣隸州。

上，星子。五鄉。龍溪一鎮。有廬山、大江、彭蠡湖。

望，建昌。州西南一百二十里。一十六鄉。河湖、炭婦、娉婷、桐城、太平五鎮。有羨門山、脩江。

上，都昌。軍東七十五里。一十一鄉。有石鍾山、〔四九〕釣磯山、大江。

同下州，廣德軍。太平興國四年以宣州廣德縣置軍。治廣德縣。

地里。東京一千九百二十里。東至本軍界三十里，自界首至湖州一百七十里。西至本軍界九十里，自界首至宣州七十里。〔五〇〕南至本軍界八十里，自界首至宣州一百四十五里。北至本軍界八十里，自界首至江寧府二百八十里。東南至本軍界八十五里，自界首至湖州一百八十五里。西南至本軍界一百二十里，自界首至宣州一百五十五里。東北至本軍界七十里，自界首至常州二百五〔五二〕十五里。西北至本軍界一百一十里，自界首至江寧府二百五十里。

户。主四萬一百四十六，客二百五〔五三〕十三。

土貢。茶芽一十斤。

縣二。端拱元年以廣德縣郎步鎮置建平縣。

望，廣德。九鄉。有桐源山、桐水。

望，建平。軍西北九十里。五鄉。梅渚一鎮。〔五三〕有伍牙山、南碕湖。〔五四〕

西路

州六，軍四，縣四十七。

都督，洪州，豫章郡，鎮南軍節度。治南昌、新建二縣。

地里。東京二千三百里。東至本州界五百六十八里，自界首至饒州一百九十里。西至潭州山七百八十里。南至本州界五百二十里，自界首至吉州二百一十里。北至本州界三百四里，自界首至江州二百二十八里。東南至本州界八十二里，自界首至撫州一百二十七里。西南至本州界二百八十五里，自界首至袁州一百五十里。東北至本州界二百七十里，自界首至饒州一百七十里。西北至本州界一百八十九里，自界首至南康軍一百八十里。

户。主一十八萬七百六十，客七萬五千四百七十四。

土貢。葛三十匹。

縣七。太平興國六年析南昌縣地置新建縣，七年以建昌縣隸南康軍。

望，南昌。一十六鄉。土坊、進賢、新義、閏安四鎮。有南昌山、武陽水、宮亭湖。

望，新建。一十六鄉。大安、新城、樵舍、大通、西嶺、松湖六鎮。有西山、章水。

望，奉新。州西一百五十里。一十鄉。有華林山、大雄山、華林水。

望，豐城。州南一百五十五〔五五〕里。一十八鄉。港口、河湖、曲江、赤江四鎮。有始豐山、豐水。

望，分寧。州西六百里。八鄉。查田一鎮。〔五六〕有旌陽山、脩水、瀑布水。

緊，武寧。州北三百六十里。八鄉。有幕阜山、東津水。

中，靖安。州西北一百六十里。五鄉。有藥王山。

上，虔州，南康郡，昭信軍節度。治贛縣。

地里。東京三千五百里。東至本州界四百〔五七〕四十里，自界首至汀州八十里。西至本州界三十里，自界首至南安軍二百一十里。南至本州界八十里，自界首至韶州三百二十里。北至本州界二〔五八〕百五十里，自界首至吉州二百八十四里。東南至本州界八十里，自界首至汀州七百里。西南至本州界二〔五九〕百三十里，自界首至南安軍一十里。東北至本州界八百二十里，自界首至梅州四百七十六里。西北至本州界二百一十里，自界首至吉州三百六十里。

戶。主八萬一千六百二十一，客一萬六千五百九。

土貢。白紵二十匹。

縣一十。太平興國八年以贛縣險江鎮〔六〇〕置興國縣，雩都縣九洲鎮置會昌縣。淳化元年以大庾、南康、上猶三縣隸南安軍。

望，贛。六鄉。平固、七里、楊梅、合流四鎮。蛤湖一銀場。有崆山、〔六一〕玉房山、章水、貢水。

望，虔化。州東北五百三十五里。六鄉。寶積一鉛場。有石鼓山、虔化水。

望，興國。州東二百四十里。六鄉。有覆笥山、平江。

望，信豐。州南一百九十五里。五鄉。有廩山、蓼水。

望，雩都。州東南一百七十一里。〔六二〕六鄉。一銀場、天井一錫場。有雩山、盤固山、雩水。

望，會昌。州東四百里。五鄉。拔溪〔六三〕一錫場。有君山、滎陽水。

望，瑞金。州東南〔六四〕三百里。四鄉。九龍〔六五〕一〔六六〕銀、銅場。有銅鉢山、錦江。

緊，石城。州東七百里。二鄉。

上，安遠。州東南七百里。四鄉。有欣山、安遠水。

中，龍南。州南四百五十里。六鄉。有聶都山、渥水。

上，吉州，廬陵郡，軍事。治廬陵縣。

地里。東京二千八百四十三里。東至本州界二百一十里，自界首至撫州二百一十里。西至本州界四百二十里，自界首至潭州三百六十里。南至本州界二百八十里，自界首至虔州二百五十里。北至本州界一百四十里，自界首至臨江軍二〔六七〕百二十里。東南至本州界四百四十一里，自界首至虔州二〔六八〕百一十里。西南至本州界二百四十三里，自界首至衡州三百里。東北至本州界一〔六九〕百一十二里，自界首至撫州二百四十四里。西北至本州界一百九十四〔七〇〕里，自界首至袁州九十五里。

户。主一十三萬七百六十七，客十四萬二千六百三十。

土貢。葛一十匹，紵布一十匹。

縣八。太平興國九年以古吉陽縣地置吉水縣。淳化三年以新淦縣隸臨江軍。至和元年以吉水縣報恩鎮置永豐縣。熙寧四年以龍泉縣萬安鎮置萬安縣。

望，廬陵。九鄉。永和一鎮。有玉笥山、贛水。

望，吉水。州東北四十里。六鄉。有仁山、吉水。

望，安福。州西一百四〔七一〕十里。一十三鄉。時礱一鎮。〔七二〕有蹲山、大泉。

望，太和。州南八十里。六鄉。有贛石山、遂興水。

望，龍泉。州西南二百一十里。五鄉。有石含山、龍泉江。

望，永新。州西南二百二十里。一十三鄉。沙市、〔七三〕栗傳〔七四〕二鎮。有永新山、勝業水。

望，永豐。州東一百四十里。五鄉。沙溪、彰化二鎮。有雲蓋山、報恩江。

望，萬安。州南一百八十里。三鄉。有雲頭山、雲洲。

上，袁州，宜春郡，軍事。治宜春縣。

地里。東京二千七百里。東至本州界一百里，自界首至臨江軍一百七十里。西至本州界二百四十九里，自界首至潭州二〔七三〕百八十里。南至本州界九十五里，自界首至吉州二百二十里。北至本州界九十五里，自界首至筠州二百二十里。東南至本州界一百二十八里，自界首至吉州二百二十六里。西南至本州界三百三十里，自界首至潭州三百一十八里。東北至本州界二百三十里，自界首至洪州二百五十里。西北至本州界二百八十七里，自界首至潭州三百四十七里。

户。主七萬九千二百七，客五萬四百七十七。

土貢。白紵一十四。

縣四。開寶八年以筠州萬載縣隸州。雍熙元年析宜春縣地置分宜縣。淳化三年以新喻縣隸臨江軍。

望，宜春。一十二鄉。有袁山、仰山、袁江、宜春水。

望，分宜。州東八十里。一十鄉。貴山、石分二鎮。貴山一鐵務。有鍾山、昌山、昌江。

望，萍鄉。州西一百四十五里。七鄉。盧溪、〔七六〕宜風、上栗三鎮。有羅霄山、楊岐山。〔七七〕

緊，萬載。州北八十里。五鄉。獲村一鎮。〔七八〕有謝山、康樂水。〔七九〕

上，撫州，臨川郡，軍事。僞吴昭武軍節度。皇朝開寶四年〔八〇〕降軍事。治臨川縣。

地里。東京二千七百二十〔八一〕里。東至本州界二百六十里，自界首至饒州三百一十里。西至本州界二百一十八里，自界首至吉州三百七里。南至本州界八十九里，自界首至建昌軍五十五里。北至本州界三十四里，自界首至洪州九十三里。東南至本州界一百四十七里，自界首至建昌軍五十五里。西南至本州界二百四十四里，自界首至吉州二百一十二里。東北至本州界一百六十三里，自界首至饒州二百六十一里。西北至本州界八十三里，自界首至洪州一百五十七里。〔八二〕

户。主九萬三千九百一十五，客六萬一千九百二十一。

土貢。葛三十匹。

縣四。開寶三年以宜黄場升爲縣。〔八三〕淳化二年以南豐縣隸建昌軍，五年以金谿場升爲縣。

望，臨川。一十七鄉。界山、豐安、長林、清遠四鎮。有巽峯山、臨川水。

望，崇仁。州西南一百九里。□鄉。〔八四〕有崇仁山、寶唐水。

望，宜黄。州南一百五十里。三鄉。有宜黄水。

緊，金谿。州東一百二十里。七鄉。有靈秀山、金谿水。

上，筠州，軍事。治高安縣。

地里。東京二千四百里。東至本州界五十五里，自界首至洪州六十五里。西至本州界一百〔八五〕六十里，自界首至袁州一百二十里。南至本州界六十里，自界首至臨江軍四十里。北至本州界三十五里，自界首至洪州一百四十五里。東南至本州界四十里，自界首至洪州二百一〔八六〕十里。西南至本州界一百五十五里，自界首至袁州一百五里。

東北至本州界五十五里，自界首至洪州六十五里。西北至本州界六〔八七〕十里，自界首至洪州一百七十里。

户。主三〔八八〕萬六千一百三十四，客四萬三千四百五十七。

土貢。紵一十匹。

縣三。開寶八年以萬載縣隸袁州。太平興國三年〔八九〕以高安縣鹽步鎮置新昌縣。淳化三年以清江縣隸臨江軍。

望，高安。一十七鄉。有飛霞山、鍾口江。〔九〇〕

望，上高。州西南九十五里。一十四鄉。有八疊山、斜口水。

望，新昌。州西一百二十里。九鄉。有黄蘗山、大江。

同下州，興國軍。太平興國二年析鄂州永興縣置永興軍，三年改興國。治永興縣。

地里。東京一千七百里。東至本軍界九十五里，自界首至江州一百五十里。西至本軍界四百五十里，自界首至鄂州六百一〔九一〕十五里。南至本軍界一百九十里，自界首至江州一百五十里。北至本軍界一百二十里，自界首至鄂州二百八十五里。東南至本軍界一百二〔九二〕十里，自界首至江州一百五十里。西南至本軍界二百一十五里，自界首至洪州三百八十里。東北至本軍界一百里，自界首至蘄州六十里。西北至本軍界一百五十里，自界首至鄂州三百五十五里。

户。主四萬九百〔九三〕七十，客一萬二〔九四〕千八百九十〔九五〕。

土貢。紵一十匹。

縣三。太平興國二年以鄂州通山、大冶二縣隸軍。

望，永興。八鄉。富池、佛圖、澴步、磁口、〔九六〕鳳新、龍川、寶川、炭步、三溪九鎮。有閣閭山、大江。

緊，大冶。軍西八十八里。四鄉。磁湖、潼源二鎮。富民一錢監，一銅場，磁湖一鐵務。有白雉山、磁湖。

中，通山。軍西二百四十里。一鄉。有翠屏山、通羊水。

同下州，南安軍。淳化元年以虔州大庾縣置軍。治大庾縣。

地里。東京四千四十里。東至本軍界二百一十五里，自界首至虔州二十五里。西至本軍界一百八十里，自界首至韶州二百里。南至本軍界二十里，自界首至南雄州六十里。北至本軍界二百八十里，自界首至吉州二百七十里。東南至本軍界二百二十里，自界首至虔州二十五里。西南至本軍界四十五里，自界首至南雄州六十里。東北至本軍界二百五十〔九七〕里，自界首至吉州三百八十五里。西北至本軍界三百四十里，自界首至郴州四百五十里。

户。主三萬四千二〔九八〕十四，客一千七百七〔九九〕十五。

土貢。紵一十匹。

縣三。淳化元年以虔州南康、上猶二縣隸軍。

中，大庾。五鄉。硤頭一鎮。〔一〇〇〕有大庾山、良熱水。〔一〇一〕

望，南康。軍東北一百六十里。五鄉。南埜、章水二鎮。瑞陽一錫務。有君山、章水。

上，上猶。軍東北二百里。二鄉。山田一鐵務。有猶水。

同下州，臨江軍。淳化三年析筠州清江縣置軍。治清江縣。

地里。東京二千七百里。東至本軍界一百三十里，自界首至撫州一〔一〇二〕百四十五里。西至本軍界一百七十里，自界首至袁州二百二〔一〇三〕十里。南至本軍界二百二十里，自界首至袁州一百〔一〇四〕里。北至本軍界三十五里，自界首至筠州五十五里。東南至本軍界一百二十里，自界首至吉州一百八十里。西南至本軍界一百四十里，自界首至袁州二〔一〇五〕百四十里。東北至本軍界七十里，自界首至洪州一百五十里。西北至本軍界三十五里，自界首至筠州一百二〔一〇六〕十里。

户。主六萬八千二百八十六，客二萬一千一百一十一〔一〇七〕。

土貢。絹一十匹。

縣三。淳化三年以吉州新淦、袁州新喻二縣隸軍。

望，清江。五鄉。清江、永泰二鎮。有大江。

望，新淦。軍東南六十里。九鄉。有玉笥山、〔一〇八〕淦水。

望，新喻。軍西一百二十里。一十一鄉。萬安一鎮。有百丈山、渝水。

同下州，建昌軍。僞唐建武軍。皇朝太平興國四年改建昌。治南城縣。

地里。東京二千九百九十里。東至本軍界一百八十九里，自界首至邵武軍一百三十九里。西至本軍界五十里，自界首至撫州一百七十里。南至本軍界三百七十里，自界首至虔州五百一十里。北至本軍界六十里，自界首至撫州九十里。東南至本軍界二百里，自界首至邵武軍三百五十里。西南至本軍界三百七十里，自界首至虔州四百四十里。東北至本軍界一百二〔一〇九〕十里，自界首至饒州五百九十里。西北至本軍界五十里，自界首至撫州一百九十里。

户。主八萬九千五百八十二，客二萬五千六百二十六。

土貢。絹一十匹。

縣二。淳化二年以撫州南豐縣隸軍。

望，南城。一十鄉。有麻姑山、南城山、盱水。〔一一〇〕

望，南豐。軍東南一百二十里。六鄉。看都、馬茨湖、蒙池、〔一一一〕太平四銀場。有軍山、軍口水。

荆湖路

咸平二年分南、北路。

南路

州七，監一，縣三十四。

上，潭州，長沙郡，武安軍節度。唐武安軍節度。皇朝乾德元年降防禦，端拱元年復節度。治長沙縣。

地里。東京二千七百里。東至本州界二百五十〔一一二〕里，自界首至袁州二百五里。西至本州界二百一〔一一三〕十〔一一四〕里，自界首至鼎州二百里。南至本州界三〔一一五〕百七十里，自界首至衡州四十里。北至本州界二百五里，自界首至岳州八十五里。東南至本州界三〔一六〕百六十五〔一七〕里，自界首至郴州〔一八〕二百三十三里。西南至本州界二〔一九〕百九十八〔二〇〕里，自界首至邵州一百二十五里。東北至本州界一百八十五里，自界首至岳州一百里。〔二一〕西北至本州界二百一十七里，〔二二〕自界首至鼎州二百里。

户。主一〔二三〕十七萬五〔二四〕千六百六十，客一十八萬二千一百六十四。

土貢。葛三十匹，茶末一百斤。

縣一十一。乾德三年升常豐場〔二五〕爲縣，開寶中省入長沙縣。太平興國二年〔二六〕析長沙縣地置寧鄉縣。淳化四年以衡州衡山縣、岳州湘陰縣隸州。熙寧六年置安化縣。

望，長沙。一十二鄉。橋口一鎮。有嶽麓山、昭山、靳江、湘水、溈水。

望，衡山。州西南三百一〔二七〕十里。七鄉。黄簳一銀場。有衡山、湘水。

望，安化。州西三百二十里。八鄉。七星一鎮。有浮青山、資江。

緊，醴陵。州東一百八〔二八〕十里。五鄉。有王喬山、醴陵。

上，攸。州東南三百二十六里。五鄉。有雲陽山、攸水。

中，湘鄉。州西南一百五十五里。一十三鄉。有龍山、漣水。

中，湘潭。州南一百六十里。八鄉。有湘水、涓湖。

中，益陽。州西北一百八十二里。〔二九〕八鄉。弄溪一鎮。有浮丘山、益水。

中，瀏陽。州東北一百六十里。四〔一三〇〕鄉。永興一鎮。永興、焦溪二銀場。有負山、瀏陽水。

中，湘陰。州東北一百六十五里。〔一三一〕五鄉。有玉笥山、湘山、湘水、汨水。

中，寧鄉。州西二百里。五鄉。玉潭一鎮。〔一三二〕有大潙山、青陽山、潙水。

上，衡州，衡陽郡，軍事。治衡陽縣。

地里。東京二千七百一十里。東至本州界三百里，自界首至吉州二百四十三里。西至本州界一百三十里，自界首至邵州一百五十五里。南至本州界一百九十里，自界首至桂陽監九十里。北至本州界九十二里，自界首至潭州三百九十里。東南至本州界二百一十里，自界首至郴州二百二十里。西南至本州界七十五里，自界首至永州一百三十五里。東北至本州界一百八十五里，自界首至潭州三百五十四里。西北至本州界九十二里，自界首至潭州三百八十四里。

户。主七萬四千八十七，客一十萬五千九百六十三。

土貢。麩金三兩，犀角一株。

縣五。乾德三年以安仁場置縣，咸平五年析衡陽、衡山二縣地入焉。淳化四年以衡山縣隸潭州。

緊，衡陽。一十五鄉。寒溪、西渡、泉溪、白竹四鎮。熙寧一錢監。有岣嶁山、瀟湘水、蒸水。

中，茶陵。州東二百一十五里。七鄉。有雲陽山、茶水。

中，耒陽。州東南一百三十五里。七鄉。安陽、新城二鎮。有侯曇山、耒水。

中下，常寧。州南一百二〔一三三〕十里。三鄉。大瀉一鎮。茭源一銀場。有逍遥山、〔一三四〕湘水。

下，安仁。州東一百四十三里。三鄉。有小江水。

中，道州，江華郡，軍事。治營道縣。

地里。東京三千二百里，〔一三五〕東至本州界一百四十里，自界首至桂陽監一百二十里。西至本州界一百六十五里，自界首至昭州一百六十三里。〔一三六〕南至本州界一百九十五里，自界首至賀州一百一十里。北至本州界九十里，自界首至永州一百一十里。東南至本州界一百二十五里，自界首至桂陽監一百二十里。西南至本州界一百六十五里，自界首至昭州二百里。〔一三七〕東北至江六十里。西北至本州界六十五里，自界首至全州八十五里。

户。主二萬三千三十八，客一萬三千六百四十六。

土貢。白紵一十匹，零陵香一十斤。

縣三。建隆三年改宏道縣爲營道。乾德三年改延喜縣爲寧遠，仍省大歷縣入焉。熙寧五年省永明縣爲鎮入營道。

緊，營道。一十五鄉。永明一鎮。有營道山、營水。

緊，江華。州南九十里。八鄉。黄富一鐵場。有吴望山、沲水。

緊，寧遠。州東七十五里。一十二鄉。上下槽一銀場。有九疑山、泠道水。

中，永州，零陵郡，軍事。治零陵縣。

地里。東京三千五百里。東至本州界一百二十里，自界首至道州一百六十里。西至本州界一百六十五里，自界首至邵州一百三十里。南至本州界一百一十五里，自界首至道州一百五里。北至本州界一百三十五里，自界首至衡州七十五里。東南至本州界一百一十里，自界首至道州一百五里。西南至本州界一百一十五里，自界首至全州八十里。東北至本州界一百三十里，自界首至衡州二百五十四里。西北至本州界一百一十五里，自界首至邵州一百里。

户。主五萬八千六百二十五，客二萬八千五百七十六。

土貢。葛一十匹，石鷰二百〔一三八〕枚。

縣三。雍熙元年以零陵縣東安場置縣。

望，零陵。一十四鄉。有萬石山、瀟水、永水。

中，祁陽。州北一百里。一十四鄉。有石鷰山、湘水。

中，東安。州西南一百二十里。三鄉。東安一寨。有大小陽江。〔一三九〕

中，郴州，桂陽郡，軍事。治郴縣。

地里。東京三千五百里。東至本州界二百八十里，自界首至虔州三百八十里。西至本州界三十八里，自界首至桂陽監三十二里。南至本州界一百里，自界首至韶州〔一四〇〕三百二十里。北至本州界一百一十五里，自界首至衡州一百七十二里。東南至本州界二百八十里，自界首至虔州〔一四一〕三百八十里。西南至本州界二百八十五里，自界首至連州一百二十里。東北至本州界二百二十里，自界首至衡州六〔一四二〕十七里。西北至本州界一百五十七里，自界首至衡州一百三十里。

户。主二萬一千九百一十二，客一萬五千七十六〔一四三〕。

土貢。紵一十匹。

縣四。太平興國元年改郴義縣爲桂陽，義章縣爲宜章。景德元年以藍山縣隸桂陽監。熙寧六年改高亭縣爲永興。

緊，郴。八鄉。新塘、浦溪二銀坑。有靈壽山、郴水、渌醽水。

中，桂陽。州東二百里。八鄉。延壽一銀坑、一銅坑。有耒山、耒水。

中，宜章。州南八十五里。五鄉。一錫坑。〔一四四〕有嵐嶺山、章水。

中，永興。州北九十里。五鄉。有高亭山、安陵水。

中，邵州，邵陽郡，軍事。治邵陽縣。

地里。東京三千里。東至本州界一百五〔一四五〕里，自界首至潭州四百三十里。西至本州界四百八十五里，自界首至誠州六十里。〔一四六〕南至本州界九十五里，自界首至永州一百六十五里。北至本州界三百五十里，自界首至辰州三百里。東南至本州界一百五十五里，自界首至衡州一百里。西南至本州界九十五里，自界首至全州二百三十九里。東北至本州界二百七十五里，自界首至潭州三百八十里。西北至本州界二百〔一四七〕三十五里，自界首至辰州四百二十里。

户。主六萬一千八百四十一，客三萬五千三百九十三。

土貢。銀一十兩，犀角一株。

縣四。熙寧五年收復梅山，以其地置新化縣。元豐四年以溪洞徽州爲蒔竹縣，隸州。

望，邵陽。一十一鄉。谷周驛一鎮。有文斤山、〔一四八〕邵水。

望，新化。州東北〔一四九〕二百三十五里。六鄉。白沙一鎮。惜溪、柘溪、暮溪、〔一五〇〕深溪、雲溪五寨。有長龍山、資水。

中，武岡。州西二百七十里。九鄉。山塘、關硤、〔一五一〕武陽、城步四寨。有唐糾山、資水。

下，蒔竹。州西四百二十五里。上里寨、〔一五二〕波風、香平三堡。有九龍山、蒔竹水。

下，全州，軍事。治清湘縣。

地里。東京三千一百九十二里。東至本州界四十九里，自界首至永州八十五里。西至本州界九十二里，自界首至桂州一百六十九里。南至本州界一百七十里，自界首至昭州八十里。北至本州界八十七里，自界首至邵州四百三十三里。東南至本州界五十里，自界首至道州九十里。西南至本州界四十五里，自界首至桂州九十八里。東北至本州界八十里，自界首至永州一百一十五里。西北至本州界六十五里，自界首至邵州六十五里。

户。主二萬九千六百四十八，客四千七百三十七。

土貢。葛一十匹，零陵香一十斤。

縣二。

望，清湘。六鄉。香煙、麻田、西延、建安、宜湘〔一五三〕五鎮。香煙、禄塘、長烏、羊狀、硤石、〔一五四〕磨石、獲源七寨。有湘山、宜湘水。

中，灌陽。州南九十里。三鄉。城田、遝田二鎮。有灌水。

同下州，桂陽監。治平陽縣。

地里。東京三千三百里。東至本監界二十里，自界首至郴州四十五里。西至本監界一百二十里，自界首至道州一百五十里。南至本監界一百二十里，自界首至連州一百一十里。北至本監界九十里，自界首至衡州二百一十里。東南至本監界八十里，自界首至韶州二百四十里。西南至本監界一百二十里，自界首至賀州二百五十里。東北至本監界六十里，自界首至潭州六百五十里。西北至本監界七十五里，自界首至永州二百七十五里。〔一五五〕

戶。主三萬八百六十六，〔一五六〕客九千九百八十二。〔一五七〕

土貢。銀五十兩。

縣二。景德元年以郴州藍山縣隸監。天禧元年〔一五八〕置平陽縣。

上，平陽。一十八鄉。香風一鎮。大湊山、大板源、龍岡、毛壽、九鼎、白竹、水頭、石筍、大富九銀坑。有大湊山、零星江。

中，藍山。監西二百一十五里。四鄉。有九疑山、藍山、九疑水。

北路　府一，州一十，縣四十七。

次府，江陵府，江陵郡，荆南節度。治江陵縣。

地里。東京一千五百里。東至本府界五百七十五里，自界首至鄂州一百五十里。西至本府界二百五里，自界首至峽州七十五里。南至本府界一百九十五里，自界首至澧州七十里。北至本府界二百九十里，自界首至襄州一百五十里。東南至本府界三百三〔一五九〕十里，自界首至岳州六十里。西南至本府界三百六十里，自界首至澧州六十里。〔一六〇〕東北至本府界一百六十五里，自界首至安州二百八十里。西北至本府界三百六十五里，自界首至襄州一百七十里。

户。主五萬六千三百一十四，客一十三萬三千六百八。

土貢。綾、紵布各一十匹。碧澗茶芽〔一六一〕六百斤。

縣八。乾德三年以漢江陵縣地置潛江縣，漢華容縣地置建寧縣，以白沙院置玉沙縣；又升萬庾巡爲縣，尋省。開寶五年以長林、當陽二縣隸荆門軍。至道三年以玉沙縣隸復州。熙寧六年省枝江縣爲鎮入松滋，建寧縣爲鎮入石首；廢復州，以玉沙縣爲鎮入監利；廢荆門軍，以長林、當陽二縣隸府。

次赤，江陵。七鄉。俞潭、赤岸、湖溪三鎮。有龍山、漢江。

次畿，公安。府南九十里。〔一六二〕五鄉。涔陽、孱陵二鎮。有謝山、大江、油水。

次畿，潛江。府東北一百二十里。一十鄉。安遠、師子二鎮。有漢江。

次畿，監利。府東南一百八十里。三鄉。監利、沔陽、玉沙三鎮。有五花山、蜀江。

次畿，松滋。府西南八十里。〔一六三〕一十六鄉。白水、枝江二鎮。有明月山、大江。

次畿，石首。府東南二百里。七〔一六四〕鄉。藕池、建寧二鎮。有石首山、大江。

次畿，長林。府北一百六十五里。九鄉。長林、安平、樂鄉、柏鋪、馬梁、歷口六鎮。有章山、漢江、漕水。

次畿，當陽。府西北一百三十五里。二鄉。山口、新店二鎮。有緑林山、漳水。

緊，鄂州，江夏郡，武昌軍節度。唐武昌軍節度。後唐改武清軍。皇朝太平興國三年復舊。治江夏縣。

地里。東京一千四百一十里。東至本州界一百里，自界首至興國軍八十八里。西至本州界三百三十八里，自界首至郢州二百六十十里。南至本州界三〔一六五〕百四十六里，自界首至岳州一百八十里。北至本州界四十二里，自界首至黄州九十五里。東南至本州界三百四十六里，自界首至岳州一〔一六六〕百八十里。西南至本州界三百六十五里，自界首至江陵府三百一十里。東北至本州界四百七十三里，自界首至江州五百一十里。〔一六七〕西北至本州界四十二里，自界首至黄州一百五〔一六八〕里。

戶。主五萬三千一〔一六九〕百五十，客七萬二千一百七。

土貢。銀三十兩。

縣八。乾德五年以大冶場置縣。開寶八年改臨江縣爲崇陽。〔一七〇〕太平興國二年以永興、通山、大冶三縣隸興國軍。景德四年改永安縣爲咸寧。〔一七一〕熙寧四年廢漢陽軍爲縣、漢川縣爲鎮，並隸州；五年升崇陽縣通城鎮爲縣；六年廢復州，析地益嘉魚。

緊，江夏。一十八鄉。有江夏山、大江、金水。

望，崇陽。州南四百七十里。二鄉。有壺頭山、儁水。

緊，漢陽。州西三里。四鄉。漢川、下汊二鎮。有大別山、大江、漢水。

上，武昌。州東北一百八十里。〔一七二〕九鄉。金牛一鎮。有西塞山、〔一七三〕大江。

中，蒲圻。州西南四百一十里。〔一七四〕四鄉。有赤壁山、蒲圻湖。

中，咸寧。州東南三百里。三鄉。有鍾臺山、牛鼻潭。

中，通城。州西南四百里。三鄉。有九嶺山、雞鳴山、太平港。

下，嘉魚。州西南〔一七五〕二百八十里。三鄉。有魚嶽山、大江。

監一。熙寧八〔一七六〕年置，鑄銅錢。

寶泉。州東二里。

中，安州，安陸郡，安遠軍節度。後唐安遠軍節度。周降防禦。皇朝建隆元年復舊。天聖元年隸京西路，慶曆元年〔一七七〕還隸湖北。治安陸縣。

地里。東京一千一百里。東至本州界一百二十里，自界首至黄州二百八十里。西至本州界六十里，自界首至隨州九十里。南至本州界二百六十五里，自界首至江陵府二百四〔一七八〕十里。北至本州界一百五十里，自界首至信陽軍一百二十里。東南至本州界一百五里，自界首至鄂州二百五十五里。西南至本州界一百一十里，自界首至鄂州一〔一七九〕百四十里。東北至本州界一百二十里，自界首至光州五百一十里。西北至本州界一百六十里，自界首至信陽軍一百二十里。

户。主二萬五〔一八〇〕千五百二十四，客三萬五千二百二十。

土貢。紵一十匹。

縣五。開寶二年省吉陽縣入孝感。太平興國二年改汉川縣爲漢川，〔一八一〕隸漢陽軍。熙寧二年省雲夢縣爲鎮入安陸，六年廢復州，以景陵縣隸州。

中，安陸。一鄉。雲夢一鎮。有石巖山、陪尾山、涢水、雲夢澤。

緊，景陵。州西南一百九十里。二鄉。官陂、沸潭、青藤、天門、觀解五鎮。有巾戍山、漢水、夏水。

中，應城。州西南八十里。二鄉。有浡河、温泉。

中，孝感。州東南一百三十里。二鄉。澴河、東舊二鎮。有九宗山。

中下，應山。州北一百八里。〔一八二〕一鄉。太平、北舊二鎮。〔一八三〕有石龍山、溳水。

上，鼎州，武陵郡，團練。唐朗州。周爲武平軍節度。皇朝建隆四年〔一八四〕降團練。大中祥符五年改鼎州。治武陵縣。

地里。東京一千八百二十里。東至本州界三百五里，自界首至岳州二百四十五里。西至本州界二百四十六里，自界首至辰州二百三十三里。南至本州界一百六十五里，自界首至潭州二百一十七里。北至本州界九十里，自界首至澧州九十里。東南至本州界一百一十里，自界首至岳州四百四十里。西南至本州界九十里，自界首至潭州二百九十二里。東北至本州界三百三十里，自界首至澧州一百二十里。西北至本州界二百五十六里，自界首至辰州二百一十里。

户。主三萬三千六十四，客八千九十六。

土貢。布一十匹，紵、練各一十匹。

縣三。乾德元年改橘江縣爲沅江，以湘陰、沅江二縣隸岳州，析武陵縣地置桃源縣。

望，武陵。八鄉。趙塘、崇孝二鎮。有武陵山、沅水、枉水、〔一八五〕鼎水。

望，桃源。州西六十里。七鄉。有桃源山、沅水。

中，龍陽。州東南八十五里。五鄉。有龍陽山、滄浪水、零水。

上，澧州，澧陽郡，軍事。治澧陽縣。

地里。東京一千八百里。東至本州界一百三十七里，自界首至岳州一百六十八里。西至本州界一千三百六十六里，自界首至黔州四百三十七里。南至本州界九十里，自界首至鼎州九十里。北至本州界七十里，自界首至江陵府二百三十里。東南至本州界一百三十九里，自界首至鼎州一百二十里。西南至本州界八十九里，自界首至辰州三百一十里。〔一八六〕東北至本州界一百二十里，自界首至江陵府三百四十里。西北至本州界一百八十五里，自界首至峽州三百一十五里。

户。主一萬九千四百三，客三萬九千二百七十〔一八七〕六。

土貢。綾一十匹，簟一十領。〔一八八〕

縣四。

望，澧陽。六鄉。清化、涔河二鎮。有大浮山、〔一八九〕崇山、澧水。

中下，安鄉。州東一百四里。二鄉。有澧水、澹水。

中下，石門。州西九十二里。三鄉。臺宜一寨。有層山、□水。〔一九〇〕

下，慈利。州西二百四十六里。四鄉。索口、〔一九一〕安福、西牛、武口、澧川五寨。有九度山、漊水。

中，峽州，夷陵郡，軍事。治夷陵縣。

地里。東京一千六百里。〔一九二〕東至本州界七十五里，自界首至江陵府二百六十五里。西至本州界九十五里，自界首至歸州一百五里。南至本州界一百三十五里，自界首至江陵府一百九十五里。北至本州界一百九十里，自界首至襄州三百八十里。東南至本州界二百四十五里，自界首至澧州三百一十里。西南至本州界七百六十里，自界首至施州二百一十里。東北至本州界二百五十里，自界首至襄州三百三十四〔一九三〕里。西北至本州界一百五十里，自界首至歸州一百二十里。

户。主一萬二千六百〔一九四〕九，客三萬二千八百八十七。

土貢。芒硝、杜若、五加皮各一十斤。

縣四。開寶八年省巴山縣爲寨，隸夷陵。

中，夷陵。二十鄉。漢流、巴山、麻溪、魚羊、長樂、梅子六寨。一鉛、錫場。有西陵山、虎牙山、蜀江。

中，宜都。州東南六十里。一十三鄉。有荆門山、句將山、清江。

中下，長陽。州西南六十九里。一十三〔一九五〕鄉。漢流、飛魚二鹽井。有佷山、長陽溪。〔一九六〕

中下，遠安。州北一百六十里。七鄉。有遠安山、沮水。

下，岳州，巴陵郡，軍事。治巴陵縣。

地里。東京一千八百一十六里。東至本州界一百三十七里，自界首至鄂州三百七十里。〔一九七〕西至本州界一百八十里，自界首至澧州三百五十里。南至本州界九十里，自界首至潭州一百九十里。北至本州界二百二十里，自界首至鄂州三百四十里。東南至本州界三百八十里，自界首至洪州七百二十里。西南至本州界三百二十五里，自界首至鼎州二百二十五里。東北至本州界一百三十里，自界首至鄂州三百二十里。西北至本州界一百二十五里，自界首至江陵府二百九十五里。〔一九八〕

户。主五萬六百五，客四萬六千七十九。

土貢。紵一十匹。

縣五。乾德元年以鼎州湘陰、沅江二縣隸州。淳化四年以湘陰縣隸潭州，五年升王朝場爲縣。至道二年改王朝縣爲臨湘。

上，巴陵。三鄉。公田、〔一九九〕閣子、烏沙三鎮。安流一寨。有君山、艑山、大江、湘水、洞庭湖。

望，華容。州西一百二十五里。六鄉。古樓一寨。有方臺山、赤亭湖。

上，平江。州東南二百五十七里。七〔二〇〇〕鄉。土竈一金場。有昌江山、汨水、盧水。

中，臨湘。州東北五十七里。一鄉。有城陵山、大江。〔二〇一〕

中下，沅江。州西南二百二十六里。〔二〇二〕四鄉。有楓山、沅江。

上，〔二〇三〕歸州，巴東郡，軍事。治秭歸縣。

地里。東京一千九百里。東至本州界六十五里，自界首至峽州一百二十五里。西至本州界一百七里，自界首至夔州二百二十三里。南至本州界一百三十里，自界首至施州四百二十里。北至本州界一百九十一里，自界首至房州二百九十九里。東南至本州界一百二十五里，自界首至峽州一百五十里。西南至本州界一百三十六里，自界首至夔州一百四十九里。東北至本州界一百五十五里，自界首至峽州二百五十里。西北至本州界二百八里，自界首至房州三百四十〔二〇四〕里。

户。主六千八百七十七，客二千七百六〔二〇五〕十一。

土貢。紵一十匹。

縣二。熙寧五年省興山縣爲鎮入秭歸。

下，秭歸。一十七鄉。興山一鎮。青林一鹽井。撥禮一寨。有空舲峽山、大江。

下，巴東。州西六十四里。九鄉。永昌一鹽井。折疊一寨。有石門山、大江。

下，辰州，盧溪郡，軍事。治沅陵縣。

地里。東京二千二百八十里。東至本州界二百三十三里，自界首至鼎州二百三十三里。西至本州界三百六十里，自界首至沅州一〔三○六〕百九十里。南至本州界五百二十里，自界首至邵州三百四十五里。北至本州界四〔三○七〕百八十里，自界首至澧州三百四十五里。東南至本州界五百二十里，自界首至潭州六百二十里。西南至本州界二百六十四里，自界首至沅州一百九十里。東北至本州界四百六十六里，自界首至鼎州二百三十三里。西北至羈縻白水州二百七十五〔三○八〕里。

户。主五千六百六十九，客三千二百四十四。〔三○九〕

土貢。光明砂十五兩，水銀三十兩。

縣四。太平興國七年析麻陽縣地置招諭縣。熙寧七年以麻陽、招諭二縣隸沅州。

中，沅陵。四鄉。有小酉山、壺頭山、〔三一○〕沅江。

中下，敍浦。州東南三百五十里。三鄉。長律一鎮。龍潭一堡。有無時山、溆水。

下，辰溪。州東南〔三一一〕一百六十四里。三鄉。有五城山、辰溪。

下，盧溪。州西南一百三十里。三鄉。有武山、武溪。

城一。熙寧八年置。

會溪。州西北二百五十里。

寨三。嘉祐三年置池蓬。熙寧三年置鎮溪，八年置黔安。

池蓬。州東北二百六十五里。

鎮溪。州西北一百九十〔三二〕里。

黔安。州西北二百一十五里。

下，沅州，潭陽郡，軍事。熙寧七年收復溪峒黔、衡、古、顯、敍、峽、中勝、富、贏、繡、允、雲、洽、俄、奬、晃、波、宜十七州，〔三三〕即唐敍、錦、奬州地置州。治盧陽縣。

地里。東京二千六百七十里。東至本州界二百四十里，自界首至辰州一百五十里。西至羈縻田、古州四百八十里。南至本州界二百四十里，自界首至誠州一百六十五里。北至本州界三百里，自界首至辰州二百二十里。東南至本州界三百里，自界首至邵州四百二十里。西南至本州界三百二十〔三四〕里，自界首至誠州一百四十里。東北至本州界一〔三五〕百四十里，自界首至辰州一百五十〔三六〕里。西北至羈縻錦州四百里。

户。主七千五十一，客三千五百一十四。

土貢。朱砂、水銀各二十兩。

縣三。熙寧七年以唐敍州潭陽縣地置盧陽縣，〔三七〕以辰州麻陽、招諭二縣隸州，八年廢錦州寨及招諭縣入麻陽。元豐三年以黔江城爲黔陽縣。

下，盧陽。樊州、〔二八〕西縣、八洲、長宜、迥溪、鎮江、龍門、懷化八鋪。有晃山、明山、錦水、瀘水。

下，麻陽。州北一百七十里。龔溪、龍家、竹寨、虎踵、齊天、乂溪〔二九〕六鋪。有辰山、苞茅山、〔三〇〕辰水。

下，黔陽。州南一百九十里。竹寨、煙溪、無狀、木州、〔三一〕洪江五鋪。有紫霄山、七寶山、溆水、沅水。

寨二。熙寧五年收復，以峽、中勝、雲、鶴、繡五州即唐敍州龍標縣之東境置安江寨，富、錦、圓三州即唐敍州龍標縣地置鎮江寨；七年以辰州銅安、龍門二寨隸州，尋廢爲鋪。元豐三年置托口、貫保寨，廢鎮江寨爲鋪，六年以貫保寨隸誠州。

安江。州東一百二十里。洪江、銅安二鋪。

托口。州南二百八十五里。竹灘一鋪。〔三二〕

下，誠州，軍事。唐溪峒誠州。皇朝熙寧九年收復，元豐四年仍舊置。治渠陽縣。

地里。東京二千八百四十五里。東至本州界六十〔三三〕里，自界首至邵州四百二十五里。西至上和、羅公、〔三四〕潭溪一百八十里。南至本州界一百八十里，自界首至融州四百八十里。北至本州界一百六十五里，自界首至沅州二百四十里。東南至本州界五十里，自界首至邵州五百九十五里。西南至本州界一百里，自界首至融州六百〔三五〕里。東北至本州界一百五十里，自界首至邵州三百三十五里。西北至本州界八十里，自界首至沅州三百八十五里。

户。主九千七百三十四，客七百四十一。

土貢。斑白絹〔三六〕三匹。

縣一。元豐六年以沅州貫保寨，析邵州蒔竹縣户隸州，以貫保寨地建渠陽縣爲州治。復徙貫保寨。渠陽縣地置軍。〔三七〕

下，渠陽。溪峒四百一十團。狼江木、〔三八〕貫保、收溪三寨。石家、涯村、多星三堡。有勝山、渠河。

校勘記

〔一〕二年　輿地紀勝卷一七江南東路下引國朝會要同。盧本作「四年」，續資治通鑑長編卷九五、宋會要方域六之二三、文獻通考卷三一五輿地考、宋史卷八真宗紀同。

〔二〕二年「二」，馮注：「江浙本俱作『四』。」今按：影宋鈔本、吴本、盧本、周本俱作「二」，續資治通鑑長編卷九一、宋會要方域六之一三、宋大詔令集卷第一五九建昇州爲建康軍江寧府詔同，江浙本誤。

〔三〕四　馮注：「江本作『二』。」今按：吴本亦作「二」。

〔四〕七　馮注：「江浙本俱作『九』。」

〔五〕七　馮注：「江浙本俱無此字。」

〔六〕二　馮注：「江浙本俱作『一』。」今按：吴本亦作「一」。

〔七〕一　馮注：「浙本作『六』。」今按：吴本亦作「六」。

〔八〕十　馮注：此下「浙本有『三』字」。今按：吳本亦有「三」字。

〔九〕符裏窯　「裏窯」，馮注：「浙本作『後宣』。」今按：影宋鈔本、吳本作「裏宣」，盧本、周本作「裏窯」，宋會要食貨一六之一〇作「裏窑」，「窑」，同「窯」，浙本誤，影宋鈔本、吳本之「宣」亦誤。

〔一〇〕杜遷一鎮　「杜」，底本作「純」。馮注：「浙本作『杜』。」今按：宋會要食貨一六之一〇、一二之一八皆作「杜」。清嘉慶重修一統志卷一一六寧國府：「杜遷鎮在寧國縣西北三十里，今有杜遷鋪，蓋即故鎮爲名。」則此「純」乃「杜」字之誤，據改。

〔一一〕鵶山　「鵶」，底本作「鳭」。馮校：「案『鳭』字見山海經，所謂松果之山有鳥名鳭渠者也，『鳭山』則未聞。太平寰宇記：寧國縣有靈鵶山出茶。明一統志：鴉山在寧國縣西北三十里。此『鳭』字疑是『鵶』字之誤。」今按：太平寰宇記卷一〇三宣州寧國縣：「文脊山，一名曷山，在縣西三十里。……下有廟，邑人祀之，祈禱有靈。鵶山出茶。」輿地紀勝卷一九寧國府：「鴉山在寧國縣西北三十里。」清嘉慶重修一統志卷一一五寧國府、嘉慶寧國府志卷一〇俱作「鵶山」，「鵶」、「鴉」字同，則此「鳭」乃「鵶」字之誤，馮說是，據改；唯馮氏誤讀「鵶山」爲「靈鵶山」。

〔一二〕□□□山　太平寰宇記卷一〇三、輿地紀勝卷二四宣州旌德縣皆記有棲真山，不載其它山名，疑「山」上闕「有棲真」三字。

〔一三〕四　馮注：「浙本作『一』。」

〔一四〕□山　元和郡縣志卷二八宣州太平縣載有黃山，輿地紀勝卷一九寧國府載太平縣有黃山、龍門山、尚書山、仙都山，此「山」上闕一字，蓋是「黄」字。

〔一五〕一　馮注：「江浙本俱作『七』。」今按：吴本亦作「七」。

〔一六〕十　馮注：此下「江浙本俱有『三』字」。

〔一七〕宣州　「宣」，馮注：「江浙本俱作『軍』。」今按：影宋鈔本、吴本、盧本、周本俱作「宣」，歙州之北爲宣州，且無「軍州」，江浙本誤。

〔一八〕三　馮注：「浙本作『二』。」

〔一九〕三　馮注：「浙本作『二』。」

〔二〇〕一　馮注：「浙本作『二』。」

〔二一〕十　馮注：此下「浙本有『二』字」。

〔二二〕七　馮注：「浙本作『四』。」

〔二三〕東京一千八百里　「八」，馮注：「浙本作『五』。」今按：影宋鈔本、吴本、盧本、周本俱作「八」。太平寰宇記卷一一三江州：「西北至東京陸路一千八百里。」浙本誤。

〔二四〕一　馮注：「浙本作『二』。」

〔二五〕一　馮注：「江浙本俱作『二』。」

〔二六〕一百　馮注：「江浙本俱無『一百』字。」

〔二七〕二　馮注：「浙本作『一』。」

〔二八〕馬頭　「馬」，馮注：「浙本作『烏』。」今按：影宋鈔本、盧本、周本俱作「馬」，今瑞昌縣西北碼頭鎮，即此，浙本誤。

〔二九〕軍事　馮校：「案陸氏南唐書：昇元二年六月升池州爲康化軍。此闕不著。又通鑑卷二百八十二有康化節度楊珙，注云：康化軍亦吴所置，或南唐置之，其地今無可考知。胡氏亦有未悉矣。」今按：十國春秋卷一一三十國藩鎮表：「康化軍，池州。南唐昇元二年六月甲申升池州爲康化軍節度，後降爲軍事。」馮説是。

〔三〇〕二　馮注：「浙本作『三』。」

〔三一〕二　馮注：「浙本作『三』。」

〔三二〕舒州　「舒」，底本作「蘄」。馮注：「江浙本俱作『舒』。」今按：影宋鈔本、吴本、盧本、周本俱作「舒」，池州之西爲舒州，蘄州又在舒州之西，此「蘄」乃「舒」字之誤，據改。

〔三三〕青山　「青」，底本作「情」。馮校：「案元和郡縣志：青陽縣在青山之陽。此『情』字當是『青』字之誤。」今按：影宋鈔本作「青」。太平寰宇記卷一〇五池州青陽縣：「唐地理志，天寶元年割秋浦、南陵、涇三縣置，在青山之陽，故號曰青陽。」馮説是，據改。

〔三四〕石門山　「石」，底本作「召」。馮校：「案太平寰宇記建德縣：『石門山在縣東南八十里，雙峰聳峙，望之如門。』此『召』字疑誤。」今按：輿地廣記卷二四、輿地紀勝卷二二池州建德縣皆載有石門山，此「召」乃「石」字之誤，據改。

〔三五〕西南　底本作「西北」。太平寰宇記卷一〇五池州東流縣下作「南」，輿地紀勝卷二二池州東流縣下作「西」。宋池州治貴池縣，即今貴池縣，東流縣即今東至縣西北東流鎮，地在今貴池縣西南，則此「西北」乃「西南」之誤，今據改。

〔三六〕一　馮注：「浙本作『二』。」

〔三七〕西至本州界一百七十里至自界首至信州三百五十里　馮校：「案容齋續筆云：『古今輿地圖志所記某州至某州若干里，多有差誤。偶閱元祐（當作豐）九域志，姑以吾鄉饒州證之，饒西至洪州三百八十里，而志云西至州界一百七十里，自界首至洪州五百六十八里；於洪州書至饒，又衍二十里，是爲七百六十里也。饒至信州三百七十里，而志云東南至本州界二百九十里，自界首至信州三百五十里，是爲六百四十里也。饒至池州四百八十里，而志云北至本州界一百九十里，自界首至池州三百八十里，是爲五百七十里也。以所經行處驗之，知其他不然者多矣』。」

〔三八〕五　馮注：「江浙本俱作『三』。」今按：周本亦作「三」。

〔三九〕二　馮注：「浙本作『一』。」

〔四〇〕僞唐置　太平寰宇記卷一〇七永平監下所記同。元和郡縣志卷二八饒州鄱陽縣：「永平監，置在郭下。每歲鑄錢七千貫。」宋會要食貨三四之三四：「李煜嘗因唐舊制，於饒州永平監歲鑄錢六萬貫。江南平，增爲七萬貫。」則永平監置於唐。

〔四一〕二　馮注：「浙本作『三』。」

〔四二〕二　馮注:「江浙本俱作『一』。」今按:吴本、周本亦作「一」。

〔四三〕三　馮注:「江浙本俱作『二』。」今按:吴本、周本亦作「二」。

〔四四〕丁溪「丁」馮注:「浙本作『下』。」今按:影宋鈔本、盧本、周本俱作「丁」,宋會要食貨三三之八銀:「信州上饒縣丁溪場。」浙本誤。

〔四五〕銅場「銅」,馮注:「江本無此字。」今按:影宋鈔本、吴本、盧本、周本俱有此字,宋會要食貨三三之二一銅:「上饒縣丁溪場。」江本誤。

〔四六〕七　馮注:「浙本作『九』。」今按:吴本亦作「九」。

〔四七〕隱静山　底本作「静隱山」。輿地廣記卷二四太平州繁昌縣下有隱静山。輿地紀勝卷一八太平州:「隱静山在繁昌縣東南七十里。」讀史方輿紀要卷二七繁昌縣下所記同。則此「静隱」爲「隱静」之倒置,今據改。

〔四八〕十　馮注:此下「浙本有『五』字」。今按:吴本亦有「五」字。

〔四九〕石鍾山　馮校:「按『石』各本俱作『上』,考太平寰宇記:『石鍾山在縣北二百一十里。』今據改。」今按:影宋鈔本、吴本、盧本、周本俱作「石」,馮説是。

〔五〇〕西至本軍界九十里自界首至宣州七十里　「九」,馮注:「浙本作『五』。」馮校:「按通鑑卷二百五十八注引志文,廣德軍在宣州『東一百二十里』。蓋據别本西至本軍界作『五十里』也。其卷二百六十四注引志作『西至宣州一百八十里』,則又據宣州下志文言之。所謂兩存而不敢輕改者爾。」今按：資治通鑑卷二五八注文爲廣德縣。

〔五一〕五　馮注：「浙本作『二』。」

〔五二〕五　馮注：「江浙本俱作『七』。」今按：吴本亦作「七」。

〔五三〕梅渚一鎮　「梅」，馮注：「浙本作『德』。」今按：影宋鈔本、吴本、盧本、周本俱作「梅」，輿地紀勝卷二四廣德軍：「梅渚鎮在建平縣東三十里。」浙本誤。

〔五四〕伍牙山南碕湖　「牙」，底本作「芽」；「碕」，底本作「渏」。馮校：「案方輿紀要建平縣：伍牙山在縣東北四十里，相傳伍子胥伐楚還，建牙旗於山上，因名。南碕湖在縣西南十里。此『芽』字、『渏』字俱誤。」今按：輿地廣記卷二四、輿地紀勝卷二四廣德軍建平縣有伍牙山，又新定九域志卷六廣德軍有五牙山、南碕湖。此「芽」、「渏」乃「牙」、「碕」之誤，馮説是，據改。

〔五五〕五　馮注：「浙本無此字。」

〔五六〕查田一鎮　「查」，馮注：「浙本作『奎』。」今按：影宋鈔本、吴本、盧本、周本俱作「查」，宋會要食貨一六之一一同，浙本誤。

〔五七〕四百　馮注：「江浙本俱無『四百』字。」今按：影宋鈔本、吴本、盧本、周本俱有「四百」字，資治通鑑卷二六九注引九域志：「自汀州至虔州五百五十里。」與此云虔州東至汀州五百二十里，僅三十里之差，江浙本誤。

〔五八〕二　馮注：「浙本作『三』。」今按：吴本亦作「三」。

〔五九〕二　馮注：「浙本作『三』。」

〔六〇〕險江鎮　「險」，馮注：「浙本作『除』。」今按：影宋鈔本、吳本、盧本、周本俱作「險」，宋朝事實卷一八同，浙本誤。

〔六一〕崆山　馮校：「案太平御覽引郡國志云：『空山在縣南，山多材木、果實、食物，一郡皆資此，雖名空山，其出物百倍於他山。』寰宇記所引同，惟物上無『食』字。文獻通考與此同。疑誤。」今按：太平御覽卷四八地部空山下引郡國志文，「縣南」乃「郡南」，「材木」乃「林木」；太平寰宇記卷一〇八虔州贛縣空山祠下引郡國志作「材木」，「物」上有「食」字，馮氏引誤。輿地紀勝卷三二贛州有崆山，在贛縣南，又名崆峒山，其文中所記與郡國志同，則崆山即空山，本志是，馮説誤。

〔六二〕州東南一百七十一里　資治通鑑卷二七〇注引九域志作「州南一百七十里」。輿地紀勝卷三二贛州雩都縣：「在州東南一百七十里。」太平寰宇記卷一〇八虔州雩都縣：「東一百七十里。」虔州，南宋改名贛州，治贛縣，即今贛州市；雩都縣即今于都縣，地在贛州市東偏北，太平寰宇記所記方向是，本志及輿地紀勝「南」字當衍，資治通鑑注引九域志「南」爲「東」字之誤。

〔六三〕拔溪　「拔」，馮注：「浙本作『援』。」今按：影宋鈔本、吳本、盧本、周本俱作「拔」，蓋浙本誤。

〔六四〕東南　底本作「西南」。太平寰宇記卷一〇八虔州瑞金縣下作「東南」。宋瑞金縣即今瑞金縣，地在贛州市東少南，則此「西」乃「東」字之誤，今據改。

〔六五〕九龍　「龍」，馮注：「浙本作『龔』。」今按：影宋鈔本、吳本、盧本、周本俱作「龍」。宋會要食貨三三之二銀場亦作「龍」，同書食貨三三之八銀場又作「龔」，同書食貨三三之一一銅場又作「龔」。

〔六六〕一　馮注：「浙本無此字。」今按：影宋鈔本、吴本、盧本、周本俱有此字，蓋浙本誤。

〔六七〕二　馮注：「江浙本俱作『五』。」今按：吴本亦作「五」。

〔六八〕二　馮注：「浙本作『三』。」

〔六九〕一　馮注：「江浙本俱作『二』。」今按：吴本、盧本、亦作「二」。

〔七〇〕四　馮注：「江浙本俱無此字。」今按：周本亦無此字。

〔七一〕四　馮注：「浙本作『二』。」

〔七二〕時碧一鎮　「碧」，馮注：「浙本作『龔』。」今按：影宋鈔本、吴本、盧本、周本俱作「碧」。清嘉慶重修一統志卷三二八吉安府蘿塘巡司：「宋初置巡司於時碧鎮。」浙本誤。

〔七三〕沙市　「市」，馮注：「浙本作『布』。」今按：影宋鈔本、吴本、盧本、周本俱作「市」，宋會要食貨一六之一二、一九之一四吉州有沙市務，浙本誤。

〔七四〕栗傅　宋會要食貨一六之一二吉州有栗傳務，同書食貨二二之一一吉州有栗傳場。「栗」、「粟」，未知孰是。

〔七五〕二　馮注：「浙本作『三』。」今按：吴本亦作「三」。

〔七六〕盧溪　「盧」，底本作「廬」。馮注：「浙本作『盧』。」今按：影宋鈔本、吴本、盧本亦作「盧」，宋會要食貨一六之一二袁州有盧溪務，當以「盧」爲是，據改。

〔七七〕楊歧山　「楊」，底本作「揚」，「歧」字原闕。輿地紀勝卷二八袁州：「楊歧山在萍鄉縣北七十里，世傳楊朱泣歧之所。」清嘉慶重修一統志卷三二六袁州府同，今據改補。一作「煬岐山」，太平寰宇記卷一〇九袁州萍鄉縣：「煬岐山在縣北六十里，煬帝曾經此山，因以爲名。」

〔七八〕獲村一鎮　「村」，盧本作「付」，宋會要食貨一六之一二袁州有獲付務，未知孰是。

〔七九〕康樂水　底本「康」字原闕。太平寰宇記卷一〇九袁州萬載縣：「康樂水在縣東北水口，去縣三十五里，自謝山源出，南流。卽康樂侯謝靈運常遊之水。」輿地紀勝卷二八袁州同，今據補。

〔八〇〕四年　宋會要方域五之六、六之二六，輿地紀勝卷二九撫州下引國朝會要俱作「八年」，疑作「八年」爲是。

〔八一〕二千七百二十　馮注：「浙本作『一千九百五十』。」

〔八二〕西北至本州界八十三里自界首至洪州一百五十七里　資治通鑑卷二六七注引九域志：「撫州西北至洪州二百九里。」

〔八三〕開寶三年以宜黃場升爲縣　「開寶三年」，宋朝事實卷一六、宋史卷八八地理志、文獻通考卷三一八輿地考撫州同，太平寰宇記卷一一〇撫州宜黃縣下作「乾德六年」，輿地紀勝卷二九撫州宜黃縣：「乾德六年李煜置宜黃場，後復爲縣。國朝會要云開寶六年以宜黃場置宜黃縣，年月似不同。然乾德止於五年，卽改開寶，是乾德六年，卽開寶元年也。」又輿地廣記卷二五撫州宜黃縣下作「開寶八年」。

〔八四〕□鄉　太平寰宇記卷一一○撫州崇仁縣：「舊十二鄉，今九鄉，三鄉入於宜黃縣。」本志下文宜黃縣下列爲三鄉，乃設縣時從崇仁縣劃入，正與太平寰宇記記載相符，則崇仁縣尚有九鄉，此蓋闕「九」字。

〔八五〕一百　馮注：「浙本無『一百』字。」

〔八六〕一　馮注：「浙本作『二』。」

〔八七〕六　馮注：「浙本作『三』。」

〔八八〕三　吴本作「二」。

〔八九〕三年　宋朝事實卷一八、輿地廣記卷二五筠州新昌縣下同。太平寰宇記卷一○六、文獻通考卷三一八輿地考筠州、宋史卷八八地理志瑞州下俱作「六年」。輿地紀勝卷二七瑞州新昌縣下引國朝會要别作「七年」。

〔九○〕鍾口江　底本「鍾」字原闕。太平寰宇記卷一○六筠州高安縣：「鍾口江在城南三十七里。源出荷山，入錦江。梁時人於此獲古鍾，九乳，形制奇古，因以名江。」輿地廣記卷二五、文獻通考卷三一八輿地考筠州高安縣下俱列有鍾口江，今據補。盧本作「斜口江」，誤。

〔九一〕一　馮注：「江浙本俱作『二』。」

〔九二〕二　馮注：「江本作『一』。」

〔九三〕百　吴本作「千」。

〔九四〕二　馮注：「江浙本俱作『一』。」

〔九五〕十　馮注：此下「浙本有『四』字」。

〔九六〕硤口　「硤」，馮注：「浙本作『硤』。」今按：影宋鈔本、吴本、盧本、周本俱作「硤」，蓋浙本誤。

〔九七〕五十　馮注：「江浙本俱作『二十五』。」

〔九八〕二　馮注：「江浙本俱作『四』。」今按：吴本、周本亦作「四」。

〔九九〕七　馮注：「江浙本俱作『二』。」今按：吴本、周本亦作「二」。

〔一〇〇〕硤頭一鎮　陳書卷一高祖紀：大寶元年六月，「高祖脩崎頭古城。」清嘉慶重修一統志卷三三二南安府：「崎頭城在大庾縣東。舊志：梁大寶初，陳霸先自始興起兵討侯景，度大庾，破蔡路養於南埜，因修崎頭故城，自南康徙居之。九域志大庾有硤頭鎮，卽崎頭之訛也。」

〔一〇一〕良熱水　馮校：「案方輿紀要引志云：『涼熱水在府（今南安府）西北五十里。』此『良』字誤。」今按：輿地紀勝卷三六南安軍：「涼熱水在大庾，圖經作『良熱』，輿地記作『涼熱』。」本志是，馮說誤。

〔一〇二〕一　馮注：「浙本作『二』。」

〔一〇三〕二　馮注：「浙本作『一』。」

〔一〇四〕一百　馮注：「浙本作『二百一十』。」今按：周本作「二百」。

〔一〇五〕二　馮注：「浙本作『一』。」

〔一〇六〕二　馮注：「浙本作『三』。」

〔一〇七〕一　馮注：「江浙本俱無此字。」今按：吴本、周本亦無此字。

〔一〇八〕玉笥山　馮注：「錢本『玉』作『五』。集梧案太平寰宇記新淦縣：『玉笥山在縣南六十里。道書云：玉笥山，福地山也。』作『玉』爲是。」今按：輿地廣記卷二五、輿地紀勝卷三四臨江軍新淦縣皆有玉笥山，馮説是。

〔一〇九〕二　馮注：「江浙本俱作『三』。」今按：吴本、周本亦作「三」。

〔一一〇〕盱水　「盱」，底本作「旴」。馮校：「案漢書地理志豫章郡南城：『盱水西北至南昌入湖漢。』師古曰：『盱音香于反。』太平寰宇記：『盱水在縣東二百一十步。』此作『旴』字誤。」今按：輿地紀勝卷三五、文獻通考卷三一八輿地考建昌軍南城縣皆有盱水，馮説是，據改。

〔一一一〕蒙池　「池」，底本作「地」。宋會要食貨三三之二銀場：建昌軍「蒙池場，治平三年置」。清嘉慶重修一統志卷三二〇建昌府看都銀場下引九域志亦作「蒙池」，則此「地」乃「池」字之誤，今據改。

〔一一二〕十　馮注：「浙本無此字。」

〔一一三〕一　馮注：「江本作『二』。」今按：周本亦作「二」。

〔一一四〕十　馮注：此下「浙本有『六』字」。今按：盧本、周本有「七」字。

〔一一五〕三　馮注：「浙本作『二』。」

〔一二六〕三　馮注：「江浙本俱作『二』。」

〔一二七〕五　盧本無此字。

〔一二八〕郴州「郴」，馮注：「浙本作『柳』。」今按：影宋鈔本、吴本、盧本、周本俱作「郴」，郴州在潭州之南，而柳州遠在廣西，浙本誤。

〔一二九〕二　馮注：「浙本作『三』。」

〔一三〇〕八　馮注：「浙本作『六』。」

〔一三一〕東北至本州界一百八十五里自界首至岳州一百里「二百八十五」，馮注：「浙本作「二百八十五」。「二百」，馮注：浙本作「二百」，今按：吴本亦作「二百」。資治通鑑卷二六九注引九域志：「自潭州東北至岳州三百八十五里。」則底本必有一誤，浙本必有一是，以吴本證之，疑底本後文「一百」爲「二百」之誤。

〔一三二〕西北至本州界二百一十七里「一十七」，馮注：「浙本作『七十一』。」今按：影宋鈔本、吴本、盧本、周本俱作「一十七」，資治通鑑卷二八九注引九域志：「潭州北至朗州界二百一十七里。」朗州，大中祥符五年改名鼎州。浙本誤。

〔一三三〕一　吴本作「二」。

〔一三四〕五　馮注：「江浙本俱作『三』。」今按：吴本、周本亦作「三」。

〔一三五〕常豐場「常豐」，馮注：「浙本作『安仁』。」今按：影宋鈔本、吴本、盧本、周本俱作「常豐」，宋會要方域六之二八同，浙本誤。又宋史卷八八地理志潭州長沙縣下作「長豐」。

〔一二六〕二年　輿地廣記卷二六、文獻通考卷三一九輿地考潭州下同，宋朝事實卷一九作「七年」。

〔一二七〕一　馮注：「江浙本俱作『二』。」今按：周本、資治通鑑卷二九〇注引九域志亦作「二」。

〔一二八〕八　馮注：「江浙本俱作『六』。」今按：吳本、周本、資治通鑑卷二九〇注引九域志亦作「六」。

〔一二九〕州西北一百八十二里　馮校：「案通鑑卷二百八十九注引志文作『一百二十里』。」今按：資治通鑑卷二八九注引九域志：「益陽縣在潭州西北一百八十二里。」馮氏引誤。

〔一三〇〕四　馮注：「江浙本俱作『七』。」今按：吳本亦作「七」。

〔一三一〕州東北一百六十五里　「六」，馮注：「江浙本俱作『一』。」今按：吳本、盧本亦作「一」。馮校：「案通鑑卷二百八十五注引志文作『一百一十五里』，此明據别本；其卷二百八十九注所引又作『一百五十五里』，當由傳寫之誤爾。」

〔一三二〕玉潭一鎮　馮校：「案通鑑卷二百八十九注引志文作『潭州湘鄉縣有玉潭鎮。』與此異。」

〔一三三〕二　馮注：「江本作『一』。」今按：周本亦作「一」，影宋鈔本、吳本、盧本、輿地紀勝卷五五衡州常寧縣下俱作「二」。

〔一三四〕逍遥山　底本作「遥遥山」。輿地廣記卷二六、輿地紀勝卷五五衡州常寧縣有逍遥山，此誤，今據改。太平寰宇記卷一一五衡州常寧縣下作「遥遥山」，亦誤。

〔一三五〕東京三千二百里　「三」，馮注：「浙本作『二』。」今按：吴本亦作「二」，「二」，周本作「五」。太平寰宇記卷一一六道州：「西北至東京三千五百八十二里。」則與周本所記總里數相近。

〔一三六〕至昭州一百六十三里　馮注：「浙本作『至邵州一百里』。」今按：吴本作「至昭州一百里」，影宋鈔本、盧本、周本俱作「至昭州一百六十三里」。昭州在道州西南，而邵州在道州之北，中間永州，無緣相鄰，蓋浙本誤。

〔一三七〕西南至本州界一百六十五里自界首至昭州二百里　「昭州」，底本作「邵州」。馮校：「案邵州在道州之北，道州無緣西南距邵也。」考本志昭州東北至道州二百六十里，與此雖有一百五里之差，然元和郡縣志於昭州下云：東北至道州四百里。與此西南至里數無甚相懸，此『邵』字當是『昭』字之誤。」今按：影宋鈔本、盧本俱作「昭州」，馮說是，據改。

〔一三八〕二百　馮注：「浙本作『三十』。」今按：盧本、周本作「二十」，影宋鈔本、吴本、賓退録卷一〇引元豐九域志土貢俱作「二百」，浙本、盧本、周本皆誤。

〔一三九〕大小陽江　底本作「大陽小江」，文獻通考卷三一九輿地考永州東安縣下同。按東安縣在雍熙元年置縣以前爲零陵縣地，太平寰宇記卷一一六永州零陵縣：「大陽山在州西二百四十里，其山在大陽水際。」輿地紀勝卷五六永州下同。清嘉慶重修一統志卷三七〇永州府：「大陽江在東安縣南。九域志，縣有大小陽江。」同治永州府志卷二上東安縣：「清溪江，一名大陽江者，九域志云東安有大小陽江，小陽江未詳爲今何水。」此「陽小」乃「小陽」之倒置，今據改。

〔一四〇〕韶州「韶」，馮注：「江本作『邵』。」今按：影宋鈔本、盧本作「韶」。韶州在郴州東南，與本志所記郴州南至韶州方向相符，而邵州遠在郴州西北，方向相違，太平寰宇記卷一一七郴州「南至韶州」，江本誤。

〔一四一〕虔州「虔」，馮注：「江本作『連』。」今按：影宋鈔本、吳本、盧本、周本俱作「虔」。虔州在郴州之東，與本志所記郴州東南至虔州方向相符，而連州在郴州西南，方向不合，江本誤。

〔一四二〕六 馮注：「浙本作『一』。」

〔一四三〕六 馮注：「江本作『七』。」

〔一四四〕一錫坑「錫坑」，馮注：「浙本作『銀場』。」今按：吳本作「錫場」，影宋鈔本、盧本、周本俱作「錫坑」。宋會要食貨三三之二五載宜章縣有錫坑，而同書食貨三三之二一、三三之九俱不列宜章縣有銀場，浙本誤，吳本作「場」亦誤。

〔一四五〕五 吳本作「三」。

〔一四六〕西至本州界四百八十五里自界首至誠州六十里「誠」，馮注：「江浙本俱作『辰』。」今按：影宋鈔本、盧本作「誠」。誠州在邵州西偏南，本志下文誠州：「東至本州界六十里，自界首至邵州四百二十五里。」里數雖差，方向正合，而辰州在邵州西北，方向不符，江浙本誤。

〔一四七〕二百 馮注：「江本無『二百』字。」今按：影宋鈔本、吳本、盧本俱有「二百」字，江本誤。

〔一四八〕文斤山 馮校：「案方輿勝覽：文仙山在新化縣西二十里。方輿紀要新化縣：文仙山，舊傳晉高平令『文介』得仙於此，一名『文升山』。疑此『斤』字誤。然新唐書地理志亦作『文斤山』也。」今按：讀史方輿紀要卷八一寶慶府新化縣文仙山下云：「相傳晉高平令文斤得仙於此，一名文斤山。」馮氏引誤。

〔一四九〕州東北　北宋邵州治邵陽縣，即今邵陽市。讀史方輿紀要卷八一寶慶府新化縣：「新化舊城，志云在縣北八十里，宋熙寧中置新化縣於白沙白石坪，或謂之白溪舊縣，即其地也。紹聖中移今治。」則熙寧、元豐時新化縣在今新化縣北白溪，其地在今邵陽市北偏西，此「東北」之「東」乃衍文，或爲「西」字之誤。

〔一五〇〕暮溪　宋史卷八八地理志寶慶府新化縣載「有惜溪、柘溪、藤溪、深溪、雲溪五砦」，唯「藤溪」與此異。盧本作「淺溪」，誤。

〔一五一〕鬬硤　「鬬」，馮注：「浙本作『開』。」今按：影宋鈔本、吴本、盧本、周本俱作「鬬」，宋會要方域一八之二四、宋史卷八八地理志武岡軍武岡縣下同，浙本誤。

〔一五二〕上里寨　「里」，馮注：「浙本作『墨』。」今按：影宋鈔本、吴本、盧本、周本俱作「里」。清嘉慶重修一統志卷三七六靖州：「上里堡，在綏寧縣西南。九域志蒔竹縣有上里堡。」浙本誤。

〔一五三〕宜湘　「湘」，底本作「相」。影宋鈔本作「湘」。清嘉慶重修一統志卷四六一桂林府：「宜湘鎮，在全州北七十里，今有宜香市。九域志：清湘縣有香烟、麻田、西延、建安、宜湘五鎮。」今據改。

〔一五四〕硤石　宋史卷八八地理志全州清湘縣下同。吳本作「硤口」，武經總要前集卷二〇全州下同。

〔一五五〕西北至本監界七十五里自界首至永州二百七十五里　「二百」，馮注：浙本作「一百」。今按：影宋鈔本、吳本、盧本、周本俱作「二百」。太平寰宇記卷一一七桂陽監：「西北至永州三百五十里。」正與本志記載里數合，浙本誤。

〔一五六〕主三萬八百六十六　吳本作「主三萬八十六」。

〔一五七〕二　馮注：「江本無此字，浙本作『一』。」今按：吳本亦作「一」。

〔一五八〕元年　輿地廣記卷二六桂陽監平陽縣下所記同，宋會要方域六之三〇、輿地紀勝卷六一、宋史卷八八地理志、文獻通考卷三一九輿地考桂陽軍下俱作「三年」。

〔一五九〕三　馮注：「浙本作『五』。」

〔一六〇〕西南至本府界三百六十里自界首至澧州六十里　「三百」，馮注：「江浙本俱無『三百』字。」今按：影宋鈔本、吳本、盧本、周本俱有「三百」字。太平寰宇記卷一四六荆州：「西南至澧州四百五十里。」江浙本誤。

〔一六一〕碧澗茶芽　「茶芽」，馮注：「江浙本俱作『芽茶』。」今按：影宋鈔本、盧本俱作「茶芽」，賓退録卷一〇引元豐九域志土貢、宋史卷八八地理志江陵府同，江浙本誤。

〔一六二〕府南九十里　馮校：「錢本作『九十一里』。」

〔一六三〕府西南八十里　太平寰宇記卷一四六荆州松滋縣：「西南一百二十里。」輿地紀勝卷六四江陵府松滋縣：「在府西一百二十里。」北宋江陵府原爲荆州，治江陵縣，即今縣；松滋縣在今松滋縣西北長江南，東北距江陵里數正與上引兩書相符，此疑有誤。

〔一六四〕七　馮注：「浙本作『十七』。」今按：吴本亦作「十七」。

〔一六五〕三　馮注：「浙本作『二』。」

〔一六六〕二　馮注：「浙本作『一』。」今按：吴本亦作「一」。

〔一六七〕東北至本州界四百七十三里自界首至江州五百一十里　「四百」，馮注：浙本作「一百」。今按：元和郡縣志卷二七、太平寰宇記卷一一二鄂州：「東至江州六百里。」則與浙本所記總里數相近。

〔一六八〕五　馮注：「浙本作『二十』。」

〔一六九〕一　馮注：「江浙本俱作『二』。」今按：吴本、周本亦作「二」。

〔一七〇〕開寶八年改臨江縣爲崇陽　馮校：「案陸游入蜀記，鄂州頭陀寺王簡棲碑，韓熙載撰，碑陰云，前鄂州唐年縣主簿、祕書省正字韓夔書。唐年縣，本故唐時名，梁改曰臨夏，後唐復，晉又改臨江；然歷五代，鄂州未嘗屬中原，皆遥改耳。故此碑開寶中建，而猶曰唐年也，至江南平，始改崇陽耳。」

〔一七一〕景德四年改永安縣爲咸寧　「永安」，底本作「永興」。盧本作「永安」。永興縣爲興國軍治，從未改名。宋朝事實卷一九：「景德四年改永安縣爲咸寧縣。」輿地廣記卷二七、輿地紀勝卷六六鄂州咸寧縣下記載同。此「興」乃「安」字之誤，今據改。

〔一七二〕州東北一百八十里　北宋鄂州治江夏縣，即今武漢市武昌；武昌縣即今鄂城縣，其地在武漢市武昌東偏南。太平寰宇記卷一一二鄂州武昌縣：「東一百七十里。」此「東北」之「北」爲衍文，或爲「南」字之誤。

〔一七三〕西塞山　馮校：「案『塞』各本俱作『寨』，考元和郡縣志：『西塞山在縣東八十五里。』今據改。」今按：影宋鈔本、吳本、周本皆作「塞」，太平寰宇記卷一一二鄂州武昌縣下同，馮氏所改是。

〔一七四〕州西南四百一十里　「西南」，底本作「東南」。北宋蒲圻縣即今蒲圻縣，在鄂州治江夏縣，即今武漢市武昌西南。太平寰宇記卷一一二鄂州蒲圻縣：「西南四百一十里。」此「東南」之「東」乃「西」字之誤，今據改。

〔一七五〕西南　底本作「東南」。北宋嘉魚縣即今嘉魚縣，在鄂州治江夏縣，即今武漢市武昌西南。太平寰宇記卷一一二鄂州嘉魚縣下作「西南」，此「東」乃「西」字之誤，今據改。

〔一七六〕八　馮注：「浙本作『七』。」今按：吳本、宋史卷八八地理志鄂州寶泉監下亦作「七」。

〔一七七〕元年　輿地紀勝卷七七德安府引九域志作「二年」。

〔一七八〕四　馮注：「浙本作『二』。」

〔一七九〕一　馮注：「浙本作『二』。」

〔一八〇〕五　馮注：「江浙本俱作『三』。」今按：吳本、周本亦作「三」。

〔一八一〕太平興國二年改汊川縣爲漢川　輿地紀勝卷七九漢陽軍漢川縣下引皇朝郡縣志：「皇朝改汊川爲義川縣，太平興國二年避太宗諱，改曰漢川縣。」

〔一八二〕州北一百八里　馮校：「案通鑑卷二百八十二注云：應山，『唐屬安州。九域志，在州北一百八十里。』……又通鑑卷二百三十一注引志文作應山『在隨州北一百八里』。以應山屬隨州，則顯是誤也。」又云：「案前據通鑑卷二百八十二注引志文作『一百八十里』，今考太平寰宇記亦作『一百八十里』，而元和郡縣志則固云縣南至州一百八里也。又前據通鑑卷二百三十一注引志，誤以應山屬隨州。考王伯厚通鑑地理通釋云：『武陽、黃峴二關在安州應山縣。』自注：『今屬隨州。』蓋宋南渡後，已無應山（見宋史地理志），其地或入隨州，胡氏亦可隨便舉之。然北宋隨州在安州西北一百五十里（此據本志隨州界言之），而應山在隨州之東南一百三十里，南至德安府（即安州）城一百八十里（此據方輿紀要），則應山實不在隨州之北，且其語又何以復係之九域志也，當再考。」今按：輿地紀勝卷八三隨州應山縣下云：「唐屬安州，嘉定十二年改隸。」則北宋時，應山縣仍屬安州。資治通鑑卷二三一注引九域志：「應山縣，在隨州北一百八里。」所記之「隨州」，當爲「安州」之誤。

〔一八三〕太平北舊二鎮　馮校：「案通鑑卷二百八十二注云：九域志大化鎮屬應山縣。此鎮無名大化者，疑有誤。」今按：宋會要食貨二二之一五安州有太平鎮、北舊鎮，馮説誤。

〔一八四〕建隆四年　宋會要方域六之三四常德府下同，輿地紀勝卷六八、宋史卷八八地理志常德府下俱作「乾德二年」。

〔一八五〕枉水　「枉」，底本作「杜」。馮校：「錢本『杜』作『枉』。集梧案太平御覽引湘州記曰：『枉山在郡東十七里，有枉水出焉，山西有溪，溪口有小灣，謂之枉渚，山上有楚祠存焉。』方輿勝覽楚詞云：『朝發枉渚，夕宿辰陽。』亦謂此也。此『杜』字誤。」今按：太平寰宇記卷一一八朗州武陵縣枉山下所記與太平御覽同，輿地廣記卷二七鼎州武陵縣列有枉渚。輿地紀勝卷六八常德府：「枉水，元和郡縣志，出武陵縣南蒼山，名曰枉渚。」馮説是，據改。

〔一八六〕西南至本州界八十九里自界首至辰州三百一十里　「八十」，盧本作「八百」。太平寰宇記卷一一八澧州：「西南至辰州一千三十八里。」則與盧本所記總里數相近。

〔一八七〕二百七十　馮注：「江浙本俱作『七百三十』。」今按：周本亦作「七百三十」，吳本別作「七百五十」。

〔一八八〕簟一十領　賓退録卷一〇引元豐九域志土貢：「簟四十一領，永静、蘄、睦、饒各一十領，澧一領。」本志永静軍、蘄州、睦州、饒州所列簟數皆符，唯澧州不合。此「一十」之「十」蓋爲衍文。

〔一八九〕大浮山　「大」，底本作「天」。盧本作「大」。太平寰宇記卷一一八、輿地廣記卷二七、文獻通考卷三一九輿地考澧州澧陽縣下俱有大浮山。此「天」乃「大」字之誤，今據改。

〔一九〇〕□水　太平寰宇記卷一一八澧州石門縣：「漊水出此邑界。」輿地廣記卷二七澧州石門縣：「有漊水、渫水。」此闕文蓋爲「漊」或「渫」字。

〔一九一〕索口　「口」，底本作「石」。宋會要方域一八之一六：「索口寨，在澧州慈利縣，天禧二年置。」同書食貨二二之二五、武經總要前集卷二〇皆作「索口」。此「石」乃「口」之誤，今據改。

〔一九二〕東京一千六百里　「一」，馮注：「江本作『二』。」今按：影宋鈔本、吳本、盧本、周本俱作「一」。太平寰宇記卷一四七峽州：「東北至東京一千六百里。」江本誤。

〔一九三〕四　馮注：「江浙本俱無此字。」

〔一九四〕二千六百　「二」，馮注：「江浙本俱作『一』。」今按：吳本、周本亦作「一」。「百」，吳本作「十」。

〔一九五〕三　吳本作「二」。

〔一九六〕有佷山長陽溪　「佷」，底本作「很」。盧本作「狼」。馮校：「錢本『佷』作『狼』。集梧案漢書地理志武陵郡佷山，『孟康曰：音恆，出藥草恆山。』舊唐書地理志長陽：『漢佷山縣，屬武陵郡。隋改長陽，以溪水爲名，屬荆州。貞觀八年屬硤州。』考說文、玉篇、廣韻皆有『很』字，無『佷』字。後漢書蔡邕傳：董卓多自佷用，章懷太子亦無音釋，似當卽『很』字。然二漢晉宋齊舊唐地志及水經注，字並作『佷』，則作『很』者非，而『狼』字又爲『佷』字之誤也。又新舊唐書地志，長陽縣字皆作『陽』，而隋志自作『楊』，水經注夷水編，長楊溪亦作『楊』。太平寰宇記，縣作『長陽』，其下『長楊』字凡四見，又俱作『楊』。文獻通考縣亦作『楊』，兼云有佷山。胡朏明禹貢錐指云：長陽在夷陵州西南八十里，本漢佷山縣，隋更名長楊，唐改『楊』爲『陽』，其故城即今治縣南七十里廢巴山縣，即古捍關。」今按：輿地廣記卷二七峽州長陽縣下亦作「佷山」，馮説是，據改。太平寰宇記卷一四七峽州長陽縣、長陽溪，並作「陽」，馮氏引誤。又據太平寰宇記卷一四七峽州及清嘉慶重修一統志卷三五〇宜昌府記，隋唐長陽縣即今長陽縣，而廢巴山縣在今長陽縣西南七十里，胡氏禹貢錐指誤。

〔一九七〕東至本州界一百三十七里自界首至鄂州三百七十里　馮校：「案通鑑卷二百六十四注引志文作巴陵東至鄂州三百五十里。」今按：資治通鑑卷二六四注引九域志原文作「東北」，馮氏引文「東」下脱「北」字。又本志岳州下文云：「東北至本州界一百三十里，自界首至鄂州三百二十里。」以方向「東北」而言，上引通鑑注引志文，應指岳州。

〔一九八〕西北至本州界一百二十五里自界首至江陵府二百九十五里　資治通鑑卷二六九注引九域志：「自岳州西北至荊南四百三十里。」按：荊南即指江陵府。

〔一九九〕公田　馮校：「案通鑑卷二百七十六：敗楚兵於白田，注云：『岳州巴陵縣有白田鎮。』此『公田』疑是『白田』之誤。」今按：宋會要食貨一六之一四、食貨二二之一六俱載岳州有公田鎮，馮説誤。

〔二〇〇〕七　馮注：「江本作『六』。」

〔二〇一〕有城陵山大江　底本「山」、「大」二字原闕。盧本作「城陵山大江」，文獻通考卷三一九輿地考岳州臨湘縣下同，今據補。

〔二〇二〕州西南二百二十六里　馮校：「案通鑑卷二百九十一注引志文作『一百二十六里』。」今按：讀史方輿紀要卷八〇常德府沅江縣：「東北至岳州府二百二十里。」所記里數與本志僅差六里，則資治通鑑注引九域志之「一百」，必爲「二百」之誤。

〔二〇三〕上　吴本、周本俱作「下」，輿地廣記卷二八、輿地紀勝卷七四、宋史卷八八地理志歸州同。

〔二〇四〕十　馮注：此下「江本有『一』字」。

〔二〇五〕六　馮注：「江浙本俱作『七』。」今按：吴本、周本亦作「七」。

〔二〇六〕一　馮注：「浙本作『二』。」

〔二〇七〕四　吴本作「五」。

〔二〇八〕五　馮注：「浙本無此字。」

〔二〇九〕客三千二百四十四　「三千」，周本作「二千」，盧本無「二百四十四」字。

〔二一〇〕壺頭山　底本作「壺頭」。盧本作「壺頭山」，輿地廣記卷二八、文獻通考卷三一九輿地考辰州沅陵縣下同，今據補「山」字。

〔二一一〕州東南　北宋辰州治沅陵縣，即今沅陵縣；辰溪縣即今辰溪縣，其地在沅陵縣南偏西。此「東南」之「東」乃衍文，或爲「西」字之誤。

〔二一二〕九十　周本作「九十五」。

〔二一三〕熙寧七年收復溪峒黔衡古顯敍峽中勝富嬴繡允雲洽俄奬晃波宜十七州　「十七州」與實數十八不符，此處疑有誤。

〔二一四〕十　馮注：此下「江浙本俱有『七』字」。

〔二一五〕二　馮注：「浙本作『一』。」

〔二一六〕一百五十　馮注：「浙本作『二百三十』。」

〔二一七〕熙寧七年以唐敍州潭陽縣地置盧陽縣　馮校：「案潭陽縣，各本俱作『漳陽縣』，今據唐書地理志改。」今按：影宋鈔本、吳本、周本俱作「潭陽縣」。宋會要方域六之三六：「盧陽縣，熙寧七年以敍州潭陽縣地置。」輿地紀勝卷七一沅州盧陽縣下引國朝會要同，馮説是。

〔二一八〕奬州　「奬」，底本作「蔣」。本志前文沅州下記：「即唐敍、錦、奬州地置州。」宋會要方域六之三六同。輿地廣記卷二八沅州盧陽縣：「奬州鋪，即唐奬州也。」輿地紀勝卷七一同。今據改。

〔二一九〕义溪　「义」，宋史卷八八地理志沅州麻陽縣下作「叉」。

〔二二〇〕苞茅山　「茅」，底本作「芽」。馮校：「案元和郡縣志麻陽縣：苞茅山有刺而三脊（語有脫文），在縣西南八百三十五里。方輿紀要作在縣東北十里，產茅三脊，可以縮酒。此『芽』字誤。」今按：盧本作「茅」，輿地紀勝卷七一沅州同，馮説是，據改。又元和郡縣志卷三〇辰州麻陽縣下載苞茅山在縣西南三百五十里，而記三山谷在縣西南八百三十五里，馮氏引誤。

〔三一〕木州　「木」，底本作「本」。盧本作「木」，宋史卷八八地理志沅州黔陽縣下同。此「本」乃「木」字之誤，今據改。

〔三二〕竹灘一鋪　「灘」，底本作「攤」。影宋鈔本、盧本俱作「灘」，宋會要方域一八之二三、宋史卷八八地理志沅州下同。讀史方輿紀要卷八一沅州黔陽縣托口寨：「竹灘堡在縣南二十里，宋熙寧中置鋪于此。」此「攤」乃「灘」字之誤，今據改。

〔三三〕十　馮注：此下「江浙本俱有『五』字」。

〔三四〕雞公　「雞」，馮注：「江浙本俱作『灘』。」今按：影宋鈔本、吳本、盧本、周本俱作「雞」，續資治通鑑長編卷三三一元豐五年十一月己丑下同，江浙本誤。

〔三五〕六百　馮注：此下「江浙本俱有『五十』字」。今按：盧本、周本亦有「五十」字，吳本有「五十二」字。

〔三六〕斑白絹　「絹」，底本作「紬」。吳本、周本俱作「絹」，賓退録卷一〇引元豐九域志土貢同，此「紬」乃「絹」字之誤，今據改。

〔三七〕渠陽縣地置軍　續資治通鑑長編卷四〇三：元祐七月辛酉，「改誠州爲渠陽軍」。皇宋十朝綱要卷一一、宋史卷八八地理志靖州皆記:元祐二年改誠州爲渠陽軍。此云「渠陽縣地置軍」,當指此事,時實在元豐九域志成書之後,故疑此句爲後世所竄入。

〔三八〕狼江木　宋史卷八八地理志靖州下作「狼江」。

九域志卷第七

成都府路

梓州路

成都府路

乾德三年平兩川，併爲西川路。開寶六年〔一〕分峽路。咸平四年分益、梓、利、夔四路。嘉祐四年以益州路爲成都府路。府一，州一十二，監一，縣五十八。

次府，成都府，蜀郡，劍南西川節度。唐成都府，〔二〕劍南西川節度。皇朝太平興國六年降爲益州，罷節度。端拱元年復爲成都府，劍南西川節度。淳化五年復爲益州。嘉祐四年復升爲府。六年復爲劍南西川節度。治成都、華陽二縣。

地里。東京三千七百里。東至本府界六十五里，自界首至簡州八十五里。西至本府界八十二里，自界首至茂州三百九十五里。南至本府界五十五里，自界首至眉州一百二〔三〕十五里。北至本府界七十五里，自界首至漢州二十里。東南至本府界一百三十五里,自界首至陵井監七十里。西南至本府界五十五里,自界首至邛州九十五里。東北至本府界八十八里,自界首至懷安軍七十二里。西北至本府界七十六里,自界首至彭州九里。

戶。主一十一萬九千三百八十八,客四萬九千七百一〔四〕十。

土貢。花羅六匹,錦三匹,高紵布一十匹,雜色牋〔五〕五百張。

縣九。天聖四年改靈池縣爲靈泉。熙寧五年省犀浦縣爲鎮入郫,廢陵州,以貴平、籍縣爲鎮入廣都。

次赤,成都。一十六鄉。沲江、蠶此〔六〕二鎮。有武擔山、大江、都江。

次赤,華陽。八鄉。均審一鎮。〔七〕有宋興山、笮江。

次畿,新都。府北四十五里。一十六鄉。彌牟、〔八〕軍屯二鎮。有繁陽山、赤岸山、毗橋水。

次畿,郫。府西四十五里。一十四鄉。犀浦、馮街、〔九〕雍店三鎮。有平樂山、岷江、郫江。

次畿,雙流。府南四十里。一十七鄉。有宜城山、牛飲水。

次畿,温江。府西南五十里。一十鄉。全節、安國二鎮。有温江、皂水。〔一〇〕

次畿,新繁。府西北五十六里。二十八鄉。河屯、〔一一〕清流二鎮。有都江。

次畿,廣都。府南四十五里。〔一二〕二十二〔一三〕鄉。招攜、木馬、籍、麗江四鎮。有丹砂山、導江。

次畿,靈泉。府東五十里。一十五鄉。洛帶、王店、小東陽三鎮。有武侯山、綏江、靈泉池。

上,眉州,通義郡,防禦。至道二年升防禦。治眉山縣。

地里。東京三千六百八十里。東至本州界三十五里，自界首至陵井監五十里。西至本州界九十五里，自界首至嘉州一百二十里。南至本州界一百里，自界首至嘉州五十里。北至本州界八十里，自界首至蜀州九十里。東南至本州界八十七里，自界首至嘉州九十六里。西南至本州界九十里，自界首至嘉州七十里。東北至本州界三十一里，自界首至陵井監五十二里。西北至本州界七十里，自界首至邛州七十里。

户。主四萬八千一百七十九，客二萬七千九百五十。

土貢。麩金五兩，巴豆一斤。〔一四〕

縣四。太平興國元年改通義縣爲眉山。淳化四年以洪雅縣隸嘉州。

望，眉山。二十鄉。龍安、多悦、魚蛇、〔一五〕石佛、思濛、金流六鎮。有白獸山、導江。

望，彭山。州北四十里。一十九鄉。永豐、鑾回、黄龍、福化四鎮。有北平山、導江。

望，丹稜。州西六十五里。七鄉。東館、栅頭、蟠鼇、青倚四鎮。買茶一場。有龍鶴山、思濛水。

緊，青神。州南六十五里。四鄉。長泉、歸德、賴母、胡瀼四鎮。有慈母山、導江、青衣水。

緊，蜀州，唐安郡，軍事。治晉原縣。

地里。東京三千八百里。東至本州界四十五里，自界首至成都府五十五里。西至賢宫山二百五十里。南至本州界二十里，自界首至邛州五十里。北至本州界五十五里，自界首至茂州三百六十六里。東南至本州界九十里，自界首至眉州八十五里。西南至本州界二十里，自界首至邛州六十里。東北至本州界三十里，自界首至成都府七十里。西北至本州界五十五里，自界首至茂州三百四十六里。

户。主六萬五千五百九十九，客一萬三千三百二十八。

土貢。春羅四匹，單絲羅一十匹。

縣五。乾德四年以青城縣隸永康軍。開寶四年改唐興縣爲江源。熙寧五年廢永康軍，以永康、青城二縣復隸州。

望，晉原。二十五鄉。洞口一鎮。有鶴鳴山、斜江。

望，新津。州東南七十里。一十五鄉。新穿、方井二鎮。有天社山、皁江。

望，江源。州東南三十里。二十鄉。金馬、萬集二鎮。有郪江。〔一六〕

望，永康。州西五十里。八鄉。新渠一鎮。一茶場。有天國山、味江。

望，青城。州北五十里。一十五鄉。陶壩、味江、堋市、〔一七〕白江四鎮。青城、味江二茶場。有青城山、大江。

緊，彭州，濛陽郡，軍事。治九隴縣。

地里。東京三千五百八十七里。東至本州界四十六里，自界首至漢州一十五里。西至本州界九十三里，〔一八〕自界首至茂州三百七十里。南至本州界一十六里，自界首至成都府七十六里。北至本州界三十六里，自界首至漢州七十五里。東南至本州界一十三〔一九〕里，自界首至成都府七十二里。西南至本州界七十八里，自界首至蜀州九十七里。

東北至本州界四十六里，自界首至漢州二十里。西北至茂州山八十里。

户。主五萬七千四百一〔一〇〕十八，客一萬四千九百九十九〔一一〕。

土貢。羅一十匹。

縣四。乾德四年以導江縣隸永康軍。開寶四年改唐昌縣爲永昌縣。熙寧二年置堋口縣，四年省爲鎮入九隴；五年廢永康軍爲寨，以導江縣還隸；七年廢永康寨，九年復即導江縣治置永康軍使。

望，九隴。三十鄉。堋口、木頭二鎮。鹿角一寨。堋口、木頭二茶場。有九隴山、廣濟江。

望，永昌。州西二十六里。〔一二〕二十三鄉。一茶場。有昌化山、都江。

望，濛陽。州東三十一里。一十四鄉。有羅江、湔濛水。

望，導江。州西七十五里。〔一三〕二十鄉。導江、蒲村、唐興三鎮。導江、蒲村二茶場。一礬場。有玉壘山、大江。

上，綿州，巴西郡，軍事。治巴西縣。

地里。東京三千五百里。東至本州界一百三十五里，自界首至劍州二百二十二里。西至本州界一百七十里，自界首至茂州二百一里。南至本州界一百二十里，自界首至梓州一百四十八里。北至本州界一百四十四里，自界首至龍州七十五里。東南至本州界三十七里，自界首至梓州一百里。西南至本州界一百五里，自界首至漢州八十四里。東北至本州界九十四里，自界首至劍州二百里。西北至本州界一百五十里，自界首至龍州一百二十二〔一四〕里。

户。主二十萬六千六十四，客一萬七千八十五。

土貢。綾五匹，紵布一十匹。

縣八。熙寧五年省西昌縣爲鎮入龍安，九年以茂州石泉縣隸州。

望，巴西。二十二鄉。鍾陽、奉濟、寧埧、袁村、龍門五鎮。有富樂山、羅江、涪水。

望，彰明。州北七十一里。二十鄉。龍飲、西流、興教、雙流、慶興、長江、天廚〔二五〕七鎮。一茶場。有靈臺山、涪水、廉水。

緊，魏城。〔二六〕州東六十五里。一十鄉。龍溪、太平、青渠、萬全四鎮。有白陶山、〔二七〕安西水。

緊，羅江。州南七十里。一十鄉。黃鹿、金山、石湅三鎮。有金山、〔二八〕羅江、則水。

上，神泉。州西北八十五里。一十鄉。石城一鎮。石闕一寨。有通化山、神泉、綿水。

上，龍安。州西北九十四里。二十四鄉。西昌、保國、龍穴、香溪四鎮。三盤一寨。一茶場。有龍安川、長江水。

中，鹽泉。州東一百二十里。五鄉。石羊、石匙二鎮。有五層山。〔二九〕

下，石泉。州西二百四十四里。三〔三〇〕鄉。石門一鎮。有石城山。

上，漢州，德陽郡，軍事。治雒縣。

地里。東京三千五百二十六里。東至本州界三〔三一〕十二里，自界首至梓州一百五十里。西至本州界三十里，自界首至懷安軍七十里。南至茂州山二百二十五里。〔三三〕北至綿州山一百三〔三三〕十一〔三四〕里。東南至本州界五十二里，自界首至梓州一百三十八里。西南至本州界二十里，自界首至成都府七十五里。東北至本州界八十四里，自界首至綿州一百五里。西北至本州界一十五里，自界首至彭州四十六里。

户。主六萬一千六百九十七，客一萬六千八百四十三。〔三五〕

土貢。紵一十匹。

縣四。乾德五年以金堂縣隸懷安軍。

望，雒。二十鄉。白坳、高田、連山〔三六〕三鎮。有銅官山、雒水、綿水。

望，什邡。州西北四十里。二〔三七〕十三鄉。王村、馬腳、吉陽、楊場四鎮。〔三八〕買茶一場。有洛通山、〔三九〕綏江。

望，綿竹。州東北九十三里。一十七鄉。石碑、新巴、〔四〇〕孝泉、高平、普潤五鎮。買茶一場。有紫巖山、鹿堂山、綿水。

望，德陽。州東北八十五里。一十三鄉。柏杜、〔四一〕略坪、靈龕三鎮。有浮中山、〔四二〕綿水。

上，嘉州，犍爲郡，軍事。唐中都督。皇朝乾德元年爲上州。治龍游縣。

地里。東京三千九百五十里。東至本州界二百里，自界首至榮州一百里。西至本州界二百里，自界首至雅州六十里。南至本州界一百八十里，自界首至戎州一百四十里。北至本州界五十里，自界首至眉州一百里。東南至本州界一百八十里，自界首至戎州一百四十里。西南至嶲州五百九十五里。東北至本州界九十里，自界首至陵井監一百里。西北至本州界二百里，自界首至雅州六十里。

户。主一萬七千七百二十，客五萬二千八百二十六。

土貢。麩金六兩。

縣五。乾德四年省綏山、羅目二縣爲鎮入峩眉，玉津縣爲鎮入犍爲。淳化四年以眉州洪雅縣隸州。熙寧五年省平羌縣爲鎮入龍游。

上，龍游。一十四鄉。符文、蘇稽、安國、平羌四鎮。有青衣山、熊耳峽山、導江、沫水。

上，洪雅。州西北一百三十里。〔四三〕一十四鄉。永安、止戈、隴袁、回鑾、安和五鎮。買茶一場。有牛仙山、雅江。

中，夾江。州西北七十里。五鄉。弱漹一鎮。有平羌山、雅江。

中，峩眉。州西九十里。九鄉。羅目、合江、邁東、綏山、南村五鎮。〔四四〕有峩眉山、大渡河。

下，犍爲。州東南一百二十里。八鄉。懲非、玉津二鎮。有沈犀山、導江。

監一。景德二年置，鑄鐵錢。

豐遠。州北五十步。

上，邛州，臨邛郡，軍事。治臨邛縣。

地里。東京三千九百里。東至本州界五十里，自界首至成都府一百一十里。西至本州界一百四十里，自界首至雅州一百二十里。南至本州界八十五里，自界首至眉州八十五里。北至本州界五十里，自界首至蜀州二十里。東南至本州界七十里，自界首至眉州七十里。西南至本州界六十里，自界首至雅州一百里。東北至本州界六十里，自界首至蜀州二十里。西北至羈縻塗州二百三十里。

户。主六萬三千四十九，客一萬七千八十一。

土貢。絲布一十四。

縣六。熙寧五年省臨溪縣爲鎮入臨邛。

望，臨邛。一十鄉。臨溪、夾門二鎮。有臨邛山、邛池。

望，依政。州東南五十里。一十鄉。壽安、故驛二鎮。有意悚山、蒲江。

望，安仁。州東北三十八里。一十二鄉。後田、沙渠、頭泊三鎮。延貢一寨。有斜江。

望，大邑。州東北四十〔四五〕里。一十鄉。永安一鎮。思安一寨。大邑、思安二茶場。有鶴鳴山、斜江。

上，蒲江。州東南六十五里。六鄉。合水、西界二鎮。鹽井一寨。鹽井一監。有金釜山、蒲江。

中，火井。州西六十二里。六鄉。平樂一鎮。火井一茶場。有孤石山、火井。

監一。咸平四年置，鑄鐵錢。

惠民。州南六十里。

上，黎州，漢源郡，軍事。唐下都督。皇朝乾德元年爲上州。治漢源縣。

地里。東京四千三百六十里。東至衡天山一百里。西至飛越山二百里。南至大渡河一百里。北至本州界七十里，自界首至雅州二百三〔四六〕十里。東南至大渡河一百二十里。西南至大渡河三百里。東北至飛水山二百五十里。西北至畫崖山二百里。

戶。主一千七百九十七，客九百一十五。

土貢。紅椒三十斤。

縣一。慶曆七年省通望縣爲鎮入漢源。

下，漢源。五鄉。漢源、通望、永安、大渡、淨浪、安靜、西漢池七鎮。有飛越山、大渡河、漢水。

上，雅州，盧山郡，軍事。唐下都督。皇朝乾德元年爲上州。治嚴道縣。

地里。東京四千二十里。東至本州界六十里，自界首至嘉州二百五十〔四七〕里。西至羈縻羅巖州三百七十里。〔四八〕南至本州界二百三十里，自界首至黎州七十里。北至本州界一百五十里，自界首至邛州一百二十里。東南至本州界一百里，自界首至嘉州二百一十里。西南至本州界一百八十里，自界首至黎州六十里。東北至本州界一百里，自界首至邛州六十里。西北至陵關鎮蕃部〔四九〕四百六十里。

戶。主一萬三千四百六十一，客九千五百二十六。

土貢。麩金五兩。

縣四。熙寧五年省百丈縣爲鎮入名山。

中，嚴道。六鄉。始陽、和川二鎮。碉門一寨。有嚴道山。

上，盧山。州西北八十里。四鄉。靈關一寨。〔五〇〕一茶場。有盧山。

中，名山。州東北四十里。九鄉。百丈、車領二鎮。名山、百丈二茶場。有蒙頂山、名山水。

中下，榮經。州西南一百一十里。三鄉。一茶場。有榮經水。

場一。熙寧九年置。

茶。州城内。

上，茂州，通化郡，軍事。唐下都督。皇朝乾德元年爲上州。治汶山縣。

地里。東京四千一百里。東至綿州山五十里。西至羈縻霸州一百五十里。南至本州界三百七十里，自界首至彭州九十二里。北至羈縻翼州七十五里。東南至彭州山三十里。西南至威州山六十里。〔五一〕東北至三溪口五里。西北至黄崖關一十五里。

户。主三百一十八，客二百三十九。

土貢。麝三兩。

縣二。熙寧九年卽汶川縣治置威戎軍使，以石泉縣隸綿州。

下，汶山。一鄉。有汶山、龍泉山、岷江。

下，汶川。州南一百里。一鄉。牛溪一鎮。〔五二〕有玉壘山、汶山。

寨一。熙寧九年置。

鎮羌。州南四十里。

關一。熙寧九年置。

雞宗。州南四十二里。

下，簡州，陽安郡，軍事。治陽安縣。

地里。東京三千七百里。東至本州界九十五里，自界首至普州一百三十里。西至本州界九十里，自界首至陵井監六十里。南至本州界二〔五三〕十八里，自界首至資州一百九十八里。北至本州界八十五里，自界首至成都府六十五里。東南至本州界九十二里，自界首至梓州二百五十八里。西南至本州界六十九里，自界首至陵井監七十里。東北至本州界三十一里，自界首至懷安軍五十五里。西北至本州界七十里，自界首至成都府一百三〔五四〕十五里。

戶。主三萬二千六百三十八，客七千五百七十六。

土貢。綿紬二十匹，麩金五兩。

縣二。乾德五年以金水縣隸懷安軍。

上，陽安。一十一〔五五〕鄉。江南、儒靈、〔五六〕湧泉、飛鸞、白馬、崇德、甘泉、懷仁、太平九鎮。有銅官山、中江、絳水。

中，平泉。州西南五十里。八鄉。乾封、和興、安仁、永寧、貴平、牛鞞六鎮。有平泉山、絳水。

下，威州，維川郡，軍事。唐維州。皇朝景祐三年改威州。治保寧縣。

地里。東京四千三百六十九里。東至本州界一百三十里，自界首至茂州九十里。西至羈縻悉州二百三十里。南至雪嶺二百六十里。北至羈縻翼州一百三十里。東南至鋪頭村六十里。西南至大風流一〔五七〕百二十里。東北至弄里二百二十里。西北至弄悉鷩一百三十里。

户。主一千二百八十六，客三百八十三。〔五八〕

土貢。羌活、當歸各一十斤。

縣二。天聖元年改通化縣爲金川，景祐四年復舊。治平三年卽縣治置通化軍使。

下，保寧。四鄉。有姜維山、定廉山、沲江。

下，通化。州東一百三十里。有蜀山。

同下州，陵井監。唐陵州。皇朝淳化三年〔五九〕升團練州。熙寧五年廢爲監。治仁壽縣。

地里。東京三千七百里。東至本監界六十里，自界首至眉州三十五里。南至本監界一百九十七里，自界首至榮州七十五里。北至本監界九十里，自界首至成都府一百一〔六〇〕里。東南至本監界一百四十七里，自界首至榮州一百八十九里。西南至本監界一百三十九里，自界首至嘉州一百五十一里。東北至本監界七十里，自界首至簡州六十九里。西北至本監界五十二里，自界首至眉州三十一里。

户。主三萬一千九百九，客一萬五千四百一十九。

土貢。續隨子、苦藥子〔六一〕各三斤。

縣二。咸平四年省始建縣爲鎮入井研。熙寧五年省貴平、籍二縣入成都府廣都縣。

中，仁壽。一十二鄉。賴鑊、歸安、三溪、高橋、石馬、永安、米市、唐福、新市九鎮。有三隅山、陵井、仁壽水。

中下，井研。監西南一百里。四鄉。賴藕、賴漫、〔六二〕始建、賴社、賴玉〔六三〕五鎮。有鐵山、研井。

井一。

鹽。監東三百步。

梓州路

州一十一，軍二，監一，縣四十九。

緊，梓州，梓潼郡，劍南東川節度。唐劍南東川節度。皇朝乾德四年改静戎軍。太平興國三年改安静軍。端拱二年復劍南東川節度。治郪縣。

地里。東京三千六百里。東至本州界二百里，自界首至果州一百五十六里。西至本州界一百五十五里，自界首至漢州五十里。南至本州界一百三十八里，自界首至普州一百九十四里。北至本州界一百六十二里，自界首至劍州二百六十里。東南至本州界一百八十六里，自界首至遂州六十四里。西南至本州界二百二十四里，自界首至簡州九十四里。東北至本州界一百三十六里，自界首至閬州一百七十三里。〔六四〕西北至本州界一百九里，自界首至綿州三十七里。

户。主五萬八千七百七，客二萬二千四百六十四。

土貢。白花綾一十匹，曾青、空青各一十兩。

縣九。乾德四年以舊招葺院置東關縣。〔六五〕大中祥符五年改玄武縣爲中江。

望，郪。九鄉。歷鼻、唐橋、富國、龍谷、富樂、張把、〔六六〕木池、豐饒、監池、〔六七〕雷井、秋林一十一鎮。三十四鹽井。有牛頭山、宜君山、涪江、郪江。

望，中江。州西九十里。九鄉。臨津、〔六八〕吴店、〔六九〕石臼、新安、陽平、〔七〇〕馬橋六鎮。一鹽井。有天柱山、中江。

望，涪城。州西北五十五里。五鄉。南明、新井、鳳溪、高鋪四鎮。二十七鹽井。有涪江。

緊，射洪。州東南六十里。四鄉。豐義、納垻二鎮。一鹽井。有白崖山、梓潼水、射江。

緊，鹽亭。州東九十五里。九鄉。何店、白馬、宕渠、臨江、鵞溪五鎮。六鹽井。有浦泉山、〔七一〕鹽亭水。

上，通泉。州東南一百三十里。一十三鄉。大通、剩隴、〔七二〕赤車、千頃四鎮。三鐵冶。有湧泉山、涪江。

中，飛烏。州西南一百三十五里。三〔七三〕鄉。襲市、賴王、七泉、路口、保安五鎮。〔七四〕五鹽井。有哥郎山、郪江。

中，銅山。州西南九十五里。七鄉。大石、曲木二鎮。一銅冶。有飛烏山、郪江。

中下，東關。州東南一百四十里。三鄉。四鹽井。一鐵冶。有鼓樓山、楊桃溪。

尉司一。熙寧五年省梓州永泰縣爲鎮入鹽亭縣，十年復置尉司。

永泰。州東一百三十里。三鄉。大汁、〔七五〕永豐二鎮。

都督府，遂州，遂寧郡，武信軍節度。治小溪縣。

地里。東京三千八百里。東至本州界四十里，自界首至果州一百里。西至本州界七十九里，自界首至普州一百四十里。南至本州界一百二十里，自界首至合州一百二十里。北至本州界五十五里，自界首至梓州一百五十里。東南至本州界六十四里，自界首至果州八十里。〔七六〕西南至本州界三〔七七〕十九里，自界首至普州六十里。東北至本州界九十四里，自界首至果州一百三十三〔七八〕里。西北至本州界九十五里，自界首至梓州一百六十五〔七九〕里。

户。主三萬一千〔八〇〕六百五十一，客一萬九千五百三〔八一〕十六。

土貢。樗蒲綾二十匹。〔八二〕

縣五。太平興國元年改方義縣爲小溪。熙寧六年省青石縣入遂寧，七年復置。

望，小溪。一十一鄉。白水、白崖、拾傾、昭德、褒善、葉街、穰錫、〔八三〕荆井、石城、閏國一十鎮。有銅盤山、涪江。

望，蓬溪。州東北七十里。一十鄉。利國、仁和、石洞、懷化、義富五鎮。有賓王山、蓬溪。

緊，長江。州北八十里。一十鄉。白土、鳳臺、江店、長灘、客館、趙井六鎮。有明月山、鳳皇川。

緊，青石。州東南五十里。一十鄉。九節、龍會、大張、市河、玉賴岡五鎮。有青石山、涪江。

中，遂寧。州南八十五里。五鄉。柏子、井鼻、萬歲、蒲市〔四〕四鎮。有梵雲山、大安溪。

中，果州，南充郡，團練。僞蜀永寧軍節度。皇朝乾德四年降團練。治南充縣。

地里。東京三千四百一十七里。東至本州界六十里，自界首至廣安軍一百六十里。西至本州界一百五里，自界首至梓州一百三十五里。南至本州界四十五里，自界首至合州一百四十里。北至本州界九十里，自界首至閬州一百四十里。東南至本州界二十五里，自界首至廣安軍一百四十五里。西南至本州界一百一十五里，自界首至遂州九十里。東北至本州界一百三十里，自界首至蓬州九十五里。西北至本州界七十里，自界首至閬州七十五里。

户。主三萬八千三百三十三，客一萬四千八十五。

土貢。絲布一十匹，天門冬一十斤。

縣三。開寶二年以岳池縣隸廣安軍。熙寧六年省流溪縣爲鎮入南充。

望，南充。一十四鄉。曲水、溪頭、羅獲、長樂、龍門、儒池、板橋、龍合、瀘溪、善樂、琉璃、彭城、流溪、安福、小就、旧富、景店、華池一十八鎮。有果山、嘉陵江。

望，西充。州西北七十里。五鄉。大陵、油井、〔八五〕小陵、〔八六〕車隴、義合、西太平、洛陽、富安、小鼠九鎮。有西充山、西溪水。

上，相如。州東北八十五里。五鄉。七盤、方山、登井、三溪、永歎、太平、琴臺、永安八鎮。有龍角山、嘉陵江。

上，資州，資陽郡，軍事。治磐石縣。

地里。東京三千五〔八七〕百里。東至本州界一百九十八里，自界首至昌州三十里。西至本州界一百四十八里，自界首至陵井監八十九里。南至本州界五〔八八〕十四里，自界首至榮州一百八里。北至本州界七十里，自界首至普州一百里。東南至本州界六十五里，自界首至榮州八十四里。西南至本州界一百三十八里，自界首至陵井監一百二十二里。東北至本州界一百里，自界首至普州八十里。西北至本州界一百九十八里，自界首至簡州二十八里。

户。主一萬七千八百七十九，客二萬一千五百八十六。

土貢。麩金五兩。

縣四。乾德五年省月山、丹山、銀山三縣爲鎮入磐石，清溪縣入内江。熙寧六年以磐石縣趙市鎮隸内江。

緊，磐石。一十六鄉。丹山、南端、〔八九〕月山、鼓樓、賴胥、賴磐、小石同、銀山、栗林、銅鼓一十鎮。一十八鹽井。一鐵冶。有磐石山、〔九〇〕中江。

緊，資陽。州西北一百二十里。四〔九一〕鄉。三江、賴博、賴琬三鎮。有獨秀山、資水。

中下，龍水。州西一百四十五里。五鄉。白土、賴社、〔九二〕東津、龍吉、賴闕五鎮。有龍水。

下，内江。州東九十八里。一十二鄉。椑木、賈市、全信、永安、安仁、櫸溪、趙市七鎮。六十六鹽井。有資江、中江。

上，普州，安岳郡，軍事。治安岳縣。

地里。東京三千五百三十里。東至本州界一百五十里，自界首至昌州二十五里。西至本州界一百三十里，自界首至簡州九十里。南至本州界七十里，自界首至資州七十五里。北至本州界一百四十里，自界首至梓州二百里。東南至本州界一百里，自界首至合州一百二十里。西南至本州界七十里，自界首至資州七十五里。東北至本州界六十一里，自界首至遂州三十九里。西北至本州界一百五里，自界首至簡州七十五里。

户。主九千一百二十二，客二萬三百七十八。

土貢。葛一十四，天門冬一十斤。

縣三。乾德五年省普康縣爲鎮入安岳，〔九三〕崇龕縣爲鎮入安居，普慈縣爲鎮入樂至。

中下，安岳。一十二〔九四〕鄉。楊仙、龍臺、六井、大瀘、灘流、通賢、小安、張康、賴欽、〔九五〕喜井、栗子、〔九六〕普康、白崖、賴姑、〔九七〕清流、龍歸〔九八〕一十六鎮。有安岳山、岳陽溪。

下，安居。州北七十里。九鄉。安居、韓朋、〔九九〕仁風、崇龕、茗山、龍歸、永安、永寧八鎮。有隆龕山、安居水。

下，樂至。州西一百八里。八鄉。三會、普慈、羅溪、日富、〔一〇〇〕石湍、永興、永勝、婆渝〔一〇一〕八鎮。有婆娑山、樂至池。

上，昌州，昌元郡，軍事。唐中都督。皇朝乾德元年爲上州。治大足縣。

地里。東京三千六百二十里。東至本州界五十里，自界首至合州一百三十里。西至本州界五十里，自界首至資州一百六十里。南至本州界一百一十里，自界首至渝州一百九十里。北至本州界五十里，自界首至普州九十五里。東南至本州界二百二十里，自界首至渝州一百三十里。西南至本州界一百五十里，自界首至榮州二百里。東北至本州界四十里，自界首至合州一百里。西北至本州界四十五里，自界首至普州一百二〔一〇二〕十里。

户。主五千八百二十二，客二萬八千六百四十一。〔一〇三〕

土貢。絹一十匹，麩金三兩。

縣三。

上，大足。五鄉。大足、龍水、陔山、安仁、永康、河樓灘、劉安、三驅磨、〔一〇四〕獠母城、静南、李店、龍安、米糧一十三鎮。有牛鬬山、大足川。

上，昌元。州西一百里。五鄉。賴川、灘子、〔一〇五〕磑子、清灘、安仁、羅市、小井、安民、龍會、鴨子池、延灘冰、〔一〇六〕磑灘、寶蓋、〔一〇七〕歸仁一十四鎮。有葛仙山、賴波溪。

上，永川。州南一百五十里。五鄉。牛尾、永興、來蘇、侯溪、龍歸、羅市、歡樂、鐵山、咸昌、〔一〇八〕永祥、永昌一十一鎮。有綾錦山、侯溪。

上，戎州，南溪郡，軍事。唐中都督。皇朝乾德元年爲上州。治僰道縣。

地里。東京四千三百五十里。東至本州界一百五十四里，自界首至瀘州一百九十六里。西至本州界二百四十里，自界首至嘉州一百六十里。南至雲南蠻三百里。北至本州界一百五十里，自界首至榮州九十五里。東南至南廣蠻一百八十里。西南至雲南蠻一千里。東北至本州界一百二十里，自界首至富順監六十里。西北至本州界一百里，自界首至榮州四十五里。

户。主一萬二千八百三十三，客四千一百八十六。

土貢。葛一十匹。

縣二。乾德五年省開邊、歸順二縣入僰道。太平興國元年改義賓縣爲宜賓。熙寧四年省宜賓縣入僰道。

中，僰道。八鄉。宜賓、番坦〔一〇九〕二鎮。有黄泉山、蜀江、滇池。

中，南溪。州東南五十二里。一十鄉。登井〔一一〇〕一鹽井。有平蓋山、青衣江、馬湖江。

上，瀘州，瀘川郡，軍事。唐下都督。皇朝乾德元年爲上州。治瀘川縣。

地里。東京五千里。東至本州界三百三里，自界首至渝州四百五十七里。西至本州界一百八十里，自界首至戎州一百四十九〔一一一〕里。南至羈縻納州五百二十七里。北至本州界八十五里，自界首至昌州二百三十里。東南至羈縻納州四百五十里。西南至本州界一百七十七〔一一二〕里，自界首至戎州二百二十二里。東北至本州界二百九十里，自界首至渝州四百五里。西北至本州界一百四十四里，自界首至富順監一百二十九里。

户。主二千六百四十七，客三萬二千四百一十七。

土貢。葛一十匹。

縣三。乾德五年省綿水縣爲鎮入江安，以富義縣隸富順監。

中，瀘川。一鄉。安夷、峽山、赤岸、赤水四鎮。有汶江、瀘江。

中，江安。州西南一百一十五里。一鄉。綿水一鎮。納溪、寧遠、安夷、西寧遠、南田五寨。有方山、綿溪。

中，合江。州東一百二〔二三〕十三里。一〔二四〕鄉。遥壩、青山、安溪、小溪、帶頭、使君六寨。有安樂山、安樂溪。

監二。熙寧八年夷人獻納、長寧等十州土地，隸淯井。

淯井。州西南二百六十三里。

南井。州西七十里。

城一。元豐五年置。

樂共。州西南二百六十里。領江門一寨，鎮溪、梅嶺二堡。

上，合州，巴川郡，軍事。治石照縣。

地里。東京四千里。東至本州界四十里，自界首至渝州一百四十里。西至本州界一百二十五里，自界首至遂州九十五里。南至本州界一百三十里，自界首至昌州三十五里。北至本州界二百里，自界首至果州六十〔二五〕里。東南至本州界四十〔二六〕里，自界首至渝州八十里。西南至本州界一百五十里，自界首至普州八十里。東北至本州界一〔一七〕百二十里，自界首至廣安軍一百三十里。西北至本州界二〔一八〕百二十里，自界首至果州六十里。

户。主一萬八千一十三〔一九〕，客一萬八千六百二十一〔二〇〕。

土貢。白藥子、牡丹皮各五斤。

縣五。乾德三年改石鏡縣爲石照。開寶二年以新明縣隸廣安軍。熙寧四年省赤水縣入銅梁，七年復置。

中，石照。四鄉。雲門、龍會、安境、來灘、來蘇、扶山、銅期、董市、茆城〔二一〕九鎮。有銅梁山。

中，漢初。州北一百四十里。五鄉。羊口、沙溪、〔二二〕新明、龍泉、鶴鳴、太平、新興七鎮。有陵江山、〔二三〕嘉陵江。

中，巴川。州西南一百一十里。七鄉。曲水、〔二四〕雍溪、小羅市、柳溪、銅鼓、高莊、大井、樓灘、小井、樂活、安樂一十一鎮。有小安溪、巴川。

中下，赤水。州西北一百三十里。七鄉。獨柏、長利、小張市、白崖、明山、龍門六鎮。有朝霞山、赤水。

中下，銅梁。州西一百三十里。六鄉。大安、〔二五〕武金、彭市、咸通、石盆、李店、東流、鶯市、大羅、謝市、安居、羊溪一十二鎮。有銅梁山、悦池。

下，榮州，和義郡，軍事。治榮德縣。

地里。東京二千七百七十里。東至本州界一百里，自界首至資州六十里。西至本州界一百五十里，自界首至嘉州五十里。南至本州界六十里，自界首至戎州一百五十里。北至本州界七十里，自界首至陵井監一百五十里。東南至本州界一百五十里，自界首至富順監九十里。西南至本州界八十里，自界首至戎州一百八十里。東北至本州界一百三十里，自界首至資州六十里。西北至本州界六十里，自界首至陵井監一百四十里。

户。主四千九百一十一，客一萬一千七百五十四〔一二六〕。

土貢。斑布一十匹。

縣四。乾德五年〔一二七〕省和義縣入威遠。治平四年改旭川縣爲榮德。〔一二八〕熙寧四年省公井縣爲鎮入榮德。

中下，榮德。五鄉。來蘇、賴遠、公井、水栅四鎮。有榮德山、大牢溪。

中，威遠。州東七十里。二鄉。婆日、龍臺、賴魯、石牛、三望、賴種〔一二九〕六鎮。有鐵山、中江。〔一三〇〕

中下，資官。州西南七十五里。〔一三一〕四鄉。石梯、〔一三二〕賴牟、永吉三鎮。有白崖山、灘斯水。〔一三三〕

中下，應靈。州西一百五十里。二〔一三四〕鄉。三江一鎮。〔一三五〕有應靈水。

下，渠州，鄰山郡，軍事。治流江縣。

地里。東京三千五百九十里。東至本州界九十里，自界首至梁山軍一百里。西至本州界八十里，自界首至果州一百八十三里。南至本州界四十里，自界首至廣安軍八十里。北至本州界五十五〔一三六〕里，自界首至達州一百二〔一三七〕十九里。東南至本州界一百一十三里，自界首至涪州八十三里。西南至本州界四十里，自界首至廣安軍八十五里。東北至本州界九十五里，自界首至達州一百四十九里。西北至本州界七十里，自界首至蓬州一百八十九里。

户。主一萬九〔一三八〕百一十，客九千八百九十四。

土貢。綿紬五匹，實子木二斤。

縣三。開寶二年以渠江縣隸廣安軍。景祐〔一三九〕二年省大竹縣爲鎮入流江。

緊，流江。一十五鄉。馬頭、東觀、水門、〔一四〇〕永安、大竹、新興、岳安、白土、龍臺、鷲溪、蓮荷、龍合、神市、爛灘、〔一四一〕零巴、南陽、南溪、樂川一十八鎮。有宕渠山、流江。

下，鄰水。州東南一百三十〔一四二〕里。二〔一四三〕鄉。鄰水、太平、榮支、長樂、凜圖、廉井、合祿、龍會、樂游、安仁一十鎮。有鄰水。

下，鄰山。州東南二〔一四四〕百里。四鄉。鄰山、巴王、榮山、龍門、沙溪、金山、石船、羅峯、多來、石洞一十鎮。臥牛一鹽井。有鄰山、湿水。〔一四五〕

同下州，懷安軍。乾德五年以簡州金水縣置軍。治金水縣。

地里。東京三千六百二十六里。東至本軍界八十里，自界首至遂州二百一十里。西至本軍界八十五里，自界首至成都府七十里。南至本軍界五十四〔一四六〕里，自界首至簡州三十五里。北至本軍界二十〔一四七〕五里，自界首至梓州一百五十五里。東南至本軍界七十里，自界首至簡州三十里。西南至本軍界五十里，自界首至成都府七十里。東北至本軍界六十里，自界首至梓州一百五十里。西北至本軍界八十五里，自界首至漢州一十五里。

户。主二萬〔一四八〕四千一〔一四九〕百四十一，客三〔一五〇〕千一百八十四。

土貢。紬一十匹。

縣二。乾德五年以漢州金堂縣隸軍。

望，金水。一十三鄉。唐化、三州、常樂、白芀、〔一三一〕三節、柏茂六鎮。有金臺山、中江。

望，金堂。軍西五十〔一三二〕里。一十六鄉。金堂、真多、古城、牟池四鎮。有金臺山、〔一三三〕中江。

同下州，廣安軍。開寶二年以合州濃洄、〔一三四〕渠州新明二鎮置軍。治渠江縣。

地里。東京三千八百里。東至本軍界八十里，自界首至渠州四十里。西至本軍界一百六十里，自界首至果州四十里。南至本軍界一百里，自界首至合州一百里。北至本軍界一百二十里，自界首至渠州六十里。東南至本軍界一百二十里，自界首至合州一〔一三五〕百四十里。西南至本軍界一百五十里，自界首至合州五十里。東北至本軍界一百五十里，自界首至渠州四十里。西北至本軍界一百四十里，自界首至果州六十里。

户。主一萬五百二十一，客一萬四千七百五十一。

土貢。絹五匹。

縣三。開寶二年以合州新明、渠州渠江、果州岳池三縣隸軍。

中，渠江。三鄉。三溪、龍城、化城、望溪、舊龍池、袁市、沙溪、井溪、較車九鎮。有富靈山、渠江。

緊，岳池。軍西北一百二十里。一十一鄉。靈溪、故縣、永勝、冀都、講山、雲山、銀山七鎮。有岳安山、岳池水。

中，新明。軍西南六十里。六鄉。單溪、大通、鹽灘、龍臺、富流、西溪、〔一三六〕甘溪、靈池、雲賓、封山、萍池、和溪、石鼓一十三鎮。有蛇龍山、〔一五七〕嘉陵江。

同下州，富順監。乾德四年以瀘州富義縣地置富義監。太平興國元年改富順。

地里。東京四千七十里。東至本監界一百里，自界首至昌州二百二十里。〔一五八〕西至本監界七十里，自界首至戎州一百八十里。南至本監界一〔一五九〕百二十里，自界首至瀘州一百八十里。北至本監界九十里，自界首至榮州一百一十里。東南至本監界六十里，自界首至瀘州二百二十八里。西南至本監界七十五里，自界首至戎州一百七十三〔一六〇〕里。東北至本監界五十五里，自界首至榮州一百八十五里。西北至本監界七十里，自界首至榮州三〔一六一〕十里。

户。主二千九百九十一，客八千一百九十三。

土貢。葛一十匹。

鎮一十三。治平元年置富順縣，熙寧元年廢。

戰井。監東四十里。

𡽀井。監東六十三里。〔一六二〕

方灘。監東六十里。

羅井。監東八十里。

新柵。監東一〔一六三〕百里。

真溪。監西五十里。〔一六四〕

臨江。監西五十里。

鄧井。監西五十里。

鼓井。監西六十里。

賴井。〔一六五〕監西八十里。

茆頭。監西九十里。

賴易。監西一百里。

高市。監北七十里。

井一。

鹽井。監西□十里。〔一六六〕

校勘記

〔一〕六年　玉海卷一八同，宋會要方域七之一作「四年」。

〔二〕唐成都府　底本「府」字原闕，今據新唐書卷四二地理志、宋會要方域五之六補。

〔三〕二　馮注：「浙本作『三』。」

〔四〕一　馮注：「江浙本俱作『二』。」今按：吳本、周本亦作「二」。

〔五〕雜色牋　「牋」，馮注：「江浙本俱作『紙』。」今按：影宋鈔本、吴本、盧本、周本俱作「牋」，賓退録卷一〇引元豐九域志土貢同，江浙本誤。

〔六〕蠶此　「此」，馮注：「江本作『北』，浙本作『叢』。」今按：周本作「此」，資治通鑑卷二五七注引九域志、宋會要食貨一六之一五同，江浙本誤。

〔七〕均窑一鎮　「均」，底本作「垍」。馮注：「江浙本俱作『均』。」今按：吴本、周本亦作「均」，清嘉慶重修一統志卷三八五成都府沱江鎮下引九域志、嘉慶四川通志卷二七輿地志成都府華陽縣同，此「垍」乃「均」字之誤，據改。

〔八〕彌牟　馮校：「案『牟』各本俱作『犀』，考通鑑卷二百七十七：孟知祥至彌牟鎮，注云：『成都府新都縣有彌牟鎮。』今據改。」今按：影宋鈔本、盧本俱作「牟」，宋會要食貨一六之一五、一九之一六同，馮説是。

〔九〕馮街　「馮」，馮注：「江本作『漏』。」今按：影宋鈔本作「馮」，宋會要食貨一六之一五、一九之一六同，江本誤。

〔一〇〕皂水　「皂」，底本作「泉」。太平寰宇記卷七三永康軍青城縣：「大皁水自灌口下縣北，流入温江縣界。」文獻通考卷三二一輿地考成都府温江縣有皂水。讀史方輿紀要卷六七成都府温江縣：「皁江水，縣治西南，自灌縣流入境，即郫江上源也。」「皁」、「皂」同，此「泉」乃「皂」字之誤，今據改。

〔一一〕河屯　「河」，底本作「何」。馮注：「江浙本俱作『河』。」今按：宋會要食貨一六之一五、一九之一六亦作「河」，清嘉慶四川通志卷二七輿地志成都府新繁縣下同，此「何」乃「河」字之誤，據改。

〔一二〕府南四十五里　馮校：「案通鑑卷二百五十五注引志文『南』作『西』。」今按：注文見於資治通鑑卷二五四，馮氏誤；北宋廣都縣在成都府西南，本志及資治通鑑注引九域志文所記方向皆是。

〔一三〕二　馮注：「浙本作『八』。」

〔一四〕巴豆一斤　「斤」，馮注：「江本作『升』。」今按：影宋鈔本、吳本、盧本、周本俱作「斤」，賓退録卷一○引元豐九域志土貢同，江本誤。

〔一五〕魚蛇　宋會要食貨一九之一六眉州有魚池務，而無「魚蛇」。

〔一六〕郫江　文獻通考卷三二一輿地考蜀州江原縣下同。漢書卷二八地理志蜀郡江原縣：「鄗水首受江，南至武陽入江。」水經江水注：「江水逕江原縣，『鄗江水出焉』；又云：鄗江水「出江原縣，首受大江，東南流至武陽縣注于江。」元和郡縣志卷三一蜀州唐興縣（按：宋開寶四年改名江原縣）：「鄗江，一名皁江，經縣東二里。」太平寰宇記卷七五蜀州江原縣無「郫江」，而載有鄗江，與上引諸書記載相符，此「郫」蓋爲「鄗」字之誤。

〔一七〕堋市　「堋」，吳本、周本俱作「棚」。

〔一八〕三　馮注：「浙本作『二』。」

〔一九〕三　馮注：「江本作『五』。」

〔二〇〕一　馮注：「江浙本俱作『二』。」今按：吴本亦作「二」。

〔二一〕九　馮注：「江浙本俱作『六』。」今按：吴本、周本亦作「六」。

〔二二〕州西二十六里　馮校：「永昌，州西四十六里。集梧案通鑑卷二百三十七唐昌注引志作『四十八里』。」今按：唐名唐昌縣，宋開寶四年改名永昌縣。本志作「二十六里」，資治通鑑卷二三七注引九域志作「二十八里」，馮氏引誤。

〔二三〕州西七十五里　馮校：「案通鑑卷二百五十一注引志文作『九十里』。」

〔二四〕二　馮注：「浙本作『三』。」

〔二五〕天廚　「廚」，盧本作「池」。

〔二六〕魏城　「城」，底本作「成」。馮注：「江本作『城』。」今按：盧本作「城」，宋會要食貨一六之六、太平寰宇記卷八三、輿地廣記卷二九、宋史卷八九地理志綿州同，據改。

〔二七〕白陶山　底本「陶」字原闕。太平寰宇記卷八三綿州魏城縣：「白陶山自劍州陰平縣入。」今據補。

〔二八〕金山　底本「山」字原闕。清嘉慶羅江縣志卷二引元豐九域志羅江「有金山」，今據補。

〔二九〕五層山　底本「層山」二字原闕。盧本作「五層山」，太平寰宇記卷八三綿州鹽泉縣同，今據補。

〔三〇〕三　馮注：「江浙本俱作『二』。」今按：吴本亦作「二」。

〔三一〕三　馮注：「江浙本俱作『二』。」

〔三二〕南至茂州山二百二十五里　漢州南與成都府、懷安軍接壤，其西北則爲茂州，不當「南至茂州山」，此句有誤。

〔三三〕三　馮注：「江浙本俱作『二』。」

〔三四〕一　馮注：「浙本作『二』。」

〔三五〕三　馮注：「江浙本俱作『二』。」今按：吳本、周本亦作「二」。

〔三六〕連山　馮注：「浙本作『建界』。」今按：吳本作「建山」，影宋鈔本、盧本、周本俱作「連山」，宋會要食貨一九之一七同，浙本誤。

〔三七〕二　吳本作「三」。

〔三八〕王村馬腳吉陽楊場四鎮　「馬腳」，馮注：浙本作「馬鄉」；「楊場」，馮注：浙本作「楊村」；「四鎮」，馮注：江本作「王村」、「馬鄉」二鎮。今按：影宋鈔本、盧本俱作「馬腳」，宋會要食貨一九之一七、清嘉慶四川通志卷二七輿地志成都府什邡縣同，浙本誤；影宋鈔本、吳本、盧本、周本俱作「楊場」，清嘉慶四川通志卷二七輿地志什邡縣同，宋會要食貨一九之一七漢州有楊村務；影宋鈔本、吳本、盧本俱作「四鎮」，宋會要食貨一九之一七漢州有王村、馬腳、吉陽、楊村四務，江本誤。

〔三九〕洛通山　「洛」，底本作「路」。華陽國志卷三蜀志：李冰「導洛通山洛水」。元和郡縣志卷三一漢州什邡縣：「洛通山在縣西三十九里，李冰導洛通山，謂此也。」太平寰宇記卷七三、輿地廣記卷二九俱作「洛通山」，此「路」乃「洛」字之誤，今據改。

〔四〇〕新巴　宋會要食貨一九之一七作「新邑」。

〔四一〕柏杜　「杜」，底本作「社」。影宋鈔本作「杜」，宋會要食貨一九之一七同，此「社」乃「杜」字之誤，今據改。

〔四二〕浮中山　馮校：「錢本無『中』字。集梧案太平寰宇記德陽縣：『浮中山在縣北三十里。益州記云南陰平鄉東有浮中山。』則無『中』字者誤。」今按：影宋鈔本、吴本、盧本、周本及文獻通考卷三二一漢州德縣下俱作「浮中山」，馮説是。

〔四三〕州西北一百三十里　「北」，底本作「南」。北宋嘉州治龍游縣，即今樂山縣；洪雅縣在今洪雅縣西，地在今樂山縣西北。清嘉慶重修一統志卷四〇五嘉定府洪雅故城下引九域志：「在嘉州西北一百三十里。」此「南」乃「北」字之誤，今據改。

〔四四〕羅目合江邁東綏山南村五鎮　馮注：江本作「里目」、「合江」、「邁東」三鎮。今按：本志上文嘉州縣五：「乾德四年省綏山、羅目二縣爲鎮入峩眉。」輿地紀勝卷一四六嘉定府羅目江：「又有羅目鎮。」又影宋鈔本、吴本、盧本俱有此五鎮，清嘉慶四川通志卷二九輿地志嘉定府峩眉縣下引九域志同。江本誤。

〔四五〕十　馮注：此下「江本有『四』字」。今按：周本亦有「四」字。

〔四六〕三　馮注：「江本作『一』，浙本作『二』。」

〔四七〕五十　馮注：「浙本作『二十五』。」今按：吴本作「五十五」。

〔四八〕西至羈縻羅巖州三百七十里 「三」，馮注：「浙本作『二』。」今按：影宋鈔本、吳本、盧本、周本俱作「三」，太平寰宇記卷七七雅州：「西至羈縻羅巖州界三百八十里。」浙本誤。

〔四九〕陵關鎮蕃部 馮注：「江浙本俱作『陵開鎮密部』。」今按：吳本、周本亦作「陵開鎮密部」，影宋鈔本、盧本作「陵關鎮蕃部」。

〔五〇〕靈關一寨 「關」，底本作「開」。盧本作「關」，輿地紀勝卷一四七、宋史卷八九地理志雅州盧山縣有靈關寨，此「開」乃「關」字之誤，今據改。

〔五一〕西南至威州山六十里 「威州」，馮注：「江本作『彭州』。」今按：影宋鈔本、吳本作「威州」。威州在茂州西南，正與本志所記方向合，而彭州在茂州南偏東，方向不符，且本志上文已敍茂州「東南至彭州山」，此不應重述，江本誤。

〔五二〕牛溪一鎮 輿地紀勝卷一四九茂州牛溪寨：「九域志在汶川縣。」與此爲鎮不同。

〔五三〕二 馮注：「江浙本俱作『一』。」

〔五四〕三 馮注：「江浙本俱作『二』。」今按：影宋鈔本、吳本、周本亦作「二」。

〔五五〕一 馮注：「浙本作『二』。」

〔五六〕儒靈 宋會要食貨一九之一七有儒虛務，而無「儒靈」。

〔五七〕一 馮注：「江浙本俱作『三』。」

〔五八〕三 盧本作「二」。

〔五九〕淳化三年　輿地紀勝卷一五〇隆州下引圖經同，又引國朝會要作「至道三年」，宋會要方域七之二作「至道二年」。

〔六〇〕一　馮注：「浙本作『五』。」

〔六一〕苦藥子　「藥」，馮注：「江浙本俱作『果』。」今按：盧本作「藥」，賓退録卷一〇引元豐九域志土貢、宋史卷八九地理志仙井監貢同，江浙本誤。

〔六二〕賴漫　宋會要食貨一九之一七有賴浸務，而無「賴漫」。

〔六三〕賴玉　「玉」，盧本作「王」，宋會要食貨一九之一七同。

〔六四〕東北至本州界一百三十六里自界首至閬州一百七十三里　「閬州一百七十三」，馮注：「浙本作『簡州一百三十七』。」今按：影宋鈔本、吳本、盧本、周本俱作「閬州一百七十三」。資治通鑑卷二七七注引九域志：「梓州東北至閬州三百九里。」正與本志合，浙本誤。

〔六五〕乾德四年以舊招葺院置東關縣　「招」，底本作「紹」。馮校：「案太平寰宇記東關縣：本鹽亭縣雍江草市也，僞蜀明德四年割樂平等三鄉立招葺院，計徵二税錢一萬三千貫碩（此句當有脱誤），皇朝乾德四年升爲縣。此『紹』字誤。又文獻通考云東關，蜀『招葺縣』，當亦傳刻之誤。」今按：盧本作「招」，輿地廣記卷三一梓州、輿地紀勝卷一五四潼川府東關縣下同，馮説是，據改。

〔六六〕張把　資治通鑑卷二五五：中和四年，「楊茂言走至張把，乃追及之」。注：「九域志梓州郪縣有張杷鎮。『把』，當作『杷』。」宋會要食貨一九之一七亦作「張杷」。此「把」當爲「杷」字之誤。

〔六七〕監池　吴本作「藍地」。

〔六八〕臨津　「津」，底本作「井」。馮注：「浙本作『津』。」今按：吴本、盧本亦作「津」，宋會要食貨一九之一七同，此「井」乃「津」字之誤，據改。

〔六九〕吴店　「吴」，馮注：「浙本作『涣』。」今按：影宋鈔本、吴本、盧本、周本俱作「吴」，清嘉慶重修一統志卷四〇七潼川府臨津鎮下引九域志同，浙本誤。

〔七〇〕陽平　馮校：「錢本『平』作『丰』。」今按：影宋鈔本、吴本、盧本、周本俱作「平」，清嘉慶重修一統志卷四〇七潼川府臨津鎮下引九域志同，錢本當誤。

〔七一〕浦泉山　「浦」，影宋鈔本作「蒲」。

〔七二〕剩隴　馮校：「錢本『剩』作『利』。」今按：影宋鈔本、吴本、盧本、周本俱作「剩」，清嘉慶重修一統志卷四〇七潼川府大通鎮下引九域志同，錢本當誤。

〔七三〕三　馮注：「江浙本俱作『四』。」

〔七四〕龔市賴王七泉路口保安五鎮　「五」，底本作「四」。上列明爲五鎮，清嘉慶重修一統志卷四〇七潼川府龔市鎮下引九域志亦作「五鎮」，此「四」乃「五」字之誤，今據改。

〔七五〕大汁　「汁」，底本作「汴」。馮校：「錢本『汴』作『汁』。」今按：影宋鈔本、盧本亦作「汁」。清嘉慶重修一統志卷四〇七潼川府：「大汁鎮在鹽亭縣東北。」此「汴」乃「汁」字之誤，據改。

〔七六〕東南至本州界六十四里自界首至果州八十里　馮校：「案通鑑卷二百七十七注引志文作『果州

在遂州東南一百八十里』。」今按：果州在遂州東北，資治通鑑注引志文蓋有誤。

〔七七〕三　馮注：「浙本作『五』」。

〔七八〕三　馮注：「浙本作『五』。」

〔七九〕五　馮注：「江浙本俱無此字。」

〔八〇〕三萬一千　馮注：「江浙本俱作『一萬三千』。」今按：「一千」，周本亦作「三千」。

〔八一〕三　馮注：「江浙本俱作『八』。」今按：吴本、周本亦作「八」。

〔八二〕樗蒲綾二十匹　「樗」，底本作「摴」。賓退録卷一〇引元豐九域志土貢、宋會要食貨四一之四一、太平寰宇記卷八七遂州、宋史卷八九地理志遂寧府俱作「樗」，今據改。「二十」，馮注：「此下江浙本俱有『四』字。」今按：影宋鈔本、吴本、盧本、周本俱作「二十」，賓退録卷一〇引元豐九域志土貢同，江浙本誤。

〔八三〕穰錫　「穰」，馮注：「浙本作『灌』。」今按：影宋鈔本、吴本、盧本、周本俱作「穰」，清嘉慶四川通志卷二九輿地志潼川府遂寧縣下引九域志同，浙本誤。

〔八四〕蒲市　「蒲」，馮注：「浙本作『滿』。」今按：影宋鈔本、吴本、盧本、周本俱作「蒲」，清嘉慶重修一統志卷四〇七潼川府萬歲鎮下引九域志同，浙本誤。

〔八五〕油井　「井」，馮注：「浙本作『車』。」今按：影宋鈔本、吴本、盧本、周本俱作「井」，清嘉慶重修一統志卷三九四順慶府大陵鎮下引九域志同，浙本誤。

〔八六〕小陵　馮校：「錢本『陵』下有『州』字。」今按：影宋鈔本、盧本、周本『陵』下俱無『州』字，輿地紀勝卷一五六順慶府肖巖、清虚巖下俱作「小陵鎮」，錢本誤。

〔八七〕五　馮注：「浙本作『三』。」

〔八八〕五　馮注：「浙本作『三』。」

〔八九〕南湍　「湍」，馮注：「浙本作『瑞』。」今按：影宋鈔本、盧本、周本俱作「湍」，宋會要食貨一九之一七同，浙本誤。

〔九〇〕磐石山　馮校：「案『山』各本俱作『小』，考太平寰宇記，磐石山在縣西北，今據改。」今按：影宋鈔本、吴本、盧本、周本俱作「磐石山」，輿地廣記卷三一、輿地紀勝卷一五七資州同，馮説是。

〔九一〕四　馮注：「浙本作『五』。」

〔九二〕賴社　「社」，馮注：「浙本作『博』。」今按：影宋鈔本、吴本、盧本、周本俱作『社』，本志上文資陽縣下已列有賴博鎮，浙本當誤。

〔九三〕乾德五年省普康縣爲鎮入安岳　馮校：「案文獻通考『乾德』作『熙寧』。」夢溪筆談列熙寧中廢縣中有普康。此『乾德』當是『熙寧』之誤。」今按：宋會要方域一二之一六載普州安岳縣普康鎮「乾德五年廢縣置」，又太平寰宇記卷八七普州領普康縣，當是乾德時省併，遲至太平興國時復置，至熙寧時又廢，馮氏失考。

〔九四〕二　馮注：「江浙本俱作『三』。」

〔九五〕賴欽　宋會要食貨一九之一七有賴歆務，而無「賴欽」。

〔九六〕栗子　「栗」，馮注：「浙本作『粟』。」今按：影宋鈔本、吴本、盧本、周本俱作「栗」，清嘉慶四川通志卷二九輿地志潼川府安岳縣下引九域志同，浙本誤。

〔九七〕賴姑　宋會要食貨一九之一七有賴如務，而無「賴姑」。

〔九八〕龍歸　底本作「歸龍」。影宋鈔本、吴本俱作「龍歸」，宋會要食貨一九之一七有新龍歸務、舊龍歸務，此「歸龍」乃「龍歸」之誤，今據改。

〔九九〕韓朋　宋會要食貨一九之一七有韓的務，而無「韓朋」。

〔一〇〇〕日富　宋會要食貨一九之一七有白富務，而無「日富」。

〔一〇一〕婆渝　「渝」，馮注：「浙本作『諭』。」今按：吴本、盧本、周本俱作「渝」，宋會要食貨一九之一七同，浙本誤。

〔一〇二〕二　馮注：「江本作『三』。」

〔一〇三〕客二萬八千六百四十一　「二萬」，周本作「一萬」；「四十一」，盧本作「四十二」。

〔一〇四〕三驅磨　宋會要食貨一六之一七有一驅務，又注「一」，一作「二」，而無「三驅磨」。

〔一〇五〕灘子　「子」，馮注：「浙本作『水』。」今按：影宋鈔本、盧本、周本俱作「子」，宋會要食貨一六之一七同，浙本誤。

〔一〇六〕延灘水　「水」，馮注：「浙本作『子』。」今按：影宋鈔本、吴本、盧本、周本俱作「水」，蓋浙本誤。

〔一〇七〕寶蓋　「寶」，底本作「實」。影宋鈔本、盧本俱作「寶」，宋會要食貨一六之一七同。清道光重慶府志卷一榮昌縣：「寶蓋鎮，縣南一里，九域志昌元縣有寶蓋鎮，蓋以山名也。」此「實」乃「寶」字之誤，今據改。

〔一〇八〕咸昌　宋會要食貨一六之一七有成昌務，而無「咸昌」。

〔一〇九〕番坦「番」，馮注：「浙本作『畨』。」今按：影宋鈔本、吴本、盧本、周本俱作「番」。清嘉慶四川通志卷二七輿地志敘州府宜賓縣下引九域志作「橋」。

〔一一〇〕登井「井」，馮注：「浙本作『北』。」今按：吴本亦作「北」。

〔一一一〕九　馮注：「江本無此字。」

〔一一二〕七　馮注：「浙本作『六』。」

〔一一三〕二　馮注：「江浙本俱作『三』。」今按：周本亦作「三」。

〔一一四〕一　馮注：「江浙本俱作『二』。」

〔一一五〕六十　馮注：「浙本作『一百二十』。」

〔一一六〕四十　馮注：此下「浙本有『八』字」。

〔一一七〕一　馮注：「浙本作『二』。」

〔一一八〕二　馮注：「浙本作『一』。」

〔一一九〕三　盧本作「二」。

〔一二〇〕二十一 「二」，馮注：「江本作『五』。」今按：「一」，盧本作「二」。

〔一二一〕茆城 「茆」，影宋鈔本、盧本俱作「茄」。清嘉慶重修一統志卷三八八重慶府、道光重慶府志卷一合州雲門鎮下引九域志皆作「茆城」，嘉慶四川通志卷二七輿地志合州下引九域志作「茆城」。疑影宋鈔本、盧本誤。

〔一二二〕沙溪 馮校：「錢本『沙』作『涉』。」今按：影宋鈔本、吳本、盧本、周本俱作「沙」，宋會要食貨一九之一八同，錢本誤。

〔一二三〕陵江山 底本作「江陵山」，輿地廣記卷三一合州漢初縣下同。太平寰宇記卷一三六合州漢初縣：「武陵邱山，一名陵江山，在縣西北九十七里，嘉陵江水縈遶其下。」輿地紀勝卷一五九合州同。此「江陵」爲「陵江」之倒置，今據改。

〔一二四〕曲水 馮注：「錢本『水』作『永』。」今按：影宋鈔本、吳本、盧本、周本俱作「水」，清道光重慶府志卷一合州：「曲水鎮在州東北。」錢本誤。

〔一二五〕大安 「大」，馮注：「浙本作『云』。」今按：影宋鈔本、吳本、盧本、周本俱作「大」。清道光重慶府志卷二合州：「大安鎮在州西。」浙本誤。

〔一二六〕四 馮注：「江浙本俱作『六』。」今按：吳本、周本亦作「六」。

〔一二七〕乾德五年 輿地紀勝卷一六〇榮州引九域志作「乾德四年」。

〔一二八〕治平四年改旭川縣爲榮德 「川」，底本作「州」，吳本作「川」。宋會要方域七之六：「榮德縣，舊名旭川縣，上一字同哲宗廟諱，治平四年改。」輿地紀勝卷一六〇榮州榮德縣引國朝會要同。此「州」乃「川」字之誤，今據改。

〔一二九〕賴種　「種」，馮注：「浙本作『鐘』。」今按：影宋鈔本、盧本、周本俱作「種」，蓋浙本誤。

〔一三〇〕中江　「江」，底本作「山」。輿地廣記卷三一榮州威遠縣有中江。輿地紀勝卷一六〇榮州中江水：「皇朝郡縣志云，在威遠縣東一百一十里，來自資州內江縣，南流入威遠縣界，入富順監。」則此「山」乃「江」字之誤，今據改。

〔一三一〕州西南七十五里　元和郡縣志卷三三榮州資官縣：「東南至州九十里。」太平寰宇記卷八五榮州資官縣：「西北九十里。」此「西南」之「南」蓋爲「北」字之誤。

〔一三二〕石梯　「梯」，馮注：「浙本作『佛』。」今按：影宋鈔本、吴本、盧本、周本俱作「梯」，清嘉慶重修一統志卷四〇五嘉定府賴牟鎮下引九域志同，浙本誤。

〔一三三〕灘斯水　馮校：「案太平寰宇記作『擁思茫水，在縣西二十里』；陵州下亦云『擁思茫水在州南一百五十里』。文獻通考又作『擁斯水』。」今按：輿地廣記卷三一榮州資官縣下作「灘斯水」，輿地紀勝卷一六〇榮州又作「擁思水」。

〔一三四〕二　馮注：「浙本作『三』。」

〔一三五〕三江一鎮　「江」，底本作「仁」。馮注：「浙本作『江』。」今按：輿地紀勝卷一六〇榮州：「三江鎮在應靈縣。」清嘉慶重修一統志卷四〇五嘉定府：「三江鎮在犍爲縣東北一百里。」此「仁」乃

「江」字之誤，據改。

〔一三六〕五　馮注：「浙本無此字。」

〔一三七〕三　馮注：「江本作『二』。」

〔一三八〕九　馮注：「江浙本俱作『二』。」今按：吴本亦作「二」，周本别作「三」。

〔一三九〕景祐　「景」，底本作「嘉」。馮注：「浙本作『景』。」今按：宋會要方域一二之一六、宋朝事實卷一九、輿地廣記卷三一、輿地紀勝卷一六二、宋史卷八九地理志渠州流江縣下俱作「景祐」，此「嘉」乃「景」字之誤，據改。

〔一四〇〕水門　「水」，吴本作「木」。清嘉慶重修一統志卷四〇九綏定府：「木門故鎮在大竹縣治。舊志：唐宋大竹縣在今縣北鳳來鄉，入渠縣界，元至元二十年移治廢鄰山縣之木門鎮，即今治。」木門鎮即今大竹縣，正與宋流江縣即今渠縣鄰近，似作「木門」爲是。

〔一四一〕爛灘　「爛」，馮注：「浙本作『欄』。」今按：吴本亦作「欄」，清嘉慶四川通志卷二九輿地志綏定府渠縣馬頭鎮下引九域志同。

〔一四二〕三　馮注：「浙本作『五』。」

〔一四三〕一　馮注：「江本作『三』。」

〔一四四〕二　馮注：「浙本作『一』。」

〔一四五〕涅水　太平寰宇記卷一三八渠州鄰山縣下作「涅水」，輿地廣記卷三一渠州潾山縣下作「涅水」，輿地紀勝卷一六二渠州：「潰水，寰宇記云在鄰山縣東二十步，自忠州清水縣界入當縣。」元和志作『涅水』。」此「湼」字當誤。

〔一四六〕四 馮注：「江浙本俱作『五』。」今按：吳本、周本亦作「五」。

〔一四七〕二十 馮注：浙本作「一十」。今按：吳本、周本作「一百」。

〔一四八〕二萬 馮注：江浙本俱作「三萬」。今按：吳本亦作「三萬」。馮校：「錢本『二萬』作『一萬』。」

〔一四九〕一 馮注：「江浙本俱作『二』。」今按：吳本亦作「二」。

〔一五〇〕三 馮注：「江本作『五』。」今按：吳本、周本亦作「五」。

〔一五一〕白艻 馮校：「案『艻』各本俱作『芬』。考通鑑卷二百七十三：王宗勳等追及宗弼於白艻，注云『九域志簡州金水縣有白艻鎮』。今據改。」今按：影宋鈔本、盧本、周本俱作「艻」，馮說是。又輿地紀勝卷一六四懷安軍、讀史方輿紀要卷六七成都府金堂縣下別作「芀」，與此異。

〔一五二〕十 馮注：此下「浙本有『七』字」。

〔一五三〕金臺山 元和郡縣志卷三一漢州金堂縣：「咸亨二年蜀郡長史李崇義析雒縣、新都及簡州金水三縣置，以縣界連金堂山，故以爲名。」太平寰宇記卷七六懷安軍金堂縣同，又金水縣下記有金臺山。輿地廣記卷三一、輿地紀勝卷一六四皆記金水縣有金臺山，金堂縣有金堂山。本志上文金水縣下已列金臺山，此「金臺」蓋爲「金堂」之誤。

〔一五四〕濃洄 馮注：浙本作「濃泗」。馮校：「錢本『濃』作『渡』。」集梧案宋史地理志，『濃洄』作『儂洄』，文獻通考又作『農泗』。」今按：宋會要方域七之六作「濃泗」，輿地紀勝卷一六五廣安軍作「洄濃」。讀史方輿紀要卷六八廣安州：「西溪水在州治西，一名濃水。水色常濁，故曰濃。……至城南五里，東折入渠江，合下洄水，州治故名濃洄鎮，以此。」則「泗」字爲「洄」字之誤，作「渡」者亦誤。

〔一五五〕一　馮注：「浙本作『二』。」

〔一五六〕單溪至西溪　馮校：「錢本『單溪』作『單淇』，『西溪』作『酉溪』。集梧案宋史地理志、文獻通考並云：新明，開寶六年移治單溪鎮。」今按：影宋鈔本、吳本、盧本、周本俱作「單溪」，宋會要食貨一六之一八同，錢本誤。又盧本亦作「酉溪」，影宋鈔本、吳本、周本俱作「西溪」，清嘉慶四川通志卷二七輿地志順慶府岳池縣下引九域志同，蓋錢本、盧本誤。

〔一五七〕蛇龍山　「蛇」，底本作「池」。輿地廣記卷三一廣安軍新明縣下作「龍池山」。太平寰宇記卷一三八廣安軍新明縣：「蛇龍山在縣東六十里。」輿地紀勝卷一六五廣安軍同。清嘉慶重修一統志卷三九三順慶府、嘉慶四川通志卷一三輿地志順慶府岳池縣俱作「蛇龍山」，此「池」乃「蛇」字之誤，輿地廣記作「龍池」亦誤，今據改。

〔一五八〕自界首至昌州二百二十里　馮校：「錢本作『二百一十里』。」

〔一五九〕一　馮注：「浙本作『二』。」

〔一六〇〕三　馮注：「浙本作『五』。」

〔一六一〕三 馮注：「浙本作『五』。」

〔一六二〕監東六十三里 馮校：「錢本作『六十里』。」今按：吴本、盧本、周本亦作「六十」。

〔一六三〕一 馮注：「江浙本俱作『二』。」今按：周本亦作「二」。

〔一六四〕監西五十里「五十」，馮注：江浙本俱作「五十五」。今按：周本亦作「五十五」。「里」字底本闕，今據盧本、周本補。

〔一六五〕賴井 馮校：「錢本作『賴牛』。」今按：影宋鈔本亦作「賴牛」，吴本、盧本、周本俱作「賴井」，清嘉慶四川通志卷二七輿地志敘州府富順縣戰井鎮下引九域志同。

〔一六六〕監西□十里 底本「監西」下原闕，今據周本補。

九域志卷第八

利州路

夔州路

利州路

府一，州九，縣三十九，關一。

次府，興元府，漢中郡，山南西道節度。治南鄭縣。

地里。東京二千七百里。東至本府界七十五里，自界首至洋州三十五〔一〕里。西至本府界一百四十五里，自界首至利州二百六十四里。南至本府界一百二十五里，自界首至巴州一百六十里。北至本府界一百八十五里，自界首至鳳翔府五百五十里。東南至本府界一百一十九里，自界首至洋州七〔二〕十里。西南至本府界一百四十五里，自界首至三泉縣六十五里。東北至本府界七十八里，自界首至洋州三〔三〕十五里。西北至本府界一百五十五里，自界首至鳳州一百六十里。

户。主四萬八千五百六十七，客九千一百六十一。

土貢。臙脂一十斤，紅花五十斤。

縣四。乾德五年以三泉縣直隸京師。〔四〕至道二年以西縣隸大安軍，三年軍廢隸府。

次赤，南鄭。五鄉。長柳、〔五〕柏香、西橋三鎮。有中梁山、仙臺山、漢水。

次畿，城固。府東六十五里。七鄉。元融橋、弱溪〔六〕二鎮。麻油垻一茶場。〔七〕有通關山、黑水。

次畿，褒城。府西北〔八〕四十五里。三〔九〕鄉。褒城、橋閣二鎮。有石牛山、溪水、〔一〇〕褒斜。

次畿，西。府西一百里。八鄉。仙流、鐸水二鎮。錫冶一務。有定軍山、洛水。

場一。熙寧八年置。

茶。府西北一里。

都督府，利州，益川郡，寧武軍節度。僞蜀昭武軍節度。皇朝景祐四年改寧武軍。治緜谷縣。

地里。東京二千六百七十二里。〔一一〕東至本州界三百四里，自界首至閬州一百一〔一二〕十五里。西至本州界二百八十里，自界首至文州一百七十里。南至本州界一百六十里，自界首至劍州七十里。北至本州界三百二十五里，自界首至興元府二百六十里。東南至本州界一百六十五里，自界首至閬州七十五里。〔一三〕西南至本州界一百八十五里，自界首至劍州一百里。〔一四〕東北至本州界二百九十五里，自界首至巴州二百二十五里。〔一五〕西北至本州界七百一十里，自界首至階州二百三十五里。

户。主五千五百三十五，客一萬六千六百四十四。

土貢。金五兩，鋼鐵一十斤。

縣四。乾德三年〔一六〕改胤山縣爲平蜀。開寶五年改益昌縣爲昭化。咸平五年以集州嘉川縣隸州。熙寧三年省平蜀縣入嘉川。

中，緜谷。二十二鄉。〔一七〕朝天、嘉川二鎮。有龍門山、潛水、緜谷。

中，葭萌。州南八十五里。九鄉。永長、永安、永興三鎮。有嘉陵江。

中下，嘉川。州東一百一十里。六鄉。地𢬵一鎮。有石燕山〔一八〕、宋江。

下，昭化。州南三十三里。二鄉。昭化、望喜、白水三鎮。有劍閣。

望，洋州，洋川郡，武康軍節度。僞蜀武定軍節度。皇朝景祐四年改武康軍。治興道縣。

地里。東京二千里。東至本州界二百三十九里，自界首至金州一百五十里。西至本州界三〔一九〕十三里，自界首至興元府七十七里。南至本州界二〔二〇〕百六十八里，自界首至巴州三百一十里。北至本州界二百三十九里，自界首至鳳翔府三百二十里。東南至本州界二百一十九里，自界首至達州五〔二一〕百二十里。西南至本州界三百九十里，自界首至巴州四百里。東北至本州界三百七十里，自界首至京兆府一百二十里。西北至本州界四百七十里，自界首至鳳州二百八十四里。

户。主三萬二千一百五十九，客二萬七千一百三十八。

土貢。隔織八匹。

縣三。乾德四年省黄金縣入真符。

望，興道。二十一〔二二〕鄉。昔水一鎮。〔二三〕有興勢山、漢水。

上，西鄉。州東南〔二四〕八十七里。一〔二五〕十五鄉。有雲亭山、洋水。

中，真符。州東四十九里。一十一鄉。有寒泉山、黄金水。

上，閬州，閬中郡，安德軍節度。後唐保寧軍節度。皇朝乾德四年改安德軍。治閬中縣。

地里。東京三千二百里。東至本州界七十五〔二六〕里，自界首至蓬州一百里。西至本州界一百二十里，自界首至劍州二百五十五里。南至本州界一百二十五里，自界首至果州八十里。北至本州界七十五里，自界首至利州一百六十五里。東南至本州界一百七十里，自界首至果州一百五十里。西南至本州界一百一十四里，自界首至梓州一百六十里。〔二七〕東北至本州界一百五十里，自界首至巴州一百二十里。西北至本州界一百二十九里，自界首至劍州九十八里。

户。主三萬六千五百三十六〔二八〕，客一萬七千七百一〔二九〕。

土貢。蓮綾一十匹。

縣七。熙寧三年省岐平縣爲鎮入奉國，〔三〇〕晉安縣爲鎮入西水。

望，閬中。八鄉。東郭、南津、西津、北津四鎮。有閬中山、仙穴山、〔三一〕嘉陵江。

緊，蒼溪。州北四十里。六鄉。牟池、〔三二〕青山二鎮。有雲臺山、東江、蒼溪。

緊，南部。州南七十一里。五鄉。富安、泉會、南坪〔三三〕三鎮。有九子山、嘉陵江。

緊，新井。州西南七十五里。一十三鄉。王井、封山二鎮。有西水。

中，奉國。州東北七十里。二鄉。重錦、龍泉、龍山、岐平四鎮。有天目山、奉國水。

中，新政。州東南一百三十五里。三鄉。長利、利溪、安溪、普安、重山、龍延〔三四〕六鎮。有龍奔山、嘉陵江。

中下，西水。州西一百二十里。四鄉。晉安、〔三五〕木奴、玉山、〔三六〕花林、永安、金仙六鎮。有掌夫山、西水。

上，劍州，普安郡，軍事。治普安縣。

地里。東京三千二百里。東至本州界八十里，自界首至利州一百二〔三七〕十里。西至本州界一百九十里，自界首至緜州九十里。南至本州界一百二十里，自界首至閬州九十里。北至本州界九十里，自界首至利州九十里。東南至本州界六十里，自界首至利州一百六十里。〔三八〕西南至本州界一百八十里，自界首至梓州一百二〔三九〕十里。東北至本州界七十里，自界首至利州一百一十里。〔四〇〕西北至本州界二百一十里，自界首至龍州一百里。

户。二萬六百五十九，客七〔四一〕千五百八十六。

土貢。巴戟一十斤。

縣六。乾德五年省永歸縣入劍門。景德三年〔四二〕以劍門縣隸劍門關。熙寧五年省臨津縣爲鎮入普安，以劍門縣復隸州。

中下，普安。九鄉。臨津、永安二鎮。有大劍山、大劍水。

上，梓潼。州南一百六十里。四鄉。亮山、稷連、龍池、上亭四鎮。有長卿山、〔四三〕梓潼江。

中，陰平。州西北一百六十里。七鄉。全門、百頃、長平三鎮。有馬閣山、〔四四〕岐江。

中，武連。州西八十五里。五鄉。柳池、長江二鎮。有治山、小潼水。

中下，普成。州南一百四十二里。〔四五〕八鄉。豐饒、馬顚、〔四六〕長興、茆城、香城五鎮。有柘溪。

中下，劍門。州東北五十五里。二十鄉。〔四七〕豐盛一鎮。小劍、白縣、䆉砍、糧谷、龍聚、托溪六寨。有大劍山、劍門峽。

中，巴州，清化郡，軍事。治化城縣。

地里。東京三千四百里。東至本州界二百九十里，自界首至達州二百四〔四八〕十里。西至本州界九十五里，自界首至閬州一百五十里。南至本州界七十里，自界首至達州九十里。北至本州界二百五十里，自界首至興元府二百九十里。東南至本州界一百五十里，自界首至達州一百五十里。西南至本州界七十里，自界首至蓬州一百二十里。東北至本州界三〔四九〕百五十里，自界首至洋州七百里。西北至本州界二百三十里，自界首至興元府五百里。

户。主八千六百五，客二萬三千二百六十一。

土貢。緜紬五匹。〔五〇〕

縣五。乾德四年省盤道縣入清化，歸仁縣入曾口，始寧縣入其章。〔五一〕咸平二年〔五二〕以清化縣隸集州。熙寧二年省七盤縣爲鎮入恩陽，五年省其章縣爲鎮入曾口，廢集州，以難江縣隸州，仍省清化縣爲鎮入化城，又廢壁州，〔五三〕省白石、符陽二縣入通江縣隸州。

中下，化城。九鄉。萬春、永城、清化、盤道四鎮。有化城山、巴江。

上，難江。州北一百六十里。〔五四〕七〔五五〕鄉。塗輪一鎮。有小巴山、難江。

中下，恩陽。州西南三十里。七鄉。七盤、嘉福、萬善三鎮。有義陽山、清水。

下，曾口。州東南三十里。五鄉。其章、定寶、運山、茸山、新興五鎮。有其章山、北水、曾口谷。

下，通江。州東一百六十里。〔五六〕一十六鄉。廣納、消溪二鎮。有東巴山、諸水。

中下，文州，陰平郡，軍事。治曲水縣。

地里。東京三千二十五里。東至本州界一百六十五里，自界首至利州一百六十五里。西至羈縻扶州二百二〔五七〕十里。南至本州界三百里，自界首至龍州一百三〔五八〕十里。北至本州界六十五里，自界首至階州一百五十里。東南至本州界二百三十里，自界首至龍州二百三十里。西南至羈縻松州二百二十里。東北至本州界一百八十里，自界首至階州二百里。西北至野羊崖一百八十五里。

户。主一萬一千五百三十五，客五百七十三。

土貢。麝香五兩。

縣一。

中下，曲水。九〔五九〕鄉。扶州、永定、宕由、南路、方維五鎮。重石、呲谷、張添、磨蓬、留券、羅移、思林、〔六〇〕戍門、〔六一〕特波〔六二〕九寨。水銀一務。有太白山、東維水。

下，興州，順政郡，軍事。治順政縣。

地里。東京二千三百一十七里。〔六三〕東至本州界八十五里，自界首至興元府一百三十五里。西至本州界一百四十五里，自界首至成州七十里。南至本州界一百一十里，〔六四〕自界首至階州三百里。北至本州界一百二十五里，自界首至鳳州一百六十七里。東南至本州界五十里，自界首至三泉縣九十五里。西南至本州界一百八十里，自界首至階州四百三十里。〔六五〕東北至本州界一百八十里，自界首至鳳州五十里。西北至本州界一百七十里，自界首至鳳州一百六十六里。

户。主三千一百九十二，客一萬五十二。

土貢。蜜、蠟各三十斤。

縣二。

中，順政。七鄉。石門、沮水二鎮。青陽一銅場。有武興山、嘉陵江、沮水。

中下，長舉。州西一百里。三鄉。有廚山、青泥嶺、嘉陵江。

監一。景德三年置，鑄鐵錢。

濟衆。州東一百二〔六六〕十步。

下，蓬州，咸安郡，軍事。治蓬池縣。

地里。東京三千一百六十三里。東至本州界二百五里，自界首至達州五十里。西至本州界三十五里，自界首至閬州一百七十五里。南至本州界九十里，自界首至渠州七十里。北至本州界九十五里，自界首至巴州一百二十里。東南至本州界一百二十里，自界首至渠州七十里。西南至本州界五十五里，自界首至果州一百三十里。〔六七〕東北至本州界一百八十里，自界首至達州一百七十里。西北至本州界一百三十里，自界首至閬州七十五里。

户。主一萬五千二百一十二，客二萬五百九〔六八〕十六。

土貢。綜絲綾二十匹，緜紬五匹。

縣四。乾德三年省宕渠縣入良山。大中祥符五年改朗池縣〔六九〕爲營山。熙寧三年省蓬山縣爲鎮入營山，五年省良山縣爲鎮入伏虞。

中，蓬池。四鄉。永安、長樂、新豐、古城、龍運〔七〇〕五鎮。有龍章山、蓬山。〔七一〕

中，儀隴。州西九十里。三〔七二〕鄉。唐清、流江、來蘇、樂安、陵山〔七三〕五鎮。有儀隴山、流江。

中，營山。州南六十里。九鄉。風竇、長寧、石門、榮山、白塗、普安、蓬山、古樓、逍水、土門、思營、龍調、〔七四〕扶路一十三鎮。有營山、嘉陵江。

中下，伏虞。州東北八十五里。五鄉。南市、〔七五〕竹山、龍定、大羅、龍謀、古、立山、良山八鎮。有伏虞山、宣漢水。

下，龍州，〔七六〕江油郡，軍事。唐都督。皇朝乾德元年降下州。治江油縣。

地里。東京三千五百里。東至本州界三百三十三里，自界首至利州一百八十三里。西至羈縻松州二百二〔七七〕十五里。南至本州界八十五里，自界首至綿州二百三十里。北至本州界一百一十五里，自界首至文州二百里。〔七八〕東南至本州界一百四十五里，自界首至劍州一百八十四里。西南至本州界二百三十里，自界首至茂州一〔七九〕百六十里。東北至本州界一百七十六里，自界首至利州三百七十五里。西北至羈縻扶州五百六里。

户。主三千七百九十六，客一萬一千四百二十六〔八〇〕。

土貢。麩金三兩，羚羊角五對，天雄一斤。

縣二。

中，江油。〔八一〕五鄉。江油溪、都竹二鎮。乾陂一寨。有石門山、涪江。

下，清川。州北七十里。一鄉。有蹄胡山、〔八二〕清水。

中，三泉縣。〔八三〕唐隸興元府。皇朝乾德五年以縣直隸京師。至道二年建爲大安軍，仍以興元府西縣隸焉；三年廢軍爲縣，以西縣還舊隸。

地里。東京二千四百里。東至本縣界七十三里，自界首至興元府二百二十里。西至本縣界八十二里，自界首至利州一百八里。〔八四〕南至本縣界五百一十里，自界首至巴州三百六十三〔八五〕里。北至本縣界九十四里，自界首至興州二百七十里。東南至本縣界二百五十里，自界首至興元府一百六十三里。西南至本縣界一百五十里，自界首至利州〔八六〕二百五十二里。東北至本縣界九十五里，自界首至興州四十七〔八七〕里。西北至本縣界一百五十里，自界首至利州二百五里。

户。主三千三百三十七，客二千九百七十七。

鎮二。

金牛。縣東六十里。四鄉。有嶓冢山、嘉陵江。

青烏。縣西四十四里。〔八八〕

劍門關。景德三年以劍州劍門縣隸關，以兵馬監押主之。熙寧五年縣復隸劍州。

地里。東京三千一百四十五里。東至本關界二十里，自界首至利州一百五十里。西至本關界六十里，自界首至劍州三十里。南至本關界四十里，自界首至劍州五十里。北至本關界一十五里，自界首至利州一百五里。東南至本關界七十里，自界首至劍州四〔八九〕十五〔九〇〕里。西南至本關界三十五里，自界首至劍州二十里。東北至本關界六十里，自界首至利州一百二〔九一〕十里。西北至本關界一十五里，自界首至利州一百五里。

夔州路

州九，軍三，監一，縣三十。

都督府，夔州，雲安郡，寧江軍節度。治奉節縣。

地里。東京二千二百四十五里。東至本州界一百四十八里，自界首至歸州一百一十三里。西至本州界一百二十一里，自界首至雲安軍一十八里。南至本州界一百二十五里，自界首至施州二百里。北至本州界一百五十三里，自界首至大寧監八十三里。東南至本州界一百四十六里，自界首至歸州九十二里。西南至本州界二百二十一里，自界首至施州三百五十一里。東北至本州界一百五十三里，自界首至大寧監一百里。西北至本州界四百四十七里，自界首至閬州二百八十里。〔九二〕

户。主七千四百九十七，客三千七百一十六。

土貢。蜜、蠟各二十斤。

縣二。開寶六年以雲安縣置雲安軍。端拱二年以大昌縣隸大寧監。

中，奉節。一十一鄉。有三峽山、東瀼水、灩澦堆。

中下，巫山。州東七十五里。八鄉。有巫峽山、大江。

下，黔州，黔中郡，武泰軍節度。治彭水縣。

地里。東京三千三百四十里。東至本州界六百六十四里，自界首至澧州九百里。西至本州界四百四十里，自界首至涪州一百一十里。南至羈縻夷州六百二十里。北至本州界一百四十二里，自界首至忠州三百二十里。〔九三〕東南至羈縻思州四百九十八里。西南至羈縻夷州五百五〔九四〕十里。東北至本州界二百五十九里，自界首至施州一百五十二里。西北至本州界四十〔九五〕二里，自界首至涪州二百四十里。

户。主七百九十，客二千五十八。

土貢。朱砂一十兩，蠟一十斤。

縣二。嘉祐八年省洪杜、洋水二縣爲寨，信寧、都儒〔九六〕二縣爲鎮，熙寧二年改洋水寨爲鎮，並隸彭水。

中，彭水。七鄉。鹽井、玉山、〔九七〕洋水、信寧、都儒五鎮。洪杜、小洞、界山、難溪四寨。有三峿山、洪杜山、巴江、洋水。

下，黔江。州東一百八〔九八〕十三里。二鄉。新興一鎮。白石、馬欄、佐水、〔九九〕永安、安樂、雙洪、射營、古水、〔一〇〇〕鑾冢、浴水、潛平、鹿角、萬就、〔一〇一〕六保、〔一〇二〕白水、〔一〇三〕土溪、小溪、石柱、高望、木孔、東流、李昌、僕射、相陽、小村、石門、茆田、〔一〇四〕木柵、〔一〇五〕虎眼二十九寨。有羽人山、阿蓬水。〔一〇六〕

上，達州，通川郡，軍事。唐通州。皇朝乾德三年改達州。〔一〇七〕治通川縣。

地里。東京三千一百四十里。東至本州界一千二百五十里，自界首至夔州三百五十里。西至本州界一〔一〇八〕百八十里，自界首至渠州八十里。南至本州界一百五十里，自界首至萬州一百一十九里。北至本州界二〔一〇九〕百里，自界首至巴州一百二十里。東南至本州界二百五十里，自界首至開州九十五里。西南至本州界二百一十里，自界首至忠州二百一十七里。東北至本州界一千五百八十里，自界首至金州七百里。西北至本州界二百里，自界首至巴州一百五十里。

户。主六千四百七十六，客四萬一百六十五。

土貢。紬五匹。〔一〇〕

縣五。乾德五年省閬英縣入石鼓，宣漢縣入東鄉。熙寧六年省三岡縣，七年省石鼓縣，分隸通川、新寧、永睦三縣。

中，通川。八鄉。大原、沙陁、謝龕、東山、豐義、江溪、耀池、都池、居溪、石門、方山、甘水、四合一十三鎮。有鳳皇山、大江。

中，巴渠。州東二百三十八里。八鄉。昌樂一鎮。巴渠一場。有鹿子山、大江。

下，永睦。〔一一〕州西一百里。〔一二〕二鄉。清河、蔣池、太平、龍歸、永康、〔一三〕寶寧、玉門、〔一四〕安仁、石同、永安、蔣坦、〔一五〕索心、龍復、龍回、龍茸、玉山、澇溪〔一六〕一十七鎮。有龍驤山、〔一七〕大江。

下，新寧。州東一百一十里。二鄉。新安、雙灘、香城、白同、〔一八〕高歇、斛門〔一九〕六鎮。有濁水山、新寧溪。

下，東鄉。州東北一百八〔二〇〕十里。一十鄉。東鄉一場。有下蒲江。

院一。僞蜀催科税賦之地，皇朝因之。

明通。〔二一〕州東一千二〔二二〕百里。六鄉。宣漢、鹽井、緼攔〔二三〕三場。

中下，施州，清江郡，軍事。治清江縣。

地里。東京二千六百里。東至本州界二百一〔二四〕十里，自界首至峽州二百二十八里。西至本州界二百二十里，自界首至萬州三百四十五里。南至本州界五〔二五〕百一十五里，自界首至高州二〔二六〕十五里。北至本州界二〔二七〕

百里，自界首至夔州一百二十五里。東南至本州界二〔一二八〕百四〔一二九〕十七里，自界首至澧州三百八十里。西南至本州界一百三十六里，自界首至黔州二百五十九里。東北至本州界二百四十五里，自界首至夔州二百二十一〔一三〇〕里。西北至本州界三百五十一里，自界首至夔州一百七十七里。

户。主九千三百〔一三一〕十三，客九千七百八〔一三二〕十一。

土貢。黄連一十斤，木藥子一百顆。〔一三三〕

縣二。

中下，清江。一十鄉。歌羅、細沙、寧邊、尖木、夷平、行廊、安碓等七寨。〔一三四〕有連珠山、清江。

中下，建始。州東北九十七里。五鄉。連天一寨。有連天山、建始溪。

下，忠州，南賓郡，軍事。治臨江縣。

地里。東京二千八百里。東至本州界四十七里，自界首至萬州一百四十八里。西至本州界一百一十四里，自界首至涪州八十里。南至本州界一百里，自界首至黔州二百七十九里。北至本州界一百五十九里，自界首至渠州一百九十七里。東南至本州界二百四十一〔一三五〕里，自界首至黔州四百二十五里。西南至本州界一百六十二里，自界首至黔州一〔一三六〕百八十里。東北至本州界四十四里，自界首至梁山軍一百三〔一三七〕十里。西北至本州界一百八十八里，自界首至渠州一百六十里。

户。主一萬二千一〔一三八〕百三十七，客二萬三千七〔一三九〕百一十三。

土貢。緜紬五匹。

縣四。熙寧五年省桂溪縣入墊江。

中下，臨江。九鄉。塗井、鹽井〔一四〇〕二鎮。有屏風山、岷江。

中下，墊江。州西一百二十七里。七鄉。有容溪、〔一四一〕桂溪。

下，豐都。州西北九十二里。〔一四二〕四鄉。有平都山、岷江。

下，南賓。州南六十二里。三鄉。有望塗溪。

尉司一。乾德六年以夔州龍渠鎮隸州。開寶二年置尉司。

南賓。州東南一百八十里。二鄉。〔一四三〕

下，萬州，南浦郡，軍事。治南浦縣。

地里。東京二千五百六十里。東至本州界七十七里，自界首至雲安軍一百三十三里。西至本州界一百五十一里，自界首至忠州二百里。南至本州界三百五十里，自界首至施州三百三十三〔一四四〕里。北至本州界一百五十里，自界首至開州六十二里。〔一四五〕東南至本州界三百四十五里，自界首至施州二百二十里。西南至本州界二百三十九里，自界首至忠州四十七里。東北至本州界一百四十三里，自界首至雲安軍一百一十四里。西北至本州界七十六里，自界首至梁山軍六十五里。

户。主六千四百五十七，客一萬四千九十八。

土貢。金三兩，木藥子一百顆。〔一四六〕

縣二。開寶三年以梁山縣隸梁山軍。

中下，南浦。一十三鄉。漁陽、同寧二鎮。有高梁山、岷江。

下，武寧。州西一百六十里。四鄉。有木歷山、〔一四七〕岷江。

下，開州，盛山郡，軍事。治開江鄉。

地里。東京二千七百二十里。東至本州界六十八里，自界首至雲安軍一百二十里。西至本州界一百二十里，自界首至達州二百二十五里。〔一四八〕南至本州界六十三里，自界首至萬州一百五十里。北至本州界一百六十里，自界首至達州二百四〔一四九〕十里。東南至本州界六十七里，自界首至萬州一百三十三〔一五〇〕里。西南至本州界一百五十三里，自界首至萬州八十里。東北至本州界二百八十里，自界首至夔州四百四十七里。西北至本州界一百二十八〔一五一〕里，自界首至達州一百八十里。

户。主八千七百四，客一萬六千二百九十六。

土貢。白苧五匹，車前子一斗。

縣二。慶曆四年省新浦縣入開江。

上，開江。一十二鄉。有盛山、疊江。

中，萬歲。州東北六十五里。六鄉。温湯、井場二鎮。有石門山、清水。

下，涪州，涪陵郡，軍事。治涪陵縣。

地里。東京三千四十里。東至本州界一百里，自界首至忠州二百五十里。西至本州界二百七十五里，自界首至渝州六十五里。南至本州界五百七十里，自界首至黔州一百里。北至本州界八十里，自界首至忠州二百五十里。東南至本州界二百四十里，自界首至黔州二百五十里。西南至本州界六十里，自界首至南平軍二百二十五里。東北至本州界八十里，自界首至忠州〔一五三〕二〔一五三〕百五十里。西北至本州界一百七十里，自界首至渠州二百七十里。

户。主二千五百七十，客一萬五千八百七十八。〔一五四〕

土貢。絹一十匹。

縣三。嘉祐八年省賓化縣入隆化。熙寧三年省温山縣爲鎮入涪陵，七年以隆化縣隸南平軍。

下，涪陵。六鄉。温山、陵江二鎮。白馬一鹽場。有雞鳴峽山、岷江。

下，樂温。州西一百三十里。四鄉。有樂温山、容溪。

下，武龍。州南一百八十里。四鄉。有武龍山、大江。

下，渝州，南平郡，軍事。治巴縣。

地里。東京四千九十里。東至本州界一百九十三里，〔一五五〕自界首至涪州二百七十里。西至本州界一百四十五里，自界首至合州七十六里。南至本州界二〔一五六〕百六十里，自界首至南平軍三〔一五七〕百里。北至本州界一百六十里，自界首至渠州二百八十里。東南至本州界三百七十一里，自界首至南平軍一〔一五八〕百四十五里。西南至本州界三百二十里，自界首至昌州一百九〔一五九〕十里。東北至本州界三〔一六〇〕百三十里，自界首至涪州一百七十里。西北至本州界二百二十五里，自界首至合州二百一十里。

户。主一萬一千四百二十三，客二萬九千六百五十七。〔一六一〕

土貢。葛布五匹，牡丹皮一十斤。

縣三。乾德五年省萬壽縣，雍熙五年省南平縣，並入江津。皇祐五年置南川縣。熙寧七年以南川縣隸南平軍。

中，巴。六鄉。石英、峯王、〔一六二〕藍溪、新興四鎮。有縉雲山、涪江。

中下，江津。州南一百二十里。七鄉。漢東、伏市、白沙、長池〔一六三〕聖鍾、石羊、玉欄、〔一六四〕靈感、石鼓、沙溪、仙池、平灘、石洞、三追〔一六五〕一十四鎮。小溪一寨。大中山、窠椽二堡。有白君山、岷江。

下，璧山。〔一六六〕州西一百里。三鄉。雙溪、多昆、〔一六七〕含各、〔一六八〕王來、〔一六九〕依來五鎮。有重璧山、〔一七〇〕油溪。

同下州，雲安軍。開寶六年以夔州雲安縣置軍。治雲安縣。

地里。東京二千四百八十里。東至本軍界一十八里，自界首至夔州一百一十五里。西至本軍界六十六里，自界首至萬州七十七里。南至本軍界一百二十二里，自界首至施州一百五十五里。北至本軍界一百二十六里，自界首至大寧監三百里。東南至本軍界七十五里，自界首至夔州一百六十八里。西南至本軍界一百一十四里，自界首至萬州九十六里。東北至本軍界二百三十八里，自界首至夔州三百八十七里。西北至本軍界一百一十四里，自界首至萬州一百二里。

户。主四千五百三十五，〔一七一〕客六千五百四十三。

土貢。絹一十匹。〔一七二〕

縣一。開寶六年以夔州雲安縣隸軍。

望，雲安。一十三〔一七三〕鄉。晁陽、高陽二鎮。章井一鹽場。〔一七四〕團雲一鹽井。有大江。

監一。熙寧四年以雲安監户口析置安義縣，八年户口還隸雲安縣，復爲監。

雲安。軍東北三十里。

同下州，梁山軍。開寶三年以萬州石氏屯田務置軍。治梁山縣。

地里。東京二千八百里。東至本軍界六十五里，自界首至萬州七十六里。西至本軍界六十二里，自界首至忠州一〔一七五〕百九十八里。南至本軍界四十里，自界首至忠州一百三十四里。北至本軍界四十三里，自界首至達州一百六十二里。東南至本軍界一百二十〔一七六〕里，自界首至忠州六十二里。〔一七七〕西南至本軍界一百三十里，自界首至忠州四十四〔一七八〕里。東北至本軍界六十四里，自界首至開州一百六十里。西北至本軍界一百五十里，自界首至達州一百三〔一七九〕十里。

户。主三千六百二十三，客八千六百五十四。

土貢。綿一百兩。

縣一。開寶三年以萬州梁山縣隸軍。熙寧五年又析忠州桂溪縣地益焉。

中下，梁山。五鄉。有柏枝山、梁山水。

同下州，南平軍。熙寧七年詔收西南蕃部，以渝州南川縣銅佛垻地置軍。〔一八〇〕治南川縣。

地里。東京四千三百一十里。東至婁泰村〔一八一〕一百八十里。西至鹿戰埡一〔一八二〕百里。南至清水溪一百里。北至本軍界一〔一八三〕百五十里，自界首至渝州一百四十里。東南至湯雍村二百一十里。西南至大梁茶園二百一十里。東北至本軍界二百二十五里，自界首至涪州一百五十里。西北至本軍界一百八十里，自界首至渝州一百六十里。

户。主六百一十七，客三千二十。

土貢。絹一十四。

縣二。熙寧七年以涪州隆化縣隸軍，仍省渝州南川縣爲鎮入焉。元豐元年復置南川縣。

中下，南川。九鄉。榮懿、開邊、通安、安穩、歸正五寨。溱川一堡。〔一八四〕有松山、得勝山、七渡水。

下，隆化。軍東一百四十五里。七鄉。七渡水一寨。有永隆山、〔一八五〕羅緣山、僰溪、胡陽溪。

同下州，大寧監。開寶六年以夔州大昌縣鹽泉所置監。治大昌縣。

地里。東京二千三百里。東至本監界八十三里，自界首至夔州七十里。西至本監界一百七十六里，自界首至達州五百六十里。南至本監界六十一里，自界首至夔州五十三里。北至本監界一百里，自界首至房州三百五十里。東南至本監界七十七里，自界首至夔州三十二里。西南至本監界一百三〔一八六〕里，自界首至雲安軍七十五里。東北至本

監界一百一十六里，自界首至房州三百二十里。西北至本監界一百一十一里，自界首至金州三百一十里。〔一八七〕

户。主一千三百一〔一八八〕，客五千三百二十九。

土貢。黄蠟一十斤。〔一八九〕

縣一。端拱元年以夔州大昌縣隸監。

中下，大昌。四鄉。江禹一鎮。〔一九〇〕有巫溪、鹽泉。〔一九一〕

校勘記

〔一〕五　盧本無此字。

〔二〕七　馮注：「浙本作『三』。」

〔三〕三　馮注：「江浙本俱作『二』。」

〔四〕乾德五年以三泉縣直隸京師　馮校：「案揮麈前録云：『太祖立極之初，『西蜀未下，益州（成都自唐末歷五代，已無益州之名，三泉縣舊又不隸成都，此益州二字誤。）三泉縣令間道馳騎齎賀表，率先至闕下。上大喜。平蜀後，詔三泉縣不隸州郡，遇慶賀，許發表章直達榻前。至今甲令，每於諸州軍監下注云：『三泉縣同，是矣。』考太祖平蜀在乾德三年，故宋史地理志云：『乾德三年，以縣直屬京。』此云乾德五年，疑傳寫誤也。」今按：三泉縣自唐末歷五代屬於興元府，揮塵前録云屬益州，概指蜀而言，不是指益州之政區，馮説不確。文續資治通鑑長編卷八乾德五年：「五月庚寅，詔興元府三泉縣直隸京師。」輿地廣記卷三二龍州三泉縣：「乾德五年以縣直隸京師。」輿地紀勝卷一九一大安軍下引九域志同。馮説誤。

〔五〕長柳　馮校：「錢本『柳』作『郴』。陳氏曰，水經注沔水篇：『漢水又東得長柳渡，長柳，村名也。』作『柳』爲是。」今按：宋會要食貨一九之一八有長柳務，馮説是。

〔六〕弱溪　「溪」，馮注：「浙本作『漢』。」今按：影宋鈔本、吴本、盧本、周本俱作「溪」。宋會要方域一二之一六：「弱溪鎮，嘉祐三年置。」浙本誤。

〔七〕麻油垻一茶場　「垻」，馮注：「江本作『場』。」今按：影宋鈔本、吴本、盧本、周本俱作「垻」。宋會要食貨二九之七作「油麻場」。

〔八〕西北　底本作「西南」。馮校：「錢本『西南』作『西北』，與通鑑卷二百四十四注所引正合，此『南』字誤。」今按：盧本亦作「西北」。北宋興元府治南鄭縣，即今漢中縣；褒城縣即今漢中縣西北褒城，在興元府治西北。馮説是，今據改。

〔九〕三　馮注：「江浙本俱作『二』。」

〔一〇〕溪水　太平寰宇記卷一三三興元府褒城縣載有漢水、斜水、褒水、丙水，輿地廣記卷三二褒城縣記有褒水、丙水、漢水，輿地紀勝卷一八三褒城縣有沔水、丙水、褒水、華陽水，文獻通考卷三二一輿地考褒城縣有斜水，諸書俱不載「溪水」，此疑有誤。

〔一一〕東京二千六百七十二里 「二千」，馮注：浙本作「三千」。今按：影宋鈔本、吴本、盧本、周本俱作「二千」。太平寰宇記卷一三五利州：「東北至東京二千五百三十里。」浙本誤。

〔一二〕一 馮注：「浙本作『二』。」

〔一三〕東南至本州界一百六十五里自界首至閬州七十五里 馮校：「案通鑑卷二百七十四注引志文作『利州東南至閬州二百三十五里』。」今按：資治通鑑卷二七一注引九域志：「利州東南至閬州二百四十里。」與本志合。

〔一四〕西南至本州界一百八十五里自界首至劍州一百里 「至劍州一百」，馮注：「浙本作『至巴州一百二十』。」今按：吴本作「至巴州一百」，影宋鈔本、盧本、周本俱作「至劍州一百」。劍州在利州西南，與志文所記方向相符，而巴州在利州東南，方向不合，太平寰宇記卷一三五利州下亦記西南至劍州，浙本當誤。

〔一五〕東北至本州界二百九十五里自界首至巴州二百二十五里 「二百九十五」，馮注：「浙本作『二百十』。」「至巴州二百二十五」，馮注：「浙本作『至興元府二百二十』。」今按：「巴州」，吴本亦作「興元」。興元府在利州東北，與本志所記方向合，而巴州在利州東南，方向不符。太平寰宇記卷一三五利州：「東北至興元府五百里。」似浙本是。

〔一六〕三年 馮注：浙本作「四年」。今按：影宋鈔本、吴本、盧本、周本俱作「三年」，宋會要方域七之七、宋朝事實卷一九、太平寰宇記卷一三五、輿地廣記卷三二、輿地紀勝卷一八四利州同，浙本當誤。

〔一七〕二十二鄉　馮注：「浙本作『州南二十二里』。」今按：影宋鈔本、吳本、周本俱作「二十二鄉」。綿谷爲利州附郭縣，浙本誤。

〔一八〕石燕山　底本「燕」字原闕。馮校：「錢本『石山』下空二字。」今按：盧本作「石燕山」，文獻通考卷三二一輿地考利州嘉川縣下同。輿地廣記卷三二利州嘉川縣有石鷰山。輿地紀勝卷一八四利州：「石鷰山，元和郡縣志云在集州嘉川縣西北六十里。」「鷰」、「燕」或字，亦書作「燕」，今據補。錢本有誤。

〔一九〕三　馮注：「浙本作『二』。」

〔二〇〕二　馮注：「浙本作『三』。」

〔二一〕五　馮注：「江本作『三』。」

〔二二〕一　馮注：「江浙本俱作『二』。」今按：吳本、周本亦作「二」。

〔二三〕昔水一鎮　「昔」，馮注：「江本作『智』，浙本作『聟』。」馮校：「案水經注：魏興安陽縣左谷水即壻水也，壻水南歷壻鄉。通鑑卷一百五十四注引志文作『洋州興道縣有壻水鎮。』『壻』字或書作『聟』，此『昔』字自當從浙本作『聟』。又水經注壻水壻鄉，別本『壻』俱作『智』，此江本亦作『智』字。禮記昏義釋文云：『壻』本又作『聟』。干祿字書：『聟』俗『壻』字，當又因『聟』而訛『智』耳。」今按：資治通鑑注引九域志文繫於卷一五四，馮氏疏誤。又影宋鈔本作「昔」，宋會要食貨一六之一八作「堉」，同書食貨一九之一八作「耸」，當以「堉」字爲正。

〔二四〕州東南　「東」，馮注：「浙本作『西』。」今按：影宋鈔本、盧本俱作「東」，太平寰宇記卷一三八、輿地紀勝卷一九〇洋州同。北宋洋州治興道縣，卽今洋縣；西鄉縣卽今西鄉縣，在洋縣東南。浙本誤。

〔二五〕一　馮注：「浙本作『二』。」

〔二六〕五　馮注：「浙本作『三』。」

〔二七〕西南至本州界一百一十四里自界首至梓州一百六十里　「六十」，馮注：「江浙本俱作『一十』。」今按：資治通鑑卷二三七注引九域志：「閬州，西南至梓州三百餘里。」

〔二八〕六　馮注：「江本無此字。」

〔二九〕一　馮注：「江浙本俱無此字。」

〔三〇〕熙寧三年省岐平縣爲鎭入奉國　「三年」，馮注：浙本作「五年」。馮校：「案宋史地理志，『三年』作『四年』。」又新舊唐書地理志、通鑑、文獻通考，『岐平』俱作『岐岼』，宋史與此同。」今按：宋會要方域一二之一六、輿地紀勝卷一八五閬州奉國縣下俱作「熙寧五年」，宋朝事實卷一九、輿地廣記卷三二閬州皆作「乾德五年」。又岐平，太平寰宇記卷八六、輿地紀勝皆作「岐坪」。

〔三一〕閬中山仙穴山　「閬」，底本作「闕」；「穴」，底本作「火」。馮校：「案太平寰宇記閬中縣：仙穴山在縣東北十里，周地圖記云：昔蜀王鼈靈常登此，因名靈山。山東南有五女擣練石，山頂有池常清，有洞穴絶微，有一小徑通舊靈山。天寶六年敕改爲仙穴山。又云：『閬中山，其山四合於郡，故曰閬中。』文獻通考亦云閬中有仙穴山、閬中山。此『闕』字『火』字俱誤。」今按：輿地廣記卷三二、輿地紀勝卷一八五閬州俱記閬中縣有閬中山、仙穴山，馮説是，據改。

〔三二〕牟池　「池」，馮注：「浙本作『地』。」今按：影宋鈔本、吴本、盧本、周本俱作「池」，宋會要食貨一九之一八同，浙本誤。

〔三三〕南坪　「坪」，馮注：「浙本作『平』。」今按：影宋鈔本、吴本、盧本、周本俱作「坪」，宋會要食貨一九之一八作「平」。

〔三四〕龍延　「延」，馮注：「浙本作『箕』。」今按：影宋鈔本、吴本、盧本、周本俱作「延」，宋會要食貨一九之一八同，浙本誤。

〔三五〕晉安　馮校：「案『晉』各本俱作『普』，今據唐書地理志改。」今按：影宋鈔本、吴本、盧本、周本俱作「晉」，本志上文閬州縣七下云：熙寧三年省「晉安縣爲鎮入西水」，輿地廣記卷三二、輿地紀勝卷一八五俱載西水縣晉安鎮，馮説是。

〔三六〕玉山　「玉」，底本作「王」。影宋鈔本、吴本、盧本俱作「玉」，宋會要食貨一九之一八同。此「王」乃「玉」字之誤，今據改。

〔三七〕二　馮注：「浙本作『三』。」

〔三八〕東南至本州界六十里自界首至利州一百六十里　馮校：「案利州在劍州之北，則劍州不應東南距利州也。考本志閬州西北至劍州二百三十餘里，此『利州』疑當作『閬州』。」今按：太平寰宇記卷八四劍州：「東南至閬州三百里。」所記里數與此不甚相懸，馮説是。

〔三九〕二　馮注：「江浙本俱作『一』。」今按：吴本、周本亦作「一」。

〔四〇〕東北至本州界七十里自界首至利州一百一十里　馮校：「案通鑑卷二百七十四注引志文作『劍州東北至利州一百九十里』。」

〔四一〕七　馮注：「江浙本俱作『六』。」今按：吴本、周本亦作「六」。

〔四二〕三年　馮注：浙本作「二年」。今按：宋會要方域七之七、輿地紀勝卷一九二劍門關下引國朝會要俱作「二年」。

〔四三〕長卿山「卿」，底本作「興」。太平寰宇記卷八四劍州梓潼縣：「長卿山在縣南五里，舊名神山。按圖經云：唐玄宗幸蜀，遥見山上有窟，近臣奏此漢司馬相如讀書之窟，敕改爲長卿山。」輿地廣記卷三二劍州、輿地紀勝卷一八六隆慶府梓潼縣皆有長卿山，此「興」乃「卿」字之誤，今據改。

〔四四〕馬閣山　馮校：「案『山』各本俱作『止』，考太平寰宇記：『馬閣山在縣北六十里。』今據改。」今按：影宋鈔本、吴本、盧本、周本亦作「山」，輿地紀勝卷一八六隆慶府、文獻通考卷三二一輿地考劍州俱載陰平縣有馬閣山，馮説是。

〔四五〕州南一百四十二里「一百」，底本作「三百」。馮注：江浙本俱作「一百」。今按：太平寰宇記卷八四劍州普成縣：「南一百二十里。」輿地紀勝卷一八六隆慶府普成縣：「在府南一百四十里。」南宋紹熙二年升劍州爲隆慶府。此「三」乃「四」「一」字之誤，據改。

〔四六〕馬䪼 「䪼」，聚珍本作「顒」，盧本作「頭」。

〔四七〕二十鄉 馮校：「錢本作『一十鄉』。」今按：盧本亦作「一十鄉」。

〔四八〕四 馮注：「浙本作『二』。」

〔四九〕三 馮注：「浙本作『二』。」

〔五〇〕緜紬五匹 馮注：「江本作『錦五匹』，浙本作『緜五匹』。」今按：影宋鈔本、吴本、盧本、周本俱作「緜紬五匹」，賓退録卷一〇引元豐九域志土貢、宋會要食貨四一之四一同，江浙本誤。

〔五一〕始寧縣入其章 馮校：「案困學紀聞云：『隋牛弘，封奇章公，僧孺，其後也。奇章，巴州之縣，梁普通六年置，取縣東八里奇章山爲名。隋唐志、通典、九域志、輿地廣記皆云其章，誤也。續通典作奇章。』」今按：續資治通鑑長編卷二三〇熙寧五年二月：「廢巴州其章縣。」宋會要方域七之八、同書食貨一九之一八、太平寰宇記卷一三九、宋史卷八九地理志巴州均作「其章」，則本志是。輿地紀勝卷一八七巴州曾口縣下又作「奇章」。

〔五二〕二年 輿地廣記卷三二巴州同，宋朝事實卷一九、宋史卷八九地理志巴州作「五年」。

〔五三〕璧州 「璧」，舊唐書卷三九地理志、新唐書卷四〇地理志、通典卷一七五州郡、續資治通鑑長編卷一三、宋會要方域七之八、宋朝事實卷一九、太平寰宇記卷一四〇、輿地廣記卷三二、輿地紀勝卷一八七、文獻通考卷三二一輿地考、宋史卷八九地理志俱作「壁」。

〔五四〕州北一百六十里「一」，馮注：「江本作『二』。」今按：影宋鈔本、吳本、盧本俱作「一」。資治通鑑卷二七七注：難江縣，「九域志：縣在州北一百六十里」。江本誤。

〔五五〕七　馮注：「江本作『五』。」今按：周本亦作「五」。

〔五六〕州東一百六十里「一」，底本作「二」。馮注：「江浙本俱作『一』。」今按：輿地紀勝卷一八七巴州通江縣：「在州東一百六十里。」此「二」乃「一」字之誤，據改。

〔五七〕二　馮注：「浙本作『三』。」

〔五八〕三　馮注：「江本作『二』。」

〔五九〕九　馮注：「江本作『七』。」今按：吳本、周本亦作「七」。

〔六〇〕思林　「林」，宋史卷八九地理志文州作「村」。

〔六一〕戊門　「戊」，宋史卷八九地理志文州作「戎」。

〔六二〕特波　「波」，馮注：「江本作『枝』。」今按：影宋鈔本、吳本、盧本、周本俱作「波」。宋史卷八九地理志文州作「披波」。江本誤。

〔六三〕東京二千三百一十七里　馮校：「錢本『一十』作『二十』。」

〔六四〕南至本州界一百一十里　「一十」，馮注：江浙本俱作「二十」。馮校：「錢本作『一百二十五里』。」今按：吳本、盧本亦作「一百二十五里」。

〔六五〕西南至本州界一百八十里自界首至階州四百三十里　「四百」，馮注：江本作「一百」。今按：影宋鈔本、吴本、盧本、周本俱作「四百」，江本當誤。資治通鑑卷二六九注引九域志：「興州西南至階州五百二十里。」與本志異。

〔六六〕二 馮注：「江浙本俱作『七』。」今按：吴本、周本亦作「七」。

〔六七〕西南至本州界五十五里自界首至果州一百三十里 「五十五」，馮注：浙本作「五十」。今按：影宋鈔本、吴本、盧本、周本俱作「五十五」。資治通鑑卷二七七注引九域志：「蓬州在果州東北一百八十五里。」浙本誤。

〔六八〕九 周本作「七」。

〔六九〕朗池縣 新唐書卷四〇地理志、太平寰宇記卷一三九、輿地廣記卷三二、宋史卷八九地理志蓬州同，舊唐書卷四一地理志果州作「郎池縣」，輿地紀勝卷一八八蓬州下作「浪池縣」。

〔七〇〕龍運 「運」，馮注：「浙本作『蓮』。」今按：影宋鈔本、吴本、盧本、周本俱作「運」，清嘉慶四川通志卷二七輿地志順慶府儀隴縣下引九域志同，浙本誤。

〔七一〕龍章山蓬山 馮校：「錢本『蓬山』作『蓬水』。」集梧案蓬州有大蓬山、小蓬山，宋初有蓬山縣。太平寰宇記蓬池：取蓬水爲名。」則蓬山、蓬水，縣固有之，此未知孰是。又寰宇記：『龍車山在縣東南三里。』方輿勝覽則云東巖在龍章山，亦未知孰是。」今按：影宋鈔本、吴本、盧本、周本俱作「蓬山」，太平寰宇記卷一三九蓬州：「因蓬山爲名。」但輿地廣記卷三二、文獻通考卷三二一蓬州蓬池縣下俱列「蓬水」，無「蓬山」。又太平寰宇記蓬池縣：「龍章山在縣東南三里。」輿地紀勝卷一八八蓬州：「東巖在龍章山。」「龍章山，寰宇記云在蓬池縣東南二里。」則馮氏引誤。

〔七二〕三　馮注：「浙本作『二』。」

〔七三〕陵山　「陵」，吴本作「崚」，清嘉慶重修一統志卷三九四順慶府流江鎮下引九域志同。

〔七四〕龍謌　「謌」，馮注：「浙本作『謁』。」今按：影宋鈔本、盧本、周本俱作「謌」，清嘉慶四川通志卷二七輿地志順慶府營山縣下引九域志作「歌」，蓋浙本誤。

〔七五〕南市　馮校：「錢本『南』作『西』。」今按：影宋鈔本亦作「西」，清嘉慶四川通志卷二七輿地志順慶府儀龍縣：西市鎮在縣東，九域志伏虞縣西市鎮。

〔七六〕龍州　「龍」，底本作「政」。馮注：「浙本作『龍』。」馮校：「案文獻通考龍州：唐龍州，宋『政和五年改政州，紹興五年復爲龍州』。宋史地理志同，維紹興五年作元年。今浙本尚作『龍州』，而此已作『政州』，知爲後人所竄易也。」又云：「通鑑卷七十八注引元豐志，而當州正標龍州，又以知此作『政州』者之經竄易無疑也。」今按：吴本作「龍州」，輿地廣記卷三二同，馮説是，據改。

〔七七〕二　馮注：「江本作『四』。」

〔七八〕南至本州界八十五里至自界首至文州二百里　「二百三十」，馮注：「浙本作『二百二十』。」「一百一十五」，馮注：「江浙本俱作『一百一十』。」馮校：「案通鑑卷七十八注云：『九域志：龍州北至文州四百三十里。元豐九域志：龍州治江油縣，南至緜州二百餘里。』兩引九域志，而分別言之，知不冠以元豐者之爲續定本也。愚前謂通鑑注所引志多與今浙本合，此固其顯爲揭示者，第所云龍州北至里數，與今志各本俱不合，而南至文之冠元豐者，卻正與浙本合，殊不可解。」

〔七九〕一　馮注：「江浙本俱作『二』。」今按：吴本亦作「二」。

〔八〇〕六　盧本無此字。

〔八一〕江油　馮校：「隋書、新唐書、宋史、元和郡縣志、太平寰宇記並與此同。三國志鄧艾傳：『艾自陰平道，攀木緣崖，魚貫而進。先登至江由。』鍾會傳：『會遣將軍田章等從劍閣西，逕出江由。』字亦作『由』。水經注涪水篇：涪水東南逕江油戍北，鄧艾自陰平景谷入蜀，『逕江油、廣漢者也』。而舊唐書、通考，則郡縣俱作『油江』，俟再考。」今按：元和郡縣志卷三三、太平寰宇記卷八四、輿地廣記卷三二，郡縣均作「江油」，作「油江」者誤。

〔八二〕蹄胡山　馮校：「太平寰宇記：清水出啼胡山，亦曰啼胡水。此『蹄』字誤。」今按：輿地廣記卷三二龍州清川縣下亦作「蹄胡山」，與本志同。

〔八三〕三泉縣　馮注：此下「浙本有『治事』二字」。今按：影宋鈔本、吴本、盧本、周本俱無「治事」二字，輿地廣記卷三二龍州、輿地紀勝卷一九一、宋史卷八九地理志大安軍、文獻通考卷三二一輿地考興元府三泉縣下亦皆不載。

〔八四〕西至本縣界八十二里自界首至利州一百八里　資治通鑑卷二七三注引九域志：「三泉西至利州一百八十九里。」

〔八五〕三　馮注：「江浙本俱作『五』。」今按：吴本、周本亦作「五」。

〔八六〕利州「利」，馮注：「江本作『封』。」今按：影宋鈔本、吴本、盧本、周本俱作「利」。利州在三泉縣西南，與本志所記方向符合，而封州遠處廣南，江本誤。

〔八七〕七　馮注：「江本作『六』。」

〔八八〕縣西四十四里　馮校：「錢本作『四十里』。」今按：影宋鈔本、吴本、盧本、周本俱作「四十四里」。

〔八九〕四　馮注：「江浙本俱作『二』。」今按：周本亦作「二」。

〔九〇〕五　馮注：「浙本無此字。」

〔九一〕二　馮注：「江浙本俱作『一』。」今按：吴本、周本亦作「一」。

〔九二〕西北至本州界四百四十七里自界首至閬州二百八十里　馮校：「錢本『閬』作『開』。集梧案本志開州『東北至本州界二百八十里，自界首至夔州四百四十七里。』與此里數恰合，似當作『開州』爲是，然於開言東北，於夔言西北，方鄉不符。通典盛山郡（開州）『東北到雲安郡（即夔州）界二百八里。』雲安郡西南到盛山郡界亦同，知本志開州東北至本界文，其八十里之『十』字衍也。再考通典：盛山東至雲安四百六十五里。太平寰宇記開州：東至夔州龍日驛一百九十里，從驛路至夔州二百二十里，而夔州西北至開州亦止四百五十六里。方輿紀要夔州府開縣（即唐宋之開州）：在府西北四百七十里。今開縣實在府西北二百三十里，與此夔州西北至里數合計爲七百二十七里者，甚爲相近，則仍當以閬州爲是。」今按：夔州西北爲開州，而閬州距夔州西北甚遠，間隔達、蓬諸州，此「閬州」當以錢本作「開州」爲是；然通典、太平寰宇記所記里數，與本志異，未可考知。

〔九三〕北至本州界一百四十二里自界首至忠州三百二十里　資治通鑑卷二七七注引九域志：「黔州北至忠州三百七十九里。」

〔九四〕五　馮注：「浙本作『三』。」

〔九五〕十　吴本作「百」。

〔九六〕都儒　馮校：「案都儒，新舊唐書、宋史地理志、通典、太平寰宇記俱作『都濡』，文獻通考與此同。」今按：宋朝事實卷一九、輿地廣記卷三三、輿地紀勝卷一七六黔州亦均作「都濡」，宋會要方域一二之一六又與此同。

〔九七〕玉山　「玉」，馮注：「浙本作『五』。」今按：影宋鈔本、吴本、盧本、周本俱作「玉」，宋會要食貨一六之一九同，浙本誤。

〔九八〕八　馮注：「浙本作『六』。」今按：吴本亦作「六」。

〔九九〕佐水　「佐」，馮注：「浙本作『佑』。」今按：影宋鈔本、吴本、盧本、周本俱作「佐」，武經總要前集卷一九、宋史卷八九地理志紹慶府同，浙本誤。

〔一〇〇〕古水　馮校：「錢本『水』作『永』。」又云：「宋史地理志『古』作『右』。」今按：盧本「古」亦作「右」，疑此「古」爲「右」字之誤；又吴本「水」亦作「永」，疑誤。

〔一〇一〕萬就　「就」，底本作「勍」。盧本作「就」，武經總要前集卷一九、宋史卷八九地理志紹慶府同，此「勍」乃「就」字之誤，今據改。

〔一〇二〕六保　「六」，馮注：「浙本作『元』。」今按：影宋鈔本、吴本、盧本、周本俱作「六」，武經總要前集卷一九、宋史卷八九地理志紹慶府同，浙本誤。

〔一〇三〕白水　「白」，馮注：「浙本作『百』。」今按：盧本、周本作「白」，武經總要前集卷一九、宋史卷八九地理志紹慶府同本志，浙本盧本、周本誤。

〔一〇四〕茆田　「田」，馮注：「浙本作『芭』。」今按：影宋鈔本、吴本、盧本、周本俱作「田」，武經總要前集卷一九、宋史卷八九地理志紹慶府同，浙本誤。

〔一〇五〕木柵　「木」，底本作「本」。吴本、盧本俱作「木」，宋史卷八九地理志紹慶府同，此「本」乃「木」字之誤，今據改。

〔一〇六〕阿蓬水　「阿」，底本作「河」，輿地廣記卷三三黔州同，太平寰宇記卷一二〇、輿地紀勝卷一七八黔州、清嘉慶重修一統志卷四一七酉陽州均作「阿」，此「河」乃「阿」字之誤，今據改。

〔一〇七〕皇朝乾德三年改達州　「三」，馮注：「浙本作『元』。」今按：影宋鈔本、吴本、盧本、周本俱作「三」。續資治通鑑長編卷六乾德三年正月：「改通州爲達州。」輿地廣記卷三三、宋史卷八九地理志達州同，浙本誤。

〔一〇八〕一　馮注：「浙本作『二』。」

〔一〇九〕二　馮注：「浙本作『一』。」

〔一一○〕紬五匹。「紬」，底本作「綢」。馮注：「江浙本俱作『絺』。」今按：盧本作「紬」，賓退録卷一○引元豐九域志土貢紬：「達五匹。」宋會要食貨四一之四一：「達州，藍紬五匹。」此「綢」乃「紬」字之誤，據改。江浙本作「絺」亦誤。

〔一一一〕永睦。馮校：「案永睦縣，隋書、新舊唐書地理志、通典俱作『永穆』，太平寰宇記亦作『穆』，而宋史地理志及文獻通考與此同，則其字不知以何時改也。」今按：清嘉慶重修一統志卷四○九綏定府永穆廢縣：「宋屬達州，咸平二年改曰永睦。」

〔一一二〕州西一百里。「一」，馮注：「江浙本俱作『二』。」今按：影宋鈔本、盧本俱作「一」。太平寰宇記卷一三七達州永穆縣：「西北七十五里。」江浙本誤。

〔一一三〕永康。「康」，馮注：「浙本作『廉』。」今按：影宋鈔本、吴本、盧本、周本俱作「康」，清嘉慶四川通志卷二九輿地志綏定府達縣下引九域志同，浙本誤。

〔一一四〕玉門。「玉」，馮注：「浙本作『土』。」今按：盧本亦作「土」，清嘉慶四川通志卷二九輿地志綏定府達縣下引九域志同。

〔一一五〕蔣坦。馮校：「錢本『蔣』作『將』。」今按：吴本亦作「將」，清嘉慶四川通志卷二九輿地志綏定府達縣下引九域志同。

〔一一六〕澇溪。「澇」，馮注：「浙本作『勞』。」今按：影宋鈔本、吴本、盧本、周本俱作「澇」，清嘉慶四川通志卷二九輿地志綏定府達縣下引九域志同，浙本誤。

〔一一七〕龍驤山　底本作「驤龍山」。馮校：「錢本作『龍驤』。」又云：「寰宇記永穆縣：『龍驤山在縣東南三里。』此作『驤龍』誤。」今按：輿地廣記卷三三達州永睦縣下亦作「龍驤山」，清嘉慶四川通志卷一八輿地志綏定府達縣同，此「驤龍」乃「龍驤」之倒置，據改。

〔一一八〕白同　「白」，馮注：「浙本作『山』。」今按：影宋鈔本、吴本、盧本、周本俱作「白」，清嘉慶四川通志卷三〇輿地志忠州梁山縣下引九域志同，浙本誤。

〔一一九〕蚪門　「蚪」，馮注：「浙本作『復』。」今按：影宋鈔本、吴本、盧本、周本俱作「蚪」，清嘉慶四川通志卷三〇輿地志忠州梁山縣下引九域志同，浙本誤。

〔一二〇〕八　馮注：「浙本作『六』。」

〔一二一〕明通　輿地廣記卷三三、宋史卷八九地理志達州均作「通明」，與此不同。

〔一二二〕二　馮注：「江浙本俱作『一』。」今按：吴本、周本亦作「一」。

〔一二三〕緼攔　「緼」，馮注：「浙本作『編』。」今按：盧本亦作「編」；「攔」，影宋鈔本作「欄」。宋會要食貨一六之二〇有編欄司務，但屬雲安軍，不屬達州。

〔一二四〕一　馮注：「江浙本俱作『二』。」今按：周本亦作「二」。

〔一二五〕五　馮注：「浙本作『三』。」

〔一二六〕一　馮注：「浙本作『三』。」

〔一二七〕二　馮注：「浙本作『一』。」

〔一二八〕二 馮注：「浙本作『一』。」

〔一二九〕四 馮注：「浙本作『二』。」

〔一三〇〕二十一 馮注：「浙本作『五十』。」

〔一三一〕二 馮注：「江浙本俱作『三』。」今按：吴本、周本亦作「三」。

〔一三二〕八 馮注：「江浙本俱作『六』。」今按：吴本、周本亦作「六」。

〔一三三〕木藥子一百顆 「一」，馮注：「江浙本俱作『二』。」今按：影宋鈔本、吴本、盧本、周本俱作「二」。賓退録卷一〇引元豐九域志土貢木藥子：「施一百顆。」江浙本誤。

〔一三四〕歌羅細沙寧邊尖木夷平行廊安碓等七寨 「尖木」，底本作「小大木」。馮校：「錢本作『歌羅』、『永寧』、『細沙』、『寧邊』、『大小木夷』、『平行』六寨。」今按：盧本作「歌羅」、「永寧」、「細沙」、「寧邊」、「尖木」、「夷平」六寨。續資治通鑑長編卷三〇六元豐三年七月：「廢施州永寧寨，置行廊、安碓二寨。」宋會要方域一八之二六：「行廊寨在施州，元豐三年置。」同書方域一八之三一：「安碓寨在施州，元豐三年置。」宋史卷八九地理志施州清江縣：「有歌羅、永寧、細沙、寧邊、尖木、夷平六砦。熙寧六年五月省施州永興砦，置夷平砦。元豐三年七月廢永寧砦，置行廊、安碓二砦。」本志以元豐八年爲準，應爲七寨，其中有行廊、安碓二寨，已無永寧寨，錢本、盧本列有「永寧」，作「六寨」，錢本「夷平」作「平行」，並誤。又武經總要前集卷一九施州列有尖木砦，與盧本、宋志合，此「小大木」乃「尖木」之誤，據改；錢本作「大小木夷」，亦誤。然「行廊」，上引宋會要及宋志俱作「行廊」，未知孰是，待考。

〔一三五〕一　馮注：「浙本無此字。」

〔一三六〕一　馮注：「浙本作『二』。」

〔一三七〕三　馮注：「浙本作『五』。」

〔一三八〕一　馮注：「江浙本俱作『二』。」今按：吴本、周本亦作「二」。

〔一三九〕七　馮注：「江浙本俱作『九』。」今按：吴本、周本亦作「九」。

〔一四〇〕鹽井　底本二字原闕。影宋鈔本作「□井」。清嘉慶重修一統志卷四一六忠州：「塗井鎮在州東八十里。九域志：臨江縣有『塗井』、『鹽井』二鎮。」嘉慶四川通志卷三〇輿地志忠州下引九域志：「臨江縣有『塗井』、『溣井』二鎮。」一作「鹽井」，一作「溣井」，二者不同。又檢華陽國志卷一巴志臨江縣：「有鹽官，在鹽、塗二谿，一郡所仰。」水經江水注：「臨江縣「有鹽官，自縣北入鹽井溪，有鹽井營户」。清嘉慶重修一統志卷四一六忠州涂溪下云：「其西又有溣溪河，自州北境發源，東南流徑溣井西，又南入江。溣井在州東北二十里許，此即華陽國志之鹽溪，水經注之鹽井溪也。」據此，「鹽井」即「溣井」也，今據補「鹽井」二字。

〔一四一〕容溪　「容」，底本作「浴」。太平寰宇記卷一四九忠州墊江縣：「容溪水在縣南十里。」文獻通考卷三二一輿地考忠州墊江縣作「溶溪」，「容」、「溶」同，本志下文涪州樂温縣有容溪，即此水。此「浴」乃「容」字之誤，今據改。

〔一四二〕州西北九十二里　「九」，馮注：「江浙本俱無此字。」馮校：「案通鑑卷二百五十八注引志文作『在州西九十里』，其卷二百七十七注所引又作『九十二里』，而亦無『北』字。」今按：資治通鑑注引九域志文前者繫於卷二六〇，馮氏疏誤。又太平寰宇記卷一四九忠州豐都縣：「西九十二里。」據此，江浙本無「九」字，實誤。再北宋忠州治臨江縣，即今忠縣；豐都縣即今丰都縣，地在忠縣西南。則此「北」字當衍，或爲「南」字之誤。

〔一四三〕二鄉　「鄉」，底本作「鎮」。馮注：「江浙本俱作『鄉』。」今按：吴本、盧本亦作「鄉」。以志例，先記鄉，再列鎮，列鎮者冠以名，此無，「鎮」當爲「鄉」字之誤，據改。

〔一四四〕三　周本作「二」。

〔一四五〕北至本州界一百五十里自界首至開州六十二里　「開」，底本作「閬」。馮注：「浙本作『開』。」今按：開州在萬州北，而閬州距萬州西北殊遠。本志下文開州下記：「南至本州界六十三里，自界首至萬州一百五十里。」正與此所載方向里數符合，此「閬」乃「開」字之誤，據改。

〔一四六〕木藥子一百顆　「一百顆」，馮注：「江本作『一石』。」今按：影宋鈔本、吴本、盧本俱作「一百顆」。賓退録卷一〇引元豐九域志土貢木藥子：「萬一百顆。」江本誤。

〔一四七〕木歷山　「木」，底本作「水」。太平寰宇記卷一四九、輿地紀勝卷一七七萬州俱作「木櫪山」，輿地廣記卷三三萬州作「木歷山」，「櫪」、「歷」同。此「水」乃「木」字之誤，今據改。

〔一四八〕自界首至達州二百二十五里　馮校：「錢本作『二百五十五里』。」今按：盧本亦作「二百五十五里」。

〔一四九〕四　馮注：「浙本作『七』。」

〔一五〇〕三　馮注：「浙本作『五』。」

〔一五一〕八　吴本作「七」。

〔一五二〕忠州　「忠」，馮注：「江本作『思』。」今按：影宋鈔本、吴本、盧本、周本俱作「忠」。忠州在涪州東北，與本志所記方向合，而思州在涪州東南，方向不符，江本當誤。

〔一五三〕二　馮注：「浙本作『一』。」

〔一五四〕客一萬五千八百七十八　馮注：「江本無『七十八』字。」今按：影宋鈔本、吴本、盧本、周本俱有「七十八」字。宋史卷八九地理志涪州：「元豐户一萬八千四百四十八。」正與本志主客户總數相合，江本誤。

〔一五五〕東至本州界一百九十三里　馮校：「錢本作『一百九十五里』。」

〔一五六〕二　馮注：「江浙本俱作『三』。」

〔一五七〕三　馮注：「江本作『二』。」今按：周本亦作「二」。

〔一五八〕一　馮注：「江浙本俱作『二』。」今按：盧本、周本亦作「二」。

〔一五九〕九　馮注：「江浙本俱作『七』。」今按：吴本、周本亦作「七」。

〔一六〇〕三　盧本作「二」。

〔一六一〕主一萬一千四百二十三客二萬九千六百五十七　「一千」，馮注：江浙本俱作「二千」；「二十三」，馮注：江浙本俱作「五十三」。今按：吴本、周本亦作「一千」。宋史卷八九地理志重慶府（北宋崇寧初改渝州爲恭州，南宋淳熙十六年升爲重慶府）：「元豐户四萬二千八十。」宋志主客户總數減除本志所記客户數，尚有主户數一萬二千四百二十三，恰與江浙本記載合，則作「二千」是，底本及吴本、周本作「一千」蓋誤，又可知江浙本作「五十三」誤。

〔一六二〕峯王　馮校：「錢本『峯』作『峯』。」今按：影宋鈔本、吴本、盧本、周本俱作「峯」。宋史卷八九地理志重慶府巴縣下作「峯玉」，清道光重慶府志卷一巴縣同，則錢本作「峯」，誤，此「王」蓋爲「玉」字之誤。

〔一六三〕長池　「池」，馮注：「浙本作『地』。」今按：影宋鈔本、吴本、盧本、周本俱作「池」。清道光重慶府志卷一江津縣：「長池，縣西七十四里。」浙本誤。

〔一六四〕玉欄　「欄」，馮注：「浙本作『滿』。」今按：影宋鈔本、吴本、盧本、周本俱作「欄」，蓋浙本誤。

〔一六五〕三追　「追」，馮注：「浙本作『塠』。」今按：影宋鈔本、吴本、盧本亦作「塠」。

〔一六六〕璧山　「璧」，新唐書卷四二地理志渝州、宋會要食貨一六之二〇、同書食貨一九之一九、太平寰宇記卷一三六渝州、輿地廣記卷三三恭州、輿地紀勝卷一七五、文獻通志卷三二一、宋史卷八九地理志重慶府俱作「璧」。

〔一六七〕多昆　「昆」，馮注：「浙本作『昆』。」今按：影宋鈔本、吴本、盧本、周本俱作「昆」，清道光重慶府志卷一璧山縣下同，浙本誤。

〔一六八〕含各　馮校：「錢本『各』作『谷』。」今按：盧本亦作「谷」，清道光重慶府志卷一璧山縣同。

〔一六九〕王來　「來」，馮注：「浙本作『釆』。」今按：影宋鈔本、吳本、盧本、周本俱作「來」。清道光重慶府志卷一璧山縣：「王來山，縣東南五十八里，宋王來鎮在山下。」浙本誤。

〔一七〇〕重璧山　「璧」，太平寰宇記卷一三六渝州、輿地廣記卷三三恭州、輿地紀勝卷一七五重慶府均作「璧」。

〔一七一〕主四千五百三十五　「四」，馮注：「江本作『七』，浙本作『二』。」今按：影宋鈔本、盧本俱作「四」，宋史卷八九地理志雲安軍：「元豐户一萬一千七十五。」與本志記主客户總數僅少三户，江浙本當誤。又「三十五」，盧本作「三十」。

〔一七二〕絹一十四　「一」，底本作「三」。盧本作「一」。賓退録卷一〇引元豐九域志土貢絹：「雲安一十四。」此「三」乃「一」字之誤，今據改。

〔一七三〕三　吳本作「二」。

〔一七四〕章井一鹽場　馮校：「錢本『章』作『軍』。」今按：影宋鈔本、吳本、盧本亦俱作「軍」。宋史卷八九地理志雲安軍有玉井鹽場，而無「章井」、「軍井」。

〔一七五〕一　馮注：「江浙本俱作『二』。」今按：吳本、周本亦作「二」。

〔一七六〕二十　馮注：「浙本作『五十七』。」

〔一七七〕自界首至忠州六十二里　馮注：「浙本作『至萬州二百七十一』。」今按：「忠州」，吴本亦作「萬州」。

〔一七八〕四十四　馮注：「浙本作『一百十四』。」

〔一七九〕三　馮注：「江本作『二』。」今按：周本亦作「二」。

〔一八〇〕熙寧七年詔收西南蕃部以渝州南川縣銅佛埧地置軍　續資治通鑑長編卷二七〇：熙寧八年，「以渝州南川縣銅佛壩爲南平軍」。與此記「七年」不同。又「詔」，影宋鈔本、盧本俱作「招」，宋朝事實卷一九同。

〔一八一〕婁泰村　「泰」，馮注：「江浙本俱作『秦』。」今按：影宋鈔本、吴本、盧本、周本俱作「泰」。

〔一八二〕一　馮注：「浙本作『二』。」

〔一八三〕一　馮注：「江浙本俱作『二』。」

〔一八四〕溱川一堡　「溱」，底本作「湊」。馮注：「浙本作『溱』。」今按：宋史卷八九地理志南平軍南川縣亦作「溱」，此「湊」乃「溱」字之誤，據改。

〔一八五〕永隆山　「隆」，底本作「陵」。太平寰宇記卷一二〇涪州賓化縣：「唐貞觀十一年，分渝州巴縣之地北置隆化縣，以縣西二十里永隆山爲名。先天初，以諱改爲賓化縣。」輿地廣記卷三三、輿地紀勝卷一八一南平軍隆化縣下俱作「永隆山」，此「陵」乃「隆」字之誤，今據改。

〔一八六〕三　盧本作「三十」。

〔一八七〕西北至本監界一百一十一里自界首至金州三百一十里　「金州」，底本作「全州」。馮校：「案全州之去大寧監遠矣，且亦在其東南，非西北也。「大寧監，今爲大寧縣，在夔州府北一百八十里（方輿紀要作『府東北三百二十里』），北界陝西興安府（方輿紀要興安州平利縣：『州東南九十里，南至四川大寧縣六百里。』）興安在宋爲金州，考本志，金州南至夔州一千一百里（通典作『九百五十四里』）。太平寰宇記夔州：『北至金州九百五十一里。』計里數亦多不符。惟寰宇記金州下云：『南至夔州五百一十四里。』則金州南至大寧爲三百三十四里，與此大寧西北至里數，無甚相懸，此『全州』當是『金州』之誤。」今按：大寧監之北爲金州，而全州遠處湖南，與本志所記不符，馮説是，據改。

〔一八八〕一　馮注：「江浙本俱作『二』。」今按：盧本亦作「二」。

〔一八九〕黄蠟一十斤　「一」，底本作「二」。賓退録卷一〇引元豐九域志土貢蠟：「黔、大寧各一十斤。」此「二」乃「一」字之誤，今據改。

〔一九〇〕江禹一鎮　馮校：「錢本『禹』作『離』。」今按：盧本亦作「離」。

〔一九一〕鹽泉　「鹽」，影宋鈔本、盧本俱作「鹹」。

九域志卷第九

福建路

廣南路

東路　西路

福建路

太平興國元年爲兩浙西南路，〔一〕雍熙二年改福建路。州六，軍二，縣四十五。

大都督府，福州，長樂郡，威武軍節度。唐威武軍節度。周改彰武軍。皇朝太平興國二年復舊。治閩、候官〔二〕二縣。

地里。東京四千七百里。東至海一百九十里。西至本州界二百六十里，自界首至南劍州一百二十五里。南至本州界二百五十六里，自界首至興化軍六十五里。北至本州界六百六十五里，自界首至處州三百五十里。東南至海二百八里。西南至本州界三〔三〕百五十里，自界首至南劍州四百二十五里。東北至本州界五百四十里，自界首至温州

二百里。西北至本州界五百八十里，自界首至建州四百四十里。〔四〕

户。主二十一萬四千六百三〔五〕十六，客九萬六千九百一十六。

土貢。紅花蕉布三十四。

縣一十二。太平興國五年〔六〕析閩縣地置懷安縣。天禧五年〔七〕改永貞縣爲永昌，乾興元年改羅源。

望，閩。一十二鄉。閩安一鎮。有九仙山、福山、金崎江。

望，候官。九鄉。有閩山、螺江、候官浦。〔八〕

望，福清。州東南一百七十七里。七鄉。海口一鎮。一鹽倉。有練門江。

望，懷安。州西北二十里。九鄉。有方山、洪塘江。

望，長溪。州東北五百四十五里。〔九〕四鄉。黄崎一鎮。玉林一銀場、一鹽場。有仙遊山、白水江。〔一〇〕

望，連江。州東北一百六十里。〔一一〕五鄉。有香爐山、連江。

望，古田。州西北一百八十里。四鄉。水口一鎮。寶興一銀場。古田一金坑。有石塘山、古田口。

緊，長樂。州東一百二十里。四鄉。一鹽場。有海壇山、演江。

緊，永泰。州西南三百五十里。三鄉。黄洋、保德二銀場。有高蓋山。

中，閩清。州西北一百五十里。二鄉。有石竹山、鍾湖。

中，羅源。州東北一百六十里。〔一二〕三鄉。一鹽場。有四明山。

中，寧德。州東北三百里。三鄉。關隸一鎮。有大海。

上，建州，建安郡，建寧軍節度。僞閩鎮武軍節度。僞唐改永安軍，又改忠義軍，後降軍事。皇朝端拱元年升建寧軍節度。治建安縣。

地里。東京三千五百里。東至本州界一百八十里，自界首至處州六百二〔一三〕十里。西至本州界一百六十里，自界首至南劍州一百里。南至本州界九十七里，自界首至南劍州六十五里。北至本州界三百里，自界首至信州一百里。東南至本州界三百五十里，自界首至福州五〔一四〕百八〔一五〕十里。西南至本州界八十里，自界首至南劍州一百三十里。東北至本州界四百七里，自界首至衢州二百六十〔一六〕里。西北至本州界一百八十里，自界首至邵武軍七十〔一七〕里。

户。主六萬九千一百二十六，客一十一萬七千四百四十。

土貢。龍鳳等茶八百二十斤，練五十匹。

縣六。太平興國四年以將樂縣隸南劍州，五年以邵武、歸化、建寧三縣隸邵武軍。淳化五年升崇安場爲縣。咸平三年〔一八〕升關隸鎮爲縣。治平三年析建安、建陽、浦城三縣地置甌寧縣，熙寧三年罷。

望，建安。七鄉。北苑一茶焙。龍津一監庫。石舍、永興、丁地〔一九〕三銀場。有白鶴山、茶山、建安水、東溪。

望，建陽。州西一百三十里。〔二〇〕六鄉。黄柏洋、武仙、大同山、瞿嶺四銀場。有浮石山、建陽溪。

望，浦城。州東北三百三十里。〔二一〕一十鄉。遷陽、臨江二鎮。通德、潘家山、余桑三銀場。余生、焦溪、觔竹三銀坑。有孤山、太湖山、柘溪。

望，崇安。州北二百五十里。五鄉。有武夷山、漢祀山。

緊，關隸。〔三二〕州東南二百二十里。四鄉。舊一鎮。天受一銀場。有洞宮山。

上，松溪。州東二百六十里。三鄉。有松溪。

監一。咸平三年置，鑄銅錢。

豐國。州城東北。

上，泉州，清源郡，平海軍節度。僞唐清源軍節度。皇朝太平興國三年改平海軍。〔三三〕治晉江縣。

地里。東京四千一百三十里。東至海一百三十里。西至本州界三百一〔三四〕十里，自界首至南劍州三百四十里。南至海一百三〔三五〕十里。北至本州界一百里，自界首至興化軍一百二十里。東南至海八十里。西南至本州界二百二十五里，自界首至漳州一百四十里。〔三六〕東北至本州界九十里，自界首至興化軍七十里。西北至本州界四百里，自界首至南劍州二〔三七〕百里。

戶。主一十四萬一千一百九十九，客六萬二百七。

土貢。綿一百兩，蕉、葛各一十匹。

縣七。太平興國四年以莆田、仙遊二縣隸興化軍，五年以長泰縣隸漳州，六年析晉江縣地置惠安縣。〔三八〕

上，晉江。五鄉。鹽一百六十一亭。有泉山、晉江。

中，南安。州西一十三里。〔二九〕八鄉。有金雞山、晉水。

中，同安。州西一百三十五里。三鄉。安仁、上下馬欄、莊坂〔三〇〕四鹽場。有文圃山、東西溪。

中，惠安。州北四十七里。三鄉。鹽一百二十九亭。有錦田山、洛陽江。

中，永春。州西一百三十里。五鄉。倚洋一鐵場。有石鼓山。

下，清溪。州西一百五里。四鄉。青陽一鐵場。有廬山、溪水。

下，德化。州西北一百八十五里。五鄉。丘店一寨。赤水一鐵場。有靈馨山。

上，南劍州，劍浦郡，軍事。僞唐劍州。皇朝太平興國四年以利州路有劍州，加「南」字。治劍浦縣。

地里。東京三千五百六十里。東至本州界七十里，自界首至建州一百一十里。西至本州界一百八十里，自界首至邵武軍一百二〔三一〕十里。南至本州界一百二十里，自界首至福州三百里。北至本州界一百三十里，自界首至建州八十里。東南至本州界一百九十里，自界首至建州一百一十里。西南至本州界三百里，自界首至邵武軍一百二十里。東北至本州界二百里，自界首至建州一百七十〔三二〕里。西北至本州界三百一十里，自界首至邵武軍一百二十里。

戶。主五萬九千三百五十五〔三三〕，客六萬二百六。

土貢。茶一百一十斤。

縣五。太平興國四年以建州將樂縣隸州。

緊，劍浦。七鄉。東津、西津、羅源、静江四鎮。大演、石城二銀場。〔三四〕雷、大熟、〔三五〕濛州、〔三六〕游坑、汾常〔三七〕五茶焙。有演仙山、三溪。

上，將樂。州西二百四十里。三鄉。石牌、〔三八〕安福二銀場。有金泉山、天階山、將溪。

上，尤溪。州南一百五十五里。〔三九〕四鄉。寶應、安仁、湊坑、龍門、新豐、小安仁、杜唐、梅營、龍逢九銀場。有雙髻山、尤溪。

中，沙。州西一百二十四里。二〔四〇〕鄉。洛陽口一鎮。龍泉一銀場。有幼山、〔四一〕沙水。

下，順昌。州西一百八十里。二〔四二〕鄉。有七臺山。

下，汀州，臨汀郡，軍事。治長汀縣。

地里。東京三千五百九十里。東至本州界四百七十里，自界首至南劍州四百二十里。西至本州界六十里，自界首至虔州四百九十里。〔四三〕南至本州界三百三十里，自界首至梅州一百九十里。〔四四〕北至本州界六十里，自界首至虔州四百二十里。〔四五〕東南至本州界五百二十二里，〔四六〕自界首至漳州四百九十里。西南至本州界四百里，自界首至潮州六十里。東北至本州界三百三十里，自界首至南劍州四百二十里。西北至本州界二百五十里，自界首至虔州四百九十里。

户。主六萬六千一百五十七，客一萬五千二百九十七〔四七〕。

土貢。蠟燭二百條。〔四八〕

縣四。淳化五年升上杭、武平二場並爲縣。

望，長汀。三鄉。留村一鎮。上寶一銀場。歸禾、〔四九〕拔口〔五〇〕二銀務。莒溪一鐵務。有靈蛇山、鄞江溪。

望，寧化。州東北一百八十里。三鄉。龍門新、舊二銀場。長永、大庇二銀坑。有鐵石山、黄連洞。

上，上杭。州南一百八〔五一〕十里。四鄉。鍾寮一金場。有香嶺、石鍾巖。

上，武平。州西南二百五十里。五鄉。有靈洞山。

下，漳州，漳浦郡，軍事。唐漳州，後改南州。皇朝乾德四年復舊。〔五二〕治龍溪縣。

地里。東京四千四百六十里。東至本州界八十一里，自界首至泉州二百一十四里。西至本州界三百六十五里，自界首至汀州二百七十五里。〔五三〕南至本州界三百二十五里，自界首至潮州六十五里。北至本州界一百二十里，自界首至泉州一百八十五里。東南至海一百六〔五四〕十九里。西南至本州界三百二〔五五〕十五里，自界首至潮州六十五里。東北至本州界一百里，自界首至泉州二百里。西北至本州界四百里，自界首至南劍州三百三十五里。

户。主三萬五千九百二十，客六萬四千五百四十九。

土貢。甲香一十斤，鮫魚皮一十張。

縣四。太平興國五年以泉州長泰縣隸州。

望，龍溪。六鄉。海口、〔五六〕峽口、〔五七〕清遠三鎮。吴慣、〔五八〕沐瀆、中栅三鹽團。有九龍山。

望，漳浦。州南一百一十里。三鄉。敦照一鎮。〔五九〕黄敦一鹽團。〔六〇〕有九侯山、李澳溪。

望，龍巖。州西二百七十里。二鄉。大濟、寶興二銀場。有箣山。

望，長泰。州北三十七里。二鄉。有鼓鳴山、雙髻山。

同下州，邵武軍。太平興國五年以建州邵武縣置軍。治邵武縣。

地里。東京三千三百五十里。東至本軍界五十里，自界首至建州三百二十里。西至本軍界一百四十里，自界首至建昌軍二〔六一〕百里。南至本軍界二〔六二〕百二十里，自界首至汀州三百二十里。北至本軍界一百八十里，自界首至信州三百六十里。東南至本軍界一百二十里，自界首至南劍州一百八十里。西南至本軍界三百二〔六三〕十里，自界首至汀州二百四十里。東北至本軍界七十里，自界首至建州二百里。西北至本軍界二〔六四〕百四十里，自界首至建昌軍二百二十里。

户。主五萬八千五百九十，客二萬九千四〔六五〕。

土貢。紵一十匹。

縣四。太平興國五年以建州歸化、建寧二縣隸軍，六年析邵武縣西置光澤縣。

望，邵武。五鄉。營名一鎮。黄土、鄒溪、寺城〔六六〕三銀場。龍須一銅場。寶積、萬德二鐵場。有飛猿嶺、〔六七〕邵武溪。

望，光澤。軍西八十里。二鄉。清化一鎮。太平一銀場。新安一鐵場。有烏君山、烏嶺。

望，歸化。軍南一百四十五里。二鄉。磜礤一金場。江源一銀場。有鑪峰山、〔六八〕梅溪。

望，建寧。軍西南二百四十五里。六鄉。青女、焦坑、龍門三銀場。有百丈山、三溪。

同下州，興化軍。太平興國四年析泉州莆田縣游洋、百丈二鎮地置太平軍，尋改興化。治莆田縣。

地里。東京四千三百七〔六九〕十里。東至海七十里。西至本軍界一百四十五里，自界首至泉州三百四十五里。南至海四十里。北至本軍界六十五里，自界首至福州一百八十里。東南至海一百里。西南至本軍界七十里，自界首至泉州九十里。東北至海五十里。西北至本軍界一百里，自界首至福州九十五里。

户。主三萬五千一百五十三〔七〇〕，客二萬八十四。

土貢。綿一百兩，葛布一十匹。

縣三。太平興國四年以泉州莆田、仙遊二縣隸軍，又析莆田縣地置興化縣。

望，莆田。六鄉。寧海、〔七一〕安德二鎮。一鹽倉。有壺公山、大海。

望，仙遊。軍西七十里。四鄉。太平、石碧潭、龍華三鎮。有九仙山、大目溪。

中，興化。軍北七十里。三〔七二〕鄉。有百丈溪。

廣南路

東路 州一十五，縣四十。

中，都督府，廣州，南海郡，清海軍節度。梁清海軍節度，後入僞漢。皇朝開寶四年以後仍舊節度。〔七三〕治南海、番禺二縣。

地里。東京四千七〔七四〕百里。東至本州界二百一十里，自界首至惠州一百五里。西至本州界一百五十里，自界首至端州九十里。南至本州界五百二十里，自界首至南恩州二百四十里。北至本州界三百五十里，自界首至英州七十里。東南至海四十一里。西南至本州界一百五十里，自界首至端州二百七十五里。東北至雞窠山一百三十二里。西北至本州界七百二十里，自界首至端州一百八十里。

户。主六萬四千七百九十六，客七萬八千四百六十五。

土貢。沈香一十斤，甲香三斤，詹糖香、〔七五〕石斛各二斤，龜殼、水馬各二十枚，鼊皮一十張，藤席二十領。〔七六〕

縣七。開寶四年改洊湼縣爲洊光，〔七七〕以隸連州；五年省咸寧、常康、番禺、四會四縣並入南海，東莞縣入增城，〔七八〕義寧縣入新會，游水縣入懷集；〔七九〕六年復置四會、東莞、義寧三縣，〔八〇〕省化蒙縣入四會。太平興國元年改義寧縣爲信安。皇祐三年〔八一〕復置番禺縣。熙寧五年以信安縣隸新州，〔八二〕六年以四會縣隸端州。

望，南海。六鄉。大通一鎮。

上，番禺。五鄉。瑞石、〔八三〕平石、〔八四〕獵德、大水、石門、白田、扶胥七鎮。銀鑪一鐵場。

中，清遠。州西北二百四十里。四鄉。大富一銀場。静定一鐵場。錢糾一鉛場。〔八五〕

中，增城。州東一百二十里。四鄉。足子一鎮。〔八六〕

中，懷集。州西北二百八十里。六鄉。大利一銀場。

中下，東莞。州東南三百里。一鄉。桂角、〔八七〕香山崖二銀場。静康、大寧、東莞三鹽場。海南、黄田、歸德三鹽柵。

下，新會。州西南三百三十里。〔八八〕四鄉。千歲一錫場。海晏、博勞、〔八九〕懷寧、都斛、矬銅、〔九〇〕金斗六鹽場。有利山。

中，韶州，始興郡，軍事。治曲江縣。

地里。東京三千七百里。東至本州界一百二十里，自界首至南雄州一百三十里。西至本州界一百六十五里，自界首至連州二百五十里。南至本州界九十五里，自界首至英州一百里。北至本州界二百里，自界首至郴州二百一十里。東南至本州界一百三十九里，自界首至英州一百五十里。西南至本州界一百五十五里，自界首至英州八十五里。東北至本州界一百七十里，自界首至南安軍一百六十里。西北至本州界三百二十五里，自界首至郴州一百八十里。

户。主五萬三千五百一，客三千九百三十七。

土貢。絹一十四，鍾乳一斤。

縣四。開寶四年以始興縣隸南雄州，五年省仁化縣入樂昌，咸平三年復置。

望，曲江。一十五鄉。濛滉一鎮。〔九一〕永通一錢監。靈源、石膏、岑水三銀場。中子一銅場。〔九二〕有錢石山、玉山、〔九三〕曲江、桂水。

望，翁源。州東九十里。〔九四〕四鄉。玉壺一鎮。〔九五〕大湖一銀場。大富一鉛場。有靈池山、翁水。

中，樂昌。州北一百四十里。〔九六〕四鄉。伍汪、黄坑二銀場。太平一鉛場。有昌山、武溪。

中，仁化。州東一百五十里。四鄉。火衆、多田二鐵場。〔九七〕多寶一鉛場。有白星山、潼溪、五渡水。

下，循州，海豐郡，軍事。治龍川縣。

地里。東京五千六百里。東至本州界一百八十五里，自界首至潮州三百里。〔九八〕西至本州界一十里，自界首至英州七百七十里。南至本州界一十里，自界首至惠州二百九十里。北至本州界一百七里，自界首至虔州一千四十里。東南至本州界二百五十里，自界首至潮州五百里。〔九九〕西南至本州界一十五里，自界首至惠州六百六十里。東北至本州界一百八十五里，自界首至汀州五百一十五里。西北至本州界二十里，自界首至韶州八百九十里。

户。主二萬五千六百三十四，客二萬一千五百五十八。

土貢。絹一十匹，藤盤一面。

縣三。熙寧四年析興寧縣地置長樂縣。

望，龍川。二鄉。驛步一鎮。大有一鉛場。有嶅山、龍川江、鰐湖。

望，興寧。州東北一百三十五里。〔一〇〇〕二鄉。夜明一銀場。有揭陽山、興寧江。

上，長樂。州東北一百里。三鄉。羅翊、洋頭、大佐、瀨湖四錫場。有宜黄山、熱水。

下，潮州，潮陽郡，軍事。治海陽縣。

地里。東京七千七百一十里。東至本州界九十九里，自界首至漳州二百里。西至本州界二百八十里，自界首至梅州四十里。南至海一百七十里。北至本州界七百四里，自界首至汀州二百五十里。東南至本州界一百四十里，自界首至漳州一百五十九里。西南至本州界六百五十里，〔一〇一〕自界首至惠州四百六十里。東北至本州界六百五十里，自界首至汀州二百九十里。西北至本州界二百里，自界首至梅州一百二十里。

户。主五萬六千九百一十二，客一萬七千七百七十。

土貢。蕉布五匹，甲香一斤，鮫魚皮一張。

縣二。熙寧六年廢梅州，以程鄉縣隸州。元豐五年程鄉縣復隸梅州。

望，海陽。七鄉。觔州、〔一〇二〕黄岡、圃灣、裏灣、浄口五〔一〇三〕鎮。浄口、松口、三河口三鹽務。〔一〇四〕彊豐濟一銀場。横衙、黄岡、錦田三錫場。〔一〇五〕有鳳皇山、惡溪。

緊，潮陽。州南一百三十里。四鄉。海口、黄岡二鎮。有曾山。

下，連州，連山郡，軍事。治桂陽縣。

地里。東京三千四百八十九里。東至本州界一百七十里，自界首至韶州三百四十里。西至本州界一百二十五里，自界首至賀州一百四十四里。南至本州界一百一十里，自界首至廣州七百八十里。北至本州界一百四十七里，自界首至桂陽監五十八里。東南至本州界八十七里，自界首至韶州四百二十三里。西南至本州界六十里，自界首至封州五百四十里。東北至本州界七十六里，自界首至郴州三百一十四里。西北至本州界一百里，自界首至道州四百七十里。

户。主三萬四百三十八，客六千五百四。

土貢。白紵布一十匹，鍾乳一斤。

縣三。開寶四年以廣州浛光縣〔一〇六〕隸州，六年以浛光縣隸英州。

望，桂陽。一十六鄉。同官一銀場。有金銀山、桂陽山、湟水、海陽湖。

中，陽山。州東南一百四十七里。三鄉。桐臺、清瀧〔一〇七〕二鎮。銅坑一銅場。有陽巖山、茂溪水。

中，連山。州西一百六十里。三鄉。有銅山、滑水。

下，賀州，臨賀郡，軍事。治臨賀縣。

地里。東京三千二百里。東至本州界一百三十里，自界首至連州一百三十六里。西至本州界一百六十五里，自界首至昭州一百四十一里。南至本州界一百一十五里，自界首至封州二百四十六里。北至本州界一百里，自界首至道州二百四十五里。東南至本州界一百二十里，自界首至廣州七百五十五里。西南至本州界一百六十里，自界首至梧州二百五十二里。東北至永州山一百九十里。西北至本州界一百六十里，自界首至桂州四百里。〔一〇八〕

户。主三萬三千九百三十八，客六千二百六十七。

土貢。銀一十兩。

縣三。開寶四年省蕩山封陽二縣、寶城場入臨賀，馮乘縣入富川。

緊，臨賀。五鄉。太平一銀場。有臨賀山、臨賀水。

上，富川。州西北一百四十五里。二鄉。有秦山、富水。

中，桂嶺。州東北八十二里。二鄉。有桂嶺山。

下，封州，臨封郡，軍事。治封川縣。

地里。東京五千里。東至本州界一百一十里，自界首至廣州五百里。西至本州界五十里，自界首至梧州六十九里。南至本州界四十五里，自界首至康州一百八十里。北至本州界一百三十七里，自界首至賀州三百六十里。東南至本州界四十五里，自界首至康州七十九里。西南至本州界二十里，自界首至康州九十三里。東北至本州界一百里，自界首至廣州八百一十五里。西北至本州界四十里，自界首至梧州一十里。

户。主一千七百二十六，客一千一十三。

土貢。銀一十兩。

縣二。開寶五年省開建入封川，六年復置。

下，封川。六鄉。有古鬭山、〔一〇九〕西江、封口水。

下，開建。州北一百七十里。〔一一〇〕二鄉。有忠讜山、封溪水。

下，端州，高要郡，軍事。治高要縣。

地里。東京五千三百六十里。東至本州界九十里，自界首至廣州一百五十里。西至本州界六十七里，自界首至康州一百二十九里。南至本州界一百七十五里，自界首至新州一百二十里。北至本州界一百七十五里，自界首至廣州一百里。東南至本州界一百八十里，自界首至廣州一百二〔一一〕十八里。西南至本州界一百里，自界首至新州八十一里。東北至本州界二百七十五里，自界首至廣州一百五十里。西北至本州界三百七里，自界首至廣州二百九十八里。

戶。主一萬一千二百六十九，客一萬三千八百三十四。

土貢。銀一十兩，石硯〔一二〕一十枚。

縣二。開寶五年省平興縣入高要。熙寧六年以廣州四會縣隸州。

中，高要。五鄉。三水一鎮。沙利一銀場。浮蘆一鐵場。有爛柯山、端溪山、西江。

下，四會。州北九十五里。三鄉。胥口一鎮。有雞籠山、滑水。〔一三〕

下，新州，新興郡，軍事。〔一四〕治新興縣。

地里。東京五千四十一里。〔一五〕東至本州界二百七十里，自界首至廣州三百二十里。西至本州界一百三十里，自界首至康州一百二十里。南至本州界一百一十二里，自界首至南恩州二百一十里。北至本州界五十七里，自界首至端州五十里。東南至海一百二十里。西南至本州界七十里，自界首至南恩州二百五十里。東北至本州界一百一十里，自界首至端州一百四十里。西北至本州界一百二十五里，自界首至康州一百一十里。

戶。主八千四百八十，客五千一百六十七。〔一六〕

土貢。銀一十兩。

縣一。開寶五年省永順縣，熙寧五年省廣州信安縣，並入新興。

中，新興。五鄉。有天露山、利山、新江、封水。

下，康州，晉康郡，軍事。開寶五年廢入端州，尋復置。治端溪縣。

地里。東京四千八百六十五里。東至本州界一百二十〔一七〕里，自界首至端州一百一〔一八〕十里。西至本州界一百一十五里，自里首至封州一十五里。南至本州界四百七十八里，自界首至高州一百四里。北至本州界一百五十里，自界首至廣州四十里。東南至本州界七十里，自界首至端州一百一十里。西南至本州界一百六十里，自界首至竇州一百六十里。東北至本州界一百二十里，自界首至端州八十里。西北至本州界八十五里，自界首至封州一十五里。

户。主八千九百七十九，客無。

土貢。銀一十兩。

縣二。開寶五年省悦城、晉康、都城三縣入端溪，以端溪縣隸端州，尋還隸；六年廢瀧州，以瀧水縣隸州。

下，端溪。四鄉。悦城、都城二鎮。雲烈一錫場。有端山、西江、端溪。

下，瀧水。州南二百六十八里。四鄉。瀧水一鎮。羅磨、護峒〔一九〕二錫場。有靈陽山、羅田水。

下，南恩州，恩平郡，軍事。慶曆八年以改河北路貝州爲恩州，加「南」字。治陽江縣。

地里。東京四千六百八十七里。東至本州界二百四十里，自界首至廣州四百一十里。西至本州界一百六十里，自界首至高州一百四十里。南至海二十里。北至本州界二百二十五里，自界首至康州二百九十里。東南至本州界八十里，自界首至廣州一百一十里。西南至海八十里。東北至本州界二百三十里，自界首至廣州四百二十里。西北至本州界三百四十里，自界首至康州一百三十八里。

户。主五千七百四十八，客二萬一千四百六十六。

土貢。銀一十兩。

縣二。開寶五年廢春州，以陽春縣隸州，廢恩平、杜陵二縣入陽江；六年復置春州，陽春縣復隸焉。熙寧六年廢春州，縣復隸州，仍廢銅陵縣入焉。

中，陽江。六鄉。陽江一鉛場。有龍嵐山、恩平江。

下，陽春。州西北一百五里。三鄉。攬徑一鐵場。有鶖山、漠陽江。

下，梅州，軍事。僞漢敬州。皇朝開寶四年平廣南，改梅州。熙寧六年廢州，元豐五年復置。治程鄉縣。

地里。東京四千八百九里。東至本州界九十里，自界首至潮州二百八十里。西至本州界五十里，自界首至循州二〔一三〇〕百五十里。南至本州界一百三十里，自界首至潮州二百里。北至本州界一百四十五里，自界首至汀州三百三〔一三一〕十里。東南至本州界一百二十里，自界首至潮州二百八十里。西南至本州界九十里，自界首至循州二百八十里。東北至本州界一百五十五里，自界首至汀州九十里。西北至本州界一百五十里，自界首至虔州五百五十里。

户。主五千八百二十四，〔一二〕客六千五百四十八。

土貢。銀一十兩，布五匹。

縣一。熙寧六年廢州，以縣隸潮州。元豐五年復置州，縣復來隸。

中，程鄉。五鄉。李坑、梅口、雙派、樂口四鎮。〔一三〕樂口一銀場。石坑一鉛場。龍坑一鐵場。有西陽山、程江。

下，南雄州，軍事。僞漢雄州。皇朝開寶四年以河北路有雄州，加「南」字。治保昌縣。

地里。東京三千五百三十二里。〔一四〕東至本州界一百二十八里，自界首至虔州二百七十五里。西至本州界一百一十五里，自界首至韶州一百二十里。南至本州界一百七十五里，自界首至韶州一百一十里。北至本州界八十里，自界首至南安軍二十里。東南至本州界一百二十八里，自界首至虔州二百七十五里。西南至本州界一百一十五里，自界首至韶州一百二十里。東北至本州界八十里，自界首至南安軍二十里。西北至本州界二百二十里，自界首至韶州一百三十里。

户。主一萬八千六百八十六，客一千六百五十三。

土貢。絹一十匹。

縣二。開寶四年以韶州始興縣隸州。

望，保昌。六鄉。大寧一鎮。有大庾嶺、保水。

下，始興。州西南一百一十里。四鄉。有東嶠山、脩仁水。

下，英州，軍事。治真陽縣。

地里。東京四千里。東至本州界三百里，自界首至惠州四百八〔一三五〕十里。西至本州界一百六十五里，自界首至連州一百九十里。南至本州界七十里，自界首至廣州二百二十里。北至本州界八十里，自界首至韶州七十里。東南至本州界二百里，自界首至廣州二百二十里。西南至本州界一百八十里，自界首至連州一百九十里。東北至本州界一百五十里，自界首至韶州七十里。西北至本州界二百三十里，自界首至廣州二百二十〔一三六〕里。

户。主六千六百九十，客一千三百二十九。〔一三七〕

土貢。紵布一十匹。

縣二。開寶六年以連州湞光縣隸州。乾興元年改湞陽縣爲真陽。

望，真陽。六鄉。清溪、光口、回口、板步四鎮。鍾峒一銀場。禮平一銅場。有皐石山、始興江。

上，湞光。州西七十五里。八鄉。湞光一鎮。賢德、堯山、竹溪、師子四銀場。〔一三八〕有堯山、白鹿山、光水。

下，惠州，軍事。僞漢州，名同仁宗廟諱，天禧五年改惠州。〔一三九〕治歸善縣。

地里。東京五千一百二里。〔一四〇〕東至本州界五百五十五里，自界首至潮州二百五十五里。西至本州界一百五里，自界首至廣州一百五里。南至海一百一十里。北至本州界六百三十里，自界首至虔州二百一十里。東南至本州界六百三十里，自界首至潮州三百里。西南至本州界一百七十里，自界首至廣州三百里。〔一四一〕東北至本州界六百三十里，自界首至虔州二百二十里。西北至本州界一百三十五〔一三〕里，自界首至廣州八十里。

户。主二萬三千三百六十五，客三萬七千七百五十六。

土貢。甲香一十斤，藤箱一枚。

縣四。

中，歸善。二鄉。阜民一錢監。西平、流坑二銀場。〔一三〕永吉、信上、永安三錫場。三豐一鐵場。淡水一鹽場。有寅山。

緊，河源。州北一百五十里。三鄉。立溪、和溪、永定〔一四〕三錫場。有龍穴、新豐江。

中，博羅。州北四十五里。二鄉。有羅浮山、浮水。

下，海豐。州東三百里。三鄉。靈溪、楊安、勞謝三錫場。古龍、石橋二鹽場。有龍山。

西路 州二十三，軍三，縣六十四。

下，都督府，桂州，始安郡，静江軍節度。治臨桂縣。

地里。東京三千六百八十一里。東至本州界一百里，自界首至昭州一百二十里。西至本州界二百六十七里，自界首至柳州三十五里。南至本州界二〔一三〕百七十六里，自界首至龔州一百二十五里。北至本州界一百七十五里，自界首至全州九十里。〔一六〕東南至本州界一百一十里，自界首至昭州五十〔一七〕里。西南至本州界四百二十里，自界首至象州一百里。東北至本州界一百八十一里，自界首至永州三百七十里。西北至本州界三百九十三里，自界首至融州一百里。

户。主五萬六千七百九十一，客九千五百五十三。〔一三八〕

土貢。銀五十兩，桂心二十斤。

縣一十。乾德元年廢溥州爲全義縣隸州。〔一三九〕開寶五年省義寧縣入廣州新會縣，六年復置。〔一四〇〕太平興國元年改全義縣爲興安。嘉祐六年省慕化縣爲鎮入臨桂。熙寧四年省永寧、脩仁二縣爲鎮入荔浦。元豐元年復置脩仁縣。

緊，臨桂。四鄉。硤口、永安、仙保、浪石、慕化五鎮。有桂江、〔一四一〕陽江。

望，興安。州東北一百五十里。四鄉。太平、永安二鎮。有陽海山、〔一四二〕湘水、灕水。

望，靈川。州東北五十二里。〔一四三〕三鄉。塘下一鎮。有冷石山、銀江。

望，陽朔。州南一百六十里。三鄉。有陽朔山、灕水。

望，荔浦。州南二百二十二里。二〔一四四〕鄉。永寧一鎮。有方山、荔江。

上，永福。州西南一百二十里。二鄉。有永福山、白石水。

中，義寧。州西北八十里。二鄉。有思江。

中，脩仁。州西南二百六十七里。〔一四五〕二鄉。南隘一鎮。有崇仁山、駱駝水。

下，理定。州西三百里。二〔一四六〕鄉。金石一鎮。有蘭麻山、古涑水。

下，古。州西一百五十里。〔一四七〕一鄉。有常安水。

下，都督府，容州，普寧郡，寧遠軍節度。唐防禦、經略。皇朝開寶四年升寧遠軍節度。〔一四八〕治普寧縣。

地里。東京四千四里。東至本州界一百二十三〔一四九〕里，自界首至藤州一百二十三里。西至本州界七十七里，自界首至鬱林州三〔一五〇〕十五里。南至本州界九十六里，自界首至高州一百九十一里。〔一五一〕北至本州界九十九里，自界首至龔州一百三十里。東南至本州界五十八里，自界首至藤州二百五里。西南至本州界三百六里，自界首至化州九十五里。東北至本州界七十九里，自界首至藤州一百一〔一五二〕十二里。西北至本州界二百八十七〔一五三〕里，自界首至潯州二十五里。

户。主一萬二百二十九，客三千五百四十七。

土貢。銀一十兩，朱砂二十兩。

縣三。開寶五年省欣道、渭龍二縣并繡州入普寧，省陵城縣并禺州入北流，廢順州入陸川。

上，普寧。五鄉。有容山、繡江。

中，北流。州西六十二里。四鄉。有句漏山、江水。

中，陸川。州西南一百六十七里。六鄉。博當一鎮。有雞籠山、龍化水。

下，都督府，邕州，永寧郡，建武軍節度。治宣化縣。

地里。東京四千六百里。東至本州界一百二十三里，自界首至賓州一百二十里。西至南江隘〔一五四〕五百二十里。東南至本州界八十五里，自界首至欽州一百六〔一五五〕十里。北至本州界一百里，自界首至宜州一百九十里。東南至本州界一百二十里，自界首至横州〔一五六〕一百二十里。西南至羈縻蘇茂州三百三十五里。東北至本州界二百五十七里，自界首至賓州九十五里。西北至羈縻俄州五百七十五里。

户。主四千八百七十，客四百一十八。

土貢。銀三十兩。

縣二。開寶五年省朗寧縣入宣化、封陵縣入武緣、思龍縣入如和，改晉興縣爲樂昌，又廢澄、賓二州，以上林、嶺方二縣隸州；六年復置賓州，嶺方復隸焉。端拱三年以上林縣隸賓州。景祐三年省如和縣入宣化，樂昌縣入武緣。

下，宣化。九鄉。魚步、合江、左江、右江四鎮。有如和山、鬱水、邕水。

下，武緣。州北一百里。五鄉。有武緣水。

寨一。

太平。州西五百里。〔一五七〕

場一。熙寧六年置金場。

愼乃。州西北四百里。

下，象州，象郡，防禦。景德四年升防禦。治陽壽縣。

地里。東京三千九百一十五里。東至本州界九十里，自界首至桂州三〔一五八〕百五十五里。西至本州界二百里，自界首至賓州九十三〔一五九〕里。南至本州界一百五十七里，自界首至貴州一百一十八里。北至本州界四十里，自界首至柳州七十里。東南至本州界一百五十里，自界首至潯州一百二〔一六〇〕十里。西南至本州界一百九十里，自界首至賓州九十三里。東北至本州界九十里，自界首至桂州三百五十五里。西北至本州界六十里，自界首至柳州〔一六一〕五十五里。

户。主五千四百三十五，客三千二百八十三。〔一六二〕

土貢。金三兩，藤器一十事，槵子數珠一十串。

縣三。開寶七年廢嚴州，以來賓縣隸州。

中下，陽壽。五鄉。有象山、陽水。

中下，來賓。州西一百五十里。二〔一六三〕鄉。有大江。

下，武仙。州東南九十九里。四鄉。有仙人山、鬱水。

中，融州，融水郡，軍事。治融水縣。

地里。東京四千一百七十二里。東至本州界三百一十里，自界首至柳州一百四十三里。西至本州界二百里，自界首至宜州五十二里。南至本州界一百七十九里，自界首至柳州六十里。北至羈縻敍州九百六十七里。東南至本州界一百五十里，自界首至柳州一百一十九里。西南至本州界一百一十里，自界首至柳州一百四十三里。東北至本州

界一百里，自界首至桂州二百二十三〔一六四〕里。西北至羈縻古州一千一百九十七里。〔一六五〕

户。主二千八百一十三，客二千八百四十五。〔一六六〕

土貢。金三兩，桂心二十斤。

縣一。開寶五年以桂州之珠川洞〔一六七〕地置羅城縣。熙寧七年省武陽、羅城二縣爲鎮入融水。

中，融水。一十鄉。武陽、羅城二鎮。安廂、王口〔一六八〕二寨。古帶一鉛場、一鐵坑。有融山、靈巖山、潯江、武陽江。

寨一。元豐七年置。

融江。州東北三百里。

堡三。元豐七年置。

臨溪。州東北四百九十五里。

文村。州北三百二十五里。

潯江。州東北三百六十里。

下，昭州，平樂郡，軍事。治平樂縣。

地里。東京三千九百四里。東至本州界一百五里，自界首至賀州二百二十里。西至本州界二十三里，自界首至桂州一百九十里。南至本州界一百里，自界首至梧州三百九十里。北至本州界一百二十四里，自界首至全州一百七十里。東南至本州界八十六里，自界首至賀州二百二十里。西南至本州界五里，自界首至桂州二百七十七里。東北至本州界一百四十五里，自界首至道州一百一十五里。西北至本州界一十五里，自界首至桂州一百九十里。

户。主一萬五千七百六十[一六九]，客九十。

土貢。銀一十兩。

縣四。開寶五年廢永平縣入平樂，又廢富州，以龍平縣隸州。熙寧五年廢蒙州，以立山縣隸州；八年[一七〇]以龍平縣隸梧州，元豐三年[一七一]復來隸。

中，平樂。四鄉。臨賀一鎮。有目巖山、[一七二]平樂水。

中，立山。州南二百一十二里。四鄉。桂碊、平旦、葛𦵏、[一七三]利來四鎮。有東區山、蒙江。

中，龍平。州東南一百六十二里。三鄉。静戎、思賀二鎮。[一七四]有富豪山、思賀水。[一七五]

下，恭城。州北八十里。三鄉。荆碊、松門、永安[一七六]三鎮。有銀殿山、樂水。

下，梧州，蒼梧郡，軍事。治蒼梧縣。

地里。東京五千里。東至本州界三十七里，自界首至封州三十里。西至本州界九十里，自界首至藤州一十五里。南至本州界一百六十里，自界首至藤州一十五里。北至本州界一百九十里，自界首至賀州七十里。東南至本州界四十里，自界首至封州四十里。西南至本州界一百里，自界首至藤州一百三十里。東北至本州界一百九十里，自界首至賀州二百里。西北至本州界三百一十五里，自界首至昭州一百二十里。

戶。主三千九百一十四，客一千八百二十一。〔一七七〕

土貢。銀一十兩，白石英二斤。

縣一。開寶五年省孟陵、戎城二縣爲鎮入蒼梧，六年復置戎城縣。熙寧四年復省戎城縣爲鎮入蒼梧，八年以昭州龍平縣隸州，元豐三年復隸昭州。

下，蒼梧。一十一鄉。孟陵、冷石、戎城三鎮。有火山、桂江、始安江。

下，藤州，感義郡，軍事。治鐔津縣。

地里。東京六千八百五十里。東至本州界六十一里，自界首至梧州六十四里。西至本州界八十里，自界首至龔州九十里。南至本州界二百九十五里，自界首至高州一百七十五里。北至本州界一百一十里，自界首至昭州二百八十里。東南至本州界二百四十八〔一七八〕里，自界首至梧州六十四里。西南至本州界一百七十五里，自界首至容州九十五里。東北至本州界一十五里，自界首至梧州六十五里。西北至本州界一百四十一里，自界首至昭州二百八十里。

戶。主五千七十，〔一七九〕客一千三百一十二。〔一八〇〕

土貢。銀一十兩。

縣二。開寶五年〔一八一〕省寧風、感義、義昌三縣入鐔津。熙寧四年廢南儀州，以岑溪縣隸州。

中，鐔津。六鄉。有鉛穴山、鐔江、漳江。

下，岑溪。州東北一百八十里。六鄉。棠林一銀場。〔一八二〕有蘇羅山、龍驤水。

下，龔州，臨江郡，軍事。治平南縣。

地里。東京四千四十里。東至本州界八十五里，自界首至藤州一百七十五里。西至本州界一十里，自界首至潯州八十五里。南至本州界一百三十五里，自界首至容州二百五十里。北至本州界一百二十五里，自界首至昭州四百二十五里。東南至本州界八十里，自界首至藤州一百七十三里。〔一八三〕西南至本州界六十里，自界首至潯州一〔一八四〕百二十九里。東北至本州界五十五里，自界首至藤州八十五里。西北至本州界一百三十六里，自界首至象州一百八十九里。〔一八五〕

户。主四千五百五十三，客三千四百八十六。

土貢。銀一十兩。

縣一。開寶六年省陽川、武林、隨建、大同四縣入平南，又廢思明州，以武郎縣隸州。嘉祐二年省武郎縣入平南。

中下，平南。七鄉。有石勞山、龔江。

下，潯州，潯江郡，軍事。開寶五年廢隸貴州，六年復置。治桂平縣。

地里。東京四千八百里。東至本州界七十一里，自界首至龔州二十五里。西至本州界六十里，自界首至貴州七十三里。南至本州界一百二十五里，自界首至容州三百里。北至本州界二百一〔一八六〕十里，自界首至象州一百五十九里。東南至本州界一百二十五里，自界首至容州三百里。西南至本州界六十里，自界首至貴州七十三里。東北至本州界七十一里，自界首至龔州二十五里。西北至本州界二百一〔一八七〕十里，自界首至象州一百五十九里。

戶。主二千二百二十九，客三千九百一十二。〔一八八〕

土貢。銀一十兩。

縣一。開寶五年省皇化縣入桂平。

下，桂平。四鄉。有潯江、鬱江。

下，貴州，懷澤郡，軍事。〔一八九〕治鬱林縣。

地里。東京六千五百里。東至本州界七十五里，自界首至潯州六十里。西至本州界六十八里，自界首至橫州六十里。南至本州界五十二里，自界首至鬱林州一百三十七里。北至本州界一百二里，自界首至象州一百四十七里。東南至本州界九十里，自界首至容州二百七里。西南至本州界二百五十里，自界首至廉州二百五十五里。東北至本州界一百八十里，自界首至象州一〔一九〇〕百八十五里。西北至本州界一百九十九里，自界首至賓州八十五里。

戶。主四千二十二，客三千四百三十八。

土貢。銀一十兩。

縣一。開寶四年改鬱平縣爲鬱林，五年省懷澤、義山、潮水三縣入鬱林。

下，鬱林。四鄉。易令、〔一九一〕穿山、康和、〔一九二〕大利、都祿、〔一九三〕平悦、懷澤場、都零、東津、含山、龍山一十一鎮。有馬度山、南山、鬱江。

下，柳州，龍城郡，軍事。治馬平縣。

地里。東京四千一百六十里。東至本州界三十五里，自界首至桂州二百六十七里。西至本州界一百五十五里，自界首至宜州六十七里。南至本州界七十里，自界首至象州四十里。北至本州界一百二十五里，自界首至融州八十九里。東南至本州界九十七里，自界首至象州四十七里。〔一九四〕西南至本州界九十七里，自界首至宜州二百三十三〔一九五〕里。東北至本州界一百三十里，自界首至桂州二百八十里。西北至本州界一百一十九里，自界首至融州一百五十里。〔一九六〕

户。主七千二百九十四，客一千四百三十六。

土貢。銀一十兩。

縣三。淳化元年以洛曹縣隸宜州。景德三年改龍城縣爲柳城。嘉祐四年省象縣入洛容。

中，馬平。四鄉。

中，洛容。州東北一百二十里。三鄉。

中，柳城。州西北八十里。三鄉。

下，宜州，龍水郡，軍事。治龍水縣。

地里。東京四千三百三十九里。東至本州界六十七里，自界首至柳州一百四十六里。西至羈縻南丹州三百七十五里。南至本州界一百四十二里，自界首至賓州二百四十里。北至本州界六十五里，自界首至融州一百七十六里。東南至本州界一百七十里，自界首至柳州一百一十里。西南至本州界一百三十里，自界首至賓州四百六十八里。東北至山二十里。西北至山二十里。

户。主一萬一千五百五十，客四千二百七十三。

土貢。銀一十兩。

縣五。淳化元年以柳州洛曹縣隸州。慶曆三年以羈縻芝忻、歸恩、紆三州地爲忻城縣。嘉祐七年省洛曹縣入龍水。治平二年以羈縻智州河池縣隸州，省富力縣入焉。〔一九七〕熙寧八年廢懷遠軍古陽縣爲懷遠寨、述昆縣爲鎮，并思立寨並入龍水；以環州思恩縣隸州，徙治帶溪寨，省鎮寧州禮丹縣入焉。元豐六年復徙舊治。

上，龍水。六鄉。洛一、江口、有盧、洛壽、述昆、安化、如勞七鎮。懷遠、思立二寨。有宜山、龍江。

中下，忻城。州南一百一十五里。二鄉。有昆輪山。

下，天河。州北一百里。二鄉。德謹一寨。有溪江。

下，思恩。州西一百三十四里。四鄉。普義、帶溪、鎮寧三寨。有大江。

下，河池。州西二百一十五里。四鄉。寶富一銀場。有古賓山。

監二。乾德二年置富仁。淳化二年置富安。

富仁。州西二百五十五里。〔一九八〕

富安。州西南一百五十七里。

下，賓州，安城郡，軍事。開寶五年廢隸邕州，六年復置。治嶺方縣。

地里。東京四千三百六十里。東至本州界一百二十里，自界首至貴州六十七里。西至本州界六十五里，自界首至邕州一百二十八里。南至本州界五十里，自界首至橫州一百四十七里。北至本州界一百四十四里，自界首至宜州一百八十九里。東南至本州界一百五十九里，自界首至貴州二十八里。西南至本州界六十四里，自界首至邕州一百二十八里。東北至本州界九十五里，自界首至貴州九十二〔一九九〕里。西北至本州界二百四里，自界首至宜州一百二十九里。

户。主四千六百一十二，〔二〇〇〕客三千八。

土貢。銀五兩，藤器一十事。〔二〇一〕

縣三。開寶五年以嶺方縣隸邕州，六年還隸，省琅邪、保城二縣入焉。端拱三年以邕州上林縣隸州。天禧四年改思剛州爲遷江縣隸州。

下，嶺方。四鄉。有古漏山、賓水。

中，遷江。州東北八十五里。二鄉。羅目一鎮。〔二〇二〕有都泥江、〔二〇三〕賀水。

中下，上林。州西北七十五里。三鄉。有上林洞、都澧水。

下，橫州，寧浦郡，軍事。治寧浦縣。

地里。東京四千二百一十里。東至本州界五十里，自界首至貴州七十二〔二〇四〕里。西至本州界一百里，自界首至邕州一百二十里。南至本州界六十里，自界首至欽州一百八十五里。北至本州界一百二十里，自界首至賓州五十里。

東南至本州界一百一十里，自界首至貴州七十一〔三〇五〕里。西南至本州界一百三〔三〇六〕十里，自界首至欽州一百八十里。東北至本州界一百七十里，自界首至賓州五十里。西北至本州界二百〔三〇七〕二十里，自界首至邕州一百二十里。

户。主三千一百七十二，客二百七十九。

土貢。銀一十兩。

縣一。開寶五年省樂山、從化二縣入寧浦，廢巒州，以永定縣隸州。熙寧四年省永定縣入寧浦。

下，寧浦。五鄉。有寶華山、鬱江、艫江。

下，化州，陵水郡，軍事。唐辯州。皇朝太平興國五年改化州。治石龍縣。

地里。東京六千五百九里。東至本州界二十五里，自界首至高州一百二十里。西至本州界二百三十七里，自界首至白州一百二十里。南至本州界二百里，自界首至雷州一百六十六里。北至本州界一百三十一里，自界首至高州一百二十里。東南至海二百三十里。西南至本州界一百九十五里，自界首至雷州一百七十里。〔三〇八〕東北至本州界二〔三〇九〕十五里，自界首至高州一百八里。西北至本州界一百六十里，自界首至容州三百六里。

户。主六千一十八，客三千二百五十五。

土貢。銀五兩。

縣二。開寶五年省陵羅、龍化二縣入石龍，廢羅州，以吴川縣隸州。

下，石龍。四鄉。有陵水、羅水。

中，吴川。州南一百一十里。三鄉。零渌一鎮。〔二〇〕有黎山、吴川水。

下，高州，高涼郡，軍事。景德元年廢隸竇州，三年復置。治電白縣。

地里。東京六千二百六十二〔二一〕里。東至本州界一百五十里，自界首至南恩州一百六十里。西至本州界一百二十里，自界首至化州一百二十里。〔二二〕南至本州界一百九十里，自界首至化州五十里。北至本州界二百一十里，自界首至康州四百七十里。東南至本州界一百八十九里，自界首至南恩州一百二十里。西南至本州界一百一十里，自界首至化州一十五里。東北至本州界一百五十里，自界首至南恩州一百四十七里。西北至本州界一百九十一里，自界首至容州九十一里。

户。主八千七百三十七，客三千二十九。

土貢。銀五兩。

縣三。開寶五年省良德、保寧二縣入電白，又廢潘州，以茂名縣隸州。熙寧四年廢竇州，以信宜縣隸州。

下，電白。一十一鄉。高北一銀監。有高涼山。

中下，信宜。州北五十六里。四鄉。懷德一錫場。有潭峩山、信義水。

下，茂名。州南四十五里。六鄉。有宅山、〔二三〕浮來水。

下，雷州，海康郡，軍事。治海康縣。

地里。東京九千三百里。東至海三十里。西至海一百五十里。南至本州界一百七十四里，自界首至瓊州四百里。

北至本州界一百六十六里，自界首至化州一百一里。東南至海一百四十五里。西南至海一百三十里。東北至本州界一百七十里，自界首至化州一百九十五里。西北至本州界一〔三四〕百里，自界首至白州二百七十五里。

戶。主四千二百七十二，〔三五〕客九千五百一十二。

土貢。斑竹一十枝。

縣一。開寶四年省遂溪、徐聞二縣入海康。

下，海康。五鄉。冠頭一寨。有擎雷山、擎雷水。〔三六〕

下，白州，南昌郡，軍事。開寶五年廢隸廉州，七年復置。治博白縣。

地里。東京四千五百里。東至本州界一百五十里，自界首至容州二百四十里。西至本州界一百二十里，自界首至廉州一百四十里。南至本州界一百二十里，自界首至化州一百三十七里。北至本州界二十七里，自界首至鬱林州六十里。東南至本州界一百二十里，自界首至化州一百三十七〔三七〕里。西南至本州界一百二十里，自界首至廉州一百四十里。東北至本州界一百五十里，自界首至容州一百七十里。西北至本州界二十七里，自界首至鬱林州七十里。

戶。主三千七百二十七，客八百六十二。

土貢。銀一十兩，縮沙二斤。〔三八〕

縣一。開寶五年省周羅、建寧、南昌三縣入博白，隸廉州，七年復隸州。

中，博白。六鄉。馬門一鎮。有鍾山、〔二九〕博白溪。

下，欽州，寧越郡，軍事。治靈山縣。

地里。東京七千三十里。東至本州界一百八十里，自界首至廉州二十八里。西至本州界一百三十二里，自界首至邕州六十八里。南至海一十里。北至本州界二百二十五里，自界首至横州五十五里。東南至本州界二百里，自界首至廉州二十五里。西南至羈縻永安州二十里。東北至本州界二百里，自界首至廉州四十五里。西北至本州界二〔三〇〕百里，自界首至邕州八十五里。

户。主一萬二百九十五，〔三一〕客二百五十七。

土貢。高良薑一十斤，翡翠毛二十枚。

縣二。開寶五年省遵化、内亭、欽江三縣入靈山。景德三年改安京縣爲安遠。

望，靈山。四鄉。有豐子嶺、欽江。

下，安遠。州東一十里。〔三二〕三鄉。如昔一鎮。〔三三〕有安京山、如洪江。

下，鬱林州，鬱林郡，軍事。治南流縣。

地里。東京六千五百八十九里。東至本州界三〔三四〕十里，自界首至容州六十五〔三五〕里。西至本州界一百三十里，自界首至貴州五十三里。南至本州界五十五里，自界首至白州三十五里。北至本州界一百四十五里，自界首至貴州四十里。東南至本州界一十五里，自界首至容州二百三十六里。西南至本州界一百二十里，自界首至廉州九十里。東北至本州界二十里，自界首至容州八十七里。西北至本州界一百四十五里，自界首至貴州四十里。

户。主三千五百四十二，客二千三。

土貢。銀五兩。

縣二。開寶五年省鬱平、興德二縣入興業，七年廢黨、牢二州，以其地入南流縣，隸州。

中下，南流。四鄉。緑鵶一鎮。〔三六〕有大龍山、牢江。

下，興業。州西北七十八里。三鄉。有北斗山、小江。

下，廉州，合浦郡，軍事。太平興國八年廢爲太平軍，咸平元年復爲州。治合浦縣。

地里。東京五千六百三十里。東至本州界一百二十五里，自界首至白州一百四十四里。西至本州界一十五里，自界首至欽州一百七十五里。南至海八十里。北至本州界一百四十五里，自界首至横州一百三十里。東南至海七十里。西南至海一十五里。東北至本州界一百六十一里，自界首至白州一百里。西北至本州界一百四十五里，自界首至欽州一〔三七〕百里。

户。主六千六百一，客八百九十九。〔三八〕

土貢。銀一十兩。

縣二。開寶五年省封山、蔡龍、大廉三縣入合浦，以舊常樂州博電、〔三九〕零渌、鹽場三縣地置石康縣，又廢白州，以博白縣隸州，七年復置白州。太平興國八年省合浦縣入石康，咸平元年復置。

上，合浦。六鄉。鹿井、三村〔三〇〕二寨。有糠頭山、廉江、合浦。

下，石康。州東北三十五里。四鄉。白石一鎮。有晏水。

下，瓊州，瓊山郡，軍事。治瓊山縣。

地里。東京六〔三一〕千五百八十里。東至海一百二十里。西至本州界一百八十一里，自界首至昌化軍五十五里。南至本州界二百三十五里，自界首至萬安軍一百一十五里。北至海一十二里。東南至本州界二百八十五里，自界首至萬安軍一百五十里。西南至本州界三百五十五里，自界首至昌化軍七十五里。東北至本州界四百二〔三二〕十里，自界首至雷州一百六十里。西北至海一十二〔三三〕里。

户。主八千四百三十三，客五百三十。

土貢。銀一十兩，檳榔一千顆。

縣五。開寶五年廢舊崖州，以舍城、文昌、澄邁三縣隸州。熙寧四年省舍城縣入瓊山。

中，瓊山。七鄉。感恩、英田場二柵。有瓊山。

下，澄邁。州西五十五里。三鄉。有澄邁山。

下，文昌。州東一百里。三鄉。焚樓一鎮。有那射水。

下，臨高。州西一百二十里。三鄉。有滴掃水。〔三四〕

下，樂會。州東南一百六里。二鄉。有滴秦水。〔三五〕

同下州，昌化軍。唐儋州昌化郡。皇朝熙寧六年廢爲昌化軍。治宜倫縣。

地里。東京七千二百八十五里。東至本軍界五十五里，自界首至瓊州二百一十里。西至海三〔三六〕十里。南至本軍界三百三十四里，自界首至朱崖軍一百五十里。北至海三十五里。東南至黎峒一百四十里。西南至本軍界三百八十四里，自界首至朱崖軍一百八十四里。東北至本軍界四十里，自界首至瓊州二十里。西北至海三十里。

户。主七百四十五，客九十。〔三七〕

土貢。銀一十兩。

縣三。太平興國元年改義倫縣爲宜倫。熙寧六年省昌化、感恩二縣爲鎮入宜倫。元豐三年復置昌化縣，四年復置感恩縣。

下，宜倫。三鄉。有毗邪山、昭山、倫江。

下，昌化。州西南一百八十里。〔三八〕有昌化山、南崖江。

下，感恩。州西南二百七十九里。〔三九〕二鄉。有感勞山、南龍江。〔四〇〕

同下州，萬安軍。唐萬安州萬安郡。皇朝熙寧七年廢爲軍。治萬寧縣。

地里。東京七千五百里。東至海一十五里。西至黎夷峒穴五十里。南至牛都碌岡五十里。北至本軍界九十里，自界首至瓊州二百九十五里。東南至海三十里。西南至本軍界一百七十里，自界首至朱崖軍一百二十五里。東北至博敖水九十里。西北至金仙水二十里。

户。主一百二十，客九十七。

土貢。銀五兩。

縣二。熙寧七年省陵水縣爲鎮入萬寧，元豐三年復爲縣。

下，萬寧。一鄉。有赤隴山、金仙水。

下，陵水。軍西南一百一十里。一鄉。有靈山、陵拱水。

同下州，朱崖軍。唐振州延德郡。皇朝開寶五年改崖州。熙寧六年廢爲軍。

地里。東京七千六百八十五里。東至本軍界二百四十五里，自界首至萬安軍一百七十里。西至本軍界一百二十里，自界首至昌化軍三百八十四里。南至海一十里。北至黎峒五十里。東南至海四十里。西南至海一〔二四一〕十五里。東北至猴豺嶺三〔二四二〕百五十里。西北至昌化軍山一百二十里。

户。主三百四十，〔二四三〕客一十一。

土貢。高良薑五斤。

鎮二。熙寧六年省吉陽、寧遠二縣爲鎮。

臨川。軍東八十里。

藤橋。軍東一百里。二鄉。〔二四四〕

校勘記

〔一〕太平興國元年爲兩浙西南路　「元年」，馮注：「江浙本俱作『二年』。」今按：影宋鈔本、吴本、盧本、周本俱作「元年」，宋會要方域七之一〇同。輿地紀勝卷一二八福建路下引九域志亦作「二年」，續資治通鑑長編卷一九太平興國二年五月：「刑部郎中楊克讓充兩浙西南路轉運使。」則以「二年」爲是。

〔二〕候官　「候」，盧本作「侯」。新唐書卷四一地理志、通典卷一八二州郡、輿地紀勝卷一二八福州作「候」，舊唐書卷四〇地理志、元和郡縣志卷二九、太平寰宇記卷一〇〇、輿地廣記卷三四、文獻通考卷三一八輿地考、宋史卷八九地理志福州均作「侯」。

〔三〕三　馮注：「江浙本俱作『二』。」今按：吴本、周本亦作「二」。

〔四〕西北至本州界五百八十里自界首至建州四百四十里　「五百」，馮注：「浙本作『三百』，『四百』，馮注：浙本作『二百』。」馮校：「案通鑑卷二百七十五注引志文作『建州東南至福州五百二十里』。今此有一千二十里，即據別本亦六百二十里。再考本志建州下，東南至福州九百三十里。據別本亦七百一十里。見今建寧府至福州府實四百八十里，胡氏蓋據經驗言，而誤係之九域志也。」今按：元和郡縣志卷二九福州：「正北微西至建州六百里。」太平寰宇記卷一〇〇福州：「西北至建州七百二十里。貞元略云六百里。」二書所記里數，與通鑑注引九域志不甚相懸，亦和浙本近如，胡氏注引志文及浙本當有所據，馮氏之説，不足爲憑。

〔五〕三　周本作「五」。

〔六〕五年　宋會要方域七之一〇及輿地紀勝卷一二八福州懷安縣下引國朝會要同，惟紀勝引圖經作「六年」，太平寰宇記卷一〇〇福州懷安縣下文作「七年」。

〔七〕五年　宋會要方域七之一〇、輿地紀勝卷一二八福州羅源縣下同，宋朝事實卷一九作「元年」。

〔八〕候官浦　「候」，盧本作「侯」，輿地廣記卷三四福州同。

〔九〕州東北五百四十五里　馮校：「案通鑑卷二百八十四注引志文『五百』作『三百』。」今按：輿地紀勝卷一二八福州長溪縣：「在州東北五百四十里。」正與本志相符，通鑑注引九域志文「三百」當爲「五百」之誤。

〔一〇〕白水江　「江」，底本作「山」。輿地廣記卷三四、輿地紀勝卷一二八、文獻通考卷三一八輿地考福州長溪縣俱作「白水江」。讀史方輿紀要卷九六福寧州長溪：「舊志：州西南百七十里有白水江。」此「山」乃「江」字之誤，今據改。

〔一一〕州東北一百六十里　「一」，馮注：「浙本作『二』。」今按：影宋鈔本、吳本、盧本、周本俱作「一」。輿地紀勝卷一二八福州連江縣：「在州東北一百六十里。」浙本誤。

〔一二〕州東北一百六十里　「十」，馮注：「浙本無此字。」今按：影宋鈔本、吳本、盧本、周本俱有「十」字。輿地紀勝卷一二八福州羅源縣：「在州東北一百六十里。」浙本誤。

〔一三〕二　馮注：「江浙本俱作『三』。」

〔一四〕五　馮注：「浙本作『三』。」

〔一五〕八　馮注：「江浙本俱作『六』。」今按：周本亦作「六」。

〔一六〕六十　馮注：「江本無『六十』字。」

〔一七〕十　馮注：此下「江浙本俱有『三』字」。今按：吴本、周本亦有「三」字。

〔一八〕三年　宋會要方域七之一一、宋史卷八九地理志建寧府政和縣同。宋朝事實卷一九、輿地紀勝卷一二九建寧府政和縣下引國朝會要作「五年」。

〔一九〕丁地「丁」，馮注：「浙本作『十』。」今按：影宋鈔本、吴本、盧本、周本俱作「丁」，宋會要食貨三三之二、宋史卷八九地理志建寧府同，浙本誤。

〔二〇〕州西一百三十里　馮校：「案通鑑卷二百八十三注引志文作『一百四十里』。」今按：太平寰宇記卷一〇一建州建陽縣：「西北一百六十里。」輿地紀勝卷一二九建寧府建陽縣：「在府西一百三十里。」則通鑑注引九域志文「一百」當爲「一百」之誤。

〔二一〕州東北三百三十里「三百」，馮注：浙本作「二百」。今按：影宋鈔本、吴本、盧本俱作「三百」。資治通鑑卷二七八注引九域志：「在州東北三百三十里。」浙本誤。

〔二二〕關隸　馮注：「江浙本俱作『政和』。」今按：影宋鈔本、盧本俱作「關隸」。宋史卷八九地理志建寧府政和縣：「政和五年改關隸縣爲政和縣。」本志以元豐爲準，則應作「關隸」。

〔二三〕皇朝太平興國三年改平海軍　宋會要方域五之五、輿地廣記卷三四泉州同。輿地紀勝卷一三

○泉州：「陳洪進傳云：太祖取荆湖，洪進大懼，請命于朝，乃改清源軍爲平海軍，拜洪進爲節度使。則改清源軍爲平海軍，當在太祖時。而國朝會要以爲改清源軍爲平海軍在太平興國三年太宗之時，二者不同。象之謹拜觀長編之書云：乾德二年正月改清源軍爲平海軍，命陳洪進爲節度使。而皇朝編年：太平興國三年四月平海軍節度使陳洪進獻漳、泉二州。則是洪進納土之時，已稱平海軍節度，則平海更節，當在太祖之時矣。」

〔二四〕一○　盧本作「三」。

〔二五〕三　馮注：「浙本作『五』」。

〔二六〕西南至本州界二百二十五里自界首至漳州一百四十里　「二十五」，馮注：「江本作『三十五』」。今按：影宋鈔本、吴本、周本俱作「二十五」。資治通鑑卷二八四：「九域志，泉州西南至漳州三百六十里。」

〔二七〕二　馮注：「江浙本俱作『三』」。

〔二八〕六年析晉江縣地置惠安縣　宋會要方域七之一一、太平寰宇記卷一○二、宋史卷八九地理志泉州惠安縣下同。輿地廣記卷三四泉州惠安縣：「皇朝淳化五年析晉江置。」輿地紀勝卷一三○泉州惠安縣：「圖經云淳化五年析晉江縣地置，國朝會要云太平興國六年析晉安縣（當是晉江縣之誤）地，不同，當考。」

〔二九〕州西一十三里　資治通鑑卷二五六注引九域志：「南安，在州西一十二里。」又資治通鑑卷二八

〔二九〕二注引九域志：「南安「在州北四十七里」。宋南安縣在今南安縣東南豐州，東南距泉州市即宋泉州治晉江縣十餘里，後者通鑑注引志文必誤。

〔三○〕莊坂　「坂」，馮注：「江浙本俱作『坡』。」今按：吳本、盧本、周本俱作「坂」，宋史卷八九地理志泉州同，江浙本誤。

〔三一〕二　馮注：「浙本作『一』。」

〔三二〕一百七十　馮注：「江本無『一百』字。」今按：盧本無「七十」字。

〔三三〕五　馮注：「江本無此字。」

〔三四〕大演石城二銀場　「銀」，底本作「鹽」。馮注：「江浙本俱作『銀』。」今按：影宋鈔本、盧本、周本亦作「銀」。宋會要食貨三三之二銀：「劍浦縣大寅場，皇祐四年置。」同書食貨三三之九銀又列有石城場。宋史卷八九地理志南劍州劍浦縣：「有大演、石城二銀場。」清嘉慶重修一統志卷四三○延平府銀場下引九域志亦作「有大演、石城二銀場」。又宋會要食貨二二之二八鹽法有大演場，而無「石城場」。則此「鹽」乃「銀」字之誤，據改。

〔三五〕大熟　「熟」，吳本作「孰」，清嘉慶重修一統志卷四三○延平府茶場下引九域志同。

〔三六〕濛州　「濛」，馮注：「江浙本俱作『蒙』。」今按：吳本亦作「蒙」，清嘉慶重修一統志卷四三○延平府茶場下引九域志作「濛」。又「州」，盧本作「洲」。

〔三七〕汾常　「汾」，馮注：「江浙本俱作『紛』。」今按：影宋鈔本、吳本、盧本、周本俱作「汾」，清嘉慶重修一統志卷四三〇延平府茶場下引九域志同，江浙本誤。

〔三八〕石牌　「牌」，馮注：「浙本作『隅』。」今按：影宋鈔本、吴本、盧本、周本俱作「牌」，宋會要食貨三三之二、宋史卷八九地理志南劍州同，浙本誤。

〔三九〕州南一百五十五里　資治通鑑卷二八三注引九域志文同，又同書卷二八四注引九域志：「尤溪縣在南劍州南一百九十五里。」

〔四〇〕二　吴本、周本作「三」。

〔四一〕幼山　馮校：「案太平寰宇記作『紉山』，方輿紀要與此同。」今按：太平寰宇記卷一〇〇南劍州沙縣：「幼山在縣西北一百二十里。」讀史方輿紀要卷九五延平府沙縣同，不作「紉山」，馮氏疏誤。

〔四二〕二〇　影宋鈔本、吴本、周本俱作「三」。

〔四三〕西至本州界六十里自界首至虔州四百九十里　「虔」，馮注：「江本作『處』。」今按：影宋鈔本、吴本、周本俱作「虔」。資治通鑑卷二六九注引九域志：「自汀州西至虔州五百五十里。」正與本志合。又永樂大典卷七八九〇汀州府下引九域志：「自界首至虔州四百九十里。」與此同。江本誤。

〔四四〕自界首至梅州一百九十里　「一」，馮注：「浙本作『三』。」今按：影宋鈔本、吴本、盧本、周本俱作「一」。永樂大典卷七八九〇汀州府下引九域志：「自界首至梅州一百九十里。」浙本誤。

〔四五〕北至本州界六十里自界首至虔州四百二十里　「虔」，馮注：「江本作『處』。」今按：吴本、周本俱作「虔」。資治通鑑卷二七〇注引九域志：「汀州北至虔州四百八十里。」正與本志合。又永樂大典卷七八九〇汀州府下引九域志：「自界首至虔州四百二十里。」江本誤。

〔四六〕東南至本州界五百二十二里　「二十」，馮注：浙本作「三十」。今按：影宋鈔本、吴本、盧本、周本俱作「二十」。永樂大典卷七八九〇汀州府下引九域志：「東南至本州界五百二十二里。」浙本誤。

〔四七〕七　永樂大典卷七八九〇汀州府下引九域志同，又一作「九」。

〔四八〕蠟燭二百條　馮校：「錢本『二』作『一』。」今按：影宋鈔本、吴本、盧本、周本俱作「二」。賓退録卷一〇引元豐九域志土貢蠟燭：「汀二百條。」錢本誤。

〔四九〕歸禾　「禾」，馮注：「江本作『木』。」今按：影宋鈔本、吴本、盧本俱作「禾」，永樂大典卷七八九〇汀州府下引九域志、宋會要食貨三三之一同，江本誤。

〔五〇〕拔口　「拔」，底本作「挨」。馮注：「浙本作『拔』。」今按：永樂大典卷七八八九汀州府長汀縣下引九域志、宋史卷八九地理志汀州長汀縣下亦作「拔」，此「挨」乃「拔」字之誤，據改。

〔五一〕八　馮注：「浙本作『六』。」

〔五二〕皇朝乾德四年復舊　續資治通鑑長編卷六乾德三年九月甲午：「詔南州復爲漳州。先是，王氏據閩中，董思安爲漳州刺史，思安父諱章，故改爲南州，至是復之。」皇宋十朝綱要卷一亦記在乾德三年。

〔五三〕西至本州界三百六十五里自界首至汀州二百七十五里　馮校：「案通鑑卷二百八十三注引志文：『漳州西至汀州五百四十里』。」

〔五四〕六　周本作「八」。

〔五五〕二　馮注：「江浙本俱作『三』。」今按：吴本、周本亦作「三」。

〔五六〕海口　馮校：「錢本『海』作『梅』。」今按：影宋鈔本、吴本、盧本、周本俱作「海」，宋會要食貨一六之二二有海口務，錢本誤。

〔五七〕峽口　「峽」，馮注：「江浙本俱作『峡』。」今按：影宋鈔本、盧本俱作「峽」，清嘉慶重修一統志卷四二九漳州府海口鎮下引九域志同，蓋浙本誤。

〔五八〕吴慣　馮校：「錢本『吴』作『具』。」今按：影宋鈔本、吴本、盧本亦均作「具」，周本作「吴」，宋史卷八九地理志漳州龍溪縣下亦作「吴」，蓋「具」字誤。

〔五九〕敦照一鎮　「敦」，底本作「孰」。馮注：「浙本作『敦』。」今按：宋會要食貨一六之二二有敦照務。清嘉慶重修一統志卷四二九漳州府：「敦照鎮在漳浦縣東南。九域志，漳浦有敦照一鎮。」此「孰」乃「敦」字之誤，據改。

〔六〇〕黄敦一鹽團　「敦」，底本作「孰」。馮注：「浙本作『敦』。」今按：宋史卷八九地理志漳州漳浦縣下亦作「敦」，此「孰」乃「敦」字之誤，據改。又「團」，吴本作「場」，宋史地理志同。

〔六一〕二　馮注：「浙本作『三』。」

〔六二〕二　馮注：「浙本作『三』。」

〔六三〕二　馮注：「浙本作『三』。」

〔六四〕二　馮注：「浙本作『一』。」

〔六五〕四　馮注：此下「江本有『百』字，浙本有『十』字。」

〔六六〕寺城　「城」，底本作「坑」。宋會要食貨三三之一〇銀有寺城場，清嘉慶重修一統志卷四三四邵武府金銀場下引九域志同，此「坑」乃「城」字之誤，今據改。

〔六七〕飛猿嶺　「猿」，底本作「積」。太平寰宇記卷一〇一、輿地廣記卷三四、輿地紀勝卷一三四邵武軍邵武縣下俱作「飛猿嶺」，明嘉靖邵武府志卷一邵武縣同，此「積」乃「猿」字之誤，今據改。

〔六八〕鑪峰山　「鑪」，影宋鈔本作「爐」。輿地紀勝卷一三四邵武軍同此。

〔六九〕七　馮注：「江本作『五』。」

〔七〇〕三　馮注：「江本無此字。」今按：周本亦無「三」字。

〔七一〕寧海　「寧」，底本作「鹽」。馮注：「浙本作『寧』。」今按：讀史方輿紀要卷九六興化府：「舊有寧海鎮，鎮前有渡，元元統中創爲橋，明初修復之。勝覽云郡東薄寧海。謂寧海橋也。」又清嘉慶重修一統志卷四二七興化府：「安海鎮在莆田縣東。九域志：縣有『安海、安德二鎮』。縣志：『安海鎮在縣東二十餘里東際橋北。』」此「鹽」乃「寧」或「安」字之誤，今從浙本改爲「寧」。

〔七二〕三　馮注：「浙本作『二』。」

〔七三〕皇朝開寶四年以後仍舊節度　馮注：「江本無『以後』字。」今按：周本亦無「以後」二字。宋會要方域五之七、七之一二均記：「開寶四年收復，仍舊節度。」此「以後」蓋爲「收復」二字之誤，或衍文。

〔七四〕七　馮注：「江本作『九』。」今按：周本亦作「九」。

〔七五〕詹糖香　「糖」，底本作「神」。永樂大典卷一一九〇廣州府下引九域志土貢作「糖」，賓退録卷一〇引元豐九域志土貢、宋史卷九〇地理志廣州元豐貢同，此「神」乃「糖」字之誤，今據改。

〔七六〕藤席二十領　「二」，馮注：「浙本無此字。」今按：影宋鈔本、周本俱有「二」字。賓退録卷一〇引元豐九域志土貢：「藤簟二十領，廣。」則浙本誤。又「席」宜作「簟」。

〔七七〕開寶四年改洽洭縣爲洽光　「洽洭」，底本作「治□」；「洽光」，底本作「合光」。馮校：「案『合光』，據本志英州文當是『洽光』之誤，蓋『洽』字別本亦作『含』字也。又考洽光，本唐洽洭，宋避『匡』，故改『光』字，則『治』字當是『洽』字之誤，而『洭』字以諱空文，非闕文也。」今按：吴本、盧本俱作「洽洭」、「洽光」。宋會要方域七之一六：「洽光縣，舊名洽洭縣，隸廣州，開寶五年改今名，隸連州。」馮説是，據改補。

〔七八〕東莞縣入增城　「增城」，底本作「瑎一年城」。馮校：「案宋史地理志東莞：『開寶五年廢入增城。』此『瑎』字當是『增』字之誤，而『一年』二字衍也。」今按：吴本「瑎」作「增」，無「一年」二字，周本亦無「一年」二字。宋會要方域七之一二：「東莞縣，（開寶）五年廢隸增城縣。」馮説是，據改。

〔七九〕游水縣入懷集　「游水」，底本作「游子」。馮校：「案太平寰宇記：廢洊水入懷集。此『游子』當是『洊水』之誤。」今按：盧本作「洊水」，輿地紀勝卷八九廣州懷集縣下同，惟宋會要方域七之一一、宋朝事實卷一九、輿地廣記卷三五、宋史卷九〇地理志廣州俱作「游水」，則「洊水」、「游水」並可兩存，馮説不足信，「子」乃「水」字之誤，據改。

〔八〇〕六年復置四會東莞義寧三縣　「三」，底本作「二」。馮校：「案此明是三縣，蓋『二』字誤。」今按：影宋鈔本作「三」，馮説是，據改。

〔八一〕三年　宋會要方域七之一二、宋史卷九〇地理志廣州同，輿地紀勝卷八九廣州作「五年」。

〔八二〕熙寧五年以信安縣隸新州　據本志下文新州、宋朝事實卷一九、輿地紀勝卷九七新州、宋史卷九〇地理志廣州下記，熙寧五年省信安縣入於新州新興縣，而非改隸。

〔八三〕瑞石　馮校：「錢本『瑞』作『端』。」今按：影宋鈔本、吴本、盧本、周本俱作「瑞」，清嘉慶重修一統志卷四四二廣州府扶胥鎮下引九域志同，錢本誤。

〔八四〕平石　「平」，馮注：「浙本作『并』。」今按：影宋鈔本、吴本、盧本、周本俱作「平」，清嘉慶重修一統志卷四四二廣州府扶胥鎮下引九域志同，浙本誤。

〔八五〕錢糾一鉛場　「鉛」，底本作「錫」。宋會要食貨三三之四鉛：「廣州清遠縣錢紏場。」同書食貨三三之一五同，而同書食貨三三之四、三三之一七錫俱不載有此場，宋史卷九〇地理志廣州清遠縣有錢斜（「斜」當作「糾」，「糾」亦即「紏」）鉛場，則此「錫」乃「鉛」字之誤，今據改。

〔八六〕足子一鎮　宋會要食貨一七之一有尼子鎮，而無「足子鎮」。

〔八七〕桂角　「桂」，底本作「柱」。馮注：「江本作『桂』。」馮校：「錢本『角』作『用』。」今按：周本亦作「桂」，影宋鈔本亦作「用」，吴本、盧本、周本俱作「角」。宋史卷九〇地理志廣州東莞縣、清嘉慶重修一統志卷四四二銀場下引九域志俱作「桂角」，則此「柱」乃「桂」字之誤，據改；錢本、影宋鈔本作「用」誤。

〔八八〕州西南三百三十里　「三百」，馮注：江浙本俱作「五百」。今按：影宋鈔本、吴本、盧本、周本俱作「三百」。輿地紀勝卷八九廣州新會縣：「在州西南三百三十里。」江浙本誤。

〔八九〕博勞　馮校：「錢本『博』作『傅』。」今按：影宋鈔本、吴本、盧本、周本俱作『博』，清嘉慶重修一統志卷四四二廣州府海晏鹽場下引九域志同，錢本誤。

〔九〇〕矬銅　「矬」，底本作「挫」。影宋鈔本作「矬」，清嘉慶重修一統志四四二廣州府海宴鹽場下引九域志同，並引新寧縣志：「矬洞場在縣南。」此「挫」乃「矬」字之誤，今據改。

〔九一〕濛瀤一鎮　「瀤」，底本作「懷」。吴本、盧本、周本俱作「瀤」。宋會要食貨一三之一作「壕瀤鎮」，又注「瀤」，一作「壞」，同書食貨一七之一有「濛瀤鎮」。讀史方輿紀要卷一〇二、清嘉慶重修一統志卷四四四韶州府曲江縣有濛瀤巡司，即因宋名，此「懷」字誤，今從上引諸本及宋會要改爲「瀤」。

〔九二〕中子一銅場　「中」，底本作「巾」。影宋鈔本、周本俱作「中」，宋會要食貨三三之一二同。此「巾」

乃「中」字之誤，今據改。

〔九三〕玉山　「玉」，底本作「王」。影宋鈔本、盧本作「玉」。隋書卷三一地理志南海郡曲江縣：「有玉山。」元和郡縣志卷三四韶州曲江縣：「玉山在縣東南十里，有采玉處。」太平寰宇記卷一五九韶州曲江縣亦作「玉山」，此「王」乃「玉」字之誤，今據改。

〔九四〕州東九十里　「九」，馮注：「江浙本俱作『北』。」今按：影宋鈔本、吴本、盧本、周本俱作「九」。輿地紀勝卷九〇韶州翁源縣：「在州東南九十里。」江浙本誤。

〔九五〕玉壺一鎮　馮校：「錢本『玉壺』作『五湖』。」今按：影宋鈔本作「王壺」，盧本作「王湖」。宋會要食貨一七之一亦作「王壺」，同書食貨一三之一又有玉湖鎮。錢本作「五」誤。

〔九六〕州北一百四十里　「一」，馮注：「浙本作『二』。」今按：影宋鈔本、吴本、盧本、周本俱作「一」。太平寰宇記卷一五九韶州樂昌縣：「西北一百四十里。」浙本誤。

〔九七〕火衆多田二鐵場　「火衆」，宋會要食貨三三之四同，宋史卷九〇地理志韶州仁化縣下作「大衆」。又「二」，底本作「一」。此明是二鐵場，「一」爲「二」字之誤，今據改。

〔九八〕東至本州界一百八十五里自界首至潮州三百里　「至潮州三百」，馮注：「江浙本俱作『至梅州七十五』。」今按：周本亦作「至梅州」，吴本亦作「七十五」。太平寰宇記卷一五九循州：「東至梅州二百六十里。」正與江浙本相合。

〔九九〕東南至本州界二百五十里自界首至潮州五百里　「五十」，馮注：江本作「三十」。今按：影宋鈔本、吴本、盧本、周本俱作「五十」。太平寰宇記卷一五九循州：「東南至潮州七百五十里。」江本誤。

〔一〇〇〕州東北一百三十五里　「三十五」，馮注：「浙本作『五十』。」今按：影宋鈔本、吴本、盧本、周本俱作「三十五」。輿地紀勝卷九一循州興寧縣：「在州東北一百三十五里。」浙本誤。

〔一〇一〕西南至本州界六百五十里　「十」，馮注：「浙本無此字。」今按：影宋鈔本、盧本、周本俱有「十」字。永樂大典卷五三四三潮州府下引九域志：「西南至本州界六百五十里。」浙本誤。

〔一〇二〕舠州　馮注：「浙本無『舠州』字。」今按：影宋鈔本、吴本、盧本、周本俱有「舠州」二字，蓋浙本誤。

〔一〇三〕五　馮注：「浙本作『四』。」今按：影宋鈔本、吴本、盧本、周本俱作「五」，蓋浙本誤。

〔一〇四〕净口松口三河口三鹽務　馮校：「錢本無『净口』、『松口』，『三鹽務』作『一鹽場』。」今按：影宋鈔本亦無「净口」，「三」作「一」，「務」作「場」。盧本亦無「净口」、「松口」，「三」作「一」。周本亦無「净口」，「務」作「場」。宋會要食貨二三之三鹽法有净口場、松口務，則上述諸本不載「净口」、「松口」，俱誤。

〔一〇五〕横衝黄岡錦田三錫場　馮校：「錢本無『錦田』字，『三』作『一』。」今按：影宋鈔本、吴本、周本俱有「錦田」字，均作「三」，惟吴本「錫」作「鐵」。宋會要食貨三三之四錫：「潮州海陽縣横衝場，大中祥符八年置，黄崗場，八年置。」同書三三之一七錫：潮州海陽縣錦田場。則錢本誤，吴本作「鐵」亦誤。

〔一〇六〕洽光縣　「洽」，馮注：「浙本作『含』。」下文洽光皆同。今按：吴本亦作「含」，影宋鈔本、盧本、周本俱作「洽」，宋會要方域七之二六、太平寰宇記卷二六〇、輿地廣記卷三五、文獻通考卷三二三輿地考英州、輿地紀勝卷九五、宋史卷九〇地理志英德府均作「洽」。

〔一〇七〕清瀧　清嘉慶重修一統志卷四五五連州青龍鎮下引九域志作「青龍」，宋會要食貨一七之二又作「清龍」。

〔一〇八〕西北至本州界一百六十里自界首至桂州四百里　「六十」，馮注：「江浙本俱作『六十七』。」今按：影宋鈔本、吴本、盧本、周本俱作「六十」。太平寰宇記卷一六一賀州：「西北至桂州五百六十里。」江浙本當誤。

〔一〇九〕古鬬山　「鬬」，底本作「闗」。元和郡縣志卷三四封州封川縣：「古鬬山在縣西十三里。」輿地紀勝卷九四封州同。此「闗」乃「鬬」字之誤，今據改。

〔一一〇〕州北一百七十里　「七」，馮注：「浙本作『六』。」今按：影宋鈔本、盧本俱作「七」。太平寰宇記卷一六四封州開建縣：「北一百七十里。」輿地紀勝卷九四封州同，浙本誤。

〔一一一〕二　馮注：「浙本作『三』。」今按：吴本亦作「三」。

〔一一二〕石硯　馮注：「江本無『石』字。」今按：影宋鈔本、吴本、盧本、周本俱有「石」字，太平寰宇記卷一五九端州、宋史卷九〇地理志肇慶府同，賓退録卷一〇引元豐九域志土貢無「石」字。

〔一一三〕滑水 「滑」，底本作「清」。輿地廣記卷三四端州、輿地紀勝卷九六肇慶府並載四會縣有滑水，而無「清水」。讀史方輿紀要卷一〇一肇慶府四會縣：「綏江，一名滑水。」清嘉慶重修一統志卷四四七肇慶府同。此「清」乃「滑」字之誤，今據改。

〔一一四〕軍事 輿地紀勝卷九七新州下引九域志：熙寧七年隸廣南東路，此不載。

〔一一五〕東京五千四十一里 「十」，馮注：「江浙本俱作『百』。」今按：影宋鈔本、吴本、盧本、周本俱作「十」。太平寰宇記卷一六三新州：「東北至東京水路五千四十一里。」江浙本誤。

〔一一六〕主八千四百八十客五千一百六十七 「六十七」，盧本作「六十一」。宋史卷九〇地理志新州：「元豐户一萬三千六百四十一。」正與盧本所記主客户總數相符。

〔一一七〕二十 盧本作「二十五」。

〔一一八〕一 馮注：「江浙本俱作『二』。」今按：周本亦作「二」。

〔一一九〕護峒 「峒」，宋會要食貨三三之四、三三之一七錫並作「銅」。

〔一二〇〕二 馮注：「浙本作『一』。」

〔一二一〕三 馮注：「江本作『二』。」

〔一二二〕主五千八百二十四 「四」，馮注：「江浙本俱作『二』。」今按：吴本亦作「二」。宋史卷九〇地理志梅州：「元豐户一萬二千三百七十。」正與江浙諸本所記主客户總數相合。

〔一二三〕李坑梅口雙派樂口四鎮 清嘉慶重修一統志卷四五六嘉應州梅口鎮下引九域志同。影宋鈔本樂口下有「松源」二字，「四」作「五」。輿地紀勝卷一〇二梅州引九域志亦有松源鎮。

〔一二四〕東京三千五百三十二里　「三千」，馮注：江浙本俱作「二千」。今按：影宋鈔本、吴本、盧本、周本俱作「三千」。太平寰宇記卷一六〇南雄州：「西北至東京三千五百三十里。」江浙本誤。

〔一二五〕八　馮注：「江浙本俱作『六』。」

〔一二六〕十　馮注：「此下浙本有『一』字。」

〔一二七〕主六千六百九十客一千三百二十九　「六千」，馮注：江浙本俱作「一千」。今按：吴本、周本亦作「一千」，又「二十九」，吴本作「三十九」。宋史卷九〇地理志英德府（南宋慶元元年升英州爲英德府）：「元豐户三千一十九。」正與江浙本及周本所載主客户總數相合。吴本作「三十九」，當誤。

〔一二八〕賢德堯山竹溪師子四銀場　「四」，底本作「三」。此明是四銀場，「三」爲「四」字之誤，今據改。

〔一二九〕天禧五年改惠州　輿地紀勝卷九九惠州下引九域志：熙寧七年屬廣南東路，此不載。

〔一三〇〕東京五千一百二里　「一」，馮注：「浙本作『三』。」今按：「二」，吴本作「二十」。

〔一三一〕西南至本州界一百七十里自界首至廣州三百里　「廣州」，底本作「虔州」。「三百」，馮注：此下「浙本有『五』字」。馮校：「案虔州在惠州之北，故當州北至、東北至，俱係虔州，不得西南亦距虔州也。考太平寰宇記惠州：『西南至廣州東莞縣三百五十里。』此『虔州』當是『廣州』之誤。」今按：吴本作「廣州」，馮説是，據改。

〔一三二〕五　馮注：「浙本無此字。」

〔一三三〕西平流坑二銀場　「西」，底本作「酉」。馮校：「錢本『西』作『酉』。」又「場」，馮注：「浙本作『坑』。」今按：影宋鈔本、盧本作「酉」，又影宋鈔本、吳本、盧本、周本俱作「場」。宋會要食貨三三之三銀：「惠州歸善縣西平場、流坑場，並嘉祐八年置。」宋史卷九〇地理志惠州歸善縣有「西平、流坑二銀場」。此「酉」乃「西」字之誤，據改，浙本作「坑」誤。

〔一三四〕永定　清嘉慶重修一統志卷四四五惠州府錫場引九域志作「永安」，宋史卷九〇地理志惠州河源縣下同，此「定」蓋爲「安」字之誤。

〔一三五〕二　馮注：「浙本作『一』。」

〔一三六〕北至本州界一百七十五里自界首至全州九十里　馮校：「案通鑑卷二百九十注引志文：『桂州北至全州一百六十三里。』與此不合。再考本志全州西南至桂州一百四十三里，亦差二十里也。」

〔一三七〕五十　馮注：「江浙本俱作『四百二十』。」今按：吳本亦作「四百二十」。

〔一三八〕主五萬六千七百九十一客九千五百五十三　「五萬」，馮注：江浙本俱作「三萬」；「九十一」，馮注：江浙本俱作「九十」。今按：吳本、周本亦作「三萬」、「九十」。宋史卷九〇地理志靜江府（南宋紹興三年升桂州爲靜江府）：「元豐户四萬六千三百四十三。」正與江浙本及吳本、周本所記主客户總數相合。

〔一三九〕乾德元年廢溥州爲全義縣隸州　馮校：「案『溥』各本俱作『專』。考本志省廢州軍，廣南路溥州領全義縣。又宋史地理志：『唐全義縣，晉置溥州。』今據改。」今按：影宋鈔本、吳本、盧本、周本俱作「溥」，宋會要方域七之一七同，馮說是。

〔一四〇〕開寶五年省義寧縣入廣州新會縣六年復置　馮校：「案桂州在廣州西北千數百里，義寧又在桂州西北，其縣不得省入廣州。考廣州自有義寧，後改爲信安，又改隸新州，本志新州下明著省廣州信安縣入新興，知廣州之義寧與桂州之義寧，無與也。據十國春秋地理表，溥州義寧，馬氏置縣，舊屬桂州，開運時來屬。則桂之義寧，固嘗隸溥州，州廢即定屬桂州，此云曾入廣州，當因縣名偶同，而據廣州之文誤入者，宋史地理志亦云云，誤踵此也。」又宋避太宗名，當時凡地名有『義』者，多所更革，而桂州之縣乃仍爲義寧，當亦如婺州義烏、武義之縣，鎮戎軍張義之堡，避之容有未盡爾。」今按：廣州義寧縣，開寶五年廢入新會縣，六年復置，見於本志上文廣州及宋會要方域七之一四、輿地紀勝卷九七新州新興縣下引國朝會要。桂州亦領有義寧縣，縣名雖同而實爲二地，此文當因廣州義寧縣而誤竄入，馮說是。

〔一四一〕有桂江　馮校：「錢本『桂江』上空四字。」今按：影宋鈔本「有」上空五格。輿地廣記卷三六桂州臨桂縣下列有灕山、隱山、桂江，則「桂江」上空四字蓋爲灕山、隱山。影宋鈔本有誤。

〔一四二〕陽海山　底本作「海□□」。太平寰宇記卷一六二桂州興安縣：「陽海山在縣城北一百七十里，屬興安縣。按酈道元注水經云：『陽海山，一名陽朔山。』其山自永州零陵縣西南迆邐，岡巒連亙不絶，此山卽湘、灕二水之源。」輿地廣記卷三六桂州、輿地紀勝卷一〇三靜江府均作「陽海山」。此「海□□」爲「陽海山」之誤闕，今據改補。

〔一四三〕州東北五十二里　馮校：「錢本作『五十一里』。」

〔一四四〕二　盧本作「三」。

〔一四五〕州西南三百六十七里　「南」，底本作「北」。輿地紀勝卷一〇三靜江府修仁縣：「在府西南三百四十里。」北宋桂州，南宋紹興三年升爲靜江府，治臨桂縣，卽今桂林市；修仁縣卽今荔浦縣修仁鎭西北老縣，地在桂林市西南，正與輿地紀勝所載方向相合，此「北」乃「南」字之誤，今據改。

〔一四六〕二十　周本作「三」。

〔一四七〕州西一百五十里　「一」，底本作「三」。馮校：「錢本作『一百五十里』。」今按：吳本亦作「一百五十里」，太平寰宇記卷一六二桂州、輿地紀勝卷一〇三靜江府同，此「三」乃「一」字之誤，據改。

〔一四八〕皇朝開寶四年升寧遠軍節度　「四」，底本作「二」。馮注：「浙本作『四』。」今按：吳本亦作「四」，宋會要方域五之八、輿地紀勝卷一〇四容州引國朝會要及九域志同，此「二」乃「四」字之誤，據改。又新唐書卷六九方鎭表：乾寧四年「升容管觀察使爲寧遠軍節度使」。資治通鑑卷二六一乾寧四年六月：「置寧遠軍於容州，以李克用大將蓋寓領節度使。」同書卷二六七開平四年：「寧遠軍節度龐巨昭、高州防禦使劉昌魯，皆唐官也。黄巢之寇嶺南也，巨昭爲容管觀察使，昌魯爲高州刺史，帥羣蠻據險以拒之，巢衆不敢入境。唐嘉其功，置寧遠軍於容州，以巨昭爲節度使。」胡注:「龐巨昭建節當在乾寧四年之後。」按五代時,容州地屬南漢,無所更易,故新五代史卷六〇職方考亦云容州曰寧遠。則容州之建寧遠軍,由來已久,故輿地紀勝卷一〇四容州云:國朝平嶺南,地歸版圖,仍爲寧遠軍節度。

〔一四九〕三　馮注:「浙本作『一』。」

〔一五〇〕三　馮注:「浙本作『二』。」

〔一五一〕南至本州界九十六里自界首至高州一百九十一里　資治通鑑卷二六七注引九域志作「容州東南至高州二百八十二里」。

〔一五二〕一　馮注:「浙本作『二』。」

〔一五三〕七　馮注:「江本作『九』。」今按:周本作「八」。

〔一五四〕南江隘　「南」,馮注:「江本作『湳』。」今按:盧本亦作「湳」。

〔一五五〕六　盧本作「七」。

〔一五六〕橫州　「橫」,馮注:「江浙本俱作『廣』。」今按:影宋鈔本、吴本、盧本俱作「橫」。橫州在邕州東南,與本志所記方向相符,而廣州在邕州之東殊遠,江浙本誤。

〔一五七〕州西五百里　馮校:「錢本無『五』字。」今按:影宋鈔本、盧本亦無「五」字,吴本有「五」字,周本「五」作「一」。武經總要前集卷二〇邕州太平砦:「東至州十日程。」無「五」字者蓋誤,周本亦誤。

〔一五八〕三 馮注：「江本作『二』。」今按：盧本亦作「二」。

〔一五九〕三 盧本無此字。

〔一六〇〕二 馮注：「浙本作『三』。」

〔一六一〕柳州 「柳」，馮注：「江本作『郴』。」今按：影宋鈔本、吴本、周本俱作「柳」。柳州在象州西北，與本志所記方向相合，而郴州在象州東北甚遠，方向里數均不符，江本誤。

〔一六二〕客三千二百八十三 「三千」，馮注：江浙本俱作「二千」；「八十三」，馮注：江浙本俱作「八十二」。今按：影宋鈔本、吴本、盧本、周本俱作「三千」，又影宋鈔本、盧本、周本俱作「八十三」，吴本作「三十二」。宋史卷九〇地理志象州：「元豐户八千七百一十七。」減除本志所記主户數「五千四百三十五」，尚有客户數「三千二百八十二」，則知江浙本作「二千」誤，江浙本作「八十二」是，吴本作「三十二」誤。

〔一六三〕二 馮注：「浙本作『一』。」

〔一六四〕二百二十三 馮注：浙本作「一百三十三」。今按：盧本作「二百二十」。

〔一六五〕西北至羈縻古州一千一百九十七里 馮注：「浙本無『一千』字。」今按：影宋鈔本、吴本、盧本、周本俱有「一千」字。太平寰宇記卷一六六融州：「西北至古州水路八百九十里。」與本志所記里數雖有差異，然可證浙本誤。

〔一六六〕主二千八百一十三客二千八百四十五 「主二千」，馮注：江浙本俱作「三千」；「客二千」，馮注：

江浙本俱作「一千」。今按：影宋鈔本、盧本主客均作「二千」。宋史卷九〇地理志融州：「元豐户五千六百五十八。」正與本志所載主客户總數相合，江浙本皆誤。

〔一六七〕珠川洞　「珠」，文獻通考卷三二三輿地考融州同。影宋鈔本、盧本作「球」，輿地紀勝卷一一四融州同。又宋會要方域七之一八作「球」。未知孰是。「川」，影宋鈔本作「州」，上引宋會要、輿地紀勝、文獻通考同，此「川」蓋爲「州」字之誤。

〔一六八〕王口　「王」，底本作「五」。馮校：「錢本『五』作『王』。」今按：影宋鈔本、吴本、盧本俱作「王」。續資治通鑑長編卷三四五元豐元年四月：「開道通廣西融州王口寨功畢。」宋會要方域七之一八、宋史卷九〇地理志融州俱作「王口」。此「五」乃「王」字之誤，據改。

〔一六九〕六十　馮校：「錢本『六十』作『八十』。」今按：盧本亦作「八十」。

〔一七〇〕八年　宋朝事實卷一九、輿地紀勝卷一〇七昭州龍平縣下引九域志、宋史卷九〇地理志昭州同，宋會要方域七之二九作「五年」。

〔一七一〕三年　宋朝事實卷一九、輿地紀勝卷一〇七昭州龍平縣下引九域志同，宋史卷九〇地理志昭州作「八年」。

〔一七二〕目巖山　「山」，底本作「水」。馮校：「錢本作『自巖山』。集梧案太平寰宇記平樂縣：『目巖山在縣北三十五里。盛宏之荆州記，平樂縣西南數十里有山，其巖開有兩目如人眼，極大，瞳子黑白分明，因爲目巖山。』則此『水』當作『山』，而錢本『自』字誤也。」今按：輿地廣記卷三六、輿地紀勝卷一〇七昭州俱作「目巖山」，馮説是，據改。

〔一七三〕葛峩　「葛」，馮注：「浙本作『萬』。」今按：吴本亦作「萬」，清嘉慶重修一統志卷四六七平樂府平旦鎮下引九域志同。

〔一七四〕静戎思賀二鎮　馮注：「浙本『賀』下有二空字，『二』作『三』。」今按：影宋鈔本、盧本、周本「賀」下俱無空字，皆作「二」，蓋浙本誤。

〔一七五〕思賀水　馮校：「案文獻通考作『思負水』。」今按：本志上文列有思賀鎮，宋會要食貨一七之七有思賀務，與思賀水同名，文獻通考當誤。

〔一七六〕永安　「永」，底本作「水」。馮校：「錢本『水』作『永』。」今按：吴本、盧本亦作「永」，宋會要食貨一七之七同，此「水」乃「永」字之誤，據改。

〔一七七〕客一千八百二十一　「二」，馮注：「江浙本俱作『一』。」今按：影宋鈔本、盧本俱作「二」。永樂大典卷二三三九梧州府下引九域志：「客一千八百二十一。」江浙本誤。

〔一七八〕四十八　馮注：「江浙本俱作『一十五』。」今按：周本作「二十五」。

〔一七九〕主五千七十　「七」，馮注：「江浙本俱作『六』。」今按：影宋鈔本、盧本俱作「七」。永樂大典卷二三三九藤縣下引九域志：「主五千七十。」江浙本誤。

〔一八〇〕客一千三百一十二　「三」，馮注：「江浙本俱作『二』。」今按：影宋鈔本、盧本俱作「三」。永樂大典卷二三三九藤縣下引九域志：「客一千三百一十二。」江浙本誤。

〔一八一〕五年　輿地廣記卷三六、輿地紀勝卷一〇九藤州同，宋會要方域七之一九、宋史卷九〇地理志藤州俱作「三年」。

〔一八二〕棠林　一銀場　「棠」，永樂大典卷二三三八梧州府下引九域志作「當」，影宋鈔本、吳本同。宋會要食貨三三之三銀有「常林場」，同書食貨三三之一六鉛有「棠林場」。

〔一八三〕東南至本州界八十里自界首至藤州一百七十三里　「三」，馮注：「江浙本俱作『二』。」今按：影宋鈔本、吳本、盧本俱作「二」。太平寰宇記卷一五八龔州：「東南至藤州二百五十三里。」正與志文合，江浙本當誤。

〔一八四〕一　馮注：「江浙本俱作『二』。」

〔一八五〕西北至本州界一百三十六里自界首至象州一百八十九里　「九」，馮注：「江本作『七』。」今按：影宋鈔本、吳本、盧本、周本俱作「九」。太平寰宇記卷一五八龔州：「西北至象州三百二十五里。」正與志文合，江本誤。

〔一八六〕一　馮注：「浙本作『二』。」

〔一八七〕一　馮注：「浙本作『二』。」今按：吳本亦作「二」。

〔一八八〕主二千二百二十九客三千九百一十二　「一十二」，馮注：浙本作「二十二」，江本作「一十一」。今按：影宋鈔本、吳本、盧本俱作「一十二」。宋史卷九〇地理志潯州：「元豐戶六千一百四十一。」正與本志所載主客戶總數相合，江浙本誤。

〔一八九〕軍事　輿地紀勝卷一二二貴州下引九域志作「防禦」。

〔一九〇〕一　馮注：「浙本作『二』。」

〔一九一〕易令　「令」，宋會要食貨一七之七作「今」。

〔一九二〕康和　「和」，馮注：「浙本作『安』。」今按：影宋鈔本、盧本、周本俱作「和」，宋會要食貨一七之七同，浙本誤。

〔一九三〕都禄　「禄」，宋會要食貨一七之七作「録」。

〔一九四〕東南至本州界九十七里自界首至象州四十七里　「九十七」，馮校：「錢本作『一百七里』。」今按：太平寰宇記卷一六八柳州：「東南至象州一百六十里。」則與錢本所記相近。

〔一九五〕三　馮注：「浙本作『五』。」

〔一九六〕西北至本州界一百一十九里自界首至融州一百五十里　馮校：「錢本『融』作『瓊』。」集梧案瓊州在柳州東南，非西北也。本志融州：『東南至本州界一百五十里，自界首至柳州一百一十九里。』與此正合，則作『融』爲是。」

〔一九七〕治平二年以羈縻智州河池縣隸州省富力縣入焉　「河池」，底本作「可地」。馮校：「案當州列縣中，無『可地』之縣，考羈縻州廣南路智州領縣五，有『富力』，無『可地』，即徧考各州，亦無縣名『可地』者。惟金城州内有『河池縣』，知『可地』實爲『河池』之誤，此當云以金城州河池縣隸州，省智州富力縣入焉。」今按：盧本作「河池」。宋會要方域七之二〇宜州：「河池縣，治平二年自羈縻智州來隸，省富力縣入焉。」宋朝事實卷一九、輿地紀勝卷一二二宜州同。此「可地」爲「河池」之誤，馮說是，據改。又太平寰宇記卷一六八宜州管羈縻智州下云：「西至金城州河池縣一十二里。」上引諸書皆載，治平二年改智州河池縣隸於宜州，故知河池縣先屬金城州，太平興國、治平之間，已改隸智州，至治平時又改屬宜州。本志卷十羈縻州金城州領河池縣，當是太平興國初制，馮氏謂此「智州河池縣」當云「金城州河池縣」，失考。

〔一九八〕州西二百五十五里　馮注：「江浙本俱作『三百九十三』。」今按：吴本亦作「三百九十三」，周本作「三百九十五」，清嘉慶重修一統志卷四六四慶遠府富仁監下引九域志作「二百九十三」。太平寰宇記卷一六八富仁銀監：「在宜州西二百一十里。」輿地紀勝卷一二二宜州：「富仁監在州西二百九十五里。」

〔一九九〕二　馮注：「浙本作『三』。」

〔二〇〇〕主四千六百一十二　「一」，馮注：「江浙本俱作『二』。」今按：影宋鈔本、吴本、盧本、周本俱作「一」。宋史卷九〇地理志賓州：「元豐户七千六百二十。」正與本志所載主客户總數相合，江浙本誤。

〔二〇一〕藤器一十事　「十」，馮注：「江浙本俱無此字。」今按：影宋鈔本、盧本俱有「十」字。賓退録卷一〇引元豐九域志土貢藤器：「賓一十事。」江浙本誤。

〔二〇二〕羅目一鎮　「目」，馮注：「浙本作『白』。」今按：影宋鈔本、吴本、盧本、周本俱作「目」，宋會要食貨一七之八同，浙本誤。

〔二〇三〕都泥江　底本作「泥江」。馮校：「案文獻通考作遷江有『都泥山』，方輿紀要：縣東北都泥江，『亦名渾水江』。此疑脱『都』字。」今按：輿地廣記卷三七賓州遷江縣下亦作「都泥山」。又輿地紀勝卷一一五賓州都泥江：「元和志云：在遷江縣。北出宜，至本縣東，經象入藤。」清嘉慶重修一統志卷四六五思恩府紅水江：「經遷江縣北入來賓縣界，一名鳴泥江，其下流又名都泥江。」則此「泥江」上當脱「都」字，據補，輿地廣記、文獻通考作「都泥山」乃「都泥江」之誤。

〔二〇四〕二　馮注：「浙本作『三』。」

〔二〇五〕一　馮注：「浙本作『二』。」今按：吴本亦作「二」。

〔二〇六〕三　馮注：「浙本作『二』。」

〔二〇七〕二百　馮注：「浙本無『二百』字。」

〔二〇八〕西南至本州界一百九十五里自界首至雷州一百七十里　「五」，馮注：「浙本無此字。」今按：影宋鈔本、吴本、盧本、周本俱有「五」字。本志雷州：「東北至本州界一百七十里，自界首至化州一百九十五里。」與此正合，浙本誤。

〔二〇九〕二　馮注：「浙本作『一』。」

〔二一〇〕零渌一鎮　「零渌」，底本作「渌零」。馮注：「浙本作『中令』。」今按：宋會要方域七之二二、同書食貨一七之八、輿地紀勝卷一一六化州均作「零渌」，據改，浙本誤。又太平寰宇記卷一六七、輿地廣記卷三七化州別作「零緑」。

〔二一〕二　馮注：「浙本作『三』。」

〔二二〕自界首至化州一百二十里　「一」，馮注：「浙本作『二』。」今按：影宋鈔本、吴本、盧本、周本俱作「一」。本志上文化州云：「自界首至高州一百二十里。」正與此合，浙本誤。

〔二三〕宅山　太平寰宇記卷一六一、輿地紀勝卷一一七、文獻通考卷三二三輿地考高州俱載茂名縣有毛山，而無「宅山」。

〔二四〕一　馮注：「江浙本俱作『二』。」

〔二五〕主四千二百七十二　馮校：「錢本『二百』作『一百』。」今按：影宋鈔本、吴本、盧本、周本俱作「二百」。宋史卷九〇地理志雷州：「元豐户一萬三千七百八十四。」正與本志所載主客户總數相合，錢本誤。

〔二六〕有擎雷山擎雷水　「擎」，底本俱作「檠」。影宋鈔本、盧本均作「擎」，輿地廣記卷三七、輿地紀勝卷一一八、文獻通考卷三二三輿地考雷州同，此「檠」乃「擎」字之誤，今據改。

〔二七〕七　馮注：「浙本作『九』。」今按：吴本作「二」。

〔二八〕縮沙二斤　「縮」，馮注：「江浙本俱作『宿』。」今按：影宋鈔本、盧本俱作「縮」。賓退録卷一〇引元豐九域志土貢：「縮沙二斤，白。」宋史卷九〇地理志白州貢縮沙。江浙本誤。

〔二九〕有鍾山　「鍾」，底本作「中」。永樂大典卷二三三八梧州府博白縣下引九域志有「鍾山」，輿地廣記卷三七白州同。輿地紀勝卷一二一鬱林州:「鍾山,元和郡縣志在博白縣。」此「中」乃「鍾」字之誤,今據改。

〔三〇〕二　馮注:「浙本作『二』。」

〔三一〕主一萬二百九十五　「百」,馮注:「江本作『千』。」今按:影宋鈔本、吴本、盧本、周本俱作「百」。宋史卷九〇地理志欽州:「元豐户一萬五百五十二。」正與本志所記主客户總數相合,江本誤。

〔三二〕州東一十里　北宋欽州治靈山縣,即今靈山縣;安遠縣即今欽州縣,地在今靈山縣西南。讀史方輿紀要卷一〇四欽州(即今欽州縣)靈山縣(即今靈山縣):「州北二百十里。」此方向里數皆誤。

〔三三〕如昔一鎮　「如昔」,底本作「知音」。馮校:「錢本『知音』作『如昔』。」今按:影宋鈔本、吴本俱作「如昔」,武經總要前集卷二〇欽州有如昔軍鋪,宋史卷九〇地理志欽州安遠縣有如昔砦,此「知音」乃「如昔」之誤,據改。

〔三四〕三　馮注:「浙本作『二』。」

〔三五〕六十五　馮注:「浙本作『七十三』。」

〔三六〕録鵶一鎮　「一」,馮注:「浙本作『二』。」今按:影宋鈔本、吴本、盧本、周本俱作「一」。永樂大典卷二三三八梧州府鬱林州下引九域志:「録鵶一鎮。」浙本誤。

〔三七〕一　馮注:「江浙俱作『二』。」今按:周本亦作「二」。

〔二八〕主六千六百一　客八百九十九　「九十九」，底本作「九十一」。馮注：江浙本俱作「九十九」。今按：影宋鈔本、吴本、盧本、周本俱作「九十九」。宋史卷九〇地理志廉州：「元豐户七千五百。」與上引諸本記載主客户總數正合，此「九十一」爲「九十九」之誤，據改。

〔二九〕博電　「電」，馮注：「浙本作『雷』。」今按：影宋鈔本、吴本、盧本、周本俱作「電」，宋朝事實卷一九、輿地紀勝卷一二〇廉州石康縣下引國朝會要同，浙本誤。

〔三〇〕三村　「村」，底本作「材」。馮校：「錢本『材』作『村』。」今按：影宋鈔本、盧本亦作「村」，武經總要前集卷二〇同，此「材」乃「村」字之誤，據改。

〔三一〕六　馮注：「浙本作『八』。」

〔三二〕二　馮注：「浙本作『三』。」

〔三三〕二　馮注：「浙本作『三』。」

〔三四〕滴掃水　馮校：「案文獻通考作『南歸水』。」今按：盧本「滴」作「南」。

〔三五〕滴秦水　馮校：「案文獻通考『秦』作『泰』。」今按：盧本「滴」作「南」。又輿地紀勝卷一二四瓊州：「南弄水在樂會縣。」而無「滴秦水」。

〔三六〕三　馮注：「浙本作『二』。」

〔三七〕主七百四十五客九十　「五」，馮注：「江浙本俱作『三』。」今按：吴本、周本亦作「三」。宋史卷九〇地理志南寧軍（南宋端平時改昌化軍爲南寧軍）：「元豐户八百三十三。」正與江浙本及吴本、周本所記主客户總數相合。

〔二三八〕昌化州西南一百八十里　馮校：「案此縣不著若干鄉，疑有脱文。」又昌化縣屬昌化軍，此「州」應作「軍」字。

〔二三九〕州西南二百七十九里　「七」，馮注：「浙本作『一』。」今按：影宋鈔本、吴本、盧本、周本俱作「七」。輿地紀勝卷一二五昌化軍感恩縣：「在軍西南二百七十九里。」浙本誤。又感恩縣屬昌化軍，此「州」應作「軍」字。

〔二四〇〕南龍江　「南」，底本作「湳」；「龍」，底本作「崖」。馮校：「案文獻通考『崖』作『龍』。」今按：「湳」，盧本作「南」。清嘉慶重修一統志卷四五二瓊州府南龍江：「在感恩縣。九域志：感恩縣有南龍江。」輿地廣記卷三七昌化軍感恩縣作「湳龍江」，輿地紀勝卷一二五昌化軍作「南龍江」。又據本志上文及輿地廣記、輿地紀勝記載，另有南崖江屬昌化縣，此爲感恩縣之南龍江，「湳」改爲「南」。「崖」當爲「龍」字之誤，據改。

〔二四一〕一　馮注：「浙本作『二』。」今按：影宋鈔本、盧本、周本俱作「一」，太平寰宇記卷一六九崖州同。

〔二四二〕三　馮注：「浙本作『二』。」

〔二四三〕主三百四十　「三」，馮注：「江浙本俱作『二』。」今按：宋史卷九〇地理志吉陽軍（北宋政和七年改朱崖軍爲吉陽軍）：「元豐户二百五十一。」正與江浙本所記主客户總數相合。

〔二四四〕二鄉　馮校：「錢本作『一鄉』。」

九域志卷第十

省廢州軍

化外州

羈縻州〔一〕

省廢州軍

京東路

廣濟軍。乾德元年以曹州定陶鎮置爲發運務，開寶九年置爲轉運司，太平興國二年建軍，四年割曹、澶、濟、濮四州地置定陶縣，領縣一。熙寧四年廢軍，以縣隸曹州。

京西路

光化軍。乾德二年〔二〕以襄州穀城縣陰城鎮建軍，仍析穀城三鄉置乾德縣，領縣一。熙寧五年廢軍爲光化縣，省乾德縣爲鎮隸襄州。〔三〕

河北路〔三〕

通利軍。端拱元年以澶州黎陽縣建軍，天聖元年改安利，四年以衞州衞縣隸軍，領縣二。明道二年復爲通利，熙寧三年廢入衞州。

承天軍。建隆元年以真定府孃子關建爲軍，〔四〕仍隸真定府。後廢。

陝西路

乾州。中，軍事，舊領縣一。乾德二年析京兆府好畤、邠州永壽二縣隸州，領縣三。熙寧五年廢州，以奉天縣隸京兆府，永壽縣還舊隸，好畤縣隸鳳翔府。

儀州。下，軍事，後唐義州，領縣一。皇朝乾德二年析華亭縣地增置安化縣。太平興國二年改儀州。淳化中以鳳翔府崇信縣隸州，〔五〕領縣三。熙寧五年廢州，以華亭、安化、崇信三縣隸渭州。

綏州。〔六〕下，上郡，〔七〕舊領龍泉、〔八〕城平、綏德、延福、大斌五縣。唐末陷吐蕃。皇朝熙寧二年收復，廢爲綏德城。

河東路

沁州。中下，陽城郡，領縣三。太平興國六年廢州，〔九〕以和川縣隸晉州，沁源縣隸威勝軍，緜上縣隸大通監。〔一〇〕

慈州。下，團練，文城郡，領縣三。熙寧五年廢州，省文城縣爲鎮入吉鄉縣，隸隰州；省鄉寧，析其地入晉、絳二州。

平晉軍。建隆二年以太原府晉陽縣建軍，太平興國四年廢爲平晉縣。〔一一〕

静樂軍。咸平二年升憲州静樂縣爲軍，領縣一。五年廢軍，以静樂縣還舊隸。〔一二〕

淮南路

天長軍。周以揚州天長縣建軍，領縣一。皇朝至道三年〔一三〕廢軍，以天長縣還舊隸。

漣水軍。太平興國三年以泗州漣水縣建軍，領縣一。熙寧五年廢軍，以漣水縣隸楚州。

兩浙路

順化軍。僞唐以杭州安國縣建衣錦軍，〔一四〕領縣一。皇朝太平興國三年改順化軍，仍改安國縣爲臨安；五年廢軍，以縣還舊隸。

江陰軍。僞唐以常州江陰縣建軍，〔一五〕領縣一。皇朝淳化元年廢，三年復；熙寧四年又廢，縣還舊隸。

荊湖路

復州。上，防禦，景陵郡，領縣二。建隆三年改竟陵縣爲景陵，〔一六〕至道三年以江陵府玉沙縣隸州，寶元二年省沔陽縣入玉沙；〔一七〕熙寧六年廢州，以景陵縣隸安州，省玉沙縣爲鎮入江陵府監利縣。

漢陽軍。周以鄂州漢陽地建軍，〔一八〕領縣一。皇朝太平興國二年以安州漢川縣隸軍，領縣二。熙寧四年廢軍，省漢川縣爲鎮，并漢陽縣隸鄂州。

荊門軍。開寶五年即江陵府荊門鎮建軍，以長林、當陽二縣隸軍；熙寧六年廢軍，以二縣隸江陵府。

利州路

集州。下，軍事，符陽郡，舊領縣四。乾德五年省通平、大牟二縣入難江縣，咸平五年以嘉川縣隸利州，以巴州清化縣隸州；熙寧三年廢州，〔一九〕以難江縣隸巴州，省清化縣爲鎮隸巴州化城縣。

壁州。〔二〇〕下，軍事，始寧郡，〔二一〕領縣五。乾德四年〔二二〕省廣納、東巴二縣入通江；開寶五年廢州，尋復置；熙寧五年廢州，省符陽、白石縣入通江縣，隸巴州。

大安軍。至道二年以三泉縣建爲軍，〔二三〕仍以興元府西縣隸軍；三年廢軍，復爲三泉縣，以西縣還舊隸。

廣南路

富州。下，開江郡，領縣三。開寶五年廢州，省馬江、思勤〔二四〕二縣入龍平縣，隸昭州。

巒州。下，永定郡，領縣三。開寶五年廢州，省武羅、靈竹二縣入永定縣，隸橫州。

潘州。下，南潘郡，領縣三。開寶五年廢州，省南巴、潘水二縣入茂名縣，隸高州。

澄州。下，賀水郡，領縣四。開寶五年省止戈、無虞、賀水三縣入上林縣，隸邕州。〔二五〕

勤州。下，雲浮郡，領縣二。開寶五年廢州，省富林縣入銅陵縣，隸春州。

常樂州。領博電、〔二六〕零淥、鹽場三縣，開寶五年廢州，省三縣地置石康縣，隸廉州。

繡州。下，常林郡，領縣三。開寶五年廢州，省常林、〔二七〕阿林、羅繡三縣入容州普寧縣。

禺州。下，溫水郡，領縣四。開寶五年廢州，省峩石、扶來、〔二八〕羅辨三縣入容州北流縣。

順州。下，順義郡，領縣四。開寶五年廢州，省龍化、龍豪、溫水、南河四縣入容州陸川縣。

思明州。下，武郎郡，〔二九〕唐〔三〇〕思唐州，領縣二。皇朝開寶五年改思明，六年廢州，省平原縣入武郎縣，隸龔州。〔三一〕

瀧州。下，開陽郡，領縣四。開寶六年廢州，省鎮南、開陽、建水三縣入瀧水縣，隸康州。

溥州。領縣一。〔三二〕乾德元年廢州，以全義縣隸桂州。

嚴州。下，脩德郡，〔三三〕領縣二。開寶七年廢州，省歸化縣入來賓縣，隸象州。

黨州。下，寧仁郡，領縣四。開寶五年廢州，〔三四〕省容山、懷義、撫康、善牢四縣入鬱林州南流縣。〔三五〕

牢州。下，定川郡，領縣三。開寶五年廢州，〔三六〕省定川、宕川二縣入南流縣，隸鬱林州。

羅州。下，招義郡，〔三七〕領縣四。開寶五年廢州，省廉江、幹水、零渌三縣入吳川縣，隸化州。〔三八〕

太平軍。初爲廉州，太平興國八年廢爲軍，咸平元年復爲州。

思剛州。領遷江縣。天禧四年廢州爲遷江縣，隸賓州。

歸恩州。唐宜州羈縻，領邏遵、〔三九〕履博、都恩、吉南、許水五縣。皇朝慶曆三年廢州，入宜州。

芝忻州。下，忻城郡，領忻城一縣。慶曆三年廢州，以縣隸宜州。

紆州。唐宜州羈縻，領東區、吉陵、賓安、都邦、〔四〇〕紆質、南山六縣。皇朝慶曆三年廢州，以地入宜州。

竇州。下，懷德郡，領縣四。開寶六年省懷德、潭峩、〔四一〕特亮三縣入信義縣；太平興國元年改信義爲信宜，四年廢州，以信宜隸高州。

南儀州。下，連城郡，唐義州，〔四二〕領縣三。皇朝開寶四年加「南」字，五年廢入竇州，〔四三〕六年復置，省連城、永業二縣入岑溪縣，太平興國初改南儀州；〔四四〕熙寧四年廢州，以岑溪縣隸藤州。

蒙州。下，蒙山郡，領縣三。太平興國初改正義縣爲蒙山；熙寧五年廢州，省蒙山、東區二縣入立山縣，隸昭州。

春州。下，南陵郡，領縣三。開寶五年廢入南恩州，六年復置，省流南、羅水二縣入陽春縣，以廢勤州銅陵縣隸州。大中祥符九年又廢入新州，爲新春縣。天禧四年復置。熙寧六年又廢，省銅陵縣入陽春縣，隸南恩州。

崖州。下，珠崖郡，領縣三。開寶五年廢州，以澄邁、舍城、文昌三縣隸瓊州。

化外州

河北路

安東上都護府。領羈縻十四州。

幽州。大都督，范陽郡，〔四五〕范陽、盧龍兩城節度，領羈縻六州，薊、幽都、良鄉、安次、武清、永清、潞、昌平八縣。

愼州。下，昭化軍節度，領逢龍一縣。

易州。上，上谷郡，領易、滿城二縣。

涿州。上，涿郡，領范陽、歸義、固安、新城、新昌五縣。

檀州。下，密雲郡，領密雲、燕樂二縣。

平州。下，北平郡，領盧龍、馬城、〔四六〕石城三縣。

薊州。下，漁陽郡，領漁陽、三河、玉田三縣。

營州。下都督，〔四七〕柳城郡，領羈縻十四州，柳城一縣。〔四八〕

燕州。歸德郡，領遼西一縣。〔四九〕

歸順州。下，領懷柔一縣。

遼州。下，領來遠一縣。〔五〇〕

師州。下，領陽師一縣。〔五一〕

順州。下，領賓義一縣。

瑞州。下，領來遠一縣。〔五二〕

陝西路

安西大都護府。領龜茲、毗沙、疏勒、焉耆、月支、條支、脩鮮、波斯八部落。

庭州。北庭大都護府，領金滿、輪臺、蒲類、西海四縣。

靈州。大都督，靈武郡，朔方軍節度，領回樂一縣，清遠、昌化、保安、保靜、臨河、懷遠、定遠七鎮。

夏州。中都督，朔方郡，定難軍節度，領朔方、寧朔、德靜三縣。

涼州。中都督，武威郡，河西節度，領姑臧、神烏、昌松、嘉麟、番和五縣。〔五三〕

沙州。中都督，燉煌郡，歸義軍節度，領燉煌、壽昌二縣。

鄯州。下都督，西平郡，熙寧十年升西平軍節度，領湟水、龍支、鄯城三縣。

瓜州。下都督，晉昌郡，領晉昌、常樂二縣。

銀州。下州，銀川郡，領儒林、撫寧、真鄉、開光〔五四〕四縣。

鹽州。下都督，五原郡，領五原、白池二縣。

勝州。中府，榆林郡，領榆林、河濱二縣。

宥州。下都督，〔五五〕寧朔郡，領長澤、歸仁、懷德、延恩四縣。

西州。下都督，交河郡，領高昌、柳中、交河、天山、蒲昌五縣。

廓州。上，寧塞郡，領廣威、〔五六〕米川、達化三縣。

會州。下，〔五七〕會寧郡，領會寧、烏蘭二縣。

宕州。下，懷道郡，領懷道、良恭二縣。

疊州。下，合川郡，領合川、常芬二縣。

甘州。下，張掖郡，領張掖、删丹二縣。

肅州。下，酒泉郡，領酒泉、玉門、福禄三縣。

伊州。下，伊吾郡，領伊吾、納職、柔遠三縣。

洮陽州。下，洮化郡，領洮陽、倚川二縣。

建康州。下，建康郡，領祁連、合黎二縣。

鎮州。下，鎮川郡，領達化、連雲二縣。

河東路

安北大都護府。天德軍節度，領陰山、通濟二縣。

單于大都護府。振武軍節度，領金河一縣。

鎮北大都護府。領大同、長寧二縣。

雲州。下都督，雲中郡，大同軍節度，領雲中一縣。

應州。望，彰國軍節度，領金城、混源二縣。

新州。上，威塞軍節度，領永興一縣。

蔚州。下，安邊郡，領靈丘、興唐、飛狐三縣。

嬀州。下，嬀川郡，領懷戎一縣。

朔州。下，馬邑郡，領善陽、馬邑二縣。

寰州。下，領寰清一縣。

儒州。下，領晉山一縣。〔五八〕

毅州。下，領文德一縣。

利州路

松州。下，都督，交川郡，領嘉誠、交川、平康、鹽泉四縣，〔五九〕羈縻州二十五。

扶州。下，同昌郡，領同昌、帖夷、萬全、〔六〇〕鉗川四縣。

翼州。下，臨翼郡，領衞山、翼水、峩和三縣。

當州。下，江源郡，領通軌、和利、谷利〔六一〕三縣。

悉州。下，歸誠郡，〔六二〕領左封、歸誠、〔六三〕識白〔六四〕三縣。

恭州。下，恭化郡，領和集、〔六五〕博恭、烈山三縣。

柘州。下，蓬山郡，領柘、喬珠二縣。〔六六〕

真州。〔六七〕下，昭德郡，領真符、雞川、昭德、昭遠四縣。

保州。下，保順郡，〔六八〕領定廉、歸順、雲山、安居四縣。

静州。下，〔六九〕静川郡，領悉唐、静居二縣。

夔州路

思州。下，寧夷郡，領務川、思王、思邛〔七〇〕三縣。

費州。下，涪川郡，領涪川、城樂、多田、〔七一〕扶陽四縣。

播州。下，播川郡，領遵義、帶水、芙蓉三縣。

夷州。下，〔七二〕義泉郡，領綏陽、都上、義泉、洋川、寧夷五縣。

牂州。下，牂柯郡，領建安、〔七三〕賓化、新興三縣。

西高州。下，夜郎郡，領夜郎、麗高、榮德、樂源四縣。〔七四〕

業州。下，〔七五〕龍溪郡，〔七六〕領峩山、渭溪、梓薑三縣。

充州。領梓潼、底水、思王、思渝四縣。

莊州。領石牛、南陽、輕水、多樂、樂安、石城、新安、賓化八縣。

琰州。領武侯、望仁、〔七七〕應江、始安、東南〔七八〕五縣。

廣南路

交州。安南大都護府，〔七九〕經略，領宋平、朱鳶、龍編、〔八〇〕交阯、平道、武平、南定七縣。

峯州。下都督，承化郡，〔八一〕領嘉寧、承化、〔八二〕新昌、高山、珠綠〔八三〕五縣。

瀼州。望，臨潭郡，〔八四〕領瀼江、波零、鵠山、〔八五〕宏遠四縣。

巖州。下，安樂郡，〔八六〕領常樂、恩封、〔八七〕高城、石巖四縣。

田州。下，橫山郡，領都救、惠佳、武龍、〔八八〕橫山、〔八九〕如賴五縣。

愛州。下，九真郡，領九真、安順、崇平、日南、無編、軍寧六縣。

驩州。下，日南郡，領九德、浦陽、越裳、懷驩〔九〇〕四縣。

陸州。下，玉山郡，領華清、烏雷、寧海三縣。

福禄州。下，福禄郡，領柔遠、唐林、福禄三縣。

長州。下，文陽郡，領文陽、銅蔡、長山、其常四縣。

粤州。下，〔九一〕龍水郡，領龍水、崖山、東璽、天河四縣。

湯州。下，温泉郡，領湯泉、〔九二〕緑水、羅韶三縣。

林州。下，〔九三〕林邑郡，領林邑、〔九四〕金龍、海界三縣。

景州。北景郡，領北景、〔九五〕由文、朱吾三縣。

環州。下，正平郡，領正平、福零、饒勉、思恩、龍源、武石、歌良、都蒙〔九六〕八縣。

平琴州。下，平琴郡，領容山、福陽、古符、懷義四縣。

演州。下，演水郡，領忠義、懷驩、龍池〔九七〕三縣。

山州。下，龍池郡，領龍池、盆山〔九八〕二縣。

武安州。下，武曲郡，領武安一縣。

古州。下，樂興郡，領樂山、〔九九〕古書、樂興三縣。

德化州。〔一〇〇〕領德化、歸義二縣。

郎茫州。〔一〇一〕領郎茫、古勇二縣。

琳州。下，懷遠軍，領多梅、古陽、歌良、多奉四縣；後建爲懷遠軍，隸宜州。熙寧八年省入龍水縣。

羈縻州〔一〇二〕

秋或伏余薄行童曲行俎渠辛領縣中下

荊湖路 中炎項佳赤中城見寰

上溪州。

下溪州。

忠彭州。

來化州。〔一〇三〕

南州。

誚州。

永順州。〔一〇四〕

溪寧州。

感化州。

溶州。〔一〇五〕

狭州。〔一〇六〕

溪藍州。

新府州。

順州。

保静州。〔一〇七〕

古州。

萬州。〔一〇八〕

費州。

遠州。

奉州。

襄州。

許賜州。

越州。

寧化州。

向化州。

歸明州。

新定州。

歸信州。

保安州。

順現州。

保富州。〔一〇九〕

安永州。

永州。〔一一〇〕

新化州。

遠富州。

新賜州。

已上北江。

懿州。本洽州，乾德三年改。

緜州。〔一一一〕

已上南江。

成都府路

羅嚴州。

索古州。

奉上州。〔二二〕

合欽州。

劇川州。

輒榮州。〔二三〕

蓬州。〔二四〕

柏坡州。

博盧州。〔二五〕

明川州。

胣皮州。〔二六〕

蓬矢州。

大渡州。〔二七〕

米川州。

大𨗬州。〔一一八〕

河東州。

諾筰州。〔一一九〕

甫嵐州。〔一二〇〕

昌明州。

歸化州。〔一二一〕

象川州。

叢夏州。

和良州。

和都州。

附木州。〔一二二〕

東川州。

上貴州。

滑川州。

北川州。〔一二三〕

吉川州。〔一二四〕

甫蕁州。〔一二五〕

比地州。〔一二六〕

蒼榮州。

野川州。

邛陳州。〔一二七〕

貴林州。

護川州。

牒綜州。〔一二八〕

浪彌州。〔一二九〕

郎郭州。〔一三〇〕

上欽州。

時蓬州。

儼馬州。

橛查州。〔一三一〕

邛川州。

護邛州。

腳川州。

開望州。

上蓬州。

比蓬州。〔一三二〕

剥重州。

久護州。

瑶劍州。

明昌州。

右五十四州隸黎州。

當馬州。

三井州。

來鋒州。〔一三三〕

名配州。

鉗苯州。〔一三四〕
斜恭州。〔一三五〕
盡重州。〔一三六〕
羅林州。
籠羊州。〔一三七〕
林波州。
林燒州。
龍蓬州。〔一三八〕
敢川州。
驚川州。
禍眉州。〔一三九〕
木燭州。
百坡州。
當品州。
嚴城州。〔一四〇〕

中川州。

鉗矣州。〔一四一〕

昌磊州。

鉗并州。

百頗州。〔一四二〕

會野州。

當仁州。

推梅州。

作重州。〔一四三〕

禍林州。〔一四四〕

金林州。

諾柞州。〔一四五〕

三恭州。

布嵐州。

欠馬州。

羅蓬州。〔一四六〕
論川州。
讓川州。〔一四七〕
遠南州。
卑廬州。〔一四八〕
夔龍州。〔一四九〕
耀川州。〔一五〇〕
金川州。
東嘉梁州。
西嘉梁州。
璫州。
直州。
時州。
塗州。

右四十四州隸雅州。〔一五一〕

達州。
飛州。
乾州。
可州。
向州。
居州。
右十州隸茂州。
保州。
霸州。
右二州隸威州。
梓州路
連州。
照州。
獻州。
南州。

洛州。
盈州。
德州。
爲州。
扶德州。
移州。
播朗州。
筠州。
武昌州。
志州。
已上在南廣溪洞。
商州。
馴州。
浪川州。〔一五三〕
騁州。

已上在馬湖江。〔一五三〕

協州。

切騎州。

靖州。

曲州。

哥靈州。

品州。

牁違州。〔一五四〕

碨衞州。

滈州。

從州。

播陵州。

鉗州。

已上在石門路。

右三十州隸戎州。

納州。

薛州。〔一五五〕

晏州。

鞏州。

奉州。

悦州。

思峩州。

長寧州。

能州。

淯州。

浙州。

定州。

宋州。〔一五六〕

順州。

藍州。

溱州。

高州。〔一五七〕

姚州。

右十八州隸瀘州。

夔州路

南寧州。

琬州。〔一五八〕

犍州。〔一五九〕

清州。

蔣州。〔一六〇〕

矩州。〔一六一〕

鸞州。

襲州。〔一六二〕

峩州。

邦州。

鶴州。〔一六三〕

勞州。

義州。〔一六四〕

福州。

儒州。〔一六五〕

令州。〔一六六〕

郝州。〔一六七〕

普寧州。

緣州。〔一六八〕

那州。〔一六九〕

鸞州。

絲州。〔一七〇〕

功州。

敷州。〔一七一〕

晃州。〔一七二〕

侯州。〔一七三〕

焚州。〔一七四〕

添州。

珫州。〔一七五〕

雙城州。〔一七六〕

訓州。

卿州。〔一七七〕

茂龍州。〔一七八〕

整州。

懸州。

樂善州。〔一七九〕

撫水州。〔一八〇〕

思元州。〔一八一〕

逸州。

恩州。〔一八二〕

南平州。
勳州。
姜州。
稜州。
鴻州。〔一八三〕
和武州。〔一八四〕
暉州。〔一八五〕
亮州。
鼓州。〔一八六〕

右四十九州隸黔州。〔一八七〕

溱州。下，溱溪郡，領榮懿、扶歡二縣。

右一州隸渝州。

廣南路 羈縻縣附。

籠州。扶南郡，領武勤、武禮、羅龍、扶南、龍賴、武江六縣。
忠州。

凍州。

江州。

萬承州。

思陵州。

左州。

思誠州。〔一八八〕

譚州。

渡州。

七源州。

西平州。

上思州。

禄州。

石西州。

思浪州。〔一八九〕

思同州。

安平州。本波州，皇祐元年改。

員州。〔一九〇〕

廣原州。〔一九一〕

勒州。〔一九二〕

南源州。

西農州。

萬厓州。

覆利州。

温弄州。

武黎縣。〔一九三〕

羅陽縣。〔一九四〕

陁陵縣。〔一九五〕

永康縣。〔一九六〕

已上左江。

武峩州。武峩郡，領武峩、武勞、武緣、梁縣四縣。

籠武州。〔一九七〕郡□領龍然、〔一九八〕福字〔一九九〕二縣。

思恩州。

鵝州。本監州，太平興國三年改。

思城州。〔二〇〇〕

勘州。

歸樂州。

倫州。

萬德州。〔二〇一〕

蕃州。

昆明州。

婪鳳州。

侯唐州。

歸恩州。

田州。

功饒州。

歸誠州。

龍川縣。〔三〇二〕

已上右江。

右四十三州五縣隸邕州。〔三〇三〕

樂善州。

右一州隸融州。

温泉州。領温泉、洛富二縣。

環州。領思恩、都亮二縣。〔三〇四〕

鎮寧州。領福零、禮丹二縣。

思順州。領安寧、欽化、巖栖〔三〇五〕三縣。

蕃州。領蕃水、都伊、思寮三縣。

文州。領思陽、芝山、都黎三縣。

金城州。領金城、河池、〔三〇六〕寶安三縣。

蘭州。領都夷、阮平、如江三縣。

歸化州。領歸朝、洛回、洛都、洛巍四縣。

述昆州。領夷蒙、夷水、古桂、〔二〇七〕臨山、都隴〔二〇八〕五縣。

智州。領英羅、〔二〇九〕富力、〔二一〇〕智本、蘭江、平林五縣。

安化州。領撫水、景水、多逢、古勞四縣。本撫水州，天禧元年改。

南丹州。

右一十三州隸宜州。

校勘記

〔一〕省廢州軍化外州羈縻州　此底本原闕，依志例卷首應有目録，今據影宋鈔本補。

〔二〕二年　馮校：「案本志襄州下『二年』作『三年』。」今按：此「二年」是，參見本志卷一校記〔九四〕。

〔三〕省乾德縣爲鎮隸襄州　馮校：「案本志襄州各縣俱無乾德鎮，疑當仍入穀城下也。」今按：宋會要方域五之一九光化軍：「熙寧五年軍廢爲光化縣，省乾德縣，隸襄州。」又同書方域一二之一七：「襄陽府光化縣乾德鎮，熙寧五年廢光化軍，以縣爲鎮。」據此，省乾德縣爲鎮，入於光化縣，馮説誤。

〔四〕建隆元年以真定府孃子關建爲軍　「爲」，馮注：「江本無此字。」今按：影宋鈔本、吴本、盧本、周本俱有此字。

〔五〕淳化中以鳳翔府崇信縣隸州　「府」，馮注：「浙本無此字。」今按：影宋鈔本、吴本、盧本、周本俱有「府」字。宋會要方域五之四二儀州：「淳化中以鳳翔府崇信縣來隸。」浙本誤。

〔六〕綏州　馮校：「案通鑑卷二百六十七注引志文『綏州西至夏州四百里』，今檢各本綏州及夏州下皆無其文，疑今本或有未備也。」

〔七〕下上郡　馮注：浙本作「上下郡」。今按：影宋鈔本、吴本、周本俱作「下上郡」。新唐書卷三七地理志：「綏州上郡，下。」浙本誤。

〔八〕龍泉　「龍」，底本作「隴」。影宋鈔本作「龍」，舊唐書卷三八地理志、新唐書卷三七地理志、太平寰宇記卷三八綏州、輿地廣記卷一四綏德軍同，此「隴」乃「龍」字之誤，今據改。

〔九〕太平興國六年廢州　「州」，馮注：「浙本無此字。」今按：影宋鈔本、盧本、周本俱有「州」字。宋會要方域六之八沁州：「太平興國六年廢州。」浙本誤。

〔一〇〕緜上縣隸大通監　底本原作「置緜上縣大通監等地」。馮校：「案此語不可通。據本志太原府文當云『緜上縣隸大通監』。」今按：盧本作「置緜上縣隸大通監」，無「等地」字。宋會要方域六之八：「沁州，陽城郡，軍事，領縣三。太平興國六年廢州，以和川縣隸晉州，沁源縣隸威勝軍，綿上縣隸大通監。」則此處「置」與「等地」三字爲衍文，又脱「隸」字，馮説是，據删補。

〔一一〕建隆二年以太原府晉陽縣建軍太平興國四年廢爲平晉縣　馮校：「案本志太原府下『二年』作『四年』，此誤。又考宋史乾德元年（即建隆四年，是年十一月改元）八月『以樂平縣爲平晉軍』，蓋晉陽爲北漢所都，當太祖時無緣即其地建軍，疑平晉軍當建於樂平縣。然平晉於太平興國四年廢軍爲縣，而樂平縣卽於是年自并州改隸平定軍，豈平晉軍初自建於樂平，而樂平之爲縣者如故歟。」又云：「案前據宋史謂平晉軍疑初建于樂平縣，而不當在晉陽。今考晉陽縣爲秦漢以來太原郡治。太平寰宇記云：皇朝平僞漢，其太原城中晉陽、太原二縣並廢毁爲平定縣。方輿紀要太原縣晉城：在縣東北二十里（今太原縣在府西南四十五里），宋平河東，毁舊城，置新城於此，曰平晉軍，雍熙二年改爲平晉縣。然則平晉建軍自當本在樂平，至既平河東，乃徙軍晉陽耳。又平晉之廢軍爲縣，寰宇記第云太平興國四年改晉陽爲平晉縣，而不言平晉曾置爲軍，然要在太平興國中，方輿紀要云雍熙二年，當別有據。」今按：本志卷四太原府：「建隆四年以晉陽縣爲平晉軍」，並以晉陽縣建爲平晉軍。然宋史卷一太祖紀：乾德元年八月丁亥，「王全斌攻北漢樂平縣，降之。辛卯，以樂平縣爲平晉軍。」又云：「九月戊寅，北漢引契丹兵攻平晉，遣洺州防禦使郭進等救之。」則平晉軍建於樂平縣，與本志異。又續資治通鑑長編卷二〇太平興國四年五月：平北漢，「毁太原舊城，改爲平晉縣」。太平寰宇記卷四〇并州平晉縣：「皇朝平僞漢，其太原城中晉陽、太原二縣並廢爲平晉縣（馮氏誤引作『平定縣』）。」據此，平晉縣爲晉陽、太原二縣之改置，俱不載「平晉軍」。又讀史方輿紀要卷四〇太原府太原縣下作「晉平城」，馮氏誤引作「晉城」。

〔一三〕咸平二年升憲州静樂縣爲軍領縣一五年廢軍以静樂縣還舊隸　新唐書卷三九地理志、太平寰宇記卷四一俱記嵐州領有静樂縣。續資治通鑑長編卷四六咸平三年二月：「甲戌，置静樂軍，實嵐州静樂寨也。」皇宋十朝綱要卷三：「咸平三年以嵐州静樂縣北静樂寨置静樂軍。」同書卷又云：「咸平五年以静樂軍置憲州。」則此「咸平二年」當作「咸平三年」，「憲州」實爲「嵐州」之誤，「還舊隸」當作「隸憲州」。本志卷四嵐州下謂「咸平二年以静樂縣隸静樂軍」，其「二年」亦當作「三年」。

〔一三〕三年　馮校：「案本志揚州下『三年』作『二年』，宋史地理志亦作『二年』。」今按：宋會要方域六之一〇、輿地紀勝卷四四盱眙軍天長縣下引國朝會要亦作「二年」，又宋會要方域六之一八又作「三年」。

〔一四〕僞唐以杭州安國縣建衣錦軍　馮校：「案五代史記職方考杭州屬吴越，此云僞唐誤。」今按：宋史卷八八地理志臨安府臨安縣：「錢鏐改衣錦軍。」馮説是。

〔一五〕僞唐以常州江陰縣建軍　「江」，馮注：「浙本作『河』。」今按：影宋鈔本、吴本、盧本、周本俱作「江」。太平寰宇記卷九二江陰軍：「本江陰縣，僞唐昇元年中建爲軍。」浙本誤。

〔一六〕建隆三年改竟陵縣爲景陵　「竟」，底本作「晉」。太平寰宇記卷一四四復州景陵縣：「晉天福初改竟陵縣爲景陵縣。」輿地紀勝卷七六復州景陵縣下引國朝會要云：「建隆三年改竟陵爲景陵。」此「晉」爲「竟」字之誤，今據改。

〔一七〕寶元二年省沔陽縣入玉沙　「寶元二年」，底本作「開寶元年」。太平寰宇記卷一四四復州領有沔陽縣，則開寶、太平興國時，此縣仍存。輿地紀勝卷七六復州玉沙縣：「寶元二年廢沔陽縣來屬。」宋史卷八八地理志復州玉沙縣下同。此「開寶元年」爲「寶元二年」之誤，今據改。

〔一八〕周以鄂州漢陽地建軍「以」，馮注：「浙本作『朗』。」今按：盧本、周本俱作「以」。輿地紀勝卷七九漢陽軍：周世宗「以漢陽建軍」。浙本誤。

〔一九〕熙寧三年廢州　馮校：「案本志巴州下『三年』作『五年』，考文獻通考亦作『五年』，此誤。」今按：宋會要方域七之八、輿地紀勝卷一八七巴州難江縣下引國朝會要、宋史卷八九地理志巴州下俱作「五年」，馮説是。

〔二〇〕璧州「璧」，吴本作「壁」。續資治通鑑長編卷一一三、宋會要方域七之八、宋朝事實卷一九、太平寰宇記卷一四〇、輿地廣記卷三二、輿地紀勝卷一八七、宋史卷八九地理志、文獻通考卷三二一輿地考俱作「璧」。

〔二一〕始寧郡「始」，馮注：「浙本作『治』。」今按：影宋鈔本、吴本、盧本、周本俱作「始」。新唐書卷四〇地理志：「璧州始寧郡」，太平寰宇記卷一四〇璧州同。浙本誤。

〔二二〕四年　馮校：「案文獻通考『四年』作『五年』。」今按：太平寰宇記卷一四四巴州通江縣下所記同此。

〔二三〕至道二年以三泉縣建爲軍　馮校：「案『二』各本俱作『三』。考下文以三年廢軍，則此當是『二年』；再考三泉縣文，亦作『至道二年』。今據改。」今按：輿地紀勝卷一九一大安軍：「國朝會要云三泉縣至道二年建爲大安軍。」宋史卷八九地理志大安軍同，馮氏所改是。

〔二四〕思勤「思」，底本作「恩」。新唐書卷四三上地理志富州領有思勤縣，宋會要方域七之二二、太平寰宇記卷一六三、宋史卷九〇地理志昭州龍平縣下俱作「思勤」，此「恩」爲「思」字之誤，今據改。

〔二五〕開寶五年省止戈無虞賀水三縣入上林縣隸邕州　馮校：「案『止』各本俱作『上』，今據通典改。」又云：「案太平寰宇記澄州理上林縣，其并入邕州在開寶六年，其下即云當州復置，從其本部民之請也。考本志此處各州下俱有『廢州』字，獨當州無之。王安石正惠馬公神道碑云：咸平元年加澄州刺史，知秦州。是咸平初尚有澄州，或此州廢後復立，而後又廢與。又本志賓州下云：開寶五年廢州，『以嶺方縣隸邕州』，六年還隸，省琅邪、保城二縣入焉（宋史地理志省二縣亦在『五年』，而保城作『石城』，蓋字誤也）。端拱二年以邕州上林縣隸州』（邕州下語略同）。而文獻通考則云『開寶二年廢琅邪、保城二縣，廢澄州，以止戈、無虞、賀水三縣并入上林來屬』。宋史地理志又云賓州上林『開寶五年自邕州來屬，廢澄州止戈、賀水、無虞入焉』。語各異。又通考云『上林，本唐澄州三縣』。而前所列唐時爲州七十中並無澄州，殊不可曉。又宋端拱止二年，本志邕州、賓州下俱有『端拱三年』之文，亦疑字誤。」今按：新唐書卷四三上地理志澄州、宋會要方域七之二二、輿地紀勝卷一一五賓州俱作「止戈縣」，則作「上戈」固誤，馮說是。然太平寰宇記卷一六澄州下載「開寶六年併爲上林縣屬邕州，當年復置，從其本部民之請也。」並不載有「當州」，馮氏所引有誤。又上引宋會要方域、輿地紀勝俱載開寶五年廢澄州，文獻通考作「開寶二年」，乃誤。

宋會要方域澄州：「開寶五年廢州，省止戈、賀水、無虞三縣入上林縣。」依本志上文富州、巒州、潘州例，此「開寶五年」下當脱「廢州」二字。

〔二六〕博電「電」，馮注：「浙本作『雷』。」今按：影宋鈔本、吴本、周本俱作「電」，宋朝事實卷一九、輿地紀勝卷一二〇廉州石康縣下引國朝會要同，浙本誤。

〔二七〕常林「林」，馮注：「浙本作『州』。」今按：影宋鈔本、吴本、盧本、周本俱作「林」，新唐書卷四三上地理志繡州、宋會要方域七之一二同，浙本誤。

〔二八〕扶來 馮校：「案新唐書地理志作『萊』，通典、舊唐志作『桑』。」今按：吴本作「萊」。宋會要方域七之一七、太平寰宇記卷一六七容州下俱作「萊」。

〔二九〕武郎郡「郎」，馮注：「浙本作『朗』。」今按：影宋鈔本、吴本、盧本、周本俱作「郎」。新唐書卷四三上地理志「思唐州武郎郡」，太平寰宇記卷一五八龔州武郎縣：「廢思明州，舊名思唐州武郎郡。」浙本誤。

〔三〇〕唐 馮注：「浙本作『改』。」今按：影宋鈔本、吴本、盧本、周本俱作「唐」，新唐書卷四三上地理志有思唐州，浙本誤。

〔三一〕省平原縣入武郎縣隸龔州「郎」，馮注：「浙本作『朗』。」今按：影宋鈔本、吴本、盧本、周本俱作「郎」。太平寰宇記卷一五八武郎縣廢平原縣：「皇朝開寶五年併入武郎，屬龔州。」浙本誤。

〔三二〕領縣一 馮校：「案十國春秋地理表：楚溥州，晉開運三年文昭奏立溥州於全義縣，後改縣名曰德昌，並割桂州廣明、義寧二縣隸之。其語當有所本，則是溥州領縣三也，與此異。」今按：舊五代史卷一五〇郡縣志溥州：「晉開運三年三月升桂州全義縣爲州，仍改全義縣爲德昌縣，并割桂州臨川、廣明、義寧等三縣隸之。」吳氏十國春秋本此，然其有脱誤。

〔三三〕嚴州下脩德郡　馮校：「案『嚴』各本俱作『巖』。考唐嶺南道有嚴州，又有巖州，其巖州自爲長（本志作『安』，見後）樂郡，非此脩德郡之嚴州也，今改。又『脩德』，元和郡縣志、新唐書地理志俱作『循德』，舊唐志郡作『脩德』，而其屬縣又作『循德』，惟通典則郡縣俱作『脩德』。洪适曰：自東漢以來凡『盾』字皆作『循』，漢隸『循』、『脩』頗相近，只爭一畫。考三國志魏三少帝紀、蜀張嶷傳俱有郭脩，而費禕傳作『郭循』，三國志舊本凡書『循』者多從『脩』，後人又改『脩』爲『循』，而其實即『脩』字之誤也。」今按：影宋鈔本、吳本、盧本、周本俱作「嚴」，太平寰宇記卷一六五、輿地廣記卷三六、輿地紀勝卷一〇五象州下同，馮氏所改是。

〔三四〕開寶五年廢州　「五年」，宋會要方域七之二二同；本志卷九鬱林州下作「七年」，太平寰宇記卷一六五、輿地廣記卷三七、輿地紀勝卷一二一鬱林州下同。

〔三五〕省容山懷義撫康善牢四縣入鬱林州南流縣　馮校：「案通典、新唐書地理志『撫康』俱作『撫安』，『善牢』俱作『善勞』，惟太平寰宇記『撫』下作『康』，而『善勞』則作『勞』字。」今按：宋會要方域七之二二同此，輿地廣記卷三七鬱林州南流縣下作「撫康」、「善勞」，輿地紀勝卷一二一鬱林州南流縣下作「撫安」、「善牢」，又在廢黨州下作「撫康」、「善勞」。

〔三六〕開寶五年廢州　「五年」，宋會要方域七之二二同；本志卷九鬱林州下作「七年」，太平寰宇記卷一六五、輿地廣記卷三七、輿地紀勝卷一二一鬱林州下同。

〔三七〕招義郡　「招」，馮注：「浙本作『昭』。」今按：影宋鈔本、吴本、盧本、周本俱作「招」。新唐書卷四三上地理志「羅州招義郡」，太平寰宇記卷一六七化州下同，浙本誤。

〔三八〕隸化州　本志卷九化州下云：「唐辯州，皇朝太平興國五年改化州。」太平寰宇記卷一六七、宋史卷九〇地理志化州下同，則此「化州」當作「辯州」。

〔三九〕歸恩州唐宜州羈縻領邏遵　馮校：「案新唐書地理志『歸恩』俱作『歸思』，『邏』作『羅』。」今按：太平寰宇記卷一六八宜州下作「歸恩州」，「邏」亦作「羅」。輿地紀勝卷一二二宜州忻城縣下引國朝會要亦作「歸恩州」。

〔四〇〕都邦　馮校：「案『邦』各本俱作『并』，今據新唐書地理志改。」又馮注：「浙本作『拜』。」今按：影宋鈔本、盧本、周本俱作「邦」，太平寰宇記卷一六八宜州下同，則馮氏所改是，浙本誤。

〔四一〕潭峩　「峩」，馮注：「浙本作『莪』。」今按：影宋鈔本、吴本、盧本、周本俱作「峩」，新唐書卷四三上地理志、宋會要方域七之二四同，浙本誤。

〔四二〕唐義州　馮校：「案『義』各本俱作『儀』，今據通典改。」今按：影宋鈔本、吴本、盧本、周本俱作「義」，宋會要方域七之二三、太平寰宇記卷一六三南儀州下同，則馮氏所改是。

〔四三〕五年廢入竇州　「五」，馮注：「浙本作『三』。」今按：影宋鈔本、吴本、盧本、周本俱作「五」，宋會要方域七之二三、宋朝事實卷一九、輿地紀勝卷一〇九藤州岑溪縣下同，惟太平寰宇記卷一六三南儀州下又作「四年」。浙本當誤。

〔四四〕太平興國初改南儀州　「初」，影宋鈔本作「二年」，宋會要方域七之二三亦作「二年」。

〔四五〕范陽郡　馮注：「浙本無『范陽郡』字。」今按：影宋鈔本、盧本、周本俱有「范陽郡」三字，輿地廣記卷一二河北路化外州幽州下同，浙本誤。

〔四六〕馬城　「馬」，馮注：「浙本作『山』。」今按：影宋鈔本、吴本、盧本、周本俱作「馬」，輿地廣記卷一二河北路化外州平州下同，浙本誤。

〔四七〕下都督　新唐書卷三九地理志、輿地廣記卷一二河北路化外州營州俱作「上都督府」。

〔四八〕柳城一縣　「一」，馮注：「浙本作『二』。」今按：影宋鈔本、吴本、盧本、周本俱作「一」，輿地廣記卷一二河北路化外州營州下同，浙本誤。

〔四九〕燕州歸德郡領遼西一縣　此底本原闕。馮校：「錢本此（按指營州）條下尚有燕州一條，并分注『歸德郡，領遼西一縣』共十字。集梧案舊唐書地理志燕州：隋遼西郡，寄治於營州。武德元年改燕州總管府，貞觀元年廢都督府，開元二十五年移治所於幽州北桃谷山，天寶元年改歸德郡，乾元元年復爲燕州，舊領縣一。無實土。」今按：盧本與錢本同，太平寰宇記卷七一亦載：燕州歸德郡，領縣一：遼西。此脱，據補。又舊唐書卷三九地理志燕州下云：「無實土户。」馮氏引文脱「户」字。

〔五〇〕遼州下領來遠一縣　馮校：「案新唐書地理志威州：本遼州，貞觀元年更名；縣一，威化。舊唐志同。此仍作遼州，而縣名又不同，當再考。」今按：太平寰宇記卷七一亦作「遼州」、「威化」。

〔五一〕領陽師一縣　「陽師」，底本作「師陽」。馮校：「案新舊唐書地理志『師陽』俱作『陽師』，州初僑治營州之廢陽師鎮，故號師州。此作『師陽』誤。」今按：太平寰宇記卷七一師州亦作「陽師」，此「師陽」乃「陽師」之倒置，據改。

〔五二〕領來遠一縣　「來遠」，底本作「遠來」。馮校：「案新唐書地理志『遠來』作『來遠』，此誤倒。舊唐志又作『來逮』，蓋傳刻誤也。」今按：舊唐書卷三九地理志瑞州下作「來遠」，馮氏疏誤。太平寰宇記卷七一瑞州亦作「來遠」，此「遠來」乃「來遠」之倒置，據改。

〔五三〕領姑臧神鳥昌松嘉麟番和五縣　馮校：「案元和郡縣志：涼州神鳥縣，本漢鸞鳥縣。舊唐書地理志同，新唐志、太平寰宇記、通典、文獻通考與此並作『神鳥』。又元和志：天寶縣，本漢番禾縣，天寶中改爲天寶縣。新舊志並同。寰宇記云天寶縣至長慶中仍舊改爲番和，通考亦作『番禾』。知新舊志第襲元和志語而標縣作『天寶』非也；至通典固未及長慶之復爲番禾，亦云天寶中改爲天寶，而標縣反仍曰『番禾』，尤爲乖異。又『番禾』，各志俱作『番禾』，惟寰宇記與此並作『和』。」今按：天寶縣，原名番和縣，天寶三年改名，至長慶中仍改舊名番和縣。舊唐志、通典所載爲唐開元、天寶時政區，舊唐志標縣名天寶，是也，通典標縣名番禾，亦是也。至於新唐志仍標縣名爲天寶，當是唐長慶後又曾改番禾爲天寶。

〔五四〕開光　「光」，馮注：「浙本作『元』。」今按：影宋鈔本、吴本、盧本、周本俱作「光」，新唐書卷七三地理志、太平寰宇記卷三八銀州同，浙本誤。

〔五五〕下都督　新唐書卷三七地理志、輿地廣記卷一七陝西路化外州宥州俱作「上」州。

〔五六〕廣威　底本作「廣城」。馮校：「案新舊唐書地理志、太平寰宇記『廣城』俱作『廣威』，此誤。」今按：輿地廣記卷一六廓州領廣威縣，文獻通考卷三二二輿地考同，馮説是，據改。

〔五七〕下　舊唐書卷三八地理志、新唐書卷三七地理志會州並作「上」。

〔五八〕領晉山一縣　「山」，馮注：「浙本作『德』。」今按：影宋鈔本、吴本、盧本、周本俱作「山」。輿地廣記卷一九河東路化外州、文獻通考卷三一六輿地考儒州下俱作「縉山」，浙本作「德」誤，「縉」與此「晉」字異。

〔五九〕領嘉誠交川平康鹽泉四縣　「嘉誠」、「鹽泉」，底本作「喜城」、「鹽亭」。馮校：「錢本『喜城』作『嘉城』。集梧案舊唐書地理志：『隋改甘松爲嘉誠縣，屬同昌郡。』通典、文獻通考亦並作『嘉誠』，新唐志作『嘉城』，與太平寰宇記同，而此乃作『喜城』誤也。又舊唐志、通典、寰宇記松州領嘉誠、交川、平康，新唐志、通考於三縣外，又有鹽泉，然並無作『鹽亭』者，此亦誤。」今按：新唐書卷四二地理志、太平寰宇記卷八一松州並作「嘉誠」，馮氏引誤。又輿地廣記卷三〇成都府路化外州亦作「嘉誠」、「鹽泉」，馮説是，並據改。

〔六〇〕萬全　底本作「萬金」。馮校：「案新舊唐書地理志『萬金』作『萬全』。」今按：輿地廣記卷三二利州路化外州扶州下亦作「萬全」，此「金」乃「全」字之誤，據改。

〔六一〕和利谷利　馮校：「案元和郡縣志、新唐書地理志作『利和』、『谷和』，通典作『和利』、『谷和』，此與舊唐志同。」今按：太平寰宇記卷八一當州下同此，輿地廣記卷三〇成都府路化外州、文獻通考卷三二一輿地考當州下又同元和志、新唐志。

〔六二〕歸誠郡　「誠」，馮注：「浙本作『城』。」今按：影宋鈔本、吴本、盧本、周本俱作「誠」。新唐書卷四二「悉州歸誠郡」，太平寰宇記卷八一、輿地廣記卷三〇成都府路化外州悉州下同，浙本誤。

〔六三〕歸誠　「誠」，馮注：「浙本作『城』。」今按：影宋鈔本、吴本、盧本、周本俱作「誠」，舊唐書卷四一地理志、新唐書卷四二地理志、太平寰宇記卷八一、輿地廣記卷三〇成都府路化外州、文獻通考卷三二一輿地考悉州下同，浙本誤。

〔六四〕識臼　馮注：「浙本作『至台』。」馮校：「案『臼』各本俱作『白』，今據元和郡縣志改。」今按：舊唐書卷四一地理志、新唐書卷四二地理志、太平寰宇記卷八一、輿地廣記卷三〇成都府路化外州悉州下並作「識臼」，馮氏所改是，浙本誤。

〔六五〕和集　馮校：「案『和集』各本俱作『集和』，今據通典、元和郡縣志、新舊唐書地理志改。」今按：影宋鈔本、吴本、盧本、周本俱作「和集」，太平寰宇記卷八〇、輿地廣記卷三〇成都府路化外州、文獻通考卷三二一輿地考恭州下同，馮氏所改是。

〔六六〕領柘喬珠二縣　馮校：「案元本『喬』下衍『貫』字，今據通典删。」今按：影宋鈔本、盧本、周本俱無『貫』字，新唐書卷四二地理志、太平寰宇記卷八〇、輿地廣記卷三〇成都府路化外州柘州喬珠縣下同，馮氏所删是。

〔六七〕真州　馮校：「案各本俱作『直』，今據新舊唐書地理志改。」今按：影宋鈔本、吳本、盧本、周本俱作「真」，太平寰宇記卷八〇、輿地廣記卷三〇成都府路化外州同，馮氏所改是。

〔六八〕保順郡　舊唐書卷四一地理志、新唐書卷四二地理志、太平寰宇記卷八〇保州俱作「天保郡」。

〔六九〕下　此字底本原闕。新唐書卷四二地理志、輿地廣記卷三〇成都府路化外州静州俱作「下」，今據補。

〔七〇〕思邛　馮校：「案『思邛』，通典、舊唐書地理志作『思印』，元和郡縣志、新唐志與此同。」今按：舊唐書卷四〇地理志思州下作「思邛」，馮氏引誤。太平寰宇記卷一二二思州下亦作「思邛」，則通典作「思印」誤。

〔七一〕多田　「多田」，底本作「多思」。馮校：「案『多思』，通典、新舊唐書地理志俱作『多田』，元和郡縣志作『名田』。」今按：元和郡縣志卷三〇費州下作「多田」，馮氏引誤。太平寰宇記卷一二一、輿地廣記卷三三夔州路化外州費州下俱作「多田」，此「思」乃「田」字之誤，據改。

〔七二〕下　此字底本原闕。舊唐書卷四〇地理志、新唐書卷四一地理志、元和郡縣志卷三〇夷州下俱作「下」，今據補。

〔七三〕下牂柯郡領建安 「下」，底本原闕。新唐書卷四三下地理志牂州：初，牂爲下州，開元中降爲羈縻。此當闕「下」字，今據補。又「安」，馮注：「浙本作『寧』。」今按：影宋鈔本、吴本、盧本、周本俱作「安」。新唐書卷四三下地理志、太平寰宇記卷一二二牂州下俱領建安，浙本誤。

〔七四〕領夜郎麗高榮德樂源四縣 馮校：「案『麗高』，新唐書地理志作『麗皐』，『榮德』，通典、元和郡縣志、新舊唐志俱作『榮懿』。」今按：太平寰宇記卷一二二西高州下作「麗皐」、「榮德」，輿地廣記卷三三夔州路化外州西高州領榮德縣，麗高縣：「或作麗皐。」

〔七五〕下 此字底本原闕。舊唐書卷四〇地理志業州作「下」，新唐書卷四一、元和郡縣志卷三〇獎州（大曆五年改業州爲獎州）同，今據補。

〔七六〕龍溪郡 元和郡縣志卷三〇獎州、太平寰宇記卷一二二業州同，通典卷一八三州郡、舊唐書卷四〇地理志業州作「龍標郡」。

〔七七〕望仁 馮校：「案『望江』，元本訛『望仁』，今據新唐書地理志改。」今按：影宋鈔本、盧本、周本俱作「望江」，但吴本作「望仁」，太平寰宇記卷一二二琰州下亦作「望仁」，馮氏所改不妥，仍從原本。

〔七八〕東南 「東」，馮注：「浙本作『來』。」今按：影宋鈔本、盧本、周本俱作「東南」，新唐書卷四三下地理志琰州下同，太平寰宇記卷一二二琰州下又作「東安」，浙本當誤。

〔七九〕安南大都護府 馮注：都下「浙本有『督』字」。今按：影宋鈔本、吴本、盧本、周本俱無「督」字，輿地廣記卷三八廣南路化外州亦有「督」字。元和郡縣志卷三八交州：武德四年爲交州總管府，永徽二年改爲安南都督府，至德二年改爲鎮南都護府，大曆三年改爲安南都護府。則當無「督」字。

〔八〇〕龍編　「編」，馮注：「江浙本俱作『偏』。」今按：影宋鈔本、吴本、盧本、周本俱作「編」，太平寰宇記卷一七〇交州、輿地廣記卷三八廣南路化外州安南大都護府同，江浙本誤。

〔八一〕承化郡　「承」，馮注：「浙本作『永』。」今按：影宋鈔本、吴本、盧本、周本俱作「承」。太平寰宇記卷一七〇：「峯州承化郡」，輿地廣記卷三八廣南路化外州峯州同，浙本誤。

〔八二〕承化　「承」，馮注：「浙本作『永』。」今按：影宋鈔本、吴本、盧本、周本俱作「承」，太平寰宇記卷一七〇、輿地廣記卷三八廣南路化外州峯州下同，浙本誤。

〔八三〕珠緑　「緑」，馮注：「浙本作『緣』。」今按：影宋鈔本、吴本、盧本、周本俱作「緑」，太平寰宇記卷一七〇、輿地廣記卷三八廣南路化外州峯州下同，浙本誤。

〔八四〕臨潭郡　「潭」，馮注：「浙本作『漳』。」今按：影宋鈔本、吴本、盧本、周本俱作「潭」。太平寰宇記卷一六七「瀼州臨潭郡」，輿地廣記卷三八廣南路化外州瀼州同，浙本誤。

〔八五〕瀼江波零鵲山　「瀼」、「鵲」，馮注：浙本作「臨」、「鴟」。馮校：「案『瀼江』，通典、舊唐書地理志作『臨江』，新唐志與此同。『鵲山』，則通典、新舊唐志俱作『鴟山』。」今按：影宋鈔本、吴本、盧本、周本俱作「瀼江」，影宋鈔本、吴本、周本俱作「鵲山」，盧本作「鴟山」。太平寰宇記卷一六七瀼州作

「臨江」、「鵠山」，輿地廣記卷三八廣南路化外州、文獻通考卷三二三輿地考作「瀼江」、「鵠山」。

〔八六〕安樂郡 馮校：「案『安樂』，新唐書地理志作『長樂』，文獻通考作『常樂』，通典、舊唐志與此同。」今按：舊唐書卷四一地理志巖州：「天寶元年改爲安樂郡，至德二年改爲常樂郡。」新唐書卷四三上地理志巖州常樂郡下同，則唐至德後名常樂郡，此應作「常樂郡」。

〔八七〕恩封 「恩」，馮注：「浙本作『思』。」今按：影宋鈔本、吴本、盧本、周本俱作「恩」，新唐書卷四三上地理志、輿地廣記卷三八廣南路化外州、文獻通考卷三二三輿地考巖州下同，舊唐書卷四一地理志巖州下又同浙本。

〔八八〕惠佳武龍 馮校：「案『惠佳』，舊唐書地理志作『惠性』，文獻通考作『惠往』，通典、新唐志與此同。『武龍』，舊唐志作『武籠』。」今按：舊唐書卷四一地理志田州下作「惠佳」，馮氏引誤。又太平寰宇記卷一六六田州下作「惠往」、「武籠」。輿地廣記卷三八廣南路化外州田州下同此。作「惠往」者蓋誤。

〔八九〕横山 「山」，馮注：「浙本作『川』。」今按：影宋鈔本、吴本、盧本、周本俱作「山」，太平寰宇記卷一六六、輿地廣記卷三八廣南路化外州田州下同，浙本誤。

〔九〇〕懷驩 「懷」，馮注：「浙本作『褱』。」「驩」，底本作「懽」。今按：影宋鈔本、吴本、盧本、周本俱作「懷懽」。舊唐書卷四一地理志、新唐書卷四三上地理志、通典卷一八四州郡、太平寰宇記卷一七一、輿地廣記卷三八廣南路化外州、文獻通考卷三二三輿地考驩州下俱作「懷驩」，則浙本誤，

「懽」當爲「驩」字之誤，據改。

〔九一〕下　此字底本原闕。舊唐書卷四一地理志粤州、新唐書卷四三上地理志宜州（乾封中改粤州爲宜州）俱作「下」，今據補。

〔九二〕湯州下温泉郡領湯泉　「湯州」、「湯泉」，底本作「温州」、「温泉」。新唐書卷四三上地理志、通典卷一八四州郡、文獻通考卷三二二輿地考俱作「湯州」、「湯泉郡」、「湯泉縣」，舊唐書卷四一、太平寰宇記卷一七一作「湯州」、「温泉郡」、「湯泉縣」，輿地廣記卷三八廣南路化外州作「湯州」、「湯泉縣」，則此「温州」、「温泉」爲「湯州」、「湯泉」之誤，今據改。

〔九三〕下　此字底本原闕。今據影宋鈔本補。

〔九四〕林邑　「邑」，馮注：「浙本作『州』。」今按：影宋鈔本、吴本、盧本、周本俱作「邑」，舊唐書卷四一地理志、太平寰宇記卷一七一林州下同，浙本誤。

〔九五〕北景郡領北景　太平寰宇記卷一七二景州下同。舊唐書卷四一地理志景州：「隋比景郡」，領有北景縣。新唐書卷四三上地理志驩州越裳縣、文獻通考卷三二三輿地考景州下俱作「比景郡」、「比景縣」。

〔九六〕武石歌良都蒙　「歌良」，底本作「義良」。馮注：浙本作「歌良」。又「都蒙」，馮注：浙本作「苟蒙」。馮校：「案『武石』，通典作『武名』；『義良』，通典、新舊唐書地理志俱作『歌良』；『都蒙』，通典、舊唐志俱作『蒙都』，新唐志與此同。」今按：影宋鈔本、吴本、周本俱作「都蒙」。太平寰宇記卷一七一環州作「武石」、「歌良」、「蒙都」，文獻通考卷三二三輿地考環州作「武名」、「歌良」、「蒙都」。此「義良」爲「歌良」之誤，據改。浙本作「苟蒙」誤。

〔九七〕龍池「池」，馮注：「浙本作『海』。」今按：影宋鈔本、吴本、盧本、周本俱作「池」，新唐書卷四三上地理志、輿地廣記卷三八廣南路化外州演州下同，浙本誤。

〔九八〕盆山「盆」，馮注：「浙本作『岔』。」今按：影宋鈔本、盧本、周本俱作「盆」，舊唐書卷四一地理志、太平寰宇記卷一六六山州下同，浙本誤。

〔九九〕樂興郡領樂山「興」、「山」，馮注：浙本俱作「古」。馮校：「案『樂興』、『樂山』，通典俱作『樂古』，新唐書地理志與此同。」今按：影宋鈔本、吴本、周本俱作「樂興」，又影宋鈔本、吴本、盧本、周本俱作「樂山」。舊唐書卷四一地理志郡作「樂古」，太平寰宇記卷一六七古州下郡縣俱作「樂古」，文獻通考卷三二三輿地考古州縣同此。

〔一〇〇〕德化州「州」下，影宋鈔本有「下」字。

〔一〇一〕郎茫州「州」下，影宋鈔本有「下」字。

〔一〇二〕羈縻州馮校：「案此提行下『秋或』云云共十六字，並下荆湖路下『中炎』云云共九字，俱似有脱誤，當再考。」又云：「錢本此兩條分注共二十五字俱無之。」今按：「秋」，影宋鈔本作「狄」。此不可釋，當誤。

〔一〇三〕來化州「來」，馮注：「江浙本俱無此字。」今按：影宋鈔本、盧本俱有「來」字，武經總要前集卷二〇同，蓋江浙本誤。

〔一〇四〕永順州　「永」，馮注：「江浙本俱作『衣』。」今按：影宋鈔本、盧本俱作「永」，武經總要前集卷二〇同，蓋江浙本誤。

〔一〇五〕溶州　「溶」，馮注：「江浙本俱作『洛』。」今按：影宋鈔本、盧本俱作「溶」，武經總要前集卷二〇同，蓋江浙本誤。

〔一〇六〕狭州　武經總要前集卷二〇作「狹州」，注稱「慶曆中改爲賜州」。

〔一〇七〕保静州　武經總要前集卷二〇列有「保信州」，而無「保静州」。

〔一〇八〕萬州　「萬」，馮注：「江浙本俱作『万』。」今按：影宋鈔本、盧本俱作「萬」，武經總要前集卷二〇同，「万」同「萬」。

〔一〇九〕保富州　武經總要前集卷二〇列有「保福州」，而無「保富州」。

〔一一〇〕安永州永州　武經總要前集卷二〇列有「永安州」，而無「安永州」、「永州」。

〔一一一〕緜州　武經總要前集卷二〇列有「錦州」，而無「緜州」。本志卷七沅州下云：「西北至羈縻錦州四百里。」疑此「緜」或「錦」字之誤。

〔一一二〕奉上州　馮校：「案舊唐書地理志、太平寰宇記『奉』俱作『秦』，新唐志與此同。」今按：影宋鈔本、吴本、盧本俱作「秦」，武經總要前集卷一九、宋史卷八九地理志黎州下同。

〔一一三〕軓棨州　「棨」，底本作「綮」。馮注：「江浙本俱作『棨』。」今按：吴本作「棨」，舊唐書卷四一地理志、新唐書卷四三下地理志、太平寰宇記卷七七、宋史卷八九地理志黎州下同，此「縈」乃「榮」字之誤，據改。

〔一一四〕蓬州　馮校：「案太平寰宇記『蓬』上有『下』字，新唐書地理志『蓬』下有『口』字，舊唐志與此同。」今按：武經總要前集卷一九同此，宋史卷八九地理志黎州亦作「蓬口州」。

〔一一五〕博盧州　馮校：「案太平寰宇記『博』作『傳』。」今按：太平寰宇記卷七七黎州下作「傳」，馮氏引誤。舊唐書卷四一地理志、新唐書卷四三下地理志、武經總要前集卷一九、宋史卷八九地理志黎州下俱同此，則太平寰宇記作「傳」誤。

〔一一六〕胣朘州　「胣」，底本作「胞」。馮注：「江浙本俱作『胣』。」今按：吳本、周本俱作「胣」，舊唐書卷四一地理志、新唐書卷四三下地理志、太平寰宇記卷七七、宋史卷八九地理志黎州下俱同，則此「胞」乃「胣」字之誤，據改。

〔一一七〕大渡州　「渡」，馮注：「江浙本俱作『復』。」今按：影宋鈔本、盧本俱作「渡」，舊唐書卷四一地理志、新唐書卷四三下地理志、太平寰宇記卷七七、武經總要前集卷一九、宋史卷八九地理志黎州下俱同，江浙本誤。

〔一一八〕大屬州　馮校：「案新舊唐書地理志、太平寰宇記『大』俱作『木』。」今按：宋史卷八九地理志黎州下亦作「木屬州」，武經總要前集卷一九同此。

〔一一九〕諾筰州　「筰」，舊唐書卷四一地理志、太平寰宇記卷七七作「莋」，新唐書卷四三下地理志作

「柞」，武經總要前集卷一九又作「秨」，宋史卷八九地理志黎州下同此。

〔一二〇〕甫嵐州　「甫」，馮注：「浙本作『南』。」今按：影宋鈔本、盧本、周本俱作「甫」，舊唐書卷四一地理志、新唐書卷四三下地理志、太平寰宇記卷七七、武經總要前集卷一九、宋史卷八九地理志黎州下俱同，浙本誤。

〔一二一〕歸化州　馮校：「案太平寰宇記『歸』作『德』。」今按：太平寰宇記卷七七作「歸化州」，馮氏疏誤。

〔一二二〕附木州　馮校：「案舊新唐書地理志、太平寰宇記『木』俱作『樹』。」今按：武經總要前集卷一九亦作「樹」，宋史卷八九地理志黎州下同此。

〔一二三〕北川州　「北」，太平寰宇記卷七七、武經總要前集卷一九、宋史卷八九地理志黎州下同，舊唐書卷四一地理志、新唐書卷四三下地理志均作「比」。

〔一二四〕吉川州　馮校：「案太平寰宇記『吉』作『古』。」今按：舊唐書卷四一地理志、新唐書卷四三下地理志、武經總要前集卷一九、宋史卷八九地理志黎州下俱作「吉」，太平寰宇記當誤。

〔一二五〕甫蕁州　「蕁」，底本作「蔘」。馮注：「江本作『嵾』，浙本作『篸』。」馮校：「案舊新唐書地理志、太平寰宇記俱作『甫蕁州』。」今按：舊唐書卷四一地理志作「甫葉州」，馮氏疏誤。宋史卷八九地理志黎州下亦作「甫蕁州」，此「蔘」爲「蕁」字之誤，據改。江浙本誤。

〔一二六〕比地州　「比」，馮注：「江浙本俱作『北』。」今按：影宋鈔本、吴本、盧本、周本俱作「比」，舊唐書卷四一地理志、新唐書卷四三下地理志同，太平寰宇記卷七七、武經總要前集卷一九、宋史卷八九地理志黎州下俱作「北」。

〔一二七〕邛陳州　馮校：「錢本『邛』作『卭』，下邛川州、護邛州之『邛』並同。」今按：影宋鈔本、盧本、周本俱作「卭」，惟吴本作「邛」，下邛川州、護邛州之「邛」均同。舊唐書卷四一地理志、太平寰宇記卷七七、武經總要前集卷一九、宋史卷八九地理志黎州下俱書「邛陳州」、「邛川州」、「護邛州」，新唐書卷四三下地理志作「邛凍州」，其它二州並同，則作「卭」字者誤。

〔一二八〕牒綜州　馮校：「案舊新唐書地理志、太平寰宇記『綜』俱作『琮』。」今按：新唐書卷四三下地理志作「珍」，與馮氏所見本異，武經總要前集卷一九同此，宋史卷八九地理志黎州下亦作「琮」。

〔一二九〕浪彌州　「彌」，底本作「獮」。馮校：案舊新唐書地理志、太平寰宇記「獮」俱作「彌」。今按：宋史卷八九地理志黎州下作「彌」。此「獮」當爲「彌」字之誤，據改。

〔一三〇〕郎郭州　馮校：「案太平寰宇記『郭』作『廓』。」今按：太平寰宇記卷七七作「郭」，馮氏疏誤。

〔一三一〕橛查州　「查」，底本作「杳」。馮注：「江浙本俱作『㒧查』。」馮校：「案舊唐書地理志、太平寰宇記俱作『橛查州』。」今按：吴本作「橛查」，周本作「㒧查」。新唐書卷四三下作「橛查州」，宋史卷八九地理志黎州下同，則作「㒧」字者誤，此「杳」乃「查」字之誤，據改。

〔一三二〕比蓬州　「比」，馮注：「江浙本俱作『北』。」今按：影宋鈔本作「比」，舊唐書卷四一地理志、新唐書卷四三下地理志、太平寰宇記卷七七、宋史卷八九地理志黎州下同；吴本、盧本、周本俱作

「北」，武經總要前集卷一九同。

〔一三三〕來鋒州　馮校：「案新唐書地理志『來』作『東』，太平寰宇記又作『東』。」今按：太平寰宇記卷七七作「東鋒州」，武經總要前集卷一九、輿地紀勝卷一四七、宋史卷八九地理志雅州下俱同此。

〔一三四〕鉗苯州　馮校：「錢本『苯』作『奉』。」又云：「案新唐書地理志作『鉗恭州』，太平寰宇記作『甘恭州』。」今按：影宋鈔本、吴本、周本俱作「苯」。輿地紀勝卷一四七雅州下作「鉗恭州」，宋史卷八九地理志雅州下作「鉗泰州」，而武經總要前集卷一九又作「鉼苯州」，其「鉼」顯爲「鉗」字之誤。錢本作「奉」誤。

〔一三五〕斜恭州　馮校：「錢本『斜』作『斜』。」今按：影宋鈔本、吴本、盧本、周本俱作「斜」，新唐書卷四三下地理志、太平寰宇記卷七七、輿地紀勝卷一四七雅州下同，錢本誤。

〔一三六〕盡重州　馮校：「案新唐書地理志、太平寰宇記『盡』俱作『晝』。」今按：影宋鈔本、盧本作「晝」。太平寰宇記卷七七作「盡」，馮氏疏誤。武經總要前集卷一九、輿地紀勝卷一四七、宋史卷八九地理志雅州下俱作「晝重州」。

〔一三七〕籠羊州　「羊」，底本作「單」。馮注：「江浙本俱作『羊』。」馮校：「案新唐書地理志作『籠羊州』，太平寰宇記作『龍羊州』。」今按：吴本、周本俱作「羊」。武經總要前集卷一九作「龍羊州」，輿地紀勝卷一四七、宋史卷八九地理志雅州下俱作「籠羊州」。此「單」乃「羊」字之誤，據改。

〔一三八〕龍蓬州　「蓬」，底本作「蓮」。馮注：「江浙本俱作『蓬』。」馮校：「案新唐書地理志『蓮』作『逢』。」今按：吴本作「蓬」，周本作「逢」。太平寰宇記卷七七、武經總要前集卷一九、輿地紀勝卷一四七、宋史卷八九地理志雅州下俱作「龍蓬州」。此「蓮」乃「蓬」字之誤，據改。

〔一三九〕禍眉州　馮校：「案新唐書地理志『禍』作『楇』。」今按：太平寰宇記卷七七、武經總要前集卷一九、宋史卷八九地理志雅州下俱作「禍」，輿地紀勝卷一四七雅州下又作「蝸」。

〔一四〇〕嚴城州　「城」，底本作「坡」。馮注：「江浙本俱作『城』。」今按：吴本作「城」，周本作「成」。新唐書卷四三下地理志、太平寰宇記卷七七、武經總要前集卷一九、輿地紀勝卷一四七、宋史卷八九地理志雅州下俱作「嚴城州」。此「坡」乃「城」字之誤，據改。

〔一四一〕鉗矣州　馮校：「案舊新唐書地理志『矣』作『矢』。」今按：太平寰宇記卷七七、輿地紀勝卷一四七、宋史卷八九地理志雅州下俱作「鉗矣州」。

〔一四二〕百頗州　馮校：「案太平寰宇記『頗』作『頻』。」今按：輿地紀勝卷一四七、宋史卷八九地理志雅州下俱作「百頗州」。

〔一四三〕作重州　馮校：「案新唐書地理志『作』作『木』。」今按：新唐書卷四三下地理志書「作重州」，馮氏疏誤。

〔一四四〕禍林州　「禍」，底本作「福」。馮校：「新地志『福』作『楇』，太平寰宇記又作『禍』。」今按：影宋鈔本、吴本俱作「禍」。武經總要前集卷一九、輿地紀勝卷一四七、宋史卷八九地理志俱作「禍林州」。此「福」乃「禍」字之誤，據改。

〔一四五〕諸柞州　馮校：「案太平寰宇記『柞』作『祚』。」今按：影宋鈔本、吴本俱作「祚」。太平寰宇記卷七七作「莋」，馮氏引誤。武經總要前集卷一九作「莋」，宋史卷八九地理志雅州下作「祚」。

〔一四六〕羅蓬州　馮注：「江浙本俱無此州。」馮校：「案太平寰宇記『蓬』作『逢』。」今按：影宋鈔本、盧本俱有「羅蓬州」，太平寰宇記卷七七、武經總要前集卷一九、輿地紀勝卷一四七、宋史卷八九地理志雅州下皆同，則江浙本誤，馮氏亦引誤。

〔一四七〕讓川州　此州底本原脱。影宋鈔本遠南州前列有「讓川州」，盧本列「讓川州」於遠南州之後。新唐書卷四三下地理志遠南州之前亦有「讓川州」，太平寰宇記卷七七、武經總要前集卷一九、輿地紀勝卷一四七、宋史卷八九地理志雅州下俱同。志下云「右四十四州隷雅州」，此與下夔龍州合已列四十二州，恰爲四十四州，正爲底本所脱，今據補，從影宋鈔本載列。

〔一四八〕卑廬州　馮校：「案太平寰宇記『廬』作『盧』。」今按：新唐書卷四三下地理志作「廬」，武經總要前集卷一九、輿地紀勝卷一四七、宋史卷八九地理志雅州下作「盧」。

〔一四九〕夔龍州　此州底本原脱。馮校：「錢本此條（按指卑廬州）下尚有『夔龍州』一條。」集梧按新唐書地理志卑廬州下亦有夔龍州，此下云『右四十四州』，則正脱此州也。」今按：影宋鈔本、盧本卑廬州下列有「夔龍州」，太平寰宇記卷七七、武經總要前集卷一九、輿地紀勝卷一四七、宋史卷八九地理志雅州下俱同。此與上文讓川州合已列四十二州，恰爲四十四州，正爲底本所脱，據補。若除去上讓川州，則夔龍州與所列四十二州，實爲四十三州，不合志文「四十四州」記載，馮氏失檢。

〔一五〇〕輝川州　「輝」，馮注：「江浙本俱作『耀』。」今按：吴本、周本亦作「耀」，新唐書卷四三下地理志、太平寰宇記卷七七、武經總要前集卷一九、輿地紀勝卷一四七雅州下俱同。宋史卷八九地理志雅州下同此。

〔一五一〕右四十四州隸雅州　「四十四」，馮注：「江本作『四十二』。」馮校：「案此實得四十三州，若據别本除去羅蓬州，則與所云四十二州者乃正合也。」今按：此前所列州名脱「讓川」、「夔龍」二州，合已列四十二州，恰爲「四十四州」，江本無「讓川」、「夔龍」二州，故云「四十二」。

〔一五二〕浪川州　馮校：「案太平寰宇記無『川』字。」今按：新唐書卷四三下地理志、武經總要前集卷一九、宋史卷八九地理志敍州下俱有「川」字。

〔一五三〕已上在馬湖江　「馬」，馮注：「江本作『馮』。」今按：影宋鈔本、吴本、盧本、周本俱作「馬」，太平寰宇記卷七九戎州、宋史卷八九地理志敍州下同，江本誤。

〔一五四〕牁違州　馮校：「案新唐書地理志『違』作『連』，太平寰宇記『牁』作『柯』。」今按：太平寰宇記卷七九作「牁」，馮氏疏誤。武經總要前集卷一九作「柯連州」，宋史卷八九地理志敍州下作「牁違州」。

〔一五五〕薛州　馮校：「案新唐書地理志、太平寰宇記『薛』作『薩』，舊唐志與此同。」今按：武經總要前集卷一九、宋史卷八九地理志瀘州下俱作「薛」。

〔一五六〕宋州　「宋」，底本作「朱」。馮校：「案新唐書地理志、太平寰宇記『朱』作『宋』。」今按：武經總要前集卷一九、宋史卷八九地理志瀘州下俱作「宋」。此「朱」乃「宋」字之誤，據改。

〔一五七〕高州　底本作「高定州」。馮校：「案新唐書地理志、太平寰宇記此路俱有『高州』，無『高定州』。」今按：吳本作「高州」，武經總要前集卷一九、宋史卷八九地理志瀘州下俱同，此「定」乃衍文，據刪。

〔一五八〕琬州　馮校：「案舊新唐書地理志、太平寰宇記皆有『琰州』，無『琬州』，本志列琰州於夔州路下，疑此爲别置歟。」今按：武經總要前集卷一九、輿地紀勝卷一七六黔州俱列有此州。

〔一五九〕犍州　「犍」，底本作「揵」。馮注：「浙本作『犍』。」馮校：「案舊唐書作『建』，新唐書作『揵』。」今按：吳本作「犍」，新唐書卷四三下地理志、太平寰宇記卷一二〇、輿地紀勝卷一七六黔州、宋史卷八九地理志紹慶府（南宋紹定元年升黔州爲紹慶府）俱同，則此「揵」爲「犍」字之誤，據改。馮氏引誤。

〔一六〇〕蔣州　馮校：「案舊新唐書地理志、太平寰宇記此路俱有『莊州』，無『蔣州』，此當誤。」今按：武經總要前集卷一九既有莊州，亦有蔣州，宋史卷八九地理志紹慶府下亦有此州，馮説非。

〔一六一〕矩州　「矩」，底本作「短」。馮校：案舊新唐書地理志、太平寰宇記此路俱有「矩州」，無「短州」，此當誤。今按：武經總要前集卷一九、輿地紀勝卷一七六黔州俱作「矩州」，此「短」乃「矩」字之誤，據改。

〔一六二〕 襲州 「襲」，底本作「龔」。馮校：「案新唐書地理志、太平寰宇記『龔』俱作『襲』。」今按：影宋鈔本作「襲」，宋史卷八九地理志紹慶府下同，則此「龔」爲「襲」字之誤，據改。

〔一六三〕 鶴州 馮校：「案舊新唐書皆無之，新書有『蔦州』，字形似近。」今按：太平寰宇記卷一二〇、輿地紀勝卷一七六黔州、宋史卷八九地理志紹慶府下俱有「鶴州」，本志是。

〔一六四〕 義州 馮校：「案舊新唐書地理志、太平寰宇記『義』俱作『羲』。」今按：輿地紀勝卷一七六黔州、宋史卷八九地理志紹慶府下俱作「義州」。

〔一六五〕 儒州 馮校：「案新唐書作『濡』。」今按：舊唐書卷四〇地理志、太平寰宇記卷一二〇、輿地紀勝卷一七六黔州、宋史卷八九地理志紹慶府下俱作「儒州」，本志是。

〔一六六〕 令州 「令」，底本作「今」。馮注：「浙本作『令』。」馮校：「案舊新唐書俱作『令』。」今按：影宋鈔本、吴本、盧本俱作「令」，太平寰宇記卷一二〇、輿地紀勝卷一七六黔州、宋史卷八九地理志紹慶府下俱同，此「今」爲「令」字之誤，據改。

〔一六七〕 郝州 馮校：「案新唐書地理志『郝』作『都』。」今按：舊唐書卷四〇地理志、太平寰宇記卷一二〇、輿地紀勝卷一七六黔州、宋史卷八九地理志紹慶府下俱作「郝州」，本志是。

〔一六八〕 緣州 馮校：「案舊新唐書地理志、太平寰宇記『緣』俱作『總』，此疑誤。」今按：輿地紀勝卷一七六黔州、宋史卷八九地理志紹慶府下俱作「緣州」，馮説非。

〔一六九〕那州　「那」，馮注：「江浙本俱作『郡』。」今按：盧本作「那」，舊唐書卷四〇地理志、新唐書卷四三下地理志黔州、宋史卷八九地理志紹慶府下俱同，江浙本誤。

〔一七〇〕絲州　馮校：「案舊新唐書俱無。」今按：輿地紀勝卷一七六黔州、宋史卷八九地理志紹慶府下俱有「絲州」，本志是。

〔一七一〕敷州　馮校：「案舊新唐書地理志、太平寰宇記此路俱有『敦州』，無『敷州』，此疑誤。」今按：輿地紀勝卷一七六黔州、宋史卷八九地理志紹慶府下俱有「敷州」，馮説非。

〔一七二〕晃州　馮校：「案舊新唐書地理志『晃』作『兔』。」今按：新唐書卷四三下地理志、太平寰宇記卷一二〇、輿地紀勝卷一七六黔州、宋史卷八九地理志紹慶府下俱作「晃」，本志是。

〔一七三〕侯州　馮校：「案新唐書作『候』。」今按：舊唐書卷四〇地理志、輿地紀勝卷一七六黔州、宋史卷八九地理志紹慶府下俱作「侯」。

〔一七四〕焚州　馮校：「案舊唐書志、太平寰宇記此路有『契州』，新唐書志此路有『樊州』，而俱無『焚州』，此當誤。」今按：宋史卷八九地理志紹慶府下作「焚州」，馮説非。

〔一七五〕瑶州　馮校：「案『瑶』，古文『寶』字，舊唐書無。」又云：「錢本『瑶』作『瑶』。集梧案『瑶州』，前已有説作『瑶』者，誤。」今按：新唐書卷四三下地理志列有寶州，即此州，錢本誤。

〔一七六〕雙城州　馮校：「案舊唐書地理志無『城』字。」今按：新唐書卷四三下地理志、太平寰宇記卷一二〇、輿地紀勝卷一七六黔州、宋史卷八九地理志紹慶府下俱有「城」字，本志是。

〔一七七〕卿州　馮校:「案舊唐書地理志、太平寰宇記『卿』俱作『鄉』。」今按:新唐書卷四三下地理志作「卿」,太平寰宇記卷一二〇、輿地紀勝卷一七六黔州下俱同,馮氏引誤。

〔一七八〕茂龍州　馮校:「案舊唐書地理志『茂』作『茷』。」今按:新唐書卷四三下地理志、太平寰宇記卷一二〇、輿地紀勝卷一七六黔州、宋史卷八九地理志紹慶府下俱作「茂」,則舊唐志作「茷」誤。

〔一七九〕樂善州　馮校:「案舊新唐書此俱無,本志後又有樂善州隸融州,疑此衍。」今按:輿地紀勝卷一七六黔州、宋史卷八九地理志紹慶府俱有「樂善州」,又輿地紀勝卷一一四、宋史卷九〇地理志融州俱有羈縻「樂善州」,馮説非。

〔一八〇〕撫水州　馮校:「案舊唐書地理志作『撫次水』,似衍『次』字,新唐書志亦作『撫水州』也。舊書此『次』字,與總數五十州字上『小等』二字,疑必有爲州名之誤者。」今按:太平寰宇記卷一二〇黔州、宋史卷八九地理志紹慶府下俱作「撫水州」,舊唐志誤,其「小」字亦誤。

〔一八一〕思元州　「元」,馮注:「江浙本俱作『無』字。」馮校:「案舊新唐書地理志、太平寰宇記『元』俱作『源』。」今按:影宋鈔本、盧本俱作「元」,與輿地紀勝卷一七六黔州、宋史卷八九地理志紹慶府下俱同,「元」、「源」,音同,江浙本誤。

〔一八二〕恩州　馮校:「案舊新唐書志俱無。」今按:輿地紀勝卷一七六黔州、宋史卷八九地理志紹慶府下俱作「思州」,此「恩」蓋爲「思」字之誤。

〔一八三〕鴻州　馮校:「案舊唐書志作『龍』,似彼誤。」今按:舊唐書卷四〇地理志黔州所屬羈縻州無「龍州」，馮氏引誤。新唐書卷四三下地理志、輿地紀勝卷一七六黔州、宋史卷八九地理志紹慶府俱有「鴻州」，本志是。

〔一八四〕和武州　馮校：「案舊新唐書志俱無。」今按：輿地紀勝卷一七六黔州、宋史卷八九地理志紹慶府下俱有「和武州」，本志是。

〔一八五〕暉州　馮校：「案舊唐書志作『暉小』，誤。」今按：舊唐書卷四〇地理志黔州下作「暉州」，馮氏引誤。

〔一八六〕鼓州　馮校：「案新唐書地理志歙州，一作『鼓州』。」

〔一八七〕右四十九州隸黔州　馮校：「案自南寧州至鼓州，本志所列四十九州隸黔州者，而取唐書志合校之也，舊書志云黔州都督九州外，又領五十州，皆羈縻，寄治山谷。今考五十州，其中充，本志在夔州路；明，本志不見；琰、莊、牂，本志皆在夔州路，寰宇記琰與莊同置，『莊』本作『牂』，即牂柯郡地也，唐書、本志乃皆分列莊、牂；琳，本志廣南路；總，疑即本志緣；牁，本志不見，新唐書牂州：『更名牁州，後復故名。』則不必分列；延、殷，本志皆不見。而舊唐志總數五十州字上有『小等』二字，『小』字不可解，疑與『撫次水』之『次』字當有某州名之誤者，否則連『小』字止四十九，不足五十數也。新書志云黔州都督諸蠻州五十一，其中牂州、琰州、充州皆詳上，應州、蔦州，本志皆不見；琳州、總州、殷州、延州，皆詳上。此等蠻州無足細校，因便聊詳之。」今按：新唐書卷四三下地理志江南道載牂州（「牂」、「牂」同）：「武德三年以牂柯首領謝龍羽地置，四年更名柯州，後復故名。」又載莊州：「本南壽州，貞觀三年以南謝蠻首領謝彊地置，四年更名。」則牂州、莊州是爲二，「牂」、「莊」字異，馮説非。又舊唐書卷四〇地理志黔州都督府領羈縻州數五十，實四十八，闕二州名，其書「撫次水州」乃「撫水州」之誤，書「龍小州」乃「襲州」之誤。

〔一八八〕思誠州　「思」，底本作「息」。馮注：「浙本作『恩』。」馮校：「案太平寰宇記『息』作『思』。」今按：影宋鈔本作「思」，宋史卷九〇地理志邕州下同，則此「息」乃「思」字之誤，據改。浙本「恩」亦爲「思」字之誤。

〔一八九〕思浪州　馮校：「案新唐書地理志、太平寰宇記『浪』俱作『琅』。」今按：宋史卷九〇地理志邕州下作「浪」。

〔一九〇〕員州　「員」，底本作「真」。馮注：「浙本作『員』。」今按：影宋鈔本、吴本、盧本俱作「員」，新唐書卷四三下地理志、太平寰宇記卷一六六、宋史卷九〇地理志邕州下俱同，則此「真」乃「員」字之誤，據改。

〔一九一〕廣原州　「原」，武經總要前集卷二〇、宋史卷九〇地理志邕州下俱作「源」。皇宋十朝綱要卷八熙寧十年二月：「以廣源州爲順州。」又同書卷一〇上元豐二年十月：「交趾歸所掠邕、欽、廉三州人，以順州賜之。」

〔一九二〕勒州　宋史卷九〇地理志邕州下作「勤州」。

〔一九三〕武黎縣　「縣」，馮注：「江浙本俱作『州』。」今按：影宋鈔本、盧本俱作「縣」，宋史卷九〇地理志邕州下同，江浙本誤。

〔一九四〕羅陽縣　「縣」，馮注：「江浙本俱作『州』。」今按：影宋鈔本、盧本俱作「縣」，宋史卷九〇地理志邕州下同，江浙本誤。

〔一九五〕陁陵縣　「縣」，馮注：「江浙本俱作『州』。」今按：影宋鈔本、盧本俱作「縣」，宋史卷九〇地理志邕州下同，江浙本誤。

〔一九六〕永康縣　「縣」，馮注：「江浙本俱作『州』。」今按：影宋鈔本、盧本俱作『縣』，宋史卷九〇地理志邕州下同，江浙本誤。

〔一九七〕籠武州　馮校：「案太平寰宇記作『武籠州』。」今按：太平寰宇記卷一六六邕州下作「武龍州」，馮氏疏誤。又新唐書卷四三下地理志作「龍武州」，武經總要前集卷二〇、宋史卷九〇地理志邕州下俱作「武籠州」。

〔一九八〕龍然　新唐書卷四三下地理志龍武州下作「龍丘」。

〔一九九〕福宇　「宇」，馮注：「浙本作『字』。」今按：影宋鈔本、吳本、盧本、周本俱作「宇」，新唐書卷四三下地理志龍武州下同，浙本誤。

〔二〇〇〕思城州　「思」，馮注：「浙本作『恩』。」今按：影宋鈔本、吳本、周本俱作「思」，宋史卷九〇地理志邕州下同，浙本誤。

〔二〇一〕萬德州　「德」，馮注：「江本無此字。」今按：影宋鈔本、吴本、盧本俱有「德」字，新唐書卷四三下地理志、宋史卷九〇地理志邕州下同，江本誤。

〔二〇二〕龍川縣　「縣」，底本作「州」。宋史卷九〇地理志邕州下作「龍川縣」，本志下文云「右四十三州五縣隸邕州」，「此與前文載列武黎、羅陽、陁陵、永康四縣正爲五縣，則此「州」爲「縣」字之誤，今據改。

〔二〇三〕右四十三州五縣隸邕州　馮注：「江本作『四十八州』，無『五縣』字。」馮校：「案此上實四十八州，而五縣之數，更爲不符，自當從江本爲是。」今按：影宋鈔本、吴本、周本俱作「四十三州五縣」，與上所列州縣實數正合。江本以武黎、羅陽、陁陵、永康、龍川五縣爲五州，故云「四十八州」，實誤。

〔二〇四〕環州領思恩都亮二縣　馮校：「本志化外州内已列有環州，所領縣亦有『思恩』，而無『都亮』。考新唐書地理志嶺南道下環州列『正平』、『福零』、『龍源』、『饒勉』、『思恩』、『武石』、『歌良』、『都蒙』八縣，而羈縻州又别出『偎州』，領『正平』、『富平』、『龍源』、『思恩』、『饒勉』、『武招』、『都象』、『歌良』，其名稱字體多有相爲出入者，豈本是一州而誤列爲二，且轉相傳寫，又并其字體失之歟。」今按：新唐書卷四三下地理志嶺南道下作「根州」，馮氏引誤。太平寰宇記卷一六八宜州管羈縻環州，治思恩縣，元領思恩、都亮、福零、正平、龍源、武石、饒勉八縣，今領思恩、都亮二縣，福零縣割入鎮寧州，歌良縣割入琳州，正平、龍源、武石、饒勉四縣廢，正與此合。武經總要前集卷二〇、宋史卷九〇地理志慶遠府（南宋咸淳元年升宜州爲慶遠府）均有羈縻環州，則本志是，馮氏失檢。

〔二〇五〕巖栖 馮注：「浙本作『巖橘』。」今按：影宋鈔本、吴本、盧本、周本俱作「巖栖」，太平寰宇記卷一六八思順州下同，浙本誤。

〔二〇六〕河池 此縣於太平興國、治平之間改隸羈縻智州，治平時改屬宜州，參見本志卷九校記〔一九七〕。

〔二〇七〕古桂 「桂」，底本作「往」。新唐書卷四三下地理志、太平寰宇記卷一六八俱載述昆州領古桂縣，此「往」乃「桂」字之誤，今據改。

〔二〇八〕都隴 「隴」，馮注：「浙本作『歸』。」今按：影宋鈔本、盧本、周本俱作「隴」，新唐書卷四三下地理志、太平寰宇記卷一六八述昆州下同，浙本誤。

〔二〇九〕英羅 「英」，馮注：「浙本作『夷』。」今按：影宋鈔本、盧本、周本俱作「英」，太平寰宇記卷一六八智州下同，浙本誤。

〔二一〇〕富力 「力」，底本作「刀」。馮注：「浙本作『力』。」今按：本志卷九宜州：「治平二年以羈縻智州隸州，省富力縣入焉。」太平寰宇記卷一六八智州下亦作「富力」，此「刀」乃「力」字之誤，據改。

中國古代地理總志叢刊

元豐九域志

下

〔宋〕王　存撰
王文楚
魏嵩山　點校

中華書局

附録

新定九域志(古蹟)

卷一

兖州

泰山。社首山。封祀圜臺,在太平頂上;封祀壇,在泰山下;禪社首壇,在社首山上;朝覲壇,在泰山下:以上並大中祥符元年封禪置。天貺殿,在泰山下,大中祥符元年封禪,有期再降天書于此。靈液亭、瑞濟橋、靈濟橋、靈應亭,大中祥符元年於山下有甘泉湧出,故建此四亭。靈泒侯廟,大中祥符元年勅封焉。廣禪侯廟,大中祥符元年封禪,禮畢,詔封□□會真宮,本奉高宮,大中祥符元年封禪,□□□□□今名。龜山,詩:奄有龜蒙。徂徠山。亭亭山,史記封禪書云:黄帝封泰山,禪亭亭。肅然山。石閭山,泰山記云:山頂西□□爲仙人石閭。高里山,在泰山下。□□,禹貢:浮於汶,達於濟。□□玉女泉,〔二〕在泰山頂,大中祥符元年冬車駕升泰山,親臨觀焉。始者泉源□□□□□升嶽,則其流寢廣,清冽甘美。□□□,大中祥符元年封祀,禮畢,車駕親幸觀覽。在泰山頂上。景靈臺。古壇，□□□□□□□□□□廟卽闕里，孔子之故宅也。〔二〕文憲王廟，周公廟也，大中祥符元年〔三〕□□□□□□□□□□魯恭王廟。防山，孔子父所葬，□□□□□□□□□泗水，水經云：泗水出魯國卞縣。□□□□□□□□□□□□□□□□□□□□魯北，少昊自窮桑登帝位。〔四〕泮宮臺。魯□□□□於兩觀之下。古大庭庫。雩臺，論語云：風呼舞雩。□□□□□□□□□□□□□□□□射于矍相之圃。〔五〕□□□□□□□□□□□□□□古御井，□□□長子墓。□□墓。澮臺子羽墓。倪寬墓。韋賢墓。鮑宣墓。羊續墓。黃巢墓。羊續碑。

徐州

仲虺城。滕城。薛城。曹公城，魏武帝築。沛宮，□□□□留宴父老，今有遺址。枌榆社，漢高帝鄉社名。

曹州

陶丘，帝王世紀云：在定陶之西。曹南山，春秋：盟于曹南。氾水，漢高祖卽帝位于氾水之陽。龍池，九州要記云：董父好龍，舜遣豢龍于陶丘，爲豢龍氏。貫城，國名，見禮記。莘仲城，古有莘國。漢祖壇，漢高祖卽位于此。三鬷亭，尚書：遂伐三鬷。〔六〕阿谷水，列女傳：孔子行至阿谷，見女子佩璜而浣。菏水，禹貢云：導沇水又東至于菏，是也。大瀰溝，詩云：飲餞于瀰。〔七〕濟陽故城，東觀漢記：光武生于濟陽。煮棗城，漢樊噲從高祖攻項籍，屠煮棗。漆園城，史記：莊周，蒙人，嘗爲漆園吏。濮水釣臺，南華真經云：莊子鈎于濮水。

鄆州

靈輝殿，大中祥符元年東封，玉牒寶册至此地有祥輝見，乃建爲殿，有碑，户部郎中、知制誥李維撰文。古講堂，圖經云：孔子爲中都宰，于此堂教授。古宿城，郡圖經云古宿國。曲亭，春秋杜預注云：汶陽鄉北有曲亭。致密城，春秋密須國。〔八〕秦城，春秋杜預注云：東平范縣西北有秦亭。石門，春秋：齊侯、鄭伯盟于石門。穀城，魏志：明帝起景陽山于芳林園，採穀城之文石。清亭，春秋：公與宋公遇于清。巫山，左氏傳：齊侯登巫山，以望晉師。蚩尤冢。魯襄公墓。魯昭公墓。顔在墳。項橐墓。左丘明墳。陶朱公墳。

項王墳，皇覽云：在穀城中。王陽墓。郭巨墳

濟州

魚山，見隋書地理志。鉅野澤，周禮職方兖州之藪也。單父城，古單父縣，宓子賤所治。獲麟堆，左氏傳：西狩獲麟之地。蜀山，爾雅云：「蜀」者「獨」也。古亢父縣城。郕婁城，左氏傳：城郕瑕是也。古昌邑城。馬頰河，禹九河之一。洮溝，春秋傳云：自洮以南，東傅于濟。〔九〕廩丘城，見左氏傳。高魚城，見左氏傳。女媧冢。漢昌邑王墓。後漢任城王墓。〔一○〕子貢墓。狄虒彌墳。漢朱鮪墓。范式墓，有碑。何休墓。王粲墓。

單州

高祖廟。栖霞山，西京雜記云：梁孝王好治宮室苑囿，築百靈山，俗謂之栖霞山。西防古城，春秋宋地。爰戚城，漢侯國也。平樂城，漢侯國。琴臺，即宓子賤鳴琴之所。釣臺，西京雜記云：梁王鑿池沼，與宮人、賓客弋釣其上。漢井。南郜城、北郜城，左氏傳云：取郜大鼎于宋。梁丘，左氏傳：齊侯、宋公遇于梁丘。秺城，漢封金日磾爲秺侯。芒碭山，漢高祖隱于此山。宴臺池，圖經云：梁孝王鑿。重館城，左氏傳：臧武仲宿于重館。

甲父城，左氏傳：齊侯盟于蒲隧，賂以甲父之鼎。觀魚臺，左氏傳：觀魚于棠，卽此地。伏羲冢。後漢中常侍侯覽墓。范巨卿墓，後漢范式也。〔一二〕

濮州

盧津關，郡國志：高陵關，舊名盧津關。〔一三〕瓠子河。〔一三〕旄丘，爾雅云：前高後下曰「旄丘」。陶丘，〔一四〕爾雅云：再成曰「陶丘」。管城，按圖經，齊管仲與桓公再會于鄄，故有此城；一云關龍逢所居，聲訛也。新臺，詩序：衛宣公作新臺于河上。堯母慶都廟。歷山，卽舜耕之地。雷夏陂，夏書：雷夏既澤。沮溝，夏書：灉沮會同。清丘，左氏傳：宋公、衛侯遇于清丘。垂亭，左氏傳：宋公、衛侯遇于垂。鸑鷟島，古老相傳，嘗有鸑鷟翔其上。崇侯城，卽崇侯虎之邑。秦亭，〔一五〕左傳杜預注：范縣有秦亭。崇墳，圖經云：卽崇侯。閔子騫墓。左伯桃墓。

襄州

鄧城。大樊邑，仲山甫之國。穀城縣，古穀伯國。羅國城，春秋時附庸也。〔一六〕中廬，古廬戎國。酇城，蕭何所封。荆山。峴山。鹿門山。漢江。漳水。沮水。牽羊壇，雍州記云：每刺史初上，皆羊繞壇，觀其轉數，以驗刺史臨州其年多少。王粲宅。穀伯廟。卞和廟。鹿門廟，蘇嶺山神也。劉表墓。王逸廟。丁蘭廟。墮淚碑。杜預碑，在峴山〔一七〕上。

鄧州

六門堰，召信臣所造，以擁湍水，累石爲之，旁開六石門，以節水勢。鉗盧陂，張衡南都賦云：其陂則有鉗盧玉池。冠軍城，漢武帝封霍去病爲冠軍侯。岐棘山，上有三湫池；其下池，歲旱，民多禱。松嶺，卽古之魯陽關。白水。張平子宅。菊水，其旁悉産芳菊，水極甘馨，谷中三十餘家，不復穿井。鄧禹廟。南陽縣，古申伯國。博望故城，張騫所封。魯陽關城。光武臺，卽光武舊宅也。百里奚宅。鄧禹宅。陰氏宅，卽陰后家。宋均墓。召信臣墓。張平子墓。百里奚墓。丹朱冢，荆州記云：丹川，堯子之所封。穰侯魏冉墓。

隨州

季梁廟，〔一八〕按春秋隨之賢臣也，使隨侯修政，楚不敢伐。神農廟，在厲鄉村，郡國志云：厲山，神農所出。〔一九〕厲山廟，〔二〇〕炎帝所起也。斷蛇丘，隨侯見蛇傷，以藥傅之，蛇後啣珠以報，即此地。溠水，左傳：楚人除道梁溠，營軍臨隨。漢光武宅。春陵古城。隋文帝廟。涢水。

金州

西城縣，本媯虛之地。伏羲山。女媧山，上有女媧廟。藥父山。古洵州城，唐置。古洵陽縣城。〔二一〕安康石，圖經云：歲飢則見，歲豐則没于沙磧之下。藥婦山。〔二二〕八水河。〔二三〕

房州

竹山，即古庸國之地。鬼田，圖經云：此田每歲清明日，祭而燎之，以卜豐儉，草至盡，即是豐年。黄香冢。古上庸城。

均州

武當山，一名仙室山，上有嵓泉澗凡三十七所。錫義山，水經云：上有石壇，世傳列仙所居。〔二四〕上庸城。〔二五〕鄖鄉縣，古麇國之地。唐濮王泰廟。鄖城山。上庸山。唐濮王泰墓。

郢州

三閭大夫廟。樠木山。温泉，冬日有素氣如煙。楚武王廟。汨口河。龜鶴池，圖經云：梅福養龜鶴之所。宜陽關，魏文帝守隘之地。隋富水縣古城。文武廟，即楚文王、武王也。

唐州

泌河。桐柏山，淮水所出。棘陽城，漢舊縣。太胡山，南都賦：「天封太胡。」〔二六〕是也。淮瀆廟。盤古廟。蠙珠潭。湖陽縣，古蓼國；「蓼」，力牧切。紫玉山。湖陽公主墓，後漢光武之姊也。

許州

鈞臺，今有鈞臺驛，夏啟有鈞臺之享，此其地也。繁昌城，魏文帝受禪之地。豢龍城，古豢龍氏之邑。　東偏城。　射犬城，〔二七〕鄭大夫之邑。　東武城，燭之武所封。　潁城，考叔所封。　韓王都城。　魏景福殿基。　許由臺。　巢父臺。　陽子臺，圖經云：仙人陽子嘗隱居之。　高陽里，卽荀氏所居，舊稱西豪里，縣令苑康改名。　德星亭，漢陳太丘父子所會社焉。　具茨山，輿地志：黄帝往具茨，見大隗君，援以神芝圖。　溠水，漢光武破王尋，溠水爲之不流，卽此水。　魏文帝廟。　樊噲廟。　陳太丘廟。　晁錯廟。　鍾繇冢。　郭巨冢。

鄭州

牽渠，方輿記云：牽招，字子經，爲廣武太守。郡中井多鹽苦，人遠汲水。招乃望勢鑿原，開渠注入城中，人賴之，號曰牽渠。〔二八〕　雍齒城。　溱水。　洧水。　萬石君廟，卽漢石奮父子也。　紀信廟。　周苛廟。　蘭巖山，神境記云：山峭拔千丈，常有雙鵠不絶往來，傳云昔有夫婦隱于此，數百年化爲鵠。　敖倉城，秦置以屯粟。　鹿臺。　僕射陂，魏孝文帝賜僕射李冲，因以爲名。　雕陵溝，莊子遊于雕陵之園，卽此。　鄶城，古鄶國。　時門，春秋昭十九年龍門處。　萬歲亭，〔二九〕後漢劉焉、〔三〇〕荀彧所封。　滎陽縣，古虢國地也。　京水。　索水。　廣武山。　敖山。　滎澤。　廣武澗。　唐顯靈王廟，卽李靖也。　邲城，晉荀林父與楚子戰此。　窟室，鄭伯有居之飲酒。　祝融冢。　子産墓，在陘山。　紀信冢。　樊噲冢。　禆諶冢。杞梁墓。婁師德墓。

滑州

滑臺。韋縣城，古豕韋國也。胙城，古南燕國，又爲胙國。訾婁城，見左傳。星丘，秦始皇時星墜于此。石丘，漢成帝〔三〕時隕石東郡。黎陽津，一名白馬津。金隄，漢時河决于此。瓠子河。豢龍井，劉累畜龍之所。瓦亭，見春秋。比干墓。滑伯廟。王京兆廟。葛伯丘。師延丘，紂之樂工也，投濮水而死，收葬于此。惠子冢。劉政會墳。

孟州

踐土城，春秋：盟于踐土。軹地，魏邑也。成皐關。旋門，古地名。三皇山。太行山。皇母山，又名女媧山，其上有祠，民旱水禱之。湨梁，春秋：盟于湨梁。濟水。淇水。女媧廟。商湯廟。濟瀆廟。玉女祠，前有龍池，禱之有應。管叔墓。五郡兄弟墓。梁公堰。紀聖德神功碑，唐天寶中建。

蔡州

溱水。平輿縣故城。路臺，袁術築。古櫟亭，春秋：昭四年吴伐楚，入櫟。杜預云：新蔡東北櫟亭是。〔三二〕白公城，楚太子建之子白公勝之邑。息侯廟。懸壺觀，即費長房舊宅，猶有懸壺樹存焉。八卦壇。李斯井。平輿縣，古沈子國。遂平縣，古房子國。新息縣，古息國。珉玉坑，隋朝官採。西平縣，古柏國。〔三三〕牟門陂。冶爐城，韓國鑄劍之地。平淮西碑，在州門前，唐相段文昌文。新蔡縣，古呂國。董永墓。蔡順母墓，順至孝，母生時畏雷，每有雷，順卽繞冢行，云順在此。太守聞之，每雷卽給順車而往。李斯墓。郅惲墓。黄叔度墓。費長房墓。

陳州

苑城，城記云：陳胡公所築。南頓，古頓子國。潁陰城。博陽城，丙吉所封也。辰陵亭，春秋宣十一年〔三四〕盟于此。木母臺，圖經云：卽丁蘭刻木爲母像處。高陽丘，應瑒兄弟居此，自比高陽才子因名焉。東門池，見詩。伏羲廟。漢光武廟。賈逵廟。商高宗陵。柏冢，應奉墓也。應璩墓。八卦壇碑，在宛丘縣，刺史李邕文。

潁州

原鹿城，春秋：僖二十一年宋襄公爲鹿上之盟，卽此地。寢丘，楚封孫叔敖子之地。鮦陂。〔三五〕青丘城，卽隋所置青丘縣。鮦陽縣，漢舊縣。〔三六〕楚武王廟。細陽城，漢舊縣。潁河。汝水。淝水。唐信州古城。郪丘城，魏安釐王十一年秦拔郪丘。〔三七〕卽此地也。

汝州

潁大夫廟，〔三八〕卽潁考叔也。滍水。豢龍城，劉累所居。魯山，卽御龍氏所遷居。崆峒山，黄帝問道于廣成子之地；上有廣成子舊廟基，刺史盧貞撰碑。紫邏山。葉縣，古應國。漢光武廟。雙鳧觀，本葉令王喬祠也。黄城山，長沮、桀溺耦耕焉。汝河。巢父井。繞角城，春秋：晉師遇于繞角。卽此地也。〔三九〕薄太后行廟。鑄城，歐冶子鑄劍之所。葉公廟，卽楚大夫沈諸梁也。方城山，左傳：方城以爲城。是也。昆陽縣故城。魚齒山，春秋：襄十八年楚師伐鄭，次于魚齒。是也。堯山，水經注云堯末孫劉累〔四〇〕遷于此，云堯祠在山上。衛靈公廟。魯陽關，卽魯陽公與韓戰，揮戈退日處。温湯，九眼，唐武后嘗遊幸焉。郟城縣，春秋楚令尹郟敖之邑。廣成澤，後漢安帝以廣成遊獵地假與貧民，即此。神龜驛臺，隋開皇初獲龜。魯陽公墓。潁考叔墓。葉公諸梁墓。

信陽軍

周中國之地。桐柏山。汝水。羅山。陪尾山。雞頭山。董奉山，奉嘗學道于此。

漢鍾武縣古城。汶水。〔四〕

校勘記

〔一〕玉女泉　底本「玉」字原闕。續資治通鑑長編卷七〇大中祥符元年九月：「泰山玉女池在太平頂，泉源素壅而濁。初營頓置山下，醴泉發，池水亦漲，及工役升山，其流自廣，清泚可鑑，味甚甘美。……池側有石像，頗摧折，詔劉承珪易以玉石，既成，上與輔臣臨觀。」又同年十月庚戌：「召近臣觀玉女泉及唐高宗、明皇二碑。」今據補。

〔二〕廟即闕里孔子之故宅也　底本「廟」上原闕十字。皇宋十朝綱要卷三：大中祥符元年十一月戊午，「謁文宣王廟，再拜，詔加謚文宣王曰玄聖文宣王」；五年十二月壬申，「改謚玄聖文宣王爲至聖文宣王」。清嘉慶重修一統志卷一六六兗州府：「至聖文宣王廟，在曲阜縣南門内，即闕里故宅也。……宋大中祥符五年改謚至聖文宣王，元大德十一年加號大成至聖文宣王，明嘉靖九年改稱至聖先師孔子。」疑「廟」上所闕當有「至聖文宣王」五字。

〔三〕大中祥符元年　底本「年」下原闕十字。續資治通鑑長編卷七〇：大中祥符元年十一月戊午，追謚「周文公曰文憲王，曲阜縣立廟」。疑「年」下所闕當有「立」字。

〔四〕魯北少昊自窮桑登帝位　底本「魯」上原闕十九字。後漢書郡國志劉昭注引帝王世紀：「黄帝主於壽丘，在魯東門之北。少昊自窮桑登帝位，窮桑在魯北，後徙曲阜。」疑「魯北」上所闕當有「窮桑在」三字。

〔五〕射于矍相之圃　底本「射」上原闕十二字。太平寰宇記卷二一兖州曲阜縣：「矍相圃，周圍二里，高一丈，在魯城内，縣西南二里孔子廟西南，孔子所射。」疑「射」上所闕當有「矍相圃」之目及「孔子」或「至聖文宣王」諸字。

〔六〕三鬷亭尚書遂伐三鬷　此兩「鬷」字，底本均作「朡」。後漢書郡國志濟陰郡定陶縣和元和郡縣志卷一一、太平寰宇記卷一三曹州濟陰縣俱書有三鬷亭。「朡」爲「鬷」字之誤，今據改。

〔七〕大瀰溝詩云飲餞于瀰　二「瀰」字，底本俱作「沵」。詩邶風泉水：「出宿于泲，飲餞于禰。」太平寰宇記卷一三曹州冤句縣：「大瀰溝，一名冤水。詩云：出宿于泲，飲餞於瀰。即此也。」此「沵」乃「瀰」字之誤，今據改。

〔八〕致密城春秋密須國　按春秋密須國在今甘肅靈臺縣西南，本志卷三涇州靈臺：「古密須國之地。」是也。宋鄆州爲春秋須句國，太平寰宇記卷一三鄆州：「春秋屬宋，即魯附庸須句國，太皥之後，風姓。」又須城縣下載：「州理故須句城，左傳，任、宿、須句、顓臾，皆風姓。」則此「密須」蓋爲「須句」之誤。

〔九〕自洮以南東傅于濟 「濟」，底本作「齊」。左傳僖三十一年作「自洮以南，東傅於濟」。此「齊」爲「濟」字之誤，今據改。

〔一〇〕後漢任城王墓 「任」，底本作「在」。後漢書卷四二任城孝王傳：章帝封東平憲王子尚爲任城王，「立十八年薨，子貞王安嗣」。「安立十九年薨，子節王崇嗣」。「立三十一年薨，無子，國絶」。「延熹四年，桓帝立河間孝王子參户亭侯博爲任城王」。「立十三年薨，無子，國絶」。「熹平四年，靈帝復立河間貞王建子新昌侯佗爲任城王」。又後漢書郡國志載，任城國治任城縣，即宋濟州任城縣地。則此「在」爲「任」字之誤，今據改。

〔一一〕范巨卿墓後漢范式也 前濟州已著有范式墓，此重出。

〔一二〕盧津關郡國志高陵關舊名盧津關 此兩「盧」字，底本均作「靈」。水經河水注謂盧津關即底閣關。元和郡縣志卷一六澶州臨黄縣：「盧津關，古高陵關，縣東南三十五里。」則「靈」爲「盧」字之誤，今據改。

〔一三〕瓠子河 此三字底本無，據周本補。

〔一四〕陶丘 其目前已著于曹州，此重出。

〔一五〕秦亭 其目前已著于鄆州，此重出。

〔一六〕春秋時附庸也〔一〕疑「附庸」上當脱「楚」字。

〔一七〕峴山　底本作「史山」。太平寰宇記卷一四五襄州襄陽縣：「杜預碑在縣東南九里峴山上。」輿地紀勝卷八二襄陽府同。此「史」爲「峴」字之誤，今據改。

〔一八〕季梁廟「梁」，底本作「良」。左傳桓公六年：楚侵隨，隨少師請追楚師，隨侯將許之，季梁止之。左傳桓公八年：楚子伐隨，季梁請下之。太平寰宇記卷一四四隨州隨縣：「季梁廟在州南八十步。」此「良」乃「梁」字之誤，今據改。

〔一九〕神農所出　輿地紀勝卷八三隨州神農廟下引九域志作「神農所生」。

〔二〇〕厲山廟　底本作「厲山」。輿地紀勝卷八三隨州引九域志：「厲山廟，炎帝所起。」此「山」下脱「廟」字，今據補。

〔二一〕古湞陽縣城　「湞」，底本作「濟」。古濟陽不在此地。周本作「古湞陽縣城」。輿地紀勝卷一八九金州：「古湞陽城，唐志云本黄土，天寶元年更名，大曆六年省入洵陽。」其城在今洵陽縣東。此「濟」爲「湞」字之誤，今據改。

〔二二〕藥婦山　底本無此三字。輿地紀勝卷一八九金州引九域志有藥婦山，此脱，今據補。

〔二三〕八水河　底本無此三字。輿地紀勝卷一八九金州引九域志有八水河，此脱，今據補。

〔二四〕水經云至列仙所居　水經沔水注云錫義山「上有石壇，長數十丈，世傳列仙所居」。卽本條所出。

〔二五〕上庸城　其目前已著于房州，此重出。

〔二六〕太胡山南都賦天封太胡　二「胡」字，底本俱作「湖」。水經比水篇：「比水出比陽東北太胡山。」注：「張衡南都賦所謂天封太胡者也。」太平寰宇記卷一四二唐州比陽縣大胡山：「水經注：比水出大胡山，卽天封山。張衡南都賦天封大胡。」按「太」、「大」同，此「湖」乃「胡」字之誤，今據改。

〔二七〕射犬城　「犬」，底本作「大」。水經淇水注、太平寰宇記卷七許州長社縣下皆書有射犬城，此「大」爲「犬」字之誤，今據改。

〔二八〕牽渠方輿記云至號曰牽渠　按牽招非任廣武太守，而任雁門太守，郡治廣武，所修牽渠在今山西定襄縣，不在此地，其文所述誠誤。詳見三國志卷二六魏書牽招傳。

〔二九〕萬歲亭　「歲」，底本作「壽」。後漢書荀彧傳、太平寰宇記卷九鄭州新鄭縣俱作萬歲亭，此「壽」爲「歲」字之誤，今據改。

〔三〇〕劉焉　按後漢書，封萬歲亭侯者爲荀彧而非劉焉，太平寰宇記卷九鄭州新鄭縣本條下亦不及劉焉，此二字當衍。

〔三一〕漢成帝　底本作「漢帝」。元和郡縣志卷八、太平寰宇記卷九滑州胙城縣下俱書作「漢成帝」。漢書卷一〇成帝紀：「陽朔三年春三月壬戌，隕石東郡。」此「漢」下脱「成」字，今據補。

〔三二〕新蔡東北櫟亭是　「東北」，底本作「東西」。左傳昭四年杜預注作「東北」，此「西」爲「北」字之誤，今據改。

〔三三〕古柏國「柏」，底本作「伯」。左傳僖五年：「于是江、黄、道、柏方睦于齊。」杜預注：「柏，國名，汝南西平縣有柏亭。」太平寰宇記卷一一蔡州西平縣：「春秋時古柏子國之地。」此「伯」爲「柏」字之誤，今據改。

〔三四〕春秋宣十一年　底本作「春秋十年」。春秋宣十一年：「楚子、陳侯、鄭伯盟于辰陵。」杜預注：「潁川長平縣東南有辰亭。」此誤，今據改。

〔三五〕鮦陂　「鮦」，底本作「銅」。水經汝水注載有鮦陂，源出汝水，此「銅」爲「鮦」字之誤，今據改。

〔三六〕鮦陽縣漢舊縣　「鮦」，底本作「銅」。漢書卷六上地理志汝南郡領鮦陽縣，顔師古注引應劭曰：「在鮦水之陽也。」此「銅」爲「鮦」字之誤，今據改。

〔三七〕魏安釐王十一年秦拔郪丘　「十一年」，底本作「三十一年」。史記卷四四魏世家：安釐王十一年，「秦拔我郪丘」。此「三」乃衍文，今據删。

〔三八〕潁大夫廟　底本無「廟」字，今據周本補。

〔三九〕繞角城春秋晉師遇于繞角卽此地也　底本「繞」作「遶」，「遇」作「遂」。左傳成六年：「晉欒書救鄭，與楚師遇於繞角。」此「遶」、「遂」乃「繞」、「遇」二字之誤，今據改。

〔四〇〕水經云堯末孫劉累　底本無「末」字。水經滍水注：「堯之末孫劉累，以龍食帝孔甲，孔甲又求之不得，累懼而遷於魯陽。」此應脱「末」字，今據補。

〔四一〕汶水　底本無此二字。輿地紀勝卷八〇信陽軍引九域志有汶水，此脱，今據補。

卷二

澶州

帝丘，本顓頊之墟。夏后之世昆吾氏。顓頊城，顓頊之所都。昆吾臺。新臺，子夏詩序云：衛宣公作新臺于河上。卽此。衛靈公臺，舊記云：亦名重華之臺。楚丘城，春秋時衛文公自漕邑遷于楚丘。狄山，山海經：帝嚳葬于狄山之陰。今陵見存。廣陽山，寰宇記：鮒鯛山，〔一〕今名廣陽山。山海經云：漢水出鮒隅之山。景山，詩云：望楚與堂，景山與京。旄丘，爾雅云：前高后下。詩云：旄丘之葛兮。謂此。瑕丘，禮記檀弓：公叔文子升瑕丘，蘧伯玉從，文子曰：樂哉，斯丘也。澶首，春秋：襄二十年盟于澶淵。〔二〕是也。瓠子河決，漢武帝塞之，湛白馬玉璧，〔三〕將軍以下皆負薪。是也。衛大夫祠，卽季路也，爲孔悝邑宰，故稱大夫。顓頊陵，皇覽曰：在頓丘城門外廣陽里中。帝嚳陵，皇覽曰：在頓丘城南。孔悝墓。汲黯墓。

滄州

三河：易水、白馬、泥池三水合，故曰三河。　古木門城，春秋：子鮮出奔，托于木門。〔三〕　凉馬臺，輿地志云：漢武帝所築。　騮山。　無棣城，左氏傳：北至于無棣。是也。　漢武臺，輿地志云：漢武帝至此築。　無棣河，一名赤河，圖經云漢破黄巾，流血潰河，故名赤河；鬲津河；徒駭河；鉤盤河；駕馬河，輿地志云卽馬頰河；太史河；胡蘇河：以上皆九河之數。　童子城，齊記云：秦方士徐福將童男女千人求蓬萊，築此城。　胡蘇亭，漢志：東光有胡蘇亭。　醮友臺，〔四〕圖經云：魏文帝爲五官中郎將，與吴質重遊南皮，築此臺，故名焉。　袁侯臺，圖經云：曹公逐袁譚于南皮，于此城内築臺候望。　秦茅焦墓，十道志：茅焦，齊人，説秦始皇迎母者。　尹吉甫墓。　雋不疑墓。

冀州

扶柳城，隋圖經云：縣有扶澤，多柳，因號扶柳城；劉植嘗據此城以迎世祖。〔五〕　堯壇。　觀津城，史記：漢文竇皇后，清河觀津人。　古賢未城十三州未有條市亭。〔六〕　古歷城，水經云：清漳水經歷城南，〔七〕卽此城也。　昌亭城，水經云：漳水東北至昌亭合滹沱。〔八〕　衡漳水，今長蘆河則其故瀆也。堂陽，本漢縣，城冢記云：商王太子封母弟才爲堂陽侯。在堂水之陽，〔九〕故名之。九門城，城冢記云：鯀所造。堯臺，郡國志云有二所，並號臺。善源城，城冢記云：夏上劉緜造。〔一〇〕漢董仲舒墳。漢常山王張耳墓。漢丞相絳侯周亞夫墓。漢南宮侯張歐冢。〔一一〕

瀛州

西武垣城，〔一二〕竹書紀年：陰司馬敗燕公子翌于武垣。〔一三〕東武垣城，〔一四〕方鎮記云：曹公鑿渠引滹沱水，遂移西武垣縣于此置。〔一五〕河間獻王殿址，在樂壽縣。中水城，圖經云：夏少康造。應劭曰：在滱、易二水之間也。徒駭河，〔一六〕禹道九河之一。成平故城，漢縣，唐竇建德據之，謂之建德城。靈星祠，漢郊祀志：高祖制詔御史，令天下立靈星祠。毛萇冢，方輿記：今郡有毛萇冢宅。鮑叔牙墓。

博州

古平原郡城。古聊城，本齊聊、攝之地，魯仲連爲書射城中遺燕將，卽此處。古金隄，漢書：河决酸棗，東潰金隄。是也。漯河，禹貢：浮于濟、漯，達于河。古攝城，春秋時齊之西境。晉文公臺。微子城，十道志云：在聊城縣。賈琮墓。華歆墓。

棣州

無棣城，左氏傳曰：賜我先君太公履，北至于無棣。厭次，續漢志云：相傳秦始皇東遊厭氣，至碣石，次舍于此，因爲名。〔一七〕邵城，晉邵續屯兵于此。滴河，漢都尉許商鑿此通海，〔一八〕故以「商」名，後人加「水」。

莫州

虞丘臺，圖經云：虞丘壽王居此。〔一九〕子貢陂，三郡記：王遵，字子貢，爲東郡守，〔二〇〕年九十二，退居此陂。謁城，一名任丘城，邢子勵三郡記云：漢平帝使中郎將任丘築；又桓帝北巡，羣臣于此朝謁，故名謁城。〔二一〕趙仙翁祠，仙翁名夔，字靈和，大旱，爲民祈雨，積薪自焚，世謂尸假而仙矣，郡縣多立祠焉。張超墓，漢書：超字平敏，漢靈帝時爲大中大夫、平原將軍。〔二二〕

雄州

易京城，後漢書云：獻帝初公孫瓚據幽州，築此城以自固，號曰易京。張遼墓。

霸州

莫金口城，漢封公孫渾邪爲平曲侯，〔二三〕卽其地。古南關城，圖經云：趙武靈王築，以朝鮮有關城，故此云南關城也。趙君廟，神仙傳云：趙夔〔二四〕字靈和，漢武帝時爲文安令，好道，百姓爲立祠。周堪墳，漢光禄大夫。

德州

鬲城，縣道記云：鬲國，鄃姓，皐陶之後，〔二五〕漢爲縣。鄃城，漢之鄃縣。鯀堤。古般城，漢縣也。婁敬廟。東方朔廟。管輅廟。東方朔墓。郭隗墓。張騫墓。後漢彭寵墓。藺相如墓。婁敬墓。

濱州

秦臺，〔二六〕郡國志云：秦始皇東遊，築此臺以望滄海，因縈蒲繫〔二七〕馬。今復有蒲似水楊，勁堪爲箭。

恩州

甘陵王國，〔二八〕今清河縣地。　貝丘，左氏傳：襄公田于貝丘。今爲清陽縣〔二九〕地。　武城，七國時趙平原君勝封此。　絃歌臺，言偃爲武城宰，孔子過聞絃歌之聲，後人因名之。　故鯀堤。

永静軍

唐初爲觀州，又改爲景州，徙治東光，周改爲定遠軍，仍併弓高入之，景德中改今名。　胡蘇亭，見漢志。　胡盧河，卽衡漳之别名。　龍堂，唐貞元中有龍見，勅造祠堂。　王莽河。　東城，圖經云：趙簡子所築，今號簡城。　古弓高城。

乾寧軍

盤古溝，水深三丈，天旱不涸。　盤古墓。

信安軍

本古淤口關也。周世宗收復關南，于此置寨。皇朝建軍。石蓮池河。北濟河，〔三〇〕亦名瓦河。〔三一〕盤古界。

保定軍

本雄州歸信縣之新鎮也，〔三二〕皇朝分置軍，〔三三〕以其形勝乃邊障之衝要也。

眞定府

井陘，〔三四〕穆天子傳：獵于陘山；史記：始皇興兵塞井陘口，韓信東下井陘。皆此。古土門，亦井陘道也。韓臺，圖經云：韓信築。綿蔓水，〔三五〕圖經云：韓信背水爲陣。卽此水也。唐堯廟，漢書張晏曰：堯爲唐侯，封于此。樂主墓。藺相如墓。〔三六〕

相州

星母山，〔三七〕劉道之山川記云：漢明帝母詣温湯，于此山置營幕，因以爲名。趙簡子臺。白起城。干言山，水經云：泜水又東南經干言山北。〔三八〕詩云：出宿于干，飲餞于言。是也。古柏人城，皇甫謐帝王世紀云：堯所都也。市栢鄉，〔三九〕城冢記云：堯所置。張耳臺。帝堯廟，入城冢記云：堯於此登山，東贈洪水，〔四〇〕訪賢人，故立廟。王離冢，按漢書秦將也。時苗冢陀，魏書郡人也。

懷州

古邶、鄘、衛三國之地。河内，古邘國。〔四一〕古野王城，春秋時野王邑，晉人執晏弱于此。太行山，禹貢：太行至于碣石。邘水，水經云：出太行之皐，〔四二〕經邘城西。古朝城。邘臺。葛伯城，卽湯始伐也。修武城。沁陽城。〔四三〕淬劍池，圖經云：嵇康淬劍之所。獲嘉，春秋寧邑，漢武帝至此，得南越相呂嘉首，因爲名。同盟山，圖經云：武王伐紂，諸侯同盟此山。百尺河，一名清水，水經云：清水出河内修武縣北。黑山，亦云白鹿山。葛伯墓。張良墓。樊噲墓。〔四四〕

衞州

汲城，本牧野之地，漢爲縣。蒼山，水經云：方山西有蒼谷。〔四五〕鄘城，周分商畿内爲三國，邶、鄘、衞是也。獲嘉城，事見懷州。延津，魏志：曹公遣于禁守延津。蘇門山，孫登隱此，號蘇門先生。朝歌，本紂都。鹿臺，史記：紂厚賦稅，以實鹿臺之錢。酒池，史記云：紂以酒爲池。〔四三〕共山，闞駰十三州記：共伯復歸于國，逍遥于共山之首。天門山，九州要記云：嵇康採藥逢孫登彈一弦琴，即此山。古凡城，左氏傳：凡、蔣、邢、茅，周公之胤也。太公廟，有太公泉。商太師廟，即比干廟，唐太宗贈太師。比干墓。

洺州

廉頗臺。列人城，汲冢記云：梁惠王伐邯鄲，取列人。洺水，水經云：洺水東流經曲梁城。古邸閣城，圖經云：紂所積倉。書云：武王克商，發巨橋之粟。是也。水經云：衡漳水又北經邸閣西。〔四六〕毛遂冢。平原君墓。張耳墓。

深州

滹沱河。下博，漢縣，光武迷于下博。古危渡，光武爲赤眉追，將至滹沱，使王霸前瞻，慮驚衆，紿言可渡，比至冰合，渡畢，釋，因名危渡。白馬溝，〔四七〕水經云：魏白馬王鑿。蕪蔞亭，光武自薊晨夜至饒陽蕪蔞亭，是也。武强故城，漢侯國。武遂城，破趙將扈輒於武遂，〔四八〕斬首十萬，即此城。光武廟。

磁州

重岡，魏文帝校獵賦曰：陵重岡，歷武城。是也。滏水，圖經云：泉源濆漏若湯焉。山海經：滏水出神囷之山。淬劍池，圖經云：干將淬劍于此。干將城。叢臺，趙武靈王築，鄴陽上書云：靚妝袨服，叢臺之下，一旦成市。武安故城，秦攻武安，屋瓦皆震。武始城，後漢張純封武始侯。〔四九〕武子城，趙記云：趙武子所築。鼓山，有二石如鼓，鳴則有兵。磁州，〔五〇〕出磁石、磁毛石。九侯城，禮記：紂脯九侯。司馬彪曰：「九」一作「鬼」。白起廟。趙簡子冢。藺相如冢。〔五一〕趙奢冢。樂毅冢。

祁州

孝相口，圖經云：一名危渡。事見深州。下曲陽城，春秋鼓子鳶鞮之國也，見左氏傳。十三州志：中山有上曲陽，故此稱「下」。

趙州

平棘故城，春秋棘邑，十三州志：戰國時改爲平棘。古欒城，晉欒氏別邑。沃州城，水經云：泜水東至沃州城入泜湖。栢鄉故城，春秋晉鄗邑，管仲對齊桓公：鄗邑之黍。是也。象城，圖經：按趙記，舜弟象居之。泜水山。平山城，酈元水經云：槐水經平山南，〔五二〕卽此。孤峙亭，見隋圖經。光武廟。光武墓。魏大司農李卿墓。梁荀冢，漢桓帝時爲博士。漢馮唐墓。後漢耿純墓。漢任敖墓。

保州

廣望城，本漢縣，武帝封中山靖王子爲廣望侯。

安肅軍

易水，酈善長水經云：代郡廣昌縣東南，至古易縣城，〔五三〕燕太子丹送荆軻至此。古徐城，城冢記云：周景王〔五四〕時大將軍徐峻造。左伯桃墓。

永寧軍

郭丹城，圖經云：契丹相持，築此城，後于此約和，至今名爲和城。〔五五〕霍光墓。

廣信軍

遂城山，一名龍山，括地圖〔五六〕云：其上往往有仙人及龍跡。釜山，邢子勵高陽記云：漕水出釜山。班妃山，圖經云：隋煬帝東征，于山上置班姬廟。易水。漕水，高陽記云：漕水出釜山南，東流經羊角淀北、新城西，有伏龍泉與漕水流合。〔五七〕長城，秦使蒙恬所築。新城，高陽記：本顓頊所造，又名伏龍城。

順安軍

無古跡。

校勘記

〔一〕襄二十年盟于澶淵　底本作「襄二十年澶淵」。周本「澶淵」上有「盟于」二字，與春秋記載相合，此脱，今據補。

〔二〕湛白馬玉璧　底本脱「湛」字。今據漢書卷二九溝洫志補。

〔三〕古木門城春秋子鮮出奔托于木門　「木門」，底本皆作「水門」。左傳襄二十七年作「木門」，此

「水」乃「木」字之誤，今據改。

〔四〕醼友臺　「友」，底本作「支」。太平寰宇記卷六五滄州南皮縣下書有醼友臺，清嘉慶重修一統志卷二五天津府同。此「支」爲「友」字之誤，今據改。

〔五〕劉植嘗據此城以迎世祖　底本「劉植」作「劉海」，「世祖」作「州祖」。後漢書卷二一劉植傳載其據昌城以迎世祖。扶柳城與昌城相近，亦應爲劉植所據。太平寰宇記卷六三冀州信都縣扶柳城下引隋圖經正作「漢末劉植據此城以迎世祖于此」，是，今據改。

〔六〕古賢未城十三州未有條市亭　疑此文有脱誤。

〔七〕清漳水經歷城南　清漳水不流經冀州，水經及水經濁漳水注、清漳水注皆無其文，又水經淇水注：「清河又東北逕歷縣故城南，」則此「清漳水」爲「清河」之誤。

〔八〕漳水東北至昌亭合滹沱　「滹沱」，底本作「滂沲」。水經：濁漳水「又東北至昌亭，與滹沱河會」。此「滂沲」爲「滹沱」之誤，今據改。

〔九〕在堂水之陽　底本作「在堂之陽」。太平寰宇記卷六三冀州堂陽縣：「應劭曰：縣在堂水之陽。按長蘆水亦謂之堂水，縣名堂陽，蓋取此也。」此「堂」下脱「水」字，今據補。

〔一〇〕夏上劉緬造　疑此文有誤。

〔一一〕漢南宮侯張敺冢　漢書卷一六功臣表有南宮侯張買，同書卷三二張耳傳又載文帝封張敖子偃爲南宮侯。太平寰宇記卷六三冀州南宮縣：「漢書云，高后元年封張敖子偃爲南宮侯，即此邑。」

此「張毆」當誤。

〔一二〕西武垣城　底本作「西武偃城」。太平寰宇記卷六六瀛州河間縣載有西武垣城、東武垣城。本志下文載有東武垣城，而稱此城爲西武垣，則此「四」爲「西」、「偃」爲「垣」字之誤，今據改。

〔一三〕陰司馬敗燕公子翌于武垣　「陰」、「翌」，底本作「月」、「翼」。雷學琪竹書紀年義證卷三八、九域志引紀年云，「陰司馬敗燕公子翌于武垣。」范祥雍古本竹書紀年輯校訂補載同。此「月」爲「陰」、「翼」爲「翌」字之誤，今據改。

〔一四〕東武垣城　底本作「東垣城」。據下文，此「垣」上脱「武」字，今補。

〔一五〕遂移西武垣縣于此置　「此」，底本作「北」，周本作「此」。太平寰宇記卷六六瀛州河間縣東、西武垣城下作「遂移西武垣縣城于此置武垣縣」。此「北」爲「此」字之誤，今據改。

〔一六〕徒駭河　「駭」，底本作「解」，周本作「䮕」。漢書卷二八上地理志勃海郡成平有徒駭河。此「解」、「䮕」皆爲「駭」字之誤，今據改。

〔一七〕續漢志云至因爲名　底本作「續漢志云相傳秦始皇東遊厭氣碣石次舍因爲名」。檢後漢書郡國志無此文。太平寰宇記卷六四棣州厭次縣下作「相傳秦始皇東遊厭氣，至碣石，次舍于此，因爲名。」此「碣石」上脱「至」字，「次舍」下又脱「于此」二字，今據補。

〔一八〕漢都尉許商鑿此通海　「通」，底本作「進」。周本作「通」，太平寰宇記卷六四棣州滳河縣下同。此「進」乃「通」字之誤，今據改。

〔一九〕虞丘臺圖經云虞丘壽王居此　「虞丘」，太平寰宇記卷六六莫州鄚縣下作「閭丘」，漢書卷六四上有吾丘壽王傳。「虞」、「閭」、「吾」皆音近而異。

〔二〇〕爲東郡守　底本「東」下有「平」字。清嘉慶重修一統志卷二二河間府引九城志作「爲東郡守」，與漢書卷七六王遵傳合。此「平」字衍，今據删。

〔二一〕又桓帝北巡羣臣于此朝謁故名謁城　桓帝未北巡至此，此處有誤。太平寰宇記卷六六莫州任丘縣任丘古城下作「至後漢桓帝崩，無子，太后使竇武詣河間迎靈帝，乃居此城，羣臣至此朝謁，又謂之謁城」。

〔二二〕張超墓漢書至平原將軍　張超乃後漢人，此「漢書」即「後漢書」之誤；又「平原將軍」不見後漢書張超傳及百官志，此處亦誤。

〔二三〕公孫渾邪　底本作「公孫渾」。周本及清嘉慶重修一統志卷九順天府莫金口寨下引九城志均作「公孫渾邪」，漢書卷一七景武昭宣元功臣表：「平曲侯公孫渾邪。以將軍擊吴楚，用隴西太守侯。」此「渾」下脱「邪」字，今據補。

〔二四〕趙夓　底本「夓」作「夏」，周本作「夓」。太平寰宇記卷六七霸州文安縣：「趙君祠，按圖經：趙夓，漢武帝時爲文安縣令，好神仙，值文安大旱，乃自焚。土人感慕，乃立祠焉。」清嘉慶重修一統志卷九順天府趙君祠亦稱「祀漢縣令趙夓」。此「夏」字誤，今據改作「趙夓」。

〔二五〕鬲國鄃姓臯陶之後　水經河水注引應劭云：「鬲，偃姓，咎繇後。」太平寰宇記卷六四德州安德縣引郡國縣道記：「古鬲國，鄎姓，咎陶之後。」

〔二六〕秦臺　元和郡縣志卷一七棣州、太平寰宇記卷六四濱州蒲臺縣下均作「蒲臺」。

〔二七〕緊　底本作「繄」。元和郡縣志卷一七棣州、太平寰宇記卷六四濱州蒲臺縣下均作「緊」。當以作「緊」爲正，今據改。

〔二八〕甘陵王國　「王」，底本作「侯」。後漢書卷七桓帝紀：建和二年，「改清河爲甘陵，立安平王得子經侯理爲甘陵王」。後漢書郡國志以甘陵國治甘陵。此「侯」爲「王」字之誤，今據改。

〔二九〕清陽縣　宋史卷八六地理志恩州清河縣：「熙寧四年省清陽縣入焉。」本志續修于紹聖，其時清陽縣已廢。此「清陽縣」當爲「清河縣」或「清陽鎮」之誤。

〔三〇〕北濟河　太平寰宇記卷六八破虜軍：「永濟河自霸州永清縣界來，經軍界，下入淀泊，連海水。」信安軍本名破虜軍，景德二年改名信安軍。疑此「北濟河」爲「永濟河」之誤。

〔三一〕亦名瓦河　周本作「赤瓦河」。

〔三二〕雄州　元豐九域志卷二、宋史卷八六地理志均作涿州。

〔三三〕皇朝分置軍　清鈔本作「皇朝太平興國六年置平戎軍，景德初改今名。」

〔三四〕井陘　「井」，底本作「共」。周本作「井」，與下文所記相合。太平御覽卷一六一鎮州：穆天子傳曰，「天子獵于鉶山。注曰，燕趙謂山脊爲鉶。即今井陘是。」此「共」爲「井」字之誤，今據改。

〔三五〕綿蔓水　「綿蔓」，底本作「線曼」。周本作「綿蔓」，與太平寰宇記卷六一鎮州井陘縣下所載同。

此「線曼」爲「綿蔓」之誤，今據改。

〔三六〕藺相如墓　其目前已著于德州，此重出。

〔三七〕星母山　周本作「星海山」。當作「母」字爲正。

〔三八〕水經云至千言山北　今本水經及水經注皆無此文。

〔三九〕市栢鄉　「栢」，周本作「相」。

〔四〇〕贈洪水　疑此有誤。

〔四一〕古邗國　「邗」，底本作「邢」。括地志：「史記云周武王封周公旦之子爲邗侯。左傳云，凡、蔣、邢、茅，周公之胤也。」又載：「邢國故城在邢州外城内西南角。十三州志云，殷時邢國，周封周公旦子爲邢侯，都此。」則古邢國在邢州。又括地志：「故邗城在懷州河内縣西北二十七里，古邗國也。左傳云，邗、晉、應、韓，武之穆也。」則此「邢」爲「邗」字之誤，今據改。

〔四二〕水經注云出太行之阜　底本作「水經云在太行之阜」。水經沁水注：邗水「出太行之阜」。此「在」爲「出」字之誤，今據改。

〔四三〕沁陽城　「沁」，底本作「泌」。周本作「沁」。魏書卷一〇六上地形志司州汲郡山陽縣下有沁陽城，水經沁水注稱懷縣北有沁陽城，沁水逕其南。此「泌」爲「沁」字之誤，今據改。

〔四四〕樊噲墓　本志卷一鄭州著有樊噲冢，此重出。

〔四五〕水經云方山西有蒼谷　水經清水注：倉水「出西北方山，山西有倉谷」。卽本條所出。

〔四六〕水經注云衡漳水又北經邸閣西　底本「衡漳水」作「衡漳水」。水經濁漳水注：「衡漳又北逕巨橋邸閣西。」此「衛」又爲「衡」字之誤，今據補改。

〔四七〕白馬溝　水經濁漳水注：有白馬河，即志所引述。

〔四八〕破趙將扈輒於武遂　太平寰宇記卷六三深州武強縣：「武隧故城在縣東北三十一里，秦破趙將扈輒于武隧。」此「破」上當有「秦」字。

〔四九〕後漢張純封武始侯　底本作「漢張□封武始侯」。後漢書卷三五張純傳：建武中「更封武始侯」。此「漢」上脱「後」字，「張」下所闕爲「純」字，今據補。

〔五〇〕磁州　太平寰宇記卷五六磁州：「以昭義縣界有磁山，出磁石，因取爲名。」

〔五一〕藺相如冢　前德州、真定府分别著有藺相如墓，此又重出。

〔五二〕酈元水經云槐水經平山南　指酈道元水經注，但明以來各本水經注皆缺此文。

〔五三〕酈善長水經云代郡廣昌縣東南至古易縣城　底本作「酈善長水經云：代州廣昌縣西南，至古河陽城」。水經易水注：「涿郡西界代之易水，而是水出代郡廣昌縣東南郎山東北燕王仙臺東。……易水又東逕易縣故城南，昔燕文公徙燕，即此城也。闞駰稱太子丹遣荆軻刺秦王，與賓客知謀者祖道于易水上。」此節摘引其文，「代郡」誤爲「代州」，「古易縣城」誤爲「古河陽城」，今皆據以改正。

〔五四〕周景王　底本作「周景」。清嘉慶重修一統志卷一四保定府徐城下引九域志作周景王，此脱

「王」字，今據補。

〔五五〕和城　清嘉慶重修一統志卷一四保定府郭丹城下引九域志作「和甸」。

〔五六〕括地圖　「圖」，底本作「志」。按括地志叙遂城縣龍山不及本志所記之事，太平寰宇記卷六八威虜軍遂城縣：遂城山，舊名龍山，「括地圖云，其山往往有仙人遊龍翔集」。與本志記載相符，則「志」爲「圖」字之誤，今據改。

〔五七〕東流經羊角淀北新城西有伏龍泉與漕水流合　底本無「東」字，「有」作「西」。清嘉慶重修一統志卷一三保定府曹河下引高陽記：「曹水出釜山南，東流逕羊角淀北、新城西，有伏龍泉入焉。」此脱「東」字，「西」又爲「有」字之誤，今據補改。

卷三

京兆府

杜城，即杜伯國也。鄠，夏有扈國，書云：啟與有扈，戰于甘之野。今有甘亭。崇國，今爲鄠縣地。武功，古有邰國，有古斄城。新豐古城，故驪戎國；〔一〕驪戎故城，亦驪戎國也，秦曰驪邑。軹道，秦王子嬰于此降高帝。子午關，王莽通子午道，因置關。今廢。終南山，毛萇云：周之名山中南也。九嵕山。子午谷。渭水。灞水。滻水。焦穫澤，爾雅云：周有焦穫。樊川，十道志：其地即杜陵之鄉，漢將軍樊噲食邑于此，故曰樊川。龍首渠。冰池，十道志云：即彪池，亦名聖女泉。蚩尤冢。扁鵲墓。荆軻墓。樗里子墓。太公冢。蝦蟇墓，董仲舒墓也。揚雄墓。

河中府

古耿國，殷帝祖乙自此遷于亳。古虞國，周封虞仲〔二〕于此。冀亭，〔三〕古國。猗氏，古郇國也，後以猗頓所居，因爲猗氏。首山宮，按漢書，漢武帝元封六年作。蒲津關。中條山。五老山，昔堯升首山，觀河渚，有五老遊，言訖飛上天昴，因以名之。龍門山，尚書云：導河自龍門，〔四〕是也。又魏土地記云，〔五〕梁山北有龍門。是也。歷山，漢武帝因祀后土，嘗登歷山。嬀汭二水，源出首山，水經云歷山，舜耕處，有二源，合流入于河。〔六〕瀵水，按爾雅云：瀵水出尾下。水經云：出汾陰南四十里，周回一百八十步，冬温夏冷，清澈見底。〔七〕雷水，源出雷首山。穆天子傳曰：天子至雷首，犬戎獻良馬，使孔牙受之于雷水之干。是也。舜井。庖王廟。舜廟，在舜城内。蒼陵廟，西征記云：舜二妃也。河瀆廟，又有河侯祠，漢郊祀志：祠河于臨晉。巨靈祠，郭緣生述征記云：華山與首陽山本同一山，河神巨靈擘開以通河流。伯夷叔齊廟。庖王陵，戴延之西征記：潼關直北隔河有層阜，蒼然獨秀，謂之風陵；伏羲，風姓也。伯夷叔齊墓。孫陽墓。荆軻墓。〔八〕

陝州

召伯甘棠樹，在府署西南隅，見詩。古魏國城，左傳曰：姬姓國也。芮城，周列國，與虞質田于文王者也。焦城，古焦國，姬姓。函谷關。雷首山，禹貢云：壺口、雷首。三門砥柱山，見地志。孔安國曰：山見水中若柱然，又鑿爲三門，昔古冶子從齊景公濟于此。巫咸山，見地志。吴山，古吴阪。騏驥駕鹽車，遷延負轅而不進，此其處也。鼎湖，昔黄帝采首山之銅，鑄鼎于荆山下，帝升天時，因名其地。洹津，穆天子傳云：天子自顛軨，次于洹水之陽。水經云：漢武帝賜亭長妻此津，令其鬻渡。〔九〕傳說祠。召伯祠。芮君祠。夸父廟。河上公廟。女媧陵。關龍逢墳。

延州

春秋時白翟所居，秦曰高奴，昔趙武靈王滅中山，遷其人于膚施，〔一〇〕卽此地。五龍山，〔一一〕有黄帝五龍祠四所在山上，亦謂之仙泉祠。州城東西有暖泉七眼，州居南北兩河之際，河水渾濁，井泉苦，此泉七眼，其味甘美，冬温夏冷，遇大寒衆泉凍，此泉流溢不減，甚濟居人。龍泉，水經云：龍泉，道左山上有牧龍川，多産駿馬。〔一二〕

同州

古少梁城。古大荔城，今謂之古王城。向城，詩小雅：皇父孔聖，作都于向。謂此地也。古郃陽城。古新里城，左傳：梁伯所城，命曰新里。古莘國城，郡國志：郃陽南有古莘國城，周散宜生爲文王求有莘氏女以獻紂，卽此。系本及詩、傳：莘國，姒姓，夏禹之後，文母太姒卽此國之女。古殺祤城。〔一三〕三曲城，地理志云三業城，卽此。韓城，古韓國。賈城，古賈國。北芮鄉城，漢書地理志云：臨晉有古芮鄉，古芮國。梁山，左傳：晉梁山崩。是也。罌浮渡，漢淮陰侯虜魏王豹，以木罌浮渡夏陽。龍首渠，史記云：臨晉人穿渠得龍骨，〔一四〕故以爲名。子貢廟。賈大夫冢。張禹冢。

華州

古赤城，水經注云：渭水又東逕繼都城北，〔一五〕故蕃邑，契之所居。闞駰曰蕃在鄭西，然則今繼城矣，俗號赤城，以水名之。潼關，卽桃林之塞。光武城，漢光武征隗囂所築。下邽，卽秦武公伐邽戎之人爲此縣。華山，書疏云：華山，四州之際，東北冀，東南豫，西南梁，西北雍，華山十字分之，四隅爲四州。一名太華。少華山。涇渠，鄭國所開。華岳廟，三秦記：華山神祠能興雲致雨。翟公冢，漢廷尉翟公也。楊震墓。西岳華山碑，唐明皇御製御書。

耀州

漆、沮二水。古祋祤城。孫思邈宅。鄭國渠。直市，按三秦記云：秦文公所創，物無二價，故以直市爲名。小仲山，有仲子廟，積旱圍此射獵，則風雨暴至。祋祤廟。休屠、金人及徑路神祠三所。越巫𧴆鄒祠三所，越人祠也。「𧴆」音「辜」。王翦墓。漢李陵墓。

邠州

古豳亭，周太王所都。古義渠城，義渠國也。公劉邑。栒邑城。〔一六〕古鶉觚縣，秦北地也。郡縣地圖記云：秦使蒙恬北築長城，又築城于此，以觴設奠，有鶉鳥飛來升觚，遂以爲名。姜嫄廟。公劉廟。

鄜州

古白翟國。秦長城。高奴城，〔一七〕項羽封董翳爲翟王，都于此。

解州

解梁城，見左氏傳。蚩尤城，見郡國志。鳴條城，按尚書：湯伐桀，升自陑，遂與桀戰于鳴條之野。孔安國曰：地在安邑之西。陑地在今安邑北二十里。

慶州

不窋城，夏后氏衰，稷之子不窋奔于戎翟，卽此地。

虢州

周封虢仲之地。函谷關，漢武帝置弘農縣于秦故關，謂道形如函，卽孫卿子所謂「秦有松柏之塞」。盧氏，郡國縣道記：縣則西虢之別也。〔一八〕遁甲開山圖云：盧氏山宜五穀，可以避水災，因以爲名。熊耳山。

商州

古商國，帝王世紀云：卨始于商，則今上洛縣，亦秦封商君之地，張儀詐以商於地方六百里賂楚，卽此地也。武關。王陵城，在丹水上。四皓廟。

寧州

橋山，漢地理志云：上郡陽周縣南有橋山。風土記云：陽周縣，縣南有黄帝陵，在子午山上。軒轅太子陵廟。扶蘇太子陵。

坊州

春秋時白翟之地，漢書渠搜爲中部都尉，〔一九〕是也。橋山。玉華寺，玄奘法師于此翻經。軒轅廟。秦文公廟。

丹州

孟門山，在石湓下三里黄河中流，相傳云有石扼束河流，〔二〇〕俗謂「石湓」，「湓」音「騷」。

環州

古朔方鳴沙之地也。長城。劉明遠墓。

保安軍

唐之左神策軍也。

鳳翔府

郚城，〔二一〕續漢志：〔二二〕秦封于郚，徐廣曰今虢鄉是也；又云郿之虢亭。寶雞，本秦之陳倉。三秦記曰：秦武公都雍，陳倉城是也。〔二三〕西虢，周虢叔所封，是曰西虢。岐山。杜陽山，詩譜曰：周原者，岐山陽地，屬杜陽，地形險阻而原田肥美。太白山。陳倉山。古駱谷道。郿塢，董卓築。汧水。磻溪，卽太公垂釣之所。上公明星祠，黄帝孫舜妻育冢祠，〔二四〕見漢書志。倉頡廟。吕望祠。三良冢。

秦州

天水，秦州記云：郡有湖水，冬夏無增減，因號天水。平襄城，本漢縣，屬漢陽郡，故襄戎之邑。朱圉山。〔二五〕渭水。隴首山。古街泉縣。清水，本秦仲始封爲附庸之地。小隴山，一名隴坻，三秦記：其坂九曲，〔二六〕上者七日乃至。馬池，源出嶓冢山，開山圖云：隴西神馬山有泉池，龍馬所生。祁山，開山圖云：漢陽西南有祁山。古上邽縣。本邽戎邑也。嶓冢山。〔二七〕

涇州

西王母宫。涇水，周禮職方氏：川曰涇、汭。皇甫士安讀書臺。靈臺，古密須國之地，漢地理志云：密人之國。密康公墓。皇甫士安冢。

熙州

無古跡。

隴州

隴山。汧、渭二水。郁夷縣故城，漢書云：郁夷有汧水祠。〔三八〕弦蒲藪，按周禮職方氏雍州：其藪曰弦蒲。秦城，按非子養馬汧、渭之間，有功，周孝王封于秦，卽此城也。吴嶽，廣雅曰：河西曰嶽，謂吴嶽也，頂有五峯。禹貢云：導汧及岐。周禮職方氏雍州：其山曰嶽。漢地理志云：吴山在汧縣西，古文謂之汧山。〔三九〕秦都咸陽，以爲西嶽。段太尉墳。

成州

古西戎地，戰國時姜戎居之，後爲白馬氐國。大人跡，唐天后時成州言大人跡見仇池山。軒轅廟，見地志。

鳳州

大散關，地勢隘險，西南有嘉陵谷，卽嘉陵江所出。石堠子，一名雙乳臺，耆老曰：傳云此堠東去東京，西抵益州，計其地里得中焉。張果老祠，圖經云：張果先生夏居豆積，冬居鷲山，唐明皇徵之，制加先生之號。

岷州

岷山，無樹木，西有天女堆，天女祠在其上。秦築長城，起于州界。

渭州

隴坻，郡居隴坻之西平涼縣，史記所謂成鄉邑也。〔三〇〕六盤關。彈箏硤，卽都盧山硤也，水經〔三一〕云：都盧山硤之内，常有彈箏之聲；又云：弦歌之山，硤口水流，風吹巖響，有似音韻〔三二〕也。古月氏戎。

原州

朝那湫廟，史記：朝那湫泉，卽華石川也。蘇林曰：湫淵在安定朝那縣，方四十里，停不流，冬夏不增減，不生草木，能興雲雨，水旱禱之有應〔三三〕。漢志：朝那有端旬祠十五所，胡巫

祝，又有湫淵祠。〔三四〕

階州

古白馬氏之國，西戎之別種也。此州本武州，〔三五〕唐景福初改今名。舊十道圖有楊難當墓、石雞神祠。

河州

古羌侯邑也，漢金城郡地。〔三六〕

蘭州

皐蘭山，州取以爲名。漢霍去病伐匃奴所出也，以所執鞭卓地，而泉湧出。

鎮戎軍

今軍卽古高平郡也。蕭關古城，文帝十四年匃奴入蕭關，卽此。都盧山。笄頭山，一名雞頭，一名崆峒，又按漢書：幵頭山在涇陽西，禹貢：涇水所出。朝那湫廟。

德順軍

無古跡。

通遠軍

無古跡。

校勘記

〔一〕故驪戎國　「驪」，底本作「酈」。漢書卷二八上地理志京兆尹新豐縣、太平寰宇記卷二七雍州昭應縣下皆作「驪」。當以作「驪」爲正，今據改。

〔二〕虞仲　底本作「叔仲」。史記卷三一吴太伯世家謂武王克商，「封周章弟虞仲於周之北故夏墟」。此「叔」爲「虞」字之誤，今據改。

〔三〕冀亭　「亭」，底本作「帝」。左傳僖二年：「冀爲不道，入自顛軨。」杜預注：「冀，國名，平陽皮氏縣東北有冀亭。」水經汾水注引京相璠語亦稱「今河東皮氏縣有冀亭，古之冀國所都也」。此「帝」爲「亭」字之誤，今據改。

〔四〕尚書云導河自龍門　禹貢：「道河積石，至於龍門。」此「自」乃「至」字之誤。

〔五〕魏土地記云　「魏土地記」，底本作「士記」。水經河水注引魏土地記曰：「梁山北有龍門山。」此誤，今據改補。

〔六〕水經云至合流入于河　水經河水注云：「歷山，舜所耕處，嬀、汭二水出焉，「異源同歸，渾流西注，入於河」。即本條所出。

〔七〕水經云至清澈見底　今本水經河水注作「出汾陰縣南四十里，西去河三里，平地開源，濆泉上湧，大幾如輪，深不可測，俗呼之爲『瀵魁』。古人壅其流以爲陂水種稻。東西二百步，南北一百餘步」。其文與此異。

〔八〕荆軻墓　其目前已著于京兆府，此重出。

〔九〕漢武帝至今其禦渡　水經河水注柏谷下載：「漢武帝嘗微行此亭，見饋亭長妻。」文與此異。

〔一〇〕昔趙武靈王滅中山遷其人于膚施　太平寰宇記卷三六延州膚施縣下載同。按史記卷四三趙世家，滅中山者爲趙武靈王子惠文王，「遷其人」作「遷其王」。

〔一一〕五龍山　「山」，底本作「池」。漢書卷二八下地理志上郡及太平寰宇記卷三六延州膚施縣下均書作「五龍山」。此「池」爲「山」字之誤，今據改。

〔一二〕水經云龍泉道左山上有牧龍川多產駿馬　水經河水注載土軍縣「有龍泉，出城東南道左山下牧馬川，上多產名駒，駿同滇池天馬」。此段引文有誤；又土軍縣宋時爲石樓縣，屬隰州，非屬延州。

〔一三〕古祋祤城　后耀州著有此目。據太平寰宇記卷三一耀州華原縣載，其城「在縣東北一里」。則此目衍。

〔一四〕臨晉人穿渠得龍骨　「龍骨」，底本作「龍首」。史記卷二九河渠書作「龍骨」。漢書卷二九溝洫志同。此「首」爲「骨」字之誤，今據改。

〔一五〕巒都城　此及下文「巒城」，「巒」字底本俱作「山」。水經渭水注作「巒」。此二「山」皆「巒」字之誤，今據改。

〔一六〕栒邑城　「栒」，底本作「郇」，周本作「郇」。漢書卷二八上地理志右扶風領栒邑。此「郇」、「郇」爲「栒」字之誤，今據改。

〔一七〕高奴城　已著于延州。其城在今延安市東北，宋時非屬鄜州。

〔一八〕縣則西虢之别也　「也」，太平寰宇記卷六虢州盧氏縣下引郡國縣道記作「邑」，蓋此「也」爲「邑」字之誤。

〔一九〕漢書渠搜爲中部都尉　「中部」，底本作「封」。漢書卷二八下地理志朔方郡渠搜縣：「中部都尉治。」此「封」爲「中部」之誤，今據改。然漢中部都尉所治渠搜縣，于宋非屬坊州地，宋坊州治中部縣，本姚秦所置中部郡，此語繫于坊州，實誤。

〔二〇〕孟門山在石滏下三里黄河中流相傳云有石扼束河流　底本「束」作「東」，無「河」字。清嘉慶重修一統志卷二三三延安府孟門山條引明統志：「在宜川縣東北石潭下三里黄河中流，相傳有石扼東河流，謂之『石溗』。」此「東」爲「束」字之誤，又脱「河」字，今據改補；又「石潭」，與此「石溗」異。

〔二一〕郚城　前京兆府已著郚國，亦即郚城。

〔二二〕續漢志　後漢書郡國志載右扶風鄠縣有郚亭，劉昭注：「史記曰封棄於郚，徐廣曰今斄鄉。又案王怢傳，鄠之斄亭，爲冤鬼報戮故亭長者也。」此「志」下應有「劉昭注」三字。

〔二三〕秦武公都雍陳倉城是也　雍與陳倉自是二地，雍在今鳳翔縣南，陳倉在今寶雞市東。據史記卷五秦本紀載，秦德公始都雍，此前武公則居平陽，地在雍與陳倉之間。此文有誤。

〔二四〕黄帝孫舜妻育冢祠　「育」，底本作「盲」。漢書卷二八上地理志右扶風陳倉下亦作「盲」。梁玉繩引竹書紀年稱舜后育葬于渭。此「盲」爲「育」字之誤，今據改。

〔二五〕朱圉山　「圉」，底本作「圍」。漢書卷二八下地理志天水郡冀縣、太平寰宇記卷一五〇秦州大潭縣下俱載有朱圉山。此「圍」爲「圉」字之誤，今據改。

〔二六〕其坂九曲　「曲」，周本作「回」，太平寰宇記卷三二隴州汧源縣引三秦記作「迴」。「回」、「迴」音同，當以作「回」爲是。

〔二七〕嶓冢山　「冢」，底本作「岷」。太平寰宇記卷一五〇秦州清水縣載有嶓冢山，而無「嶓岷山」。此「岷」爲「冢」字之誤，今據改。

〔二八〕漢書云郁夷有汧水祠　「汧」，底本作「邢」。漢書卷二八上地理志右扶風郁夷縣下載有汧水祠，而無「邢水祠」。此「邢」爲「汧」字之誤，今據改。

〔二九〕吴山在汧縣西古文謂之汧山　底本「吴山」作「吴獄」，「汧」作「州」。漢書卷二八上地理志右扶風汧縣：「吴山在西，古文以爲汧山。」此「獄」爲「山」、「州」爲「汧」字之誤，今據改。

〔三〇〕史記所謂成郇邑也　「成郇邑」，未詳；周本「成」作「城」。

〔三一〕水經　太平寰宇記卷三三渭州百泉縣下作「水經注」。

〔三二〕有似音韻　太平寰宇記卷三三渭州百泉縣下引水經注作「如彈箏之韻」。

〔三三〕朝那湫廟至水旱禱之有應　後鎮戎軍著有朝那湫廟。漢朝那縣在今固原縣東南，于宋地屬鎮戎軍，非屬原州，此文當繫鎮戎軍下。

〔三四〕漢志朝那有端旬祠十五所胡巫祝又有湫淵祠　底本「胡巫祝」作「胡巫祀」，「湫淵祠」作「湫淵祀」。漢書卷二八下地理志安定郡朝那縣：「有端旬祠十五所，胡巫祝；又有湫淵祠。」此「胡巫祀」爲「胡巫祝」、「湫淵祀」爲「湫淵祠」之誤，今據改。又漢朝那縣在今固原縣東南，于宋地屬鎮戎軍，非屬原州，此文當繫於鎮戎軍下。

〔三五〕此州本武州　「武州」，底本作「武川」。新唐書卷四〇地理志階州武都郡：「本武州，因没吐蕃，廢，大曆二年復置爲行州，咸通中始得故地，龍紀初遣使招葺之，景福元年更名。」則此「川」乃「州」字之誤，今據改。

〔三六〕漢金城郡地　「漢」，底本作「黄」。太平寰宇記卷一五四河州：「古西羌地。「秦爲隴西郡地。漢武帝分隴西置天水、張掖二郡，昭帝立金城郡，今州即金城郡之枹罕縣也。」此「黄」乃「漢」字之誤，今據改。

卷四

太原府

古太原城，一名晉陽城，皇朝克復河東，移治今郡，此城隳廢。古駘祠，左傳云：允格、台駘能業其官，帝用嘉之，封諸汾川；又曰：台駘障大澤，以處太原。〔一〕祁藪，職方并州：其藪曰昭於祁。洮水，左氏傳云：宣汾、洮。是也。清原，左氏傳曰：晉侯蒐于清原。鄔城，左氏傳曰：焚我箕、郜。大陵城，史記：趙肅侯遊大陵。仇猶城，智伯欲伐仇猶，遺之大鍾，見戰國策。智伯渠，智伯遏晉水以灌晉陽，見春秋後語。子夏廟。羊舌大夫廟。晉侯廟。〔二〕晉大夫祁奚墓。後漢徵士周黨墓。温舒墓。孝子劉明達墓。郭有道碑，蔡伯喈文並書。

潞州

長子城，丹朱所築。〔三〕黎侯亭，在黎侯嶺上。黎侯城，書：西伯戡黎。是也。古褫亭，漢書志云：銅鞮有上虒亭、〔四〕下虒聚。長平關，即秦白起坑降卒處。壺關。羊腸阪，見漢書志。抱書山，〔五〕出道書福地記。三嵕山，有廟。濁漳水，出長子西，見水經。潞水，冀州之浸，見水經。古余吾城，漢縣也。神農廟，有神農井，神農得嘉穀之所，見地形志。唐明皇舊宅。潞子廟，春秋時潞子嬰兒也。豫讓廟。關龍逢廟。馮亭墓，有廟，卽韓上黨太守馮亭也，見史記。馮奉世廟。

晉州

帝女媧氏廟。堯廟。漢霍將軍祠。姑射廟。〔六〕姑射山，〔七〕莊子云：堯臨天下，見四子藐姑射之山。汾水。平陽城，漢書地理志云：堯所都，在平水之陽也。〔八〕高梁城，見春秋。師曠廟。古楊城，春秋楊國，漢楊縣也。〔九〕趙簡子廟。霍山，爾雅云：西方之美者，有霍山之多珠玉焉。趙城，春秋晉獻公滅耿，以賜趙氏，因謂之趙城。烏嶺，山海經云：烏嶺之山，涝水出焉。千畝原，春秋晉穆公以千畝之戰生子，命之曰成師，卽此。沁水，水經云：出上黨郡。郅都墓。

府州

古并州之地，秦太原郡也。

麟州

漢武帝徙貧人于關西及朔方以南新秦中，卽其地也。古麟州城。古長城，史記：趙武靈王起長城，自代傍陰山下，至高闕。〔一〇〕

絳州

武平關，齊武平二年置。晉羊舌大夫廟。澮水，水經云：澮水出河東絳縣。龍谷水，左氏傳云：龍見于絳郊。申生城，春秋云：晉太子申生奔新城。古蒲城，〔一一〕春秋云：晉獻公使重耳居蒲。廢虒祁宮，春秋晉侯築虒祁之宮。臺駘廟，左氏傳：晉侯有疾，卜曰臺駘爲祟。絳邑城，漢封周勃絳侯。古陘庭，左氏傳杜預云：陘庭，翼南鄙邑。趙盾廟。古翼城，春秋云：鄭人、邢人伐翼。古熒庭，左氏傳杜預云：熒庭，晉地。〔一二〕齊侯所築。絳城，酈元注水經云：漢封華無害爲絳侯。〔一三〕古絳郡城。黃河孟津水，在垣縣南。古陽壺城，水經：清水東南經陽壺。〔一四〕古臯落城，左氏傳：晉使申生伐東山臯落氏。齊姜墓。荀息墓。里克冢。杜康冢。公孫杵臼墓。晉王公墓。羲和墓。

代州

李牧廟。夏屋山，漢地理志：廣武縣有賈屋山。〔一五〕長城，隋書志：雁門縣有長城。古廣武城，趙武靈王築。古樓煩城。古平城，漢高祖擊韓王信于代，至平城。石鼓山，其形似鼓，故老云，鳴則歲大稔。五臺山，旌異記云：雁門有五臺山，山形五峙。滹沱水，周禮云：正北曰并州，其水滹沱。鹵城，漢地理志：代郡有鹵城縣。

隰州

古蒲城，晉公子重耳所守也。穀城，神農嘗五穀于此。屈城，晉有屈產之乘，是也。

忻州

金穴，水經注云：程侯北山下有採金穴。〔一六〕滹沱水，山海經云：泰戲之山，〔一七〕滹沱之水出焉。

汾州

古京陵，城冢記云：周宣王北伐玁狁時築。介子推祠。〔一八〕卜商祠。台駘神祠，左氏傳晉侯有疾，卜云台駘爲祟。謁泉山，水經注云：上有石室，卜子夏居之。汾水。仙童祠，宋永初山川記云：漢武帝見一童子，曰吾居丹洞，使往西田，説訖上昇，遂立祠。段干木祠。尹吉甫墓。郭林宗墳。段干木墓。郭巨墓。魏文侯墓。介子推墓。〔一九〕

澤州

太行山。丹水，山海經云：出丹林南。天井關，一名太行關。光狼城，史記云：白起攻拔光狼城。秦、趙二壁，秦在西，趙在東。析城山，按漢書，析城山在陽城西南。〔二〇〕王屋山。沁河。濩澤，〔二一〕墨子云：舜漁于此。

憲州

趙武靈王廟。管涔山。古静樂城，按史記，静樂本漢汾陽縣地。長城，隋大業中發丁男百萬築之。

嵐州

蒙山，有古廟，號蒙山神。火萬山，上有白龍池。合河，與黄河合，因名。屈産廟。白薤山，郡國志：嵐州有白薤嶺。干將嶺，俗傳干將鑄劍處，古爐猶存。

石州

比干山，西谷有比干祠，祈禱多驗。

豐州，軍事。

無古跡。

遼州

黄澤嶺，地形志：在樂平。遼陽山。遼陽水。古箕地，〔三〕春秋晉人敗狄于箕。南八賦嶺、北八賦嶺，地形志：樂平縣有八賦嶺。祝融祠，城冢記：遼陽城，祝所築。晉大夫先軫祠。

威勝軍

涅水，漢書地理志云：出涅氏縣。〔三〕 銅鞮城，太平寰宇記：本晉銅鞮宮。 麟山，圖經云：皇初平嘗於此山上圍碁，石局猶存。 石臼嶺，盧諶征歎賦：升石臼之嶮。 當路城，風土記云：趙簡子築。 臨漳城，風土記云：堯築。 天池山，山海經云：天池之山，上無草木。 沁水，山海經云：謁戾之山，沁水出焉。 琴仙廟，風俗傳云：卽琴高也。 晉大夫羊舌伯華墓，太康地記：銅鞮，晉大夫羊舌邑。

平定軍

晉陽故城，左氏傳：晉趙鞅入于晉陽。是也。 英公廟，唐李勣也。

岢嵐軍

岢嵐神廟，在岢嵐山上。 暖泉，嚴冬常流不凍。 長城，秦始皇築。

寧化軍

雪山，春夏其陰有雪。 古冶雙鑪，圖經云：干將造劍鑪也。

火山軍

史記：趙武靈王所謂林胡、樓煩之地。

保德軍

春秋時晉地，晉滅，屬胡。史記：趙武靈王曰，西有林胡、樓煩。即此地。

校勘記

〔一〕允格台駘至以處太原　左傳昭元年：「昔金天氏有裔子曰昧，爲玄冥師，生允格、台駘。台駘能業其官，宣汾、洮，障大澤，以處太原。帝嘉用之，封諸汾川。」此引有錯亂，又誤「台駘能業其官」爲「允格、台駘能棄其官」。今據改「棄」爲「業」，餘姑仍其舊。

〔二〕晉侯廟　周本作「晉侯墓」。

〔三〕丹朱所築　「丹」，底本作「爾」。讀史方輿紀要卷四三潞安府長子縣下引唐十道圖：「長子城，丹朱所築。丹朱，堯之長子，因名，亦曰丹朱城。」此「爾」爲「丹」字之誤，今據改。

〔四〕銅鞮有上虒亭　「上虒亭」，底本作「虒亭」。漢書卷二八上地理志上黨郡銅鞮縣：「有上虒亭、下虒聚。」此「虒亭」前脱「上」字，今據補。

〔五〕抱書山　太平寰宇記卷四五潞州壺關縣下引道書福地記作抱犢山，此「書」蓋爲「犢」字之誤。

〔六〕姑射廟　底本作「射姑廟」。太平寰宇記卷四三晉州臨汾縣：「姑射神祠在縣北十三里姑射山東，唐武德元年勅置。」此「射姑」爲「姑射」二字倒誤，今據改。

〔七〕姑射山　底本作「射姑廟」。太平寰宇記卷四三晉州臨汾縣：「平山，一名壺口山，……今名姑射山，在縣西八里。……莊子：藐姑射之山，有神人居焉。」此「射姑」爲「姑射」二字倒誤。又上文已載姑射廟，此不應重出，據下文此「廟」爲「山」字之誤。今據改正。

〔八〕漢書地理志云堯所都在平水之陽也　漢書卷二八上地理志河東郡平陽縣下顏師古注引應劭曰：「堯都也，在平河之陽。」此當作「漢書地理志注」。

〔九〕漢楊縣也　「楊縣」，底本作「楊城縣」。漢書卷二八上地理志上黨郡領楊縣，而無「楊城縣」。此「城」字衍，今據删。

〔一〇〕至高闕　底本作「高關」，無「至」字。史記卷一一〇匈奴列傳載趙武靈王築長城，「自代並陰山下，至高闕爲塞」。水經河水注同。此「高」上脱「至」字，「關」爲「闕」字之誤，今據補改。

〔一一〕古蒲城　其目見于下文隰州，應列於隰州爲是。

〔一二〕熒庭晉地　底本作「熒城晉城」。左傳襄二十三年杜預注作「熒庭，晉地」。此誤，今據改。

〔一三〕絳城酈元注水經云漢封華無害爲絳侯　底本「絳城」作「絳山」，「華無害」作「范無害」。

酈道元水經㵎水注：絳縣，「漢高帝六年封越騎將軍華無害爲侯國」。史記卷一八高祖功臣侯年表同。此「絳山」爲「絳城」之誤，「范無害」又爲「華無害」之誤，今據改正。

〔一四〕水經清水東南經陽壺　文底本「清水」作「清澗水」。水經河水注：「清水又東南逕陽壺城東。」此「澗」字衍，今據删。

〔一五〕廣武縣有賈屋山　「賈屋山」，底本作「屋山」。漢書卷二八上地理志太原郡廣武縣：「賈屋山在北。」太平寰宇記卷四九代州廣武縣：「夏屋山一名下壺山，又名賈屋山。」此「屋山」上脱「賈」字，今據補。

〔一六〕程侯北山下有採金穴　「採金穴」，底本作「林金穴」。太平寰宇記卷四二忻州秀容縣：「程侯山一名金山，在縣西北三十五里。水經注云：忻水東歷程侯山北，山甚層鋭，其下舊有採金處，俗謂之金山。」此「林」爲「採」字之誤，今據改。

〔一七〕泰戲之山　底本作「泰武之山」。山海經北山經：「又北三百里曰泰戲之山，……虖沱之水出焉。」此「武」爲「戲」字之誤，今據改。

〔一八〕介子推祠　「子」，底本作「之」。太平寰宇記卷四一汾州介休縣下引郡國志云：「介山上有子推冢並祠存。」此「之」爲「子」字之誤，今據改。

〔一九〕介子推墓　「子」，底本作「之」，誤。今據太平寰宇記卷四一汾州介休縣下所引郡國志改正。

〔二〇〕析城山按漢書析城山在陽城西南　「析城山」，底本俱作「祁山」。漢書卷二八上河東郡濩澤縣：

「禹貢析城山在西南。」考漢濩澤縣，爲宋澤州陽城縣地，在今陽城縣西澤城，則此「祁」爲「析」字之誤，脱「城」字，今據改補。

〔二一〕濩澤　「濩」，底本作「護」。漢書卷二八上地理志河東郡領濩澤縣，顔師古注引應劭云：「有濩澤在西北。」此「護」爲「濩」字之誤，今據改。

〔二二〕古箕地　太平寰宇記卷四四遼州榆社縣：「古箕城在縣東南三十里，……春秋僖公三十三年晉人敗狄于箕，即此也。」此「地」當爲「城」字之誤。

〔二三〕出涅氏縣　底本作「出涅縣」。漢書卷二八上地理志上黨郡：「涅氏，涅水也。」顔師古注：「涅水出焉，故以名縣也。」此「涅縣」爲「涅氏縣」之誤，今據改。

卷五

揚州

仙人擣藥臼，見十道圖。　龍舟堰，十道志云：魏文帝臨江，試龍舟此堰，得名。　邵伯堰，晉書：謝安鎮廣陵新城，築堰于城北，後人思之，因名爲邵伯埭。〔一〕　吴公臺。　大江，有江水祠，見漢書志。　邗溝，見左氏傳。　建隆寺，太祖皇帝親征李重進，置營于此，賊平，置寺賜額。今正殿御榻存焉，景德三年詔遣使齎太祖御容懸於殿内。　法華院，周世祖征淮南，駐蹕于此，後置院。　盤古廟。　后土廟。　魏文帝廟，昔魏文帝幸廣陵城，因立廟。〔二〕又名曹公廟。　貞女廟，卽孝婦祠，見十道志。　甘羅廟，卽謝安石祠也。　龍興寺，謹律師和尚碑，〔三〕李華文，張從中書，李陽冰篆額，時人謂之「四絶」。　盤古冢。　隋煬帝陵。

亳州

武王封神農之後于焦，卽今譙縣也。　古羅城，城冢記：譙陵城，楚平王築，今亳州是也。　酇縣，漢相蕭何所封。　衛真，本苦縣，城冢記：縣之賴鄉，老君所生之地，舊有宅，今太清宫是也。有道德經碑，唐明皇書；邊韶老子碑；薛道衡祠庭碑；唐明皇御札碑；老子行記碑。梅城，段伯所封也。魏太祖宅，太廟也，有大饗碑。芒山。碭山。嵇山，嵇康居于山側，因氏之。渦水。涣水。洞霄宫，有重修宫碑。天洋宫。羿廟。楚靈王廟。楚項襄王廟。韓安國廟。李母墳，老君也。梁孝王墳。陳勝墓。韓安國墳。虞詡墳。丁儀墳。嵇康墳。夏侯湛墳。

宿州

古睢南郡，齊置，梁曰睢州。虹縣，堯封禹爲夏伯，邑於此，見輿地志；有廟，今廢。汴水，西自亳州界來，東入泗州界。菑丘城，漢侯邑。龍亢城，漢縣。穀陽城，〔四〕漢將岑彭侯邑。鄼鄉，〔五〕在古縣城内，漢高帝破黥布於此。垓下，李奇曰：聚邑名也，今有城。漢高帝〔六〕圍項籍之地。陳勝廟、冢。〔七〕趙王武臣冢，有碑，獸石柱存焉。

楚州

淮陰侯廟。楚元王廟。董永廟。公冶長墓。漂母墓。

海州

羽山，舜殛鯀于羽山。孝婦廟，又有墓，見唐十道圖。鹿笁冢，俗名鬼市，見郡國志。

泰州

僞吳以海陵縣置制置院，僞唐以爲泰州，皇朝因之。仙翁山，昔有王道人尸假〔八〕于此。

泗州

古徐國城。普昭王寺，有大聖真塔。徐偃王廟。楚靈王廟。徐君墓，季札掛劍之所，俗云掛劍臺。

滁州

阜陵城，漢侯邑也。九鬭山，項羽敗至此，一日九戰，因名之。丁姑祠，事見搜神記。龔頡侯墓，〔九〕「頡」音「戞」。

眞州

迎鑾鎮，即今州地，僞唐置，皇朝初爲建安軍，大中祥符六年以聖像成功，詔升爲州。 六合縣，楚之棠邑也。 放生池，屬隆教寺。 晉王廟，即煬帝鎮江都時立以祀之。

通州

本海陵之東境，僞唐立爲静海制置院，周顯德中升爲軍，尋建爲通州，仍分〔一〇〕其地爲二縣以隸之。

壽州

郡城，楚考烈王所築。 下蔡縣，古州來國也，蔡昭侯〔一一〕自上蔡遷于州來，謂之下蔡；〔一二〕有古城，在縣西南。 安豐，春秋時六邑地。〔一三〕 八公山，輿地志云：在淝水北、淮水南，淮南八公居此，因名。 霍山，郭景純云：即天柱山。 大別山，在霍丘縣西南，見漢書志。 淮瀆，水經注：淮水經壽陽西北。 芍陂，「芍」音「酌」，孫叔敖所作，後鄧艾修。 九井，汲一井，諸井皆動，見山海經。 棘門，壽春城門也，見方輿記；又史記云李園斬春申君于棘門之外，是也。 鶴父亭，見郡國志。 古安豐城，漢竇融封邑。 期思城，顔師古曰：古蔣國。 霍山廟，在霍山，有大鐵鑊，受三十石，〔一四〕每祭祀時，水輒自滿，畢則空，見搜神記。 臯陶廟，史記：禹封皋陶之後于英、六，乃有祠焉。孫叔敖廟，在芍陂上。淮南王廟，卽漢淮南王安也。鄧公廟，魏鄧艾屯田于壽春，人賴其利，唐貞觀十五年立廟。皋陶墓。孫叔敖冢。倚相冢。廉頗冢。春申君冢。淮南王安冢。

廬州

古廬子國。〔一五〕古慎城，楚白公勝邑。舒城，古龍舒也。唐淮南觀察崔公頌德碑，李華文。古浚遒城。〔一六〕古六城，左傳：楚人滅六。〔一七〕又淮南王布居之。巢湖，吴志作「勦」，亦謂之「焦」。昔有巫云：居巢縣門石龜口出血，當陷爲湖。未幾，鄉社有以豬血置龜口，巫嫗見之南走，其地遂陷爲湖。今湖中有妃廟〔一八〕。淮南王英布廟。漢廬江王演廟。周瑜廟。漢廬江王演墓。楊行密墓。

蘄州

唐太守杜敏生祠並碑。雙峯寺，有四相真身塔。鼓角山，天欲雨，卽先鼓角鳴。唐震覺大師碑，白居易文。

和州

古羅城，漢將灌嬰築，見郡國志。烏江，本秦烏江亭檥〔一九〕長船待項王。彭山，有彭祖仙室。麻湖，古歷陽城所陷，見郡國志。

舒州

春秋時皖國。桐城，春秋時桐邑，楚附庸也。〔二〇〕灊山，漢之南岳也。靈仙觀，唐置司命真君之廟，皇朝賜觀額。皖伯廟。朱邑祠，漢大司農也，有墓並碑。麴令祠，唐望江令麴信陵也，〔二一〕有墓並碑。

濠州

當塗，塗山氏之邑。鍾離，徐之別封也。莊子觀魚臺。陰陵故城，項羽迷失道于此。禹廟，在塗山上。項羽廟。莊子墓。

光州

唐刺史郭道瑜德政碑。期思城，本楚之下邑，古蔣國也。春秋時弦子邑。〔二二〕白公廟，楚白公勝。孫叔敖廟並墓。〔二三〕木母冢，丁蘭母也。

黄州

古邾城。古黄城，周之侯國也。木蘭山。穆陵山，舊有關，見方輿記。峥嶸洲，晉劉毅破桓玄處。武湖，南朝武湖戍主執謝晦是也。蔡太守廟，郡守蔡道恭也。岐亭故縣。〔二四〕

無爲州

廬子邑城，見漢書志。〔二五〕潛城，楚之邑也。范增祠並冢。周瑜冢。何充冢。

杭州

古州城，隋楊素創，見圖經。錢塘，初爲潮水所損，州人華信自以私錢作塘捍海，因號錢塘。靈隱山，晉梵僧云：自天竺靈鷲山飛來也。〔二六〕臨平山，晉武帝時岸墮，出一石鼓，〔二七〕叩之無聲。張華云：可以蜀桐，刻作魚，而叩之。聞數里。天竺山，葛仙翁得道之所。浙江，按山海經云：禹治水以涇淛河，又莊子云：淛河之水，是也。明星瀆，〔二八〕勑使往天柱山投龍，必先祭之。葛仙翁丹井，今曰葛塢。阿姥墩，昔裴氏姥居此醞酒，忽有三人至，飲訖因授藥數丸，姥餌之月餘，忽不知所在。郭先生祠並墓，東晉郭文也，有墓。〔二九〕伍員廟。赤松子廟。唐徑山禪師碑二，崔元翰、李吉甫詞。

越州

侯城，夏后氏少康封子無餘于越，始邑于此城。州城，隋楊素築。勾踐城。會稽山，有禹井，周禮：揚州之鎮山曰會稽。法華山，晉時僧曇翼居此，誦法華經，感普賢應見，因名之。秦望山，秦始皇刻石，前有方石廣數丈，云是始皇座；兩廂亦有方石八所，云是丞相以下座。天姥山。〔三〇〕沃洲山。〔三一〕若耶溪，卽歐冶子鑄劍處。徐浩游之，云曾子不居勝母之間，吾豈游若耶之溪，因改爲五雲溪。簞醪河，勾踐投醪之所。王右軍墨池。養鵝池。天長觀，唐賀知章宅也。〔三二〕承天寺，晉徵士許詢宅也。戒珠寺，王右軍宅也。天章寺，王右軍蘭亭也。禹廟，夏后少康立，在禹陵上。勾踐廟。禹陵，在會稽山上，有禹井在。漢靈文園，薄太后父塋也，文帝置爲園邑。〔三三〕文種冢。朱雋冢。郗愔冢。徐浩冢。賀知章墓。嚴子陵墓。劉綱墓。禹穴碑。越王碑。江淹碑。曹娥碑，卽蔡邕題者。虞世南碑。

蘇州

羅城，闔閭所築。吴城，伍子胥築。館娃宫、姑蘇臺，闔閭起。響屧廊、採香徑，並吴王置。言偃宅。虎丘山，有平石容千人。松江，卽吴江也。太湖，卽震澤也。女墳湖。蔡經宅。丁令威宅。慧安寺，有張僧繇畫龍存焉。吴太伯廟。吴王夫差廟。勾踐廟。闔閭冢，在閶門外。慶忌墳，吴王僚之子。要離冢，在閶門南城。伍子胥墓。干將墓，在將門外。申公巫臣冢。澹臺滅明墓。梁鴻墓，在要離冢北。何充墓。顧野王墓。

潤州

吴季札廟，内有唐刺史蕭定重刻孔子十字碑。漢荆王廟，在州衙内。〔三四〕甘露寺，前對北固山，後枕大江，唐寶曆中李德裕建，時甘露降于此，因以名。茅山，一名句曲山。金山寺，在揚子江中，寺記云：金山舊名浮玉山，唐時有頭陁掛錫于此，因爲頭陁嵓，後斷手以建伽藍，忽一日於江際〔三五〕獲金數鎰，尋以表聞，因賜名金山。北固山，京口記云：迴嶺入江，懸水峻壁，北望海口，實爲狀觀，因曰北固。於此見本地志。〔三六〕

湖州

古吳興郡城。鄣城，秦置鄣郡于此。桑墟，昔太守周敏勸人種桑藝麥，百姓賴之，見吳興記。大雷山。石槨山，張茂先曰：石槨生楊梅。是也。夏駕山，山墟名云：昔帝杼南巡經此，因名之。霅溪，四水合爲一溪。放生池碑，在文宣王廟內。吳文帝廟，有碑。項王廟。吳夫槩王廟。郭文先生廟堂。漢太尉施延墓。姚信墓。覺法師、西生並葬於此，見高僧傳。

婺州

古東陽郡，隋曰婺州，以其地當婺女之分野，故以名之。金華山，抱朴子云：此山可以居神，免五嶽洪水之患。甑山，其形似甑，東陽山水記云：東晉東安學道於此，〔三七〕有石壇在。唐叔倫去思碑，達州刺史陸長文。義烏縣，漢烏傷縣也，異苑云：東陽顔烏以淳孝聞，父死，負土成墳，羣烏銜土助焉，而烏口皆傷，因以名縣。烏傷侯廟，後漢趙炳以方術治病，百姓神服，從者如雲，令以其惑衆，收而殺之，民爲之立祠室于永康，至今蚊蚋不入，人呼爲趙侯祠。金勝山，異苑曰：孫權時永康人入此山，遇大龜，烹之不爛。〔三八〕白陽山，東陽山水記云：晉陳留阮摇公之弟妻劉氏伶之小女，性愛山水，〔三九〕渡隱于此山。

明州

羅城，夏侯曾先地志云：晉劉牢之築城以遏三江口，卽此城也；或云越王無諸築。仲夏堰，唐刺史于季友開，〔四〇〕溉田數千頃。唐刺史王密德政碑，李舟文，顔真卿書，李陽冰篆額。孝子董黯祠，唐徐浩文並書。四明山，孫綽天台山賦云，登陸則四明，天台是也。今按此山有四面各産異木，而皆不雜。它山堰，〔四一〕縣令王元緯置，溉田八百頃。今民祀之。古句章城。古鮚埼亭，漢書地理志云：鄞有鮚埼亭。顔師古云：「鮚」音「結」，蚌也；「埼」，曲岸也，其中多鮚，故以名亭。句餘山，山海經云此山多金錫，少草木。大隱山，夏侯曾先地志云：大隱山口南入天台北峯四明東足，〔四二〕乃謝康樂煉藥之所。晉虞喜墳。〔四三〕梁虞荔墳，在慈溪鳴鶴山。東門山，漢書志所謂天門山也。蟹浦，在定海，今有蟹浦鎮。〔四四〕

常州

冲虚觀，〔四五〕本登仙觀，徐鍇碑云：梁有王八百于此山修道也。夫椒山，左氏傳云：吴王夫差敗越王于夫椒。杜預云：太湖中椒山也。奔牛堰，故老相傳，古有金牛奔此，故以名之，又梁載言十道志云：萬栅湖有銅牛，〔四六〕人逐之，奔上東山；人掘之，〔四七〕走至此栅，故川有栅口及牛堰之名。　黄土瀆，　越絶書云：　伍員取利浦土及黄瀆土築闔閭城。是也。　徐偃王廟。　慧山，南徐州記云：南此數十里，山嶺東西各有泉，　皆合溪西南入太湖。　柯山，在慧山側，卽吴子仲雍五世孫柯相所治之處。〔四八〕　太伯城，越絶書云：吴太伯所築。　宋王華墓，宋書云：太保弘從弟也。　齊王琨墓。〔四九〕　王僧達墓，在膠山南嶺下大路北。　臨津城。

溫州

破石山，永嘉記云：永嘉江南岸有枯石，乃堯時神人以破石爲椎，將入惡溪，置之溪側，遥望有似張帆，今俗號張帆溪。　又郡國志云：東海信郎神娶海女爲妻，破石爲帆，今東海有信郎廟。　王表廟，吴志云：羅陽有神曰王表，周旋民間，言、飲食與人無異，然不見其神，有婢名績紡。　白石徑，太守謝靈運行縣，至白石徑，有詩。　玉環山，輿地志云：樂成縣東南海中有地肺山，一名未陋山，〔五〇〕去岸百餘里，周回四五百里，中無蛇虎，舊有民居，今無，而湖田宛然，疑此是也。　北鴈蕩山，圖經云：昔有高僧全了入山洞，見此山巖，云是第五羅漢諸矩羅尊者〔五一〕所居。其山靈異，中有宋真宗皇帝所賜承天靈岩兩寺額及太宗御書。〔五二〕　又晉張文騎白鹿於岩上昇仙，今石上鹿跡猶存，遇水旱祈禱必應。

台州

蓋竹山，一名竹葉山，上有石室、石橋。天台記云：橋上有小亭，橋龍形，龜背架在山釜，有兩澗合流于下，洩爲瀑布。〔五三〕景德寺，舊名國清寺，隋煬帝在藩日，爲智顗禪師所建。唐會昌五年廢，大中五年再置，柳公權書額，時以濟州靈巖、荆州玉泉、潤州栖霞、台州國清爲「四絶」。皇朝賜金額。天台山。赤城山。桐柏觀碑，唐天寶元年爲司馬鍊師所立，玄宗御書額，其碑崔尚文，韓擇木八分書。

處州

好溪，舊名惡溪，水内多怪，唐大中年刺史段成式有善政，怪族自去，因改今名。仙都山，一名丹峯山，〔五四〕見東陽記。石帆山，四山斗絶，下臨長江。〔五五〕永嘉記云：昔有神破永嘉江北山爲帆而去。

衢州

徐偃王廟，圖經云：昔偃王爲周穆王所伐，不之彭城而之越城之隅，棄玉几于會稽水中。唐韓愈碑石在其内，龍遊縣南靈山乃本廟也。爛柯山，圖經云：卽晉代樵人王質見石橋下二童子棊，質就橋下看之，二童子指示質斧爛柯焉。卽此是也。泉嶺山，朱買臣云：東越居保泉山，一人守險，萬人不得上也。殷浩宅，基址猶存，土人號殷牆，今名廢牆者是也。浩被廢徙信安，故有此宅。龍丘山，漢龍丘萇隱於此。縠溪源，漢書地理志云：會稽太末有縠水，東北至錢塘入江。姑蔑城，按春秋哀十三年，越伐吴，王孫彌庸觀見姑蔑之旗。杜預注云：姑蔑，越地，今東陽太末也。又東陽記云：在縠水南三里，東門，臨薄里溪是也。漢龍丘萇墓，在龍丘山。〔五六〕毛璩墓。

睦州

銅官山，新安記云：秦時于此置官採銅，因以名。孝子泉，孝子圖云：州民夏孝先喪父，廬於墓側，嘗有野火奄至，俄而火滅，尋復湧泉出其地。〔五七〕

秀州

檇李城，史記：吴伐越，越王勾踐迎擊之檇李。賈逵曰：越地。杜預曰：今吴郡嘉興縣南有檇李城，卽其地也。馬塘堰，圖經云：秦始皇三十七年東遊至此，改長水爲由拳縣，〔五八〕遏水爲堰，既立，斬白馬祭之，因名。崑山，吴地記云：華亭谷水東二里有崑山，〔五九〕陸氏之祖葬于此，因機、雲皆負辭學名，時人以玉出崑岡，因而名之。秦始皇馳道，地志云：秦始皇至會稽、句章，渡海經此。陸士衡宅，在華亭縣西北三十五里華亭谷，〔六〇〕有八角井。當湖，吴地記云：王莽改海鹽縣爲展武縣，後陷爲當湖。〔六一〕吴皇象墓，輿地志云：象字休明，廣陵江都人，善隸書。〔六二〕

校勘記

〔一〕晉書至因名邵伯埭 晉書卷七九謝安傳謂「安出鎮廣陵之步丘，築壘曰新城以避之」，而不言築埭。太平寰宇記卷一二三揚州廣陵縣邵伯埭：「按晉書太元十一年太傅謝安鎮廣陵，于城東北二十里築壘，名曰新城；城北二十里築堰，名邵伯埭，蓋安所築。」當即此所本。

〔二〕昔魏文帝幸廣陵城因立廟 此十一字底本無，誠脱，今據輿地紀勝卷三七引九域志文補。

〔三〕謹律師和尚碑 「謹」，底本作「損」。輿地紀勝卷三七揚州：「龍興寺謹律和尚碑。」此「損」乃「謹」字之誤，今據改。

〔四〕穀陽城 底本作「陽城」。宋宿州，東漢時地屬沛國，沛國不領陽城，而領穀陽縣。太平寰宇記卷一七宿州蘄縣下載：「穀陽城在縣東七十里，……後漢建武十三年封岑彭爲侯。」與後漢書卷一一七岑彭傳合。此「陽城」上脱「穀」字，今據補。

〔五〕䍋鄉 底本作「幽鄉」。史記卷九一黥布列傳載布反，「與上兵遇蘄西，會甀」，索隱引韋昭云，「甀」，即蘄縣鄉名。漢書卷三四英布傳「甀」字作「䍋」，師古注：「䍋，音丈瑞反。」此「幽」爲「䍋」字之誤，今據改。

〔六〕漢高帝 底本無「帝」字，誠脱。今補。

〔七〕陳勝廟冢 前亳州已著有陳勝墓，此冢重出。

〔八〕假 周本作「解」。

〔九〕羹頡侯墓 「羹頡」，底本作「頡羹」。漢書卷一五上王子侯表：高帝兄子羹頡侯信。此倒誤，今據改正。

〔一〇〕分 底本作「升」。周本作「分」，與輿地紀勝卷四一通州所載同。此「升」爲「分」字之誤，今據改。

〔一一〕蔡昭侯 底本作「蔡成公」。太平寰宇記卷一二九壽州下蔡縣下作「蔡昭侯」，與史記卷三五管蔡世家合。此「成公」爲「昭侯」二字之誤，今據改。

〔一二〕自上蔡遷于州來謂之下蔡 太平寰宇記卷一二九壽州下蔡縣：「左傳謂蔡昭侯自新蔡遷于州來，謂之下蔡是也。」按當以寰宇記所載爲是。

〔一三〕春秋時六邑地 「地」，底本作「也」。春秋六邑非宋安豐縣治。周本作「地」，太平寰宇記卷一二九壽州安豐縣：「春秋時六國地。」此「也」爲「地」字之誤，今據改。

〔一四〕有大鐵鑊受三十石　搜神記卷十三霍山鑊條作「廟有四鑊，可受四十斛」，與此異。

〔一五〕古廬子國　古廬子國在今湖北宜城縣西南，詳見唐文粹卷四六盧潘廬江四辯。下文無爲州廬子邑城條亦同。

〔一六〕古浚遒城　「浚遒」，底本作「逡迺」。太平寰宇記卷一二六廬州慎縣下作「浚遒」，與漢書卷二八上地理志合。此「逡迺」爲「浚遒」之誤，今據改。

〔一七〕楚人滅六　「滅」，底本作「城」。左傳文公五年：「秋，楚成大心、仲歸帥師滅六。」又輿地紀勝卷四五廬州古六城下引九域志文亦作「滅」。此「城」乃「滅」字之誤，今據改。

〔一八〕妃廟　太平寰宇記卷一二六廬州合肥縣巢湖下作「姥之廟」。疑此「妃」爲「姥」字之誤。

〔一九〕檥　底本作「那」。史記卷七項羽本紀：「項王乃欲東渡烏江，烏江亭長檥船待。」太平寰宇記卷一二四和州烏江縣：「項羽『東走烏江，亭長艤船待羽處也。』」輿地紀勝卷四八和州烏江縣及烏江浦下記載同。此「那」字當誤，今據改爲「檥」。

〔二〇〕桐城春秋時桐邑楚附庸也　輿地紀勝卷四五廬州桐鄉下：「九域志舒州有桐城縣，圖經云：桐城，春秋時桐國也。」與此稍異。

〔二一〕麴令祠唐望江令麴信陵也　「麴」，底本作「鞠」。輿地紀勝卷四六安慶府引九域志作「麴」，與太平寰宇記卷一二五舒州望江縣下載合。此「鞠」爲「麴」字之誤，今據改。

〔二二〕春秋時弦子邑　漢書卷二八上江夏郡軑:「故弦子國。」元和郡縣志卷九光州仙居縣:「本漢軑縣,春秋時弦國。」則此前當脱「軑城」或「古軑縣」或「古軑城」之目。

〔二三〕孫叔敖廟並墓　前壽州已有孫叔敖冢,此墓重出。

〔二四〕岐亭故縣　底本無此四字,誠脱。輿地紀勝卷四九黄州岐亭故縣:「九域志。在麻城縣。」今據補。

〔二五〕盧子邑城見漢書志　漢書卷二八地理志不載盧子邑城,惟盧江郡下師古注引應劭云:「故盧子國。」參見本卷校勘記〔一五〕。

〔二六〕晉梵僧云自天竺靈鷲山飛來也　底本「晉」作「昔」,「靈鷲山」作「鷲山」。周本作「晉」。輿地紀勝卷二臨安府靈隱寺:「晉咸和中有西乾梵僧登此山,歎曰:此武林山是中天竺國靈鷲山之小嶺,不知何年飛來,乃創靈隱寺。」此「昔」爲「晉」字之誤,「鷲山」上又脱「靈」字,今據改補。

〔二七〕臨平山晉武帝時岸墮出一石鼓　周本「晉武帝」前有「石鼓」二字。又水經漸江水注叙述於臨平湖之下,與此列於臨平山下異,當以酈注爲是。

〔二八〕明星瀆「星」,底本作「皇」。咸淳臨安志卷二四餘杭縣明星瀆:「敕使投龍於天柱大滌洞,必先祭明星瀆。九域志載餘杭古跡亦然。耆老相傳云,昔有人晝視水中,有星燦然,故號明星瀆。」此「皇」乃「星」字之誤,今據改。

〔二九〕有墓　上文已書有「郭先生祠並墓」,則此二字當衍。

〔三〇〕天姥山　「姥」，底本作「姚」。「天姚山」未詳。輿地紀勝卷一〇紹興府：「天姥山在新昌縣東南五十里，東接天台，西聯沃洲。」此「姚」爲「姥」字之誤，今據改。

〔三一〕沃洲山　「洲」，底本作「州」。輿地紀勝卷一〇紹興府列有沃洲山，此「州」當作「洲」，今據改。

〔三二〕唐賀知章宅也　「賀知章」，底本作「賀監」。輿地紀勝卷一〇紹興府引九域志作「賀知章」，今據改。

〔三三〕文帝置爲園邑　「帝」，底本作「王」。輿地紀勝卷一〇紹興府靈文園下引九域志作「帝」。此「王」爲「帝」字之誤，今據改。

〔三四〕漢荆王廟在州衙内　底本作「溪荆王之日廟在州衙内便王西本墓」。輿地紀勝卷七鎮江府引九域志作「漢荆王廟在州衙内」。此「溪」爲「漢」字之誤，「之日」與「便王西本墓」諸字當衍，今據改删。

〔三五〕江際　底本「江」下爲缺字。清嘉慶重修一統志卷九〇鎮江府金山下引九域志：「唐時裴頭陀於江際獲金數鎰，李錡鎮潤州，表聞，賜名。」此缺乃「際」字，今據補。

〔三六〕於此見本地志　此句有誤。

〔三七〕東晉東安學道於此　康熙金華府志卷三東陽縣甑山下引東陽山水記云：「東晉陳安居學道之所。」此「東安」蓋爲「陳安居」之誤。

〔三八〕遇大龜烹之不爛　底本作「遇大火烹之不門」。此語意不通。周本「火」作「龜」，「門」作「爛」。

太平寰宇記卷九七婺州永康縣金勝山下引異苑云：「孫權時永康人入山，遇大龜，烹之不爛。」與周本同，今據改。

〔三九〕晉陳留阮搖公之弟妻劉氏伶之小女性愛山水　「阮搖公」，康熙金華府志卷四武義縣白陽山下引東陽山水記作「阮遥集」。又「性愛山水」，底本作「性山水」，周本「性」下有「愛」字，此脱，今據補。

〔四〇〕唐刺史于季友開　「開」，輿地紀勝卷一一慶元府引九域志同。新唐書卷四一地理志作「築」，當是。

〔四一〕它山堰　「它」，底本作「宅」。輿地紀勝卷一一慶元府引九域志作「它」，南宋魏峴著有四明它山水利備覽。此「宅」爲「它」字之誤，今據改。

〔四二〕大隱山夏侯曾先地志云大隱山口南入天台北峯四明東足　輿地紀勝卷一一慶元府大隱山下引九域志云「在慈溪縣南三十七里」，「四明」下無「東」字。

〔四三〕晉虞喜墳　輿地紀勝卷一一慶元府晉虞喜墳：九域志，「在慈溪縣，爲太學博士建寧侯」。然此十二字是否爲九域志文，待考。

〔四四〕蟹浦在定海今有蟹浦鎮　底本無此十字。輿地紀勝卷一一慶元府蟹浦：「在定海，今有蟹浦鎮。」九域志。」此脱，今據補。

〔四五〕冲虚觀　「冲」，底本作「中」。輿地紀勝卷六常州王八百下引九域志作「冲虚觀」，此「中」乃「冲」

字之誤，今據改。

〔四六〕萬栅湖有銅牛　「栅」，底本作「策」。輿地紀勝卷六常州奔牛堰下引九域志作「栅」。據下文應以作「栅」爲是，今據改。

〔四七〕人掘之　周本「人掘之」上有「入土」二字。

〔四八〕即吴子仲雍五世孫柯相所治之處　輿地紀勝卷六常州柯山下引九域志「處」字作「地」。

〔四九〕齊王琨墓　「琨」，底本作「混」。太平寰宇記卷九二常州無錫縣下作「琨」，與南齊書卷三二王琨傳合。此「混」爲「琨」字之誤，今據改。

〔五〇〕地胏山一名未陋山　太平寰宇記卷九九温州瑞安縣玉環山下作「一名木陋嶼，又名地胏山」。

〔五一〕諸矩羅尊者　明永樂樂清縣誌卷五能仁寺下作「諾詎羅尊者」。

〔五二〕中有宋真宗皇帝所賜承天靈岩兩寺額及太宗御書　「真宗」，底本作「太宗」，其上爲缺字；「御書」上缺二字。明永樂樂清縣誌卷五能仁禪寺：太平興國二年，僧全了創芙蓉菴，真宗咸平二年建殿宇，咸平四年，「僧居悦進百寶塔，賜名承天寺」。政和七年改名能仁寺。又同書卷靈岩寺：「宋太宗命中貴人持御書五十二卷軸至是山中。」又云：「咸平賜額靈岩禪寺。」據此，此「太宗皇帝」爲「真宗皇帝」之誤，其上缺「宋」字，又「御書」上缺「太宗」二字，今並據改補。

〔五三〕蓋竹山至洩爲瀑布　輿地紀勝卷一二台州蓋竹山下引九域志云：「或名竹葉山，山有石室、石橋，橋上有小亭，橋龍形，龜背架在壑上，有兩澗合流於橋下，洩爲瀑布，在臨海縣。」與此稍異。

〔五四〕一名丹峯山　「丹」，底本作「册」。讀史方輿紀要卷九四處州府縉雲縣下載仙都山，本縉雲山，又名丹峯山。此「册」爲「丹」字之誤，今據改。

〔五五〕四山斗絶下臨長江　「山」，疑有誤，或作「面」，或作「邊」。「江」，底本作「山」，「長山」未聞，周本作「江」，長江謂永嘉江，此「山」爲「江」字之誤，今據改。

〔五六〕在龍丘山　「丘」，底本作「遊」。按上文載有龍丘山。清嘉慶重修一統志卷三〇一衢州府：「龍丘萇墓，在龍游縣東龍丘山。」此「遊」爲「丘」字之誤，今據改。

〔五七〕孝子泉至尋復湧泉出其地　輿地紀勝卷八嚴州孝子泉下引九域志作「州民夏孝先喪父，廬於墓側，有泉湧其地」，與此稍異。

〔五八〕改長水爲由拳縣　「改」，底本作「汶」。周本作「改」，與太平寰宇記卷九五秀州嘉興縣下引吴録地理志同。此「汶」爲「改」字之誤，今據改。

〔五九〕華亭谷水東二里有崑山　「東二里」，底本作「東西二里」。紹熙雲間志卷中谷水下引吴地記：「谷水東二里有崑山。」此「西」字衍，今據删。

〔六〇〕在華亭縣西北三十五里華亭谷　底本作「在亭西」，有脱誤。輿地紀勝卷三嘉興府陸士衡宅下引九域志云：「在華亭縣西北三十五里華亭谷。」今據補正。

〔六一〕當湖至後陷爲當湖　水經沔水注：「武原鄉，故越地也。秦于其地置海鹽縣，地理志曰縣故武原鄉也。後陷爲柘湖，又徙治武原鄉，改曰武原縣，王莽名之展武。漢安帝時武原之地又陷爲湖，今之當湖也。」則海鹽縣于西漢末陷爲柘湖，遷治于武原鄉，至東漢安帝時又陷爲當湖。此「當」蓋爲「柘」字之誤。

〔六二〕吴皇象墓至善隸書　底本作「吴皇象墓，地志云：象字休明，廣陵江都人」。輿地紀勝卷三嘉興府皇象墓下引九域志：「在海鹽東北四十里，輿地志云：象字休明，廣陵人，善隸書。」此「地志」上脱「輿」字，「廣陵江都人」下脱「善隸書」三字，今據以補正。

卷六

江寧府

金陵，郡國志云：昔楚威王以此地有王氣，因埋金以鎮之，故曰金陵。　丹陽城，江南地志云：漢丹陽縣北有赭山丹赤，以爲郡名。〔一〕　古揚州城。　古方山埭，建康實録云：于方山南截淮爲埭。　古雞鳴埭，建康實録云：齊武帝早遊鍾山，射雉至此山，雞始鳴。　方山，丹陽記云：方山山形方如印。　雁門山。　青溪，輿地志云：青溪發源鍾山。　石頭城，緣江圖云：卽楚之金陵。　金陵城。　鳳臺山，宋書：元嘉中，秣陵王顗見異鳥集于山，時謂之鳳凰里，起臺于山。　華林園，卽吴舊宫苑也。　烏衣巷，晉書云：紀瞻立宅烏衣巷，屋宇崇麗。　地志云：晉書云，導自卜烏衣巷。宋時諸謝有烏衣之聚。並此巷。　言偃里，在上元縣。　秦淮，孫盛晉陽秋曰：秦開，故曰秦淮。　陸王宅。　古金華宫，輿地志云：梁大同中築。　玄學基，宋元嘉中，立儒、史、文、玄四學，是也。　王晨之圖經云：卽許長史故宅。　四望山，南徐州記云：臨江有四望山，吴大帝嘗與仙者葛玄共登之。　鄱陽浦，圖經云：鄱陽王嘗于此置屯田。　茅山，卽三十六洞天之第八洞也。　葛仙公丹井。　芝山。　攝山，地志云：山多草，可以攝生，故名。蘼蕪澗。龍山，舊名巖山，宋武帝改曰龍山，形似龍見。〔三〕玉泉山。溧水。楚平王廟。平陳碑，薛道衡文。

宣州

昭亭山，宋永初山川記云：宛陵北有昭亭山。花姑山，亦謂之麻姑山，昔麻姑修道于此上昇，有仙壇在焉。逡遒城，春秋：公會吴于槖皋。杜預云：淮南逡遒縣。謝公亭，齊宣城太守謝玄暉置。琴高山。陵陽山，列仙傳云：陵陽子明釣得白龍放之。琴溪，即琴高控鯉之地。劉遺民釣臺，東晉高士也。琴高釣臺。葛洪鍊丹井。鵲岸，左傳：楚以諸侯伐吴，敗之於鵲岸。石鼓山，有石如鼓，天將雨即鳴。棲真山，方輿記云：昔竇子明棄官學道于此山上昇。黄山，圖經云：黄帝與浮丘仙人鍊丹於此。浮丘公仙壇，圖經云：浮丘與黄帝游黄山，駐天都峯，故有此壇。

歙州

黟山。許真君祠，續仙傳云：許宣平，歙人也。鳳凰山，圖經云：昔嘗有鳳皇於此。揚之水。王魚。〔三〕松蘿山。顔公山，圖經云：昔有顔公隱於此山，後乘風去。〔四〕靄峯，唐李白詩：巉峯尖似筆。是也。石墨井，方輿記云：昔人採墨之所。〔五〕道人山，昔有學道者居之。蛟澤。

江州

大江。九江廟。白公祠堂。董真君祠堂，神仙傳云：董奉也。廬江。〔六〕靖居山。九江。湓浦。孤石，在彭蠡湖中心。庾亮樓。陶潛宅。謝靈運翻經臺。古龍泉寺，太守桓伊爲遠法師造。白傅草堂。葛洪山，方輿記云：葛仙曾遊於此。王喬山，潯陽新舊志云：仙人王喬曾遊於此。浩山，潯陽志云：高三百四丈。〔七〕古九江城。

池州

獨山。南陵城。南太原郡城。九華山，輿地志云：舊名九子山，有九峯。輿地志云：上有九峯。蓬山。杏山，圖經云：昔葛仙翁居此種杏。石門山，其勢聳峙如門。堯城，方輿記云：堯南巡至此城。舜城，城中有井，號曰舜井。許旌陽印文，圖經云：晉許旌陽逐蛟至此。今其印文在西岸崖壁之上。陵山。〔八〕故太平縣城。舊陵陽縣城。馬當山。伍相公廟，卽伍員也。管公明廟，卽管輅故宅。陵陽廟，卽陵陽宰竇子明之。〔九〕唐顧雲墓。

饒州

靈芝觀。博士山，鄱陽記云：昔嘗有書生居此。堯山，鄱陽記云：堯時洪水，人登山避之。鄱陽山。望夫山。車門山，鄱陽記云：形如兩車輪，相對如門。鄱江水。句容水。邵父堤，唐刺史李復修，百姓思其德如邵父，因名。鄱陽古城。石虹山，郡國志云：山形似虹。餘干山，舊名羊角山，唐天寶中改今名。觀獵城。干越亭。〔一〇〕吴芮亭，鄱陽記云：吴芮於水口立亭。仙鶴山，張道陵曾學道於此。〔一一〕洪崖山，方輿記云：洪崖先生居此，有洪崖壇。樂安江水。常樂水。仙人城。黥布墳。梅鋗墳，按漢書，鋗即吴芮之將。

信州

至陽觀。靈山，亦名靈鷲山。六石山，上有六峯相連。雨石山，圖經云：時□□亢旱，邑人祈祭，多獲嘉樹。靈山水。九石水。陸鴻漸宅。玉山。玉溪。葛仙觀，鄱陽記云：葛玄得道於弋陽縣。〔一二〕靈陽觀，圖經云：乃費長房投竹杖化龍之處。〔一三〕陽山。葛仙翁搗藥山。 仙人城，方輿記云：山峯辟立，形如層城。 仙人石橋，故老云：是仙人鑿石構橋之處。 鬼谷山。 龍虎山。 馨香巖，鄱陽記云：許旌陽斬蛟於此巖下。 積翠巖，方輿記云：每蓄煙靄，與五面峯相對。〔一四〕 鉛山，出鉛。 荷湖山，鄱陽記云：上有湖，多生蓮荷。 紫溪。 張天師廟。

太平州

姑熟十詠詩石，唐翰林學士李白撰。 浮丘山，浮丘公養鷄于山上，一名黄山。 蒲山，宋書：孝武帝大明七年巡于湖縣，至蒲山，曲赦南豫州。〔一五〕 金山，東方朔神異記云：金山有銅，與金相類。 牛渚山，晉書云：温嶠至牛渚磯，水深不可測，嶠毁犀角照之，見水族奇形異狀。夜夢人謂曰：與君幽明道别，何以相照。 望夫山，昔有人適楚不還，其妻登山望夫，化爲石。 九井山，北征記云：九井山在丹陽山南。〔一六〕 龍山，晉書：大司馬桓温嘗於九月九日登此山，孟嘉爲風飄帽落，卽此山也。 琵琶山，方輿記云：以形似名。 慈湖水。 蕪湖水。 丹陽湖。 南豫州城。 謝公宅，卽謝脁也。〔一七〕 白紵亭，方輿記云：宋武帝會羣臣于此，爲白紵之歌。 桓公井，晉司馬桓温鑿。 陶貞白書堂。 荆山，圖經云：卞和得玉之所。 王敦城，晉書：王敦屯兵于湖，明帝陰察敦營壘。 敦正晝寢，夢日繞營，〔一八〕卽此地也。

桂月峯，梁杯渡禪師經行之地，〔一九〕峯有桂樹，每月夕宴，坐于下。楚干將墳，寰宇記云：復父讎，三人以三頭共葬其地，今蕪湖是也。陶璜墓。陶侃墓。桓温墓。古冶子墓。

南康軍

貞風觀。簡寂觀。廬山。石照山。黄龍山，潯陽記云：能興雲雨，有黄龍之像。〔二〇〕落星石，潯陽記云：有星墜水爲石。彭蠡湖。王右軍墨池。楊柳津。玉貞觀。太平觀。石門山，有石如門。雲居山。齊庾臺，圖經云：庾肩吾齊永明中置。釣磯山，晉陶侃微時，嘗登此垂釣。翻經東臺、翻經西臺，並謝靈運翻經之所。陶侃南廟。李萬卷墓。

廣德軍

白石山，一名桐源山，左氏傳：楚子西、子期伐吴，及桐汭，〔二一〕即此地。桐水。汭水。〔二二〕五牙山，圖經云：伍員伐楚還吴，經此山。南碕湖。

洪州

麻山，圖經云：東海仙人麻姑曾游於□。〔二三〕武陽水。風雨池，豫章記云：洪井北有風雨池。豫章，生松陽門内，大二十五圍，〔二四〕常心枯，晉永嘉中，忽更榮茂，以爲元帝中興之瑞。梅福宅。王喬壇，方輿記云：西山中峯最高頂，名鶴嶺，卽王子喬之遺壇，在嶺側。椒丘城，太守華歆所築。十二真君宅。蕭史壇。西山，本吴王濞鑄錢之所。松門山，上多松。葛仙壇。蛟井，蓋許遜除蛟龍爲害之所。大雄山，卽吴猛修道處，〔二五〕勢出羣山，因爲名。華林山，昔浮丘公隱居之南峯，一名浮丘。古豐城，按豫章記：雷煥見赤氣於斗牛之間，謂寶物之精。掘縣獄基，得龍泉、太阿劍。劍池，卽雷氏子佩豐城劍躍入水中爲龍之處。石姥山。旌陽山，昔旌陽令許遜曾遊于此。古艾城，後漢書：劉陵，豫章艾縣人，卽此。吴真人宅，〔二六〕方輿記曰：在武寧縣。雷煥廟。徐稚冢。

虔州

崆山，西京雜記云：崆山有空青。玉房山，南康記云：大石連聳，有玉房瓊室。玉石山，有石瑩白如玉。貢水。章水。贛水，章貢二水合流，名曰贛江。大庾嶺。金精山，圖經云：洞内有金床玉枕。覆笥山，輿地志云：山上石室中有石笥玉牒，云是王孝子所留書。〔二七〕穀山，山下地名穀田，因以名。雩山。金雞山，南康記云：有金雞常出入此山穴中。夜光山，南康記云：其山上夜有光，遥見若火。蕭帝巖，圖經云：昔梁武帝嘗讀書于此。〔二八〕葛姥廟，西京雜記云：贛縣有葛姥祠。

吉州

吉陽山。龍鬚山。廬陵故城。〔二九〕長嶺山，寰宇記云：有石墨，可以種火，是爲不滅石。〔三〇〕龍陂。安城郡池，晉殷仲堪爲太守，于郡西大池上築臺讀書。禾山，昔有嘉禾生于此山。會稽王道子墓。桓修墓，桓玄弟也。鄱陽侯墓，晉平南將軍尹濯也。

袁州

道橋，圖經云：本名盧橋，唐刺史蕭定以王見於此，因名。〔三一〕大中祥符觀，舊名崇仙觀，大中祥符元年賜今額。袁山，圖經云：昔有高士袁京居之。仰山，峭拔萬仞，不可登陟。石室。宜春水，水甘美，宜作酒。〔三二〕宜春臺。仙女臺。鍾山，郡國志云：鍾山，永嘉元年，因水，有大鍾從山墜水中，〔三三〕驗銘是秦時樂器，因名之。洪陽洞，神仙傳：洪陽先生所居。昌江。玉女墩，輿地志云：天將雨，卽有五色雲氣湧出石間，居人謂之玉女披衣。謝山，圖經云：謝真君上昇之地，丹竈履跡存焉。〔三四〕康樂故城，本名陽樂城，晉武帝太康元年改今名。〔三五〕謝靈運讀書臺。漢宜春侯成冢。晉李琳墓。梁相袁璞墳。〔三六〕石屏風。

撫州

魏夫人壇，〔三七〕即神仙内傳：女華存也。峩峯山，本銅山，〔三八〕唐天寶中改。石廩，荀伯子臨川記曰：廩口開則歲儉，閉則年豐。〔三九〕石鼓，方輿記云：在宜黄水邊，形如鼓。臨川水。温湯，郡國志：銅山下有温泉，常湧沸，可煮魚肉。晉王右軍墨池並宅。謝靈運翻經臺。玉清觀，本景雲觀，大中祥符元年改今名。寶蓋山，形若寶蓋。靈秀山。

筠州

祈仙觀，〔四〇〕寰宇記云：晉元康中道士黄輔真君上昇之宅。米山，豫章記云：生禾香茂，爲米精美。荷山，豫章記云：中多紅蓮。飛霞山，圖經云：吴真君鍊丹之處。八疊山，方輿記云：以盤曲之數爲名。謝山，方輿記云：即謝仙君上昇之處。古康樂縣城。敖嶺，方輿記云：敖真人得道之處。鷲峯山。唐沈彬墓。

興國軍

闔閭山，武昌記云：吴王闔閭與楚相持，伍子胥屯衆于此山。印山，武昌記云：陽新縣有山，高三十丈，有字髣髴如印。闔閭故城。鍾繇墨池，後漢鍾繇臨池學書，水盡黑。翠屏山，本名石城山，唐天寶中改今名。黄石公城。孟嘉墓。

南安軍

横浦關，南康記云：漢將軍楊僕討吕嘉，下横浦。聶都山，山海經云：聶都之山，贛水出焉。〔四一〕大庾嶺。南康古城。芙蓉渡。君山。章水。後漢陳蕃子孫墓。

臨江軍

天慶觀，大中祥符二年賜今額。小陽江。袁水。葛仙公井。都玄觀。玉笥山，道書云：玉笥山有一福地、一洞天。閤皂山，道書云：此山有一福地。淦水，漢書地理志云：淦水源出新淦縣。古巴丘城，輿地志：吴後主分新淦、石陽二縣地置巴丘郡。陶母碑。吴丹陽太守聶友墓。晉陶侃母湛氏墓。

建昌軍

仙都觀，本麻姑壇，咸平中改今名。麻姑山，〔四二〕圖經云：麻姑得道于此山。出雲山，本名白馬山，唐天寶中改今名。飛猿嶺，即謝康樂所謂猿嶠也。軍山。百丈嶺。

潭州

岳麓山，有陶太尉井及阿育王葬釋迦佛真身舍利。石虎，湘中記：每食廩粟，昔長沙王吳芮時倉廩費耗，以生肉祭之，後斷其頭。橘洲。王喬山。浮丘山。汨羅山。〔四三〕蜀將軍蔣琬宅。南岳衡山。祝融峯。紫蓋峯。石廩峯。李相公書堂，即唐鄴侯泌也。長沙定王廟。陶太尉廟。舜廟。漢長沙王吳芮墓。

衡州

岣嶁山。酃湖。古酃縣城。雲陽山。後漢蔡倫宅。炎帝廟及陵。羅含墓。杜甫墓。

道州

營道山。九嶷山，一名蒼梧山。舜陵，在九嶷山女英峯下。

永州

石鼓巖。浯溪，石崖上有元結中興頌。白鶴山。

郴州

義帝廟。武丁岡，云成武丁尸解葬于此。洞靈山。桃花湯，四時常暖。〔四四〕義帝陵。

邵州

仙人石室，郡國志：邵陽有仙人石室，到則往往聞諷誦之聲。扶陽江。當州改格式司，舊本内敏州，〔四五〕其邵陽縣卽敏政縣，晉天福初避諱改之，漢仍舊。扶陽山。〔四六〕

全州

二妃廟。湘山廟。零陵郡古城。

桂陽監

零星江水。故平陽郡城，按唐書云：東晉置，陳廢。九嶷山。東樓溪峯。九嶷水。漢故縣姥婆城。〔四七〕

江陵府

梁元帝廟。楚莊王廟。楚令尹於菟廟。〔四八〕宋玉宅，庾信所居。王鎮惡宅。寫經臺，圖經云：劉虯注金剛經于此。〔四九〕落帽臺，孟嘉爲征西參軍，九月九日遊龍山落帽，即此。楚昭王墓。楚孫叔敖墓。楚莊王墓。楚令尹墓。白君臺。章華臺，圖經云：楚平王與伍舉登章華之臺，是也。三休臺。陽雲臺。馬王溪，相傳云：王鎮惡以馬打作溪。調絲水，流聲似調絲。華蓋山。龍穴里，圖經云：此里中出砭成特，爲醫家所重，雨後人多得之。梁劉之遴墓。梁武帝母陵。符載宅，圖經云：載爲劉同墓賓，時稱名士，後隱居于此。陸法和宅，圖經云：法和隱于江陵百里洲，衣食居處，與一行沙門同，〔五〇〕自號居士，不至城郭。狼尾山。伍子胥廟。左伯桃墓。羊角哀墓。

鄂州

橫江廟，魯肅祠也。頭陀寺，按王簡棲碑文云：釋惠宗所立。鸚武州。〔五一〕黄鶴樓。崢嶸洲。丁固宅。蔣帝廟。黄鶴山。孫權城。吕蒙城，圖經云：蒙嘗屯兵於此。吕蒙墓。黄邑墓。黄香墓。陶侃墓。

安州

鄖國公廟，春秋時鄖公也。石巖山。郝侍郎釣魚臺，云郝處俊也。雲夢澤。鳳凰山。黄香山。黄香塚。〔五二〕

鼎州

潤禾堰，舊名北塔，唐太守李璡增通古蓴陂，由黄土堰注白馬湖，入城隍，〔五三〕是爲永泰渠，北流灌新滱，灌田千有餘頃，民疇賴焉，因名爲潤禾堰。伍員廟。屈原廟。伏波將軍廟。善卷壇，在德山上，古傳善卷隱此山。本名枉山，刺史樊子蓋以善卷居此，〔五四〕改曰善德，後人惟號德山。梁山。壺頭山，有石窟，卽馬援所穿室也。内有蛇如百斛，〔五五〕云是援之餘靈。沅水。芷江。畬溪。白馬湖。明月池。丹砂井。鶴澤，説苑曰：羊祜鎮荆州，於沅陵澤中得鶴，教其舞以娛賓，因名焉。司馬錯城，錯爲秦將，定黔中，據此城以扼五溪之要。招屈亭。春申君墓。桃源山。金牛山。張旭墨池。滄浪水。沈公臺。龍陽洲，李衡種橘處。

澧州

獨浮山，圖經云：昔浮丘子修道于此，山有松塢石室在焉。澧水。馬援城，圖經云：馬援南征所築。鐵冶山。天門山。

峽州

西陵山。姜詩溪，後漢列女傳：姜詩妻龐，養詩母，詩母好江水及魚，嘗遠汲水。後舍側湧泉，躍出雙鯉，以供贍姑，因以爲名。爾雅臺，方輿記：郭璞注爾雅于此臺上，見有郭先生塑像廟宇，春秋祠祭。荆門山。石鼓山。武落鍾山，〔五六〕本廩君所出也。系本云：廩君之先，故出巫誕落鍾山石穴，中有二所，廩君出於赤穴，餘姓出於黑穴。廩君與巴氏、樊氏、瞫氏、鄭氏凡五姓，〔五七〕俱争神。廩君往登穴屋，以劒刺之，劒不能着，獨廩君劒著而懸於穴屋，〔五八〕因名爲君長。方出有神壇。夷陵山。明月峽。

岳州

君山，在洞庭湖中。洞庭湖。佽飛廟。屈原廟。雲母泉，在黑山南。鴨欄山。

歸州

三閭大夫祠。伍相廟。麝香山。空舲灘。夔子城，春秋時夔子之國。屈大夫宅。

石門山。昭君宅。

辰州

壺頭山，馬援征蠻，從壺頭進軍，卽此地也。明月山。酉陽古城，漢書地理志，武陵郡有

酉陽縣。盤瓠神廟。善卷先生冢。

沅州

武陽山。舞溪。唐十道圖有晉褒城、苦杏城。〔五九〕

誠州

無古跡。

校勘記

〔一〕漢丹陽縣北有赭山丹赤以爲郡名　「漢丹陽縣」，底本作「漢丹陽郡」。景定建康志卷一七山川志：「地志云，漢丹陽縣北有赭山，其山丹赤，故以名郡。」此「郡」爲「縣」字之誤，今據改。

〔二〕舊名巖山至形似龍見　底本無此十五字。輿地紀勝卷一七建康府龍山：「九域志云，在江寧縣南四十里，舊名巖山，宋武帝改曰龍山，形似龍見。」此脱，今據補。

〔三〕王魚　周本作「玉魚」。

〔四〕圖經云昔有顏公隱於此山後乘風去　輿地紀勝卷二〇徽州顏公山：「九域志云，昔有顏公隱於是山，後乘風而去。圖經云，山上有湖五畝，多鯉魚。」與此異。

〔五〕方輿記云昔人採墨之所　輿地紀勝卷二〇徽州石墨井：「九域志引方輿志云，墨嶺上出石墨，土人採之，採處成井。」與此異。

〔六〕廬江　「廬」，底本作「盧」。山海經海内東經：「廬江出三天子都，入江，彭澤西。」此「盧」乃「廬」字之誤，據改。

〔七〕高三百四丈 輿地紀勝卷三〇江州浩山:「九域志云,高三百四十丈。」此「四」字下蓋脱「十」字。

〔八〕陵山 元和郡縣志卷二八、太平寰宇記卷一〇五池州石埭縣俱載有陵陽山,此蓋脱「陽」字。

〔九〕即陵陽宰竇子明之 按此文有誤脱,「之」疑爲「也」字之誤,或「之」下脱「廟」字。

〔一〇〕干越亭 「干」,底本作「于」。太平寰宇記卷一〇七饒州餘干縣干越亭:「越絶書云,餘,大越故界。即謂干越也。在縣東南三十步,屹然孤嶼。」輿地紀勝卷二三饒州亦作「干越亭」。此「于」乃「干」字之誤,今據改。

〔一一〕仙鶴山張道陵曾學道於此 底本無此十一字。輿地紀勝卷二三饒州張道陵:「九域志云,有仙鶴山,云張道陵曾學道於此。」此脱,今據補。

〔一二〕葛玄得道於弋陽縣 太平寰宇記卷一〇七信州弋陽縣葛仙觀下引鄱陽記云:「葛玄得道弋陽縣北黄石山古壇,是也。」輿地紀勝卷二一信州葛玄下引文同,與此異。

〔一三〕乃費長房投竹杖化龍之處 輿地紀勝卷二一信州費長房下引九域志:「玉溪,費長房得道,竹杖化龍。」與此繫於靈陽觀下異。

〔一四〕每蓄煙靄與五面峯相對 「每」,底本作「房」,「與」、「面」,底本無。太平寰宇記卷一〇七信州貴溪縣積翠巖:「在縣南二十五里,有巖,每蓄烟霧,與五面峯相對。」又五面石:「在縣西南七里,山東面連接弋陽縣鐵山,山南屹然御立,最爲孤峯,削成五面。」輿地紀勝卷二一信州積翠巖:「方輿記云：「每蓄煙靄，與五面山相對。」此「房」乃「每」字之誤，脱「與」、「面」二字，今據改補。

〔一五〕宋書至曲赦南豫州　底本作「晉書：孝武帝巡于湖縣，至蒲山，曲赦南豫州。」按宋書卷六孝武帝紀：大明七年冬十月己巳，「車駕校獵於姑熟。十一月丙子，曲赦南豫州殊死以下。」太平寰宇記卷一〇五太平州當塗縣蒲山：「按宋書，孝武帝大明七年巡于湖縣，至蒲山，獨赦南豫州。」輿地紀勝卷一八太平州蒲山：「九域志云，宋武帝大明七年循于湖，至蒲山，曲赦南豫州。」則此「晉書」乃「宋書」之誤，並脱「大明七年」四字，今據改補。

〔一六〕在丹陽山南　「丹陽山」，底本作「丹陽」。太平寰宇記卷一〇五太平州九井山：「伏滔北征記云，九井山在丹陽山南。」輿地紀勝卷一八太平州九井山下引北征記同，此「丹陽」下脱「山」字，今據補。

〔一七〕即謝朓也　「朓」，底本作「眺」。南齊書卷四七謝朓傳：「出爲宣城太守。」太平寰宇記卷一〇五太平州當塗縣謝公山：「齊宣城太守謝朓築室及池於山南，其宅堦址猶存。」此「眺」爲「朓」字之誤，今據改。

〔一八〕王敦屯兵于湖至夢日繞營　底本作「王敦屯兵湖陰夢日繞營」。晉書卷六明帝紀：太寧元年，「敦下屯于湖」。太寧二年，「敦將舉兵內向，帝密知之，乃乘巴滇駿馬微行，至于湖，陰察敦營壘而出。有軍士疑帝非常人。又敦正晝寢，夢日環其城。」又輿地紀勝卷一八太平州玩鞭亭：「晉王敦鎮姑孰。明帝時敦將舉兵內向，帝密知之，乃乘巴滇駿馬微行，至于湖，陰察敦營壘。敦正晝寢，夢日環其城。」則此「湖」當作「于湖」，並有脱文，今據改補。

〔一九〕梁杯渡禪師經行之地　「杯」，底本作「懷」。輿地紀勝卷一八太平州梁杯渡禪師：「嘗乘木杯渡水，故名。」又同書卷隱静山：「乃杯渡建道場之所，爲普惠寺。」山有五峯，碧霄峯，泉出其下，中有魚金鬣、桂月峯，乃杯渡經行之地。」此「懷」爲「杯」字之誤，今據改。

〔二〇〕黄龍山至有黄龍之像　底本無「黄龍山」。輿地紀勝卷二五南康軍黄龍山：「潯陽記云：能興雲致雨，有黄龍之像。」此脱「黄龍山」三字，今據補。

〔二一〕及桐汭　底本無「汭」字。左傳哀公十五年：「夏，楚子西、子期伐吴，及桐汭。」杜預注：「宣城廣德縣西南有桐水，出白石山西北。」此「汭」字脱，今據補。

〔二二〕汭水　「汭」，底本作「内」。輿地紀勝卷二四廣德軍汭水：「九域志有汭水。」此「内」爲「汭」字之誤，今據改。

〔二三〕東海仙人麻姑曾游於□　輿地紀勝卷二六隆興府麻姑觀：「麻姑名山有三：一在宣城，是爲冲昇之地；一在盱江，是爲得道之地；一在豫章進賢，是爲經遊之地。」按豫章進賢即指洪州進賢縣，此缺字疑爲「此」字。

〔二四〕大二十五圍　「二十」，輿地紀勝卷二六隆興府豫章下引豫章記作「四」。

〔二五〕即吴猛修道處　底本無「猛」字。太平寰宇記卷一〇六洪州奉新縣大雄山：「上有吴猛修道處。」輿地紀勝卷二六隆興府大雄山：「即吴猛修道之所。」又晉書卷九五藝術傳列有吴猛傳。此「吴」

下脱「猛」字，今據補。

〔二六〕吴真人宅　底本無「吴」字。太平寰宇記卷一〇六洪州武寧縣故吴真人宅：「晉吴猛。」輿地紀勝卷二六隆興府吴真人：「晉吴猛。晉書藝術傳云：猛，豫章西安人，邑人丁義授以神方。因還洪州，江波甚急，猛不假舟楫，畫水而渡，觀者異之。今有吴真人宅，在武寧。」此脱「吴」字，今據補。

〔二七〕云是王孝子所留書　「王孝子」，底本作「庠子孝」。太平寰宇紀卷一〇八虔州贛縣覆笥山：「云是王孝子所留書。」輿地紀勝卷三二贛州覆笥山下記載同。此「庠子孝」乃「王孝子」之誤，今據改。

〔二八〕昔梁武帝嘗讀書于此　「梁武帝」，底本作「梁武」。太平寰宇記卷一〇八虔州雩都縣蕭帝巖：「梁武帝讀書之處。」輿地紀勝卷三二贛州蕭帝巖：「圖經云：昔梁武帝讀書於此。」則此「梁武」下脱「帝」字，今據補。

〔二九〕廬陵故城　「廬」，底本作「廣」。太平寰宇記卷一〇九吉州廬陵縣下載有晉廬陵故城，太和縣下載有漢廬陵故城，輿地紀勝卷三一吉州同，此「廣」爲「廬」字之誤，今據改。

〔三〇〕長嶺山寰宇記云有石墨可以種火是爲不滅石　底本無「長嶺山」三字。太平寰宇記卷一〇九吉州安福縣長嶺山：「在縣南，山有石墨，可以種火，是爲不灰石。」輿地紀勝卷三一吉州長嶺山下引寰宇記文同，此脱「長嶺山」，今據補。

〔三一〕道橋至因名　此處當有脱誤。

〔三二〕宜春水水甘美宜作酒　底本無「宜春水」三字。太平寰宇記卷一〇九袁州宜春縣宜春水：「出縣西四里，其水甘美，堪作酒。晉書地道記云，縣出美酒，隨歲舉上供，刺史親付計吏。」輿地紀勝卷二八袁州載同。此脱「宜春水」，今據補。

〔三三〕因水有大鍾從山墜水中　「山」，底本作「上」。太平寰宇記卷一〇九袁州宜春縣鍾山：「在州東九十里。裴子野宋畧云，永嘉元年，此山因洪水有大鍾從山流出，時人得之，送上，驗銘云是秦時樂器，因以爲名。」輿地紀勝卷二八袁州鍾山下載同。此「上」乃「山」字之誤，今據改。

〔三四〕謝山至丹竈履跡存焉　下文筠州已列有謝山。太平寰宇記卷一〇六筠州高安縣：「謝山在縣北一百里，謝仙君上昇之處，奇峯怪石，丹竈履跡猶在。」此條重出。

〔三五〕康樂故城至改今名　太平寰宇記卷一〇六筠州高安縣：吴置陽樂縣，晉太康元年改爲康樂縣；又云「陽樂縣城在州西北八十里義均鄉」。是康樂故城非屬袁州。

〔三六〕梁相袁璞墳　「璞」，底本作「王」。太平寰宇記卷一〇九袁州宜春縣：「袁璞墓在袁山，高四尺。」清嘉慶重修一統志卷三二六袁州府梁袁璞墓：「在宜春縣東袁山，高四尺。」此「王」乃「璞」字之誤，今據改。

〔三七〕魏夫人壇　「魏」，底本作「女」。太平寰宇記卷一一〇撫州臨川縣魏夫人壇：「在縣西北六里二百步。神仙内傳云，夫人姓魏，諱華存，任城人也。」輿地紀勝卷二九撫州魏夫人下載同。此

「女」乃「魏」字之誤，今據改。

〔三八〕本銅山　「銅」，底本作「同」。太平寰宇記卷一一〇撫州臨川縣峩峯山：「在縣西四十里。出銅，因號銅山。天寶六年勅改爲峩峯山。」輿地紀勝卷二九撫州峩峯山下載同。此「同」乃「銅」字之誤，今據改。

〔三九〕廩口開則歲儉閉則年豐　輿地紀勝卷二九撫州石廩下引九域志同。太平寰宇記卷一一〇撫州臨川縣石廩下引荀伯子臨川記另作「廩口開則歲豐，閉則歲儉」，與此異。

〔四〇〕祈仙觀　「仙」，底本作「山」。太平寰宇記卷一〇六筠州祈仙觀：「晉元康六年道士黄輔全家上昇之宅。」輿地紀勝卷二七瑞州祈仙觀下載同。此「山」乃「仙」字之誤，今據改。

〔四一〕贛水出焉　「贛」，底本作「諸」。山海經海内東經：「贛水出聶都東山，東北注江，入彭澤西。」此「諸」爲「贛」字之誤，今據改。

〔四二〕麻姑山　底本作「麻山」。太平寰宇記卷一一〇建昌軍南城縣麻姑山：「山頂有石壇，相傳麻姑得道於此。」輿地紀勝卷三五建昌軍祥符觀：「在麻姑山。」又載麻姑山：「在南城縣西南十里。」此脱「姑」字，今據補。

〔四三〕汨羅山　「山」，周本作「江」。

〔四四〕四時常暖　輿地紀勝卷七五郴州桃花湯下引九域志作「冬夏常暖」。

〔四五〕舊本内敏州　太平寰宇記卷一一五邵州：唐乾元元年爲邵州，「晉天福初改爲敏州，避廟諱，漢初仍舊。」輿地紀勝卷五九寶慶府下所載亦同，此「内」蓋爲衍文。

〔四六〕扶陽山　底本無此三字。輿地紀勝卷五九寶慶府扶陽山：「見九域志。」此脱，今據補。

〔四七〕漢故縣姥婆城　底本無此六字。輿地紀勝卷六一桂陽軍漢故縣姥婆城：「九域志。在臨武縣東五十里。」此脱，今據補。

〔四八〕楚令尹於菟廟　「尹」，底本作「君」。戰國策楚策一威王問於莫敖子華：莫敖子華對曰「昔令尹子文」，四部叢刊影印元至正年間刊刻的鮑彪注「鬭穀於菟」，則此「令君」之「君」乃「尹」字之誤，今據改。

〔四九〕劉虯注金剛經于此　「虯」，底本作「蚪」。南齊書卷五四劉虯傳：「南陽涅陽人也。舊族，徙居江陵。」又載：「注法華經，自講佛義。」輿地紀勝卷六四江陵府寫經臺：「舊經云，劉虬繙金剛經於此。」按「虬」同「虯」，此「蚪」乃「虯」字之誤，今據改。

〔五〇〕與一行沙門同　清光緒重修荆州府志卷七枝江縣陸法和宅下引圖經作「一與苦行沙門同」，與此異。

〔五一〕鸚武州　按水經江水注、太平寰宇記卷一一二鄂州江夏縣、輿地紀勝卷六六鄂州均作「鸚鵡洲」，此「武州」，當作「鵡洲」爲是。

〔五二〕黄香塚　底本無此三字。輿地紀勝卷六六鄂州黄香墓：「九域志。」同書卷七七德安府東漢黄香：「江夏安陸人，九域志，安陸縣有黄香山，亦有黄香塚」。此脱，今據補。

〔五三〕唐太守李璡增通古蓴陂至入城隍　「注白馬湖」，底本作「注云白馬湖」；「城」，底本作「滅」。新唐書卷四〇地理志朗州武陵縣：「西北二十七里有北塔堰，開元二十七年刺史李璡增修，接古蓴陂，由黃土堰注白馬湖，分入城隍及故永泰渠。」輿地紀勝卷六八常德府潤禾堰下引九域志：「註云白馬湖，入城隍，是爲永泰渠。」此「注云白馬湖」爲「注白馬湖」之誤，「云」乃衍文，輿地紀勝亦誤；「滅」乃「城」字之誤，今並據改。

〔五四〕刺史樊子蓋以善卷居此　「蓋」，底本作「重」。隋書卷六三有樊子蓋傳。輿地紀勝卷六八常德府枉山：「開皇中，刺史樊子蓋以善卷嘗居此山，名善德山。」此「重」乃「蓋」字之誤，今據改。

〔五五〕內有蛇如百斛　「斛」，底本爲缺字。太平寰宇記卷一一八朗州武陵縣壺頭山：「有石窟，即馬援所穿室也。室內有蛇如百斛。」輿地紀勝卷六八常德府壺頭山下引九域志：「有石窟，即馬援所穿室也，內有蛇如石斛。」則此缺字爲「斛」，今據補。又此「百」疑爲「石」字之誤。

〔五六〕武落鍾山　後漢書卷八六南蠻西南夷傳、輿地紀勝卷七三峽州俱作「武落鍾離山」。

〔五七〕廩君與巴氏樊氏瞫氏鄭氏凡五姓　後漢書卷八六南蠻西南夷列傳：「巴郡南郡蠻，本有五姓：巴氏，樊氏，瞫氏，相氏，鄭氏。」太平寰宇記卷一四七峽州長陽縣武落中山：「廩君曰務相，姓巴氏，與樊氏、瞫氏、相氏、鄭氏五姓。」此當作「廩君巴氏與樊氏、瞫氏、相氏、鄭氏凡五姓」。

〔五八〕廩君往登穴屋至獨廩君劍著而懸於穴屋　「著」，底本缺字。後漢書卷八六南蠻西南夷列傳：「五姓「乃共擲劍於石穴，約能中者，奉以爲君。巴氏子務相乃獨中之，衆皆歎。」太平寰宇記卷一四

眉州

白虎山，華陽國志云：秦昭王時白虎爲害，邑人廖仲藥作伏弩射殺之。〔六〕導江水，禹貢：岷山導江，即此是也。魚鳧津，一名彭女津。八郡志：犍爲有魚鳧津。彭女山，葛洪神仙傳曰：有綵女從彭祖學道於此。鼎鼻山，益州記：周衰，九鼎淪散，其一後于此山下江中，或見其鼻。犍爲城，輿地志云：漢武帝遣唐蒙開夜郎國，築此城。彭祖墓。漢張綱墓。

蜀州

瞿君祠，葛洪傳云：後漢瞿武七歲絶食，服黄精、紫芝，入峨眉山，天皇真人授以真訣，乘白龍而去。稠稉山，即二十四化之一也。鄓江，〔七〕郡國志云：出麩金。古臨邛城。聖母山，圖經云：昔有老母於此得道。天國山，青城山記云：青城山上八大洞，此其一也。石笋山，上有石笋，孤立十餘丈。卓王孫冢。

彭州

漢光武祠。　二葛仙化。　王沅化。　九隴山，〔八〕屈曲九折，因名之。　葛瓃山，地圖記云：〔九〕昔葛永瓃王道此山昇仙，因名之，卽二十四化也。　彭門山。

綿州

羅瓃山，昔羅公遠眞人隱于此。　十八隴山。　石新婦，昔有人遠征，妻送至此，因化爲石，見蜀記。　廣濟陂，唐時開，大溉民田。　李太白碑，唐梓州刺史于邵文。　鄧艾墓。　譙周墓。

漢州

仙居觀，圖經云：李八百于此上昇。　雍齒城，漢高祖時，雍齒受封于此邑。　庚除山，上有廢庚除觀，卽二十四化之一也。　鹿堂山，有鹿堂化，卽二十四化之一。　姜詩泉，益州記云：姜詩事母至孝，母嗜江魚，舍側忽有涌泉，常出雙鯉。　鹿頭關，唐高崇文擒劉闢于此。　貞陽觀，本許旌陽宅。　涌泉，張道陵記云：馬明先生於此得道昇仙。　秦中觀，張道陵記云：韓仲于此上昇。　上觀，張道陵記云：李子元于此修道羽化。　秦宓宅。　李王□益州記云：卽姜詩宅。〔一〇〕

嘉州

秦相張儀祠。漢嚴君平祠。延祥觀，舊名揚雄觀，本雄舊宅，至道三年賜額。導江，一名汶江。峩眉山。沬水，漢書溝洫志：李冰鑿離堆，避沬水之患。石闕，郡國志：龍遊縣有二石闕，〔一一〕即漢武帝使唐蒙通夜郎所置。平羌山，道書云：天下有二十四化，此其一也。道士常正一得道此山，丹竈履踪存焉。〔一二〕鑄錢山，即漢以賜鄧通者。隴寧山，神仙傳云：昔有隴西人採藥於此，服之羽化。漢武陽故城。熊耳峽，圖經云：諸葛武侯鑿山開道，〔一三〕即熊耳峽東古道也。漢水，一名寶磬川，漢孝成元延中，于此水得寶磬十六。〔一四〕張天師祖墓。

邛州

臨邛山，山海經云：邛崍山，邛水出焉。〔一五〕銅官山，史記：卓氏求遠遷，致之臨邛，依鐵山鑄錢，〔一六〕即此也。邛池，李膺記云：臨邛郡老姥得小蛇飼之，漸長丈餘後，姥爲令所殺，因夢於令曰，我當報仇。是夜，四十里俱陷爲湖。亦曰邛河。〔一七〕火井，見左思蜀都賦。古臨邛縣城。鶴鳴山神廟，圖經云：唐僖宗幸蜀，至利州，有人自空而下，稱鶴鳴山神來迎帝，尋失所在，因立廟。竹三郎廟，〔一八〕常璩國志云：昔云，紗子於水濱得三節大竹，破之得三兒，〔一九〕因以竹爲姓。後有大功，故立祠。卓王孫宅。金刀觀，有軒轅遺跡，雍熙元年置。主簿化山，圖經云：唐興主簿王興於此。七盤山。卓氏墓。

黎州

古飛越縣城，本沈黎郡之地。夜叉穴，〔二〇〕博物志云：蜀南沈黎郡高山有物似猴，名玃路，見婦人輒盜入穴，俗呼以此名。□□山，圖經：唐於此屯兵禦南戎。琉璃城，唐李德裕所築。

雅州

平羌水。隴西水。龍潤潭，潭深水濁，遇旱禱之有應。蒙頂山，尚書云：蔡、蒙旅平，名。九折坂，郡國志：嚴道山有九折坂。

茂州

龍泉山，郡國志云：下有湫水，一名龍池，水旱禱有應。岷山，王羲之與謝安書云：蜀中山川如岷山夏含霜雹，〔二〕校之所聞，崑崙之仲也。玉壘山，華陽國志云：出璧玉。岷江。

簡州

忠正王廟，〔三〕卽平西將軍鄧艾也。

威州

本漢徼外羌冉駹之地。雪山，有九峯，上有積雪，春夏不消。

陵井監

丹砂山，左思蜀都賦云：丹砂出其坡。導江水，禹貢云：岷山導江。漢陽川。漢陽古城。漢朱辰廟，〔三〕曾爲巴郡太守，惠及民吏。蔡順廟，圖經云：縣人蔡順遇一虎俛首，若有所求，順以手探其口得鯁骨，他日銜得一鹿置門而去，自是虎不入境。牢固墳，十道志：蒯參至孝，葬母修墳堅固，因名。

梓州

鄧艾廟。牛頭山，形似牛頭。九洲記云：葛仙翁遊於此。涪江。靈江水。繫龍橋，方輿記：仙人翟君自峨眉山來繫一龍於此。銅梁，見方輿記。九仙觀，周保定三年置，圖經云：縣民馮龐二家共九女，得道白日昇仙。〔二四〕射江，酈道元水經注：涪江水東南合射江，故名。大彌江。〔二五〕龍潭，遇天旱，祈禱有應。廣漢故城。蠶絲山，每上春七日，士女遊于此山，以祈蠶絲。〔二六〕陳子昂墓。

遂州

晉太尉鄧艾廟並墓。廣山，每歲旱，投龍祈雨。青石山，九州要記云：此青石可以爲磬。

果州

唐謝真人祠，唐貞元年中，謝自然於金泉山白日上昇。嘉陵江。宕渠城。三芭津。〔二七〕彈琴臺，十道志云：左濱西漢水，叢薄蔚然，名相如琴臺。司馬相如故宅。玉華宮，本名碧落觀，一名玄貞觀。〔二八〕唐神龍中，見黄雲赤霧凝然，翳前後三日，但聞斤斧之聲，暨霧散雲斂，有宫化出，上聞其事，賜今名。

資州

醮壇山，昔李阿真人修鍊于此，後于蜀州新津上昇，其山無棲禽穴蟻。〔二九〕中江。萇弘祠，方輿記云：弘無辜受戮死而血碧，後人立祠。資中縣城。〔三〇〕資江。王褒墓。

普州

鄧艾祠。鳳凰山。安居水，中多鯉魚。故老云，孟蜀嘗取魚於此，禁人採捕，當時號曰「禁溪」。〔三一〕

昌州

伍子胥廟。葛仙山，葛洪於山得仙。鹽井。舊昌州城。

戎州

蜀江。伏犀灘，水經云：昔黄牛從僰溪出，上此崖化爲石。〔三二〕青衣江，古有青衣國。滇池，漢書志：滇池縣屬益州郡。〔三三〕茘枝園，郡國志云：僰住施夷中，多以茘枝爲業，園植萬株樹，收一百五十斛。〔三四〕　石筍灘，其石峥。

瀘州

瀘峯，按寰宇記，瀘津關有瀘峯，〔三五〕高三千丈。　汶江。　支江。　瀘江。　石門，有二立石，狀若門。　方山神祠，按華陽國志，方山神祠。〔三六〕　方山。

合州

九煉山，唐道士任處華居此修煉，白日上昇。〔三七〕　銅梁山，益部耆舊傳云：昔楚襄王滅巴子，封庶子于濮江之南，號銅梁侯。　雲門山，蜀都賦云：指渠口以爲雲門。　青石山，益州記云：昔巴、蜀争界不決，一朝密霧，石爲之裂，于是州界始判。　上有古神祠。　嘉陵江。　涪江。　渠江。　什邡侯城，漢封雍齒爲什邡侯于此。

榮州

古夜郎國地。　榮隱山，上有榮隱先生修道山。　竹王祠，蜀記云：昔有女人於溪浣紗，有大竹流而觸之，因有孕，生子，自立爲王，以竹爲姓。　漢使唐蒙伐牂柯，斬竹王，土人因立祠。

火穴，穴中時有炎火。　古和義縣城，山地産礦石，烹煉成鐵。　石龜洞，〔三八〕近夜郎國。

渠州

長樂津。　應靈侯祠，後漢車騎將軍馮緄也。　宕渠山，方輿記云：一名大青山。　八濛山。

渠江。　流江古賨城，有古碑，文字磨滅。

懷安軍

望帝祠。　鄧太尉祠，卽鄧艾也。　金臺山，華陽國志云：新都有金臺山，水通于巴、漢。　中江。　棲賢山，益州記云：李八百遊此，遂有棲賢之名。　望蜀山。　三江，山海經云：三江者，大江、中江、北江也。　汶山郡有岷山，大江所出；崍山，中江所出；〔三九〕崌山，北江所出，東注大江。　金船，按寰宇記云：古有金船，沈江之東岸，民于水中往往見之。

廣安軍

渠江，一名渝水，〔四〇〕源出渠州。　羊山，故老傳云：梁天監中，有居士棲隱其間講誦，有山羊跪聽。〔四一〕

富順監

金川神廟，蓋鹽井神也，僞蜀封爲金川王。聖燈山，有聖燈。俗言：燈見則封域寧謐，歲豐稔。神龜山。支江利濟池，傳云：用此水淋灰，則鹽乾白而鹹。〔四三〕

校勘記

〔一〕華陽國志云橋次有送客亭　「志」，底本作「記」。華陽國志卷三蜀志載其事，太平寰宇記卷七二益州華陽縣昇僊橋下引華陽國志同，則此「記」乃「志」字之誤，今據改。又「亭」，華陽國志作「觀」。

〔二〕歎曰萬里之路自此而始　元和郡縣志卷三一成都府成都縣萬里橋：「蜀使費禕聘吴，諸葛亮祖之，禕歎曰：萬里之路，始于此橋。」太平寰宇記卷七二益州華陽縣萬里橋下載同。此「歎曰」之上蓋脱「禕」字。

〔三〕一名夷里橋　「里」，底本無。華陽國志卷三蜀志：「萬里橋西上曰夷里橋，上（按疑爲「亦」字之誤）曰笮橋。」太平寰宇記卷七二益州華陽縣笮橋：「去州西四里，亦名夷里橋，又名笮橋，以竹索爲之。」此「夷」下當脱「里」字，今據補。

〔四〕成都城　底本無此三字。太平寰宇記卷七二益州華陽縣成都城："周地圖記云，初張儀築城，城屢壞，不能立，忽有大龜周行旋走，巫言依龜行處築之，城乃得立。"則此"周地圖記"上脱"成都城"三字，今據補。

〔五〕鼈令墓　大明一統志卷六七成都府陵墓："鼈靈墓在郫縣南。"清嘉慶重修一統志卷三八五、嘉慶四川通志卷四四均作"鼈靈墓"。此"令"蓋爲"靈"字之誤。

〔六〕華陽國志至廖仲藥作伏弩射殺之　"志"，底本作"記"；"廖仲藥"，底本作"康仲"。華陽國志卷一巴志："秦昭襄王時，白虎爲害，自秦、蜀、巴、漢患之，於是夷朐忍、廖仲藥、何射虎、秦精等乃作白竹弩，於高樓上射虎。"太平寰宇記卷七四眉州通義縣白虎山："華陽國志云，秦昭王時，白虎爲害，募人殺之，廖仲藥、秦精等射中之。"此"記"乃"志"、"康仲"乃"廖仲藥"之誤脱，今並據改補。

〔七〕郪江　元和郡縣志卷三一蜀州唐興縣、太平寰宇記卷七五蜀州江原縣下俱載郪江出馱金，與此異。

〔八〕九隴山　"隴"，底本作"龍"。太平寰宇記卷七三彭州九隴縣："九隴山，屈曲九折，故有九隴之名。"此"龍"乃"隴"字之誤，今據改。

〔九〕地圖記云　太平寰宇記卷七三彭州九隴縣葛璝山："周地圖記云，上有葛永璝祠，永璝學道于此山。"此"地圖記"上蓋脱"周"字。

〔一〇〕李王□益州記云卽姜詩宅　華陽國志卷三蜀志雒縣：「沈（原訛作『汎』）鄉，有孝子姜詩田地宅。」水經江水注：「洛縣有沈鄉，去江七里，姜士遊所居。」太平寰宇記卷七三漢州綿竹縣姜詩泉井：「卽詩之宅，家在沈鄉。」此「李」之上疑脫地名「沈鄉」二字，又「李王□」疑爲「李膺」之訛。

〔一一〕石關郡國志龍遊縣有二石關　「關」，輿地紀勝卷一四六嘉定府同。太平寰宇記卷七四嘉州龍遊縣下作「闕」，清嘉慶重修一統志卷四〇五嘉定府同。蓋作「闕」爲是。

〔一二〕道士常正一得道此山丹竈履踪存焉　底本無此十五字。輿地紀勝卷一四六嘉定府平羌山：「九域志云，道士常正一得道此山，丹竈履踪存焉。」此脫，今據補。

〔一三〕諸葛武侯鑿山開道　「鑿」，底本作「王」。太平寰宇記卷七四嘉州平羌縣熊耳水：「一名熊耳峽，古老云，武侯鑿山開道，卽熊耳峽東古道。」輿地紀勝卷一四六嘉定府熊耳峽：「諸葛武侯鑿山開道。」此「王」乃「鑿」字之誤，今據改。

〔一四〕于此水得寶磬十六　「磬」，底本作「塔」。輿地紀勝卷一四六嘉定府漢水：「漢成帝時得古磬十六枚于漢水之濱。」此「塔」乃「磬」字之誤，今據改。

〔一五〕臨邛山山海經云邛崍山邛水出焉　「臨邛山」，底本作「臨峽山」；「邛崍山」，底本作「邛峽山」。按唐宋諸志邛州俱無「臨峽山」，元豐九域志卷七邛州臨邛縣有臨邛山，此「峽」當爲「邛」字之誤，今據改。又山海經中山經云：「崍山，江水出焉。」太平寰宇記卷七七雅州榮經縣邛崍山：「山海經，崍山，江水出焉。」輿地紀勝卷一四七雅州邛崍山下載同。則樂史、王象之並以邛崍山卽山海經之崍山。又漢書卷二八上地理志蜀郡嚴道縣「邛來山，邛水所出」。漢志記文與此引山海經文同，此「山海經」應作「漢書地理志」，然新定九域志作者亦以邛崍山即山海經之崍山，故直引山海經以釋之。則此「邛峽山」爲「邛崍山」之誤，今據改。

〔一六〕依鐵山鑄錢　「鐵」，底本作「銅」。史記卷一二九貨殖列傳：「蜀卓氏之先，趙人也，用鐵冶富。秦破趙，遷卓氏。卓氏……乃求遠遷。致之臨邛，大喜，卽鐵山鼓鑄。」太平寰宇記卷七五邛州臨邛縣銅官山下引史記云：「蜀卓氏「乃求遠遷，致之臨邛」，卽鐵山鑄錢，卽此山也」。此「銅」乃「鐵」字之誤，今據改。

〔一七〕亦曰邛河　太平寰宇記卷七五邛州邛池：「土人謂之邛湖。」

〔一八〕竹三郎廟　華陽國志卷四南中志作「竹王祠」，太平寰宇記卷七五邛州大邑縣下作「竹王廟」。

〔一九〕國志云至破之得三兒　清抄本作「華陽國志云：有女子浣于水濱，有三節大竹流入女子足間，推之不去，聞有兒啼，持歸破之，得一男兒，長養有才武。」按華陽國志卷四南中志：「有竹王者，興於遯水，有一女子浣於水濱，有三節大竹流入女子足間，推之不肯去，聞有兒聲，取持歸破之，得一男兒，長養有才武。」太平寰宇記卷七五邛州大邑縣竹王廟下引華陽國志文同。與此異。

〔二〇〕夜叉穴　「叉」，底本作「乂」。清抄本作「叉」。太平寰宇記卷七七黎州漢源縣有「夜叉穴」。此「乂」乃「叉」字之誤，今據改。

〔二一〕蜀中山川如岷山夏含霜雹　「蜀中」下底本有缺字。太平寰宇記卷七八茂州汶山縣岷山下記：

王羲之與謝安書云「蜀中山川如岷山夏含霜雪」，輿地紀勝卷一四九茂州岷山下載同。則「蜀中」下無缺字。

〔二二〕忠正王廟 「正」，底本缺字。輿地紀勝卷一四五簡州忠正王廟：「九域志，即平西將軍鄧艾也。」則此缺字乃「正」，今據補。

〔二三〕漢朱辰廟 「朱辰」，底本作「朱展」。太平寰宇記卷八五陵州貴平縣唱車廟：「漢朱辰爲巴郡守，有惠于人，送辰到蜀迴至此，爲辰立廟，以其山近鹽井，聞推車唱歌之聲爲名。」輿地紀勝卷一五〇隆州作「朱府君辰廟」。此「展」乃「辰」字之誤，今據改。

〔二四〕周保定三年置至得道白日昇仙 輿地紀勝卷一五四潼川府九仙觀：「九域志云，周寶定二年置。舊經云，縣民馮龐二家共有九女，得道昇仙。」其文與此異。

〔二五〕大彌江 「彌」，輿地紀勝卷一五四潼川府作「瀰」。

〔二六〕每上春七日士女遊于此山以祈蠶絲 輿地紀勝卷一五四潼川府蠶絲山：「九域志云，每上春時，遠近士女遊此，以祈蠶絲。」其文與此異。

〔二七〕三芭津 「芭」，輿地紀勝卷一五六順慶府引九域志作「巴」。

〔二八〕本名碧落觀一名玄貞觀 輿地紀勝卷一五六順慶府玉華宮下引九域志云：「本名碧霞觀，一名玄真觀。」與此異。

〔二九〕醮壇山至其山無棲禽穴蟻 「醮」，底本作「樵」。「其山無棲禽穴蟻」七字，底本無。按周本作

「醮」。輿地紀勝卷一五七資州醮壇山：「九域志云，昔李阿真人修煉于此，後于蜀州新津上昇，其山無棲禽穴蟻。」此「樵」乃「醮」字之誤，又脱「其山無棲禽穴蟻」，今並據改補。

〔三〇〕資中縣城 「資」，底本作「漢」。按宋資州無古「漢中縣城」，漢書卷二八上犍爲郡統資中縣，治所即宋資州資陽縣，太平寰宇記卷七六資州資陽縣：「本漢資中縣，屬犍爲郡。後周明帝武成二年，於資中故城置資陽縣，以資水爲名。」則此「漢」乃「資」字之誤，今據改。又此「資中縣城」上當冠有「古」字。

〔三一〕安居水至當時號曰禁溪 底本無此二十七字。輿地紀勝卷一五八普州大安溪：「九域志謂安居水，中多鯉魚。故老云，孟蜀嘗取魚於此，禁人採捕，當時號曰『禁溪』。」此脱，今據補。

〔三二〕水經云昔黄牛從僰溪出上此崖化爲石 輿地紀勝卷一六三敍州伏犀灘下載同。太平寰宇記卷七九戎州僰道縣伏犀灘：「水經注云，昔有黄牛從僰溪而出，上此乃化爲石，是名伏犀灘。」與此異。

〔三三〕滇池縣屬益州郡 「益州郡」，底本作「益郡」。漢書卷二八上地理志益州郡統滇池縣，此「益」下當脱「州」字，今據補。

〔三四〕僰住施夷中至收一百五十斛 「中」，底本無；「一百五十斛」，底本作「一萬五千斛」。太平御覽卷一九七引郡國志云：「西夷有荔支園，僰僮施夷中最賢者，古所謂僰僮之富，多以荔支爲業，園植萬株樹，收一百五十斛。」太平寰宇記卷七九戎州僰道縣荔枝園：「郡國志云：僰在施夷中最賢者，古所謂僰僮之富，多以荔枝爲業，園植萬株樹，收一百五十斛。」輿地紀勝卷一六三敘州荔枝園下載同。此「施夷」下脱「中」字，「一萬五千斛」爲「一百五十斛」之誤，今並據補改。

〔三五〕瀘峯按寰宇記瀘津關有瀘峯　三「瀘」字，底本俱作「江」。太平寰宇記卷八八瀘州瀘川縣瀘津關：「有瀘峯，高三千丈。」輿地紀勝卷一五三瀘州瀘峯山：「郡國志云，瀘津關有瀘峯。」此三「江」俱爲「瀘」字之誤，今據改。

〔三六〕按華陽國志方山神祠　「山」，底本作「石」。華陽國志卷三蜀志江陽郡江陽縣有「方山蘭池」，輿地紀勝卷一五三瀘州方山下引華陽國志云：「方山之下，有方山神。」此「石」乃「山」字之誤，今據改。

〔三七〕唐道士任處華居此修煉白日上昇　「任」，底本作「杜」。輿地紀勝卷一五九合州九煉山：「九域志云，唐天寶中，道士任處華昇仙之所。」清嘉慶重修一統志卷三八七重慶府九煉山下引九域志亦作「任處華」，此「杜」爲「任」字之誤，今據改。惟紀勝引九域志文，與此異。

〔三八〕石龜洞　「洞」，底本作「州」。輿地紀勝卷一六〇榮州石龜洞：「九域志，近夜郎國。圖經，榮德縣東十五里榮黎山上，洞深遠不測，有石如龜形。十道圖經：此乃石龜洞也，洞中有鵝翎粉及温湯。」則此「州」及「洞」字之誤，今據改。

〔三九〕崍山中江所出　「崍山」，底本作「峽上」。後漢書卷一一三郡國志蜀郡屬國嚴道注：「山海經云：『崍山，江水出焉。』郭璞曰：『中江所出也。』」後漢書卷八六南蠻西南夷列傳注引文同。文選卷一二江賦注：「郭璞曰：崍山，中江所出也。」水經江水注：「崍山，中江所出。」則此「峽上」爲「崍山」之誤，今據改。又初學記卷六、輿地紀勝卷一六四懷安軍三江下並作「峽山，中江所出」，「峽山」亦爲「崍山」之誤。

〔四〇〕**一名渝水**　「渝」，底本作「喻」。太平寰宇記卷一三八、輿地紀勝卷一六五廣安軍俱載渠江水，一名渝水，此「喻」乃「渝」字之誤，今據改。

〔四一〕**故老傳云至有山羊跪聽**　「梁」，底本無；「講」，底本作「記」；「跪聽」，底本作「也」。輿地紀勝卷一六五廣安軍羊山：「九域志，故老相傳云，梁天監中，有居士棲隱其間講誦，有羊跪聽。」今據補改。

〔四二〕**傳云用此水淋灰卽鹽乾白而鹹**　輿地紀勝卷一六七富順監利濟池：「九域志云，支江利濟池，傳云，郭下井用此水淋灰，卽鹽乾白而鹹。」與此異。

卷八

興元府

旱山，十道志云：山傍有石牛，蓋秦所造，以紿蜀者。宋范柏年〔一〕對明帝曰：漢中惟有文川、武鄉、廉泉、讓水。帝嘉之。街亭，三國志：魏張郃與蜀將馬謖戰于此。龍蹊，按道家雜記：張魯女浣於山，有霧蒙身，遂孕，耻之，投漢水死，殯於龍崗山頂，有龍子數來墓前，遂成蹊徑。青城山。斗山，開山經云：斗山五穴，通崑崙諸山；中有千歲蝦蟇，名「肉芝」，食之多壽千歲。樊噲臺。美農臺，漢中記云：太守桓宣登以勸農。韓信壇，漢書：齋戒築壇，拜韓信爲大將軍。是也。扁鵲城，郡國志云：城下有泉，天旱以羊投中卽雨。古胡城，蜀記云：漢張騫使匈奴，與胡妻堂邑父俱還至漢中，〔二〕築城居之，卽此城也。甘亭戍，隋書志云：有關官。陽關，漢所立。〔三〕箕山，有秦王獵池，冬夏不竭。郡國志云：鄭子真隱于此山谷。又有丙穴。褒谷，蜀人使五丁所通道也。漢王城。潚口化，神仙諸化之一，咸平中勅賜。太宗御書藏于此。白馬山，圖經云：張衡于潚口乘白馬昇仙。沔陽故城，漢志云：有鐵官。西樂城，按方輿記：其城險固。張魯城。漢高祖廟。唐公，〔四〕碑

雲安軍

博望灘，荆州記云：張騫奉使西域，于此覆舟。亦曰使君灘。唐楊雲外尊師碑，在雲昇宫，杜光庭文。

梁山軍

本僞蜀屯田務，乾德中廢，開寶三年升爲軍。高梁山。

南平軍

無古跡。

大寧監

始寧郡，後周置，天和二年廢入永昌郡。永昌郡城，按隋書地理志，後周置，尋廢。鹹泉。鹽井。古永安郡城，在監郭之側。

校勘記

〔一〕宋范柏年　「柏」，底本作「百」。南史卷四七范柏年傳：宋明帝「言次及廣州貪泉，因問柏年：『卿州復有此水不？』答曰：『梁州唯有文川、武鄉、廉泉、讓水。』」太平寰宇記卷一三三興元府南鄭縣文川下引梁州記亦作「宋柏年」。此「百」乃「柏」字之誤，「宋」上又當有「文川」之目。今據改「百」爲「柏」。

〔二〕與胡妻堂邑父俱還至漢中　「堂邑父」，底本作「及邑父」。漢書卷六一張騫傳載胡妻堂邑父。輿地紀勝卷一八三興元府胡城：「九域志云，蜀記云，漢使張騫使匈奴，與胡妻堂邑父俱還至漢中。」此「及」乃「堂」字之誤，今據改。

〔三〕陽關漢所立　太平寰宇記卷一三三興元府褒城縣漢陽關：「卽漢時所立。」輿地紀勝卷一八三興元府載有漢陽關，又載有陽平關。輿地廣記卷三二興元府褒城縣下列有漢陽平關。此「陽關」爲「漢陽關」或爲「陽平關」之誤。

〔四〕唐公　華陽國志卷二漢中志褒中縣有「唐公房祠」。水經沔水注：「有唐公祠。唐君，字公房，成固人也。」藝文類聚卷九五引梁州記曰：「聟水出聟鄉山，有仙人唐公房祠，有一碑，廟北有大坑。碑云，是其舊宅處，公房舉宅登仙，故爲坑焉。」此「唐公」下當脱「房」字，或脱「房祠」二字。

〔五〕生皇后于此　底本無「皇」字。輿地紀勝卷一八四利州唐武士彠：「九域志云，武士彠爲利州都督，生皇后于此。」此脱「皇」字，今據補。

〔六〕分其地爲三十縣　太平寰宇記卷八六閬州閬中縣下引華陽國志云：「秦惠文王遣張儀、司馬錯伐蜀，因取巴王以歸，分其地爲三十一縣。」輿地紀勝卷一八五閬州閬中縣下引華陽國志亦作「分其地爲三十一縣」。與此異。

〔七〕玉臺　「玉」，底本作「王」。輿地紀勝卷一八五閬州玉臺觀：「在州北十里。唐滕王嘗遊之。」清嘉慶重修一統志卷三九〇保寧府玉臺山：「在閬中縣北七里，有玉臺觀。」此「王」乃「玉」字之誤，今據改。

〔八〕上有池　太平寰宇記卷八六閬州蒼溪縣雲臺山：「有魚池。」輿地紀勝卷一八五閬州雲臺山下引述巴記云：「上有魚池。」與此異。

〔九〕有自生稻王建命本州刺史收刈而進　「稻」，底本作「國」；「王建命本州刺史收刈而進」，底本無此十一字。輿地紀勝卷一八五閬州玉女池：「九域志云，在天目山上，有自生稻，王建命本州刺史收刈而進。」今據改補。

〔一〇〕逕江油出大業　「江油」，底本作「油江」，清抄本作「江油」。三國志卷二八鄧艾傳：「艾自陰平道行無人之地七百餘里，鑿山通道，造作橋閣。……先登至江由，蜀守將馬邈降。蜀衛將軍諸葛瞻自涪還緜竹，列陳待艾。」同書卷鍾會傳：「鄧艾追姜維到陰平，簡選精鋭，欲從漢德陽入江由、左儋道詣緜竹，趣成都。」華陽國志卷二漢中志陰平郡：「自景谷有步道徑江由、左儋行出涪，鄧艾從之伐蜀。」水經涪水注：「鄧艾自陰平景谷步道懸兵束馬入蜀，逕江油廣漢者也。」太平寰宇記卷八四劍州陰平縣：「按三國志，鄧艾伐蜀，自陰平縣景谷步劍閣道懸車束馬，逕出江油而至，是此地也。」則此「油江」乃「江油」之誤，今據改；又諸書皆不載「大業」，疑誤。

〔一一〕舊扶州城門　清抄本作「舊扶州城」，無「門」字。太平寰宇記卷一三四文州曲水縣載有廢扶州，所記沿革與此同，此「門」字疑衍。

〔一二〕縣本隸興元府　輿地紀勝卷一九一大安軍：「國朝平蜀，先下三泉，以此縣路當津要，申奏公事直屬朝廷。」下引九域志云：「縣本屬興元府。」則此「縣」即指三泉縣。

〔一三〕漢於此置關　元和郡縣志卷二二興元府西縣百牢關：「隋置白馬關，後以黎陽有白馬關，改名百牢。」太平寰宇記卷一三三西縣：「百牢關在縣西南，隋開皇中置，以蜀路險，故曰百牢關；一云置在百牢谷。」此「漢」乃「隋」字之誤。

〔一四〕岷嶓既藝　「既藝」，底本作「卽藝」。禹貢：「華陽、黑水惟梁州。岷、嶓既藝。」此「卽」乃「既」字之誤，今據改。

〔一五〕公孫述□□　太平寰宇記卷一四八夔州奉節縣白帝城：「後漢初，公孫述據蜀，自以承漢土運，故號曰白帝城。」又太平御覽卷一六七夔州引郡國記曰：「白帝城卽公孫述至魚腹，有白龍出井中，因號魚腹爲白帝城，因改魚腹爲永安。又後漢書，公孫述自以承漢土德，故號白帝城。」此缺當不止二字。

〔一六〕三峽山謂西峽巫峽　水經江水注以廣溪峽、巫峽、西陵峽爲三峽。藝文類聚卷六：「庾仲雍荆州記曰：巴楚有明月峽、廣德峽、東突峽，今謂之巫峽、秭歸峽、歸鄉峽。」太平御覽卷五三引峽程記：「三峽者，即明月峽、仙山峽、廣澤峽。」太平寰宇記卷一四八夔州奉節縣：「三峽山，謂西峽、巫峽、歸峽。」諸書記載皆異，惟寰宇記所載，與志文句同，此「巫峽」下蓋脱「歸峽」二字。

〔一七〕灩預堆「灩預」，底本作「炎順」。太平寰宇記卷一一四、輿地廣記卷三三夔州奉節縣下俱作「灩預堆」，此「炎順」爲「灩預」之誤，今據改。

〔一八〕古信州城「信州」，底本作「順州」。太平寰宇記卷一四八夔州下載：梁立信州，唐武德二年改爲夔州，輿地廣記卷三三夔州下載同，則此「順州」乃「信州」之誤，今據改。

〔一九〕水經云即延江支津也　按水經江水注稱涪陵水「乃延江之枝津」，非指内江。

〔二〇〕古通川縣城　太平寰宇記卷一三七達州新寧縣故新寧城：「在縣西北十里。即後魏恭帝二年于此立縣，隋開皇三年廢，唐武德二年又置，後遷于賨城。」此下文所記，與寰宇記同，則此「通川」疑爲「新寧」之誤，或此「古通川縣城」下脱「古新寧縣城」四字。

〔二一〕清江水　水經夷水注：「夷水，即佷山清江也。水色清，照十丈，分沙石。蜀人見其澄清，因名清江。」即本條所出。

〔二二〕江源記　太平寰宇記卷一四九萬州南浦縣、輿地紀勝卷一七七萬州高梁山下引俱作「尋江源記」。此「江」上應有「尋」字。

〔二三〕鯉城山　「鯉」，底本作「十」。太平寰宇記卷一三七開州新浦縣鯉城山：「在縣西四十里，四面懸絕。」大明一統志卷七〇夔州府亦作「鯉城山」。此「十」乃「鯉」字之誤，今據改。

〔二四〕相思寺　輿地紀勝卷一一四涪州靈跡寺下作「相惠寺」。

〔二五〕錦繡洲至此洲能織練罽　二「洲」字，底本俱作「州」；「灘」，底本無。周本皆作「洲」。太平寰宇記卷一二〇涪州涪陵縣錦繡洲：「周地圖記云，銅柱灘東有錦繡洲，巴土以此洲人能織錦罽，故以名之。」輿地紀勝卷一七四涪州錦繡洲下載同。則此「州」爲「洲」字之誤，「銅柱」下脫「灘」字，今並據改補。又此「練罽」，當作「錦罽」。

〔二六〕横石山　太平寰宇記卷一二〇涪州涪陵縣下作「横石灘」。

〔二七〕李陵益州記至舟楫莫通　「倒」，底本作「到」。太平寰宇記卷一二〇涪州武龍縣：「内江，一名涪陵江，一名巴江，「李膺益州記云：内江水自萬寧西北二百八十里至關頭灘，灘長百步，懸崖倒水，舟檝莫通。」輿地紀勝卷一一四涪州内江：「李陵益州記云：内江至關頭灘，灘長百步，懸崖倒水，舟楫莫通。見九域志。」此「到」乃「倒」字之誤，今據改。又益州記作者，當從寰宇記作「李膺」爲是。

〔二八〕舊經云昔丘道成仙　「舊」，底本無。輿地紀勝卷一七五重慶府白君山：「舊經云，昔有江津令白君住此山，學道成仙，因而爲名。」此「經」上脫「舊」字，今據補。又據紀勝所載，此「昔丘道成仙」，當有脱誤。

卷九

福州

九仙山，越王無諸九月九日嘗宴于此，大石爲樽尚存。　越王山，卽越王舊城中，有越王井。　金崎江。　鱔溪，溪大鱔長丈餘。　石鼓山。　行山，郡國志云：閩縣有行山，一名霍山，形似香鍾。　飛山，越王時，自海飛來。　越王石，方輿記：常隱雲霧，惟清廉太守乃得見，宋虞愿覩見之。　瞢頭戍，越王所置。　螺江，搜神記云：閩人謝端釣得巽螺，因名之。　香爐山，道士章壽於此學道。〔一〕延平津有蛟龍害人，壽入水斬之。　香爐山仙人壇，〔二〕唐天寶七載置。　仙遊山，列仙霍童遊處之所。本名霍童山，天寶中改之。　峯上有壇，又有一小石甕，中有水，味甚甘。　峯南有石步廊、石堂，東復有石橋，跨澗，居人或時聞鍾鼓之音。　佛跡石，大盤石上有大足跡，昔有胡僧經此，云是佛跡。　海壇山。　石亢嶺。〔三〕　大妃小妃山，故老云：越王葬溪岸大石上。〔四〕

建州

黎山，郡之勝概也。　梅福山，方輿記云：福煉丹於此，今有昇仙壇。　茶山。　仙人洲，一名墜馬洲，〔五〕蕭子開建安記云：梅真人上昇墜馬于此。　小松溪。　玉清洞，圖經云：晉世有漁者游潭中，見石室，額有金字云「玉清洞」，因前昇其庭。有人出曰：此司命之府也。漁者駭而退。〔六〕　夢筆山，俗云：江淹夢筆之所。　武夷山。　漢祀山。　浮石山。　芹溪。　子期山，建安記：華子期嘗師角里先生，得隱仙靈寶之法，後居此山。　湛爐山，圖經云：昔湛王鑄劍于其上，因而爲名。　九石潭。　越王臺。　武夷山君廟。　雞巖，建安記：與武夷山相對，〔七〕半巖有雞窠焉。　洞宫山，圖經云：洞中有蓮花石，又嘗有人遊之，獲石龜、鶴、藤、竹、仙人繩。　蓮花峯。〔八〕

泉州

夾山廟，每歲旱，祈禱多應，〔九〕故祠祀特盛。　島嶼在海中，上居民。　晉江。　樂洋江。　放生池。〔一〇〕　天水淮，唐太和三年刺史趙棨所開，長二百三十步。　尚書塘，唐刺史趙昌置，號常稔塘，昌後爲户部尚書，鎮南海，因改名。　趙淮，〔一一〕在晉江縣西一百步，刺史趙棨所開，長二百三十步，闊一十六步。　飛陽神廟，晉太康年，夜有雷電起于廟庭，明已移于江北，故曰飛陽廟。　延福寺，中有西峯，即唐徵君所處，有石硯、石皿等並存，并有石篆題曰

「高士峯」。佛跡山，上有足跡，故老相傳以爲佛跡。金雞山，昔常有金雞見于上。〔三〕蕉山。〔一三〕桃林溪。〔一三〕九竇山。卧龍山。三髻山。嶼山，在海中。錦田山。越王山。唐翰林學士韓偓墓。〔一四〕

南劍州

演仙山，圖經云：仙人演氏煉丹于此。演仙水。〔一五〕天階山，蕭子開建安記云：山下有寶華洞，即赤松子採藥之所。金泉山。石帆山。落星穴，建安記云：晉義熙年，長星墮其處爲此穴也。栟櫚山，上有天柱石，不生羣木，有徑號走馬埒，石上仙人馬跡存焉，中多産栟櫚木。七臺山。

汀州

至道宫，唐開元二十八年置，本名開元宫，内有明皇真容，皇朝改今額。〔一六〕靈蛇山。雞龍山。蘘荷嶺。九龍水。寅湖。勤江溪，或曰龍潭，歲旱，祈禱多應。

漳州

苦竹溪。九侯山。天公山，陰晦則聞簫鼓之聲。藿溪。雙髻山。羅溪。董奉山，仙人董奉遊此，石上琴臺、丹灶猶存。牛嶺。龍溪。〔一七〕馬嶺。〔一八〕

邵武軍

九龍觀，唐貞觀中，九龍見于陂池，各有天尊馭之。長圖寫以聞，遂置觀。高平苑，建安記云：越王校獵之所。烏君山，山頂有二石，各十丈，蒼黑，間葉分枝，狀如雙蔓，謂之「雙石」。鳴鐃山，圖經云：越王無諸嘗畋獵于此，鳴鐃載旗，因以名焉。龍門溪。

興化軍

壺公山，昔有人隱于此，遇一老人引于絶頂，見宮闕臺殿，云此壺中日月也。九仙山，何氏兄弟九人棲此登仙。九鯉湖。壺公廟。龜山，院圖經云：僧無了嘗隱于此，遇一神龜，躡四小龜而行，無了異之，遂居其地爲院。大飛山，山地本平湖數頃，一夕風雨暴至，旦見此山聳峙，因名焉。飛烏溪。大目溪。百丈嶺。百丈溪。轉水臺，在百丈溪山岩下，有水，或歲旱，居人壅之迴流入城，卽應期澍雨。〔一九〕

廣州

南越王墓，南越志云：尉佗葬於此。南海廣利王廟。王仙□菖蒲，因菖蒲澗爲名。番山，山海經云：桂林八樹，在賁禺東。〔三〇〕賁禺，卽番禺也。禺山，吴録云：尉佗葬。靈洲山，南越志云：䔥連山西有靈洲。〔三一〕郭璞云：南海之間有衣冠之氣，卽斯地。羅浮山。鳳水，自高流下，巨石激散，如鳳舞之形。貪泉，晉刺史吴隱之飲而成詩，卽此泉。菖蒲澗，有菖蒲叢生于澗中，一寸九節。浮練洲，有白沙，望之如練。荔支洲，南越志云：其上多荔枝。琵琶洲，圖經云：形若琵琶。萬歲井、千秋井，皆都督劉巨置。牛潭，昔有漁人見金牛自水而出。廢番禺縣。鼓門，廣州刺史周敞採龍山木爲門鼓，一給桂林郡，一給交州，擊則一鼓相應。五羊城，南越志：昔有五仙人騎五色羊至此。貪泉碑，唐陳元伯文。會仙觀，記云：何仙居此食雲母，唐景龍中白日昇仙。〔三二〕白水山。杯渡山，世傳杯渡禪師渡海來居此山。〔三三〕珊瑚洲，昔有人於海中網得珊瑚。紫溪水。金芝巖，舊記云：唐開元中於此獲靈芝。龍磨角石，相傳云：每春有龍于上磨角，新舊跡存焉。金鏁潭，秦時崑崙貢犀牛，帶金鏁入此潭。葛洪丹井。任囂墓，漢南越尉。〔三四〕

韶州

唐張九齡廟。芙蓉山，郡國志云：漢末，道士康容昇仙於此。靈鷲山，山似天竺靈鷲山，因名。桂山，上多菌桂。玉山，昔有人得玉璞于此。蓮花嶺。韶石，郡國志云：舜嘗登石，奏韶樂。湞水。〔二五〕桂水。曹溪水。張九齡宅。靈池山，有碑云：開山和尚靈震於山頂開池。仙人石室。昌山，士庶嬉游。唐武德中，夜有星如銀，墜於山頂。〔二六〕錦石。〔二七〕

循州

白鹿山，唐開元中，有白鹿遊於羅浮山。博羅山，郡國志：循州有博羅山，浮海而來，博着羅山，故名。龍川江，有龍穴，潛通於海。大萬湖。

潮州

越王走馬埒。古義昭縣。鳳凰山，南越志爲翔鳳山，〔二八〕一名鳳皇。金城山。惡溪水。揭陽樓，唐刺史韓愈建。

連州

桂陽山，舊名靈山，唐天寶中改。　方山，與九疑相對，高下相等。　貞女峽，荆州記云：秦時有女子化爲石，在東岸穴中。〔二九〕　湟水，漢路博德討南越，出桂陽，下湟水。　古連州城。陽巖山，〔三〇〕日出先照此山。　安樂水。　二桃水，源出桃泉山。　山梯，山經云：山高徧見四野，〔三一〕因名。

賀州

橘山，上有名橘樹。〔三二〕　臨賀水。　白雲觀，圖經云：張天師于此上昇仙。　仙溪水，多菖蒲。〔三三〕　龍溪水。　隄陂龍水，郡國志云：魚登此門化爲龍，不過者曝鰓點額。　桂嶺山，山多桂竹。　蘿水。

封州

騏驎山。　白馬山，有巨石，上如馬。〔三四〕　西江，源出邕州。　封口水。　忠讜山。　猿居山，多猿狖。　忠讜水，源出忠讜山。

端州

端溪，州以此溪名。至道觀，本名白鶴觀，至道中改。石室山，以其下有石室。歌樂山，風起聲如音樂。古鵠奔亭，搜神記曰：漢何敞爲交趾刺史，行部宿此。夜半，有婦人稱冤。敞命掘之，有雙鵠奔出。〔三五〕

新州

思龍水，源出思龍山。溹水。

康州

陸賈廟。利人山，亦名香山。吴録云：端溪山有五色石，石上多香草，俗謂香山。端溪水。石斛山，山出石斛。

南恩州

龍䨻山，郡國志云：山有龍䨻水。崑山。仙人石，郡國志云：又名仙人床。〔三六〕金雞石，

出郡國志。崑水，源出崑山。朱華谷。〔三七〕

梅州

西洋山。程江，昔程旼家此江口，鄉里推服，州爲上言，遂以爲程鄉。六目池，按圖經云：有六目龜遊于池。〔三八〕

南雄州

貞仙二女祠，圖經云：〔三九〕秦時二女子避地于此，得道飛仙。大庾嶺。龜湖山。湞昌水，齊范雲爲始興太守，至此賦詩云：且汲修仁水，不飲斜階流。樓船水，〔四〇〕漢楊僕爲樓船將軍，出豫章，下湞水，卽此。梵雲寺。〔四一〕

英州

望夫岡，昔有人南征，其妻於此登望而死。鳴絃峯，圖經云：舜南巡，援琴于此，峯南有薰風亭。沱水，爾雅云：江有曲水曰沱。〔四二〕堯山，始興記云：堯南巡經此山。浮雲嶺。熊耳嶺，狀如熊耳。古衡州城。〔四三〕白鹿山，始興記：晉張方爲含光令，有德化，感白鹿羣遊。

惠州

無古跡

桂州

訾洲亭石記，〔四四〕唐柳宗元撰。隱山。〔四五〕獨秀山。陽江。白石水。顔延之宅。唐李襲志爲桂州總管。齊裴昭明爲始安内史。〔四六〕唐李靖爲嶺南道安撫使，平蠻頌碑。〔四七〕草書巖，唐有僧名雲嶮，學王羲之書，居此。〔四八〕乳洞，垂乳萬數，其色湛然。楚王城。橄欖山。翠眉山。鳳凰山，唐初有鳳皇棲其上。越王廟，卽佗也。

容州

牛山，方輿記云：石如牛。崑崙水。都嶠山，卽洞天之一也。石抱山，方輿記云：山多竹木，葱翠如抱。舊繡州城。勾漏山，卽洞天之一也。鬼門關，漢伏波將軍馬援討林邑蠻，路由此，立碑，石龜尚在。古銅州城。勾漏縣城。射爐山，形如香爐。簫韶山，常

聞樂聲。〔四九〕

邕州

苦竹山，多苦竹。　鬱水。　邕水。　銀甕，昔有仙人居是巖，煉藥既成而去，遺此甕，人或上山覩之，則失其處，及下瞻望，復見之。　石魚，在江灘下，有石壁，壁上有魚形。〔五〇〕　仙人床，在左江溪洞臨流山上巖中，往來舟人咸望見之。　崑崙山。　石燕山，故老傳云：天欲雨，其中石燕皆飛焉。〔五一〕

象州

象山舊城。　舊縣城。〔五二〕　龍泉臺，春夏冷，秋冬温。　古長風城。　舊州城。　雷江古城。　仙巖山，中有湧泉，經冬不竭。　仙人山，有仙人换骨函在。　穿山，有穴，南北相遇。　漢馬援獲白鹿，因立此州。〔五三〕　象山，其形如象。　居鹿山，天欲雨，雲氣如鹿。　陽口溪水。　龍泉水。　雷山，每雷雨，皆從此山而起。　仙人嶺，嶺表記云：象州武仙縣舊有神人聚集高山，羽駕時見。　大藤溪。　鬱林水。　舊桂林縣城。　思玉山。〔五四〕　雷江。　古郎城，在古郎山，因名。

融州

蓉山。筒嶺。真仙崖，巖洞中有白石，高丈餘，如天尊像，道服霞披儼然。本名靈巖山，咸平元年改今名。鸕鷀山，多鸕鷀。潯江。真仙巖溪。武陽江。古龍溪水。

昭州

開元觀，有唐明皇帝御容。目巖山。荔浦水，源出桂州荔浦縣。平樂水。樂州城。銀殿山。甘巖山，有泉甘美。〔五五〕龍母廟，蒼梧郡有媪，因浣得卵，大如斗，貯器中，浹旬有物如守宫出焉。秦始皇聞之曰，此龍子也，乃具禮聘之。媪戀土不樂。及媪殞，因立廟。

梧州

火山，嶺表録云：每三五夜一見于山頂。鶴奔岡，漢太守劉曜營鑿斷岡，〔五六〕有雙鶴飛去。班石，輿地志云：廣信縣東有孤巖，有班石，皆五色。桂江。三江，郡國志云：州有朱丘臨水，南枕廣江，左帶鬱江，謂之三江。鰐魚池，搜神記云：扶南王范尋〔五七〕常養鰐魚十頭，若有犯罪者，投與鰐，不噬，乃赦之。

藤州

龍母廟，圖經云：昔有温姥，後人立廟。

龔州

石人山，每亢陽，祈禱有應。在子州，上有黑石狀人。〔五八〕

潯州

思靈山。石鹿山，有石如鹿。師子山，狀如師子。潯水。鬱江。思苑水。

貴州

南山，在鬱林縣南，故老相傳葛仙翁于此煉丹。龍馬山，狀如馬。文章嶺，以山石文，故名。石牛，郡國志云：歲旱，民割牲取血以和泥，塗牛背，祀畢卽雨。鬱林石。〔五九〕龍山。

府城，俚人藤氏。〔六〇〕

柳州

仙人山，有石形如仙人。〔六一〕 烏巖山。 龍壁山。 潯江水。 龍江水。 羅池。 羅池侯廟碑，唐吏部侍郎韓愈文。〔六二〕 伏波將軍廟，卽漢馬援也。

宜州

玉虛觀。 會仙山，常有紫雲、玄鶴乘空而下，止於此山，如神仙之會。 龍江，相傳江道如龍。 高峯山，昔有陸猿仙隱於此山。

賓州

貞翠亭。 壁仙亭。 古漏關。 錢山，圖經云：昔有居人藏銅錢於此。 賓水。 古漏水，經古漏山，因名。 鏌耶山，昔得古劍于此。

橫州

烏蠻山，昔有烏蠻人居此。〔六三〕 登高嶺，九月九日居人置酒聚樂于此。 香桷山，〔六四〕傍有稻田。

化州

三江水。　靈山，昔士俗嘗聞山上有音樂聲，遂名。　陵山，昔有鄉人姓陵居此。　特思山。

幹水。　大海。　水月臺。

高州

射狼山，圖經云：有人於山中射得白狼。　高涼山。　龍湫山，下有泉，邑人置龍湫廟。　潘山，昔有方士潘茂于此煉丹。　仙山，潘茂于此昇仙。　方輿記：故潘州。〔六五〕

雷州

威化雷公廟，嶺表異録云：雷州之西有雷公廟，每歲配率造連鼓、雷車，置廟内，有以魚彘肉食者立爲雷震，人皆畏憚。　擎雷水。　陷湖，圖經云：本陸地，陷爲湖。　貞女臺，故老傳云：昔有女子父母歿後獨居此。

白州

宴石山。二角山，二峯角立，因名。〔六六〕蟠龍山，形蟠屈如龍。大江，源出容州大容山。博白水。馬門灘，馬援南征，以江流迅激，舟楫不通，乃疏作盡去其石。餘有二巨石，雙立若門，因謂之馬門，〔六七〕如奔馬。温湯。緑珠宅基。

欽州

欽水。羅浮水。羅浮山，見隋書。〔六八〕

鬱林州

寒山，南越王尉佗遣人入山採橘，經七日方回，問其故，云山中大寒，不得歸，因名。獨蓮山，上有池，中有蓮。漸大山，郡國志云：黨州山北漸大，狀如塔，一名寶塔山。鬼門關。郡國志云：在牢州界。諺云，若度鬼門關，十去九不還。言多瘴也。羅望江。故牢州城。故黨州城，郡國志云：在黨州界，卽古城。黃都山，昔有樵夫迷路，見五黃衣黃冠語曰，吾都此山。〔六九〕

〔四〕越王葬溪岸大石上　太平寰宇記卷一〇〇福州永泰縣：「大妃小妃山在縣東南五十里。昔越王葬二妃於此山頭。」此當誤。

〔五〕仙人洲一名墜馬洲　二「洲」字，底本俱作「州」。太平御覽卷六九：「建安記曰，郡西南大溪中有仙人洲，昔梅真人上昇墜馬於此洲，故後改名墜馬洲。」太平寰宇記卷一〇一建州建安縣下載同。今據改。

〔六〕圖經云至漁者駭而退　輿地紀勝卷一二九建寧府玉清洞：「九域志載蕭子開建安志云，昔漁人入潭中，見石室，金額題曰『玉清宮』。有青衣出曰：此司命真君之府也。」與此異。

〔七〕與武夷山相對　底本無「與」字。太平御覽卷四七雞巖：「建安記曰，雞巖隔溪西與武夷山相對，半巖有雞窠。」輿地紀勝卷一二九建寧府雞巖：「九域志云，建安記，與武夷山相對，半巖有雞窠焉。」此脱「與」字，今據補。

〔八〕蓮花峯　底本無此三字。輿地紀勝卷一二九建寧府蓮花石下引九域志：「甌寧亦有蓮花峯。」此脱，今據補。

〔九〕每歲旱祈禱多應　輿地紀勝卷一三〇泉州夾山廟：「九域志，每歲旱，禱多感應。」與此異。

〔一〇〕放生池　輿地紀勝卷一三〇泉州天水淮：「九域志云，晉江縣放生池。」

〔一一〕趙淮　「淮」，底本作「街」。本志上文記載天水淮，唐刺史趙棨開，輿地紀勝卷一三〇泉州載同。清嘉慶重修一統志卷四二八泉州府天水淮引通志：「唐守趙棨鑿渠環之，疏三十六涵，旁導江流入渠。淮之爲言圍也，俗以淮名水，後人思趙之德，故以其望爲名。」陳洪進重興之，改曰節度淮。」此「街」乃「淮」字之誤，今據改。

〔一二〕昔常有金雞見于上　底本無此八字。輿地紀勝卷一三〇泉州金雞山：「九域志云，在南安縣南六里，昔常有金雞見於上。」此脱，今據補。

〔一三〕桃林溪　太平寰宇記卷一〇二泉州南安縣下載同，輿地紀勝卷一三〇泉州引九域志作「桃林」。

〔一四〕唐翰林學士韓偓墓　「偓」，底本作「渥」。新唐書卷一八三韓偓傳載，爲翰林學士。輿地紀勝卷一三〇泉州引九域志有唐翰林韓偓墓。此「渥」乃「偓」字之誤，今據改。

〔一五〕演仙水　「水」，底本作「人」。太平寰宇記卷一〇〇南劍州劍浦縣演仙山：「又有演仙水，水出此山，當郡城北爲大河，莫知深淺，下有暗竇入城，流出劍潭。」清嘉慶重修一統志卷四三〇延平府演仙山引府志云：「演仙水出此山。」此「人」當爲「水」字之誤，今據改。

〔一六〕唐開元二十八年置至皇朝改今額　輿地紀勝卷一三二汀州至道宫：「九域志云，本名開元宫，開元二十四年置，内有明皇真容，皇朝改今額。又云，汀州開元寺，乃富國王先生施財所建也。」清嘉慶重修一統志卷四三五汀州府開元寺下引九域志：「州有至道宫，唐開元二十八年建。」前者引志文作「二十四年」，後者引志文作「二十八年」，並與此異。又紀勝引文有「又云」以下字句，是否爲九域志文，不得考知。

〔一七〕龍溪　底本無此二字。輿地紀勝卷一三一漳州引九域志有龍溪，此脱，今據補。

〔一八〕馬嶺　底本無此二字。輿地紀勝卷一三一漳州引九域志有馬嶺，此脱，今據補。

〔一九〕轉水臺至卽應期澍雨　「轉水臺」，底本作「轉小臺」，無「在百丈溪」四字。周本作「轉水臺」。輿地紀勝卷一三五興化軍轉水臺：「九城志云，在百丈溪山岩下，有水，或歲旱，居人壅之迴流入城，卽應則而雨。」此「小」乃「水」字之誤，又脱「在百丈溪」四字，今據改補。惟紀勝引志文與此有異。

〔二〇〕山海經云桂林八樹在賁禺東　「樹」、「賁」，底本作「柱」、「番」。山海經海内南經：「桂林八樹，在賁禺東。」太平寰宇記卷一五七南海縣番禺山下引山海經同。此「柱」爲「樹」字之誤，「番」應作「賁」，今據改。

〔二一〕肅連山西有靈洲　「肅連山」，底本作「連山」。太平寰宇記卷一五七廣州南海縣靈洲山：「南越志：肅連山西一十二里有靈洲焉。」太平御覽卷一七二、輿地紀勝卷八九廣州靈洲山下載同。此「連」上脱「肅」字，今據補。

〔二二〕唐景龍中白日昇仙　「日」，底本作「石」。輿地紀勝卷八九廣州何仙：「會仙觀記：昔有何仙居此食雲母，唐景龍中白日昇仙。」此「石」當爲「日」字之誤，今據改。

〔二三〕杯渡山世傳杯渡禪師渡海來居此山　「杯渡」，底本俱作「懷渡」。輿地紀勝卷八九廣州盃渡禪師：「世傳盃渡禪師渡海來居盃渡山。」清嘉慶重修一統志卷四四一廣州府杯渡山：「在新安縣南。輿地紀勝，世傳有杯渡禪師渡海來居。」按「盃」同「杯」，此「懷」乃「杯」字之誤，今據改。

據改。

〔二四〕任囂墓漢南越尉　史記卷一一三南越尉佗傳：「二世時，南海尉任囂病且死。」漢書卷九五南粵傳同。又通典卷一八四州郡古南越：「秦始皇遣任囂攻取陸梁之地，遂平南越置郡，『置南海尉以典之，所謂東南一尉者也』。」則此「漢」、「越」蓋爲「秦」、「海」之誤。

〔二五〕湞水　「湞」，底本作「須」。太平寰宇記卷一五九、輿地紀勝卷九〇韶州俱不載「須水」，而記有湞水，此「須」當爲「湞」字之誤，今據改。

〔二六〕士庶嬉游唐武德中夜有星如銀墜於山頂　輿地紀勝卷九〇韶州昌山：「九域志云，士庶嬉遊之處。唐武德中，夜有星如銀，墜於山頂。山有石多奇，大人呼爲樂石，取爲懸磬者是也。」與此異。

〔二七〕錦石　底本無此二字。輿地紀勝卷九〇韶州引九域志有錦石，此脱，今據補。

〔二八〕南越志爲翔鳳山　底本無「南越志」三字。輿地紀勝卷一〇〇潮州翔鳳山：「九域志云，鳳凰山，南越志爲翔鳳山。」此當脱「南越志」三字，今據補。

〔二九〕在東岸穴中　王本「在」下「東岸」上有「湟水」二字。

〔三〇〕陽巖山　「巖」，底本作「日」。輿地廣記卷三五、輿地紀勝卷九二連州俱不載「陽日山」，而記有陽巖山。紀勝云：「陽巖山在陽山縣西十二里。舊經云，日出光照此山，因名。」此「日」當爲「巖」字之誤，今據改。

〔三一〕山梯山經云山高偏見四野　底本原作「梯山經云高四野」。輿地紀勝卷九二連州山梯：「九域志載，山經云，山高偏見四野，因名。」此「梯」上脱「山」字，「高」上亦脱「山」字，「高」下脱「偏見」二字，今據補。

〔三二〕上有名橘樹　輿地紀勝卷一二三賀州橘山：「九域志云，多橘株。五季時，上有南嶽祠。」與此異。

〔三三〕仙溪水多菖蒲　底本作「溪水多菖蒲」。太平寰宇記卷一六一賀州富川縣仙人溪：「在縣南十里，源出靈山。此溪石上多菖蒲。」輿地紀勝卷一二三賀州仙溪水：「在富川縣北一百四十里，舊在馮乘縣南靈山下，北流入靈水。溪石間多菖蒲。」此「溪水」上脱「仙」字，今據補。

〔三四〕白馬山有巨石上如馬　輿地紀勝卷九四封州：「白馬山在州東一百里，有巨石，狀如馬。」疑此「上」爲「狀」字之誤。

〔三五〕古鵠奔亭搜神記曰漢何敞爲交趾刺史至雙鵠奔出　底本「鵠」俱作「鶴」，「交趾」下無「刺史」二字。按搜神記卷一六：「漢九江何敞爲交州（當作『交趾』）刺州，行部行蒼梧郡高安縣（當作『高要縣』），暮宿鵠奔亭。」太平寰宇記卷一五九端州高要縣鵠奔亭：「干寶搜神記云，漢九江何敞爲交趾刺史，行部至蒼梧高要縣。夜半，有一女子從樓下呼曰：明使君，妾冤人也。……初掘時，有雙鵠奔其亭，故曰鵠奔亭。」輿地紀勝卷九六肇慶府鵠奔亭下引搜神記同。今據改補。

〔三六〕又名仙人床　「仙」，底本無。太平寰宇記卷一五八恩州陽江縣仙人石：「一曰仙人床。」輿地紀勝卷九八南恩州仙人床下引寰宇記文同。此脫「仙」字，今據補。

〔三七〕朱華谷　底本無此三字。輿地紀勝卷九八南恩州引九域志有朱華谷，此脫，今據補。

〔三八〕六目池按圖經云有六目龜遊于池　底本作「六目按圖經云龜遊於池」。輿地紀勝卷一〇二梅州六目龜：「九域志云，按圖經，有六目龜遊于池。圖經云，六目池在城之西隅。」此「六目」下脫「池」字，「龜」上脫「六目」二字，今據補。

〔三九〕圖經云　「圖」，底本缺字。輿地紀勝卷九三南雄州秦時二仙女：「圖經云，州北天封寺有仙女巖，有二仙象，謂秦時二女避地於此，得道飛仙。」此缺字乃「圖」，今據補。

〔四〇〕樓船水　輿地紀勝卷九三南雄州樓船水下引九域志云：「今在保昌縣。」按志無此文，蓋脫。

〔四一〕梵雲寺　底本無此三字。輿地紀勝卷九三南雄州引九域志有梵雲寺，此脫，今據補。

〔四二〕爾雅云江有曲水曰沱　按爾雅釋水「江爲沱」，「江有沱」，此疑有誤。

〔四三〕古衡州城　「衡州」，底本作「行州」。太平寰宇記卷一六〇英州浛光縣：「古衡州城在崇善鄉界，縣西百步，梁天監七年置，隋開皇十年廢。」輿地紀勝卷九五英德府衡州城：「在縣西二里，周回八十步。舊經云，梁天監七年，分湘州立衡州，復以湞陽、始興等一十二郡隸焉。隋開皇十一年廢。」此「行州」當爲「衡州」之誤，今據改。

〔四四〕訾洲亭石記　「訾洲」，底本作「訾州」。柳河東集第二七卷有桂州訾家洲亭記。輿地紀勝卷一〇三靜江府訾洲亭：「唐柳宗元記。」則訾家洲亭又稱訾洲亭，此「州」應作「洲」，今據改。

〔四五〕隱山　底本作「山隱山」。太平寰宇記卷一六二桂州臨桂縣、輿地紀勝卷一〇三靜江府並載有隱山，無「山隱山」，此「山」爲衍文，今據删。

〔四六〕齊裴昭明爲始安内史　「始安内史」，底本作「始内安史」。南齊書卷五三裴昭明傳：永明三年使虜，「還爲始安内史」。南史卷三三裴昭明傳：齊永明三年使魏，「還爲始安内史」。今據改。

〔四七〕唐李靖爲嶺南道安撫使平蠻頌碑　輿地紀勝卷一〇三靜江府韓雲卿平蠻頌：「九域志云，唐李靖爲嶺南安撫使，有平蠻頌碑，韓雲卿文，李陽冰篆額。」與此異，此蓋有脱誤。

〔四八〕草書巖至居此　輿地紀勝卷一〇三靜江府草書巖僧：「九域志云，唐末有僧雲崄居草書巖，學王羲之草書。」與此異。

〔四九〕常聞樂聲　輿地紀勝卷一〇四容州蕭韶山：「九域志云，常聞音樂，因以爲名。」與此異。

〔五〇〕石魚至壁上有魚形　輿地紀勝卷一〇六邕州石魚：「九域志云，左江灘下有石壁，壁間有魚形。」又石魚山：「九域志云，在江灘下，有石壁，壁下有魚形。」與此異。

〔五一〕天欲雨其中石燕皆飛　輿地紀勝卷一〇六邕州石鷰山：「九域志云，天欲雨，則石鷰出飛。」與此異。

〔五二〕舊縣城　據輿地紀勝卷一〇五象州記載，有舊桂林縣城、武仙縣城、陽壽縣城。舊桂林縣城已列於本志下文，則此「縣城」上當脱「武仙」或「陽壽」二字。

〔五三〕南北相遇至因立此州　輿地紀勝卷一〇五象州穿山：「有穴，南北相通。馬援於此獲白鹿。」此

「遇」蓋「通」字之誤，「因立此州」疑有脱誤。

〔五四〕思玉山 「玉」，底本作「王」。輿地紀勝卷一〇五象州思玉山：「在來賓縣。舊經云，昔有人於山下得白石如玉，後再來求之不得，因名思玉山。」此「王」乃「玉」字之誤，今據改。

〔五五〕有泉甘美 底本無此四字。輿地紀勝卷一〇七昭州甘巖山：「九域志云，有泉甘美。」此脱，今據補。

〔五六〕漢太守劉曜嘗鑿斷岡 輿地紀勝卷一〇八梧州鶴奔崗下引九域志作「漢太守劉曜嘗鑿斷崗脊」。

〔五七〕扶南王范尋 底本無「扶」字。搜神記卷二、太平寰宇記卷一六四、輿地紀勝卷一〇八梧州鰐魚池引搜神記並作「扶南王范尋」，此脱「扶」字，今據補。

〔五八〕石人山至上有黑石狀人 「人」，底本無。輿地紀勝卷一一〇潯州石勞山：「在平南縣。舊經云，山有二石對立，狀如神人，或亢陽，祭之必雨。」又石人山：「在平南縣。上有石，如人形。」此「每亢陽祈禱有應」之上，疑指石勞山而言，錯入於石人山下；「在子州」，疑有誤；又清抄本「上有黑石狀」下有「人」字，與紀勝記載合，今據補。

〔五九〕鬱林石 「石」，底本作「古」。輿地紀勝卷一一一貴州鬱林石：「三國陸績爲鬱林太守，罷歸無裝，舟輕不可越海，取石爲重，人稱其廉，號鬱林石。」此「古」乃「石」字之誤，今據改。

〔六〇〕府城俚人藤氏 按太平寰宇記卷一六六貴州鬱林縣：「銅符，俚人滕氏有竹使、銅虎符。傳云，漢朝所借，至今存。」輿地紀勝卷一二六貴州漢銅虎符竹使符：「俚人□氏有銅虎符、竹使符。相傳云，漢朝所賜，至今存。」疑此「府城」爲「銅符」之誤，「藤氏」下疑亦有脱文，或如樂史、王象之所載。

〔六一〕有石形如仙人　底本無此六字。輿地紀勝卷一一二柳州仙人山：「九域志、寰宇記並云，有石形如仙人。」此脱，今據補。

〔六二〕唐吏部侍郎韓愈文　王本作「柳宗元廟也」。輿地紀勝卷一一二柳州柳文惠廟：「柳宗元爲刺史，將卒，謂歐陽翼令館於羅池。韓愈記其事，其碑存。」清嘉慶重修一統志卷四六三柳州府柳侯祠：「在府城北。舊名羅池廟，祀唐刺史柳宗元，内有韓愈羅池廟碑。」則此與王本所作並是，或此「唐吏部侍郎韓愈文」上尚有「柳宗元廟也」五字。

〔六三〕昔有烏蠻人居此　底本「蠻」作「邕」。輿地紀勝卷一一三横州烏蠻山：「九域志，在寧浦縣東北六十里。昔有烏蠻人居此。」讀史方輿紀要卷一一〇、清嘉慶重修一統志卷四七一南寧府俱作「烏蠻」。今據改。

〔六四〕香桷山　「桷」，輿地紀勝卷一一三横州引九域志作「桶」。

〔六五〕故潘州　按太平寰宇記卷一六一高州茂名縣廢潘州下引嶺表記：「潘州，因道士潘茂昇仙，遂以姓名爲郡縣之稱。」疑此「故潘州」下有脱文，或爲「故潘州，以此名」。

〔六六〕二角山二峯角立因名　按王本作「雙角山」。輿地紀勝卷一二一鬱林州二角山：「九域志云，在白州，二峯角立，因名，又名雙角山。」蓋此脱「又名雙角山」五字。

〔六七〕馬門灘至馬門　「馬門灘」，底本作「馬門山」。輿地紀勝卷一二一鬱林州引九域志作「馬門灘」，載其事與此同，今據改；又紀勝引志文作「疏鑿」、「因謂之馬門灘」，與此作「疏作」、「因謂之馬門」者異。

〔六八〕羅浮山見隋書　「羅浮山」，底本作「羅山」。隋書卷三一寧越郡安京縣：「有羅浮山。」輿地紀勝卷一一九欽州載有羅浮山。此脱「浮」字，今據補。

〔六九〕黄都山至吾都此山　底本無此二十一字。輿地紀勝卷一二一鬱林州黄都山：「九域志云，昔有樵夫迷路，見五黄衣黄冠語曰，吾都此山。」此脱，今據補。

〔七〇〕狼頭山　「頭」，底本作「嶺」。輿地紀勝卷一二〇廉州糠頭山：「元和郡縣志以爲糧頭山，九域志以爲狼頭山。」同書卷又引九域志列有狼頭山。大明一統志卷八二廉州府糠頭山：「今呼爲狼頭山。」此「嶺」爲「頭」字之誤，今據改。

〔七一〕北龍山其形似龍山從北來　「北龍山」，底本作「龍山」；「山從北來」，底本無此四字。輿地紀勝卷一二〇廉州北龍山：「九域志云，其形似龍，山從北來。」今據改補。

〔七二〕蘇磨橋　太平寰宇記卷一六九太平軍石康縣作「蘇墓嶠」，引南越志云：「寧浦郡東南有蘇墓嶠。」

〔七三〕古城在古廉州西南至陳伯紹獲青牛之處　輿地紀勝卷一二〇廉州古城：「在古廉州東，宋太始中，陳伯紹見青牛之處，事見九域志，又云，即漢孟嘗嘗爲守還珠之處。」據紀勝所載，陳伯紹見青牛處，與孟嘗還珠處，同在一「古城」，此分爲二「古城」；又紀勝載古城在古廉州東，與此一在古廉州西南，一在古廉城東，均異。

〔七四〕在瓊山界　底本無此四字。輿地紀勝卷一二四瓊州龍眼水：「九域志、郡國志，並在瓊山界。」此脱，今據補。

〔七五〕連延水在瓊山縣界　底本無此八字。輿地紀勝卷一二四瓊州連延水：「九域志云，在瓊山縣界。」此脱，今據補。

〔七六〕伏波王廟即漢馬援也　輿地紀勝卷一二五昌化軍伏波將軍廟：「九域志，即馬伏波也。」與此異。

〔七七〕開寶中准勅改今名　輿地紀勝卷一二七吉陽軍：「九域志云，開寶中，准敕改崖州。又國朝會要云，朱崖軍，本唐振州，開寶五年改崖州，熙寧六年廢爲朱崖軍。」則此「今名」應作「崖州」。

宋史王存傳

王存字正仲，潤州丹陽人。幼善讀書，年十二，辭親從師于江西，五年始歸。時學者方尚雕篆，獨爲古文數十篇，鄉老先生見之，自以爲不及。

慶曆六年，登進士第，調嘉興主簿，擢上虞令。豪姓殺人，久莫敢問，存至，按以州吏受賕，豪賂他官變其獄，存反爲罷去。久之，除密州推官。修潔自重，爲歐陽脩、呂公著、趙槩所知。治平中，入爲國子監直講，遷祕書省著作佐郎，歷館閣校勘、集賢校理、史館檢討、知太常禮院。存故與王安石厚，安石執政，數引與論事，不合，卽謝不往。存在三館歷年，不少貶以干進。嘗召見便殿，累上書陳時政，因及大臣，無所附麗，皆時人難言者。

元豐元年，神宗察其忠實無黨，以爲國史編修官、修起居注。時起居注雖日侍，而奏事必稟中書俟旨。存乞復唐貞觀左右史執筆隨宰相入殿故事，神宗韙其言，聽直前奏事，自存始也。

明年，以右正言、知制誥、同修國史兼判太常寺。論圜丘合祭天地爲非古，當親祠北郊如周禮。官制行，神宗切於用人，存請自熙寧以來羣臣緣論事得罪，或詿誤被斥而情實納忠非大過者，隨材召擢，以備官使。語合神宗意，收拔者甚衆。又言：「赦令出上恩，而比歲議法治獄者，多乞不以赦降原減。官司謁禁，本防請託，而弔死問疾，一切杜絶，皆非便也。」執政不悦。

五年，遷龍圖閣直學士、知開封府。京師並河居人，盜鑿汴隄以自廣，或請令培築復故，又按民廬侵官道者使撤之。二謀出自中人，既有詔矣。存曰：「此吾職也。」入言之。即日弛其役，都人驩呼相慶。進樞密直學士，改兵部尚書，轉户部。神宗崩，哲宗立，永裕陵財費，不踰時告備，宰相乘間復徙之兵部。太僕寺請内外馬事得專達，毋隸駕部。存言：「如此，官制壞矣。先帝正省、臺、寺、監之職，使相臨制，不可徇有司自便，而隳已成之法。」元祐初，還户部，固辭不受。二年，拜中大夫、尚書右丞。三年，遷左丞。

有建議罷教畿内保甲者，存言：「今京師兵籍益削，又廢保甲不教，非國家根本久長之計。且先帝不憚艱難而爲之，既已就緒，無故而廢之，不可。」門下侍郎韓維罷，存言：「去一正人，天下失望，忠黨沮氣，讒邪之人争進矣。」又論杜純不當罷侍御史，王覿不當罷諫官。

四方奏讞大辟，刑部援比請貸，都省屢以無可矜恕却之。存曰：「此祖宗制也。有司欲生之，而朝廷破例殺之，可乎？」又言：「比廢進士專經一科，參以詩賦，失先帝黜詞律、崇經術之意。」河決而北幾十年，水官議還故道，存争之曰：「故道已高，水性趨下，徒費財力，恐無成功。」卒輟其役。蔡確以詩怨訕，存與范純仁欲薄其罪，確再貶新州，存亦罷，以端明殿學士知蔡州。始，存之徙兵部，確力也。至是，爲確罷，士大夫善其能損怨。歲餘，加資政殿學士、知揚州。揚、潤相去一水，用故相例，得歲時過家上冢，出賜錢給鄰里，又具酒食召會父老，親與酬酢，鄉黨傳爲美談。

召爲吏部尚書。時，在廷朋黨之論寖熾，存爲哲宗言：「人臣朋黨，誠不可長，然或不察，則濫及善人。慶曆中，或指韓琦、富弼、范仲淹、歐陽脩爲黨，賴仁宗聖明，不爲所惑。今日果有進此說者，願陛下察之。」由是復與任事者戾，除知大名府，改知杭州。

紹聖初，請老，提舉崇禧觀，遷右正議大夫致仕。舊制，當得東宮保傅，議者指存嘗議還西夏侵地，故殺其恩典，既而降通議大夫。存嘗悼近世學士貴爲公卿，而祭祀其先，但循庶人之制。及歸老築居，首營家廟。建中靖國元年，卒，年七十九。贈左銀青光祿大夫。

存性寬厚，平居恂恂，不爲詭激之行，至其所守，確不可奪。司馬光嘗曰：「並馳萬馬中能駐足者，其王存乎！」

諸書題跋

1 郡齋讀書志卷二下

九域志十卷

右皇朝王存被旨删定，總二十三路，京府四，次府十，州二百四十二，軍三十七，監四，縣一千二百三十五。

2 直齋書録解題卷八

元豐九域志十卷

知制誥丹陽王存正仲、集賢校理南豐曾肇子、開官制所檢討邯鄲李德芻等删定，總二十三路，四京，十府，二百四十二州，三十七軍，四監，一千一百三十五縣。

3 玉海卷一五

熙寧九域志

熙寧八年七月十一日辛丑，詔三館秘閣删定九域圖。以都官員外郎劉師旦言：今九域圖自大中祥符六年修定，至今涉六十餘年，州縣有廢置，名號有改易，等第有升降，所載古迹有出於俚俗不經者，乞選有地理學者重修。乃命集賢校理趙彦若、館閣校勘曾肇充删定官。彦若辭。復命光禄丞李德芻删定，而知制誥王存審其事。既而上言，以舊書不繪地形，難以稱圖，更賜名九域志。壤地之離合，户版之登耗，名號之升降，鎮戍城堡之名，山澤虞衡之利，皆著于書。始四京，終化外州。道里廣輪之數，昔人罕得其詳，今一州之内，首敍州封，次及旁郡，彼此互舉，弗相混淆。總二十三路，京府四，次府十，次州十，州二百四十二，軍二十七，監四，縣一千一百三十五，爲十卷。曲阜集有進表。會要：元豐三年閏九月，延和殿進呈。六年閏三月，詔鏤。八年八月，頒行。十卷。

熙寧都水名山記

熙寧八年七月四日甲子，右諫議沈立上都水記二百卷，名山記一百卷。詔奬之。書目：職方機要四十卷，大觀中晉原丞程縯撰。縯案新、舊九域兩書，上據歷代諸史地志，旁取左傳、水經注釋，並通典言郡國事，采異聞小説，紬次爲書。

元豐郡縣志

紹聖四年九月十七日，兵部侍郎黄裳言：今九域志所載甚畧，願詔職方，取四方郡縣、山川、民俗、物産、古跡之類輯爲一書，補綴遺缺。詔祕省録山海經等送職方檢閲。大觀二年四月二日，詳定九域圖志强淵明上言續修其書，詔四方以事來上。宣和罷書局，不及成。

4　曲洧舊聞卷五

本朝九域志，自大中祥符六年修定。至熙寧八年，都官員外郎劉師旦言：自大中祥符至今六十年，州縣有廢置，名號有改易，等第有升降，兼所載古跡有出於俚俗不經者，乞選有地里學者重修之。乃命趙彦若、曾肇就祕省置局删定，今世所刊者是也。崇寧末，詔置局編修，前後所差官不少，然竟不能成。

5　元豐九域志跋

右元豐九域志十卷，係從宋刻摹本鈔得者，中亦不無闕文，然首尾備具，因取各本參校，分注其下。其曰江本者，則采集遺書時江南書局所進本；曰浙本者，浙江書局所進本也。江本殊多脱誤。又有嘉定王氏本，與浙本多同，惟首無闕卷。朱竹垞先生謂崑山徐氏所藏宋槧本失四京第一卷，而府、州、軍、監均有古迹一門，蓋民閒流行之書，今浙本正復如此，其題辭稱新定九域志。考王伯厚玉海所載有云：「紹聖四年九月十七日，兵部侍郎黄裳言：『今九域志所載甚畧，願詔職方，取四方郡縣、山川、民俗、物産、古迹之類，輯爲一書，補綴遺缺。』詔祕省録山海經等送職方檢閲。大觀二年四月二日，詳定九域圖志强淵明上言續修其書。詔四方以事來上。宣和罷書局，不及成。」知今本之有古迹及元豐以後之以州升府而皆書某府者，正當日續定而未經呈進之本也。善乎劉知幾之言曰：「城池舊迹，山水得名，皆傳諸委巷，用爲故實，鄙哉。」則朱氏所謂民閒流行之書者，其意固别有在矣。是書流傳頗罕，卽藏書家如徐興公、錢遵王之屬皆不著於録，乃付之梓人以廣其傳，其鄙見所及閒有可備討論者，亦爲條繫卷末。昔胡身之注通鑑，其釋唐末五代地理資是書爲多，故今所考核亦多徵胡注。第胡於通鑑卷二百七十一注云：「九域志於大梁注及滑州注其道里遠近自有微差者，今不敢輕改，因兩存之，中閒若此類頗多。」則亦以見古人著書每並存異説，以待參檢，而疑事毋質尤爲吾人讀書之要務也。又沈存中言熙寧中廢併天下州縣，迄八年凡廢州、軍、監三十一，縣一百二十七。其所列如萬州，如富順監、雅州之榮經縣，志俱不言熙寧中曾廢，象州之武化，并不言曾有是縣。然志於河中注有慶成軍，謂廢於熙寧元年，而沈不數；又如廣之四會、秦之長道、辰之麻陽，俱於熙寧中改隸，而沈乃列之廢縣。蓋互有不照云。乾隆四十九年八月十六日桐鄉馮集梧識甲辰之歲，校元豐九域志刻之。今夏晤海寧陳君鱣云曾得影宋刻鈔本九域志，蓋爲錢遵王家藏書，與余校刻本不無異同，亟借以來，旋又借得海豐查氏所藏鈔本，與所云錢氏本纖毫莫二，其脱葉數處及第九卷之誤入古迹三條，並多有之，知爲同出一本，乃取刻本重校一過，得若干條，卽以錢本標目，補繫各卷之後，而討論所及，頗有前所未及者，亦依次附列之。昔人謂校書之難，比於掃落葉，況耳目淺陋，豈能免疎謬之誚。余既喜見此本，足以補向之不逮，則又安知異日不更有補今茲之不逮者乎。陳君字仲魚，多聞嗜古，於是書有書後一篇，其論黎陽大伾山據本志、復據宋史及文獻通考，謂蔡氏書禹貢傳不當以黎陽縣繫今通利軍，此誠王厚齋未經論及者。惟是南宋人著書，所言今某軍某州某縣，其地多半已非宋有。夫昭代故土，豈容置之不論？然竊謂宜云本朝某軍某州某縣，而不當云今某軍某州某縣也。因陳君語，并及之。乾隆五十三年戊申八月馮集梧又識

6　跋元豐九域志

九域志十卷，元豐中，丹陽王存正仲被旨與曾肇、李德芻共撰。曩見宋槧本于崑山徐氏，失四京第一卷，次卷亦多闕文，特府、州、軍、監、縣均有古跡一門，蓋民間流行之書，而此則經進也，故晁公武讀書後志有新、舊九域志之目。其進表上陳「文直筆核」，洵不媿

乎？其言者宋槧字小而密，斯則格紙軒朗，便于老眼覽觀，極爲可喜，抄而插諸架。德夠别有元豐郡縣志三十卷，圖三卷，載宋藝文志。小長蘆八十一老人彝尊手識。（朱彝尊撰，載曝書亭集卷四四）

7　新定元豐九域志序

宋王正仲元豐九域志十卷，余於乾隆乙巳鈔得之，逾年，復得桐鄉馮太史集梧新雕本，用相參校，庶幾完善。今年，又從海寧吴槎客騫所借得新定元豐九域志，卷帙無異，唯其中兼載古跡爲不同耳，然亦無方輿紀要之詳，至各縣下，前書兼載山水，而此不録，前輩秀水朱錫鬯謂此乃民間流行之本，理或然也。其去正仲時，當不甚遠，因并鈔之，亦得以正前書之誤字，且及於宋史地理志焉。乾隆五十有二年孟夏既望，東里盧弓父書於鍾山書院之須友堂，爲余傳録者，小門生江寧王友仁也。（盧文弨撰，載抱經堂文集卷四）

8　元豐九域志跋

右元豐九域志十卷，其撰書之始，未詳見竹垞題跋。宋代輿地之書，各有命意，如太平寰宇記則專載宋初沿革，輿地廣記則專載神宗時沿革，宋史則專載政和時沿革，合三書考之，府、州、軍、監每相符合，故知地學之難也。此書所載沿革則自宋初迄元豐時，可補證諸書之缺誤；至其各縣下載及山川、古蹟，寥寥數語，則本隋書及元和郡縣志、新唐書地理志體例，不可輕議也。太平寰宇記亦載地之四至，而不及此書之詳，宋代鎮砦及銅鐵監之制，此視宋史爲核，五代沿革亦薛、歐二史所不及，土貢亦多于通考、宋史篇，惟羈縻州所載，視他書恨畧耳。吴志伊博極羣書，撰十國春秋地理表，而于揚吴之地理沿革，撫州節度之廢置，不及詳載，豈未詳閱此書耶？曲洧舊聞謂九域志終未修成，王伯厚爲宋末人，著詩地理考多引其言，則是書在南宋時固爲成書也，惟伯厚地理考内引九域志甘棠樹之類，今本無之，似非宋代原本矣。（程晉芳撰，載勉行堂文集卷五）

9　元豐九域志跋

乾隆五十二年九月，鱣在京師，有持書目出售，中有元豐九域志十卷，下署錢遵王影宋鈔本，因購之。考讀書敏求記不著于録，惟于太平寰宇記云，此書較詳于九域志，或當日曾有其書，未及著録與。書中凡遇「本朝」、「皇朝」字，俱空一格，其爲影宋本無疑，雖問有缺文，而楮墨精良，繕寫工整，洵堪寶玩。朱竹垞檢討跋寰宇記，云不若九域志之簡而有要，與敏求記之言相反，前人所見各有不同。竹垞又跋九域志，云昆山徐氏所藏宋槧本九域朝貴歲致幣物，乞代作詩文，初不少靳至，乞其校定之書，刻以行世，削先生姓名，友朋知其事者，爲之呼憤，先生弗校也。是馮氏此書實出胥石先生手，微九能記此事，後世其誰知之。（王國維撰，載觀堂別集補遺）

11　四庫全書總目提要卷六八史部二四地理類一

元豐九域志十卷，兩江總督採進本。宋承議郎、知制誥丹陽王存等奉敕撰。存字敬仲，丹陽人，登進士第，調嘉興主簿，歷官尚書右丞，事蹟具宋史本傳。初祥符中，李宗諤、王曾先後修九域圖，至熙寧八年，都官員外郎劉師旦以州縣名號多有改易，奏乞重修，乃命館閣校勘曾肇、光禄丞李德芻删定，而以存總其事，以舊書名圖而無繪事，請改曰志，迄元豐三年閏九月書成。此本前有存等進書原序，稱：「國朝以來，州縣廢置與夫鎮戍城堡之名，山澤虞衡之利，前書所略，則謹志之。至於道里廣輪之數，昔人罕得其詳，今則一州之内，首敍州封，次及旁郡，彼此互舉，弗相混淆。總二十三路，京府四，次府十，州二百四十二，軍三十七，監四，縣一千二百三十五，釐爲十卷。」王應麟稱其文見於曲阜集，蓋曾肇之詞也。其書始於四京，終於省廢州軍及化外、羈縻州，凡州縣皆依路分隸，首具赤、畿、望、緊、上、中、下之名，次列地理，次列户口，次列土貢。每縣下又詳載鄉鎮，而名山大川之目亦併見焉。

其於距京距府、旁郡交錯四至八到之數，縷析最詳，深得古人辨方經野之意，敍次亦簡潔有法，趙與旹賓退録尤稱其土貢一門備載貢物之額數，足資考核，爲諸志之所不及，自序所稱「文直事核」，洵無愧其言矣，其書最爲當世所重。民間又有别本刊行，内多古蹟一門，故晁公武讀書後志有新、舊九域志之目，此爲明毛晉影鈔宋刻，乃元豐間經進原本，後藏徐乾學傳是樓中，字畫清朗，僞闕亦少，惟佚第十卷，今以蘇州朱焕家鈔本補之，仍首尾完具。案張淏雲谷雜記稱南渡後，閩中刊書不精，如睦州，宣和中始改嚴州，而新刊九域志直改爲嚴州，今檢此本内，睦州之名，尚未竄改，則其出於北宋刻本可知。近時馮集梧校刊此書，每卷末具列考證，其所據亦此本也。

12 四庫全書總目提要卷七二史部二八地理類存目一

新定九域志十卷。浙江汪啓淑家藏本。此書與王存等所撰元豐九域志文並相同，惟府、州、軍、監、縣下多出古蹟一門，詳略失宜，視原書頗爲蕪雜，蓋卽晁公武讀書後志所云新本，朱彝尊跋以爲是民間流行之書也。首卷四京及京東東路俱已闕，次卷亦有譌脱。彝尊曾見崑山徐氏家藏宋槧本，所紀闕文，與此本同，蓋卽從徐氏録出者。張淏雲谷雜記稱南渡後，閩中刻九域志，誤改睦州爲嚴州，今檢毛晉家影鈔九域志舊本，「睦」字未改，而此本已作「嚴州」，足知其出於南宋閩中刊本，而古蹟一門當卽其時坊賈所增入矣。王士禎居易録載所見九域志與此本合，而誤以爲卽元豐經進之書，則亦未見王存原本也。

13 鄭堂讀書記補逸卷一一

元豐九域志十卷，德聚堂馮氏刊本。宋王存等奉敕撰。存字敬仲，丹陽人，登進士第，歷官尚書右丞。

四庫全書著録，郡齋讀書志、通考、宋志俱作九域志，惟書録解題作元豐九域志，殆「元豐」二字，其後所加也。前有進書原序，大略謂：宋自天禧以後，歷年滋多，事有因革，以今準昔，損益實多，而稽地理者，猶以唐之十道圖、本朝之九域圖從事，有司建言，乃詔臣肇、臣德芻，撰次於祕閣，而臣存實董其事，綴緝大體，略仿前書，舊名圖而無繪事，乃請改曰志。郡名之下舊附以氏族所出，以禹貢、周官考之，皆無其文，且非當世先務，玆不復著。其云肇者，謂集賢校理南豐曾肇；德芻，謂官制所檢討邯鄲李德芻也。考宋志，李氏別有元豐郡國志三十卷，圖三卷，蓋亦精於地理者。是書始於四京，次及京東以下各路，終於省廢、化外、羈縻諸州，於地理、户口、土貢以及州縣之等第，無不備載，敍述簡括，條理井然，而體例詳於元和、太平二志，宜爲當時所重也。此本乃桐鄉馮鷺庭集梧從宋刻摹本鈔得重刊，中亦不無闕文，然首尾備具，與提要所載本同，鷺庭復取各本參校，分注其下，至於已見所及，間有可備討論者，亦爲條繫於各卷之末云，其目録後，有鷺庭識語。

14 四庫全書總目提要補正卷二一地理類一

元豐九域志十卷。又有别本刊行，内多古蹟一門，故晁公武讀書後志有新、舊九域志之目。此爲明毛晉影鈔宋刻，乃元豐間經進原本。

丁氏藏書志有校鈔宋本新定九域志十卷，云：「晁氏讀書後志載九域志有新、舊二目，别本刊行者多古蹟一門，此有之，殆别本歟？而四庫提要云，此爲毛晉影鈔宋刻，乃元豐間經進原本。果爾，不當再列古蹟，孰新孰舊，當再考之。」玉縉案：經進本無古蹟，新定本有之，丁氏蓋未詳考存目新載新定本提要説耳。

15 新定九域志吴翌鳳書

新定九域志十卷，青芝山堂影宋抄本，復以元豐舊志校勘，卷首原缺四京以下十六版，又脱曹州濟陰郡半版，亦從舊志抄補，並録進表一篇，略成完書矣。新定本較舊志多古跡一門，朱竹垞謂舊志乃經進之書，此則民間傳本，未知然否？嘅自祝穆方輿勝覽殘山剩水，僅記偏安州郡，惟此與太平寰宇記猶見全宋規模，而流傳甚罕，校者所當什襲而寶之也。

乾隆戊戌秋九月，校菴漫士吳翌鳳書。

《元豐九域志》及《新定九域志(古跡)》索引

凡　例

一、本索引收録《元豐九域志》中的全部地名和附録《新定九域志(古跡)》中的地名、古跡名。

二、各條所列的數字,前者爲卷次,後者爲頁碼。例如:

廣州　9/407

表示"廣州"見於本書《元豐九域志》卷9第407頁。

附録《新定九域志(古跡)》的條目,在卷次前加一"古"字,以識區别。例如:

南越王墓　古9/694

表示"南越王墓"見於本書附録《新定九域志(古跡)》卷9第694頁。

三、一名數見者,在不同頁中出現,依次列出卷數、頁數。例如:

河東路　4/161　10/474　10/481

如有主條者,將主條的卷數、頁數排在最前面。例如:

下邳縣　1/16　1/15　1/18　5/197

1/16爲主條所在卷數、頁數,因此不按常例置於1/15之後,而排在最前面。

四、同名異地,分立條目,並在括號内加以説明。例如:

華亭縣(屬兩浙路秀州)　5/220　古5/624

華亭縣(屬秦鳳路渭州)　3/131　10/474

王喬山(在江州瑞昌縣)　6/243　古6/635

王喬山(在潭州醴陵縣)　6/259　古6/643

五、對原書中的異體字,本索引不作歸併,一仍其舊。

六、本索引採用四角號碼檢字法編排，並附有筆畫與四角號碼對照表，以便讀者用不同方法檢索。

0010_4 主

88主簿化山
古7/663

童

17童子城
古2/564

0010_8 立

22立山縣
9/425
10/478
立山鎮
8/361
32立溪錫場
9/419
71立馬城堡
3/133

0020_1 亭

00亭亭山
1/17
古1/545

0021_1 鹿

11鹿頭關
古7/661
17鹿子山
8/366
27鹿角寨（屬霸州文安縣）
2/70
鹿角寨（屬彭州九龍縣）
7/311
鹿角寨（屬黔州黔江縣）
8/365
40鹿臺(在鄭州)
古1/553
鹿臺(在衛州)
古2/570
鹿臺山（在潞州襄垣縣）
4/163
鹿臺山（在澤州沁水縣）
4/172
55鹿井寨
9/437
60鹿蹄山（在河南府壽安縣）
1/5
鹿蹄山（在虢州虢略縣）
3/116
鹿邑縣
5/193
63鹿戰埡
8/373
77鹿門廟
古1/550
鹿門山
1/23
古1/549
88鹿竺冢
古5/612
90鹿堂山
7/313
古7/661
鹿堂化
古7/661

0021_2 庖

10庖王廟
古3/583
庖王陵
古3/583

0021_3 充

32充州
10/483

兖

32兖州
1/16
1/11
1/14
1/17
1/19
1/20
1/21
古1/545

0021_4 離

10離石水
4/174
離石縣

4/174
4/173

0021_6 竟

74竟陵縣
10/475

0021_7 亢

80亢父縣城
古1/548

亮

22亮山鎮
8/358
32亮州
10/502

羸

30羸汶水
1/17
32羸州
6/275

廬

17廬子邑城
古5/616
廬子國
古5/614
22廬山(在江州、南康軍)
6/243
6/248
古6/638
廬山(在泉州清溪縣)
9/403
31廬江
古6/635
廬江王演廟
古5/614
廬江王演墓
古5/614
廬江郡
5/200
廬江縣
5/207
5/201
5/206
32廬州
5/200
5/197
5/202
5/203
5/204
5/206
古5/614
53廬戎國
古1/549
74廬陵郡
6/251
廬陵故城
古6/640
廬陵縣
6/252
6/251

0022_3 齊

00齊庾臺
古6/638
10齊天鋪
6/276
30齊安郡
5/205
齊安鎮
5/206
32齊州
1/11
1/14
1/16
1/19
2/67
2/68
2/71
80齊姜墓
古4/601

0022_7 方

10方石鎮
3/129
20方維鎮
8/360
22方山(在河南府密縣)
1/5
方山(在濰州昌樂縣)
1/14
方山(在太原府壽陽縣)
4/162
方山(在石州方山縣)
4/174
方山(在瀘州江安縣)
7/328
古7/667
方山(在福州懷安縣)
9/400
方山(在桂州荔浦縣)
9/420
方山(在江寧府)
古6/633

高要縣
9/414
9/413
高平郡
4/171
高平寨
3/136
高平苑
古9/693
高平縣
4/171
高平鎮
7/313
11高北銀監
9/433
高麗山
1/13
21高柴鎮
1/3
高峯山
古9/703
高山縣
10/483
27高郵軍
5/192
高郵縣
5/192
高魚城
古1/548
30高淳鎮
6/240
高涼郡
9/433
高涼山
9/433
古9/704
高安縣
6/255
6/254
高密郡
1/10
高密縣
1/10
32高州（在夔州路施州南）
8/366
古8/682
高州(屬廣南西路)
9/433
9/415
9/416
9/421
9/426
9/432
10/476
10/477
古9/704
高州（梓州路瀘州羈縻州）
10/499
33高梁山
8/369
古8/682
古8/684
高梁城
古4/600
37高祖廟
古1/548
42高橋鎮（屬鳳州河池縣）
3/129
高橋鎮（屬陵井監仁壽縣）
7/320
43高城縣
10/483
44高蓋山
9/400
高苑縣
1/15
高莊鎮
7/329
47高奴
古3/584
高奴城
古3/586
60高里山
古1/545
高星山
1/25
高田鎮
7/313
高昌縣
10/480
高邑縣
2/86
67高歇鎮
8/366
74高陵縣
3/104
高陵闕
古1/549
76高陽里
古1/553
高陽丘
古1/555
高陽縣
2/89

10/477
古9/706
41廉頗冢
古5/614
廉頗臺
古2/571
55廉井鎮
7/331

0024_0 府

00府店鎮
1/5
32府州
4/165
4/166
4/175
4/178
4/179
古4/600
43府城鎮
3/128
80府谷縣
4/166
4/165

廚

22廚山
8/360

0024_1 庭

32庭州
10/479

麝

20麝香山
古6/648

0024_2 底

12底水縣
10/483
40底柱山
3/107

0024_7 夜

00夜唐山
1/13
37夜郎郡
10/483
夜郎國
古7/667
夜郎縣
10/483
67夜明銀場
9/410
77夜叉穴
古7/663
90夜光山
古6/640

慶

10慶平堡
3/126
慶雲山
4/163
17慶忌墳
古5/618
30慶安鎮
5/210
32慶州
3/115
3/108
3/113
3/117
3/118
3/120
3/132
3/136
古3/586
53慶成軍
3/106
77慶興鎮
7/312

廢

00廢庚除觀
古7/661
20廢番禺縣
古9/694
24廢牆
古5/623
72廢虒祁宮
古4/601

0025_2 摩

01摩訶池
古7/659

0025_6 庫

22庫利川
3/108
3/119

0026_1 磨

10磨石寨
6/264
31磨河山
5/196

44磨蓬寨
8/360

0026_7 唐

12唐水
2/79
13唐武后真容殿
古8/678
17唐子山
1/29
22唐山
2/79
唐糾山
6/264
24唐化鎮
7/332
30唐安郡
7/309
31唐河
2/85
2/88
唐福鎮
7/320
32唐州
1/29
1/23
1/24
1/25
1/34
1/37
古1/552
35唐清鎮
8/361
40唐堯廟
古2/569
42唐橋鎮
7/321
43唐城山
1/25
唐城縣
1/25
44唐林縣（屬河東路代州）
4/168
唐林縣（屬廣南路化外福禄州）
10/484
60唐昌縣
7/311
62唐縣
2/79
2/80
67唐明皇御札碑
古5/611
唐明皇舊宅
古4/600
77唐興寨
2/89
唐興縣（入河北西路順安軍）
2/89
唐興縣（改置蜀州江源縣）
7/310
唐興鎮
7/311
80唐公房
古8/677

0028_6 廣

07廣望城
古2/573
10廣平郡
2/82
廣平鎮
2/68
廣晉鎮
1/24
13廣武山
1/31
古1/553
廣武堡
3/124
廣武澗
古1/553
廣武城
古4/602
20廣信軍
2/88
2/86
2/87
古2/574
21廣仁陂
1/31
22廣山
古7/665
24廣德湖
5/214
廣德軍
6/248
5/214
6/240
6/241
古6/638
廣德縣
6/249
6/240
6/241

6/248
廣納縣
10/476
廣納鎮
8/359
27廣鄉鎮
3/129
30廣濟江
7/311
廣濟河
1/2
1/3
1/22
廣濟渠
5/194
廣濟軍
10/473
1/19
廣濟縣
5/202
廣濟陂
古7/661
廣寧監
6/243
廣安軍
7/332
7/323
7/329
7/330
7/331
古7/668
31廣江
古9/701
32廣州
9/407
9/411
9/412
9/413
9/414
9/415
9/416
9/418
9/419
9/420
古9/694
34廣漢故城
古7/665
36廣禪侯廟
古1/545
37廣潤河
1/37
40廣南
9/416
廣南路
9/407
10/476
10/483
10/502
47廣都縣
7/308
7/320
53廣成澤
古1/556
廣威縣
10/480
60廣吴堡
3/139
71廣原州
10/504
74廣陵郡
5/191
廣陵縣
5/192
廣陵鹽務
1/9
75廣陳鎮
5/220
76廣陽山（在河南府澠池縣）
1/5
廣陽山（在澶州清豐縣）
2/64
古2/563
廣陽縣
4/162

0029_4 床

20床穰堡
3/124
床穰寨
3/124
22床川寨
3/130

麻

00麻亭寨
3/113
21麻步鎮
5/200
22麻嶺山
1/26
麻山
古6/639
32麻溪寨
6/272
35麻油垻茶場
8/354

37麻湖
古5/615
43麻城縣
5/206
44麻地稜冶銀場
3/117
麻姑山（在建昌軍南城縣）
6/258
古6/643
麻姑山(在宣州)
古6/634
麻姑壇
古6/643
50麻車山
5/219
60麻田鎮
6/264
76麻陽縣
6/276
6/274
6/275
80麻谷寨
4/168

穈

44穈村鎮
2/71

糜

60糜國
古1/552

廩

22廩山
6/251
72廩丘城
古1/548

0033_6 意

95意悚山
7/315

0040_0 文

00文章嶺
古9/702
12文登山
1/13
文登縣
1/13
文水
4/162
4/170
文水縣
4/162
13文武廟
古1/552
22文川
古8/677
文種冢
古5/617
24文德縣
10/481
30文宣王廟
古5/619
文憲王廟
古1/546
文安郡
2/69
文安縣
2/70
2/75
2/76
32文州(屬利州路)
8/359
3/133
8/354
8/362
古8/679
文州（廣南路宜州羈縻州）
10/506
43文城郡
10/474
文城縣
10/474
4/169
文城鎮
4/169
44文村堡
9/424
60文圃山
9/403
文昌縣
9/437
10/478
古9/707
72文斤山
6/264
76文陽郡
10/484
文陽縣
10/484
80文翁學堂
古7/659

0040_6 章

12章水

6/250
6/251
6/256
6/263
古6/639
古6/642
章水鎮
6/256
22章山
6/267
30章安鎮
5/216
44章華臺
古6/645
55章井鹽場
8/372
72章丘縣
1/11

0040_8 交

12交水
4/176
22交川郡
10/482
交川縣
10/482
31交河郡
10/480
交河縣
10/480
32交州
10/483
43交城縣
4/162
交城鎮
3/118
71交阯縣
10/483

0044_1 辯

32辯州
9/432

0050_8 牽

31牽渠
古1/553
80牽羊壇
古1/549

0060_1 言

21言偃宅
古5/618
言偃里
古6/633

0063_1 譙

17譙郡
5/192
62譙縣
5/193
5/192
77譙周墓
古7/661

0063_2 讓

12讓水
古8/677
22讓川州
10/494

0071_4 亳

32亳州
5/192
1/2
1/6
1/17
1/21
1/35
1/36
5/193
5/194
5/199
5/200
古5/610

雍

00雍店鎮
7/308
12雍水
3/122
21雍齒城(在鄭州)
古1/553
雍齒城(在漢州)
古7/661
32雍溪鎮
7/329
72雍丘縣
1/3

0073_2 衣

86衣錦軍
10/475

玄

13玄武縣
7/321
21玄貞觀
古7/665

34玄池縣
4/172
77玄學基
古6/633

褒

20褒信縣
1/34
43褒城縣
8/354
褒城鎮
8/354
80褒善鎮
7/322
褒谷
古8/677
84褒斜
8/354

裹

32裹灣鎮
9/411

襄

12襄水
1/24
22襄山
3/107
襄樂縣
3/118
30襄安鎮
5/207
31襄河
1/23
32襄州(屬京西南路)
1/23
1/24
1/25
1/26
1/27
1/28
1/29
6/266
6/271
10/473
古1/549
襄州（荆湖路北江羈縻州）
10/486
41襄垣縣
4/163
43襄城縣
1/37
60襄邑縣
1/3
74襄陵縣
4/164
76襄陽郡
1/23
襄陽縣
1/23

0080_0 六

10六石山
古6/636
26六保寨
8/365
27六盤關
古3/591
30六安縣
5/200
六安鎮
5/200
43六城
古5/614
50六丈鎮
5/198
55六井鎮
7/325
60六目池
古9/698
六邑
古5/613
77六門堰
古1/550
80六合山
5/199
六合縣
5/199
5/192
5/198
古5/613

0090_6 京

10京西北路
1/8
京西南路
1/8
京西路
1/22
1/9
6/268
10/473
12京水
1/31
古1/553
22京畿路
1/1
京山縣

0121_1 龍

8/361
31龍江
9/430
古9/703
龍江水
古9/703
龍潭(在梓州)
古7/665
龍潭(在黔州)
古8/681
龍潭(在汀州)
古9/692
龍潭堡
6/274
龍源縣
10/484
龍渠鎮
8/368
古8/682
32龍州
8/362
7/311
8/357
8/359
古8/680
龍溪
古9/693
龍溪水
古9/696
古9/701
龍溪郡
10/483
龍溪縣
9/405
龍溪鎮（屬舒州宿松縣）
5/203
龍溪鎮（屬南康軍星子縣）
6/248
龍溪鎮（屬綿州魏城縣）
7/312
龍祇山
1/27
34龍池(在曹州)
古1/547
龍池(在孟州)
古1/554
龍池郡
10/484
龍池縣（屬廣南路化外演州）
10/484
龍池縣（屬廣南路化外山州）
10/484
龍池鎮
8/358
35龍津監庫
9/401
37龍澗潭
古7/663
龍渦銀場
3/117
龍逢銀場
9/404
龍運鎮
8/361
38龍游縣（屬兩浙路衢州）
5/218
龍游縣（屬成都府路嘉州）
7/314
7/313
39龍湫廟
古9/704
龍湫山
古9/704
40龍臺鎮（屬普州安岳縣）
7/325
龍臺鎮（屬榮州威遠縣）
7/330
龍臺鎮（屬渠州流江縣）
7/331
龍臺鎮（屬廣安軍新明縣）
7/332
龍坑鐵場
9/417
龍南縣
6/251
龍女洞
古8/682
龍支縣
10/479
龍奔山
8/357
龍吉鎮
7/324
41龍標縣
6/276
43龍城郡
9/428

龍城縣
9/429
龍城鎮
7/332
44龍蓬州
10/492
龍茸鎮
8/366
龍華鎮
9/407
47龍鶴山
7/309
57龍賴縣
10/502
60龍回鎮
8/366
62龍蹊
古8/677
66龍鼉山
9/416
古9/697
67龍眼水
古9/706
70龍壁山
古9/703
龍驤水
9/426
龍驤山
8/366
71龍馬山
古9/702
龍馬泉
3/123
72龍丘山
5/218
古5/623
龍丘萇墓
古5/623
龍鬚山
古6/640
74龍陂
古6/640
龍陂鎮
5/206
76龍陽山
6/270
龍陽洲
古6/647
龍陽縣
6/270
77龍岡縣
2/80
龍岡銀坑
6/265
龍母廟(在昭州)
古9/701
龍母廟(在藤州)
古9/702
龍母廟(在瓊州)
古9/706
龍門新銀場
9/405
龍門山（在河中府龍門縣）
3/106
古3/583
龍門山（在利州緜谷縣）
8/355
龍門寨
6/276
龍門溪
古9/693
龍門舊銀場
9/405
龍門縣
3/106
龍門鋪
6/276
龍門鎮（屬河南府河南縣）
1/4
龍門鎮（屬綿州巴西縣）
7/312
龍門鎮（屬果州南充縣）
7/323
龍門鎮（屬合州赤水縣）
7/329
龍門鎮（屬渠州鄰山縣）
7/331
龍門銀場（在南劍州尤溪縣）
9/404
龍門銀場（在邵武軍建寧縣）
9/406
龍興寺謹律師和尚碑
古5/610
龍興縣
1/37
龍興鎮
1/37
80龍合鎮（屬果州南充縣）

7/323
龍合鎮（屬渠州流江縣）
7/331
龍首山
3/104
龍首渠（在京兆府萬年縣）
3/104
古3/582
龍首渠（在同州）
古3/585
龍會鎮（屬遂州青石縣）
7/323
龍會鎮（屬昌州昌元縣）
7/326
龍會鎮（屬合州石照縣）
7/329
龍會鎮（屬渠州鄰水縣）
7/331
龍谷水
古4/601
龍谷鎮
7/321
87龍舒水
5/201
龍飲鎮
7/312
90龍堂
古2/568

0128_6 顔

12顔延之宅
古9/699
40顔在墳
古1/547
80顔公山
古6/634

0132_7 鷲

22鷲山鎮
5/203

0164_6 譚

32譚州
10/503

0173_2 襲

32襲州
10/499

0180_1 龔

00龔市鎮
7/321
31龔江
9/427
32龔州
9/427
9/419
9/421
9/426
10/476
古9/702
龔溪鋪
6/276
72龔丘縣

1/17

0212_7 端

22端山
9/415
32端州
9/413
9/408
9/414
9/415
古9/697
端溪
9/415
古9/697
端溪水
古9/697
端溪山
9/414
端溪縣
9/415
72端氏縣
4/171

0242_2 彰

13彰武軍（永興軍路延州州封）
3/107
彰武軍(改置威武軍)
9/399
20彰信軍
1/18
24彰化軍
3/125
彰化鎮
6/252
彰德軍

2/78
60彰國軍
10/481
67彰明縣
7/312
80彰義軍
3/125

0260_0 訓

32訓州
10/501

0292_1 新

00新市鎮（屬同州朝邑縣）
3/110
新市鎮（屬華州下邽縣）
3/111
新市鎮（屬和州烏江縣）
5/203
新市鎮（屬湖州德清縣）
5/212
新市鎮（屬陵井監仁壽縣）
7/320
新高鎮
2/73
新府州
10/486
新店鎮（屬邢州鉅鹿縣）
2/80
新店鎮（屬江陵府當陽縣）
6/267
10新平郡
3/112
新平縣
3/113
3/112
12新登縣
5/208
新水堡
3/123
15新建縣
6/250
6/249
17新務鎮
2/69
18新政縣
8/357
22新豐江
9/419
新豐古城
古3/582
新豐鎮
8/361
新豐銀場
9/404
新樂縣
2/79
24新化州
10/487
新化縣
6/264
26新息縣
1/34
古1/555
27新鄉縣
2/82
新鄉鎮
2/82
30新寧溪
8/366
新寧縣
8/366
新穿鎮
7/310
新安郡
6/241
新安定鎮
2/72
新安江
5/219
6/242
新安縣（屬西京河南府）
1/5
新安縣（屬夔州路化外莊州）
10/483
新安鐵場
9/405
新安鎮（屬洺州肥鄉縣）
2/83
新安鎮（屬階州將利縣）
3/133
新安鎮（屬台州黃巖縣）
5/216
新安鎮（屬梓州中江縣）
7/321

新安鎮（屬達州新寧縣）
8/366
新定郡
5/219
新定州
10/487
新寨鎮（屬唐州方城縣）
1/29
新寨鎮（屬潁昌府郾城縣）
1/30
新寨鎮（屬洺州肥鄉縣）
2/83
31新江
9/415
新河
1/21
新河縣
2/66
新河鎮
2/66
新渠
1/8
新渠鎮
7/310
32新州(屬廣南東路)
9/414
9/408
10/478
古9/697
新州(河東路化外州)
10/481
33新浦縣
8/369
35新津縣
7/310
38新淦縣
6/257
6/252
40新臺(在濮州)
古1/549
新臺(在澶州)
古2/563
新塘銀坑
6/263
41新垣寨
2/70
42新橋鎮
2/88
43新城
古2/574
新城縣（屬兩浙路杭州）
5/208
新城縣（屬河北路化外涿州）
10/478
新城鎮（屬應天府寧陵縣）
1/6
新城鎮（屬秦鳳路原州）
3/132
新城鎮（屬洪州新建縣）
6/250
新城鎮（屬衡州耒陽縣）
6/260
44新封鄉
3/119
新勒堡
3/133
新蔡縣
1/34
古1/555
新林浦
6/240
47新都縣
7/308
新栅鎮
7/333
50新泰縣
1/12
新春縣
10/478
新秦郡
4/166
新秦縣
4/166
55新井縣
8/357
新井鎮
7/321
60新里城
古3/584
新昌水
6/245
新昌縣（屬兩浙路越州）
5/209
新昌縣（屬江南西路筠州）
6/255
新昌縣（屬河北路化

0332_7 鷲

0365_0 誠

識

0433_1 熟

0460_0 謝

0461_4 謳

0464_7 護

0466_0 諸

0466_4 諾

0512_7 靖

0564_7 講

0662_7 謁

謂

0710_4 望

2/79
50望夫山(在饒州)
古6/636
望夫山(在太平州)
古6/637
望夫岡
古9/698
60望蜀山
古7/668
74望陵縣
1/4

0722_7 鄘

32鄘州
3/113
3/105
3/108
3/109
3/115
3/118
3/119
古3/586
43鄘城縣
3/114
3/113

鄘

43鄘城
古2/570

0724_7 毅

32毅州
10/481

0742_7 郭

00郭店鎮
1/31
郭文先生廟堂
古5/619
24郭先生祠
古5/617
郭先生墓
古5/617
38郭道瑜德政碑
古5/615
40郭有道碑
古4/599
42郭橋鎮(屬開封府祥符縣)
1/2
郭橋鎮(屬滄州樂陵縣)
2/65
44郭林宗墳
古4/603
47郭柵鎮
4/170
60郭疃鎮
2/65
郭界步鎮
5/200
71郭馬堡
3/124
郭巨冢
古1/553
郭巨墓
古4/603
郭巨墳
古1/548
76郭隗墓
古2/567
77郭丹城
古2/573

鄣

43鄣城
古5/619

鶉

22鶉觚原
3/113
鶉觚縣
古3/586

0748_6 贛

10贛石山
6/252
12贛水
6/252
古6/639
31贛江
古6/639
62贛縣
6/251
6/250

0762_0 調

22調絲水
古6/645

0766_2 韶

10韶石
古9/695
32韶州
9/409
6/250
6/256
6/262

6/265
9/410
9/411
9/417
9/418
古9/695

0821_2 施

12施延墓
古5/619
32施州
8/366
6/271
6/273
8/364
8/368
8/371
古8/682
34施渚鎮
5/212

0821_4 旌

24旌德縣
6/241
76旌陽山
6/250
古6/639

旄

72旄丘(在濮州鄄城縣)
1/22
古1/549
旄丘(在澶州)
古2/563

0823_3 於

31於潛縣
5/208
44於菟廟
古6/645

0823_4 族

00族亭湖
6/245

0824_0 放

25放生池(在眞州)
古5/613
放生池(在泉州)
古9/691
放生池碑
古5/619

0828_1 旋

77旋門
古1/554

0844_0 敦

27敦物山
3/105
67敦照鎮
9/405
77敦興山
2/86

0862_7 論

22論川州
10/494

0863_7 謙

44謙恭鎮
1/34

0864_0 許

08許旌陽印文
古6/635
12許水縣
10/477
32許州
1/1
1/30
古1/552
40許眞君祠
古6/634
44許封鎮
1/29
50許由臺
古1/553
60許田縣
1/30
許田鎮
1/30
許昌郡
1/30
66許賜州
10/486
80許公鎮
5/203

0925_9 麟

22麟山
古4/605
32麟州
4/166
4/165
4/172
4/175
古4/601
麟州城
古4/601
38麟游縣

正

1010_3 玉

8/365
玉山鎮（屬達州永睦縣）
8/366
26玉泉山
古6/634
30玉房山
6/251
古6/639
31玉潭鎮
6/260
32玉溪
古6/636
35玉津縣
7/314
玉津鎮
7/314
玉清洞
古9/691
玉清觀
古6/641
37玉澗水
3/107
39玉沙縣
6/266
10/475
玉沙鎮
6/266
40玉臺
古8/678
玉壺鎮
9/410
玉女山
2/77
玉女泉
古1/545
玉女池
古8/678
玉女祠
古1/554
玉女墩
古6/640
玉柱山
5/217
43玉城縣
3/116
玉城鎮
3/116
44玉華宫
古7/665
玉華寺
古3/588
玉林監場
9/400
玉林銀場
9/400
47玉欄鎮
8/371
57玉賴岡鎮
7/323
60玉壘山
7/311
7/318
古7/664
玉田縣
10/478
77玉門縣
10/480
玉門鎮
8/366
88玉笥山（在吉州廬陵縣）
6/252
玉笥山（在臨江軍新淦縣）
6/257
古6/642
玉笥山（在潭州湘陰縣）
6/260

1010_4 王

00王離冢
古2/570
王店鎮
7/308
王褒墓
古7/666
王京兆廟
古1/554
08王敦城
古6/637
13王琮鎮
2/73
16王琨墓
古5/621
17王務鎮
1/34
20王喬山（在江州瑞昌縣）
6/243
古6/635
王喬山（在潭州醴陵縣）
6/259
古6/643
王喬壇
古6/639

27王魚
古6/634
王粲宅
古1/550
王粲墓
古1/548
28王僧達墓
古5/621
30王家市鎮
1/36
王家寨
2/69
王家城
3/137
王密德政碑
古5/620
31王沅化
古7/661
34王祺鎮
5/202
37王逸廟
古1/550
40王臺鎮
1/34
王右軍宅
古6/641
王右軍墨池(在撫州)
古6/641
王右軍墨池(在越州)
古5/617
王右軍墨池（在南康軍)
古6/638
王來鎮
8/371
43王城
古3/584
44王莽河
古2/568
王華墓
古5/621
王村鎮
7/313
46王相鎮
1/12
47王朝場
6/272
王朝縣
6/272
50王表廟
古5/621
55王井鎮
8/357
60王口寨
9/424
74王陵城
古3/587
76王陽墓
古1/548
77王鳳渠
1/8
王屋山
1/33
4/167
4/171
古4/603
王屋縣
1/33
1/4
王貫鎮
2/66
80王翦墓
古3/586
83王館鎮
2/68
84王鎮惡宅
古6/645

至

38至道宫
古9/692
至道觀
古9/697
76至陽觀
古6/636

1010_7 五

00五交鎮
3/115
01五壟山
1/24
1/25
五龍水
1/13
五龍山
3/108
3/110
古3/584
10五雲溪
古5/617
17五郡兄弟墓
古1/554
27五鄉水
4/176
30五渡水
9/410
32五溪
6/244

37五湖水
6/241
40五臺山
4/168
古4/602
五臺縣
4/168
43五城山
6/274
五城鎮
3/122
44五花山
6/266
五老山
3/106
古3/583
五黄山
古9/706
47五婦山神祠
古8/679
50五夫鎮
5/209
60五里鎮
3/122
71五牙山
古6/638
五原郡
10/480
五原塞
4/166
五原縣
10/480
77五層山
7/312
80五羊城
古9/694

盂

62盂縣
4/162

1010_8 巫

22巫山
古1/547
巫山神女祠
古8/681
巫山縣
8/364
24巫峽
古8/681
巫峽山
8/364
32巫溪
8/374
53巫咸山
3/107
古3/583

靈

00靈應亭
古1/545
靈文園
古5/617
03靈鷲山(在信州)
古6/636
靈鷲山(在韶州)
古9/695
10靈石縣
4/171
13靈武郡
10/479
20靈秀山
6/254
古6/641
22靈川縣
9/420
靈巖山
9/424
古9/701
靈仙觀
古5/615
靈山(在磁州邯鄲縣)
2/85
靈山(在欽州欽縣)
6/242
靈山（在太平州繁昌縣）
6/247
靈山（在萬安軍陵水縣）
9/439
靈山(在信州)
古6/636
靈山(在連州)
古9/696
靈山(在化州)
古9/704
靈山水
古6/636
靈山縣
9/435
靈山鎮
5/206
26靈泉
4/171
靈泉池
7/308
靈泉縣

7/308
30靈濟橋
古1/545
靈液亭
古1/545
靈寶縣
3/107
31靈江水
古7/665
靈河郡
1/32
靈河津
1/32
靈河縣
1/32
靈河鎮
1/32
靈源銀場
9/409
32靈州
10/479
3/119
3/120
3/136
靈洲山
古9/694
靈泒侯廟
古1/545
靈溪
5/217
靈溪鎮
7/332
靈溪錫場
9/419
34靈池山
9/410
古9/695
靈池縣
7/308
靈池鎮
7/332
37靈洞
古8/683
靈洞山
9/405
40靈臺
古3/589
靈臺山（在華州渭南縣）
3/111
靈臺山（在綿州彰明縣）
7/312
靈臺縣
3/125
靈壽山
6/263
靈壽縣
2/77
靈壽鎮
2/77
44靈芝觀
古6/636
靈芝鎮
6/244
47靈巒山
9/403
53靈蛇山
9/405
古9/692
靈感鎮
8/371
60靈星祠
古2/565
靈跡寺
古8/683
72靈丘縣
10/481
靈隱山
5/208
古5/616
76靈陽山
9/415
靈陽觀
古6/636
77靈關寨
7/317
80靈龕鎮
7/313
88靈竹縣
10/476
97靈輝殿
古1/547

1011_3 琉

10琉璃城
古7/663
琉璃鎮
7/323

疏

44疏勒部落
10/479
77疏屬山
3/114

1014_1 聶

47聶都山

6/251
古6/642

1017_7 雪

22雪嶺
7/319
雪山（在寧化軍窟谷寨）
4/178
古4/605
雪山(在威州)
古7/664

1020_0 丁

27丁角鎮
5/211
28丁儀墳
古5/611
30丁字河鎮
2/72
32丁溪銅場
6/246
丁溪銀場
6/246
37丁汲鎮
5/200
44丁地銀場
9/401
丁蘭廟
古1/550
丁姑祠
古5/612
60丁田鎮
6/243
丁固宅
古6/646
80丁令威宅
古5/618
丁公山
1/18

1020_7 雩

12雩水
6/251
22雩山
6/251
古6/639
40雩臺
古1/546
47雩都縣
6/251

1021_1 元

15元融橋鎮
8/354
43元城縣
1/7
72元氏縣
2/77

1021_4 霍

00霍童山
古9/690
12霍水
4/164
22霍山（在晉州、威勝軍）
4/164
4/165
4/167
古4/600
霍山(在壽州六安縣)
5/200
古5/613
霍山(在福州)
古9/690
霍山廟
古5/613
霍山縣
5/200
霍山鎮
5/200
27霍侯山
1/14
霍將軍祠
古4/600
60霍邑縣
4/165
72霍丘縣
5/200
霍丘鎮
5/200
76霍陽山
1/37
90霍光墓
古2/573

1022_7 丙

01丙龍堡
3/123
30丙穴
古8/677

兩

12兩水鎮
1/13
22兩川
7/307

32兩浙西南路
9/399
兩浙路
5/207
10/475
90兩當水
3/129
兩當縣
3/129
兩當鎮
3/129

雨

10雨石山
古6/636

鬲

35鬲津河
2/65
2/71
古2/564
43鬲城
古2/567

爾

70爾雅臺
古6/647

1023_0 下

00下辯水
3/128
14下硤堡
3/124
17下邳縣
1/16
1/15
1/18
5/197
22下蔡橋鎮
6/247
31下涇
6/241
32下溪州
10/485
34下汊鎮
6/268
43下博
古2/571
下博縣
2/84
44下蒲江
8/366
下蔡縣
5/200
5/199
古5/613
47下邽
古3/585
下邽縣
3/111
55下曲陽城
古2/572
57下蝸牛堡
3/124
60下蜀鎮
6/240
下邑縣
1/7
1/6
71下馬欄鹽場
9/403
83下鐵窟堡
3/124
84下鎮寨
4/179

1023_2 豕

40豕韋國
古1/554

弦

44弦蒲藪
3/127
古3/590

震

36震澤
古5/618
77震覺大師碑
古5/614

1024_7 夏

12夏水
6/269
27夏侯湛墳
古5/611
32夏州
10/479
3/108
4/166
35夏津縣
1/8
40夏塘鎮
5/200
夏有扈國
古3/582
46夏駕山
古5/619

8/368
古8/682
50平夷縣
4/174
53平拔鎮
1/28
平戎堡
3/124
平戎軍
2/76
55平棘故城
古2/572
平棘縣
2/86
2/85
60平旦鎮
9/425
平蜀縣
8/355
平恩縣
2/83
平固鎮
6/251
71平原君墓
古2/571
平原郡
2/70
平原郡城
古2/565
平原縣（屬河北東路德州）
2/71
平原縣（入龔州平南縣）
10/476
72平氏縣
1/29
平氏鎮
1/29
74平陸縣
3/107
平陵山
6/240
平陵鎮
1/28
75平陳碑
古6/634
76平陽郡
4/164
平陽郡城
古6/645
平陽江
5/216
平陽城(在晉州)
古4/600
平陽城(在洋州)
古8/678
平陽縣（屬兩浙路温州）
5/216
平陽縣（屬荆湖南路桂陽監）
6/265
77平興縣
9/414
平輿縣
1/34
古1/555
平輿縣故城
古1/555
78平陰縣
1/20
80平羌水
古7/663
平羌山
7/314
古7/662
平羌縣
7/314
平羌鎮
7/314
98平悦鎮
9/428

1043_0 天

00天齊淵
1/10
天廚鎮
7/312
天慶觀(在臨江軍)
古6/642
天慶觀(在昌化軍)
古9/706
天章寺
古5/617
10天露山
9/415
天平軍
1/19
12天水
古3/589
天水郡
3/122
天水淮
古9/691
天水縣
3/123
16天聖寨

1044_1 弄

1044_7 再

1052_7 覇

1060_0 石

石闕
古7/662
石闕寨
7/312
石門(在鄆州)
古1/547
石門(在瀘州)
古7/667
石門山（在沂州臨沂縣）
1/12
石門山（在邢州龍岡縣）
2/80
石門山（在邠州三水縣）
3/113
石門山（在澤州端氏縣）
4/171
石門山（在處州青田縣）
5/218
天門山（在池州建德縣）
6/244
古6/635
石門山（在歸州巴東縣）
6/274
古6/648
石門山（在龍州江油縣）
8/362
石門山（在開州萬歲縣）
8/369
石門山(在南康軍)
古6/638
石門堡
3/137
石門寨
8/365
石門路
10/497
石門縣
6/271
石門鎮（屬沂州臨沂縣）
1/12
石門鎮（屬階州福津縣）
3/133
石門鎮（屬和州含山縣）
5/203
石門鎮（屬綿州石泉縣）
7/312
石門鎮（屬興州順政縣）
8/360
石門鎮（屬蓬州營山縣）
8/361
石門鎮（屬達州通川縣）
8/366
石門鎮（屬廣州番禺縣）
9/408
80石人山
古9/702
石人堡
3/123
石盆鎮
7/329
石鏡縣
7/329
石分鎮
6/253
石羊鎮（屬綿州鹽泉縣）
7/312
石羊鎮（屬渝州江津縣）
8/371
石首山
6/267
石首縣
6/267
6/266
石舍銀場
9/401
石含山
6/252
82石鍾巖
9/405
石鍾山
6/248
88石竹山
9/400
石笋山
古7/660
石筍灘
古7/667
石筍銀坑
6/265

縣）
2/70
百濟河（在順安軍高陽縣）
2/89
百家鎮
3/123
百牢關
古8/680
41百頗州
10/493
44百坡州
10/492
百萬寨
2/75
50百丈嶺(在建昌軍)
古6/643
百丈嶺(在興化軍)
古9/693
百丈山（在杭州昌化縣）
5/208
百丈山（在臨江軍新喻縣）
6/257
百丈山（在邵武軍建寧縣）
9/405
百丈溪
9/407
古9/693
百丈茶場
7/317
百丈縣
7/317
百丈鎮（屬雅州名山縣）
7/317
百丈鎮(入興化軍)
9/407
55百井寨
4/162
60百里奚宅
古1/550
百里奚墓
古1/550
百里鎮
3/125
77百門陂
2/82
百尺河
古2/570
百尺堰
1/35
百尺鎮
1/36
79百勝寨
4/166

酉

10酉平銀場
9/419
76酉陽古城
古6/648

1060_1 吾

22吾山
1/20

菩

32菩溪
5/212
古5/619

晉

00晉康郡
9/415
晉康縣
9/415
晉文公臺
古2/566
晉褒城
古6/648
10晉王廟
古5/613
晉王公墓
古4/601
12晉水（在太原府陽曲縣）
4/162
晉水(在汀州南安縣）
9/403
22晉山
4/171
晉山縣
10/481
27晉侯廟
古4/599
30晉安縣
8/356
晉安鎮
8/357
31晉江
9/402
古9/691
晉江縣
9/402
古9/691

32晉州
4/164
4/163
4/166
4/168
4/170
4/171
4/175
10/474
古4/600
43晉城縣
4/171
60晉昌郡
10/480
晉昌縣
10/480
71晉原縣
7/310
7/309
74晉陵縣
5/215
5/214
76晉陽城
古4/599
晉陽故城
古4/605
晉陽縣
4/162
10/474
77晉興縣
9/422

1060_8 雷

10雷夏澤
1/22
雷夏陂
古1/549
12雷水(在舒州)
5/203
雷水(在河中府)
古3/583
22雷山
古9/700
25雷牛山
3/128
31雷江
古9/700
雷江古城
古9/700
雷源水
2/85
32雷州
9/433
9/432
9/437
古9/704
36雷澤縣
1/22
44雷茶焙
9/403
55雷井鎮
7/321
80雷首山
3/106
古3/583
97雷煥廟
古6/639

1062_0 可

32可州
10/495

1062_1 哥

10哥靈州
10/497
37哥郎山
7/321

1062_7 靄

22靄峯
古6/634

碻

18碻磝津
1/20

1063_1 醮

40醮壇山
古7/666

1071_6 電

26電白縣
9/433

1071_7 瓦

00瓦亭
古1/554
瓦亭川
3/123
瓦亭山
3/123
瓦亭寨
3/131
31瓦河
古2/569
42瓦橋關
2/70

古3/585
43賈城
古3/584
60賈國
古3/585
80賈谷鎮
1/31

1090_0 不

30不窋城
古3/587
44不其山
1/13

1090_4 栗

00栗亭川
3/128
栗亭縣
3/128
17栗子鎮
7/325
23栗傅鎮
6/252
44栗林鎮
7/324

粟

12粟水
1/15
60粟邑鎮
3/104

1111_0 北

00北庭大都護府
10/479
北京
1/7
1/22
2/63
2/67
2/72
2/78
2/82
2/84
01北龍山
古9/706
02北新橋鎮
1/20
07北望鎮
2/67
北邙山
1/4
10北平郡
10/478
北平山
7/309
北平寨
2/79
北平縣
2/80
2/79
12北水
8/359
14北硤鎮
5/203
22北川州
10/489
27北部城
古1/548
北鄉鎮
3/106
30北流鎮
9/421
10/476
北濟河
古2/569
北濟溝
1/19
北寨
2/78
31北江(在荆湖路)
10/487
北江(在懷安軍)
古7/668
34北斗山
9/436
35北津鎮
8/356
北神鎮
5/194
37北洛水鎮
2/83
38北海郡
1/9
北海軍
1/9
1/14
北海縣
1/14
1/9
44北塔
古6/646
北苑茶焙
9/401
北芮鄉城
古3/585
北舊鎮
6/269

北林鎮
2/67
49北趙鎮
1/24
51北拓鎮
3/119
60北固山
5/211
古5/618
北景郡
10/484
北景縣
10/484
67北路(京西北路)
1/30
1/22
北路(荆湖北路)
6/266
6/258
71北阿鎮
5/192
北鴈蕩山
古5/621
76北陽鎮
2/85
77北關堡
3/127
北關鎮
5/208
80北八賦嶺
古4/604
北舞鎮
1/31
84北鎮
1/3

1111_4 班

10班石
古9/701
47班妃山
古2/574

1118_6 項

10項王廟
古5/619
項王墳
古1/548
17項羽廟
古5/615
43項城縣
1/35
50項槖墓
古1/547
80項公山
5/217

頭

21頭顱山
4/171
36頭泊鎮
7/315
73頭陀寺
古6/646

1120_7 琴

00琴高山
古6/634
琴高釣臺
古6/634
22琴仙廟
古4/605
32琴溪
古6/634
40琴臺
古1/548
琴臺鎮
7/324

1121_1 麗

00麗高縣
10/483
12麗水
5/217
麗水縣
5/217
31麗江鎮
7/308

1121_6 彊

22彊豐濟銀場
9/411

1122_7 彌

23彌牟鎮
7/308

1123_2 張

00張康鎮
7/325
張店鎮
3/107
07張郭鎮
1/22
10張三館鎮
1/2
張惡子廟
古8/679

張耳臺
古2/569
張耳墓(在冀州)
古2/565
張耳墓(在洺州)
古2/571
張平子宅
古1/550
張平子墓
古1/550
張天師廟
古6/637
張天師祖墓
古7/662
20張禹冢
古3/585
27張魯城
古8/677
張綱墓
古7/660
28張儀城
古8/678
30張家寨
2/70
張騫墓
古2/567
張良山
1/28
張良墓
古2/570
32張添寨
8/360
34張渚鎮
5/215
張遼墓
古2/567
40張九齡廟
古9/695
張九齡宅
古9/695
44張村鎮
1/24
46張旭墨池
古6/647
47張超墓
古2/566
50張掖郡
10/480
張掖縣
10/480
57張把鎮
7/321
60張甲河
1/8
張嵒堡
3/133
張果老祠
古3/591
71張歐冢
古2/565
80張義堡
3/137

1164_0 研

55研井
7/320

1171_1 琵

11琵琶山
古6/637
琵琶洲
古9/694

1180_1 冀

00冀亭
古3/582
32冀州
2/65
2/72
2/73
2/83
2/86
古2/564
47冀都鎮
7/332
72冀氏縣
4/165
4/164

1210_0 剥

20剥重州
10/491

1210_8 登

00登高嶺
古9/703
22登仙觀
古5/620
32登州
1/12
1/13
44登封縣
1/5
1/4
55登井鹽井
7/327
登井鎮
7/324

1212_7 瑞

10瑞石鎮
9/408
30瑞濟橋
古1/545
瑞安山
5/216
瑞安縣
5/216
瑞安鎮
5/216
32瑞州
10/479
60瑞昌縣
6/243
76瑞陽錫務
6/256
80瑞金縣
6/251

1217_2 瑶

82瑶劍州
10/491

1220_0 列

80列人城
古2/571

1223_0 水

11水頭銀坑
6/265
17水務鎮
2/71
37水洛城
3/137
47水棚鎮
7/330
60水口鎮（屬湖州長興縣）
5/212
水口鎮（屬福州古田縣）
9/400
76水陽鎮
6/241
77水月臺
古9/704
水門鎮
7/331

1223_0 弘

55弘農郡
3/115
弘農縣
3/116

1224_7 發

47發鳩山
4/163

1233_0 烈

22烈山縣
10/482

1240_1 延

00延慶水
3/115
10延貢寨
7/315
12延水縣
3/108
延水鎮
3/103
22延川水
3/118
延川縣
3/108
24延德郡
9/439
30延灘水鎮
7/326
延安郡
3/107
延安鎮
1/8
31延福寺
古9/691
延福縣
10/474
32延州
3/107
3/113
3/119
3/120
4/168
4/173
古3/584
34延禧鎮
1/5
35延津
古2/570
38延祥觀
古7/662
延祥鎮
3/110
40延喜縣
6/261

延壽銅坑
6/263
延壽銀坑
6/263
60延恩縣
10/480
71延長縣
3/108
74延陵縣
5/211
延陵鎮(屬鄧州穰縣)
1/24
延陵鎮（屬潤州丹陽縣）
5/211

1241_0 孔

22孔山(在孟州濟源縣)
1/33
孔山(在隰州大寧縣)
4/169
30孔家岡鎮
6/240
43孔城鎮
5/203
96孔悝墓
古2/563

1241_3 飛

10飛霞山
6/255
古6/641
12飛水山
7/316
22飛鸞鎮
7/318
飛山(在同州郃陽縣)
3/110
飛山(在福州)
古9/690
27飛烏山
7/322
飛烏溪
古9/693
飛烏縣
7/321
飛魚鹽井
6/272
32飛州
10/495
42飛狐縣
10/481
43飛鳶堡
4/173
飛越山
7/316
飛越縣城
古7/663
44飛猿嶺（在邵武軍邵武縣）
9/406
飛猿嶺(在建昌軍)
古6/643
76飛陽神廟
古9/691

1243_0 孤

10孤石
古6/635
孤石山(在隰州蒲縣)
4/169
孤石山（在邛州火井縣）
7/315
22孤山(在定州唐縣)
2/79
孤山（在河中府猗氏縣）
3/106
孤山(在泰州海陵縣)
5/196
孤山(在建州浦城縣)
9/402
24孤峙亭
古2/573
30孤突山
4/162

1249_3 孫

25孫生鎮
1/8
27孫叔敖廟(在壽州)
古5/614
孫叔敖廟(在光州)
古5/615
孫叔敖冢
古5/614
孫叔敖墓(在光州)
古5/615
孫叔敖墓(在江陵府)
古6/645
30孫家鎮
1/15
44孫權城
古6/646
60孫思邈宅
古3/585
76孫陽墓

古3/583

1261_8 磑

17磑子鎮
7/326
30磑灘鎮
7/326

1262_1 斫

43斫鞍堡
3/124

1266_9 磻

32磻溪
3/122
古3/589
76磻陽務
2/78

1314_0 武

00武亭河
3/122
武亭鎮
5/207
武康山
5/212
武康軍
8/355
武康縣
5/212
5/208
5/211
01武龍山
8/370
武龍縣（屬夔州路涪州）
8/370
武龍縣（屬廣南路化外田州）
10/483
10武丁岡
古6/644
武平寨
3/133
武平軍
6/269
武平場
9/404
武平縣（屬福建路汀州）
9/405
武平縣（屬廣南路化外交州）
10/483
武平關
古4/601
武石縣
10/484
11武彊泉
2/84
武彊溪
5/219
武彊縣
2/84
14武功
古3/582
武功山
3/105
武功縣
3/105
16武强故城
古2/571
17武子城
古2/572
20武信軍
7/322
22武崗縣
6/264
武仙縣
9/423
武仙銀場
9/401
武義郡
10/504
武義州
10/504
武義縣
10/504
武山
6/274
24武德縣
2/81
武德鎮
2/81
武休鎮
3/129
27武黎縣
10/504
武侯山
7/308
武侯縣
10/483
武鄉
古8/677
武鄉縣
4/176
4/163
4/174

武緣水
9/422
武緣縣（屬廣南西路邕州）
9/422
武緣縣（屬廣南路邕州羈縻武峩州）
10/504
30武寧軍
1/17
武寧縣（屬江南西路洪州）
6/250
武寧縣（屬夔州路萬州）
8/369
武進縣
5/215
5/214
武安山
2/85
武安堡
3/124
武安州
10/484
武安軍
6/258
武安故城
古2/572
武安縣（屬河北西路磁州）
2/85
武安縣（屬廣南路化外武安州）
10/484
武定軍
8/355
31武江縣
10/502
武河
1/8
32武州
4/177
4/178
武溪（在辰州盧溪縣）
6/274
武溪（在韶州樂昌縣）
9/410
35武清軍
6/267
武清縣
10/478
武禮縣
10/502
武連縣
8/358
37武湖
古5/616
武郎郡
10/476
武郎縣
10/476
9/427
38武遂城
古2/571
武道鎮
1/8
43武城
古2/568
武城縣
2/73
武始城
古2/572
44武勤縣
10/502
武落鍾山
古6/647
武林縣
9/427
47武都郡
3/133
武都山
古7/659
50武夷山
9/402
古9/691
武夷山君廟
古9/691
武泰軍
8/364
53武成軍
1/32
武威郡
10/479
55武曲郡
10/484
57武擔山
7/308
古7/659
60武口寨
6/271
武昌州
10/496
武昌軍
6/267
武昌縣
6/268
武邑縣

2/66
武羅縣
10/476
71武陟縣
2/81
72武丘
1/36
武丘鎮
1/32
74武陵郡
6/269
武陵山
6/270
武陵縣
6/270
6/269
76武陽水
6/250
古6/639
武陽山
古6/648
武陽寨
6/264
武陽江
9/424
古9/701
武陽故城
古7/662
武陽縣
9/424
武陽鎮
9/424
77武關
古3/587
武興山
8/360
武興軍
3/128
79武勝軍（京西南路鄧州州封）
1/24
武勝軍(改置鎮洮軍)
3/125
武勝軍(改置保寧軍)
5/212
80武金鎮
7/329
武義縣
5/213
90武當郡
1/27
武當山
1/28
古1/551
武當縣
1/28
1/27
99武勞縣
10/504

1410_0 斢

77斢門鎮
8/366

1412_7 功

22功剩橋鎮
5/202
32功州
10/500
84功饒州
10/505

1419_0 琳

32琳州
10/485

1461_4 確

22確山
1/34
確山縣
1/34

1463_1 醮

40醮友臺
古2/564

1463_8 硤

10硤石山
5/200
硤石寨
6/264
硤石縣
3/107
11硤頭鎮
6/256
60硤口堡
3/124
60硤口鎮（屬興國軍永興縣）
6/256
硤口鎮（屬桂州臨桂縣）
9/420

1464_7 破

10破石山
古5/621

21破虜軍
2/75

1519_0 珠

22珠川洞
9/424
珠崖郡
10/478
27珠緑縣
10/483
34珠池
古9/706

1523_6 融

12融水郡
9/423
融水縣
9/424
9/423
22融山
9/424
31融江寨
9/424
32融州
9/423
6/276
9/420
9/429
10/506
古9/701

1540_0 建

00建康郡
10/480
建康州
10/480
建康軍
6/239
10建平縣
6/249
12建水縣
10/477
13建武軍(改置建昌軍)
6/257
建武軍（廣南西路邕州州封）
9/421
17建子城
3/121
24建德城
古2/565
建德縣（屬兩浙路睦州）
5/219
建德縣（屬江南東路池州）
6/244
30建寧寨
4/166
建寧軍(改置鎮西軍)
4/166
建寧軍（福建路建州州封）
9/401
建寧縣（入江陵府石首縣）
6/266
建寧縣（屬福建路邵武軍）
9/406
9/401
建寧縣（入白州博白縣）
9/434
建寧鎮
6/267
建安水
9/401
建安郡
9/401
建安軍
5/192
5/198
建安縣（屬福建路建州）
9/401
建安縣（屬夔州路牂州）
10/483
建安鎮
6/264
32建州
9/401
5/215
5/217
5/218
6/246
9/400
9/403
9/406
古9/690
40建雄軍
4/164
建雄鎮
1/3
43建始溪
8/367
建始縣

1561_8 醴

1610_4 聖

1611_4 理

1613_2 環

1625_6 彈

1660_1 碧

1661_0 硯

1662_7 碭

1669_3 磦

1710_7 孟

5/215
74孟陵縣
9/426
孟陵鎮
9/426
77孟門山（在隰州吉鄉縣）
4/169
孟門山(在丹州)
古3/588

盈

32盈州
10/496

1712$_0$ 刁

37刁澗鎮
1/24

羽

22羽山(在登州蓬萊縣)
1/13
羽山(在海州)
古5/612
80羽人山
8/365

聊

43聊城
古2/565
聊城縣
2/68
2/67

1712$_7$ 邛

22邛川州
10/491
31邛河
古7/662
32邛州
7/314
7/308
7/309
7/316
古7/662
34邛池
7/315
古7/662
75邛陳州
10/490

郅

47郅都墓
古4/600
97郅惲墓
古1/555

鄄

43鄄城縣
1/22

鄧

20鄧禹廟
古1/550
鄧禹宅
古1/550
30鄧塞鎮
1/24
鄧寧郡
古8/679
32鄧州
1/24
1/23
1/27
1/29
1/36
3/116
古1/550
40鄧太尉祠
古7/668
43鄧城
古1/549
鄧城縣
1/23
44鄧艾廟(在遂州)
古7/665
鄧艾廟(在劍州)
古8/679
鄧艾祠
古7/666
鄧艾城
古8/678
鄧艾墓(在綿州)
古7/661
鄧艾墓(在遂州)
古7/665
鄧艾陂
1/35
55鄧井鎮
7/334
80鄧公廟
古5/614

瑯

77瑯邪山
1/10

弱

31弱濡鎮

7/314
32弱溪鎮
8/354

鵶

22鵶山
6/241
31鵶河
1/37

1714_0 珊

17珊瑚州
古9/694

1714_7 珉

10珉玉坑
古1/555

瑕

72瑕丘
古2/563
瑕丘縣
1/16

瓊

22瓊山
9/437
古9/706
瓊山郡
9/437
瓊山縣
9/437
古9/706
32瓊州
9/437
9/433
9/438
10/478
古9/706

1720_0 弓

00弓高城
古2/568
弓高鎮
2/73
77弓門寨
3/124

1721_4 翟

30翟家灣鎮
5/197
60翟固鎮
2/83
80翟公家
古3/585

1722_0 刀

27刀魚寨(屬信安軍)
2/70
刀魚寨（屬霸州文安縣）
2/75

1722_7 務

22務川縣
10/482

胥

22胥山
5/220
60胥口鎮
9/414

鄠

鄠
古3/582
62鄠縣
3/104

1723_2 氶

12氶水
1/12
62氶縣
1/12

承

10承天軍
10/474
2/77
承天軍寨
4/177
承天寺
古5/617
24承化郡
10/483
承化縣
10/483
71承匡山
1/21

豫

00豫章
古6/639
豫章郡
6/249
豫章山
5/217
豫讓廟

古4/600
22豫山
1/24

1732_0 刃

31刃河
1/3

1732_7 鄢

12鄢水
3/116

1734_6 尋

76尋陽郡
6/242

1740_7 子

00子產墓
古1/553
10子丁鎮
1/35
子夏廟
古4/599
子貢墓
古1/548
子貢陂
古2/566
30子安鎮
5/205
47子期山
古9/691
60子買廟
古3/585
80子午山
3/115
3/118
子午關
古3/582
子午谷
古3/582
子午鎮
3/104

1740_8 翠

77翠屏山
6/256
古6/642
翠眉山
古9/699

1742_7 邗

35邗溝
古5/610

邘

12邘水
古2/570
40邘臺
古2/570
60邘國
古2/570

邢

32邢州
2/80
2/66
2/72
2/82
2/83
2/86
4/174

1744_2 羿

00羿廟
古5/611

1750_6 鞏

32鞏州
10/498
62鞏縣
1/5
1/4

1750_7 尹

40尹吉甫墓(在滄州)
古2/564
尹吉甫墓(在汾州)
古4/603

1752_7 那

24那射水
9/437
32那州
10/500

1760_2 召

20召信臣墓
古1/550
26召伯祠
古3/584
召伯甘棠樹
古3/583

1760_7 君

22君山(在常州宜興縣)
5/215
君山(在虔州會昌縣)

6/251
君山（在南安軍南康縣）
6/256
古6/642
君山(在岳州巴陵縣)
6/273
古6/648

1761_7 砣

17砣砍寨
8/358

1762_0 司

30司空山
5/204
71司馬道子墓
古6/640
司馬相如琴臺
古7/659
司馬相如宅
古7/659
司馬相如故宅
古7/665
司馬錯城
古6/647
80司命真君之廟
古5/615
88司竹監
3/122

碉

77碉門寨
7/317

1762_7 邵

00邵店鎮
1/34
12邵水
6/264
13邵武溪
9/406
邵武軍
9/406
6/257
6/258
9/401
9/403
古9/693
邵武縣
9/406
9/401
26邵伯堰
古4/610
邵伯埭
古5/610
邵伯鎮
5/192
30邵寨鎮
3/113
32邵州
6/263
6/259
6/260
6/262
6/264
6/274
6/275
6/276
6/277
古6/644
43邵城
古2/566
76邵陽郡
6/263
邵陽縣
6/264
6/263
80邵父堤
古6/636

鄐

37鄐湖
古6/643
62鄐縣城
古6/643

1763_2 磲

21磲衞州
10/497

1768_2 歌

22歌樂山
古9/697
30歌良縣（屬廣南路化外環州）
10/484
歌良縣（屬廣南路化外琳州）
10/485
60歌羅寨
8/367

1777_2 函

80函谷關
3/107
古3/583
古3/587

1780_1 翼

12翼水縣
10/482
32翼州
10/482
7/317
7/319
43翼城
古4/601
翼城縣
4/167

1790_4 柔

34柔遠寨
3/115
柔遠縣（屬陝西路化外伊州）
10/480
柔遠縣（屬廣南路化外福禄州）
10/484

1814_0 致

30致密城
古1/547

敢

22敢川州
10/492

1817_2 琀

32琀州
10/501

1822_2 殄

30殄寇鎮
1/35

1840_4 婺

12婺水
6/242
31婺源縣
6/242
32婺州
5/212
5/216
5/217
5/218
5/219
古5/619

1863_2 磁

22磁山
2/85
32磁州
2/84
1/7
2/78
2/82
4/174
古2/572
37磁湖
6/256
磁湖鐵務
6/256
磁湖鎮
6/256
43磁博鎮
2/71

1916_6 璫

32璫州
10/494

1918_0 耿

25耿純墓
古2/573
60耿國
古3/582

1918_9 琰

32琰州
10/483

2010_4 壬

12壬水
1/26

重

10重覆山
3/108
重石寨
8/360
22重山鎮
8/357
44重華之臺
古2/563
70重壁山
8/371
72重丘
1/19
77重岡
古2/572
重興鎮
2/71
83重館城
古1/584
86重錦鎮

2041_4 雞

01雞龍山
古9/692
11雞頭山(在信陽軍)
古1/557
雞頭山(在鎮戎軍)
古3/592
22雞川堡
3/133
雞川寨
3/124
雞川縣
10/482
雞巖
古9/691
30雞宗關
7/318
雞窠山
9/408
36雞澤縣
2/83
67雞鳴山
6/268
雞鳴峽山
8/370
雞鳴埭
古6/633
80雞公
6/276
88雞籠山（在江寧府上元縣）
6/240
雞籠山（在端州四會縣）
9/414
雞籠山（在容州陸川縣）
9/421

2041_7 航

21航步鎮
5/201

2044_7 爰

53爰戚城
古1/548

2056_0 看

47看都銀場
6/258

2060_9 香

10香平堡
6/264
22香嶺
9/405
香山
古9/697
香山崖銀場
9/409
32香溪鎮
7/312
43香城鎮（屬劍州普城縣）
8/358
香城鎮（屬達州新寧縣）
8/366
47香栯山
古9/703
77香風鎮
6/265
91香煙寨
6/264
香煙鎮
6/264
香爐山
9/400
古9/690
香爐山仙人壇
古9/690

番

22番山
古9/694
26番和縣
10/479
46番坦鎮
7/327
60番禺
古9/694
番禺縣
9/408
番邑
古3/585

2061_4 雒

12雒水
7/313
62雒縣
7/313
7/312

2071_4 毛

11毛璩墓
古5/623
30毛宗鎮

1/34
38毛遂家
古2/571
40毛壽銀坑
6/265
44毛萇家
古2/565

2073_1 嶕

24嶕嶢山
1/5

2074_7 崞

22崞山
4/168
62崞縣
4/168

2090_1 乘

72乘氏縣
1/19

2090_3 系

31系河
1/15

2090_4 禾

22禾山
古6/640

采

10采石鎮
6/247

集

00集慶軍
5/192
32集州
10/475
8/355
8/358
8/359
35集津鎮
3/107

2091_4 維

22維川郡
7/319
32維州
7/319

2093_2 紘

17紘歌臺
古2/568

穰

12穰廷鎮
1/24
50穰東鎮
1/24
62穰縣
1/24
86穰錫鎮
7/322

2108_6 順

16順現州
10/487
18順政郡
8/360
順政縣
8/360
24順化軍
10/475
5/194
5/208
順化縣
3/115
順化鎮
1/31
30順寧寨
3/121
順安寨
3/108
順安軍
2/89
2/67
2/69
2/86
2/87
2/88
古2/574
順安鎮
6/244
32順州(廣南路省廢州)
10/476
9/421
順州(河東路化外州)
10/479
順州（荆湖路北江羈縻州）
10/486
順州（梓州路瀘州羈縻州）
10/498
60順昌軍
1/35
順昌縣

10/490
90上黨郡
4/163
上黨縣
4/163
上黨鎮
4/163

止

53止戈縣
10/476
止戈鎮
7/314

2110_4 街

00街亭
古8/677
26街泉
古3/589

衝

10衝天山
7/316

2120_1 步

00步廊山
5/216

2120_7 夌

55夌井鎮
7/333

2121_0 仁

00仁高鎮
2/73
22仁山
6/252
24仁化縣
9/410
9/409
26仁和縣
5/208
5/207
仁和鎮
7/323
40仁壽水
7/320
仁壽縣
7/320
7/319
77仁風鎮
7/325

2121_1 徑

22徑山禪師碑
古5/617
67徑路神祠
古3/586

能

32能州
10/498

2121_4 虘

37虘泥堡
3/115

偃

21偃師縣
1/5
1/4

衢

32衢州
5/218
5/212
5/217
5/219
6/246
9/401
古5/622

2121_7 伍

17伍子胥廟(在江陵府)
古6/645
伍子胥廟(在昌州)
古7/666
伍子胥墓
古5/618
31伍汪銀場
9/410
46伍相廟
古6/648
伍相公廟
古6/635
60伍員廟(在杭州)
古5/617
伍員廟(在鼎州)
古6/646
71伍牙山
6/249

虎

62虎蹕鋪
6/276
67虎眼寨
8/365

71虎牙山（在峽州夷陵縣）
6/272
虎牙山(在巴州)
古8/679
72虎丘山
5/210
古5/618

盧

01盧龍城
10/478
盧龍縣
10/478
12盧水(在密州諸城縣)
1/10
盧水(在岳州平江縣)
6/273
22盧山
7/317
盧山郡
7/316
盧山縣
7/317
32盧溪郡
6/274
盧溪縣
6/274
盧溪鎮
6/253
35盧津關
古1/549
42盧橋
古6/640
47盧奴水
2/79
72盧氏
古3/587
盧氏縣
3/116
76盧陽縣
6/276
6/275
83盧館鎮
1/2

2122_0 何

00何充冢
古5/616
何充墓
古5/618
何店鎮
7/321
13何武墓
古7/659
24何休墓
古1/548

2122_1 行

00行廊寨
8/367
行慶關
1/4
1/33
行唐縣
2/77
2/78
22行山
古9/690

2122_7 儒

10儒鹽鎮
7/318
22儒山
2/72
32儒州(河東路化外州)
10/481
儒州(夔州路羈縻州)
10/500
34儒池鎮
7/323
44儒林縣
10/480

膚

08膚施縣
3/108
3/107

2123_4 虞

07虞詡墳
古5/611
27虞鄉縣
3/106
40虞喜墳
古5/620
43虞城縣
1/7
1/6
44虞荔墳
古5/620
虞世南碑
古5/617
60虞國
古3/582
72虞丘臺
古2/566

2123_6 慮

72慮虒水
4/168

2124_0 虔

24虔化水
6/251
虔化縣
6/251
32虔州
6/250
6/251
6/252
6/256
6/257
6/258
6/262
9/404
9/410
9/416
9/417
9/418
9/419
古6/639

2124_1 處

32處州
5/217
5/212
5/215
5/216
5/218
9/399
9/401
古5/622

2128_6 須

12須水
1/31
須水鎮
1/31
43須城縣
1/19

頻

76頻陽山
3/112

潁

12潁水
1/35
1/36
5/200
21潁上縣
1/36
26潁泉
1/5
31潁河
古1/556
32潁州
1/35
1/33
5/192
5/199
5/205
古1/556
40潁大夫廟
古1/556
42潁橋鎮
1/37
43潁城
古1/553
44潁考叔墓
古1/557
60潁昌府
1/30
1/2
1/4
1/29
1/31
1/34
1/35
1/36
1/37
76潁陽縣
1/4
潁陽鎮
1/5
78潁陰城
古1/555

顓

11顓項之墟
古2/563
顓項城
古2/563
顓項陵
古2/563

2131_6 鱷

31鱷江
9/432

2131_7 虢

17虢郡
3/115
22虢川鎮

3/122
虢山
3/107
32虢州
3/115
1/4
3/105
3/106
3/107
3/110
3/117
古3/587
60虢國
古1/553
62虢縣
3/122
67虢略縣
3/116
3/115

2133_1 熊

10熊耳嶺
古9/698
熊耳山（在河南府永寧縣）
1/5
熊耳山（在鄧州内鄉縣）
1/25
熊耳山（在虢州盧氏縣）
3/116
古3/587
熊耳山（在商州上洛縣）
3/117
熊耳峽
古7/662
熊耳峽山
7/314

2140_6 卓

10卓王孫宅
古7/663
卓王孫冢
古7/660
72卓氏墓
古7/663

2143_0 衡

12衡水縣
2/66
22衡山（在唐州方城縣）
1/29
衡山（在湖州烏城縣）
5/212
衡山（在潭州衡山縣）
6/259
衡山縣
6/259
6/260
30衡漳
古2/568
衡漳水
2/84
古2/564
31衡河
2/73
32衡州
6/260
6/252
6/258
6/259
6/262
6/263
6/265
6/275
古6/643
衡州城
古9/698
60衡口鎮
1/26
76衡陽郡
6/260
衡陽縣
6/260

2150_6 衛

10衛靈公廟
古1/556
衛靈公臺
古2/563
22衛山縣
10/482
32衛州
2/81
1/2
1/31
1/32
1/33
2/63
2/78
2/81
4/171
10/474
古2/570
40衛大夫祠
古2/563

衛南縣
2/64
衛真
古5/610
衛真縣
5/193
62衛縣
10/474
2/82
76衛陽山
2/64
84衛鎮
2/82

2171_0 比

10比干廟
古2/571
比干山
4/170
古4/604
比干祠
古4/604
比干墓(在滑州)
古1/554
比干墓(在衛州)
古2/571
12比水
1/29
44比地州
10/490
比蓬州
10/491
76比陽縣
1/29

2172_7 師

12師延丘
古1/554
17師子石
古9/706
師子山
古9/702
師子鎮
6/266
師子銀場
9/418
32師州
10/479
60師曠廟
古4/600

2180_6 貞

17貞翠亭
古9/703
22貞仙二女祠
古9/698
40貞女廟
古5/610
貞女峽
古9/696
貞女臺
古9/704
76貞陽觀
古7/661
77貞風觀
古6/638

2190_3 紫

10紫玉山
古1/552
紫霄山
6/276
12紫水(在階州將利縣)
3/133
紫水(在絳州翼城縣)
4/167
22紫巖山
7/313
32紫溪(在杭州昌化縣)
5/208
紫溪(在信州)
古6/637
紫溪水
古9/694
36紫邏山
1/37
古1/556
44紫蓋峯
古6/643
60紫團山
4/163

2190_4 柴

12柴水
5/205
41柴墟鎮
5/196
77柴桑山
6/243

2191_0 紅

43紅城寨
2/70

2191_1 經

43經城縣

10/499
37蠻冢寨
8/365
60蠻回鎮
7/309

2220_0 制

36制澤陂
1/2

劇

22劇川州
10/488
60劇口鎮
2/65

2220_7 岑

12岑水銀場
9/409
32岑溪縣
9/426
10/477

彎

11彎頭鎮
5/192

2221_2 彪

34彪池
古3/582

2221_4 任

12任水
2/81
31任河鎮
2/65
43任城王
古1/548
任城縣
1/21
58任敖墓
古2/573
62任縣
2/80
66任囂墓
古9/694
72任丘城
古2/566
任丘縣
2/69
84任鎮
2/81

崔

42崔橋鎮（屬開封府太康縣）
1/3
崔橋鎮（屬唐州湖陽縣）
1/29
44崔模鎮
3/122
67崔野鎮
1/16

崖

10崖石鎮
3/130
22崖山縣
10/484
32崖州
10/478
9/437
9/439
古9/707

2221_7 嵐

22嵐嶺山
6/263
32嵐州
4/172
4/161
4/165
4/166
4/173
4/177
4/178
4/179
古4/604
80嵐谷縣
4/178
4/173
4/177

2222_7 嵩

22嵩山
1/5
38嵩滄水
1/31

嶲

32嶲州
7/314

鼎

12鼎水
6/270
26鼎鼻山

古7/660
32鼎州
6/269
6/258
6/259
6/270
6/272
6/274
古6/646
37鼎湖
3/107
古3/583

2223_4 僕

24僕射寨
8/365
僕射陂
古1/553

嶽

44嶽麓山
6/259

2224_7 後

37後湖
5/211
60後田鎮
7/315

2224_8 巖

22巖山
古6/634
32巖州
10/483
41巖栖縣
10/506

2226_4 循

32循州
9/410
9/416
古9/695

2227_0 仙

00仙童祠
古4/603
22仙巖山
古9/700
仙山
古9/704
26仙泉祠
古3/584
仙保鎮
9/420
30仙室山
古1/551
仙流鎮
8/354
仙穴山
8/356
仙宗鎮
5/203
31仙源縣
1/17
1/16
32仙溪水
古9/696
34仙池鎮
8/371
38仙遊山
9/400
古9/690
仙遊縣
9/407
9/402
40仙臺山
8/354
仙坑山
5/208
仙女臺
古6/640
44仙芝水
4/169
47仙鶴山
古6/636
仙都山
古5/622
仙都宫
古8/682
仙都觀
古6/643
77仙居山
5/205
仙居觀
古7/661
仙居縣（屬淮南西路光州）
5/205
仙居縣（屬兩浙路台州）
5/217
5/216
80仙人床(在南恩州)
古9/697
仙人床(在邕州)
古9/700
仙人石
古9/697

仙人石室(在邵州)
古6/644
仙人石室(在韶州)
古9/695
仙人石橋
古6/637
仙人嶺
古9/700
仙人山(在象州武仙縣)
9/423
古9/700
仙人山(在柳州)
古9/703
仙人洲
古9/691
仙人城(在饒州)
古6/636
仙人城(在信州)
古6/637
仙人擣藥臼
古5/610
仙翁山
古5/612

2228_9 炭

21炭步鎮
6/256
47炭婦鎮
6/248

2229_3 繇

21繇上縣
4/176
4/162
10/474
32繇州
10/487
8/357
8/362
44繇蔓水
2/77
80繇谷
8/355
繇谷縣
8/355
8/354

2232_7 鸞

22鸞山
9/416
32鸞州
10/500

2238_6 嶺

00嶺方縣
9/431
9/422
9/430
22嶺山
1/33

2239_3 鯀

46鯀堤
古2/567
古2/568

2241_0 乳

22乳山寨
1/13
33乳浪寨
4/173
37乳洞
古9/699

2250_4 峯

10峯王鎮
8/371
32峯州
10/483
61峯貼硤寨
3/133

2255_3 峩

10峩石縣
10/476
22峩峯山
6/254
古6/641
峩山縣
10/483
26峩和縣
10/482
32峩州
10/499
77峩眉山
7/314
古7/662
峩眉縣
7/314

2262_1 岢

22岢嵐水
4/178
岢嵐山
4/173
4/178
古4/605

岢嵐神廟
古4/605
岢嵐軍
4/177
4/165
4/166
4/172
4/173
4/178
古4/605

2271_1 崑

12崑水
古9/698
22崑崙水
古9/699
崑崙山
古9/700
崑山(在蘇州崑山縣)
5/210
古5/624
崑山(在南恩州)
古9/697
古9/698
崑山礬場
5/207
崑山縣
5/210
崑山鎮
5/207

2271_7 邕

12邕水
9/422
古9/700
32邕州
9/421
9/430
9/431
9/432
9/435
10/476
10/506
古9/696
古9/700

2272_1 斷

53斷蛇丘
古1/551

2272_7 嶠

22嶠嶺鎮
5/216

2276_9 嶓

37嶓冢山（在三泉縣金牛鎮）
8/363
古8/680
嶓冢山(在秦州)
古3/589

2277_0 山

31山河鎮
3/118
32山州
10/484
40山塘寨
6/264
山南西道
8/353
山南東道
1/23
山南鎮
5/200
48山梯
古9/696
60山口鎮（屬濟州任城縣）
1/21
山口鎮（屬江陵府當陽縣）
6/267
山田鐵務
6/256
76山陽郡
5/194
山陽縣
5/194
78山陰縣
5/209
5/208

幽

32幽州
10/478
2/64
2/70
2/75
2/76
47幽都縣
10/478

豳

00豳亭
古3/586

2277_7 出

10出雲山

古6/643

2277_9 巒

32巒州
10/476
9/432
43巒城
古3/585

2290_0 利

00利亭鎮
3/133
22利山(在廣州新會縣)
9/409
利山(在新州新興縣)
9/415
30利濟池
古7/669
32利州
8/354
3/133
8/353
8/356
8/357
8/359
8/362
8/363
10/475
古8/678
利州路
8/353
7/307
9/403
10/475
10/482
古8/680
利溪鎮
8/357
40利來鎮
9/425
43利城鎮（屬沂州臨沂縣）
1/12
利城鎮（屬常州江陰縣）
5/215
60利國山
6/241
6/244
利國監
1/18
利國鎮
7/323
80利人山
古9/697

2290_0 剩

71剩隴鎮
7/321

2290_1 崇

10崇平縣
10/483
20崇信軍
1/25
3/122
崇信縣
3/131
3/122
10/474
21崇仁山（在撫州崇仁縣）
6/254
崇仁山（在桂州脩仁縣）
9/420
崇仁縣
6/254
22崇仙觀
古6/640
崇山(在潞州涉縣)
4/163
崇山(在澧州澧陽縣)
6/271
24崇化鎮
1/3
崇德縣
5/221
崇德鎮
7/318
27崇侯城
古1/549
30崇安場
9/401
崇安縣
9/402
32崇州
5/199
44崇墳
古1/549
崇孝鎮
6/270
60崇國
古3/582
67崇明鎮
5/199
76崇陽縣
6/268

6/267
80崇龕縣
7/325
崇龕鎮
7/325
崇義軍
1/25

2290_4 巢

37巢湖(在無爲軍巢縣)
5/207
古5/614
巢湖(在江州德化縣)
6/243
62巢縣
5/207
5/201
5/206
80巢父臺
古1/553
巢父井
古1/556

樂

00樂主墓
古2/569
07樂毅冢
古2/572
10樂至池
7/325
樂至縣
7/325
樂平郡
4/174
樂平山（在平定軍樂平縣）
4/177
樂平山（在饒州樂平縣）
6/245
樂平縣（屬河東路平定軍）
4/177
4/162
樂平縣（屬江南東路饒州）
6/245
12樂水
9/425
樂延鎮
2/65
22樂川鎮
7/331
樂山縣（入横州寧浦縣）
9/432
樂山縣（屬廣南路化外古州）
10/484
27樂鄉鎮
6/267
30樂安郡
2/68
樂安江
6/245
樂安江水
古6/636
樂安縣
10/483
樂安鎮
8/361
31樂源縣
10/483
32樂州城
古9/701
樂活鎮
7/329
35樂清縣
5/216
36樂温山
8/370
樂温縣
8/370
38樂游鎮
7/331
樂洋江
古9/691
40樂壽縣
2/67
2/84
44樂共城
7/328
52樂蟠縣
3/115
60樂口鎮
9/417
樂口銀場
9/417
樂昌縣（屬廣南東路韶州）
9/410
9/409
樂昌縣（入邕州武緣縣）
9/422
74樂陵縣
2/65
77樂興郡

10/484
樂興縣
10/484
80樂善州（夔州路黔州羈縻州）
10/501
樂善州（廣南路融州羈縻州）
10/506
樂會縣
9/437

欒

22欒川冶鎮
3/116
43欒城
古2/572
欒城縣
2/77

2294_4 綏

10綏平寨
3/108
22綏山縣
7/314
24綏德城
3/109
3/108
4/168
10/474
綏德縣
10/474
30綏寧寨
3/133
3/132
31綏江（在成都府靈泉縣）
7/308
綏江（在漢州什邡縣）
7/313
32綏州
10/474
3/109
76綏陽縣
10/483
77綏輿山
1/18

2299_3 絲

32絲州
10/500

2300_0 卜

00卜商祠
古4/603

2321_0 允

32允州
6/275

2322_7 偏

11偏頭寨
4/179

2323_4 獻

32獻州
10/495

伏

00伏市鎮
8/371
01伏龍山（在襄州中盧縣）
1/24
伏龍山（在均州鄖鄉縣）
1/28
伏龍山（在延州膚施縣）
3/108
伏龍城
古2/574
21伏虞山
8/361
伏虞縣
8/361
25伏牛山（在潞州潞城縣）
4/163
伏牛山(在黔州)
古8/681
27伏歸堡
3/124
34伏波王廟
古9/706
伏波將軍廟(在鼎州)
古6/646
伏波將軍廟(在柳州)
古9/703
44伏落津寨
4/174
77伏犀灘
古7/666
80伏羌寨
3/123
伏羌城
3/123
伏羲廟

古1/555
伏羲山
1/26
古1/551
伏羲冢
古1/549

2324_0 代

32代州
4/167
2/77
4/169
4/170
4/178
古4/602

2324_2 傅

08傅説祠
古3/584
30傅家岸鎮
1/20
76傅陽山
6/243

2325_0 俄

32俄州（入荆湖北路沅州）
6/275
俄州(羈縻州）
9/422

2325_0 戲

12戲水
3/105

2332_7 鶩

32鶩溪鎮（屬梓州鹽亭縣）
7/321
鶩溪鎮（屬渠州流江縣）
7/331

2342_7 鯿

22鯿山
6/273

2350_0 牟

10牟平縣
1/13
22牟山
2/78
30牟汶水
1/17
34牟池鎮（屬懷安軍金堂縣）
7/332
牟池鎮（屬閬州蒼溪縣）
8/357
77牟門陂
古1/555

2360_0 台

32台州
5/216
5/208
5/209
5/212
5/213
5/215
5/217
古5/622
73台駘廟
古4/601
台駘神祠
古4/603
77台興縣
5/216

2361_1 皖

12皖水
5/203
26皖伯廟
古5/615
60皖口鎮
5/203
皖國
古5/615

2365_0 鹹

12鹹水
1/20
26鹹泉
古8/684
31鹹河
3/120

2371_1 崆

22崆山
6/251
古6/639
27崆峒山(在汝州梁縣）
1/37
古1/556
崆峒山(在鎮戎軍）
古3/592

2391_4 秠

43秠城

古1/548

2396_1 穃

00穃亭山
6/241

2397_2 嵇

00嵇康墳
古5/611
22嵇山
5/194
古5/611

2409_4 牒

23牒綜州
10/490

2420_0 什

07什邡侯城
古7/667
什邡縣
7/313

射

17射子鎮
1/34
31射江
7/321
古7/665
34射洪縣
7/321
43射犬城
古1/553
射狼山
古9/704
76射陽湖
5/195
91射爐山
古9/699
99射訾寨
8/365

斛

32斛州鎮
9/411

2421_0 化

32化州
9/432
9/421
9/433
9/434
10/477
古9/704
43化城山
8/359
化城縣
8/359
8/358
10/476
化城鎮
7/332
44化蒙縣
9/408

2421_1 先

58先軫祠
古4/604

佐

12佐水寨
8/365

2421_7 仇

34仇池山
3/128
古3/590
48仇猶城
古4/599

2422_1 倚

22倚川縣
10/480
38倚洋鐵場
9/403
46倚相冢
古5/614

2422_7 觔

88觔竹銀坑
9/401

2423_1 德

04德謹寨
9/430
05德靖寨
3/121
10德平縣
2/71
德平鎮
2/71
21德順軍
3/137
3/123
3/131
3/132
3/136
古3/593

22德山
古6/646
24德化州
10/484
德化縣（屬江南東路江州）
6/243
6/242
德化縣（屬福建路泉州）
9/403
德化縣（屬廣南路化外德化州）
10/484
30德安縣
6/243
德安鎮
6/243
32德州(屬河北東路)
2/70
2/64
2/65
2/67
2/68
2/72
2/73
古2/567
德州（梓州路戎州羈縻州）
10/496
35德清山
5/212
德清軍
2/64
德清縣
5/212
53德威堡
3/124
57德静縣
10/479
60德星亭
古1/553
76德陽郡
7/312
德陽縣
7/313
77德興軍
1/11
德興縣
6/245

2428_1 徒

70徒駭河（在滄州清池縣）
2/65
古2/564
徒駭河（在瀛州樂壽縣）
2/67
古2/565
80徒合寨
4/170

2429_0 休

30休寧縣
6/242
77休屠神祠
古3/585

2430_0 鮒

26鮒鯛山
2/64
古2/563

2432_7 勳

32勳州
10/502

2436_1 鮚

44鮚埼亭
古5/620

2454_1 特

00特亮縣
10/477
34特波寨
8/360
60特思山
古9/704

2472_7 幼

22幼山
9/404

2473_8 峽

22峽山鎮
7/328
32峽州
6/271
1/23
6/266
6/270
6/273
6/275
6/276
8/366
古6/647
60峽口鎮（屬鄧州內鄉

縣）
1/25
峽口鎮（屬漳州龍溪縣）
9/405
67峽路
7/307

2474_7 岐

00岐亭故縣
古5/616
岐亭鎮
5/206
10岐平縣
8/356
岐平鎮
8/357
12岐水
3/122
22岐山
3/122
古3/589
岐山縣
3/122
31岐江
8/358
55岐棘山
古1/550
76岐陽鎮
3/122

2479_8 崍

22崍山
古7/668

2480_6 贊

26贊皇山
2/86
贊皇縣
2/86
贊皇鎮
2/86

2491_1 繞

27繞角城
古1/556

2492_7 納

13納職縣
10/480
32納州
10/498
7/327
7/328
納溪寨
7/328
46納埧鎮
7/321

2494_7 稜

32稜州
10/502

綾

86綾錦山
7/326

2496_1 結

31結河堡
3/126

2500_0 牛

11牛頭山
7/321
古7/665
22牛仙山
7/314
牛嶺
古9/693
牛山(在青州臨淄縣)
1/10
牛山(在容州)
古9/699
26牛鼻潭
6/268
31牛潭
古9/694
32牛溪鎮
7/318
34牛渚山
6/247
古6/637
43牛鞍堡
3/124
46牛鞞鎮
7/319
47牛都碌岡
9/438
77牛闞山
7/326
牛尾鎮
7/326
80牛首水
2/85
牛首山
3/104
牛首城
1/3
牛首鎮

1/23
87牛飲水
7/308

2520_6 仲

10仲夏堰
古5/620
15仲虺城
古1/546
17仲子廟
古3/585
22仲山
3/112

使

17使君灘(在萬州)
古8/682
使君灘(在雲安軍)
古8/684
使君寨
7/328

2522_7 佛

16佛聖渦寨
2/75
60佛跡石
古9/690
佛跡山
古9/692
佛圖鎮
6/256

2554_0 犍

20犍爲郡
7/313
犍爲城
古7/660
犍爲縣
7/314
32犍州
10/499

2590_0 朱

10朱吾縣
10/484
20朱儁冢
古5/617
22朱崖軍
9/439
9/438
古9/707
朱山
5/194
24朱鮪墓
古1/548
26朱阜鎮
5/205
30朱家曲鎮
1/2
43朱鳶縣
10/483
44朱華谷
古9/698
60朱圉山（在秦州成紀縣）
3/123
古3/589
朱圉山（在岷州大潭縣）
3/129
朱邑祠
古5/165
71朱辰廟
古7/664
72朱丘臨水
古9/701
76朱陽縣
3/116
朱陽山
3/116

2592_7 秭

27秭歸縣
6/273

繡

31繡江
9/421
32繡州(入沅州安江寨)
6/275
6/276
繡州(廣南路省廢州)
10/476
9/421
繡州城
古9/699

2598_6 積

17積翠巖
古6/637
40積布山
5/202

績

32績溪縣
6/242

2599_0 秣

74秣陵鎮

6/240

2599_6 練

37練湖
5/211
77練門江
9/400

2600_0 白

00白亭鎮
1/25
白鹿山（在衡州共城縣）
2/82
古2/570
白鹿山（在英州浛光縣）
9/418
古9/698
白鹿山(在循州)
古9/695
白帝城山
古8/681
白帝鎮
1/35
01白龍池
古4/604
白龍縣
5/217
07白望堆鎮
5/202
10白石水
9/420
古9/699
白石徑
古5/621
白石山（在熙州狄道縣）
3/126
白石山(在廣安軍)
古6/638
白石堡
3/124
白石寨
8/365
白石英山
5/219
白石縣
10/476
8/359
白石鎮（屬岷州長道縣）
3/130
白石鎮（屬廉州石康縣）
9/437
白雲觀
古9/696
12白水（在開封府扶溝縣）
1/3
白水(在鄧州南陽縣)
1/25
古1/550
白水(在同州白水縣)
3/110
白水(在耀州富平縣)
3/112
白水山
古9/694
白水寨
8/365
白水江
9/400
白水州
6/274
白水縣
3/110
白水陂
5/195
白水鎮（屬江陵府松滋縣）
6/267
白水鎮（屬遂州小溪縣）
7/322
白水鎮（屬利州昭化縣）
8/355
16白環水
3/127
17白翟國
古3/586
白君山
8/371
古8/683
白君臺
古6/645
21白虎山
古7/660
22白崖山（在梓州射洪縣）
7/321
白崖山（在榮州資官縣）
7/330
白崖鎮（屬遂州小溪縣）

白馬山（在耀州同官縣）
3/112
白馬山（在太原府盂縣）
4/162
白馬山(在建昌軍)
古6/643
白馬山(在興元府)
古8/677
白馬山(在封州)
古9/696
白馬穴
古8/679
白馬津
古1/554
白馬溝
古2/571
白馬湖
古6/647
白馬縣
1/32
1/2
白馬氐國
古3/592
白馬鹽場
8/370
白馬鎮（屬簡州陽安縣）
7/318
白馬鎮（屬梓州鹽亭縣）
7/321
白驥鎮
3/113
72白岳山
6/242
76白陽山
古5/619
77白同鎮
8/366
白陶山
7/312
78白鹽山
古8/681
80白雉山
6/256
白公廟
古5/615
白公祠堂
古6/635
白公城(在蔡州)
古1/555
白公城(在洋州)
古8/678
88白竹鎮
6/260
白竹銀坑
6/265

2610_4 皇

24皇化縣
9/428
36皇澤寺
古8/678
53皇甫士安讀書臺
古3/589
皇甫士安冢
古3/590
46皇柏山
1/3
77皇母山
古1/554

2620_0 伯

50伯夷叔齊廟
古3/583
伯夷叔齊墓
古3/583

2620_7 粵

32粵州
10/484

2621_0 但

47但歡鎮
1/20

2621_3 鬼

00鬼市
古5/612
60鬼田
古1/551
77鬼門關(在容州)
古9/699
鬼門關(在鬱林州)
古9/705
80鬼谷山
古6/637

2623_2 泉

22泉嶺山
古5/623
泉山
9/402
31泉源河（在大名府莘縣）
1/8

泉源河（在澶州觀城縣）
2/64
32泉州
9/402
9/405
9/407
古9/691
泉溪鎮
6/260
80泉會鎮
8/357

2624_1 得

79得勝山
8/373
得勝堡
3/123
得勝寨
3/138
3/137
83得鐵堡
3/124

2624_8 儼

71儼馬州
10/490

2629_4 保

00保康軍
1/26
10保平軍
3/106
12保水
9/417
20保信軍
5/200
21保順郡
10/482
保順軍
2/65
24保德軍
4/179
4/178
古4/606
保德銀場
9/400
30保塞軍
2/86
保塞縣
2/87
2/86
保寧寨
4/175
保寧軍（兩浙路婺州州封）
5/212
保寧軍(改置安德軍)
8/356
保寧縣（屬成都府路威州）
7/319
保寧縣（屬廣南西路高州）
9/433
保寧鎮
3/127
保安州
10/487
保安軍
3/120
古3/588
保安鎮（屬鳳州梁泉縣）
3/129
保安鎮（屬亳州永城縣）
5/193
保安鎮（屬梓州飛烏縣）
7/321
保安鎮（屬陝西路化外靈州）
10/479
保富州
10/487
保定軍
2/76
2/69
2/70
2/75
古2/569
保定縣
3/125
32保州(屬河北西路)
2/86
2/69
2/79
2/87
2/88
2/89
古2/573
保州(利州路化外州)
10/482
保州（成都府路威州羈縻州）
10/495
40保大軍

3/113
43保城縣
9/431
保城鎮
5/208
57保静州
10/486
保静軍
5/193
保静鎮
10/479
60保國鎮
7/312
保昌縣
9/417
79保勝寨
3/121
80保義軍
3/106

2631_4 鯉

43鯉城山
古8/683

2632_7 鰐

27鰐魚池
古9/701
37鰐湖
9/410

2633_0 息

27息侯廟
古1/555
60息國
古1/555

憩

47憩鶴山
1/5

2640_0 阜

31阜江
7/310

阜

00阜廬州
10/494

2640_1 皐

44皐蘭山
3/135
古3/592
皐蘭堡
3/135

2640_3 皋

10皋石山
9/418
44皋落城
古4/601
77皋陶廟
古5/613
皋陶墓
古5/614

2641_3 魏

00魏文帝廟(在許州)
古1/553
魏文帝廟(在揚州)
古5/610
魏文侯墓
古4/603
17魏郡
1/7
32魏州
1/7
40魏太祖宅
古5/611
43魏博
1/7
40魏城縣
7/312
50魏夫人壇
古6/641
魏冉墓
古1/550
60魏國城
古3/583
62魏縣
1/8

2671_0 峴

22峴山(在襄州襄陽縣)
1/23
古1/549
峴山(在婺州東陽縣)
5/213
80峴首鎮
1/23

2671_4 皂

12皂水
7/308

2674_1 嶧

22嶧山
1/17

76嶧陽山
1/16

2690_0 和

13和武州
10/502
18和政郡
3/129
20和集縣
10/482
21和順縣
4/174
4/177
和順鎮
4/175
22和川縣
10/474
4/164
和川鎮（屬晉州冀氏縣）
4/165
和川鎮（屬雅州嚴道縣）
7/317
和利縣
10/482
30和良州
10/489
32和州
5/202
5/197
5/198
5/200
5/206
6/240
6/247
古5/614
和溪鎮
7/332
和溪錫場
9/419
47和都州
10/489
77和興鎮
7/319
80和義郡
7/329
和義縣
7/330
和義縣城
古7/668

細

12細水
3/125
39細沙寨
8/367
76細陽城
古1/556

2691_4 程

27程侯山
4/170
程鄉
古9/698
程鄉縣
9/417
9/411
9/416
31程江
9/417
古9/698

2691_7 緼

57緼攔場
8/366

2692_2 穆

74穆陵山
古5/616
穆陵鎮
1/9

2692_7 綿

12綿水
7/312
7/313
緜水縣
7/328
綿水鎮
7/328
32綿州
7/311
7/313
7/317
7/321
古7/661
綿溪
7/328
44綿蔓水
古2/569
88綿竹縣
7/313

2694_7 稷

22稷山(在解州安邑縣)
3/114
稷山(在絳州稷山縣)
4/167

10/506
歸化縣（入德州安德縣）
2/71
歸化縣（屬福建路邵武軍）
9/406
9/401
歸化縣（入象州來賓縣）
10/477
歸化鎮
2/65
歸德郡
10/479
歸德軍
1/6
歸德鹽柵
9/409
歸德鎮（屬郢州京山縣）
1/28
歸德鎮（屬眉州青神縣）
7/309
30歸安縣
5/212
5/211
歸安鎮
7/320
32歸州
6/273
1/27
6/271
8/364
古6/648
47歸朝縣
10/506
60歸恩州（廣南路省廢州）
10/477
9/430
歸恩州（廣南路邕州羈縻州）
10/505
67歸明州
10/487
80歸義軍
10/479
歸義縣（改置雄州歸信縣）
2/70
歸義縣（屬河北路化外涿州）
10/478
歸義縣（屬廣南路化外德化州）
10/484
歸善縣
9/419
9/418

2713_2 黎

22黎山
9/433
古9/691
27黎侯亭
古4/599
黎侯嶺
古4/599
黎侯城
古4/599
黎峒
9/438
9/439
32黎州
7/316
10/491
古7/663
43黎城縣
4/163
50黎夷
9/438
76黎陽寨
2/70
黎陽津
1/32
古1/554
黎陽縣
2/82
1/32
2/64
10/474
黎陽監
2/82
黎驛鎮
1/3
77黎母水
古9/706
黎母山
古9/706

2713_6 蟹

33蟹浦
古5/620
蟹浦鎮
5/214
古5/620

2720_0 夕

76夕陽鎮
3/123

2720_7 多

22多樂縣
10/483
30多寶鉛場
9/410
37多逢縣
10/507
40多來鎮
7/331
48多梅縣
10/485
50多奉縣
10/485
60多星堡
6/277
多田縣
10/482
多田鐵場
9/410
多昆鎮
8/371
98多悦鎮
7/309

2721_0 徂

24徂徠山
1/17
古1/545

2721_2 危

30危渡
古2/571

2721_7 倪

30倪寬墓
古1/546

凫

22凫山
1/17

2722_0 仰

22仰山
6/253
古6/640

向

24向化州
10/486
32向州
10/495
43向城
古3/584

御

31御河
1/7
1/8
2/82
55御井
古1/546

2722_2 修

13修武城
古2/570
修武縣
2/81
修武鎮
2/81

2722_7 角

17角弓鎮
3/133

脩

12脩水
6/250
21脩仁水
9/418
脩仁縣
9/420
24脩德郡
10/477
28脩鮮部落
10/479
31脩江
6/248

鄉

30鄉寧
10/474
鄉寧鎮
4/167

嚮

24嚮化鎮
2/71

鷓

87鷓鴣山
古9/701

2723_2 象

17象郡

1/5
74阜陵城
古5/612
77阜民鐵錢監
3/117
阜民錢監
9/419

2741_3 兔

20兔毛川
4/166

2742_7 郫

31郫江
7/308
62郫縣
7/308

鄒

10鄒平縣
1/15
32鄒溪銀場
9/406
62鄒縣
1/17
1/16

2743_0 奐

32奐州
6/275
奐州鋪
6/276

2744_7 般

12般水
1/9
43般城
古2/567

2746_1 船

40船坊鎮
5/200

2760_0 名

17名配州
10/491
22名山水
7/317
名山茶場
7/317
名山縣
7/317

2760_1 磐

10磐石山
7/324
22磐山縣
7/324

響

77響屧廊
古5/618

2760_3 魯

00魯襄公墓
古1/547
17魯郡
1/16
22魯山
古1/556
魯山縣
1/37
42魯橋鎮
1/21
44魯恭王廟
古1/546
50魯肅祠
古6/646
67魯昭公墓
古1/547
76魯陽關(在鄧州)
古1/550
魯陽關(在汝州)
古1/556
魯陽關城
古1/550
魯陽公墓
古1/557
77魯卿山
1/12

2762_0 句

00句章城
古5/620
27句將山
6/272
30句容水
古6/636
句容縣
6/240
32句溪水
6/241
37句漏山
9/421
55句曲山
古5/618
88句餘山
5/214

古5/620

翻

21翻經西臺
古6/638
翻經東臺
古6/638

2762_7 郜

43郜城
古3/589
60郜國
古3/582

鄐

43鄐城
古4/599

鄱

31鄱江
6/245
鄱江水
古6/636
76鄱陽郡
6/245
鄱陽山
6/245
古6/636
鄱陽侯墓
古6/640
鄱陽浦
古6/633
鄱陽古城
古6/636
鄱陽縣
6/245

郇

60郇國
古3/582

鵠

40鵠奔亭
古9/697

2771_1 毚

12毚水
4/165

2771_2 包

12包水
1/6

2772_0 勾

37勾漏山
古9/699
勾漏縣城
古9/699
63勾踐廟(在越州)
古5/617
勾踐廟(在蘇州)
古5/618
勾踐城
古5/617

卽

60卽墨縣
1/13

岣

25岣嶁山
6/260

古6/643

2774_7 岷

22岷山(在岷州)
古3/591
岷山(在茂州)
古7/663
岷山(在懷安軍)
古7/668
31岷江
7/308
7/317
8/368
8/369
8/370
8/371
古7/664
古8/683
32岷州
3/129
3/123
3/125
3/128
3/133
3/134
3/138
古3/591

2775_7 峥

29峥嶸洲(在黄州)
古5/616
峥嶸洲(在鄂州)
古6/646

2776_4 崌

12崌水

3/110
22崌山
古7/668

2778_1 嶼

22嶼山
古9/692

2780_0 久

04久護州
10/491
71久長鎮
5/206

2780_2 欠

71欠馬州
10/493

2780_6 負

22負山
6/260

2782_7 鄒

43鄒城
古1/549
62鄒縣
5/193
古5/610
76鄒陽鎮
5/193

2790_4 梁

60梁園鎮
3/112

2791_7 紀

16紀聖德神功碑
古1/554
20紀信廟
古1/553
紀信冢
古1/553

2792_0 稠

21稠稉山
古7/660
77稠桑澤
3/107

2792_7 郗

43郗城
古5/616
50郗婁城
古1/548

移

32移州
10/496
77移風鎮
5/201

2793_2 緣

32緣州
10/500

綠

10綠雲溪
古9/706
12綠水縣
10/484
15綠珠宅基
古9/705
44綠林山
6/267

2793_3 終

40終南山
3/104
3/122
古3/582

2793_4 緱

72緱氏山
1/5
緱氏縣
1/4
緱氏鎮
1/5

2794_0 叔

28叔倫去思碑
古5/619

2795_4 絳

12絳水(在潞州屯留縣)
4/163
絳水(在絳州絳縣)
4/167
絳水(在簡州)
7/318
7/319
17絳郡
4/166
絳郡城
古4/601
22絳山
4/167
32絳州
4/166

1/4
1/32
3/105
3/106
3/114
4/164
4/168
4/171
10/474
古4/601
43絳城
古4/601
60絳邑城
古4/601
62絳縣
4/167

2821_1 作

20作重州
10/493

2822_7 倫

31倫江
9/438
32倫州
10/505

2824_0 攸

12攸水
6/259
62攸縣
6/259

微

17微子城
古2/566
22微山
1/18

徽

32徽州
6/264

2824_7 復

32復州
10/475
6/266
6/267
6/269

2825_1 牂

32牂州
10/483
41牂柯郡
10/483

2825_3 儀

32儀州
10/474
3/122
3/131
71儀隴山
8/361
儀隴縣
8/361

2828_1 從

24從化縣
9/432
32從州
10/497

2829_4 徐

17徐君墓
古5/612
20徐稚冢
古6/639
21徐偃王廟(在泗州)
古5/612
徐偃王廟(在常州)
古5/621
徐偃王廟(在衢州)
古5/622
22徐山
1/10
31徐河
2/89
32徐州
1/17
1/11
1/15
1/16
1/18
1/21
5/193
5/195
古1/546
34徐浩冢
古5/617
35徐溝鎮
4/162
43徐城
古2/573
徐城縣
5/197
徐城鎮
5/197

44徐村鎮
1/22
60徐國城
古5/612
77徐聞縣
9/434

2833_4 懲

11懲非鎮
7/314

2835_1 鮮

10鮮于通碑
古8/679

2836_5 鱔

32鱔溪
古9/690

2854_0 牧

01牧龍堡
3/138

2873_2 嵫

76嵫陽山
1/16

2874_0 收

32收溪寨
6/277

2891_6 稅

17稅子步鎮
1/36

2998_0 秋

44秋林鎮
7/321

3010_1 空

28空舲峽山
6/273
空舲灘
古6/648

3010_4 塞

77塞門寨
3/108

3010_6 宣

13宣武軍
1/6
24宣化軍
1/15
宣化縣
9/422
9/421
宣化鎮
5/199
宣德軍
5/211
32宣州
6/240
5/207
5/211
5/214
6/242
6/244
6/247
6/248
古6/634
34宣漢水
8/361
宣漢場
8/366
宣漢縣
8/366
43宣城郡
6/240
宣城縣
6/241
6/240
44宣黄山
9/410
77宣風鎮
6/253

3010_7 宜

00宜章縣
6/263
17宜君山
7/321
宜君縣
3/119
22宜川縣
3/119
宜山
9/430
28宜倫縣
9/438
30宜賓縣
7/327
宜賓鎮
7/327
32宜州（入荆湖北路沅州）
6/275
宜州(屬廣南西路)
9/429
9/422

3011_3 流

3011_4 注

淮

古5/614
淮南東路
1/8
淮南路
5/191
1/9
10/475
50淮東鎮
5/204
76淮陽郡
1/35
淮陽軍
1/15
1/11
1/17
1/18
5/193
5/194
5/197
78淮陰侯廟
古5/611
淮陰縣
5/195

潍

12潍水
1/10
1/14
32潍州
1/14
1/9
1/10
1/13

潼

32潼溪
9/410
77潼關
3/111
古3/585

滙

12滙水
5/193
5/194

灘

12灘水
9/420

漄

12漄水
3/104
古3/582
44漄村堡
6/277

滩

30滩流鎮
7/325
42滩斯水
7/330

瀍

12瀍水
1/4

灉

17灉子鎮
7/326

3011_6 澶

32澶州
2/63
1/7
1/22
1/32
2/78
2/82
10/473
10/474
古2/563
澶淵
2/64
澶淵郡
2/63
80澶首
古2/563

3011_7 瀛

32瀛州
2/66
2/64
2/65
2/69
2/70
2/73
2/74
2/83
2/84
2/88
2/89
古2/565

3012_3 濟

12濟水
1/10
1/19
1/20
1/33

2/86
古1/554
27濟衆監
8/360
31濟河
1/15
濟源縣
1/33
32濟州
1/20
1/16
1/18
1/19
1/21
1/22
10/473
古1/548
34濟瀆廟
古1/554
40濟南郡
1/11
76濟陽郡
1/20
濟陽故城
古1/547
濟陽鎮（屬開封府東明縣）
1/3
濟陽鎮（屬應天府穀熟縣）
1/6
濟陽鎮（屬應天府下邑縣）
1/7
78濟陰郡
1/18
濟陰縣
1/19
1/18

3012_7 沛

30沛宫
古1/546
36沛澤
1/18
43沛城節鎮
5/201
62沛縣
1/18

滈

32滈州
10/497

淯

12淯水
1/26
32淯州
10/498
55淯井監
7/328
76淯陽水
1/5
淯陽縣
1/26
淯陽縣城
古1/551

滽

30滽滽水
1/5

滴

31滴河
古2/566

3013_0 汴

12汴水
1/6
1/7
古5/611
32汴河
1/2
1/3
1/31
5/193
5/194
5/197
汴河渠
1/33
汴渠
1/18

3013_2 滚

12滚水
1/35

瀼

31瀼江縣
10/483
32瀼州
10/483

濠

12濠水
5/204
32濠州

5/204
5/193
5/197
5/199
5/201
古5/615

3013_6 澺

12澺水
1/34

3014_0 汶

12汶水
1/10
1/12
1/14
1/17
1/20
古1/557
22汶川縣
7/318
7/317
汶山
7/317
7/318
汶山縣
7/317
31汶江(在瀘州瀘川縣)
7/328
古7/667
汶江(在嘉州)
古7/662

3014_6 漳

12漳水(在襄州、江陵府)
1/24
6/267
古1/549
漳水(在相州、磁州)
2/78
2/85
漳水(在潞州)
4/163
30漳淮水
6/241
31漳江
9/426
漳河(在大名府魏縣)
1/8
漳河(在郢州京山縣)
1/28
漳河(在冀州、永静軍)
2/66
2/73
漳河(在邢州鉅鹿縣)
2/80
漳渠(在大名府宗城縣)
1/8
漳渠(在恩州清河縣)
2/72
32漳州
9/405
9/402
9/404
9/411
古9/692
33漳浦郡
9/405
漳浦縣
9/405
40漳南縣
2/72
漳南鎮
2/73

3014_7 渡

32渡州
10/503

淳

24淳化縣
3/112
淳化鎮(屬青州博興縣)
1/9
淳化鎮(屬江寧府上元縣)
6/240

3014_8 洨

12洨水
2/77
2/86

淬

82淬劍池(在懷州)
古2/570
淬劍池(在磁州)
古2/572

3016_1 涪

12涪水
7/312
22涪川郡
10/482

涪川縣
10/482
31涪江
7/321
7/322
7/323
8/362
8/371
古7/665
古7/667
古8/683
32涪州
8/370
7/330
8/364
8/367
8/371
8/373
古8/683
43涪城縣
7/321
74涪陵
古8/683
涪陵郡
8/370
涪陵郡城
古8/683
涪陵江
古8/681
涪陵縣
8/370

3019_4 瀍

60瀍圖鎮
7/331

3019_6 涼

32涼州
10/479
71涼馬臺
古2/564

3020_1 寧

00寧府寨
4/166
10寧西堡
3/124
寧晉縣
2/86
13寧武軍
8/354
21寧仁郡
10/477
24寧化州
10/486
寧化軍
4/178
4/167
4/172
4/173
4/177
古4/605
寧化縣（改置河東路寧化軍）
4/178
寧化縣（屬福建路汀州）
9/405
寧化鎮
2/72
寧德縣
9/401
27寧鄉水
4/174
寧鄉縣
6/260
6/259
寧鄉鎮
1/20
30寧塞郡
10/480
寧塞堡
3/124
31寧江軍
8/363
寧河寨
3/134
32寧州
3/117
3/112
3/113
3/115
3/118
3/131
3/132
古3/587
33寧浦郡
9/431
寧浦縣
9/432
9/431
34寧遠寨（屬秦鳳路通遠軍）
3/139
寧遠寨（屬瀘州江安縣）
7/328

寧遠軍
9/421
寧遠縣（屬荆湖南路道州）
6/261
寧遠縣（入廣南西路朱崖軍）
9/439
36寧邊寨
8/367
寧邊軍
2/87
38寧海軍
5/207
寧海縣（屬兩浙路台州）
5/216
寧海縣（屬廣南路化外陸州）
10/484
寧海鎮（屬濱州勃海縣）
2/72
寧海鎮（屬興化軍莆田縣）
9/407
43寧越郡
9/435
47寧垻鎮
7/312
50寧夷郡
10/482
寧夷縣
10/483
60寧國軍
6/240
寧國縣
6/241
74寧陵縣
1/6
77寧風縣
9/426
80寧羌鎮
3/115
87寧朔郡
10/480
寧朔縣
10/479

3021_2 宛

72宛丘縣
1/35

3021_3 寬

31寬河鎮
2/68

3021_7 扈

37扈澗水
1/37

3022_7 扁

47扁鵲城
古8/677
扁鵲墓
古3/582

房

17房子國
古1/555
22房山(在房州房陵縣)
1/27
房山（在真定府平山縣）
2/77
32房州
1/26
1/23
1/27
6/273
8/373
8/374
古1/551
房淵
2/67
74房陵郡
1/26
房陵縣
1/27
1/26

宥

32宥州
10/480
3/108
3/115
3/120
53宥戎鎮
2/87

3023_2 永

00永康寨
7/311
永康溪
5/213
永康軍
7/310
7/311

永康縣（屬兩浙路婺州）
5/213
永康縣（屬成都府路蜀州）
7/310
永康縣（廣南路邕州羈縻縣）
10/504
永康鎮（屬昌州大足縣）
7/326
永康鎮（屬達州永睦縣）
8/366
01永龍鎮
1/28
02永新山
6/252
永新縣
6/252
10永平寨
3/108
永平縣
9/425
永平監
6/246
永平鎮
1/22
12永水
6/262
21永順州
10/485
永順縣
9/415
永貞縣（改置真州揚子縣）
5/192
5/198
永貞縣（改置福州羅源縣）
9/400
22永川縣
7/326
永豐山
6/247
永豐溪
6/247
永豐縣（屬江南東路信州）
6/247
永豐縣（屬江南西路吉州）
6/252
永豐監
6/245
永豐鎮（屬濱州招安縣）
2/72
永豐鎮（屬泰州泰興縣）
5/196
永豐鎮（改置信州永豐縣）
6/246
永豐鎮（屬眉州彭山縣）
7/309
永豐鎮（屬梓州永泰尉司）
7/322
永豐銀場
5/217
永利西監
4/170
永利監
4/162
永利鎮
2/68
永樂縣
3/106
永樂鎮（屬河中府河東縣）
3/106
永樂鎮（屬壽州安豐縣）
5/200
26永和寨
3/120
永和縣（入相州安陽縣）
2/78
永和縣（屬河東路隰州）
4/169
永和關
4/169
永和鎮（屬相州安陽縣）
2/78
永和鎮（屬吉州廬陵縣）
6/252
27永歸縣
8/357
30永濟河
2/65
永濟渠

永安鎮（屬濠州定遠縣）
5/204
永安鎮（屬温州瑞安縣）
5/216
永安鎮（屬嘉州洪雅縣）
7/314
永安鎮（屬邛州大邑縣）
7/315
永安鎮（屬黎州漢源縣）
7/316
永安鎮（屬陵井監仁壽縣）
7/320
永安鎮（屬果州相如縣）
7/324
永安鎮（屬資州内江縣）
7/325
永安鎮（屬普州安居縣）
7/325
永安鎮（屬渠州流江縣）
7/331
永安鎮（屬利州葭萌縣）
8/355
永安鎮（屬閬州西水縣）
8/357
永安鎮（屬劍州普安縣）
8/358
永安鎮（屬蓬州蓬池縣）
8/361
永安鎮（屬達州永睦縣）
8/366
永安鎮（屬桂州臨桂縣）
9/420
永安鎮（屬桂州興安縣）
9/420
永安鎮（屬昭州恭城縣）
9/425
永安錫場
9/419
永牢鎮
2/67
永定郡
10/476
永定軍
2/79
2/87
永定縣（入相州安陽縣）
2/78
永定縣（入横州寧浦縣）
9/432
10/476
永定鎮
8/360
永定錫場
9/419
31永福山
9/420
永福縣
9/420
32永州（屬荆湖南路）
6/261
6/260
6/263
6/264
6/265
9/412
9/420
古6/644
永州（荆湖路北江羈縻州）
10/487
永業縣
10/477
35永清軍
2/72
永清縣（入房州房陵縣）
1/27
永清縣（入霸州文安縣）
2/70
2/75
永清縣（屬河北路化外幽州）
10/478
永清鎮（屬郢州長壽縣）
1/28
永清鎮（屬鄭州滎陽

永興鎮（屬普州樂至縣）
7/325
永興鎮（屬昌州永川縣）
7/326
永興鎮（屬利州葭萌縣）
8/355
永興銀場（在潭州瀏陽縣）
6/260
永興銀場（在建州建安縣）
9/401
79永勝鎮（屬普州樂至縣）
7/325
永勝鎮（屬廣安軍岳池縣）
7/332
80永年縣
2/83
2/82

3024₁ 穿

22穿山
古9/700
穿山鎮
9/428

3024₇ 寢

12寢水
2/86
72寢丘
古1/556

3026₁ 宿

31宿遷縣
1/16
1/18
5/197
32宿州
5/193
1/15
1/17
5/192
5/197
5/200
5/204
古5/611
43宿城
古1/547
48宿松縣
5/203

3027₂ 窟

30窟室
古1/553
80窟谷寨
4/178

3030₁ 進

77進賢鎮
6/250

3030₃ 遮

80遮羊堡
3/130

寒

22寒山
古9/705
26寒泉
古8/678
寒泉水
1/28
寒泉山
8/356
32寒溪鎮
6/260

3030₇ 之

60之罘水
1/13

3032₇ 寫

21寫經臺
古6/645

3033₆ 憲

32憲州
4/172
4/169
4/173
4/178
10/474
古4/603

3040₄ 安

00安康石
古1/551
安康郡
1/26
安廂寨
9/424
安京山
9/435

安化縣（屬荆湖南路潭州）
6/259
安化鎮（屬隴州汧陽縣）
3/127
安化鎮（屬渭州安化縣）
3/131
安化鎮（屬階州福津縣）
3/133
安化鎮（屬宜州龍水縣）
9/430
安德軍
8/356
安德縣
2/71
2/70
安德鎮
9/407
26安和鎮
7/314
27安鄉郡
3/133
安鄉縣
6/271
安衆鎮
1/24
30安塞塞
3/120
安流寨
6/273
安寧縣
10/506
安永州
10/487
安定郡
3/125
安定堡
3/108
安定鎮
1/22
安寨堡
3/108
31安江寨
6/276
安河鎮
5/197
安福寨
6/271
安福縣
6/252
安福鎮
7/323
安福銀場
9/404
32安州
6/268
1/25
1/28
1/37
3/115
5/205
5/206
6/266
10/475
古6/646
安溪寨
7/328
安溪鎮（屬杭州錢塘縣）
5/208
安溪鎮（屬閬州新政縣）
8/357
34安遠水
6/251
安遠寨
3/124
安遠軍
6/268
安遠縣（屬江南西路虔州）
6/251
安遠縣（屬廣南西路欽州）
9/435
安遠鎮
6/266
36安邊郡
10/481
安邊堡
3/137
37安次縣
10/478
40安南大都護府
10/483
安吉縣
5/212
安喜縣
2/79
2/78
43安城郡
9/430
安城郡池
古6/640

47安埧鎮
7/329
安期山
1/17
50安夷寨
7/328
安夷鎮（屬秦州隴城縣）
3/123
安夷鎮（屬瀘州江安縣）
7/328
安肅軍
2/87
2/69
2/88
2/89
古2/573
安肅縣
2/87
安東上都護府
10/478
57安静軍
7/320
安静鎮
7/316
60安國山
5/208
安國軍
2/80
安國縣
10/475
5/208
安國鎮（屬渭州平涼縣）
3/131
安國鎮（屬成都府温州縣）
7/308
安國鎮（屬嘉州龍游縣）
7/314
安邑縣
3/114
72安丘山
1/10
安丘縣
1/10
安岳郡
7/325
安岳山
7/325
安岳縣
7/325
74安陸郡
6/268
安陸縣
6/269
6/268
安陵水
6/263
安陵縣
2/71
安陵鎮
2/73
76安陽山
5/200
5/205
安陽河
1/8
安陽縣
2/78
安陽鎮
6/260
77安居水
7/325
古7/666
安居縣（屬梓州路普州）
7/325
安居縣（屬利州路化外保州）
10/482
安居鎮（屬普州安居縣）
7/325
安居鎮（屬合州銅梁縣）
7/329
安民鎮
7/326
安賢縣
1/7
80安人堡
3/124
安義縣
8/372

3040_4 宴

10宴石山
古9/705
40宴臺池
古1/548

3041_3 寃

27寃句縣
1/19

3043_2 宏

34宏遠縣
10/483
38宏道縣
6/261

3050_2 牢

22牢山
1/13
31牢江
9/436
32牢州
10/477
9/436
牢州城
古9/705
60牢固墳
古7/664

3060_1 宕

22宕川縣
10/477
31宕渠山
7/331
古7/668
宕渠城
古7/665
宕渠縣
8/361
宕渠縣城
古8/680
宕渠鎮
7/321
32宕州
10/480
3/133
50宕由鎮
8/360
60宕昌寨
3/130

3060_4 客

83客館鎮
7/323

3060_6 宫

00宫亭湖
6/250

富

00富豪山
9/425
10富靈山
7/332
富平縣
3/112
12富水(在鄧州淅川縣)
1/25
富水(在賀州富川縣)
9/413
富水郡
1/28
富水縣古城
古1/552
富水鎮
1/28
21富順縣
7/333
富順監
7/333
7/327
7/328
7/330
古7/669
富仁監
9/430
22富川縣
9/413
9/412
富樂山
7/312
富樂鎮
7/321
30富流鎮
7/332
富安監
9/430
富安鎮（屬果州西充縣）
7/323
富安鎮（屬閬州南部縣）
8/357
31富河
1/29
32富州（入荆湖南路沅州）
6/275
6/276
富州（入廣南西路昭州）
10/476
9/425
34富池鎮
6/256
40富力縣
9/430

10/507
44富林縣
10/476
60富國鎮
7/321
76富陽縣
5/208
77富民錢監
6/256
富民銅場
6/256
80富義縣
7/328
7/333
富義監
7/333

3060_8 容

22容山
9/421
容山縣（入鬱林州南流縣）
10/477
容山縣（屬廣南路化外平琴州）
10/484
32容州
9/421
9/426
9/427
9/428
9/432
9/433
9/434
9/435
9/436
10/476
古9/699
古9/705
容溪
8/368
8/370
43容城縣
2/70
2/69

3071_1 它

22它山堰
古5/620

3071_4 宅

22宅山
9/433

3073_2 良

22良山縣
8/361
良山鎮
8/361
24良德縣
9/433
27良鄉縣
10/478
44良熱水
6/256
良恭縣
10/480
良恭鎮
3/129
3/123
53良輔鎮
3/109
77良原縣
3/125

寰

32寰州
10/481
35寰清縣
10/481

3077_2 密

00密康公墓
古3/590
10密雲郡
10/478
密雲縣
10/478
21密須國
古3/589
32密州
1/10
1/11
1/13
1/14
5/195
62密縣
1/5

3077_7 官

12官水鎮
4/164
74官陂鎮
6/269

3080_1 定

00定廉山
7/319

定廉縣
10/482
定襄郡
4/169
定襄縣
4/170
10定平堡
3/124
定平縣
3/118
3/113
定西寨
3/124
定西城
3/139
13定武軍
2/78
22定川郡
10/477
定川堡
3/124
定川寨
3/136
定川縣
10/477
30定安堡
3/124
定安軍
3/115
定安縣
3/118
3/117
定安鎮
1/7
定寶鎮
8/359
32定州(屬河北東路)
2/78
2/77
2/85
2/86
2/87
2/88
定州（梓州路瀘州羈縻州）
10/498
34定遠軍
2/73
定遠縣
5/204
定遠鎮（屬恩州清河縣）
2/72
定遠鎮（屬陝西路化外靈州）
10/479
36定邊寨
3/120
37定軍山
8/354
38定海
古5/620
定海縣
5/214
40定境山
4/167
定難軍
10/479
43定城縣
5/205
5/204
47定胡寨
4/174
定胡縣
4/174
53定戎堡
3/124
定戎鎮
3/127
60定國軍
3/109
77定陶縣
1/19
10/473
定陶鎮
1/19
10/473
80定羌軍
4/179
定羌城
3/134

3080_2 穴

60穴口鎮
1/28

3080_6 寅

22寅山
9/419
37寅湖
古9/692

賓

10賓王山
7/323
12賓水
9/431
古9/703

24賓化縣（入南平軍隆化縣）
8/370
賓化縣（屬夔州路化外牂州）
10/483
賓化縣（屬夔州路化外莊州）
10/483
30賓安縣
10/477
32賓州
9/430
9/422
9/423
9/428
9/429
9/431
9/432
10/477
古9/703
80賓義縣
10/479

賨

43賨城(在達州)
古8/681
賨城(在渠州)
古7/668

竇

26竇保鎮
2/73
32竇州
10/477
9/415
9/433

寶

00寶應縣
5/195
寶應銀場
9/404
寶唐水
6/254
20寶雞
古3/589
寶雞縣
3/122
寶香山
1/28
22寶川鎮
6/256
寶豐鎮（屬房州竹山縣）
1/27
寶豐鎮（屬信州弋陽縣）
6/246
寶豐銀場
6/246
寶鼎縣
3/106
25寶積鐵場
9/406
寶積鉛場
6/251
26寶泉監
6/268
30寶寧鎮
8/366
寶安縣
10/506
寶富銀場
9/430
43寶城場
9/412
44寶蓋山
古6/641
寶蓋鎮
7/326
寶塔山
古9/705
寶華山
9/432
47寶磬川
古7/662
77寶興軍寨
4/168
寶興銀場（在福州古田縣）
9/400
寶興銀場（在漳州龍巖縣）
9/405

3090_1 宗

00宗齊鎮
2/66
43宗城縣
1/8
1/7

3090_4 宋

07宋郭鎮
2/81
10宋玉宅
古6/645

40河内
古2/570
河内郡
2/81
河内縣
2/81
河南
1/4
河南府
1/4
1/33
河南郡
1/4
河南路
3/103
河南縣
1/4
河南鎮
1/6
45河樓灘鎮
7/326
50河中
3/105
河中府
3/105
3/106
3/109
3/110
3/114
3/116
3/119
4/166
古3/582
河屯鎮
7/308
河東
4/161
河東郡
3/105
河東州
10/489
河東縣
3/106
3/105
河東路
4/161
10/474
10/481
60河口鎮（屬開封府陳留縣）
1/3
河口鎮（屬階州福津縣）
3/133
76河陽三城
1/32
河陽縣
1/33
1/32
77河間郡
2/66
河間獻王殿址
古2/565
河間縣
2/67
2/66
78河陰縣
1/33

3112_1 涉

12涉水
4/163
62涉縣
4/163

3112_7 汅

76汅陽故城
古8/677
汅陽縣
10/475
汅陽鎮
6/266

馮

00馮亭墓
古4/600
馮唐墓
古2/573
馮唐鎮
1/35
07馮翊郡
3/109
馮翊縣
3/109
3/110
20馮乘縣
9/412
21馮街鎮
7/308
26馮緄冢
古8/680
50馮奉世廟
古4/600

濡

12濡水
2/69
2/80

21濡須水
5/203
5/207

灖

34灖濛水
7/311
35灖溝
1/19

灞

12灞水
3/104
古3/582

漏

37漏湖
5/215

濄

12濄水
1/24

灢

22灢山
古5/615

澌

12澌水
1/38

3113_2 涿

17涿郡
10/478
32涿州
10/478
2/69
2/76

3114_0 洱

12洱水
1/9

汧

12汧水
3/122
3/127
古3/589
古3/590
22汧山
古3/590
31汧源縣
3/127
76汧陽郡
3/127
汧陽縣
3/127

3114_6 潭

22潭峩山
9/433
潭峩縣
10/477
32潭州
6/258
6/249
6/251
6/253
6/260
6/263
6/265
6/269
6/270
6/272
6/274
古6/643
潭溪
6/276
76潭陽郡
6/275
潭陽縣
6/275

3114_7 漖

12漖水
6/274

3114_9 滹

33滹沱水
4/162
4/168
4/170
古4/602
滹沱河
2/67
2/69
2/70
2/75
2/76
2/77
2/84
2/85
古2/571

3116_0 酒

26酒泉郡
10/430
酒泉縣

10/480
44酒地
古2/570

3116_1 潛

10潛平寨
8/365
12潛水(在壽州六安縣)
5/200
潛水(在利州鯀谷縣)
8/355
22潛山
5/203
31潛江縣
2/266
43潛城
古5/616

浯

12浯水
1/10
32浯溪
古6/644

3118_6 湞

12湞水
古9/695
60湞昌水
古9/698
76湞陽縣
9/418

3119_1 漂

77漂母墓
古5/611

3119_4 溧

12溧水
6/240
古6/634
溧水縣
6/240
76溧陽縣
6/240

3121_7 褫

00褫亭
古4/599

3126_6 福

10福零縣（屬廣南路化外環州）
10/484
福零縣（屬廣南路羈縻鎮寧州）
10/506
15福建路
9/399
22福山
9/400
福山鎮
5/210
24福化鎮
7/309
30福寧鎮
5/193
福宇縣
10/505
32福州(屬福建路)
9/399
5/215
9/401
9/403
9/407
古9/690
福州（夔州路黔州羈縻州）
10/500
35福津水
3/133
福津縣
3/133
福清縣
9/400
37福禄郡
10/484
福禄州
10/484
福禄縣（屬陝西路化外肅州）
10/480
福禄縣（屬廣南路化外福禄州）
10/484
60福昌縣
1/4
福昌鎮
1/5
76福陽縣
10/484

3128_6 顧

10顧雲墓
古6/635
67顧野王墓
古5/618

3130_1 逕

60逕田鎮
6/265

遷

31遷江縣
9/431
10/477
76遷陽鎮
9/401

3190_4 渠

31渠江
7/332
古7/667
古7/668
渠江縣
7/332
7/331
渠河
6/277
32渠州
7/330
7/332
8/361
8/365
8/367
8/370
古7/668
76渠陽縣
6/277
6/276

3200_0 州

40州來國
古5/613

3210_0 瀏

76瀏陽水
6/260
瀏陽縣
6/260

3211_3 洮

12洮水
3/126
古3/599
24洮化郡
10/480
32洮州
3/126
3/129
3/134
35洮溝
1/21
古1/548
76洮陽州
10/480
洮陽縣
10/480

3211_8 澄

32澄州
10/476
9/422
34澄邁山
9/437
澄邁縣
10/478
9/437
43澄城縣
3/109

灃

12灃水
3/104

3212_1 沂

12沂水
1/12
1/16
1/17
沂水縣
1/12
22沂山
1/12
32沂州
1/11
1/9
1/10
1/14
1/15
1/16
1/17
5/195

浙

31浙江
5/208
5/209
5/219
古5/616
32浙州
10/498
50浙東
5/213

淅

12淅水
1/25
22淅川縣
1/25

澌

31澌江
6/242
40澌大山
古9/705

3212_7 涔

31涔河鎮
6/271
76涔陽鎮
6/266

湍

12湍水
1/24

潙

12潙水
6/259
6/260

3213_0 冰

34冰池
古3/582

泓

12泓水
1/6

泒

12泒水
2/79

3213_3 添

32添州
10/501

3213_4 沃

32沃州城
古2/572
沃洲山
5/209
古5/617

溪

11溪頭鎮
7/323
12溪水（在興元府褒城縣）
8/354
溪水(在泉州清溪縣)
9/403
30溪寧州
10/485
31溪江
9/430
44溪藍州
10/486

濮

10濮王泰廟
古1/552
濮王泰墓
古1/552
12濮水
1/3
1/19
1/21
1/32
濮水釣臺
古1/547
31濮河
1/22
32濮州
1/22
1/7
1/18
1/19
1/20
1/32
2/63
2/67
10/473
古1/549
76濮陽郡
1/22
濮陽縣
2/64
2/63

3213_6 湓

12湓水
1/37
古1/553
古1/556

3214_0 泜

12泜水
2/77
2/80

2/81
2/86
泜水山
古2/573

3214_7 浮

10浮石山
9/401
古9/691
浮雲嶺
古9/698
12浮水(在滄州鹽山縣)
2/65
浮水(在惠州博羅縣)
9/419
22浮山(在濟州鉅野縣)
1/20
浮山(在晉州襄陵縣)
4/164
浮山（在平定軍平定縣）
4/177
25浮練洲
古9/694
33浮梁縣
6/245
40浮來山
1/12
浮來水
9/433
44浮蘆鐵場
9/414
48浮槎山
5/201
50浮中山
7/313
浮青山
6/259
60浮圖寨
3/108
72浮丘
古6/639
浮丘山（在潭州益陽縣）
6/259
古6/643
浮丘山(在太平州)
古6/637
浮丘公仙壇
古6/634
76浮陽水
2/65
96浮烟山
1/14

叢

10叢夏州
10/489
40叢臺
古2/572

3216_3 淄

12淄水
1/15
22淄川郡
1/14
淄川縣
1/15
1/14
27淄鄉鎮
1/15
32淄州
1/14
1/9
1/11
1/16
2/68
2/71

3216_9 潘

12潘水縣
10/476
22潘山
古9/704
30潘家山銀場
9/401
32潘州
10/476
9/433
71潘原縣
3/131
84潘鎮
1/3

3217_7 滔

22滔山監
3/130
滔山鎮
3/129

3221_7 褫

00褫亭鎮
4/163

3222_1 祈

22祈仙觀
古6/641

3230_7 遥

46遥垻寨
7/328

3290_4 業

22業樂鎮
3/115
32業州(隋置)
古8/682
業州(宋置)
10/483

3310_0 沁

12沁水
1/33
2/81
4/165
4/171
4/172
4/176
古4/600
古4/605
沁水縣
4/172
31沁河
古4/603
沁源縣
4/176
10/474
32沁州
4/162
4/164
4/176
10/474
76沁陽城
古2/570

泌

12泌水
1/29
26泌白水
1/23
31泌河
古1/552
76泌陽縣
1/29

3311_1 沱

12沱水
古9/698

浣

31浣江
5/209

3311_2 涴

31涴河
1/23

3311_4 滬

12滬水
2/70
2/79

3312_7 浦

26浦泉山
7/321
31浦江縣
5/213
32浦溪銀坑
6/263
43浦城縣
9/401
50浦東鹽場
5/220
76浦陽江
5/213
浦陽縣
10/483

3313_2 浪

10浪石鎮
9/420
11浪彌州
10/490
12浪水
3/104
22浪川州
10/496
32浪溪
古8/681

3314_2 溥

32溥州
10/477
9/420

3314_7 浚

28浚儀縣
1/2
35浚溝
1/2
38浚道城
古5/614

3315_3 淺

60淺口鎮

1/8

3316_0 冶

17冶子墓
古6/638
20冶雙罏
古4/605
31冶河
2/77
40冶坊堡
3/124
冶坊寨
3/124
91冶爐城
古1/555

治

10治平寨
3/138
3/137
治平鎮
1/7
22治山
8/358

3316_8 溶

32溶州
10/485

3318_6 演

12演水郡
10/484
22演仙水
古9/692
演仙山
9/404
古9/692
31演江
9/400
32演州
10/484

濱

32濱州
2/71
1/9
1/14
2/64
2/68
古2/567

3319_4 沭

12沭水
1/12
1/16
5/195
76沭陽縣
5/195

3330_4 逡

38逡遒城
古6/634

3330_9 述

60述昆州
10/507
述昆縣
9/430
述昆鎮
9/430

3390_4 梁

10梁元帝廟
古6/645
13梁武帝母陵
古6/645
22梁山(在鄆州)
1/19
1/20
梁山(在京兆府、鳳翔府)
3/105
3/122
梁山(在同州澄城縣)
3/109
古3/585
梁山(在和州歷陽縣)
5/202
梁山(在鼎州)
古6/646
梁山水
8/373
梁山寨
5/202
梁山軍
8/372
7/330
8/367
8/368
8/369
古8/684
梁山縣
8/373
8/369
8/372
26梁泉縣
3/129
3/128
37梁鴻墓

3400_0 斗

3410_0 汶

3411_1 湛

3411_2 沈

池

3411_4 灌

3411_7 港

灩

3412_7 汭

洧

湳

50湳秦水
9/437
57湳掃水
9/437

滿

43滿城縣
10/478

洿

80洿谷鎮
3/106

渤

38渤海縣
2/72
2/71

瀟

12瀟水
6/262
36瀟湘水
6/260

3413_1 法

40法喜鎮
3/122
44法華山
古5/617
法華院
古5/610

3413_2 漆

12漆水
3/112
3/113
3/122
古3/585
31漆渠
3/104
40漆坑銀場
9/404
60漆園城
古1/547

濛

30濛瀼鎮
9/409
32濛州茶焙
9/403
76濛陽郡
7/310
濛陽縣
7/311

3413_4 漠

12漠水
3/105
76漠陽江
9/416

漢

00漢高祖廟
古8/677
10漢王城
古8/677
12漢水(在均州、郢州、鄂州、安州、興元府、洋州)
1/28
6/268
6/269
8/354
8/356
漢水(在黎州漢源縣)
7/316
漢水(在嘉州)
古7/662
13漢武臺
古2/564
22漢川縣
10/475
6/267
6/269
漢川鎮
6/268
30漢宜春侯成冢
古6/641
漢流寨
6/272
漢流鹽井
6/272
31漢江
1/23
1/24
1/26
6/266
6/267
古1/549
漢源郡
7/316
漢源縣
7/316
漢源鎮
7/316
32漢州
7/312
7/307

7/310
7/311
7/320
7/331
7/332
古7/661
37漢祖壇
古1/547
漢祀山
9/402
古9/691
漢初縣
7/329
42漢荆王廟
古5/618
50漢中郡
8/353
漢東郡
1/25
漢東鎮
8/371
55漢井
古1/548
60漢昌邑王墓
古1/548
76漢陽
10/475
漢陽川
古7/664
漢陽軍
10/475
6/267
6/269
漢陽古城
古7/664
漢陽縣
6/268
10/475
78漢陰縣
1/26
漢陰鎮
1/23
90漢光武廟(在陳州)
古1/555
漢光武廟(在汝州)
古1/556
漢光武宅
古1/551
漢光武祠
古7/661

3414_0 汝

12汝水
1/34
1/35
1/36
1/37
古1/556
古1/557
31汝河
古1/556
32汝州
1/36
1/4
1/29
1/30
1/31
1/33
古1/556
40汝南郡
1/33
44汝墳鎮
1/37
76汝陽縣
1/34
1/33
78汝陰郡
1/35
汝陰縣
1/36

3414_7 汥

31汥河
6/269

波

10波零縣
10/483
32波州（入荆湖北路沅州）
6/275
波州（改置廣南路邕州羈縻安平州）
10/504
42波斯部落
10/479
77波風堡
6/264

滖

36滖澤
4/171
古4/603

3415_6 漳

12漳水
3/122
31漳源鎮

6/256

3416_0 沽

12沽水
1/13

渚

12渚水
2/80
76渚陽鎮
1/25

3416_1 浩

00浩亹河
3/126
22浩山
古6/635

3418_1 洪

22洪崖山
古6/636
洪崖壇
古6/636
24洪德寨
3/120
31洪江鋪（屬沅州黔陽縣）
6/276
洪江鋪（屬沅州安江寨）
6/276
32洪州
6/249
6/243
6/245
6/248
6/253
6/254
6/255
6/257
6/272
古6/638
36洪澤鎮
5/195
37洪洞縣
4/164
40洪塘江
9/400
44洪杜山
8/365
洪杜寨
8/365
洪杜縣
8/365
70洪雅縣
7/314
7/309
76洪陽洞
古6/640

淇

12淇水(在襄州南漳縣)
1/24
淇水(在相州、衛州)
2/78
2/82
淇水(在孟州)
古1/554
淇水鎮
1/24
31淇河
2/64
77淇門鎮
2/82

滇

34滇池
7/327
古7/666

3418_6 瀆

10瀆石錫窟
1/24
11瀆頭鎮
5/195

3419_0 沐

34沐瀆鹽團
9/405

3419_3 溹

12溹水
古9/697

3421_0 社

34社渚鎮
6/240
80社首山
1/17
古1/545

3430_2 邁

50邁東鎮
7/314

3430_3 遠

07遠望山
4/169

30遠安山
6/272
遠安縣
6/272
遠富州
10/487
32遠州
10/486
遠近湫堡
3/124
40遠南州
10/494

3430_4 達

24達化縣（屬陜西路化外廓州）
10/480
達化縣（屬陜西路化外鎮州）
10/481
27達多鎮
2/68
32達州（屬夔州路）
8/355
7/330
8/355
8/358
8/361
8/369
8/372
8/373
古8/681
達州（成都府路茂州羈縻州）
10/495
77達隆堡
3/125
3/124

3430_9 遼

10遼西縣
10/479
22遼山縣
4/175
4/174
4/177
32遼州（屬河東路）
4/174
2/80
2/84
4/161
4/163
4/175
4/176
4/177
古4/604
遼州（河北路化外州）
10/479
76遼陽水
4/175
古4/604
遼陽山
4/175
古4/604

3440_4 婆

38婆渝鎮
7/325
39婆娑山
7/325
44婆夢三王禮堂
古8/681
60婆日鎮
7/330

3510_6 冲

21冲虚觀
古5/620

3511_7 瀘

12瀘水
1/26
60瀘口化
古8/677

3511_8 澧

12澧水（在汝州梁縣）
1/37
澧水（在澧州澧陽縣）
6/271
古6/647
22澧川寨
6/271
32澧州
6/270
6/266
6/271
6/272
6/274
8/364
8/367
古6/647
76澧陽郡
6/270
澧陽縣
6/271
6/270

3512₇ 沸

31沸潭鎮
6/269

清

00清亭
古1/547
清廉山
4/167
10清平縣
1/8
清平鎮
3/122
12清水(在衛州獲嘉縣)
2/82
清水(在延州膚施縣)
3/108
清水(在秦州清水縣)
3/123
古3/589
清水(在岷州大潭縣)
3/129
清水(在絳州垣曲縣)
4/167
清水(在巴州恩陽縣)
8/359
清水(在龍州清川縣)
8/362
清水(在開州萬歲縣)
8/369
清水(在懷州)
古2/570
清水溪
8/373
清水縣
3/123
清水鎮(屬大名府冠氏縣)
1/8
清水鎮(屬秦州清水縣)
3/123
清水鎮(屬廬州慎縣)
5/201
21清虚玉華洞
6/243
22清川縣
8/362
清豐縣
2/64
清豐鎮
2/64
24清化郡
8/358
清化縣
8/358
8/359
10/475
10/476
清化鎮(屬懷州河内縣)
2/81
清化鎮(屬歙州婺源縣)
6/242
清化鎮(屬澧州澧陽縣)
6/271
清化鎮(屬巴州化城縣)
8/359
清化鎮(屬邵武軍光澤縣)
9/406
26清泉陂
3/104
30清流水
5/198
清流縣
5/198
5/197
清流鎮(屬成都府新繁縣)
7/308
清流鎮(屬普州安岳縣)
7/325
清灘鎮
7/326
清漳水
4/175
4/177
清漳鎮
2/83
31清江
6/272
8/367
清江水
古8/682
清江郡
8/366
清江縣(屬江南西路臨江軍)
6/257
6/255
清江縣(屬夔州路施州)

8/367
8/366
清江鎮
6/257
清瀧鎮
9/412
清河
1/19
清河郡
2/72
清河縣
2/72
清河鎮（屬青州千乘縣）
1/10
清河鎮（屬達州永睦縣）
8/366
清源水
4/162
清源郡
9/402
清源軍
9/402
清源縣
4/162
32清州
10/499
清溪縣（入資州内江縣）
7/324
清溪縣（屬福建路泉州）
9/403
清溪鎮（屬和州含山縣）
5/203
清溪鎮（屬英州真陽縣）
9/418
34清池縣
2/65
2/64
清遠縣
9/408
清遠鎮（屬撫州臨川縣）
6/254
清遠鎮（屬漳州龍溪縣）
9/405
清遠鎮（屬陝西路化外靈州）
10/479
36清湘縣
6/264
38清泠水
1/25
清海軍
9/407
39清湫鎮
3/122
44清苑縣
2/69
2/86
2/87
67清野山
4/167
清野鎮
5/207
71清原
古4/599
72清丘
古1/549
76清陽水
1/13
清陽縣
2/72

3513_0 決

12決水
5/200

漣

12漣水(在楚州漣水縣)
5/195
漣水(在潭州湘鄉縣)
6/259
漣水軍
10/475
5/194
5/197
漣水縣
5/195
5/194
5/197
10/475

3513_2 濃

36濃洄鎮
7/332

3514_4 淒

12淒水
6/271

3516_0 油

12油水

6/266
32油溪
8/371
55油井鎮
7/323

3516_6 漕

12漕水（在廣信軍遂城縣）
2/89
古2/574
漕水（在江陵府長林縣）
6/267
31漕河
2/87
60漕口鎮
1/36

3519_0 沫

12沫水
7/314
古7/662

洙

12洙水
1/17

3519_4 溱

12溱水（在鄭州新鄭縣）
1/31
古1/553
溱水（在蔡州）
1/34
古1/555
22溱川堡
8/373
32溱州
10/502
10/499
溱溪郡
10/502

3519_6 涑

12涑水
3/106
3/107
3/114

湅

32湅州
10/503

3520_6 神

00神市鎮
7/331
22神仙山
古8/683
神山縣
4/164
26神泉
7/312
神泉縣
7/312
神泉監
5/200
27神龜山
古7/669
神龜驛臺
古1/557
神烏縣
10/479
40神木堡
4/166
神木寨
4/166
55神農廟（在隨州）
古1/550
神農廟（在潞州）
古4/600
神農井
古4/600
77神居山
5/192
神母墓
古8/680
90神堂寨
4/166

3521_8 禮

10禮平銅場
9/418
30禮賓鎮
5/218
60禮固鎮
2/73
77禮丹縣
10/506
9/430

3530_0 連

10連天山
8/367
連天寨
8/367
連雲縣
10/481
12連延水

古9/706
15連珠山
8/367
22連山郡
9/411
連山縣
9/412
連山鎮
7/313
31連江
9/400
連江縣
9/400
32連州(屬廣南東路)
9/411
6/262
6/265
9/408
9/409
9/412
9/418
古9/696
連州(梓州路戎州羈縻州)
10/495
連州城
古9/696
43連城郡
10/477
連城縣
10/477
80連谷縣
4/166

3610_0 泗

12泗水
1/16
1/17
1/18
1/21
古1/546
泗水縣
1/17
32泗州
5/196
1/15
1/17
5/192
5/193
5/194
5/197
5/198
5/204
10/475
古5/612

汨

12汨水
6/260
6/273
60汨口河
古1/552
汨羅山
古6/643

洎

32洎溪
6/245

湘

12湘水
6/259
6/260
6/261
6/262
6/273
9/420
22湘山
6/260
6/265
湘山廟
古6/645
27湘鄉縣
6/259
31湘潭縣
6/259
78湘陰縣
6/260
6/259
6/270
6/272

3611_0 灦

12灦水
1/34

3611_1 混

31混源縣
10/481

3611_4 涅

12涅水
4/163
古4/605

湟

12湟水
9/412

3/125
3/127
3/131
3/136
3/137
3/138
10/474
古3/591
渭溪縣
10/483
33渭濱堡
3/124
40渭南縣
3/111
3/110
42渭橋鎮
3/104
71渭牙川水
3/108

湡

12湡水
2/80

濁

12濁水
3/116
濁水山
8/366
30濁漳水
古4/600

3613_2 濮

31濮河鎮
6/269

瀑

40瀑布水
6/250

3613_4 湨

12湨水
1/33
2/81
33湨梁
古1/554

3614_0 淁

12淁水
1/34

湶

12湶水
5/200
5/205

3614_1 澤

32澤州
4/171
1/33
2/81
2/82
4/163
4/164
4/166
古4/603
32澤潑水
4/177

3618_1 溟

12溟水
1/3
1/5

3618_6 湞

12湞水
1/25
6/269

3619_3 漯

12漯水
2/68
31漯河
古2/565

3621_0 祝

15祝融峯
古6/643
祝融祠
古4/604
祝融冢
古1/553

3624_0 裨

04裨諶冢
古1/553

3625_6 禪

34禪社首壇
古1/545

3630_1 邏

38邏遵縣
10/477

3630_2 邊

07邊韶老子碑

古5/611

3702_7 郯

43郯城
古1/553

3711_0 沮

12沮水(在襄州、峡州)
1/24
6/272
古1/549
沮水(在耀州華原縣)
3/112
古3/585
沮水(在坊州宜郡縣)
3/119
沮水(在階州將利縣)
3/133
沮水(在興州順政縣)
8/360
沮水鎮
8/360
31沮河
3/104
35沮溝
古1/549

3711_1 泥

22泥山鎮
5/216
34泥沽寨
2/65
76泥陽鎮(屬寧州襄樂縣)
3/118
泥陽鎮(屬成州栗亭縣)
3/128

3711_2 氾

12氾水
1/16
1/19
古1/547

泡

12泡水(在徐州沛縣)
1/18
泡水(在亳州譙縣)
5/193

3711_4 渥

12渥水
6/251

濯

86濯錦江
古7/659
88濯筋水
3/108

3711_7 汜

12汜水
1/33
汜水縣
1/33
1/4

淝

12淝水
1/36
5/193
5/194
5/200
5/201
古1/556

澠

12澠水
1/10
34澠池水
1/5
澠池縣
1/5

3712_0 洵

12洵水(在金州洵陽縣)
1/26
洵水(在亳州衛真縣)
5/193
31洵河
3/105
32洵州城
古1/551
76洵陽縣
1/26

洞

00洞庭山
5/210
洞庭湖
6/273
古6/648
10洞靈山
古6/644
洞霄宫
古5/611
30洞宫山

9/402
古9/691
37洞過水
4/162
60洞口鎮
7/310

湖

04湖熟鎮
6/240
11湖北
6/268
32湖州
5/211
5/207
5/208
5/210
5/214
5/220
6/248
古5/619
湖溪鎮
6/266
33湖洑山
5/208
湖洑鎮
5/215
43湖城縣
3/107
3/116
60湖口縣
6/243
76湖陽縣
1/29
古1/552
湖陽公主墓
古1/552

潮

12潮水縣
9/428
32潮州
9/410
9/404
9/405
9/416
9/417
9/418
古9/695
76潮陽郡
9/410
潮陽縣
9/411

潤

20潤禾堰
古6/646
32潤州
5/210
5/192
5/196
5/214
6/240
古5/618
33潤浦
5/211

澗

12澗水
1/4
35澗溝河
1/8

3712_2 漻

12漻水
6/269

3712_7 涌

26涌泉
古7/661

湧

26湧泉山
7/321
湧泉鎮
7/318

渦

12渦水
1/3
5/193
5/194
古5/611

滑

12滑水
9/412
9/414
22滑川州
10/489
26滑伯廟
古1/554
30滑家口鎮
1/20
32滑州
1/32
1/1
1/2

1/18
2/63
2/64
2/81
古1/554
40滑臺
1/32
古1/554

鴻

31鴻河水
1/34
32鴻州
10/502
35鴻溝
1/31

漷

12漷水
1/12
1/17
1/18

潏

12潏水
4/164

漏

12漏水
古9/703

3713_2 淥

11淥醽水
6/263

3713_4 渙

12渙水
1/6
5/194
5/197
古5/611

3713_6 漁

33漁浦鎮
5/209
76漁陽郡
10/478
漁陽縣
10/478
漁陽鎮
8/369

3714_6 潯

12潯水
古9/702
31潯江
9/424
9/428
古9/701
潯江水
古9/703
潯江郡
9/427
潯江堡
9/424
32潯州
9/427
9/421
9/423
9/428
古9/702

3714_7 汲

17汲郡
2/81
43汲城
古2/570
60汲黯墓
古2/563
62汲縣
2/82
2/81

浸

12浸水
1/27

溵

12溵水縣
1/35

3715_7 浄

33浄浪鎮
7/316
60浄口鹽務
9/411
浄口鎮
9/411

3716_0 洺

12洺水
2/85
古2/571
32洺州
2/82
1/7
1/32
2/72
2/78
2/80

2/84
古2/571

3716_1 澮

12澮水
6/271
40澮臺子羽墓
古1/546
澮臺滅明墓
古5/618

3716_4 洛

00洛交郡
3/113
洛交縣
3/114
3/113
10洛一鎮
9/430
12洛水(在河南府)
1/4
1/5
洛水(在金州西城縣)
1/26
洛水(在永興軍路)
3/108
3/109
3/110
3/111
3/114
3/116
3/117
3/118
3/119
洛水(在濠州鍾離縣)
5/204
洛水(在興元府西縣)
8/354
22洛川水
3/114
洛川縣
3/114
洛巍縣
10/506
30洛富縣
10/506
洛容縣
9/429
32洛州
10/496
37洛通山
7/313
40洛南縣
3/117
洛壽鎮
9/430
44洛帶鎮
7/308
47洛都縣
10/506
55洛曹縣
9/429
9/430
60洛口
1/5
洛回縣
10/506
76洛陽江
9/403
洛陽口鎮
9/404
洛陽縣
1/4
洛陽鎮(屬河南府河南縣)
1/4
洛陽鎮(屬果州西充縣)
7/323

潞

12潞水
4/163
古4/600
17潞子廟
古4/600
32潞州
4/163
2/78
2/80
2/84
4/164
4/167
4/170
4/171
4/174
4/175
4/176
古4/599
43潞城縣
4/163
62潞縣
10/478

3718_2 次

47次胡鎮
1/23

3718_6 濆

12濆水
6/264
31濆河
2/79

瀨

37瀨湖錫場
9/410

3719_4 深

27深梟山
5/213
32深州
2/83
2/66
2/67
2/73
2/74
2/77
2/85
2/88
古2/571
深溪寨
6/264
36深澤縣
2/85
深澤鎮
2/85

3721_4 冠

11冠頭寨
9/434
37冠軍城
古1/550
72冠氏縣
1/8

3722_7 祁

17祁耶山
1/3
20祁奚墓
古4/599
22祁山(在岷州長道縣)
3/130
祁山(在歙州祁門縣)
6/242
祁山(在泰州)
古3/589
32祁州
2/85
2/76
2/77
2/79
2/83
2/86
2/88
古2/572
35祁連縣
10/480
44祁藪
4/162
古4/599
62祁縣
4/162
76祁陽縣
6/262
77祁門縣
6/242

禑

44禑林州
10/493
77禑眉州
10/492

3723_2 禄

32禄州
10/503
40禄塘寨
6/264

冢

22冢嶺山
3/117

3724_7 祋

37祋祤廟
古3/585
祋祤城(在同州)
古3/584
祋祤城(在耀州)
古3/585

3730_1 逸

32逸州
10/501

3730_2 迎

22迎鑾鎮
5/198
迎鸞鎮
古5/613

迴

32迴溪鋪
6/276

通

00通商鎮

2/65
07通望縣
7/316
通望鎮
7/316
08通許鎮
1/2
10通平縣
10/475
通西寨
3/139
22通川郡
8/365
通川縣
8/366
8/365
通川縣城
古8/681
通山縣
6/256
6/267
通利軍
10/474
2/64
2/82
24通化郡
7/317
通化山
7/312
通化軍
7/319
通化縣
7/319
通德銀場
9/401
26通泉縣
7/321
30通濟渠
1/2
通濟縣
10/481
通安寨
8/373
通賓鎮
2/72
31通江縣
8/359
10/476
32通州(屬淮南東路)
5/199
5/196
5/214
古5/613
通州（改置夔州路達州）
8/365
34通遠軍（改置永興軍路環州）
3/119
通遠軍(屬秦鳳路)
3/138
3/122
3/125
3/126
3/129
3/135
3/137
古3/593
通遠縣
3/120
3/119
35通津堡
4/166
36通渭寨
3/139
通邊寨
3/138
3/137
37通軍水
4/165
38通海鎮
5/194
43通城縣
6/268
通城鎮
6/267
54通軌縣
10/482
77通關山
8/354
通賢鎮
7/325
80通羊水
6/256
通義郡
7/308
通義縣
7/309
通會關
3/134
通谷堡
3/126

3730_4 逢

01逢龍縣
10/478
36逢澤
1/2

10/494
7/315
55塗井鎮
8/368
58塗輪鎮
8/359

3811_1 泎

12泎水
3/105

漟

12漟水
1/25
古1/551

3811_2 沲

12沲水
6/261
31沲江
7/319
沲江鎮
7/308

3811_7 瀊

33瀊浦
古6/635

3811_9 滏

12滏水
2/85
古2/572
22滏山
2/85
76滏陽郡
2/84
滏陽縣
2/85
2/84

淦

12淦水
6/257
古6/642

3812_1 渝

12渝水（在臨江軍新喻縣）
6/257
渝水(在廣安軍)
古7/668
32渝州
8/370
7/326
7/327
7/328
8/373
10/502
古8/683

3812_7 汾

10汾西山
4/165
汾西縣
4/165
12汾水
3/106
4/162
4/164
4/165
4/167
4/170
4/171
4/172
4/173
4/178
古4/600
古4/603
22汾川縣
3/119
汾川鎮
3/119
32汾州
4/170
4/161
4/164
4/168
4/173
4/176
古4/602
90汾常茶焙
9/403

淪

12淪水
5/206

3813_2 滋

12滋水
2/77

瀠

21瀠步鎮
6/256

3813_3 淤

60淤口寨
2/75

淤口關
古2/569

3813_4 渼

74渼陂
3/104

3813_7 冷

10冷石山
9/420
冷石鎮
9/426
38冷道水
2/261

3814_0 激

33澂浦鎮
5/220

激

31激河鎮
1/28

3814_7 游

12游水縣
9/408
38游洋鎮
9/407
40游坑茶焙
9/403

3815_1 洋

11洋頭錫場
9/410
12洋水(在洋州西鄉縣)
8/356
洋水(在黔州彭水縣)
8/365
洋水寨
8/365
洋水縣
8/365
洋水鎮
8/365
22洋川郡
8/355
洋川縣
10/483
32洋州
8/355
1/26
3/103
3/116
3/121
3/128
8/353
8/358
古8/678

灉

12灉水
6/276

3815_7 海

00海康郡
9/433
海康縣
9/434
9/433
22海豐郡
9/410
海豐縣
9/419
30海安鎮
5/196
32海州
5/195
1/10
1/11
1/15
5/194
古5/612
33海浦
1/9
40海壇山
9/400
古9/690
海南鹽柵
9/409
60海口鎮(在福州福清縣)
9/400
海口鎮(在漳州龍溪縣)
9/405
海口鎮(在潮州潮陽縣)
9/411
海界縣
10/484
海晏鹽場
9/409
74海陵郡
5/196
海陵縣
5/196
76海陽湖
9/412

3816_1 洽

3816_6 滄

3816_7 滄

滄

3816_8 浴

3819_4 涂

滁

3825_1 祥

3830_3 遂

77遂興水
6/252

3830_4 遵

24遵化縣
9/435
80遵義縣
10/482

3830_6 道

24道德經碑
古5/611
32道州
6/261
6/262
6/264
6/265
9/411
9/412
9/425
古6/644
42道橋
古6/640
60道口務鎮
3/123
80道人山
古6/635

3834_3 導

31導江
7/308
7/309
7/314
古7/662
導江水
古7/660
古7/664
導江茶場
7/311
導江縣
7/311
導江鎮
7/311

3911_1 洸

12洸水
1/16
1/17

3912_0 沙

00沙市鎮
6/252
10沙要鹽場
5/220
12沙水(在亳州衛真縣)
5/193
沙水(在南劍州沙縣)
9/404
22沙利銀場
9/414
30沙灘寨
3/133
31沙河（在大名府冠氏縣）
1/8
沙河(在濮州雷澤縣、臨濮縣)
1/22
沙河(在濱州招安縣)
2/72
沙河(在恩州武城縣)
2/73
沙河（在深州、祁州、永寧軍)
2/84
2/85
2/88
沙河(在代州崞縣)
4/168
沙河(在楚州淮陰縣)
5/195
沙河縣
2/80
31沙渠縣地
古8/682
沙渠鎮
7/315
32沙州
10/479
沙溪鎮（屬吉州永豐縣)
6/252
沙溪鎮（屬合州漢初縣)
7/329
沙溪鎮（屬渠州鄰山縣)
7/331
沙溪鎮（屬廣安軍渠江縣)
7/332
沙溪鎮（屬渝州江津縣)
8/371
37沙湖鎮
5/206
沙渦寨
2/74

沙渦鎮
2/67
沙冢鎮
2/68
38沙海
1/2
44沙苑監
3/110
沙苑鎮
3/109
55沙井嶺
4/175
62沙縣
9/404
77沙門寨
1/13
78沙陁鎮
8/366
80沙谷津
4/179

3912_7 澇

12澇水
4/164
32澇溪鎮
8/366

消

32消溪鎮
8/359

3915_0 泮

30泮宫臺
古1/546

3918_0 湫

12湫水
4/174
32湫淵祠
古3/592

3918_1 漢

12漢水
3/106
古3/583

3918_9 淡

12淡水鹽場
9/419

3930_2 逍

12逍水鎮
8/361
32逍遥山
6/261

4000_0 乂

32乂溪鋪
6/276

十

10十二真君宅
古6/639
80十八里河鎮（屬楚州淮陰縣）
5/195
十八里河鎮（屬泗州臨淮縣）
5/197
十八隴山
古7/661

4001_1 左

26左伯桃墓(在濮州)
古1/549
左伯桃墓(在安肅軍)
古2/573
左伯桃墓(在江陵府)
古6/645
31左江
10/504
古9/700
左江鎮
9/422
32左州
10/503
44左封縣
10/482
72左丘明墳
古1/547

4001_7 九

00九度山
6/271
01九龍水
古9/692
九龍山（在邵州蒔竹縣）
6/264
九龍山（在漳州龍溪縣）
9/405
九龍觀
古9/693
九龍鎮
5/217
九龍銅場
6/251
九龍銀場
6/251

4002_7 力

40力士鎮
2/79

4003_0 大

00大庛銀坑
9/405
大庾嶺
9/417
古6/639
古6/642
古9/698
大庾山
6/256
大庾縣
6/256
6/251
大廉縣
9/436
大庭庫
古1/546
01大龍山
9/436
03大斌縣
10/474
04大熟茶焙
9/403
07大鄣山
6/242
10大石寨
4/168
大石洞
古8/683
大石鎮
7/322
大雷山
古5/619
11大彌江
古7/665
大張鎮
7/323
12大水鎮
9/408
大飛山
古9/693
大孤山
6/243
16大聖真塔
古5/612
21大順寨
3/115
大順城
3/115
大伾山
2/82
22大仙廟
古8/681
大利鎮
9/428
大利銀場
9/408
23大牟縣
10/475
24大佐錫場
9/410
26大堡津
4/179
大泉
6/252
大峴山
5/203
27大像堡
3/123
大名府
1/7
大名縣
1/7
大名鎮
1/7
大饗碑
古5/611
大槃山
3/114
28大儀鎮
5/192
30大濟銀場
9/405
大渡河
7/314
7/316
大渡州
10/488
大渡鎮
7/316
大寧郡
4/168
大寧縣
4/169
大寧監
8/373
1/27
8/364
8/371
古8/684
大寧鹽場
9/409
大寧鎮（屬衛州獲嘉縣）
2/82

縣）
5/200
古5/613
大别山（在鄂州漢陽縣）
6/268
67大野陂
1/20
71大歷縣
6/261
大隴山
3/123
大原鎮
8/366
72大隱山
古5/620
74大陸澤（在邢州鉅鹿縣）
2/80
大陸澤（在深州静安縣）
2/84
大陵城
古4/599
大陵鎮
7/323
76大隗山
1/5
大隗鎮
1/5
大陽江
6/262
77大風流
7/319
大同山銀場
9/401
大同軍
10/481
大同縣（入冀州平南縣）
9/427
大同縣（屬河東路化外鎮北大都護府）
10/481
大厲州
10/489
80大人跡
古3/590
82大劍水
8/358
大劍山
8/358
88大竹縣
7/331
大竹鎮
7/331

太

00太康縣
1/3
10太平寨
9/422
太平州
6/247
5/202
6/240
6/241
古6/637
太平港
6/268
太平軍
10/477
9/407
9/436
太平觀
古6/638
太平縣（屬河東路絳州）
4/167
太平縣（屬江南東路宣州）
6/241
太平縣城
古6/635
太平監
3/123
太平鎮（屬兖州奉符縣）
1/17
太平鎮（屬棣州商河縣）
2/68
太平鎮（屬楚州漣水縣）
5/195
太平鎮（屬太康軍建昌縣）
6/248
太平鎮（屬安州應山縣）
6/269
太平鎮（屬綿州魏城縣）
7/312
太平鎮（屬簡州陽安縣）
7/318
太平鎮（屬果州相如

太公冢
古3/582

4003_8 夾

22夾山
5/195
夾山廟
古9/691
31夾江縣
7/314
40夾灘鎮
2/68
77夾門鎮
7/315
80夾谷山
1/15

4010_0 土

22土山
1/3
30土竈金場
6/273
32土溪寨
8/365
40土坊鎮
6/250
土壕鎮
1/5
42土墱寨
4/168
土橋鎮
6/240
45土樓鎮
2/64
77土門
古2/569
土門山
3/112
土門堡
3/124
土門鎮
8/361

4010_4 臺

30臺宜寨
6/271
44臺村鎮
2/85
73臺駘廟
古4/601

4010_6 查

60查田鎮
6/250

4010_7 直

00直市
古3/585
12直水
1/26
32直州
10/494
60直羅縣
3/114

壺

11壺頭山（在鄂州崇陽縣）
6/268
壺頭山（在辰州沅陵縣）
6/274
古6/648
壺頭山（在鼎州）
古6/646
壺頭山（在黔州）
古8/681
60壺口山（在晉州臨汾縣）
4/164
壺口山（在隰州吉鄉縣）
4/169
77壺關
古4/599
壺關縣
4/163
80壺公廟
古9/693
壺公山
9/407
古9/693

4011_6 壇

22壇山
1/5
38壇道山
3/106
3/114

4012_7 坊

32坊州
3/118
3/108
3/109
3/111
3/112
3/113

古6/643
74南陵郡
10/478
南陵城
古6/635
南陵縣
6/241
76南陽郡
1/24
南陽縣（屬京西南路鄧州）
1/24
1/29
古1/550
南陽縣（屬夔州路化外莊州）
10/483
南陽鎮
7/331
77南丹州
9/429
10/507
南巴縣
10/476
南關堡
3/127
南關城
古2/567
南關鎮
4/176
78南隘鎮
9/420
80南八賦嶺
古4/604
南合鎮
3/117
82南劍州
9/403
9/399
9/401
9/402
9/404
9/405
9/406
古9/692
84南鎮
1/3
87南鄭縣
8/354
8/353

4033$_1$ 赤

00赤亭湖
6/273
12赤水
7/329
赤水西鎮
3/111
赤水東鎮
3/110
赤水縣
7/329
赤水鐵場
9/403
赤水鎮
7/328
22赤崖湫堡
3/124
赤岸山
7/308
赤岸鎮（屬定州唐縣）
2/79
赤岸鎮（屬江陵府江陵縣）
6/266
赤岸鎮（屬瀘州瀘川縣）
7/328
31赤江鎮
6/250
赤河
古2/564
34赤洪水
4/174
40赤壤川
4/163
43赤城
古3/585
赤城山
5/217
古5/622
赤城鎮（屬鄜州直羅縣）
3/114
赤城鎮（屬慶州彭原縣）
3/115
48赤松子廟
古5/617
50赤車鎮
7/321
60赤甲城
古8/681
70赤壁山
6/268
71赤隴山
9/439
80赤倉鎮

6/268
6/267
30嘉寧縣
10/483
31嘉福鎮
8/359
32嘉州
7/313
7/309
7/316
7/319
7/327
7/329
古7/662
34嘉祐鎮
2/87
74嘉陵江
3/129
7/323
7/324
7/329
7/333
8/355
8/356
8/357
8/360
8/361
8/363
古3/591
古7/665
古7/667
嘉陵谷
古3/591
77嘉興縣
5/220

4050_6 韋

30韋家莊鎮
2/65
31韋河
2/70
32韋州
3/120
43韋城縣
1/32
1/2
62韋縣城
古1/554
77韋賢墓
古1/546

4051_4 難

31難江
8/359
難江縣
8/359
10/475
10/476
32難溪寨
8/365

4060_0 古

01古龍鹽場
9/419
12古水寨
8/365
17古勇縣
10/484
30古塞山
1/28
古賓山
9/430
32古州（入荆湖北路沅州）
6/275
古州（廣南路化外州）
10/484
古州（荆湖路北江羈縻州）
10/486
9/424
35古涷水
9/421
36古渭寨
3/138
37古漏山
9/431
古9/703
古漏關
古9/703
38古道堡（屬秦州床穰堡）
3/124
古道堡（屬秦州冶坊堡）
3/124
古道銀場
3/127
40古壇
古1/546
43古城
古9/706
古城鎮（屬懷安軍金堂縣）
7/332
古城鎮（屬蓬州蓬池縣）

8/361
40古帶鐵坑
9/424
古帶鉛場
9/424
古桂縣
10/507
45古樓寨
6/273
古樓鎮
8/361
50古書縣
10/484
60古田口
9/400
古田縣
9/400
古田金坑
9/400
62古縣
9/421
76古陽縣（改置宜州龍水縣懷遠寨）
9/430
古陽縣（屬廣南路化外琳州）
10/485
77古闕山
9/413
84古鎮
8/361
88古符縣
10/484
99古勞縣
10/507

右

31右江
10/506
右江鎮
9/422

4060_1 吉

12吉水(在金州西城縣)
1/26
吉水(在吉州吉水縣)
6/252
吉水縣
6/252
22吉川州
10/490
27吉鄉軍
4/169
吉鄉縣
4/169
10/474
32吉州
6/251
6/249
6/250
6/253
6/254
6/256
6/257
6/260
古6/640
40吉南縣
10/477
74吉陵縣
10/477
76吉陽水
6/242
吉陽山
古6/640
吉陽縣（改置吉州吉水縣）
6/252
吉陽縣（入安州孝感縣）
6/269
吉陽縣（改置朱崖軍臨川鎮）
9/439
吉陽鎮
7/313

4060_5 喜

37喜渦寨
2/70
55喜井鎮
7/325

4060_9 杏

12杏水
3/117
22杏山
古6/635
60杏園鎮
2/82

4064_1 壽

11壽張縣
1/20
30壽安縣
1/5
1/4
壽安鎮

7/315
32壽州
5/199
1/36
5/192
5/193
5/200
5/201
5/203
5/204
5/205
古5/613
50壽春郡
5/199
壽春山
5/200
壽春縣
5/200
壽春鎮
5/200
60壽昌溪
5/220
壽昌縣（屬兩浙路睦州）
5/220
壽昌縣（屬陝西路化外沙州）
10/479
76壽陽縣
4/162
90壽光縣
1/9

4071_0 七

00七麻堡
3/139
17七子山
1/13
26七泉鎮
7/321
27七盤山(在邛州)
古7/663
七盤山(在巴州)
古8/679
七盤縣
8/359
七盤鎮（屬果州相如縣）
7/324
七盤鎮（屬巴州恩陽縣）
8/359
30七渡水
8/373
七渡水寨
8/373
七寶山
6/276
31七源州
10/503
40七臺山
9/404
古9/692
44七姑垣寨
2/70
60七里渡鎮
2/68
七里瀨
5/219
七里鎮
6/251
七星鎮
6/259
77七門山
古8/683

4071_4 雄

13雄武軍
3/122
17雄勇鎮
4/178
32雄州
2/69
2/70
2/76
2/87
2/89
9/417
古2/566
34雄遠軍
6/247
36雄邊堡
3/124

4073_2 袁

00袁市鎮
7/332
07袁部鹽場
5/220
12袁璞墳
古6/641
袁水
古6/642
22袁山
6/253
古6/640
27袁侯臺
古2/564

5/197
木場鎮（屬壽江安豐縣）
5/200
47木奴鎮
8/357
木栅寨
8/365
71木歷山
8/369
木馬鎮
7/308
74木陵山
5/206
77木母冢
古5/615
木母臺
古1/555
木門城
古2/564
96木燭州
10/492

4090_3 索

12索水
1/31
1/33
古1/553
33索心鎮
8/366
40索古州
10/488
60索口寨
6/271

4090_8 來

24來化州
10/485
來化鎮
3/111
30來灘鎮
7/329
來安水
5/198
來安縣
5/198
來賓縣
9/423
10/477
34來遠寨
3/139
來遠縣（屬河北路遼州）
10/479
來遠縣（屬河北路瑞州）
10/479
來遠鎮（屬冀州信都縣）
2/66
來遠鎮（屬壽州安豐縣）
5/200
44來蘇鎮（屬昌州永川縣）
7/326
來蘇鎮（屬合州石照縣）
7/329
來蘇鎮（屬榮州榮德縣）
7/330
來蘇鎮（屬蓬州儀龍縣）
8/361
87來鋒州
10/491

4091_6 檀

12檀水
1/25
32檀州
10/478

4091_7 杭

32杭州
5/207
5/208
5/209
5/211
5/219
5/220
6/241
10/475
古5/616

4092_7 檇

40檇李城
古5/623

4093_1 樵

80樵舍鎮
6/250

4094_1 梓

30梓潼水

4412_1 菏

4412_7 蒲

蕩

勤

4414_2 薄

4414_7 鼓

7/322
鼓樓鎮
7/324
55鼓井鎮
7/334
67鼓鳴山
9/406
77鼓門
古9/694
82鼓鍾山
1/5

4414_9 萍

27萍鄉縣
6/253
34萍池鎮
7/332

4415_3 蕺

22蕺山
5/209

4416_0 堵

12堵水(在房州竹山縣)
1/27
堵水(在唐州方城縣)
1/29

4416_4 落

34落漠水
2/80
46落帽臺
古6/645
60落星石
古6/638
落星穴
古9/692

4420_1 苧

32苧溪
5/212
60苧羅山
5/209

4420_2 蓼

12蓼水
2/80
22蓼山
1/29
60蓼國
古1/552
76蓼隄
1/2

4420_7 夢

12夢水
6/251
88夢筆山
古9/691

考

43考城縣
1/3

4421_1 麓

40麓臺山(在太原府榆次縣)
4/162
麓臺山(在汾州平遥縣)
4/170

蘼

44蘼蕪澗
古6/634

4421_2 苑

42苑橋鎮
2/82
43苑城
古1/555

4421_4 花

22花山銀場
1/29
44花姑山
古6/634
花林鎮
8/357

茬

22茬山
2/68

莊

17莊子墓
古5/615
莊子觀魚臺
古5/615
32莊州
10/483
42莊坂鹽場
9/403

藿

32藿溪
古9/693

4421_7 梵

10梵雲山
7/323
梵雲寺
古9/698

蘆

31蘆瀝鹽場
5/220
40蘆塘鎮
5/204

4422_1 芹

32芹溪
古9/691

猗

72猗氏
古3/582
猗氏縣
3/106

荷

22荷山
古6/641
37荷湖山
古6/637

4422_2 茅

22茅山（在潤州金壇縣）
5/211
古5/618
茅山（在江寧府句容縣）
6/240
古6/633

4422_7 芮

17芮君祠
古3/584
27芮鄉
古3/585
43芮城
古3/583
芮城縣
3/107
60芮國
古3/585

帶

11帶頭寨
7/328
12帶水縣
10/482
32帶溪寨
9/430

莆

60莆田縣
9/407
9/402

萬

00萬庾巡
6/266
03萬就寨
8/365
10萬石君廟
古1/553
萬石山（在鄭州榮陽縣）
1/31
萬石山（在永州零陵縣）
6/262
17萬承州
10/503
20萬集鎮
7/310
21萬歲亭
古1/553
萬歲嶺鎮
5/202
萬歲井
古9/694
萬歲縣
8/369
萬歲鎮（屬常州武進縣）
5/215
萬歲鎮（屬遂州遂寧縣）
7/323
萬傾池
古8/681
22萬山
1/23
24萬德州
10/505
萬德鐵場
9/406
26萬泉縣
3/106
30萬寧縣
9/439
9/438
萬安郡

9/438
萬安山
1/4
萬安寨
3/108
萬安州
9/438
萬安軍
9/438
9/437
9/439
古9/707
萬安縣
6/252
萬安鎮（改置吉州萬安縣）
6/252
萬安鎮（屬臨江軍新喻縣）
6/257
32萬州(屬夔州路)
8/368
8/365
8/366
8/367
8/369
8/371
8/372
8/373
古8/682
萬州（荆湖路北江羈縻州）
10/486
40萬壽縣（屬京西北路潁州）
1/36
萬壽縣（入渝州江津縣）
8/371
43萬載縣
6/253
6/255
50萬春鎮（屬霸州大城縣）
2/70
萬春鎮（屬巴州化城縣）
8/359
60萬里橋
古7/659
71萬匡州
10/504
79萬勝鎮
1/3
80萬全縣
10/482
萬全鎮
7/312
萬年縣
3/104
3/103
萬善鎮（屬懷州河内縣）
2/81
萬善鎮（屬巴州恩陽縣）
8/359

幕

27幕阜山
6/250

蕭

00蕭帝巖
古6/640
22蕭山
5/209
蕭山縣
5/209
50蕭史壇
古6/639
62蕭縣
1/18
77蕭關古城
古3/592
83蕭館鎮
1/3
84蕭鎮(屬慶州彭原縣)
3/115
蕭鎮(屬原州彭陽縣)
3/132

蘭

00蘭亭
古5/617
蘭麻山
9/421
22蘭巖山
古1/553
26蘭泉
3/135
蘭皐鎮
3/133
30蘭穹山
5/209
31蘭江縣
10/507

32蘭州(屬秦鳳路)
3/135
3/125
3/139
古3/592
蘭州(廣南路宜州羈縻州)
10/506
蘭溪(在婺州蘭溪縣)
5/213
蘭溪(在池州建德縣)
6/244
蘭溪水
5/202
蘭溪縣
5/213
74蘭陵鎮
1/12

藺

46藺相如冢
古2/572
藺相如墓(在德州)
古2/567
藺相如墓(在真定府)
古2/569

蓨

00蓨市
2/66
62蓨縣
2/66

4423_2 苽

74苽陵鎮
1/34

蒙

11蒙頂山
7/317
古7/663
22蒙山(在沂州費縣)
1/12
蒙山(在太原府陽曲縣)
4/162
蒙山(在嵐州)
古4/604
蒙山郡
10/478
蒙山縣
10/478
31蒙江
9/425
32蒙州
10/478
9/425
34蒙池銀場
6/258
43蒙城縣
5/193
83蒙館鎮
5/193

猿

22猿嶠
古6/643
77猿居山
古9/696

藤

32藤州
9/426
9/421
9/425
9/427
10/477
古9/702
42藤橋鎮
9/439

藜

27藜角山
1/14

4424_0 蔚

32蔚州
10/481
2/76
2/79
4/167
4/168
38蔚汾水
4/173

4424_7 蔣

00蔣帝廟
古6/646
12蔣水
4/162
13蔣琬宅
古6/643
32蔣州
10/499
34蔣池鎮
8/366
46蔣坦鎮
8/366

60蔣國
古5/615

獲

00獲鹿縣
2/77
09獲麟堆
古1/548
31獲源寨
6/264
40獲嘉
古2/570
獲嘉城
古2/570
獲嘉縣
2/82
2/81
44獲村鎮
6/253

葭

44葭蘆寨
4/174
葭萌縣
8/355

4425$_3$ 茂

01茂龍州
10/501
27茂名縣
9/433
10/476
32茂州
7/317
7/307
7/309
7/310
7/311
7/312
7/313
7/319
8/362
10/495
古7/663
茂溪水
9/412

4428$_9$ 荻

21荻步鎮
5/203
34荻港鎮
6/247

4429$_6$ 獠

77獠母城鎮
7/326

4430$_4$ 蓮

31蓮河
5/209
44蓮花嶺
古9/695
蓮花峯
古9/691
蓮荷鎮
7/331

蓬

22蓬山(在蓬州蓬池縣)
8/361
蓬山(在池州)
古6/635
蓬山郡
10/482
蓬山縣
8/361
蓬山鎮
8/361
32蓬州(屬利州路)
8/361
7/323
7/330
8/356
8/358
古8/680
蓬州（成都府路黎州羈縻州）
10/488
蓬溪
7/323
蓬溪縣
7/323
34蓬池縣
8/361
44蓬萊縣
1/13
1/12
80蓬矢州
10/488

4430$_7$ 芝

22芝山
古6/633
芝山縣
10/506
92芝忻州
10/477
9/430

4432_0 薊

32薊州
10/478
2/75
62薊縣
10/478

4432_7 芍

74芍陂
5/200
古5/613
古5/614

4433_1 蒸

12蒸水
6/260

蕪

37蕪湖
6/247
蕪湖水
古6/637
蕪湖縣
6/247
6/240
6/241
44蕪蔞亭
古2/571

蕉

22蕉山
古9/692
40蕉坑銀場
9/406

熱

12熱水
9/410

燕

22燕樂縣
10/478
32燕州
10/479

薰

77薰風亭
古9/698

4433_8 慕

24慕化縣
9/420
慕化鎮
9/420

4433_6 煮

50煮棗城
古1/547

4433_8 恭

24恭化郡
10/482
32恭州
10/482
43恭城縣
9/425

4436_0 赭

40赭土山
1/18

4439_4 蘇

00蘇磨橋
古9/706
23蘇稽鎮
7/314
32蘇州
5/209
5/199
5/211
5/213
5/214
5/220
古5/618
44蘇茂州
9/422
蘇村鎮（屬沂州沂水縣）
1/12
蘇村鎮（屬壽州下蔡縣）
5/200
60蘇羅山
9/426
77蘇門山
古2/570

4440_0 艾

22艾山（在沂州沂水縣）
1/12
艾山（在淮陽軍下邳縣）
1/16
43艾城
古6/639
44艾蒿鎮

3/123

4440_1 莘

25莘仲城
古1/547
60莘國
古3/584
62莘縣
1/8

茸

22茸山鎮
8/359

4440_4 婁

77婁鳳州
10/505

4440_6 草

00草市鎮
1/3
50草書巖
古9/699

4440_7 孝

17孝子泉
古5/623
21孝順鎮
5/213
26孝泉鎮
7/313
46孝相口
古2/572
47孝婦廟
古5/612
孝婦祠
古5/610
53孝感縣
6/269
80孝義縣
4/170
孝義鎮（屬河南府永安縣）
1/4
孝義鎮（屬汾州介休縣）
4/171

4440_8 茭

31茭源銀場
6/261

4441_1 嬈

10嬈下鎮
5/202

姥

34姥婆城
古6/645

4442_7 荔

22荔川寨
3/130
31荔江
9/420
33荔浦水
古9/701
荔浦縣
9/420
40荔支洲
古9/694
44荔枝園
古7/666
71荔原堡
3/115

4443_0 樊

22樊川
古3/582
樊山鎮
4/164
30樊良鎮
5/192
43樊城鎮
1/23
44樊村鎮
1/24
68樊噲廟
古1/553
樊噲冢
古1/553
樊噲臺
古8/677
樊噲墓
古2/570

葵

72葵丘
1/3

莫

17莫耶山
5/204
32莫州
2/69
2/66
2/76
2/86

2/89
古2/566
62莫縣
2/69
80莫金寨
2/70
莫金口城
古2/567

4445_6 韓

10韓王都城
古1/553
11韓張鎮
1/8
20韓信壇
古8/677
22韓山
5/195
27韓偓墓
古9/692
30韓安國廟
古5/611
韓安國墳
古5/611
40韓臺
古2/569
43韓城
古3/584
韓城縣
3/110
3/119
60韓國
古3/584
74韓陵山
2/78
77韓朋鎮
7/325

4446_0 姑

04姑熟十詠詩石
古6/637
23姑臧縣
10/479
24姑射廟
古4/600
姑射山
4/164
古4/600
44姑蔑城
古5/623
姑蘇山
5/210
姑蘇臺
古5/618

茹

43茹越寨
4/168

4450_4 華

00華亭海
5/220
華亭縣（屬兩浙路秀州）
5/220
古5/624
華亭縣（屬秦鳳路渭州）
3/131
10/474
華亭谷
古5/624
07華歆墓
古2/566
22華山
古3/585
30華容縣
6/273
6/266
32華州
3/110
3/103
3/105
3/106
3/109
3/111
3/116
古3/585
34華池水
3/114
華池寨
3/115
華池縣
3/115
華池鎮（屬慶州合水縣）
3/115
華池鎮（屬果州南充縣）
7/323
35華清縣
10/484
44華蓋山（在温州永嘉縣）
5/215
華蓋山(在江陵府)

古6/645
華林水
6/250
華林山
6/250
古6/639
華林園
古6/633
71華原郡
3/111
華原縣
3/112
3/111
72華岳廟
古3/585
76華陽縣（屬成都府路成都府）
7/308
7/307
華陽縣（改置洋州真符縣）
古8/678
78華陰郡
3/110
華陰縣
3/111

4452$_1$ 蘄

12蘄水（在蘄州）
5/194
蘄水（在宿州蘄水縣）
5/202
蘄水縣
5/202
22蘄山
5/202
32蘄州
5/201
5/203
5/205
6/243
6/255
古5/614
36蘄澤鎮
5/194
50蘄春郡
5/201
蘄春縣
5/202
5/201
60蘄口鎮
5/202
62蘄縣
5/194

4452$_7$ 勒

32勒州
10/504

4453$_0$ 芙

44芙蓉山（在温州樂清縣）
5/216
芙蓉山（在韶州）
古9/695
芙蓉渡
古6/642
芙蓉湖
5/215
芙蓉縣
10/482

英

32英州
9/418
9/408
9/409
9/410
9/412
古9/498
40英布廟
古5/614
60英田場栅
9/437
英羅縣
10/507
80英公廟
古4/605

4460$_1$ 昔

12昔水鎮
8/356

礬

22礬山務
4/165
礬山鎮
5/207

4460$_2$ 苕

12苕水
5/212
32苕溪
5/212

4460$_3$ 菑

72菑丘城
古5/611

暮

32暮溪寨
6/264

4460_4 若

17若耶溪
古5/617

苦

40苦杏城
古6/648
62苦縣
古5/610
88苦竹山
古9/700
苦竹溪
古9/693

4460_6 莒

32莒溪鐵務
9/405
62莒縣
1/10

菖

44菖蒲澗
古9/694

4460_7 茗

22茗山鎮
7/325

蒼

22蒼山
2/82
古2/570
32蒼溪
8/357
蒼溪縣
8/357
41蒼梧郡
9/425
蒼梧山（在海州東海縣）
5/196
蒼梧山（在道州）
古6/644
蒼梧縣
9/426
9/425
74蒼陵廟
古3/583
99蒼榮州
10/490

4460_8 蓉

22蓉山
古9/701

4460_9 蕃

12蕃水縣
10/506
32蕃州（廣南路邕州羈縻州）
10/505
蕃州（廣南路宜州羈縻州）

4462_7 荀

26荀息墓
古4/601

4464_1 蒔

88蒔竹水
6/264
蒔竹縣
6/264
6/277

4471_0 芒

16芒碭山
1/21
古1/548
22芒山
5/193
古5/611

4471_1 老

17老子行記碑
古5/611
27老烏山
2/65

4471_2 苞

44苞茅山
6/276

4471_7 巷

44巷姑寨
2/65

4472_2 鬱

10鬱平縣（改置貴州鬱林縣）
9/428
鬱平縣（入鬱林州興業縣）

古5/618
11甘北鎮
3/104
12甘水鎮
8/366
22甘巖山
古9/701
26甘泉縣
3/108
甘泉鎮
7/318
31甘河鎮
3/104
32甘州
10/480
甘溪鎮
7/332
60甘羅廟
古5/610
74甘陵王國
古2/568
甘陵鎮
2/72
80甘谷城
3/123

4477_7 舊

01舊龍池鎮
7/332
12舊水堡
3/123
30舊安定鎮
2/72
32舊州城
古9/700
舊州鎮
2/64
62舊縣城
古9/700
舊縣鎮（屬恩州武城縣）
2/73
舊縣鎮（屬真定府井陘縣）
2/77

4480_1 共

22共山
2/82
古2/571
43共城縣
2/82

其

00其章山
8/359
其章縣
8/358
8/359
其章鎮
8/359
90其常縣
10/484

楚

10楚王城
古9/699
楚靈王廟(在亳州)
古5/611
楚靈王廟(在泗州)
古5/612
楚元王廟
古5/611
楚平王廟
古6/634
13楚武王廟(在郢州)
古1/552
楚武王廟(在潁州)
古1/556
21楚頃襄王廟
古5/611
22楚山(在商州上洛縣)
3/117
楚山(在鳳翔府虢縣)
3/112
30楚宮
古8/681
32楚州
5/194
1/15
5/191
5/195
5/196
5/197
10/475
古5/611
43楚城鎮
6/243
44楚莊王廟
古6/645
楚莊王墓
古6/645
67楚昭王墓
古6/645
72楚丘城
古2/563
楚丘縣
1/7

1/6
80楚令尹墓
古6/645

4480$_6$ 黄

00黄鹿鎮
7/312
黄帝五龍祠
古3/584
01黄龍山
古6/638
黄龍鎮
7/309
08黄敦鹽團
9/405
10黄石
古8/683
黄石山
5/202
黄石河鎮
3/131
黄石公城
古6/642
12黄水（在應天府下邑縣）
1/7
黄水(在登州黄縣)
1/13
黄水(在鄆州平陰縣)
1/20
黄水(在鄧州内鄉縣)
1/25
黄水(在光州定城縣)
5/205
20黄香山
古6/646
黄香冢
古1/551
黄香墓
古6/646
黄香塜
古6/646
22黄川鎮
3/117
黄崖關
7/317
黄崗縣
5/206
黄崗錫場
9/411
黄巖
5/216
黄巖縣
5/216
黄山(在宣州)
古6/634
黄山(在太平州)
古6/637
黄巢墓
古1/546
24黄特鎮
1/34
黄崎鎮
9/400
26黄堡鎮
3/112
黄泉山
7/327
27黄叔度墓
古1/555
30黄富鐵場
6/261
31黄河
1/3
1/5
1/8
1/10
1/15
1/20
1/22
1/31
1/32
1/33
2/64
2/68
2/69
2/71
2/72
2/81
2/82
3/106
3/107
3/108
3/110
3/111
3/116
3/119
3/134
3/135
4/166
4/167
4/169
4/173
4/174
4/179
古4/601
32黄州
5/205

5/201
6/267
6/268
古5/616
34黄池
1/3
黄池鎮
6/247
35黄溝
1/3
黄連洞
9/405
36黄澤嶺
古4/604
黄澤寨
4/175
38黄洋銀場
9/400
40黄土瀆
古5/621
黄土銀場
9/406
黄坑銀場
9/410
43黄城
古5/616
黄城山
古1/556
44黄花鎮
3/129
黄蘗山
6/255
46黄柏洋銀場
9/401
47黄鶴山
古6/646
黄鶴樓
古6/646
黄都山
古9/705
48黄墩湖
6/242
黄梅山
5/202
黄梅縣
5/202
60黄田鹽栅
9/409
黄邑墓
古6/646
62黄縣
1/13
74黄陂縣
5/206
77黄岡縣
5/205
黄岡鎮（屬潮州海陽縣）
9/411
黄岡鎮（屬潮州潮陽縣）
9/411
78黄隊鎮
1/21
80黄金水
8/356
黄金縣
8/356
黄金銀場
6/247
88黄榦銀場
6/259
90黄火鎮
6/247

蕢

22蕢山
3/104

4480_9 焚

25焚艘
古9/706
32焚州
10/501
45焚樓鎮
9/437

4490_1 禁

32禁溪
古7/666

蔡

01蔡龍縣
9/436
21蔡順廟
古7/664
蔡順母墓
古1/555
蔡經宅
古5/618
28蔡倫宅
古6/643
31蔡河
1/2
1/3
1/35
32蔡州
1/33

1/29
1/30
1/35
1/36
1/37
5/205
古1/554
40蔡太守廟
古5/616
60蔡口鎮
1/35

4490_3 綦

44綦村鎮
2/80

4490_4 茶

12茶水
6/260
22茶山(在蘄州蘄水縣)
5/202
茶山(在建州建安縣)
9/401
茶山
古9/691
44茶林鎮
5/215
74茶陵縣
6/260

菜

60菜園堡
3/123

葉

21葉街鎮
7/322
62葉縣
1/37
古1/556
80葉公廟
古1/556
葉公諸梁墓
古1/557

藁

43藁城縣
2/77

藥

10藥王山
6/250
30藥家鎮
2/71
47藥婦山
古1/551
80藥父山
古1/551

4490_8 萊

22萊山
1/13
32萊州
1/13
1/10
1/12
1/14
44萊蕪縣
1/17
萊蕪監
1/17
76萊陽縣
1/13

4491_0 杜

00杜康冢
古4/601
杜唐銀場
9/404
11杜預碑
古1/550
12杜水
3/122
26杜伯國
古3/582
31杜遷鎮
6/241
34杜瀆鹽場
5/216
43杜城
古3/582
53杜甫墓
古6/643
74杜陵縣
9/416
76杜陽水
1/5
杜陽山
3/122
古3/589
77杜母鎮
1/24
88杜敏生碑
古5/614
杜敏生祠
古5/614

4491_4 桂

10桂平縣

9/428
9/427
12桂水
9/409
古9/695
14桂硖鎮
9/425
22桂嶺山
9/413
古9/696
桂嶺縣
9/413
桂山
古9/695
27桂角銀場
9/409
31桂江(在桂州臨桂縣)
9/420
桂州(在梧州蒼梧縣)
9/426
古9/701
32桂州
9/419
6/264
9/412
9/423
9/424
9/425
9/429
10/477
古9/699
桂溪
8/368
桂溪縣
8/368
8/373
44桂林縣城
古9/700
76桂陽郡
6/262
桂陽山
9/412
古9/696
桂陽縣(屬荆湖南路郴州)
6/263
桂陽縣(屬廣南東路連州)
9/412
9/411
桂陽監
6/265
6/260
6/261
6/262
6/263
9/411
古6/645
77桂月峯
古6/638

蘿

12蘿水
古9/696
36蘿泊川
4/175

4491_8 椹

37椹澗鎮
1/30

4492_7 菊

12菊水
1/25
古1/550
31菊潭鎮
1/25

樠

40樠木山
1/28
古1/552

藕

34藕池鎮
6/267
40藕塘鎮
5/204

4494_7 枝

31枝江縣
6/266
枝江鎮
6/267

4496_0 枯

88枯繁河
1/8

4496_1 桔

46桔槔寨
4/179

4498_6 横

10横石山
古8/683
21横衝錫場
9/411
22横嶺水

4/169
横山
5/215
横山郡
10/483
横山縣（改置杭州昌化縣）
5/208
横山縣（屬廣南路化外田州）
10/483
31横江廟
古6/646
横渠鎮
3/122
32横州
9/431
9/422
9/428
9/435
9/436
10/476
古9/703
33横浦關
古6/642
38横海軍
2/64
44横林鎮
5/215
76横陽山
5/216
横陽堡
4/166

4499_0 林

21林慮縣
2/78
32林州
10/484
34林波州
10/492
60林邑郡
10/484
林邑縣
10/484
71林歷山
6/242
94林燒州
10/492

4523_2 狭

32狭州
10/486

4528_6 幘

22幘山
4/162

4542_7 娉

40娉婷鎮
6/248

4593_2 棣

32棣州
2/68
1/15
2/71
古2/566

4594_4 棲

10棲霞山
1/21
40棲真山
古6/634
77棲賢山
古7/668

樓

22樓山
4/169
27樓船水
古9/698
30樓灘鎮
7/329
42樓板寨
4/168
91樓煩郡
4/172
樓煩城
古4/602
樓煩縣
4/173
4/172

4601_0 旭

22旭川縣
7/330

4621_0 觀

27觀解鎮
6/269
觀魚臺
古1/549
35觀津城
古2/564
觀津鎮
2/66
40觀臺鎮

4/171
古2/569
46相如琴臺
古7/665
相如縣
7/324
60相思寺
古8/683
76相陽寨
8/365

4691_8 槐

12槐水
2/86
31槐河
2/77

4691_4 樫

44樫林堡
3/123

4692_7 楊

10楊震墓
古3/585
楊雲外尊師碑
古8/684
11楊班湫
3/114
21楊行密墓
古5/614
22楊仙鎮
7/325
24楊岐山
6/253
30楊家會鎮
6/247
楊家鎮
2/66
楊安錫場
9/419
40楊難當墓
古3/592
42楊桃溪
7/322
43楊城
古4/600
44楊攀口鎮
2/65
楊村鎮
2/73
46楊場鎮
7/313
47楊柳津
古6/638
48楊梅鎮
6/251
60楊國
古4/600
72楊劉鎮
1/20

4694_0 椑

40椑木鎮
7/325

4698_0 枳

62枳縣城
古8/683

4702_7 郏

43郏城縣
1/37
古1/556

4712_0 均

30均窰鎮
7/308
32均州
1/27
1/23
1/24
1/26
3/116
古1/551

堋

00堋市鎮
7/310
60堋口茶場
7/311
堋口縣
7/311
堋口鎮
7/311

4712_7 邽

22邽山
3/123

鄞

31鄞江溪
9/405
62鄞縣
5/214
5/213

4713_4 堠

17堠子鎮

3/104

4713_8 懿

32懿州
10/487

4722_7 郗

90郗愔冢
古5/617

郁

32郁洲山
5/195
50郁夷縣故城
古3/590

鶴

32鶴州(入沅州安江寨)
6/276
鶴州（夔州路黎州羈縻州）
10/500
36鶴澤
古6/647
40鶴奔岡
古9/701
67鶴鳴山
7/310
7/315
鶴鳴山神廟
古7/662
鶴鳴鎮
7/329
80鶴父亭
古5/613

4723_4 猴

12猴水
1/18
24猴豺嶺
9/439

4728_2 歡

22歡樂鎮
7/326

4732_7 郝

24郝侍郎釣魚臺
古6/646
32郝州
10/500

4741_7 妃

00妃廟
古5/614

4742_0 朝

10朝霞山
7/329
朝天鎮
8/355
12朝水
1/24
17朝那水
3/132
朝歌
古2/570
27朝郍湫廟(在原州)
古3/591
朝郍湫廟(在鎮戎軍)
古3/592
30朝宗鎮
1/23
43朝城
古2/570
朝城縣
1/8
46朝覲壇
古1/545
60朝邑縣
3/110

4744_7 好

32好溪
5/218
古5/622
64好畤縣
3/122
3/104
10/474

報

60報恩江
6/252
報恩鎮
6/252

4760_1 磐

10磐石山（在淮陽軍下邳縣）
1/16
磐石山（在泗州臨淮縣）
5/197

4760_9 罄

20罄香廖

古6/637

4762_0 胡

21胡盧河
古2/568
36胡瀼鎮
7/309
43胡城
古8/677
44胡蘆河
2/66
胡蘇亭(在滄州)
古2/564
胡蘇亭(在永静軍)
古2/568
胡蘇河
古2/564
60胡甲山
4/176
70胡壁堡鎮
3/106
75胡陳鎮
5/218
76胡陽溪
8/373
80胡谷寨
4/168
胡公山
4/174

4762_7 都

00都亮縣
10/506
都玄觀
古6/642
10都零鎮
9/428
21都上縣
10/483
都盧山
古3/592
都盧山硤
古3/591
都儒縣
8/365
都儒鎮
8/365
22都嶠山
古9/699
都山
2/79
24都斛鹽場
9/409
27都伊縣
10/506
都黎縣
10/506
31都江
7/308
7/311
32都灃水
9/431
33都梁山
5/197
34都池鎮
8/366
37都泥江
9/431
都禄鎮
9/428
43都城縣
9/415
都城鎮
9/415
44都蒙縣
10/484
48都救縣
10/483
50都夷縣
10/506
57都邦縣
10/477
60都恩縣
10/477
都昌縣
6/248
6/243
71都隴縣
10/507
88都竹鎮
8/362

鵲

22鵲岸
古6/634
鵲山縣
10/483

4772_0 切

74切騎州
10/497

4772_7 邯

22邯山
2/85
67邯鄲縣
2/85

4780_6 超

37超没堠
4/175

4782_0 期

43期城
1/3
60期思城（在壽州）
古5/613
期思城（在光州）
古5/615

4791_0 楓

22楓山
6/273

4791_2 枹

37枹罕縣
3/134

4791_7 杞

33杞梁墓
古1/554

4792_0 柳

00柳市鎮
5/216
17柳子鎮
5/194
26柳泉鎮（屬河南府壽安縣）
1/5
柳泉鎮（屬秦鳳路原州）
3/132
32柳州
9/428
9/419
9/423
9/429
9/430
古9/703
柳溪鎮
7/329
34柳池鎮
8/358
43柳城郡
10/479
柳城縣（屬廣南西路柳州）
9/429
柳城縣（屬河北路化外營州）
10/479
50柳中縣
10/480

枸

60枸邑城
古3/586

桐

00桐廬江
5/219
桐廬縣
5/219
5/208
12桐水
6/249
古6/638
31桐源水
6/247
桐源山
6/249
古6/638
32桐溪
5/208
40桐臺鎮
9/412
桐木鎮
5/200
41桐墟鎮
5/194
43桐城
古5/615
桐城縣
5/203
桐城鎮
6/248
46桐柏山（在唐州、信陽軍）
1/29
1/38
古1/552
古1/557
桐柏山（在台州寧海縣）
5/216
桐柏溪
5/217
桐柏觀碑
古5/622
桐柏縣
1/29

4792_7 郴

12郴水

6/263
32郴州
6/262
6/256
6/259
6/260
6/265
9/409
9/411
古6/644
62郴縣
6/263
6/262
80郴義縣
6/263

橘

22橘山
古9/696
32橘州
古6/643

4794_0 栅

11栅頭鎮
7/309
31栅江寨
5/202

椒

72椒丘城
古6/639
74椒陂鎮
1/36

4794_7 穀

12穀水
5/218

穀

04穀熟縣
1/6
12穀水（在河南府新安縣）
1/5
穀水（在應天府穀熟縣）
1/6
22穀山(在襄州穀城縣)
1/24
穀山(在虔州)
古6/639
26穀伯廟
古1/550
穀伯國
古1/549
32穀溪源
古5/623
43穀城(在鄆州)
古1/547
穀城(在隰州)
古4/602
穀城山
1/20
穀城縣
1/24
1/23
10/473
古1/549
44穀藏堡
3/130
穀林山
1/22
60穀田
古6/639
76穀陽城
古5/611

殺

40殺獐川堡
3/133

4795_8 櫸

32櫸溪鎮
7/325

4810_7 盩

71盩厔縣
3/122

4816_6 增

43增城縣
9/408

4826_1 猶

12猶水
6/256

4832_7 驚

22驚川州
10/492

4841_7 乾

24乾德縣
10/473
30乾寧軍
2/74
2/70
2/75

古2/568
乾寧縣
2/74
32乾州(陝西路省廢州)
10/474
3/104
3/113
3/122
乾州（成都府路茂州羈縻州）
10/495
34乾祐縣
3/105
40乾壕鎮
3/107
44乾封縣
1/16
乾封鎮
7/319
74乾陂寨
8/362
77乾興寨
3/136
88乾符寨
2/65

4844_0 教

22教山
4/167

4844_1 斡

12斡水
古9/704
斡水縣
10/477

4850_2 擎

10擎雷水
9/434
古9/704
擎雷山
9/434

4864_0 故

17故郡鎮
5/201
21故步鎮
5/200
43故城鎮（屬大名府元城縣）
1/7
故城鎮（屬岷州長道縣）
3/130
故城鎮（屬階州福津縣）
3/133
故城鎮（屬階州將利縣）
3/133
62故縣鎮（屬鄧州南陽縣）
1/24
故縣鎮(屬陝州陝縣)
3/107
故縣鎮（屬商州洛南縣）
3/117
故縣鎮（屬壽州六安縣）
5/200
故縣鎮（屬黄州麻城縣）
5/206
故縣鎮（屬廣安軍岳池縣）
7/332
76故驛鎮
7/315

敬

32敬州
9/416

4892_1 榆

34榆社縣
4/174
4/176
榆社鎮
4/175
4/176
37榆次縣
4/162
44榆林郡
10/480
榆林堡
3/123
榆林縣
10/480

4892_7 枌

48枌榆社
古1/546

4893_2 松

22松嶺
古1/550

松山
8/373
31松江
5/210
古5/618
32松州
10/482
8/359
8/362
松溪
9/402
松溪縣
9/402
37松湖
5/206
松湖鎮
6/250
38松滋縣
6/267
6/266
44松蘿山
古6/634
60松口鹽務
9/411
松果山
3/111
74松陵江
5/220
76松陽水
1/5
松陽山
1/5
松陽縣
5/217
松陽鎮
5/217
77松門山
古6/639
松門鎮
9/425

4894_0 檄

48檄欖山
古9/699

4894_1 栟

47栟櫚山
古9/692

4895_7 梅

17梅子寨
6/272
22梅嶺堡
7/328
梅山(在鄭州管城縣)
1/31
梅山（在無爲軍無爲縣）
5/207
梅山縣
6/264
31梅福山
古9/691
梅福宅
古6/639
32梅州
9/416
6/250
9/404
9/411
古9/698
梅溪
9/406
梅溪水
1/25
梅溪鎮
5/212
34梅渚鎮
6/249
36梅迴寨
4/168
43梅城
古5/611
46梅娟墳
古6/636
47梅根山
6/244
60梅口鎮
9/417
梅里鎮
5/210
99梅營銀場
9/404

4898_1 樅

76樅陽水
5/203

4928_0 狄

22狄山
古2/563
38狄道縣
3/126
3/125
72狄丘冶務
1/18
狄虒彌墳
古1/548

4980_2 趙

00趙市鎮
7/324
7/325
10趙王武臣冢
古5/611
13趙武靈王廟
古4/603
17趙君廟
古2/567
趙郡
2/85
22趙仙翁祠
古2/566
趙嵓口鎮
1/15
27趙侯祠
古5/619
30趙淮
古9/691
趙宅鎮
2/73
32趙州
2/85
2/65
2/72
2/76
2/80
4/176
古2/572
37趙洛鎮
1/37
40趙塘鎮
6/270
趙奢冢
古2/572
43趙城
古4/600
趙城縣
4/164
50趙屯鎮
6/244
55趙井鎮
7/323
70趙壁
古4/603
72趙盾廟
古4/601
88趙簡子廟
古4/600
趙簡子冢
古2/572
趙簡子臺
古2/569

5000_6 中

00中廬
古1/549
07中郭普堡
3/133
中部郡
3/118
中部縣
3/119
3/118
12中水城
古2/565
17中子銅場
9/409
21中盧縣
1/24
1/23
22中川州
10/493
中仙宮
古8/683
中山
6/240
23中牟臺
1/3
中牟縣
1/3
27中條山
3/106
3/107
3/114
古3/582
30中安堡
3/138
31中江
7/318
7/321
7/324
7/325
7/330
7/332
古7/666
古7/668
中江縣
7/321
33中梁山
8/354
43中城堡
3/124
47中都縣
1/20
中栅鹽團

9/405
60中吴軍
5/209
76中陽山
1/29
中陽縣
4/170
79中勝州
6/275
6/276

史

31史源鎮
5/200

申

25申生城
古4/601
26申伯國
古1/550
32申州
1/37
60申國
古1/557
80申公巫臣冢
古5/618

車

00車店鎮
2/65
71車隴鎮
7/323
77車門山
古6/636
80車舍鎮
3/122
81車領鎮
7/317

5001_4 推

48推梅州
10/493

5003_0 夫

47夫椒山
古5/620

5003_2 夷

10夷平寨
8/367
12夷水縣
10/507
32夷州
10/483
8/364
44夷蒙縣
10/507
60夷里橋
古7/659
74夷陵郡
6/271
夷陵山
古6/648
夷陵縣
6/272
6/271
77夷門山
1/2

5004_7 掖

12掖水
1/13
62掖縣
1/13

5004_8 較

50較車鎮
7/332

5010_6 畫

22畫崖山
7/316

5010_7 盡

20盡重州
10/492

5013_2 泰

22泰山
1/17
古1/545
23泰戲山
4/168
30泰寧軍
1/16
32泰州
5/196
5/191
5/192
5/194
5/199
5/214
古5/612
44泰華山
3/107
77泰興縣
5/196

5014_8 蛟

36蛟澤
古6/635
55蛟井
古6/639

5022_7 青

00青衣水
7/309
青衣山
7/314
青衣江
7/327
古7/666
青衣國
古7/666
01青龍鎮
5/220
08青謙鎮
1/28
10青要山
1/5
青石山(在遂州)
7/323
古7/665
青石山(在合州)
古7/667
青石縣
7/323
7/322
青雲鎮
3/117
20青嶂山
5/215
22青山(在常州江陰縣)
5/215
青山(在池州青陽縣)
6/244
青山（在太平州當塗縣）
6/247
青山寨
7/328
青山鎮
8/357
24青化鎮
3/108
青倚鎮
7/309
27青烏鎮
8/363
31青額鎮
5/216
青渠鎮
7/312
32青州
1/9
1/10
1/11
1/14
1/15
2/71
青溪
6/240
古6/633
青溪縣
5/219
青溪鎮
6/244
35青神縣
7/309
37青塈鎮
1/24
青泥嶺
8/360
古8/680
青澗城
3/109
38青游鎮
6/247
40青臺鎮
1/29
青塘城
3/134
青女銀城
9/406
43青弋水
6/241
青城山（在蜀州青城縣）
7/310
青城山(在興元府)
古8/677
青城茶場
7/310
青城縣
7/310
青城鎮
5/215
青藤鎮
6/269
青林鹽井
6/273
47青桐鎮
1/3
48青墩鹽場
5/220

青墩鎮
5/221
60青田溪
5/218
青田縣
5/218
72青丘城
古1/556
76青陽山
6/260
青陽縣
6/244
6/240
青陽鐵場
9/403
青陽鎮（屬泗州臨淮縣）
5/197
青陽鎮（屬廬州合肥縣）
5/201
青陽銅場
8/360
80青羊觀
古7/659

肅

23肅然山
1/17
古1/545
30肅寧寨
2/67
肅定堡
4/166
32肅州
10/480
34肅遠寨
3/120

5033_3 惠

17惠子家
古1/554
24惠佳縣
10/483
30惠寧堡
4/166
惠安縣
9/403
9/402
32惠州
9/418
9/408
9/410
9/411
9/418
古9/699
77惠民河
1/2
1/31
惠民監
7/315

5033_6 忠

09忠讖水
古9/696
忠讖山
9/413
古9/696
10忠正王廟
古7/664
忠正軍
5/199
13忠武軍
1/30
32忠州（屬夔州路）
8/367
8/364
8/365
8/368
8/370
8/372
8/373
古8/682
忠州（廣南路邕州羈縻州）
10/502
42忠彭州
10/485
80忠義軍
9/401
忠義縣
10/484

5040_4 婁

21婁師德墓
古1/554
48婁敬廟
古2/567
婁敬墓
古2/567
50婁泰村
8/373

5050_3 奉

00奉高宫
古1/545
02奉新縣
6/250

10奉天縣
3/105
10/474
21奉上州
10/488
24奉化郡
5/213
奉化軍
6/242
奉化縣
5/214
奉先縣
3/104
3/109
30奉濟鎮
7/312
奉寧軍
1/31
32奉州（荆湖路北江羈縻州）
10/486
奉州（梓州路瀘州羈縻州）
10/498
43奉城鎮
2/86
60奉國水
8/357
奉國軍
5/213
奉國縣
8/357
8/356
88奉符縣
1/17
1/16
奉節縣
8/364
8/363

5060_0 由

00由文縣
10/484
90由拳山
5/208

5060_3 春

32春州
10/478
9/416
10/476
50春申君冢
古5/614
春申君墓
古6/647

5071_7 屯

44屯莊鎮
2/65
72屯氏河
1/7
1/8
76屯陽鎮
1/12
77屯留縣
4/163

5077_7 舂

74舂陵古城
古1/551

5080_6 貴

10貴平縣
7/308
7/320
貴平鎮
7/319
12貴水
6/247
22貴山鐵務
6/253
貴山鎮
6/253
32貴州
9/428
9/423
9/427
9/431
9/432
9/435
9/436
古9/702
貴溪縣
6/247
34貴池
6/244
貴池縣
6/244
6/243
44貴林州
10/490

5090_0 耒

12耒水
6/260
6/263
76耒陽縣
6/260

5090_2 槖

16槖强縣
2/66
34槖社鎮
3/118
76槖陽縣
1/26

5090_4 秦

00秦亭
古1/549
秦文公廟
古3/588
07秦望山
5/209
古5/617
22秦嶺山
3/127
秦山
9/413
30秦淮
古6/633
秦渡鎮
3/104
秦宓宅
古7/661
32秦州
3/122
3/127
3/128
3/129
3/130
3/136
3/137
3/138
古3/589
38秦游山
5/219
40秦臺
古2/567
43秦城(在鄆州)
古1/547
秦城(在隴州)
古3/590
秦始皇馳道
古5/624
44秦茅蕉墓
古2/564
46秦相張儀祠
古7/662
50秦中觀
古7/661
70秦壁
古4/603
71秦長城
古3/586
77秦鳳路
3/121
1/8
3/103

槖

12槖水
3/107

5090_6 束

00束鹿縣
2/84
2/77
43束城縣
2/67
束城鎮
2/67

東

00東方朔廟
古2/567
東方朔墓
古2/567
東京
1/2
1/4
1/6
1/7
1/9
1/10
1/11
1/12
1/13
1/14
1/15
1/16
1/17
1/18
1/19
1/20
1/21
1/22
1/23
1/24
1/25
1/26
1/27
1/28
1/29
1/30
1/31

1/32
1/33
1/34
1/35
1/36
1/37
2/63
2/64
2/65
2/66
2/67
2/68
2/69
2/70
2/71
2/72
2/73
2/74
2/75
2/76
2/78
2/79
2/80
2/81
2/82
2/83
2/84
2/85
2/86
2/87
2/88
2/89
3/103
3/105
3/106
3/107
3/109
3/110
3/111
3/112
3/113
3/114
3/115
3/116
3/117
3/118
3/119
3/120
3/121
3/122
3/125
3/127
3/128
3/129
3/131
3/133
3/134
3/135
3/137
3/138
4/161
4/163
4/164
4/165
4/166
4/167
4/168
4/169
4/170
4/171
4/172
4/173
4/174
4/175
4/176
4/177
4/178
4/179
5/191
5/192
5/193
5/194
5/195
5/196
5/197
5/198
5/199
5/200
5/201
5/202
5/203
5/204
5/205
5/206
5/207
5/208
5/209
5/210
5/211
5/212
5/213
5/214
5/215
5/216
5/217
5/218
5/219
5/220

6/240	7/310	8/367
6/241	7/311	8/368
6/242	7/312	8/369
6/244	7/313	8/370
6/245	7/315	8/371
6/246	7/316	8/372
6/247	7/317	8/373
6/248	7/318	9/399
6/249	7/319	9/401
6/250	7/320	9/402
6/251	7/322	9/403
6/253	7/323	9/404
6/254	7/324	9/405
6/255	7/325	9/406
6/256	7/326	9/407
6/257	7/327	9/408
6/258	7/328	9/409
6/260	7/329	9/410
6/261	7/330	9/411
6/262	7/331	9/412
6/263	7/332	9/413
6/264	7/333	9/414
6/265	8/353	9/415
6/266	8/354	9/416
6/267	8/355	9/417
6/268	8/356	9/418
6/269	8/357	9/419
6/270	8/358	9/421
6/271	8/359	9/422
6/272	8/360	9/423
6/273	8/361	9/424
6/274	8/362	9/425
6/275	8/363	9/426
6/276	8/364	9/427
7/307	8/365	9/428
7/309	8/366	9/429

3/124
44東莞縣
9/409
9/408
東莞鹽場
9/409
東舊鎮
6/269
東萊郡
1/13
45東樓峯
古6/645
東樓溪
古6/645
46東觀鎮
7/331
55東曹鎮
5/201
60東羅山
1/38
67東明城
1/3
東明縣
1/3
東明鎮
1/2
東路(京東東路)
1/9
1/8
東路(河北東路)
2/63
東路(淮南東路)
5/191
東路(江南東路)
6/239
東路(廣南東路)
9/407
71東阿縣
1/20
東區山
9/425
東區縣(入廣南西路宜州)
10/477
東區縣(入昭州立山縣)
10/478
76東陽郡
5/212
東陽江
5/213
5/219
東陽縣
5/213
東陽鎮
6/240
77東巴山
8/359
東巴縣
10/476
東關郡城
古8/681
東關堡
3/135
東關寨
5/203
東關縣
7/322
7/321
東門山
5/214
古5/620
東門池
古1/555
80東谷堡
3/134
東谷寨
3/115
83東館鎮
7/309
84東鎮
3/114
90東光縣
2/73

5101_0 輒

99輒榮州
10/488

5101_1 輕

12輕水縣
10/483

5103_2 振

13振武軍
10/481
32振州
9/439

5104_0 軒

54軒轅廟(在坊州)
古3/588
軒轅廟(在成州)
古3/590
軒轅太子廟
古3/587
軒轅太子陵
古3/587

5104_1 攝

22攝山
古6/633
43攝城
古2/565

5106_0 拓

77拓開山
3/106

5111_0 虹

62虹縣
5/194
古5/611

5178_6 頓

17頓子國
古1/555
72頓丘縣
2/64

5201_4 托

32托溪寨
8/358
60托口寨
6/276

5202_1 折

60折疊寨
6/274

5204_7 撥

35撥禮寨
6/273

5206_4 括

44括蒼嶺
5/217
括蒼山
5/216
5/217

5206_9 播

22播川郡
10/482
32播州
10/482
37播朗州
10/496
74播陵州
10/497

5209_4 採

20採香徑
古5/618
34採造鎮
3/117

5216_9 蟠

01蟠龍山
古9/705
58蟠龍鎮
7/309

5300_0 掛

82掛劍臺
古5/612

5302_7 輔

00輔唐縣
1/10

5304_7 拔

32拔溪錫場
6/251
60拔口銀務
9/405

5310_7 盛

00盛唐山
5/203
盛唐縣
5/200
22盛山
8/369
盛山郡
8/369

5311_1 蛇

01蛇龍山
7/333
77蛇尾旁
4/175

5318_6 蠙

15蠙珠潭
古1/552

5320_0 戊

77戊門寨
8/360

成

10成平故城
古2/565
13成武縣

扶陽縣
10/482
77扶風郡
3/121
扶風縣
3/122
80扶義郡
古8/679

5504$_3$ 轉

12轉水臺
古9/693

5533$_7$ 慧

22慧山
5/215
古5/621
30慧安寺
古5/618

5560$_0$ 曲

00曲亭
古1/547
12曲水縣
8/360
8/359
曲水鎮(屬果州南充縣)
7/323
曲水鎮(屬合州巴川縣)
7/329
27曲阜
1/17
曲阜縣
1/16
31曲江
9/409
曲江縣
9/409
曲江鎮
6/250
曲河鎮(屬河南府登封縣)
1/5
曲河鎮(屬鄧州穰縣)
1/24
32曲州
10/497
曲沃縣
4/167
37曲洛
1/5
40曲木鎮
7/322
76曲陽水
2/79
曲陽縣
2/79
2/80
77曲周縣
2/83
曲周鎮
2/83

5560$_6$ 曹

11曹張鎮
3/107
13曹武鎮
1/28
17曹司堡
3/123
32曹州
1/18
1/1
1/2
1/20
1/21
1/22
1/32
2/64
10/473
古1/546
曹溪水
古9/695
40曹南山
1/19
古1/547
43曹娥碑
古5/617
曹娥江
5/209
曹娥鎮
5/209
44曹村鎮
1/37
80曹公廟
古5/610
曹公城
古1/546

5580$_6$ 費

32費州(夔州路化外州)
10/482
費州(荆湖路北江羈縻州)
10/486
38費游墓

古7/659
44費莊鎮
1/5
62費縣
1/12
71費長房墓
古1/555

5580_9 嫛

32嫛溪
8/373
38嫛道縣
7/327
7/326

5599_2 棘

76棘陽城
古1/552
77棘門
古5/613

5602_7 揭

76揭陽山
9/410
揭陽樓
古9/695

揚

17揚子江
5/211
5/215
揚子湖
5/212
揚子縣
5/198
揚子鎮
5/192
30揚之水
6/242
古6/634
32揚州
5/191
5/194
5/196
5/197
5/198
10/475
古5/610
揚州城
古6/633
40揚雄臺
古7/659
揚雄墓
古3/582
揚雄觀
古7/662

暢

12暢水
3/110

5604_1 捍

38捍海堰
5/196

5608_0 軹

38軹道
古3/582
44軹地
古1/554

5619_3 螺

31螺江
9/400
古9/690

5701_2 抱

24抱犢山(在沂州丞縣)
1/12
抱犢山(在徐州滕縣)
1/18
抱犢山(在潞州壺關縣)
4/163
50抱書山
古4/600
76抱陽山
2/87

5702_7 邦

32邦州
10/499
68邦蹉堡
3/124

5706_2 招

08招諭縣
6/274
6/275
20招信縣
5/197
30招安寨
3/108
招安縣
2/72
52招攜鎮
7/308
58招撫蠻人盟誓廟
古8/682

77招屈亭
古6/647
80招義郡
10/477
招義縣
5/197
5/204

5709_4 探

71探長堡
3/123

5714_7 蝦

44蝦蟇墓
古3/582

5725_7 静

00静康鹽場
9/409
22静川郡
10/482
静巖山
4/171
静樂軍
10/474
4/172
4/173
静樂城
古4/603
静樂縣
4/172
4/173
10/474
30静塞堡
3/124
静安軍
2/84
静安縣
2/84
2/83
静安鎮
5/194
静定鐵場
9/408
31静江軍
9/419
静江鎮
9/403
32静州
10/482
36静邊寨
3/138
3/137
38静海軍
5/215
静海縣
5/199
40静南鎮
7/326
静難軍
3/112
41静壃鎮
1/12
44静封鎮
1/17
53静戎寨
3/124
静戎軍(改置劍南東川節度)
7/320
静戎軍(改置河北西路安肅軍)
2/87
静戎縣
2/87
静戎鎮
9/425
58静虆城
古3/582
76静陽寨
4/177
77静居縣
10/482
80静羌寨
4/166

5742_7 郪

31郪江
7/310
7/321
7/322
古7/660
62郪縣
7/321
7/320
72郪丘城
古1/556

5790_3 繫

01繫龍橋
古7/665

5798_6 賴

10賴玉鎮
7/320
賴王鎮
7/321
13賴琬鎮

7/325
7/327
7/328
7/333
8/371
古7/666
昌州城
古7/666
48昌松縣
10/479
60昌國縣
5/214
5/213
昌邑城
古1/548
昌邑縣
1/14
67昌明州
10/489
76昌陽水
1/13

6060_4 固

30固安縣
10/478
31固河鎮
2/68
37固軍
4/178
38固道水
3/129
43固城鎮
6/240
固始縣
5/205
44固封山
1/23
1/24
84固鎮(屬磁州武安縣)
2/85
固鎮(屬鳳州河池縣)
3/129

6066_0 品

32品州
10/497

6071_1 昆

10昆吾臺
古2/563
58昆輪山
9/430
67昆明州
10/505
76昆陽縣故城
古1/556

6071_7 邑

43邑城鎮
2/85

6073_2 園

44園林堡
3/121

圜

12圜水
3/114

6080_0 貝

32貝州
1/7
2/72
9/415
72貝丘
古2/568

6080_1 足

17足子鎮
9/408

6080_6 員

32員州
10/504

圓

22圓川堡
3/124
32圓州
6/276

6090_4 果

22果山
7/323
32果州
7/323
7/320
7/322
7/328
7/329
7/330
7/332
8/356
8/361
古7/665

6090_6 景

00景店鎮

7/323
10景靈臺
古1/546
景雲觀
古6/641
12景水縣
10/507
22景山(在河南府偃師縣)
1/5
景山(在應天府楚丘縣)
1/7
景山(在解州聞喜縣)
3/114
景山(在澶州)
古2/563
景山鎮
3/115
24景德寺
古5/622
景德觀
古8/682
景德鎮(屬鄆州東阿縣)
1/20
景德鎮(屬饒州浮梁縣)
6/245
31景福殿基
古1/553
32景州(改置河北東路永静軍)
2/73
景州(廣南路化外州)
10/484
43景城郡
2/64
景城縣
2/67
景城鎮
2/67
60景星觀
古9/706
74景陵郡
10/475
景陵縣
6/269
10/475

6091_4 羅

00羅市鎮(屬昌州昌元縣)
7/326
羅市鎮(屬昌州永川縣)
7/326
羅磨錫場
9/415
羅辨縣
10/476
01羅龍縣
10/502
07羅望江
古9/705
羅翊錫場
9/410
羅韶縣
10/484
10羅豆鎮
5/203
羅霄山
6/253
12羅水
9/432
羅水縣
10/473
15羅璝山
古7/661
22羅川水(在邠州、寧州)
3/113
3/118
羅川水(在鄜州直羅縣)
3/114
羅巖州
7/316
羅峯鎮
7/331
羅山
古1/557
羅山縣
1/38
羅山鎮(屬登州黄縣)
1/13
羅山鎮(屬萊州掖縣)
1/13
25羅繡縣
10/476
27羅移寨
8/360
羅緣山
8/373
31羅江
7/311
7/312
羅江縣

7/312
羅源縣
9/400
羅源鎮
9/403
羅渠鎮(屬鄧州南陽縣)
1/24
羅渠鎮(屬唐州方城縣)
1/29
32羅州
10/477
9/432
羅溪
古9/693
羅溪鎮
7/325
羅浮水
古9/705
羅浮山(在惠州、廣州)
9/419
古9/694
羅浮山(在涪州)
古8/683
羅浮山(在循州)
古9/695
羅浮山(在欽州)
古9/705
34羅池
古9/703
羅池侯廟碑
古9/703
43羅城(在亳州)
古5/610
羅城(在明州)
古5/620
羅城縣
9/424
羅城鎮
9/424
44羅獲鎮
7/323
羅蓬州
10/494
羅林州
10/492
46羅場鎮
5/207
55羅井鎮
7/333
60羅目縣
7/314
羅目鎮(屬嘉州峩眉縣)
7/314
羅目鎮(屬賓州遷江縣)
9/431
羅國城
古1/549
羅田水
9/415
66羅嚴州
10/488
70羅壁山
5/209
76羅陽縣
10/504
80羅含墓
古6/643

6101_0 毗

39毗沙部落
10/479
毗沙鎮
3/104
42毗橋水
7/308
74毗陵郡
5/214
77毗邪山
9/438
80毗谷寨
8/360

6101_4 啀

34啀婆鎮
1/15

6101_7 啞

77啞兒堡
3/139

6104_0 盱

12盱水
6/258
63盱眙山
5/197
盱眙縣
5/197
5/194
5/196
盱眙鎮
5/197

6138_6 顯

10顯靈王廟

古1/553
16顯聖鎮
3/118
32顯州
6/275

6204₇ 暖

26暖泉(在延州)
古3/584
暖泉(在岢嵐軍)
古4/605
暖泉峯
4/175

6280₀ 則

12則水
7/312

6299₃ 縣

34縣渚鎮
5/126

6315₃ 踐

40踐土城
古1/554

6355₀ 戰

55戰井鎮
7/333

6401₀ 吐

12吐延水
3/108
44吐蕃
10/474

6401₄ 睦

32睦州
5/219
5/207
5/208
5/212
5/218
6/242
古5/623
76睦陽川
3/115

6404₁ 時

01時磐鎮
6/252
32時州
10/494
44時蓬州
10/490
時苗家陀
古2/570
77時門
古1/553

6432₇ 黝

40黝土山
3/122

6509₀ 味

31味江
7/310
味江茶場
7/310
味江鎮
7/310

6621₄ 瞿

17瞿君祠
古7/660
22瞿嶺銀場
9/401

6624₈ 嚴

17嚴子陵墓
古5/617
嚴君平祠
古7/662
32嚴州
10/477
9/423
38嚴遵宅
古7/659
嚴道山
7/317
嚴道縣
7/317
7/316
43嚴城州
10/492
74嚴陵山
5/219

6650₆ 單

10單于大都護府
10/481
32單州
1/21
1/6
1/16
1/17
1/18

1/20
古1/548
單溪鎮
7/332
80單父城
古1/548
單父縣
1/21

6677_2 嚚

32嚚浮渡
古3/585

6702_0 明

12明水
5/193
22明川州
10/488
明山
6/276
明山鎮
7/329
32明州
5/213
5/208
5/209
5/216
古5/620
37明通院
8/366
古8/681
60明星瀆
古5/616
明昌州
10/491
77明月山（在江陵府松滋縣）
6/267
明月山（在遂州長江縣）
7/323
明月山(在辰州)
古6/648
明月峽
古6/648
明月溪
古9/706
明月池
古6/647
90明堂山
1/13

6702_7 鳴

20鳴絃峯
古9/698
24鳴犢溝
2/68
鳴犢鎮
3/104
27鳴條城
古3/586
47鳴鶴鹽場
5/214
84鳴鐃山
古9/693

6705_6 暉

32暉州
10/502

6706_2 昭

00昭亭山
6/241
古6/634
昭應縣
3/104
昭慶軍
5/211
昭慶縣
2/86
13昭武軍(改置軍事,治江南西路撫州)
6/253
昭武軍（改置利州路寧武軍）
8/354
17昭君宅
古6/648
20昭信軍
6/250
22昭山(在潭州長沙縣)
6/259
昭山（在昌化軍宜倫縣）
9/438
古9/706
24昭化軍（京西南路金州州封）
1/26
昭化軍（河北路化外慎州州封）
10/478
昭化縣
8/355
昭化鎮
8/355
昭德郡
10/482

昭德軍
4/163
昭德縣（入磁州滏陽縣）
2/84
昭德縣（入杭州新城縣）
5/208
昭德縣（屬利州路化外真州）
10/482
昭德鎮（屬磁州滏陽縣）
2/85
昭德鎮（屬遂州小溪縣）
7/322
32昭州
9/424
6/261
6/264
9/412
9/419
9/425
9/426
9/427
10/476
10/478
古9/701
34昭遠縣
10/482
80昭義軍
4/163
昭義縣
2/84

6706_4 略

41略坪鎮
7/313

6708_2 吹

01吹龍城
3/134
40吹臺
1/2
44吹藏堡
3/123

6712_2 野

10野王城
古2/570
22野川州
10/490
80野羊崖
8/359

郢

32郢州
1/28
1/23
1/25
6/267
古1/552

6716_4 路

40路臺
古1/555
60路口鎮
7/321

6722_7 鄂

32鄂州
6/267
5/205
6/255
6/256
6/266
6/268
6/272
10/475
古6/646

鸊

87鸊鵜鎮
1/25

6732_7 黟

22黟山
6/242
古6/634
62黟縣
6/242

6733_6 照

22照川堡
3/124
32照州
10/495

6742_7 鸚

13鸚武州
古6/646

6752_7 鴨

17鴨子池鎮
7/326
47鴨欄山
古6/648

鄆

43鄆城鎮
5/193

6778_2 歇

71歇馬鎮
3/107

6782_7 鄖

27鄖鄉縣
1/28
古1/552
43鄖城山
1/28
古1/552
60鄖國公廟
古6/646

6801_7 吃

60吃羅岔堡
3/133

6814_6 蹲

22蹲山
6/252
47蹲狗山
1/13

6832_7 黔

30黔安寨
6/275
31黔江城
6/275
黔江縣
8/365
32黔州
8/364
6/270
6/275
8/367
8/370
10/502
古8/681
50黔中郡
8/364
76黔陽縣
6/276
6/275

7010_3 璧

22璧山縣
8/371
32璧州
10/476
8/359

7010_4 壁

22壁仙亭
古9/703

7021_4 雅

31雅江
7/314
32雅州
7/316
7/313
7/315
10/494
古7/663

脽

72脽丘
3/106

雕

74雕陵溝
古1/553
78雕陰山
3/108

7022_7 防

12防水
2/78
22防山
1/17
古1/546

7026_1 陪

77陪尾山（在兖州泗水縣）
1/17
陪尾山（在安州安陸縣）
6/269
陪尾山(在信陽軍)
古1/557

7028_2 陔

22陔山鎮
7/326

7110_6 暨

33暨浦
5/209

7113_6 蠶

21蠶此鎮
7/308

22蠶絲山
古7/665

7121_1 阮

10阮平縣
10/506
44阮村鎮
2/72

陘

00陘庭
古4/601
12陘水
2/77
22陘山
1/5
1/31
60陘邑縣
2/79

歷

00歷亭縣
2/73
2/72
22歷山(在池州東流縣)
6/244
歷山(在濮州)
古1/549
歷山(在河中府)
古3/583
26歷鼻鎮
7/321
37歷湖
5/202
43歷城
古2/564
歷城縣
1/11
60歷口鎮
6/267
76歷陽郡
5/202
歷陽縣
5/202

隴

04隴諸堡
3/123
10隴西水
古7/663
隴西郡
3/130
隴西寨
3/127
隴西鎮
3/127
22隴山
3/127
3/131
古3/590
30隴寧山
古7/662
隴安縣
3/127
32隴州
3/127
3/121
3/122
3/123
3/125
3/128
3/131
3/137
古3/590
40隴袁鎮
7/314
42隴坻(在秦州)
古3/589
隴坻(在渭州)
古3/591
43隴城寨
3/124
隴城縣
3/123
隴城鎮
3/123
76隴陽堡
3/123
80隴首山
古3/589
88隴竿城
3/137

7121_4 雁

11雁頭寨
2/70
32雁浮山
1/27
44雁蕩山
5/216
77雁門郡
4/167
雁門山（在代州雁門縣）
4/168
雁門山(在江寧府)
古6/633
雁門寨

4/168
雁門縣
4/168
4/167

7122_0 阿

10阿干水
3/135
阿干堡
3/135
44阿蓬水
8/365
阿姥墩
古5/616
阿林縣
10/476
55阿井
1/20
80阿翁寨
2/70
阿谷水
古1/547

7122_7 隔

74隔陵縣
1/3

厲

22厲山廟
古1/551

7123_2 辰

12辰水
6/276
22辰山
6/276
32辰州
6/274
6/263
6/269
6/270
6/275
6/276
古6/648
辰溪
6/274
辰溪縣
6/274
74辰陵亭
古1/555

7123_4 厭

37厭次
古2/566
厭次縣
2/68

7124_7 厚

72厚丘鎮
5/195

7126_1 㕩

31㕩河鎮
3/106

脂

27脂角鎮
2/68

7126_2 階

32階州
3/133
3/128
3/129
8/354
8/359
8/360
古3/592

7129_6 原

00原鹿城
古1/556
13原武縣
1/31
1/2
原武鎮
1/2
1/31
24原仇山
4/162
32原州
3/131
3/112
3/115
3/118
3/120
3/125
3/131
3/135
3/137
古3/591

7131_1 驪

22驪山
3/105
53驪戎故城
古3/582
驪戎國

古3/582
60驪邑
古3/582

7132₇　馬

00馬度山
9/428
10馬王溪
古6/645
馬平縣
9/429
9/428
11馬頭鎮(屬亳州酇縣)
5/193
馬頭鎮（屬舒州望江縣）
5/203
馬頭鎮（屬江州德化縣）
6/243
馬頭鎮（屬渠州流江縣）
7/331
15馬磧鎮
3/122
17馬務鎮
3/130
21馬銜山
3/126
22馬嶺
古9/693
馬嶺坡
3/120
馬嶺鎮（屬環州通遠縣）
3/120
馬嶺鎮（屬蘄州蘄水縣）
5/202
30馬家莊鎮
2/72
馬窟山
1/23
31馬江縣
10/476
33馬梁鎮
6/267
34馬池
古3/589
35馬逮鎮
2/65
37馬湖江
7/327
10/497
40馬塘堰
古5/623
41馬頰河（在濟州鄆城縣）
1/21
古1/548
馬頰河（在棣州商河縣）
2/68
馬頰河(在滄州)
古2/564
42馬橋鎮（屬大名府莘縣）
1/8
馬橋鎮（屬梓州中江縣）
7/321
43馬城縣
10/478
44馬茨湖銀場
6/258
馬村寨
2/69
47馬欄寨
8/365
馬欄橋鎮
1/3
50馬屯山
3/131
52馬援城
古6/647
60馬邑郡
10/481
馬邑縣
10/481
61馬蹟鎮
8/358
67馬明鎮
2/65
77馬腳鎮
7/313
馬閣山
8/358
馬門
古9/705
馬門灘
古9/705
馬門鎮
9/435
80馬金溪
5/219
81馬領山
3/115
90馬當山

長灘鎮
7/323
長寧州
10/498
7/328
長寧縣
10/481
長寧鎮（屬應天府寧陵縣）
1/6
長寧鎮（屬蓬州營山縣）
8/361
長永銀坑
9/405
長安縣
3/104
3/103
長安鎮（屬鄧州内鄉縣）
1/25
長安鎮（屬杭州鹽官縣）
5/208
31長江水
7/312
長江縣
7/323
長江鎮（屬綿州彰明縣）
7/312
長江鎮（屬劍州武連縣）
8/358
長汀縣
9/405
9/404
長渠
1/24
32長州
10/484
長洲縣
5/210
5/209
長溪縣
9/400
34長池鎮
8/371
長社縣
1/30
35長清縣
1/11
36長澤縣
10/480
38長道縣
3/130
3/123
3/129
長道鎮
3/130
39長沙郡
6/258
長沙定王廟
古6/643
長沙縣
6/259
6/258
40長塘湖
5/211
長壽縣
1/28
41長垣縣
1/3
1/2
42長橋鎮
1/37
43長城
古2/574
古3/588
古3/591
古4/601
古4/602
古4/603
古4/605
44長蘆河
2/66
長蘆鎮（屬滄州清池縣）
2/65
長蘆鎮（屬冀州南宫縣）
2/66
長蘆鎮（屬真州六合縣）
5/199
長葛縣
1/30
長葛鎮
1/30
長林縣
6/267
6/266
10/475
長林鎮（屬撫州臨川縣）
6/254
長林鎮（屬江陵府長林縣）

6/267
47長柳鎮
8/354
50長泰縣
9/406
9/402
9/405
60長星川
2/79
67長明溝
1/2
76長陽溪
6/272
長陽縣
6/272
77長風沙鎮
5/203
長風城
古9/700
長舉縣
8/360
長卿山
8/358
長興縣
5/212
長興鎮
8/358
90長燋堡
3/124

7210_0 劉

04劉勍鎮
1/8
18劉政會墳
古1/554
22劉山
1/10
27劉解鎮
2/67
劉綱墓
古5/617
30劉家渦寨
2/70
劉之遴墓
古6/645
劉安鎮
7/326
35劉遺民釣臺
古6/634
50劉表墓
古1/550
60劉固鎮
2/66
67劉明遠墓
古3/588
劉明達墓
古4/599

7210_1 丘

00丘店寨
9/403

7222_1 斤

35斤溝鎮
1/36

7222_7 髣

22髣山
1/19

7223_0 瓜

21瓜步山
5/199
瓜步鎮
5/198
32瓜州
10/480
瓜洲鎮
5/192

7223_1 斥

27斥候堡
4/166

7223_7 隱

22隱山
古9/699
26隱泉山
4/162
57隱静山
6/247
77隱賢鎮
5/200

7226_1 后

40后土廟
古5/610

7230_0 馴

32馴州
10/496

7233_9 懸

32懸州
10/501
40懸壺觀
古1/555

7240$_0$ 删

77删丹縣
10/480

7277$_2$ 岳

30岳安山
7/332
岳安鎮
7/331
32岳州
6/272
6/259
6/266
6/267
6/269
6/270
古6/648
34岳池水
7/332
岳池縣
7/332
7/323
44岳麓山
古6/643
76岳陽溪
7/325
岳陽縣
4/165

7280$_6$ 質

12質孤堡
3/135

7331$_1$ 駝

11駝項堡
3/123
44駝基寨
1/13

7336$_0$ 駘

37駘祠
古4/599

7370$_0$ 卧

01卧龍山
古9/692
25卧牛鹽井
7/331

7410$_4$ 墮

33墮淚碑
古1/550

7420$_0$ 附

11附預山
3/110
40附木州
10/489

尉

72尉氏縣
1/2

7421$_4$ 陸

10陸王宅
古6/633
陸賈廟
古9/697
22陸川縣
9/421
10/476
32陸州
10/484
34陸法和宅
古6/645
36陸澤縣
2/84
37陸鴻漸宅
古6/636
陸渾山
1/5
40陸士衡宅
古5/624
60陸里山
5/220

7422$_7$ 隋

00隋文帝廟
古1/551
96隋煬帝陵
古5/610

7423$_2$ 隨

15隨建縣
9/427
32隨州
1/25
1/23
1/28
1/34
1/37
6/268
古1/550
43隨城山
1/25
62隨縣
1/25

1/2
陳橋鎮（屬鄭州原武縣）
1/31
44陳蕃子孫墓
古6/642
77陳留縣
1/3
79陳勝廟
古5/611
陳勝冢
古5/611
陳勝墓
古5/611
80陳倉
古3/589
陳倉山
3/122
古3/589

7532_7 騁

32騁州
10/496

7622_7 陽

10陽平鎮（屬鳳翔府虢縣）
3/122
陽平鎮（屬梓州中江縣）
7/321
陽晉水
3/132
陽雲臺
古6/645
12陽水
9/423
13陽武歸鎮
1/3
陽武寨
4/168
陽武縣
1/3
1/2
1/31
17陽翟縣
1/30
陽子臺
古1/553
20陽信縣
2/69
2/68
21陽師縣
10/479
22陽川縣
9/427
陽巖山
9/412
古9/696
陽山
古6/636
陽山縣
9/412
陽樂城
古6/640
30陽安郡
7/318
陽安縣
7/318
31陽江
9/420
古9/699
陽江縣
9/416
9/415
陽江鉛場
9/416
38陽海山
9/420
40陽壺城
古4/601
陽壽縣
9/432
9/422
42陽橋鎮
1/31
43陽城郡
10/474
陽城山
1/5
陽城縣
4/171
47陽穀縣
1/20
50陽春縣
9/416
10/478
55陽曲縣
4/162
4/161
60陽口溪水
古9/700
陽羅鎮
5/206
77陽關
古8/677
陽興寨
4/162
80陽羨溪

古9/695
鳳皇潭
3/128
32鳳州
3/128
3/121
3/123
3/127
8/353
8/355
8/360
古3/590
鳳溪鎮
7/321
40鳳臺山
6/240
古6/633
鳳臺鎮
7/323
鳳臺□
1/4
44鳳林泉
3/107
鳳林鎮
1/23
77鳳凰山（在成州同谷縣）
3/128
鳳凰山(在歙州)
古6/634
鳳凰山(在安州)
古6/646
鳳凰山(在普州)
古7/666
鳳凰山(在潮州)
古9/695
鳳凰山(在桂州)
古9/699
87鳳翔
3/121
鳳翔府
3/121
3/103
3/112
3/125
3/127
3/128
8/353
8/355
10/474
古3/588

7721_1 尼

72尼丘山
1/17

7721_4 隆

10隆平縣
2/86
隆平鎮
2/86
21隆慮山
2/78
24隆化縣
8/373
8/370
隆德寨
3/138
3/137
48隆教寺
古5/613
80隆龕山
7/325

7721_7 肥

27肥鄉縣
2/83

7722_0 月

22月山縣
7/324
月山鎮
7/324
40月支部落
10/479
72月氏戎
古3/591

同

12同水
1/33
22同川縣
3/115
30同寧鎮
8/369
同安郡
5/203
同安縣
9/403
同安監
5/204
同官川
3/112
同官縣
3/112
同官銀場
9/412
32同州

3/109
3/104
3/105
3/110
3/111
3/113
3/118
3/119
4/168
古3/584
60同昌郡
10/482
古8/679
同昌縣
10/482
67同盟山
2/82
古2/570
80同谷郡
3/127
同谷縣
3/128
3/127

周

10周亞夫墓
古2/565
18周瑜廟
古5/614
周瑜冢
古5/616
22周山
1/4
31周河寨
2/75
44周堪墳
古2/567
周苛廟
古1/553
60周羅縣
9/434
80周公廟
古1/546
90周黨墓
古4/599

朐

12朐水
1/14
22朐山(在青州臨朐縣)
1/9
朐山(在海州朐山縣)
5/195
朐山縣
5/195

陶

00陶唐口鎮
1/15
14陶璜墓
古6/638
21陶貞白書堂
古6/637
25陶朱公墳
古1/547
26陶侃南廟
古6/638
陶侃墓(在太平州)
古6/638
陶侃墓(在鄂州)
古6/646
陶侃母湛氏墓
古6/642
31陶潛宅
古6/635
40陶太尉廟
古6/643
陶太尉井
古6/643
47陶坝鎮
7/310
72陶丘(在曹州定陶縣)
1/19
古1/547
陶丘(在濮州鄄城縣)
1/22
古1/549
77陶母碑
古6/642

腳

22腳川州
10/491

7722_2 膠

12膠水
1/13
膠水縣
1/13

7722_7 骨

32骨溪山
1/24
80骨谷鎮
3/130

鄺

47鄺塢

古3/589
62郿縣
3/122

7724$_1$ 屏

77屏風山
8/368

7724$_7$ 履

43履博縣
10/477

孱

74孱陵鎮
6/266

7725$_1$ 犀

33犀浦縣
7/308
犀浦鎮
7/308

7725$_4$ 降

12降水
2/66
降水枯瀆
2/66

7726$_4$ 居

00居庸山
古9/700
32居州
10/495
居溪鎮
8/366

7726$_6$ 層

22層山
6/271

7726$_7$ 眉

22眉山縣
7/309
7/308
32眉州
7/308
7/307
7/309
7/313
7/314
7/315
7/319
古7/660

7727$_2$ 屈

00屈産廟
古4/604
40屈大夫宅
古6/648
43屈城
古4/602
67屈野川
4/166
71屈原廟(在鼎州)
古6/646
屈原廟(在岳州)
古6/648
屈原碑
古8/682
80屈令支山
3/135

7727$_7$ 陷

37陷湖
古9/704

7728$_2$ 欣

22欣山
6/251
38欣道縣
9/421

7733$_1$ 熙

30熙寧寨
3/137
3/136
熙寧錢監
6/260
32熙州
3/125
3/129
3/134
3/135
3/138
古3/590

7736$_2$ 騮

22騮山
古2/564

7736$_4$ 駱

73駱駝水
9/420
80駱谷道
古3/589

7740$_0$ 閔

17閔子騫墓

古1/549

7740_1 闇

40闇喜堡
3/124
闇喜縣
3/114

7740_7 闋

27闋鄉縣
3/107
3/116

7744_0 丹

11丹頭寨
3/108
12丹水(在鄧州、商州)
1/25
3/117
丹水(在澤州晉城縣)
4/171
古4/603
丹水鎮
1/25
19丹砂山
7/308
古7/664
丹砂井
古6/647
22丹崖山
1/25
丹峯山
古5/622
丹山
1/14
丹山縣
7/324
丹山鎮
7/324
24丹徒縣
5/211
5/210
丹徒鎮
5/211
丹稜縣
7/309
25丹朱冢
古1/550
32丹州
3/119
3/113
古3/588
76丹陽郡
5/210
丹陽湖
6/240
6/247
古6/637
丹陽城
古6/633
丹陽縣
5/211
丹陽鎮
6/247

7744_1 開

07開望州
10/491
10開元宮(在汀州)
古9/692
開元宮(在廉州)
古9/706
開元觀
古9/701
21開順鎮
5/200
24開化場
5/218
開化縣
5/219
30開寶監
3/129
31開江郡
10/476
開江縣
8/369
32開州
8/369
8/365
8/368
8/372
古8/682
34開遠堡
3/137
3/138
35開建縣
9/413
36開邊寨（屬秦鳳路原州）
3/132
開邊寨（屬南平軍南川縣）
8/373
開邊縣
7/327
44開封府
1/2
1/31

1/32
開封縣
1/2
67開明靈叢
古8/679
76開陽郡
10/477
開陽縣
10/477
90開光縣
10/480

7744_7 段

10段干木祠
古4/603
段干木墓
古4/603
30段寨鎮
5/201
40段太尉墳
古3/590

7750_8 舉

80舉善鎮
6/240

7760_1 閤

26閤皂山
古6/642

7760_2 留

43留城鎮
1/18
44留村鎮
9/405
60留口鎮
6/244
90留券寨
8/360

7760_4 閣

17閣子鎮
6/273
22閣川水
3/131

7760_6 閭

22閭川寨
3/130

閶

77閶門灘
6/242

7771_7 巴

10巴王鎮
7/331
巴西郡
7/311
巴西縣
7/312
7/311
17巴子城
古8/682
巴子國
古8/679
巴郡
古8/683
22巴川
7/329
巴川郡
7/328
巴川縣
7/329
巴山寨
6/272
巴山縣
6/272
31巴江（在巴州化城縣）
8/359
巴江（在黔州、涪州）
8/365
古8/681
古8/683
巴渠場
8/366
巴渠縣
8/366
32巴州
8/358
8/353
8/354
8/355
8/356
8/361
8/362
8/365
10/475
10/476
古8/679
50巴東郡
6/273
巴東縣
6/274
62巴縣
8/371
8/370
72巴丘城

古6/642
74巴陵郡
6/272
巴陵縣
6/273
6/272

7772_0 印

22印山
古6/642
34印渚
5/208

卿

32卿州
10/501

7772_7 鴟

50鴟夷山
1/20

邸

77邸閣城
古2/571

鄮

43鄮城縣
1/30

7773_2 閬

32閬州
8/356
7/321
7/323
8/354
8/357
8/358
8/361
8/364
古8/678
44閬英縣
8/366
50閬中郡
8/356
閬中山
8/356
閬中古城
古8/678
閬中縣
8/356

7777_2 關

01關龍逢廟
古4/600
關龍逢墳
古3/584
10關西鎮
3/111
14關硤寨
6/264
22關山鎮
1/20
40關南
2/67
43關城鎮
5/206
45關隷縣
9/402
關隷鎮（屬福州寧德縣）
9/401
關隷鎮（改置建州關隷縣）
9/401
50關東鎮
3/107

7777_7 門

22門山縣
3/108

閻

30閻家口寨
1/13

7780_1 具

44具茨山
古1/553

興

00興唐縣
10/481
10興元府
8/353
3/128
8/354
8/355
8/358
8/360
8/362
10/476
古8/677
古8/680
興平縣
3/105
22興山縣
6/273
興山鎮

6/273
興利鎮
2/68
24興化軍
9/407
9/399
9/402
古9/693
興化縣（屬淮南東路泰州）
5/196
興化縣（屬福建路興化軍）
9/407
興德縣
9/436
30興寧江
9/410
興寧縣
9/410
興安縣
9/420
32興州
8/360
3/128
3/133
8/362
8/363
古8/680
興業縣
9/436
38興道縣
8/356
8/355
44興勢山
8/356
48興教鎮
7/312
60興國軍
6/255
5/201
6/243
6/267
古6/642
興國縣
6/251
80興善鎮
4/168

7780$_6$ 貫

26貫保寨
6/276
6/277
43貫城
古1/547

賢

24賢德銀場
9/418
30賢宮山
7/309

覺

22覺山
1/15

7780$_7$ 尺

84尺鑄山
6/247

7790$_4$ 桑

41桑墟
古5/619
42桑橋鎮
1/8
44桑林鎮
5/206

7790$_6$ 闌

10闌干堡
4/166

7810$_4$ 墜

71墜馬洲
古9/691

7810$_7$ 監

22監利縣
6/266
10/475
監利鎮
6/266
32監州
10/505
34監池鎮
7/321

鹽

00鹽亭水
7/321
鹽亭縣
7/321
7/322
21鹽步鎮
6/255
22鹽川寨
3/139
鹽山

2/65
鹽山縣
2/65
26鹽泉
8/374
鹽泉縣（屬成都府路綿州）
7/312
鹽泉縣（屬利州路化外松州）
10/482
30鹽灘鎮
7/332
鹽官水
3/130
鹽官縣
5/208
鹽官鎮
3/130
32鹽州
10/480
3/120
34鹽池
3/114
鹽瀆
5/195
43鹽城縣
5/195
5/194
5/196
46鹽場縣
10/476
9/436
55鹽井(在昌州)
古7/666
鹽井(在大寧監)
古8/684
鹽井寨
7/315
鹽井場
8/366
鹽井監
7/315
鹽井鎮（屬黔州彭水縣）
8/365
鹽井鎮（屬忠州臨江縣）
8/368
78鹽監鎮
5/216

7821_1 胙

43胙城
古1/554
胙城縣
1/32
1/2
60胙國
古1/554

7821_2 胣

74胣肢州
10/488

阤

74阤陵縣
10/504

7822_1 隃

00隃麋澤
3/127

7823_1 陰

10陰平
古8/679
陰平郡
8/359
陰平縣
8/358
22陰山縣
10/481
43陰城鎮
10/473
1/23
72陰后家
古1/550
陰氏宅
古1/550
74陰陵故城
古5/615

7828_6 險

31險江鎮
6/251

7831_2 駞

60駞口鎮
1/30

7876_6 臨

00臨高縣
9/437
10臨平山
5/208
古5/616
臨平鎮
5/208

臨晉縣
3/106
17臨邛郡
7/314
臨邛山
7/315
古7/662
臨邛城
古7/660
臨邛縣
7/315
7/314
臨邛縣城
古7/662
臨翼郡
10/482
21臨潁縣
1/30
22臨川水
6/254
古6/641
臨川郡
6/253
臨川堡
3/124
臨川縣
6/254
6/253
臨川鎮
9/439
臨山縣
10/507
26臨泉水
4/174
臨泉縣
4/174
30臨淮郡
5/196
臨淮縣
5/197
臨潼縣
3/105
3/104
臨漳城
古4/605
臨漳縣
2/78
臨安山
5/208
臨安縣
5/208
10/475
31臨江郡
9/427
臨江寨
3/130
臨江軍
6/257
6/251
6/252
6/253
6/254
6/255
古6/642
臨江縣（改置鄂州崇陽縣）
6/267
臨江縣（屬夔州路忠州）
8/368
8/367
臨江鎮（屬梓州鹽亭縣）
7/321
臨江鎮（屬梓州路富順監）
7/334
臨江鎮（屬建州浦城縣）
9/401
臨涇縣
3/132
3/131
臨涇鎮
3/104
臨汀郡
9/404
臨河縣
2/64
臨河鎮（屬淄州鄒平縣）
1/15
臨河鎮（屬陝西路化外靈州）
10/479
臨潭郡
10/483
32臨州
3/125
臨洮郡
3/125
臨沂縣
1/12
1/11
臨溪
6/242
臨溪堡
9/424

臨溪縣
7/315
臨溪鎮
7/315
臨濮縣
1/22
臨淄縣
1/10
34臨汝郡
1/36
臨汝鎮
1/37
臨洪鎮
5/195
35臨津城
古5/621
臨津縣（入滄州南皮縣）
2/65
臨津縣（入劍州普安縣）
8/357
臨津鎮（屬滄州南皮縣）
2/65
臨津鎮（屬梓州中江縣）
7/321
臨津鎮（屬劍州普安縣）
8/358
臨清縣
1/8
1/7
36臨湘縣
6/273
6/272
臨澤鎮
5/192
37臨渙縣
5/194
5/193
臨洛西鎮
2/83
臨洛東鎮
2/83
臨洺縣
2/83
臨瀨縣
1/24
38臨汾縣
4/164
臨海郡
5/216
臨海江
5/216
臨海縣
5/216
40臨真縣
3/108
43臨城縣
2/86
44臨封郡
9/413
臨黄縣
2/64
臨桂縣
9/420
9/419
46臨賀水
9/413
古9/696
臨賀郡
9/412
臨賀山
9/413
臨賀縣
9/413
9/412
臨賀鎮
9/425
60臨邑縣
1/11
77臨朐縣
1/9

7922_7 勝

22勝山
6/277
32勝州
10/480
勝業水
6/252
46勝如堡
3/135

7923_2 滕

43滕城
古1/546
62滕縣
1/18

8000_0 八

10八石山
5/198
12八水河
古1/551
27八角井

古5/624
八角鎮
1/2
32八洲鋪
6/276
34八濛山
古7/668
42八橋鎮
1/6
43八卦壇
古1/555
八卦壇碑
古1/555
50八素山
5/213
60八疊山
6/255
古6/641
八疊鎮
1/23
71八馬坊
3/122
75八陣磧
古8/681
80八公山
5/200
古5/613

8010_4 全

20全信鎮
7/325
32全州
6/264
6/261
6/262
6/263
9/419
9/424
古6/644
47全椒縣
5/198
全椒鎮
5/198
50全忠縣
2/70
77全門鎮
8/358
80全義縣
10/477
9/420
88全節鎮
7/308

8010_7 盆

22盆山縣
10/484

益

12益水
6/259
22益川郡
8/354
32益州路
7/307
35益津關
2/70
47益都縣
1/9
60益昌縣
8/355
76益陽縣
6/259

8010_9 金

01金龍縣
10/484
10金石鎮
9/421
金粟山
3/111
12金水(在河南府)
1/4
1/5
金水(在鄂州江夏縣)
6/268
金水河
1/2
1/31
金水縣
7/332
7/318
7/331
17金刀觀
古7/663
20金雞石
古9/697
金雞山（在泉州南安縣）
9/403
古9/692
金雞山(在虔州)
古6/639
22金川州
10/494
金川神廟
古7/669
金川縣
7/319

金城鎮
5/195
44金芝巖
古9/694
金華山
5/213
古5/619
金華宫
古6/633
金華縣
5/213
5/212
金林州
10/493
67金明寨
3/108
金明縣
3/108
71金馬鎮
7/310
74金陵
古6/633
金陵城
古6/633
金陵鎮
6/240
76金隄
1/3
1/8
1/22
1/31
1/32
古1/554
古2/565
79金勝山
古5/619
80金人神祠
古3/585
金釜山
7/315
82金鑅潭
古9/694
87金銀山
9/412
90金堂縣
7/332
7/313
金堂鎮
7/332
95金精山
古6/639

釜

22釜山
古2/574

8011$_6$ 鏡

37鏡湖
5/209

8012$_7$ 翁

12翁水
9/410
31翁源縣
9/410

鎬

12鎬水
3/104

8018$_2$ 羨

77羨門山
6/248

8021$_1$ 羌

43羌城堡
3/133

龕

80龕谷寨
3/135

8022$_0$ 介

17介子推祠
古4/603
介子推墓
古4/603
22介山（在河中府萬泉縣）
3/106
介山(在汾州介休縣）
4/171
24介休縣
4/171
4/170

8022$_1$ 俞

31俞潭鎮
6/266

前

32前溪
5/212
80前倉鎮
5/216

8022$_7$ 分

12分水縣

5/219
30分宜縣
6/253
分寧縣
6/250

8024_7 夔

01夔龍州
10/494
17夔子城
古6/648
32夔州
8/363
1/26
6/273
8/365
8/367
8/368
8/369
8/371
8/372
8/373
8/374
古8/680
古8/682
夔州路
8/363
7/307
10/482
10/499

8025_1 舞

32舞溪
古6/648
76舞陽縣
1/31

8025_3 羲

26羲和墓
古4/601

8030_7 令

32令州
10/500

8033_1 無

20無爲州
古5/616
無爲軍
5/206
5/201
5/202
5/203
無爲縣
5/207
5/206
無爲鎮
5/206
21無虞縣
10/476
23無編縣
10/483
無狀鋪
6/276
41無極縣
2/79
2/85
45無棣河
2/65
古2/564
無棣城(在滄州)
古2/564
無棣城(在棣州)
古2/566
無棣縣
2/65
無棣鎮
2/65
64無時山
6/274
86無錫湖
5/215
無錫縣
5/215

8033_3 慈

22慈利縣
6/271
32慈州
10/474
4/169
慈溪
5/214
慈溪縣
5/214
37慈湖
6/247
慈湖水
古6/637
慈湖鎮
6/247
慈澗鎮
1/5
44慈姥山
6/240
77慈母山
7/309
80慈谷鎮

2/77

8040_0 父

12父水
5/193
77父母寨
2/76

午

35午溝
1/21

8040_4 姜

00姜店鎮
1/37
04姜詩山
古8/679
姜詩泉
古7/661
姜詩溪
古6/647
12姜水
3/122
20姜維山
7/319
32姜州
10/502
41姜嫄廟
古3/586

8041_4 雉

22雉山
5/219

8043_0 美

37美泥堡
3/115
55美農臺
古8/677
71美原縣
3/112

羹

41羹頡侯墓
古5/612

8044_1 并

32并州
4/176
4/177

8044_6 弇

22弇山水
1/8

8050_1 羊

11羊頭山（在潞州長子縣）
4/163
羊頭山（在威勝軍緜上縣）
4/176
20羊舌伯華墓
古4/605
羊舌大夫廟（在太原府）
古4/599
羊舌大夫廟(在絳州)
古4/601
22羊山
古7/668
23羊狀寨
6/264
24羊續碑
古1/546
羊續墓
古1/546
27羊角哀墓
古6/645
羊角山（在晉州神山縣）
4/164
羊角山(在饒州)
古6/636
28羊牧隆城
3/137
32羊溪鎮
7/329
60羊口鎮
7/329
76羊腸阪
古4/599

8055_3 義

00義帝廟
古6/644
義帝陵
古6/644
義章縣
6/263
12義水
5/195
13義武軍
2/78
22義川縣
3/119
義豐縣
2/79

義山縣
9/428
26義泉郡
10/483
義泉縣
10/483
27義烏溪
5/213
義烏縣
5/213
古5/619
28義倫縣
9/438
30義寧縣
9/420
9/408
義富鎮
7/323
義賓縣
7/327
31義渠城
古3/586
義渠國
古3/586
32義州(入秦鳳路渭州)
10/474
義州（入廣南西路藤州）
10/477
義州（夔州路黔州羈縻州）
10/500
35義清縣
1/23
47義聲鎮
1/3
53義成軍
1/32
60義昌縣
9/426
67義昭縣
古9/695
76義陽山
8/359
義陽軍
1/37
義陽縣
1/38
77義興冶寨
4/168
義興縣
5/214
79義勝軍
3/111
80義合寨
3/108
義合鎮
7/323
義谷鎮
3/104

8060_1 合

12合水縣
3/115
合水鎮
7/315
22合川郡
10/480
合川縣
10/480
27合黎縣
10/480
30合流鎮（屬潁昌府臨潁縣）
1/30
合流鎮(屬虔州贛縣)
6/251
合寨鎮
5/200
31合江縣
7/328
合江鎮（屬嘉州峩眉縣）
7/314
合江鎮（屬邕州宣化縣）
9/422
合河
古4/604
合河縣
4/173
32合州
7/328
7/322
7/323
7/325
7/326
7/332
8/370
8/371
古7/667
33合浦
9/437
合浦水
古9/706
合浦郡
9/436
合浦縣

9/437
9/436
37合禄鎮
7/331
38合道鎮
3/120
44合蔡鎮
1/20
77合肥縣
5/201
5/200
87合欽州
10/488

首

22首山宫
古3/582
76首陽山
1/5

普

00普康縣
7/325
普康鎮
7/325
30普寧郡
9/421
普寧州
10/500
普寧縣
9/421
10/476
普安郡
8/357
普安縣
8/358
8/357
普安鎮（屬閬州新政縣）
8/357
普安鎮（屬蓬州營山縣）
8/361
32普州
7/325
7/318
7/320
7/322
7/324
7/326
7/328
古7/666
37普潤縣
3/122
普潤鎮
7/313
普通鎮
1/8
53普成縣
8/358
67普昭王寺
古5/612
80普慈縣
7/325
普慈鎮
7/325
普義寨
9/430

8060_4 舍

43舍城縣
10/478
9/437

8060_5 善

20善香鎮
5/200
22善山
6/242
善樂鎮
7/323
24善德山
古6/646
30善牢縣
10/477
31善源城
古2/565
76善陽縣
10/481
90善卷先生冢
古6/648
善卷壇
古6/646

8060_6 曾

22曾山
9/411
60曾口縣
8/358
8/359
曾口谷
8/359

會

00會亭鎮
1/7
22會仙山
古9/703

會仙觀
古9/694
會稽郡
5/208
會稽山
5/209
古5/617
會稽縣
5/209
5/208
30會寧郡
10/480
會寧縣
10/480
會寧鎮
2/65
32會州
10/480
3/135
會溪城
6/275
40會真宮
古1/545
60會昌縣
6/251
67會野州
10/493

8060_7 含

22含山縣
5/203
含山鎮
9/428
27含各鎮
8/371

倉

41倉頡廟
古3/589

8060_8 谷

22谷利縣
10/482
76谷陽鎮（屬陳州商水縣）
1/35
谷陽鎮（屬亳州衛真縣）
5/193
77谷周驛鎮
6/264

8060_9 畬

32畬溪
古6/647

8073_2 公

12公孫杵臼墓
古4/601
20公乘鎮
1/20
30公安縣
6/266
33公冶長墓
古5/611
40公塘鎮
5/214
55公井縣
7/330
公井鎮
7/330
60公田鎮
6/273
72公劉廟
古3/586
公劉邑
古3/586

養

27養鵝池
古5/617

8080_6 貪

26貪泉
古9/694
貪泉碑
古9/694

8080_7 美

12美水
1/8
2/78

8090_4 余

10余吾城
古4/600
25余生銀坑
9/401
77余桑銀場
9/401

8111_7 鉅

00鉅鹿郡
2/80
鉅鹿縣
2/80
67鉅野澤

鑪

8114_6 鐔

8138_6 領

8141_7 瓶

矩

8161_7 甑

8194_7 敍

8211_4 鍾

8280_0 劍

8/363
劍門關
8/363
8/357

8312_7 鋪

11鋪頭村
7/319

8315_0 鐵

10鐵石山
9/405
22鐵山（在陵井監井研縣）
7/320
鐵山(在榮州威遠縣)
7/330
鐵山鎮
7/326
33鐵冶山
古6/647
鐵冶鎮
3/123
43鐵城堡
3/130

8315_3 錢

10錢石山
9/409
22錢山
古9/703
錢糾鉛場
9/408
31錢江縣
5/208
35錢清鎮
5/209
40錢塘
古5/616
錢塘縣
5/208
5/207

8363_4 猷

32猷溪
5/208

8377_7 館

44館娃宫
古5/618
77館陶縣
1/8
1/7

8413_4 鏌

17鏌耶山
古9/703

8414_1 鑄

22鑄鼎原
3/107
43鑄城
古1/556
83鑄錢山
古7/662

8417_0 鉗

21鉗盧陂
古1/550
22鉗川縣
10/482
23鉗矣州
10/493
32鉗州
10/497
44鉗苯州
10/492
80鉗并州
10/493

8418_1 鎮

00鎮亭山
5/214
10鎮西軍
4/166
11鎮北大都護府
10/481
鎮北銀場
3/117
13鎮武軍
9/401
22鎮川郡
10/481
鎮川堡
4/166
30鎮潼軍
3/110
鎮寧寨
9/430
鎮寧州
10/506
9/430
鎮寧軍
2/63
鎮安軍
1/35
31鎮江寨
6/276

鎮江軍
5/210
鎮江鋪
6/276
32鎮州
10/481
鎮洮軍
3/125
鎮溪堡
7/328
鎮溪寨
6/275
36鎮邊堡
3/124
38鎮海軍（京東東路青州州封）
1/9
鎮海軍(改置寧海軍)
5/207
鎮海軍(改置鎮江軍)
5/210
40鎮南軍
6/249
鎮南縣
10/477
53鎮戎軍
3/135
3/131
3/137
古3/592
50鎮東軍
5/208
60鎮國軍
3/110
80鎮羌寨
7/318

8471$_{1}$ 饒

24饒勉縣
10/484
30饒安縣
2/65
饒安鎮
2/65
32饒州
6/245
5/218
6/242
6/244
6/246
6/248
6/249
6/253
6/254
6/258
古6/636
76饒陽郡
2/83
饒陽縣
2/84
饒陽鎮
2/73

8490$_{0}$ 斜

31斜江
7/310
7/315
44斜恭州
10/492
60斜口水
6/255
80斜谷鎮
3/122

8573$_{0}$ 缺

77缺門山
1/5

8578$_{6}$ 饋

37饋軍河
2/87

8612$_{7}$ 錦

10錦石
古9/695
12錦水
6/276
25錦繡洲
古8/683
31錦江
6/251
32錦州
6/275
6/276
錦州寨
6/275
60錦里城
古7/659
錦田山
9/403
古9/692
錦田錫場
9/411
77錦屏山
1/5

錫

22錫山

2/85
30錫定鉛場
3/117
80錫義山
1/28
古1/551

8614_1 鐸

12鐸水鎮
8/354

8660_0 智

26智伯渠
古4/599
32智州
10/507
9/430
50智本縣
10/507

8712_0 釣

12釣磯山
6/248
古6/638
40釣臺
古1/548
釣臺寨
2/74

鉤

27鉤盤河
2/65
2/69
2/73
古2/564

鈞

40鈞臺
古1/552
鈞臺驛
古1/552

銅

22銅山(在信州上饒縣)
6/246
銅山(在連州連山縣)
9/412
銅山(在撫州)
古6/641
銅山縣
7/322
銅山鎮
5/203
25銅佛垻
8/373
27銅盤山
7/322
30銅安寨
6/276
銅安鋪
6/276
銅官山(在漢州雒縣)
7/313
銅官山（在簡州陽安縣）
7/318
銅官山(在睦州)
古5/623
銅官山(在邛州)
古7/662
32銅州城
古9/699
銅溪
5/217
33銅冶山
6/240
銅梁
古7/665
銅梁山
7/329
古7/667
銅梁縣
7/329
40銅坑銅場
9/412
銅柱灘
古8/683
43銅城山
3/131
銅城鎮（屬鄆州東阿縣）
1/20
銅城鎮（屬揚州天長縣）
5/192
44銅鼓鎮（屬資州磐石縣）
7/324
銅鼓鎮（屬合州巴川縣）
7/329
銅蔡縣
10/484
46銅鞮山
4/176
銅鞮城
古4/605

銅緹縣
4/176
4/163
4/175
47銅期鎮
7/329
74銅陵縣（屬江南東路池州）
6/244
6/240
銅陵縣（入南恩州陽春縣）
9/416
10/476
10/478
85銅鉢山
6/251

8713_2 銀

00銀甕
古9/700
22銀川郡
10/480
銀山
6/245
銀山縣
7/324
銀山鎮（屬資州磐石縣）
7/324
銀山鎮（屬廣安軍岳池縣）
7/332
31銀江
9/420
32銀州
10/480
4/166
43銀城寨
4/166
銀城縣
4/166
77銀殿山
9/425
古9/701
81銀鑪鐵場
9/408

録

17録鴉鎮
9/436

8716_1 鉛

22鉛山
6/247
古6/637
鉛山縣
6/247
6/246
鉛山銀場
6/247
30鉛穴山
9/426

8718_2 欽

12欽水
古9/705
24欽化縣
10/506
31欽江
9/435
欽江縣
9/435
32欽州
9/435
9/422
9/431
9/432
9/436
古9/705
77欽風鎮
2/69

歙

32歙州
6/241
5/207
5/219
6/244
6/245
古6/634
62歙縣
6/242
6/241

8722_7 邠

32邠州
3/112
3/104
3/111
3/117
3/118
3/121
3/125
10/474
古3/586

鄃

43鄃城

古2/567
62郇縣
古2/567

8732_7 鵜

32鵜州
10/505

8742_0 朔

00朔方郡
10/479
朔方軍
10/479
朔方縣
10/479
32朔州
10/481
4/167
4/168
4/177
4/178

8742_7 鄭

12鄭水(在鄭州管城縣)
1/31
鄭水(在耀州富平縣)
3/112
31鄭河
1/3
32鄭州
1/31
1/1
1/2
1/4
1/33
1/35
1/37
2/81
古1/553
60鄭國渠
古3/585
62鄭縣
3/110

8752_0 翔

22翔鸞鎮
1/20
77翔風山
古9/695

8762_2 舒

32舒州
5/203
5/199
5/200
5/201
5/206
6/244
古5/615
42舒城
古5/614
舒城縣
5/201

8762_7 郜

76郜陽縣城
古3/584
郜陽縣
3/110
3/109

鄱

32鄱州
10/479
43鄱城縣
10/479

鄶

12鄶水
1/5
43鄶城
古1/553
60鄶國
古1/553

8810_4 坐

00坐交堡
3/124

8811_7 筑

12筑水
1/24
1/27

8812_7 筠

32筠州(屬江南西路)
6/254
6/253
6/257
古6/641
筠州（梓州路戎州羈縻州）
10/496

篘

22篘山
9/405

8821_1 筰

31筰江

7/308
42筰橋
古7/659

籠

13籠武州
10/505
32籠州
10/502
80籠羊州
10/492

8822_0 竹

10竹三郎廟
古7/663
竹玉祠
古7/667
22竹山
古1/551
竹山縣
1/27
竹山鎮
8/361
30竹灘鋪
6/276
竹寨鋪（屬沅州麻陽縣）
6/276
竹寨鋪（屬沅州黔陽縣）
6/276
32竹溪銀場
9/418
44竹葉山
古5/622
60竹口鎮
1/20
竹里鎮
5/201

8822_7 筒

22筒嶺
古9/701

簡

30簡寂觀
古6/638
32簡州
7/318
7/307
7/319
7/321
7/324
7/325
7/331
古7/664

簫

07簫韶山
古9/699

8824_3 符

00符離郡
5/193
符離縣
5/194
5/193
符文鎮
7/314
符裹窯鎮
6/241
43符載宅
古6/645
60符禺水
3/110
76符陽郡
10/475
符陽縣
10/476
8/359

8841_4 銼

87銼銅鹽場
9/409

8844_1 笄

11笄頭山
3/131
古3/592

8850_6 篳

17篳醪河
古5/617

8873_2 簑

44簑荷嶺
古9/692

8877_2 箸

27箸鄉
古5/611

8877_7 管

27管叔墓
古1/554
32管涔山
4/172
古4/603

43管城
古1/549
管城縣
1/31
1/2
57管輅廟
古2/567
80管公明廟
古6/635

8879_4 餘

10餘干水
6/245
餘干山
6/245
古6/636
餘干縣
6/245
餘不溪
5/212
40餘杭郡
5/207
餘杭縣
5/208
42餘姚江
5/209
餘姚縣
5/209

8880_1 箕

22箕山（在河南府登封縣）
1/5
箕山（在興元府）
古8/677
44箕地
古4/604

8890_3 繁

43繁城鎮
1/30
60繁昌城
古1/552
繁昌縣
6/247
6/240
6/241
64繁畤縣
4/168
76繁陽山
7/308

纂

77纂風鎮
5/209

8896_1 籍

62籍縣
7/308
7/320
84籍鎮
7/308

9000_0 小

10小天台山
2/65
小石同鎮
7/324
小酉山
6/274
11小張市鎮
7/329
12小水鎮
1/5
24小溉鎮
7/323
25小仲山
古3/585
30小潼水
8/358
小安仁銀場
9/404
小安溪
7/329
小安鎮
7/325
31小江
9/436
小江水
6/261
古9/706
32小溪寨（屬瀘州合江縣）
7/328
小溪寨（屬黔州黔江縣）
8/365
小溪寨（屬渝州江津縣）
8/371
小溪縣
7/322
小溪鎮
5/214
37小洞寨
8/365
40小南河寨
2/65

44小村寨
8/365
47小妃山
古9/690
48小松溪
古9/691
50小東陽鎮
7/308
55小井鎮（屬昌州昌元縣）
7/326
小井鎮（屬合州巴川縣）
7/329
60小羅市鎮
7/329
71小隴山
3/123
3/131
古3/589
74小陵鎮
7/323
76小陽江
6/262
古6/642
77小巴山
8/359
小鼠鎮
7/323
82小劍寨
8/358

9003_2 懷

10懷玉山
6/246
17懷柔縣
10/479
20懷集縣
9/408
21懷仁縣
5/195
懷仁鎮（屬德州安德縣）
2/71
懷仁鎮（屬簡州陽安縣）
7/318
24懷化鋪
6/276
懷化鎮
7/323
懷德郡
10/477
懷德軍
1/26
懷德縣（入高州信宜縣）
10/477
懷德縣（屬陝西路化外宥州）
10/480
懷德錫場
9/433
30懷寧寨
3/108
懷寧縣
5/203
懷寧鹽場
9/409
懷安軍
7/331
7/308
7/313
7/318
古7/668
懷安縣
9/400
32懷州
2/81
1/31
1/33
2/82
4/171
古2/570
34懷遠寨
9/430
懷遠軍
10/485
9/430
懷遠鎮
10/479
36懷澤郡
9/428
懷澤場鎮
9/428
懷澤縣
9/428
38懷道郡
10/480
懷道縣
10/480
53懷戎縣
10/481
74懷驩縣（屬廣南路化外驩州）
10/483
懷驩縣（屬廣南路化外演州）

9080_9 炎

9090_4 米

棠

9093_2 糠

9101_3 愜

9181_4 煙

9202_1 忻

9280_0 剡

9392_2 糝

9406_1 惜

9408_1 慎

9691_4 糧

8/358

9721_4 耀

13耀武鎮
3/131
22耀川州
10/494
32耀州
3/111
3/103
3/110
3/112
古3/585
34耀池鎮
8/366

9722_7 鄰

12鄰水
7/331
鄰水縣
7/331
鄰水鎮
7/331
22鄰山
7/331
鄰山郡
7/330
鄰山縣
7/331
鄰山鎮
7/331

9782_0 爛

30爛灘鎮
7/331
41爛柯山（在端州高要縣）
9/414
爛柯山（在衢州）
古5/623

9801_6 悦

32悦州
10/498
34悦池
7/329
43悦城縣
9/415
悦城鎮
9/415

9871_7 鼈

80鼈令墓
古7/659

9884_0 燉

96燉煌郡
10/479
燉煌縣
10/479

9892_7 粉

12粉水
1/24
1/27

9923_2 滎

36滎澤
1/31
古1/553
滎澤縣
1/31
1/2
滎澤鎮
1/31
1/2
76滎陽郡
1/31
滎陽縣
1/31
1/2
古1/553
滎陽鎮
1/31
1/2

9942_7 勞

04勞謝錫場
9/419
32勞州
10/500

9960_6 營

00營市鎮
7/329
11營頭戍
古9/690
12營水
6/261
22營山
8/361
營山縣
8/361
27營名鎮
9/406
32營州
10/479
38營道山

筆畫與四角號碼對照表

本表匯集索引條目中的首字，按筆畫順序排列。筆畫數相同的字，按起筆的筆形排列，筆形先後次序爲一丨丿丶乛。每字之後的數碼，是該字的四角號碼。

一畫

〔一〕

一 1000_0

二畫

〔一〕

二 1010_0
十 4000_0
丁 1020_0
七 4071_0

〔丨〕

卜 2300_0

〔丿〕

八 8000_0
乂 4000_0
九 4001_7

〔乛〕

刁 1712_0
刀 1722_0
力 4002_7

三畫

〔一〕

三 1010_1
干 1040_0
于 1040_0
土 4010_0
下 1023_0
大 4003_0
弋 4300_0

〔丨〕

上 2110_0
山 2277_0
巾 4022_7

〔丿〕

凡 7721_0
千 2040_0
夕 2720_0
久 2780_0

〔丶〕

之 3030_7

〔乛〕

弓 1720_7
女 4040_0
刃 1732_0
小 9000_0
子 1740_7

四畫

〔一〕

比 2171_0
切 4772_0
支 4040_7
云 1073_1
元 1021_1
天 1043_0
夫 5003_0
井 5500_0
不 1090_0
木 4090_0
瓦 1070_7
王 1010_4
五 1010_7
屯 5071_7
太 4003_0
尤 4301_0
巨 7171_7

〔丨〕

止 2110_0
少 9020_0
中 5000_6
内 4022_7
日 6010_0

〔丿〕

仁 2121_0
什 2420_0
化 2421_0
仇 2421_7
介 8022_0
公 8073_2
分 8022_7
父 8040_0
壬 2010_4
毛 2071_4
午 8040_0
牛 2500_0
斤 7222_1
欠 2780_2
勾 2772_0
丹 7744_0
月 7722_0

〔丶〕

亢 0021_7
卞 0023_0
六 0080_0
文 0040_0
方 0022_7
火 9080_0
斗 3400_0

〔乛〕

孔 1241_0
允 2321_0
尺 7780_7
尹 1750_7
巴 7771_7
水 1223_0

五畫

〔一〕

邗 1742_7
邘 1742_7
邛 1712_7
功 1412_7
艾 4440_0
平 1040_9
丙 1022_7
正 1010_1
玉 1010_3
古 4060_0
甘 4477_0
布 4022_7
石 1060_0
右 4060_0
左 4001_1
戊 5320_0
可 1062_0

〔丨〕

北 1111_0
出 2277_7
目 6010_1
田 6040_0
由 5060_0
申 5000_6

但 2621_0
坐 8810_4
含 8060_7
谷 8060_8
余 8090_4
系 2090_3
狄 4928_0
迎 3730_2
刪 7240_0
〔丶〕
言 0060_1
忻 9202_1
冶 3316_0
冷 3813_7
汶 3014_0
汴 3013_0
沔 3112_7
沅 3111_1
汭 3412_7
沈 3411_2
沁 3310_0
沃 3213_4
沂 3212_1
沙 3912_0
汾 3812_7
汨 3610_0
沐 3419_0
汥 3414_7
汲 3714_7
宋 3090_4
牢 3050_2
宏 3043_2
良 3073_2
邲 3702_7
社 3421_0
〔乛〕
君 1760_7
陁 7821_2
阿 7122_0
邵 1762_7
郘 2762_7

八畫

〔一〕
青 5022_7
奉 5050_3
盂 1010_7
武 1314_0
述 3330_9
東 5090_6
兩 1022_7
雨 1022_7
邽 4712_7
郁 4722_7
昔 4460_1
其 4480_1
厝 7126_1
臥 7370_0
杯 4199_0
板 4294_7
林 4499_0
枝 4494_7
松 4893_2
枌 4892_7
析 4292_1
枉 4191_4
杭 4091_7
協 4402_7
英 4453_0
茂 4425_3
苽 4423_2
茆 4472_7
苞 4471_2
苦 4460_4
若 4460_4
苕 4460_2
范 4411_2
茅 4422_2
苑 4421_2
苧 4420_1
坻 4214_0
直 4010_7
奔 4044_4
來 4090_8
拓 5106_0
拔 5304_7
抱 5701_2
招 5706_2
郅 1712_7
〔丨〕
叔 2794_0
虎 2121_7
卓 2140_6
尚 9022_7
易 6022_7
昇 6044_0
昌 6060_0
固 6060_4
果 6090_4
具 7780_1
盱 6104_0
味 6509_0
明 6702_0
忠 5033_6
迴 3730_2
帖 4126_0
岣 2772_0
岷 2774_7
岢 2262_1
長 7173_2
〔丿〕
制 2220_0
牧 2854_0
邾 2792_7
邸 7772_7
郤 8762_7
金 8010_9
舍 8060_4
欣 7728_2
委 2040_4
季 2040_7
垂 2010_4
佽 2728_2
佷 2723_2
使 2520_6
依 2023_2
徂 2721_0
卑 2640_0
采 2090_4
岳 7277_2
肥 7721_7
和 2690_0
乳 2241_0
周 7722_0
阜 2740_7
兔 2741_3
〔丶〕
放 0824_0
於 0823_3
京 0090_6
床 0029_4
夜 0024_7
底 0024_2
府 0024_0
庚 0023_7
兖 0021_3
庖 0021_2
炎 9080_9
羌 8021_1
沛 3012_7
注 3011_4
河 3112_0
沭 3319_4
法 3413_1
治 3316_0
沱 3311_1
泌 3310_0
泜 3214_0
泓 3213_0
泒 3213_0
泮 3915_0
泗 3610_0
沫 3519_0
油 3516_0
沸 3512_7
沽 3416_0
波 3414_7
洈 3811_2
泎 3811_1
沮 3711_0
泥 3711_1
泡 3711_2
宗 3090_1
定 3080_1
宕 3060_1
官 3077_7
宛 3021_2
宜 3010_7
空 3010_1
房 3022_7

祈 3222_1
郎 3772_7
祋 3724_7
〔乛〕
門 7777_7
弦 1023_2
孟 1710_7
建 1540_0
屆 7727_2
居 7726_4
陂 7424_7
附 7420_0
陔 7028_2
降 7725_4
姑 4446_0
始 4346_0
孤 1243_0
函 1777_2
承 1723_2

九畫

〔一〕
珊 1714_0
珉 1714_7
春 5060_3
枯 4496_0
柏 4690_0
相 4690_0
枹 4791_2
柳 4792_0
栅 4794_0
柯 4192_0
查 4010_6
枳 4698_0
柘 4196_0
茶 4490_4
茸 4440_1
草 4440_6
茭 4440_8
荔 4442_7
茹 4446_0
莒 4460_6
茗 4460_7
荀 4462_7
荆 4240_0
荏 4421_4
要 1040_4
郝 4732_7
胡 4762_0
故 4864_0
巷 4471_7
垓 4018_2
南 4022_7
垣 4111_6
剋 4221_0
城 4315_0
封 4410_0
斫 1262_1
殄 1822_2
[illegible] 1761_7
咸 5320_0
威 5320_0
厚 7124_7
郟 4702_7
挂 5401_4
括 5206_4
拾 5806_1
〔丨〕
貞 2180_6
歩 2120_7
虐 2121_4
骨 7722_7
星 6010_4
禺 6022_7
界 6022_8
思 6033_0
品 6066_0
毗 6101_0
虹 5111_0
峥 2775_7
則 6280_0
昭 6706_2
郢 6712_7
炭 2228_9
〔丿〕
牁 2152_0
郜 2762_7
郇 2762_7
重 2010_4
香 2060_9
看 2056_0
矩 8141_7
俄 2325_0
侯 2723_4
修 2722_2
保 2629_4
信 2026_1
段 7744_7
泉 2623_2
鬼 2621_3
禹 2022_7
後 2224_7
弇 8044_6
俞 8022_1
盆 8010_7
郗 4722_7
爰 2044_7
[illegible] 4523_2
勈 2422_7
負 2780_6
皇 2610_4
盈 1710_7
胤 2201_0
卽 2772_0
風 7721_0
朐 7722_0
胣 7821_2
胙 7821_1
秋 2998_0
秭 2592_7
〔丶〕
施 0821_2
帝 0022_7
庭 0024_1
亮 0021_7
亭 0020_1
扁 3022_7
洨 3014_8
汧 3114_0
洱 3114_0
洿 3412_7
洹 3111_6
洧 3412_7
洮 3211_3
洸 3911_1
洽 3816_1
洋 3815_1
洎 3610_0
洙 3519_0
洪 3418_1
洛 3716_4
洺 3716_0
浄 3715_7
洵 3712_0
洞 3712_0
宮 3060_6
客 3060_4
穿 3024_1
宥 3022_7
宣 3010_6
前 8022_1
姜 8040_4
美 8043_0
首 8060_1
羑 8080_7
冠 3721_4
神 3520_6
軍 3750_6
祝 3621_0
〔乛〕
屏 7724_1
眉 7726_7
韋 4050_6
陘 7121_1
姥 4441_1
姚 4241_3
飛 1241_3
胥 1722_7
羿 1744_2
柔 1790_4
紀 2791_7
紅 2191_0
紆 2194_0
幽 2277_0

十畫

〔一〕
班 1111_4
珕 1817_2
珠 1519_0

十一畫

〔一〕

十二畫

雅 7021$_4$
揚 5602$_7$
揭 5602$_7$
〔丨〕
紫 2190$_3$
棠 9090$_4$
掌 9050$_2$
貴 5080$_6$
圖 6022$_7$
單 6650$_6$
鄖 6782$_7$
景 6090$_6$
黑 6033$_1$
鼎 2222$_7$
勝 7922$_7$
蛟 5014$_8$
蛤 5816$_1$
嵫 2873$_2$
嵐 2221$_7$
〔丿〕
犍 2554$_0$
喬 2022$_7$
無 8033$_1$
矬 8841$_4$
智 8660$_0$
嵇 2397$_2$
税 2891$_6$
程 2691$_4$
笄 8844$_1$
筒 8822$_7$
筑 8811$_7$
棃 2790$_4$
剩 2290$_0$
傅 2324$_2$
焦 2033$_1$
皐 2640$_1$

粵 2620$_7$
雋 2022$_7$
順 2108$_6$
集 2090$_4$
皖 2361$_1$
循 2226$_4$
街 2110$_4$
復 2824$_7$
御 2722$_0$
須 2128$_6$
畬 8060$_9$
鉅 8111$_7$
欽 8718$_2$
鈞 8712$_0$
舒 8762$_2$
爲 2022$_7$
番 2060$_9$
舜 2025$_2$
鄉 2742$_7$
解 2725$_2$
象 2723$_2$
脽 7021$_4$
猴 4723$_4$
猶 4826$_1$
〔丶〕
敦 0844$_0$
童 0010$_4$
愜 9101$_3$
勞 9942$_7$
道 3830$_6$
遂 3830$_3$
曾 8060$_6$
善 8060$_5$
普 8060$_1$
翔 8752$_0$
寒 3030$_3$

富 3060$_6$
馮 3112$_7$
渡 3014$_7$
溉 3111$_4$
渤 3412$_7$
湳 3412$_7$
港 3411$_7$
湛 3411$_1$
湍 3212$_7$
湞 3118$_6$
湫 3918$_0$
滁 3819$_4$
游 3814$_7$
渼 3813$_4$
滋 3813$_2$
渝 3812$_1$
渭 3612$_7$
湯 3612$_7$
溼 3611$_8$
溫 3611$_7$
湟 3611$_4$
湘 3610$_0$
湋 3415$_6$
溢 3811$_7$
溠 3811$_1$
渙 3713$_4$
湧 3712$_7$
滑 3712$_7$
湖 3712$_0$
渥 3711$_4$
湨 3613$_4$
湡 3612$_7$
禄 3723$_2$
禍 3722$_7$
運 3730$_4$
〔乛〕

尋 1734$_6$
費 5580$_6$
畫 5010$_6$
犀 7725$_1$
孱 7724$_7$
閏 7710$_4$
開 7744$_1$
閔 7740$_0$
隋 7422$_7$
疏 1011$_3$
賀 4680$_6$
發 1224$_7$
婺 1840$_4$
貫 7780$_6$
絲 2299$_3$
絳 2795$_4$
結 2496$_1$
[illegible] 2771$_1$

十三畫

〔一〕
瑞 1212$_7$
瑕 1714$_7$
鄠 1722$_7$
嶅 5877$_2$
電 1071$_6$
雷 1060$_3$
零 1030$_7$
幹 4844$_1$
鼓 4414$_7$
塘 4016$_7$
遠 3430$_3$
鄞 4712$_7$
靳 4252$_1$
勤 4412$_7$
蓨 4422$_7$

蒙 4423$_2$
蓮 4430$_4$
蓬 4430$_4$
蒼 4460$_7$
蓉 4460$_8$
蒔 4464$_1$
蓋 4410$_7$
蒲 4412$_7$
夢 4420$_7$
幕 4422$_7$
楚 4480$_1$
禁 4490$_1$
椹 4491$_8$
楓 4791$_0$
楊 4692$_7$
榆 4892$_1$
鄢 1732$_7$
較 5004$_8$
聖 1610$_4$
賈 1080$_6$
碉 1762$_0$
碭 1662$_7$
感 5320$_0$
頓 5178$_6$
裘 4373$_2$
〔丨〕
訾 2160$_1$
虞 2123$_4$
馴 7230$_0$
當 9060$_6$
業 3290$_4$
歇 6778$_2$
路 6716$_4$
園 6073$_2$
圓 6080$_6$
照 6733$_6$

暉 6705_6
暖 6204_7
蜀 6012_7
睢 6001_4
腳 7722_0
睦 6401_4
嵩 2222_7
〔丿〕
雉 8041_4
筋 8812_7
筠 8812_7
稠 2792_0
稜 2494_7
會 8060_6
鉗 8417_0
鉛 8716_1
鉤 8712_0
微 2824_0
牒 2409_4
愛 2024_7
遥 3230_7
鳧 2721_7
猿 4423_2
〔丶〕
誠 0365_0
廚 0024_0
廉 0023_7
廓 0022_7
鄘 0722_7
鄜 0722_7
鄣 0742_7
裏 0073_2
意 0033_6
靖 0512_7
新 0292_1
痽 0071_4
慎 9408_1
煙 9181_4
資 3780_6
滈 3012_7
溮 3112_7
滆 3112_7
漠 3413_4
溶 3316_8
溥 3314_2
滔 3217_7
滍 3213_6
溪 3213_4
溧 3119_4
滄 3816_7
激 3814_0
溱 3519_4
漣 3513_0
溹 3419_3
滇 3418_1
滏 3811_9
塗 3810_4
溵 3714_7
溯 3712_7
溳 3618_6
豢 9023_2
猷 8363_4
義 8055_3
慈 8033_3
羨 8018_2
窠 3090_4
窟 3027_2
塞 3010_4
福 3126_6
裨 3624_0
〔乛〕
肅 5022_7
隅 7122_7
經 2191_1
綏 2294_4

十四畫

〔一〕
瑤 1217_2
碧 1660_1
靜 5725_7
奭 5580_9
監 7810_7
熙 7733_1
趙 4980_2
勒 4452_7
截 4325_0
墊 4410_4
嘉 4046_5
臺 4010_4
壽 4064_1
綦 4490_3
蔡 4490_1
蔚 4424_0
蔣 4424_7
慕 4433_3
暮 4460_3
蓼 4420_2
雲 1073_1
輔 5302_7
輕 5101_1
輒 5101_0
歌 1768_2
磁 1863_2
爾 1022_7
厭 7123_4
厲 7122_7
駘 7336_0
〔丨〕
髣 7222_7
鳴 6702_7
鄲 6752_7
團 6034_3
暢 5602_7
幘 4528_6
〔丿〕
箕 8880_1
管 8877_7
舞 8025_1
僕 2223_4
儁 2022_7
[illegible] 8877_2
領 8138_6
銀 8713_2
銅 8712_0
鄱 2762_7
雒 2061_4
鳳 7721_0
〔丶〕
遮 3030_3
韶 0766_2
彰 0242_2
端 0212_7
廣 0028_6
廏 0024_7
齊 0022_3
榮 9990_4
滎 9923_2
漳 3014_6
滾 3013_2
滴 3012_7
滽 3012_7
漄 3011_4
溤 3112_7
漢 3413_4
漆 3413_2
滿 3412_7
演 3318_6
滬 3311_4
漸 3212_1
漂 3119_1
滹 3114_9
漵 3114_7
漕 3516_6
澂 3814_0
漊 3514_4
漁 3713_6
漻 3712_2
漯 3619_3
潩 3618_1
養 8073_2
鄯 8762_7
鄭 8742_7
鄰 9722_7
賓 3080_6
寢 3024_7
寬 3021_3
寧 3020_1
熒 9980_9
褫 3221_7
禠 3121_7
〔乛〕
聞 7740_1
閩 7713_6
間 7760_6
墜 7810_4
閣 7760_4
閤 7760_1
盡 5010_7
暨 7110_6

獎 2743_0
熊 2133_1
翠 1740_8
翟 1721_4
鄧 1712_7
墮 7410_4
緑 2793_2
綿 2692_7
綾 2494_7
維 2091_4

十五畫

〔一〕

慧 5533_7
霅 1060_1
震 1023_2
遷 3130_1
敷 5824_0
穀 4794_7
增 4816_6
[illegible] 4118_2
賢 7780_6
熱 4433_1
赭 4436_0
樠 4492_7
横 4498_6
樓 4594_4
橄 4894_0
樅 4898_1
樗 4192_7
樊 4443_0
蕡 4480_6
蕩 4412_7
蕪 4433_1
蕉 4433_1
蕃 4460_9
邁 3430_2
鞏 1750_6
輪 5802_7
磴 1261_8
碻 1062_7
碾 1763_2
確 1461_4
遼 3430_9
播 5206_9
撥 5204_7
撫 5803_1
甌 7171_7

〔丨〕

慮 2123_6
膚 2122_7
劇 2220_0
鄴 3792_7
踐 6315_3
嶓 2276_9
嶠 2272_7
蝦 5714_7
嶕 2073_1
駞 7831_2
駝 7331_1

〔丿〕

稽 2396_1
稷 2694_7
黎 2713_2
儀 2825_3
儈 2726_1
艑 2342_7
磐 2760_1
盤 2710_7
樂 2290_4
繇 2229_3
德 2423_1
衛 2150_6
衝 2110_4
質 7280_6
鋪 8312_7
劍 8280_0
鄶 8762_7
餘 8879_4
虢 2131_7
穎 2128_6
獠 4429_6
魯 2760_3
劉 7210_0
滕 7923_2
膠 7722_2

〔丶〕

論 0862_7
調 0762_0
諾 0466_4
諸 0466_0
摩 0025_2
慶 0024_7
熟 0433_1
毅 0724_7
導 3834_3
遵 3830_4
潼 3011_4
潭 3114_6
潘 3216_9
潟 3212_7
澄 3211_8
潛 3116_1
澇 3912_7
潯 3714_6
潏 3712_7
澗 3712_0
潤 3712_0
潮 3712_0
賓 3080_6
寫 3032_7

〔乛〕

彈 1625_6
閬 7773_2
層 7726_6
履 7724_7
隨 7423_2
險 7828_6
嬈 4441_1
媯 4242_7
緱 2793_4
緣 2793_2
緼 2691_7
練 2599_6
駕 4632_7

十六畫

〔一〕

穀 4794_7
磬 4760_1
壇 4011_6
橘 4792_7
[illegible] 4191_7
橛 4198_2
橋 4292_7
檇 4092_7
樵 4093_1
燕 4433_1
蕭 4422_7
薊 4432_0
薛 4474_1
薄 4414_2
蕆 4415_3
擎 4850_2
融 1523_6
橐 5090_4
整 5810_1
賴 5798_6
歷 7121_1
霍 1021_4
頭 1118_6
磥 1669_3
轝 7750_8

〔丨〕

冀 1180_1
駱 7736_4
頻 2128_6
盧 2121_7
鴨 6752_7
圜 6073_2
蹄 6012_7
興 7780_1
黔 6832_7
黥 6039_6
縣 6299_3
戰 6355_0
嶼 2778_1
嶧 2674_1

〔丿〕

憩 2633_0
勳 2432_7
穆 2692_2
積 2598_6
儒 2122_7
衡 2143_0
館 8377_7
歙 8718_2
錢 8315_3
録 8713_2
錫 8612_7

十七畫

十八畫

十九畫

〔丿〕

簫 8822_7
贊 2480_6
懲 2833_4
鏡 8011_6
鯉 2631_4

〔丶〕

譚 0164_6
譙 0063_1
鶉 0742_7
廬 0021_7
離 0021_4
懷 9003_2
羹 8043_0
瀛 3011_7
瀘 3111_7
瀧 3111_1
瀟 3412_7
灦 3611_0
瀨 3718_6

〔乛〕

關 7777_2
闞 7714_8
繡 2592_7

二十畫

〔一〕

馨 4760_9
麵 4126_0
櫸 4795_8
礬 4460_1
蘭 4422_7
醴 1561_8

〔丨〕

騮 7736_2
鹹 2365_0
獻 2323_4
黨 9033_1
耀 9721_4
懸 7233_9
罌 6677_2
擯 5318_6

〔丿〕

籍 8896_1
纂 8890_3
鐔 8114_6
饒 8471_1
饋 8578_6
鰐 2632_7

〔丶〕

護 0464_7
識 0365_0
瀼 3013_2
瀰 3112_7
瀵 3918_1
灌 3411_4
寶 3080_6
竇 3080_6

〔一〕

孃 4043_2
響 2760_1

二十一畫

〔一〕

歡 4728_2
霸 1052_7
攝 5104_1

〔丿〕

鄺 2782_7
儼 2624_8
鐸 8614_1

〔丶〕

麝 0024_1
辯 0044_1
爛 9782_0
灃 3211_8
灊 3112_7
夔 8024_7
鶬 8732_7
鶴 4722_7
顧 3128_6

二十二畫

〔一〕

懿 4713_8
蘼 4421_1
蘿 4491_4
驚 4832_7

〔丨〕

巖 2224_8
邏 3630_1
疊 6010_7

〔丿〕

穰 2093_2
籠 8821_1
鑄 8414_1
鐵 8315_0
龕 8021_1

〔丶〕

灘 3011_4
灕 3011_4
彎 2220_7
巒 2277_9
龔 0180_1
襲 0173_2

二十三畫

〔一〕

醼 1463_1

〔丨〕

驛 7634_1
顯 6138_6

〔丿〕

籑 8873_2
鱔 2836_5

〔丶〕

麟 0925_9
鷲 0332_7
欒 2290_4

二十四畫

〔一〕

靈 1010_8
靄 1062_7
觀 4621_0
攬 5801_6
蠶 7113_6
鹽 7810_7

〔丿〕

衢 2121_4
鑪 8111_7

〔丶〕

讙 0461_4
讓 0063_2
贛 0748_6
鼈 9871_7
灞 3112_7

二十五畫

〔丿〕

鸑 4332_7

〔丶〕

蠻 2213_6

二十六畫

〔丨〕

贙 7780_6

二十七畫

〔丨〕

驩 7431_4
鸕 2722_7

〔丿〕

鱷 2131_6

〔丶〕

鸞 0132_7

二十八畫

〔丨〕

鸚 6742_2

二十九畫

〔一〕

鬱 4472_2

〔丨〕

驪 7131_1
鸜 6722_7

三十畫

〔丶〕

鸞 2232_7

三十一畫

〔丶〕

灩 3411_7